普通高等教育经管类专业"十三五"规划教材

现代企业信息化管理综合实训教程

唐时俊　何舒卉　慕卓君　主　编

薛艳梅　袁　哲　蔡　霞　胡莎莎　副主编

清华大学出版社

北　京

内 容 简 介

本书重点阐述了现代企业信息化管理的实训实践环节,完整提供了易飞 ERP 软件的核心操作流程及详解。

在本书的撰写过程中,我们得到了鼎捷软件股份有限公司的大力支持,全书以其易飞 ERP 系统为基础,借鉴了国内外最新研究成果并结合我们自身的教学经验,构筑了本书的主体结构。其中:第 1 章着重阐述了 ERP 的概念及历程;第 2 章介绍了 ERP 管理软件的应用基础;第 3~5 章讲授了 ERP 供应链管理原理及存货管理、销售管理、采购管理的应用;第 6~8 章讲授了 ERP 生产制造管理原理及产品结构、批次需求计划、工单/委外的应用;第 9~11 章讲授了 ERP 财务管理原理及应付管理、应收管理、会计总账的应用;附录为企业管理拓展培训,为教师的授课提供了一项实践内容,增进了本书的应用性。

本书既可用作一般高校与科研机构的商科类专业本科生、研究生的 ERP 原理及应用课程与实训的教材,也可用作一般企业科技工作者、工程技术人员和其他管理人员的信息化管理能力培训的指导教材。更重要的是,本书为实践中的各类型管理者提供了一本现代企业信息化管理的具体行动手册。

图书在版编目(CIP)数据

现代企业信息化管理综合实训教程 / 唐时俊,何舒卉,慕卓君 主编. —北京:清华大学出版社,2017
(2024.8 重印)

(普通高等教育经管类专业"十三五"规划教材)

ISBN 978-7-302-48489-9

Ⅰ.①现… Ⅱ.①唐… ②何… ③慕… Ⅲ.①企业信息化—企业管理—高等学校—教材 Ⅳ.①F272.7-39

中国版本图书馆 CIP 数据核字(2017)第 230266 号

责任编辑:刘金喜
封面设计:周晓亮
版式设计:孔祥峰
责任校对:曹 阳
责任印制:沈 露

出版发行:清华大学出版社
   网 址:https://www.tup.com.cn, https://www.wqxuetang.com
   地 址:北京清华大学学研大厦 A 座   邮 编:100084
   社 总 机:010-83470000   邮 购:010-62786544
   投稿与读者服务:010-62776969,c-service@tup.tsinghua.edu.cn
   质 量 反 馈:010-62772015,zhiliang@tup.tsinghua.edu.cn
   课 件 下 载:https://www.tup.com.cn,010-62794504
印 装 者:涿州市般润文化传播有限公司
经 销:全国新华书店
开 本:185mm×260mm   印 张:28.25   字 数:687 千字
版 次:2017 年 10 月第 1 版   印 次:2024 年 8 月第 2 次印刷
定 价:79.00 元

产品编号:071228-02

序

21 世纪是信息世纪，人类已经从自然选择经历行为选择，来到了信息选择的新阶段。随着大数据、云空间等现代信息技术的突飞猛进，信息的力量越来越深入我们的日常生产与生活之中，有人甚至认为其"预示了力学时代的终结"。

《现代企业信息化管理综合实训教程》一书，以鼎捷软件股份有限公司研发与推广的易飞 ERP 软件系统为基础，阐述的正是信息时代的一个重要问题——现代企业的信息化管理工具"企业资源计划(Enterprise Resource Planning，ERP)"。

我们知道 ERP 是由美国 Gartner Group 公司于 1990 年提出的。除了 MRP II 已有的生产资源计划、制造、财务、销售、采购等功能外，ERP 还新纳入了质量管理，实验室管理，业务流程管理，产品数据管理，存货、分销与运输管理，人力资源管理和定期报告等系统。目前，ERP 所代表的含义进一步被扩大，它跳出了传统企业边界，从供应链范围去优化企业的资源，成为改善企业业务流程以提高企业核心竞争力的"利器"。

本书所详述的易飞 ERP 系统，是鼎捷软件股份有限公司在制造业行业推出的一款企业管理工具。拥有供应、采购、销售、生产、财务、成本等多个信息管理模块。该系统秉承精益求精的管理信念，强调统一应用、智慧管理、创造价值，帮助企业在创造价值的动态活动过程中，借助领先的 ERP 系统，实现从产品研发、原料采购、生产运营、销售渠道、售后服务、财务结算等全流程的信息管理。在深耕管理应用的同时，更加强对决策者的管理支持，从而帮助企业适应市场竞争中不断变化的需求，加速企业获利发展，永葆基业长青。

今天，中国企业不断加强"内功"建设，对 ERP 管理的需求与日俱增。在"中部崛起"的大背景下，"武汉市 1+8 城市圈"及大光谷经济区的高速发展极大地促进了该区域对于信息化管理人才的需求。因此，武汉科技大学城市学院的诸位学仁，秉持"武汉敢为人先"的创新精神，近年来在工商管理专业应用型人才教育方面做了大量卓有成效的工作。作为他们的最新成果，《现代企业信息化管理综合实训教程》即是这样一本"敢为人先""授人以渔"的应用型教材。

最后，我真心期待着本书的出版能进一步推动我国的信息化管理人才培养事业的进程，也相信它的出版将对我国高校的应用型管理人才教育起到积极的促进作用。

陈卫平

2017 年 4 月 于武汉东湖

前　言

　　企业信息化管理起始于20世纪60年代，随着经济全球化和市场国际化的发展趋势，企业信息化管理在经历了MRP、闭环MRP以及MRPⅡ后，ERP概念逐渐成为主流发展趋势。目前，ERP概念在中国已经渐行渐广，成为中国企业信息化管理不可缺少的软件平台，在云计算、大数据成为时代强音的今天，以ERP为代表的信息化管理工具的重要意义已经达到了新高峰。

　　与此同时，我国高校，尤其是应用技术型高校对经济与管理类专业大学生的ERP理论及应用能力也越来越重视，不仅陆续开设了相关专业课程，还大量引入了主流的ERP实训教学软件，现代企业信息化管理人才的培养成为应用型管理人才培养的核心内容。正因此，我们结合自身多年来的教学经验与实践体会，与鼎捷软件股份有限公司联合组建了本书编写委员会，力求将知行结合的"活灵魂"同时注入本书。

　　在本书的撰写中，我们得到了鼎捷软件股份有限公司的大力支持，全书以其易飞ERP系统为基础，借鉴了国内外最新研究成果，并结合我们自身的教学经验，构筑了本书的主体结构。其中：第1章着重阐述了ERP的概念及历程；第2章介绍了ERP的管理软件的应用基础；第3章至第5章讲授了ERP的供应链管理原理及存货管理、销售管理、采购管理的应用；第6章至第8章讲授了ERP的生产制造管理原理及产品结构、批次需求计划、工单/委外的应用；第9章至第11章讲授了ERP的财务管理原理及应收管理、应付管理、会计总账的应用；附录为企业管理拓展培训，为教师的授课提供了一项实践内容，增进了本书的应用性。

　　本书的编写注重突出理论与实践相结合的特点，追求学生在扎实掌握理论基础的同时，更加强调具备相应的实践应用能力。因此，本书着重阐述了现代企业信息化管理的实训实践环节，完整提供了易飞ERP软件的核心操作流程，详细阐述了该系统特有的个性化业务流程，全面展现了其紧密结合企业现有流程及ERP作业，针对不同部门、岗位，设计专属的业务流程及菜单，能够轻松实现企业流程与ERP流程相结合的特质。

　　本书的撰写工作，由唐时俊教授担任第一主编，何舒卉、慕卓君分别担任第二、第三主编，具体编写人员及分工如下：袁哲负责第1章的撰写；唐时俊负责拟定编写大纲，撰写第2章、第3章、第7章、第8章及负责全书统稿工作；慕卓君负责第4章、第5章的撰写；薛艳梅负责第6章的撰写；何舒卉负责第9章、第10章、第11章的撰写；胡莎莎协助第2章的撰写工作；蔡霞教授协助全书统稿工作。

本书免费提供 PPT 教学课件，读者可通过 http://www.tupwk.com.cn/downpage 下载。

本书由鼎捷软件股份有限公司提供易飞 ERP 软件的技术支持，并以校企合作的形式向使用本教材的院校提供易飞 ERP 软件的免费使用权限(具体合作事宜可直接联系鼎捷软件股份有限公司详细咨询)，特此鸣谢！

最后，本书在编写过程中，还参考了国内诸多学界同仁的研究成果，借鉴了国外相关文献和资料，主要的参考文献目录书中已列出，在此向每一位作者表示衷心的感谢。同时，我们也由衷地感谢清华大学出版社诸位编辑的辛勤付出，正是诸位的严谨与高效的工作才令本书顺利付梓。当然，由于作者水平所限，书中内容难免有欠妥之处，敬请读者批评指正。

唐时俊

2017 年 4 月 于武汉东湖畔

目　　录

第1章

ERP原理概述

自从计算机被发明后，企业就利用计算机快速精准的数据处理能力及信息分享的特质，来协助企业进行日常的行政营运管理，以降低企业的营运成本。ERP 系统就是这样一种可以提供跨地区、跨部门甚至跨公司整合实时信息的企业管理信息系统。它通过全面优化企业的供应链、市场营销、客户关系管理等企业核心业务管理，来帮助企业走向成功。

1.1 ERP 概念及发展

ERP(Enterprise Resource Planning，企业资源计划)是由美国加特纳公司(Gartner Group Inc.)在 20 世纪 90 年代初期首先提出的，当时的解释是根据计算机技术的发展和供应链管理需要，推动各类制造业在信息时代的信息化管理新变革。

1. ERP 的概念

随着人们认知的不断深入，现在 ERP 已经被赋予了更深的内涵，它强调供应链的管理。除了传统 MRPⅡ系统的制造、财务、销售等功能外，还增加了分销管理、人力资源管理、运输管理、仓库管理、质量管理、设备管理、决策支持等功能；支持集团化、跨地区、跨国界运行，其主要宗旨就是将企业各方面的资源充分调配和平衡，使企业在激烈的市场竞争中全方位地发挥足够的能力，从而取得更好的经济效益。

因此，总的来看，ERP 的概念可以从管理思想、软件产品、管理系统三个层次给出：

第一，ERP 是由美国著名的计算机技术咨询和评估集团 Gartner Group Inc.提出的一整套企业管理系统体系标准，其实质是在 MRPⅡ(Manufacturing Resource Planning，制造资源计划)基础上进一步发展而成的面向供应链(Supply Chain)的管理思想；

第二，ERP 是综合应用了客户机/服务器体系、关系数据库结构、面向对象技术、图形用户界面、第四代语言(4GL)、网络通信等信息产业成果，以 ERP 管理思想为"灵魂"的软件产品；

第三，ERP 是整合企业管理理念、业务流程、基础数据、人力物力、计算机硬件和软件于一体的企业资源管理系统。

ERP 的主要宗旨是对企业所拥有的人、财、物、信息、时间和空间等综合资源进行综合平衡和优化管理，协调企业各管理部门，围绕市场导向开展业务活动，提高企业的核心竞争力，从而取得更好的经济效益。所以，ERP 是一个软件，同时是一个管理工具。它是IT技术与管理思想的融合体，也就是先进的管理思想借助计算机，来达成企业的管理目标。

2. ERP 的发展历程

ERP 的发展经历了五个阶段(见图 1.1)。

第一阶段	订货点法—1960 前	Order Point Method
第二阶段	MRP—1960	Material Requirement Planning
第三阶段	闭环 MRP—1970	Material Requirement Planning
第四阶段	MRP? —1980	Manufacturing Resource Planning
第五阶段	ERP—1990	Enterprise Resource Planning

图 1.1　ERP 系统发展的五个阶段

第一，20 世纪 40 年代，为了解决库存控制问题，人们提出了订货点法，当时计算机系统还没有出现。

第二，20 世纪 60 年代的时段式 MRP。计算机系统的发展，使得短时间内对大量数据的复杂运算成为可能，人们为解决订货点法的缺陷，提出了 MRP 理论，作为一种库存订货计划——MRP(Material Requirement Planning)，即物料需求计划阶段或称基本 MRP 阶段。

第三，20 世纪 70 年代的闭环 MRP。随着人们认知的加深及计算机系统的进一步普及，MRP 的理论范畴也得到了发展，为解决采购、库存、生产、销售的管理，发展了生产能力需求计划、车间作业计划以及采购作业计划理论，作为一种生产计划与控制系统——闭环 MRP 阶段(Closed-loop MRP)。在此阶段，出现了丰田生产方式(看板管理)、TQC(全面质量管理)、JIT(准时制生产)以及数控机床等支撑技术。

第四，20 世纪 80 年代的 MRP Ⅱ。随着计算机网络技术的发展，企业内部信息得到充分共享，MRP 的各子系统也得到了统一，形成了一个集采购、库存、生产、销售、财务、工程技术等为一体的子系统，发展了 MRP Ⅱ 理论，作为一种企业经营生产管理信息系统——MRP Ⅱ阶段。这一阶段的代表技术是 CIMS(计算机集成制造系统)。

第五，20 世纪 90 年代 ERP 出现。20 世纪 80 年代末、90 年代初，随着 MRP Ⅱ 系统的普遍应用以及市场竞争的日趋激烈，一些企业开始感觉到传统的 MRP Ⅱ 软件所包含的功能已不能满足企业供应链范围的管理信息系统，ERP 理论应运而生。

现阶段的 ERP 融合了其他现代管理思想和技术，面向全球市场，建设"国际优秀制造业(World Class Manufacturing Excellence)"。这一阶段倡导的观念是精益生产、约束理论(TOC)、先进制造技术、敏捷制造以及现在热门的 Internet/Intranet 技术。

1.2 订货点法

在计算机出现之前，发出订单和进行催货是一个库存管理系统在当时所能做的一切。库存管理系统发出生产订单和采购订单，但是，确定对物料的真实需求却是依据缺料表，这种表上所列的是立即要用，但却发现没有库存的物料。然后，派人根据缺料表进行催货。

订货点法是在当时的条件下，为改变这种被动的状况而提出的一种按过去的经验预测未来的物料需求的方法。这种方法有各种不同的形式，但其实质都是着眼于"库存补充"的原则。"补充"的意思是把库存填满到某个原来的状态。库存补充的原则是保证在任何时候仓库中都有一定数量的存货，以便需要时随时取用。当时人们希望用这种做法来弥补由于不能确定近期内准确的必要库存储备数量和需求时间所造成的缺陷。订货点法依据对库存补充周期内的需求量预测，并保留一定的安全库存储备，来确定订货点。安全库存的设置是为了应对需求的波动。一旦库存储备低于预先规定的数量，即订货点，则立即进行订货来补充库存。

订货点的基本公式是：

$$订货点＝单位时区的需求量×订货提前期＋安全库存量$$

如果某项物料的需求量为每周 100 件，提前期为 6 周，并保持 2 周的安全库存量，那么，该项物料的订货点可计算如下：

$$100×6＋200＝800$$

当某项物料的现有库存和已发出的订货之和低于订货点时，则必须进行新的订货，以保持足够的库存来支持新的需求。订货点法的处理逻辑如图 1.2 所示。

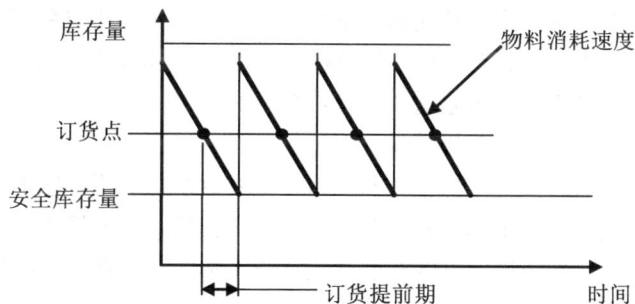

图 1.2 订货点法

订货点法曾引起人们广泛的关注，对它进行讨论的文献也很多，按这种方法建立的库存模型曾被称为"科学的库存模型"。然而，在实际应用中却是"面目全非"。其原因在于订货点法是在某些假设之下，追求数学模型的完美。

下面，我们对这些假设进行讨论。

第一，对各种物料的需求是相互独立的。

订货点法不考虑物料项目之间的关系，每项物料的订货点分别独立地加以确定。因此，订货点法是面向零件的，而不是面向产品的。但是，在制造业中有一个很重要的要求，那就是各项物料的数量必须配套,以便能装配成产品。由于对各项物料分别独立地进行预测和订货,就会在装配时发生各项物料数量不匹配的情况。这样,虽然单项物料的供货率提高了,但总的供货率却降低了。因为不可能每项物料的预测都很准确,所以积累起来的误差反映在总供货率上将是相当大的。

例如,用 10 个零件装配成一件产品,每个零件的供货率都是 90%,而联合供货率却降到 34.8%。一件产品由 20 个、30 个甚至更多个零件组成的情况是常有的,如果这些零件的库存量是根据订货点法分别确定的,那么,要想在总装配时不发生零件短缺,则只能是碰巧的事。

应当注意,上述这种零件短缺并非由于预测精度不高引起的,而是由于这种库存管理模型本身的缺陷造成的。

第二,物料需求是连续发生的。

按照这种假定,必须认为需求相对均匀,库存消耗率稳定。而在制造业中,对产品零部件的需求恰恰是不均匀、不稳定的,库存消耗是间断的。这往往是由于下道工序的批量要求引起的。

【例 1】我们假定最终产品是活动扳手。零件是扳手柄,原材料是扳手毛坯。活动扳手不是单件生产的,当工厂接到一批订货时就在仓库中取出一批相应数量的扳手柄投入批量生产。这样一来,扳手柄的库存量就要突然减少,有时会降到订货点以下。这时就要立即下达扳手柄的生产指令,于是又会引起扳手柄毛坯的库存大幅度下降。如果因此引起原材料库存也低于订货点,则对扳手毛坯也要进行采购订货。

由此可见,即使对最终产品的需求是连续的,由于生产过程中的批量需求,引起对零部件和原材料的需求也是不连续的。需求不连续的现象提出了一个如何确定需求时间的问题。订货点法是根据以往的平均消耗来间接地指出需要的时间,但是对于不连续的非独立需求来说,这种平均消耗率的概念是毫无意义的。事实上,采用订货点法的系统下达订货的时间常常偏早,在实际需求发生之前就有大批存货放在库中造成积压(见图 1.3),而且,又会由于需求不均衡和库存管理模型本身的缺陷造成库存短缺。

第三,库存消耗之后,应被重新填满。

按照这种假定,当物料库存量低于订货点时,则必须发出订货,以重新填满库存。但如果需求是间断的,那么这样做不但没有必要,而且也不合理。因为很可能因此而造成库存积压。例如,某种产品一年中可以得到客户的两次订货,那么,制造此种产品所需的物料则不必因库存量低于订货点而立即填满。

第四,"何时订货"是一个大问题。

"何时订货"被认为是库存管理的一个大问题。这并不奇怪,因为库存管理正是订货并催货这一过程的自然产物。然而真正重要的问题却是"何时需要物料",当这个问题解决以后,"何时订货"的问题也就迎刃而解了。订货点法通过触发订货点来确定订货时间,再通过提前期来确定需求日期,其实是本末倒置的。

从以上讨论可以看出,订货点库存控制模型是围绕一些不成立的假设建立起来的。今天看来,订货点法作为一个库存控制模型是那个时代的理论错误。因此不再具有重要的实用价值。但它提出了许多在新的条件下应当解决的问题,从而引发了 MRP 的出现。

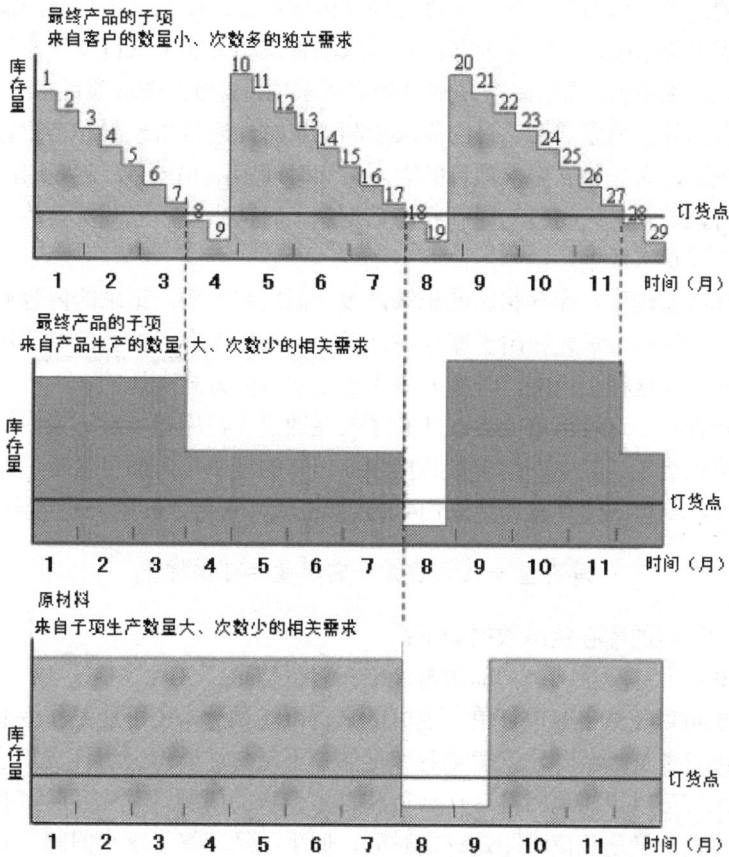

图 1.3　订货点和非独立需求

1.3　时段式 MRP

传统的库存管理方法，如订货点法，是彼此孤立地推测每项物料的需求量，而不考虑它们之间的联系，从而造成库存积压和物料短缺的同时出现的不良局面。时段式 MRP 是在解决订货点法的缺陷的基础上发展起来的，被称为基本 MRP。

1.3.1　时段式 MRP 与订货点法的区别

MRP 与订货点法的区别有三点：一是通过产品结构将所有物料的需求联系起来；二是将物料需求区分为独立需求和非独立需求并分别加以处理；三是对物料的库存状态数据引入了时间分段的概念。

MRP 通过产品结构把所有物料的需求联系起来，考虑不同物料的需求之间的相互匹配关系，从而使各种物料的库存在数量和时间上均趋于合理。另外，MRP 还把所有物料按需求性质区分为独立需求项和非独立需求项，并分别加以处理。如果某项物料的需求量不依赖于企业内其他物料的需求量而独立存在，则称为独立需求项目；如果某项物料的需求量可由企业内其他物料的需求量来确定，则称为非独立需求项目或相关需求项目。如原材料、零件、组件等都是非独立需求项目，而最终产品则是独立需求项目，独立需求项目有时也包括维修件、可选件和工厂自用件。独立需求项目的需求量和需求时间通常由预测和客户订单、厂际订单等外在因素来决定，而非独立需求项目的需求量和时间则由 MRP 系统来决定。

所谓时间分段，就是给物料的库存状态数据加上时间坐标，亦即按具体的日期或计划时区记录和存储库存状态数据。

在传统的库存管理中，库存状态的记录是没有时间坐标的。记录的内容通常只包含库存量和已订货量。当这两个量之和由于库存消耗而小于最低库存点的数值时，便是重新组织进货的时间。因此，在这种记录中，时间的概念是以间接的方式表达的。

直到1950年前后，这种落后的方法才有了一些改进，在库存状态记录中增加了两个数据项：需求量和可供货量。其中，需求量是指当前已知的需求量，而可供货量是指可满足未来需求的量。这样，物料的库存状态记录由4个数据组成，它们之间的关系可用下式表达：

$$库存量＋已订货量－需求量＝可供货量$$

例如，某项物料的库存状态数据如下：

库存量：30；已订货量：25；需求量：65；可供货量：-10。

其中，需求量可能来自客户订单，也可能来自市场预测，还可能是作为非独立需求推算出来的。当可供货量是负数时，就意味着库存储备不足，需要再组织订货。这样一个经过改进的库存控制系统可以更好地回答订什么货和订多少货的问题，但不能回答何时订货的问题。表面上看，当可供货量是负值时即是订货时间，似乎已经回答了这个问题，其实不然。已发出的订货何时到货？是一次到达？还是分批到达？什么时候才是对这批订货的需求实际发生的时间？该需求是应一次满足还是分期满足？什么时候库存会用完？什么时候应完成库存补充订货？什么时候应该发出订货？对于这一系列的问题，传统的库存控制系统是回答不出来的。此时，库存计划员只能凭经验来做出决定。

时间分段法使所有的库存状态数据都与具体的时间联系起来，于是上述关键问题可以迎刃而解。下面，我们通过例子来说明时间分段的概念。

【例2】如果把前例中的库存状态数据以周为单位给出时间坐标，则可能如表1.1所示。

表 1.1　库存状态数据

周	1	2	3	4	5	6	7	8	9	10
库存量	30	30	10	10	-25	0	0	0	0	0
已订货量	0	0	0	0	25	0	0	0	0	0
需求量	0	20	0	35	0	0	0	0	0	10
可供货量	30	10	10	-25	0	0	0	0	0	-10

现在，我们便可以回答前面所提出的各个与时间有关的问题了。从记录中看到，这里有一批已发出的订货，总计 25 件，将在第 5 周到货；在第 2 周、第 4 周和第 10 周分别出现了需求，其数量分别为 20、35 和 10，总数为 65。另外可以看出，库存总储备，即库存量和已

订货量之和，在前 9 周是足够用的，但供应与需求在时间上不合拍，第 4 周可供货量出现负值，而已发出订货在第 5 周才到达。如已发出的订货能够提前 1 周到达，则可避免第 4 周的库存短缺。关于这一点，库存计划员可以提前 4 周从库存状态数据得知并采取相应的措施。第 10 周的库存短缺应通过新的库存补充订货来解决，其需求日期为第 10 周。下达日期即可由此根据提前期推算出来。

维护、更新按时间分段的库存状态记录所要进行的数据处理工作量是相当大的。这一方面是由于这类库存状态记录的数据项多；另一方面是由于既要处理数量关系，又要处理时间关系。从上例可见一斑，在给出时间坐标之前只用了 4 个数据项，而在给出时间坐标之后，则用了 40 个数据项。此时，虽然数量关系不变，时间关系却要重新处理。在一个典型的企业中，如果对 25 000 项物料按周划分时间段，则在计划期为一年的情况下，就要处理多达 500 万个基本数据，这样大量的信息处理只有计算机才能胜任。

1.3.2　时段式 MRP 的前提条件和基本假设

目前，人们建立和使用的MRP系统已经形成了一种标准的形式。这种标准形式包含着系统运行所依据的某些前提条件。

第一，要有一个主生产计划。也就是说，要有一个关于生产什么产品和什么时候产出的权威性计划。该计划只考虑最终项目，这些项目可能是产品，也可能是处于产品结构中最高层次的装配件，这些装配件可根据总装配计划装配成不同的产品。主生产计划考虑的时间范围，即计划展望期，它取决于产品的累计提前期，即产品所有零部件的生产提前期累计之和。计划展望期的长度应该等于或超过产品的累计提前期，一般为 3~8 个月。主生产计划的形式通常是一个按时区列出的各最终项目产出数量的矩阵。

主生产计划是 MRP II 的一个非常重要的计划层次，以后我们还将仔细讨论。

第二，要求赋予每项物料一个独立的物料代码，这些物料包括原材料、零部件和最终产品。这些代码不能有两义性，即两种不同的物料不得有相同的代码。主生产计划以及下面将要谈到的物料清单和库存记录都要通过物料代码来描述。

第三，在计划编制期间必须有一个通过物料代码表示的物料清单(Bill Of Material，BOM)。BOM 是产品的结构文件，它不仅要罗列出某一产品的所有构成项目，同时也要指出这些项目之间的结构关系，即从原材料到零件、组件，直到最终产品的层次隶属关系。

第四，要有完整的库存记录。也就是说，所有在MRP系统控制下的物料都要有相应的库存记录。

其实，实施 MRP 还要满足以下几个隐含的基本假设。

第一，必须保证 BOM 和库存记录文件的完整性。确切地说，这个要求不是针对计算机系统运行而言的，而是指数据源头的完整性。因为计算机技术上的运算错误极少，即使输入的数据不正确，也能得出技术上的正确输出结果。然而，正如人们常说的"进去的是垃圾，出来的也是垃圾"，垃圾数据当然不能实现有效的管理。

第二，所有物料的订货提前期都是已知的。一般情况下，在编制计划时，每项物料都有一个确定的提前期，虽然提前期在 MRP 中可以修改，但是 MRP 无法处理订货提前期未定的物料。

第三，所有物料的出入库都要有库存记录。

第四，构成父项的所有子项都必须在父项的生产订单下达时到齐。子项的需求均在父项的生产订单下达时发生。

第五，物料的消耗是离散的。例如，某项物料由 50 个子项构成，那么 MRP 在进行计算时就恰好分配出 50 个子项，并假定它们被一次性地消耗掉。

MRP 系统从主生产计划、独立需求预测以及厂家零部件订货的输入可以确定"我们将要生产什么"，通过 BOM 可以回答"用什么生产"，把主生产计划等反映的需求按照产品的BOM 进行分解，从而得知"为了生产所需的产品，我们需要用些什么"，然后和库存记录进行比较来确定出物料需求，即回答"我们还要再得到什么"。这一过程如图 1.4 所示。

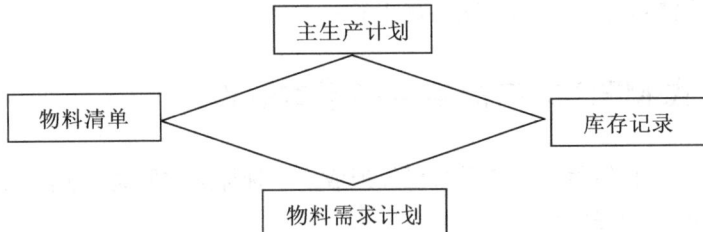

图 1.4 MRP 处理逻辑

1.3.3 MRP 的数据处理过程

MRP 系统对每项物料的库存状态按时区进行分析，自动地确定计划订单的数量和时间。物料的库存状态数据包括预计可用量、计划接收量、毛需求量和净需求量。

- 预计可用量：指一项物料在某个时区的库存量，当前时区的预计可用量则是现有库存量。
- 计划接收量：指在某个时区之前的各时区中的已下达、预计在该时区之内入库的订单量。
- 毛需求量：为满足市场预测、客户订单的需求或者 BOM 中上层物料项目的订货需求而产生的对该项物料的需求量。
- 净需求量：从毛需求量中减去预计可用量和计划接收量之后的差。在计算中，净需求量可以通过预计可用量的变化而得到。方法是首先计算出各时区的预计可用量，计算公式如下：

某时区的预计可用量＝上时区预计可用量＋该时区计划接收量－该时区毛需求量

当预计可用量出现负值时，就意味着出现了净需求，其值等于这个负值的绝对值。物料的净需求及其发生的时间指出了即将发生的物料短缺，因此，MRP 可以预见物料短缺。为了避免物料短缺，MRP 将在净需求发生的时区内指定计划订单量，然后考虑订货提前期，指出计划订单的下达时间。表 1.2 表达了上述处理过程。

表 1.2　MRP 的数据处理过程

提前期：4　初始库存量：23

时区	1	2	3	4	5	6	7	8
毛需求量		20		25		15	12	
计划接收量			30					
库存量	23	3	33	8	8	-7	-19	-19
净需求量						7	12	
计划订货量						7	12	
计划订单下达时间		7	12					

表 1.2 表达了 MRP 的数据处理原理，实际应用情况我们可通过下面的例子来说明。

【例 3】假设产品 BOM (物料清单) 和假日表如下所示。

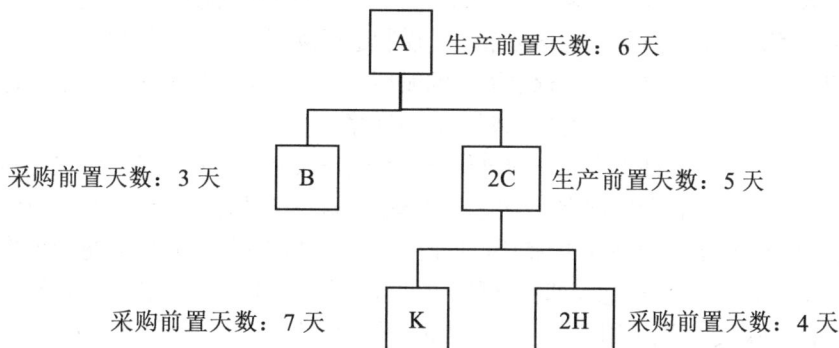

日	一	二	三	四	五	六
	1	2	3	4	5	6
7	8	9	10	11	12	13
14	15	16	17	18	19	20
21	22	23	24	25	26	27
28	29	30				

A 为 "产成品"，也就是业务销售的商品，它是由 1 个采购件 B 和 2 个半成品 C 所组合而成的。组合需要的时间为完整的 6 个工作天。

假设 1 号为星期一，星期六、日休假，产品 A 于本周星期一领料生产，需要 6 个完整工作天，表示需要星期二、三、四、五及第二周的星期一、二。到第二周的星期二(即 9 号)才会完工(1 号备料，2、3、4、5、8、9 号动工，6、7 号为假日)。这就是 A 的组装 "生产前置时间"，所以 10 号可以交货。

C 为 "半成品"，一个半成品 C 是由一个 K 原料(采购件)和 2 个 H 原料(采购件)所组合制造而成。生产一个 C 的时间需要 5 个工作天。

B、H、K 为 "采购件"，是为了生产成品或半成品而从外购买的原物料。其中从采购到进货的时间为"采购前置时间"。

因此，MRP 的理论架构，是以"订单"的出货时间作为最后产出的时间，并往前推算，累加成品 A 的生产前置时间，就是 A 生产工单开工、领料、投料及预计完工时间。

以产成品 A 的生产前置时间，加上半成品 C 的生产前置时间，就是 C 的投料日期，我们就能算出 C 的生产工单的"预计开工日"及"预计完工日"。已知 C 的"预计开工日"后就可以计算出何时应该下单采购原物料 K 及 H，以及对应的预计进货日期。同时也可以通过产成品 A 的预计开工日和原物料 B 的采购前置时间推算出何时应下单采购原物料 B。

MRP 的理论架构有两个非常重要的关键，就是 BOM 及前置时间。通过最终产成品的出货日期来"逆推"每一个物料的需求日期，如果再考虑到这些物料的库存可用量，就可清楚计算出每一个物料每一天的需求量了。

在人工处理的阶段，如果一个产品的 BOM 架构非常庞大且复杂，那么要产出生产工单及采购单的数量就会有很多。如果制造程序相当的复杂(如半成品很多)，而且生产的前置时间又容易受现场制造管理因素所影响，那么所规划出来的生产排程及采购单的信息就必须不断地调整，人工处理的流程容易陷入一片混乱当中。由于生产排程的不确定，导致原料进货也必须不断调整，采购人员陷入催料环节中，而制造现场因用料的问题也将陷于不断调整生产排程以应付供料问题，这是一个永远无解的循环。靠人工纸上作业永远赶不上订单或者生产变动的速度，更何况还有众多的信息要计算和推算。

当 MRP 信息系统发展出来后，通过信息系统快速及精准运算的特质，这个问题有效地被解决了。在此之前，企业要跑完一个完整的 MRP 数据可能需要 10 小时，但现在跑一次MRP 作业，大部分都能在 1 小时内完成。同时由于 MRP 的帮助，可清楚每一个物料在每一天的需求及供给数量。当发生变动时，可以协助规划人员进行事先的检验与调整。

MRP 用料的规划着眼于用料需求时间点的"供给量"及"需求量"间的关系，这个计算模式一般我们简称为"供需平衡计算"，如下：

$$需求时间点的用料计划量＝需求量小计－供给量小计$$
$$＝净需求$$
$$＝建议用料计划$$

1.4　闭环 MRP

20 世纪 60 年代时段式 MRP 能根据有关数据计算出相关物料需求的准确时间与数量，但它还不够完善，其主要缺陷是没有考虑到生产企业现有的生产能力和采购的有关条件的约束。因此，计算出来的物料需求的日期有可能因设备或工时的不足而没有能力生产，或者因原料的不足而无法生产。同时，它也缺乏根据计划实施情况的反馈信息对计划进行调整的功能。

正是为了解决以上问题，MRP 系统在 70 年代发展为闭环 MRP 系统。闭环 MRP 系统除了物料需求计划外，还将生产能力需求计划、车间作业计划和采购作业计划也全部纳入 MRP，形成了一个封闭的系统。

因此，闭环 MRP 是在物料需求计划(MRP)的基础上，增加了对投入与产出的控制，也就是对企业的能力进行校检、执行和控制。闭环 MRP 理论认为，只有在考虑能力的约束或者对能力提出需求计划，在满足能力需求的前提下，物料需求计划(MRP)才能保证物料需求的执行和实现。在这种思想要求下，企业必须对投入与产出进行控制，也就是对企业的能力进行校检和执行控制。在物料需求计划执行之前，要由能力需求计划核算企业的工作中心的生产能力和需求负荷之间的平衡情况。

1.4.1 闭环 MRP 的基本含义

早前的MRP系统没有涉及车间作业计划及作业分配，这部分工作仍然由人工补足，因此也就不能保证作业的最佳顺序和设备的有效利用。

为了解决上述的矛盾，20世纪80年代初，MRP由传统式发展为闭环MRP，构成一个结构完整的生产资源计划及执行控制系统。围绕物料需求计划而建立的闭环MRP系统包括生产规划、主生产计划和能力需求计划与其他计划功能。进一步地，当计划阶段完成并且作为实际可行的计划被接受以后，执行阶段随之开始。这包括投入/产出控制、车间作业管理、派工单以及来自车间及供应商的拖期预报。因此，"闭环"一词所指的，不仅包括整个系统的这些组成部分，而且还包括来自执行部分的反馈信息，目的在于使计划在任何时候都保持有效。

闭环 MRP 将是一个集计划、执行、反馈为一体的综合性系统，它能对生产中的人力、机器和材料各项资源进行计划与控制，使生产管理的应变能力有所加强。这时物料需求计划 MRP 的实施，使未来的物料短缺不是等到短缺发生时才给予解决，而是事先进行计划，但是只有优先计划还远远不够，因为没有足够的生产能力，还是无法生产，MRP 所输出的生产和采购计划信息若没有传送至车间和供应商那里，这些计划就一点价值也没有。所以必须增加生产能力计划，生产活动控制、采购和物料管理计划三方面的功能。

总之，所谓"闭环"有以下两层含义。

第一，把能力需求计划(Capacity Requirement Planning，CRP)、车间作业计划、采购作业计划和 MRP 集成起来，形成一个实现物料计划的计划系统。

第二，计划的执行总会出现偏差，于是，在计划执行过程中，要有来自车间、供应商和计划人员的反馈信息，并利用这些反馈信息进行计划的调整和平衡，使生产计划方面的各种子系统得到协调和统一。

1.4.2 闭环 MRP 的原理与结构

MRP 系统的正常运行，需要有一个现实可行的主生产计划。它除了要反映市场需求和合同订单以外，还必须满足企业的生产能力约束条件。因此，除了要编制资源需求计划外，我们还要制订能力需求计划(CRP)，同各个工作中心的能力进行平衡。只有在采取了措施并做到能力与资源均满足负荷需求时，才能开始执行计划。

而要保证实现计划就要控制计划，执行MRP时要用派工单来控制加工的优先级，用采购单来控制采购的优先级。这样，基本MRP系统进一步发展时，把能力需求计划和执行及控制

计划的功能也包括进来，形成一个环形
回路，称为闭环MRP，如图 1.5 所示。

1.4.3 能力需求计划

1. 资源需求计划与能力需求计划

在闭环 MRP 系统中，把关键工作
中心的负荷平衡称为资源需求计划或粗
能力计划，它的计划对象为独立需求件，
主要面向的是主生产计划；把全部工作
中心的负荷平衡称为能力需求计划或详
细能力计划，而它的计划对象为相关需
求件，主要面向的是车间。由于 MRP
和 MPS 之间存在内在的联系，所以资
源需求计划与能力需求计划之间也是一
脉相承的，而后者正是在前者的基础上
进行计算的。

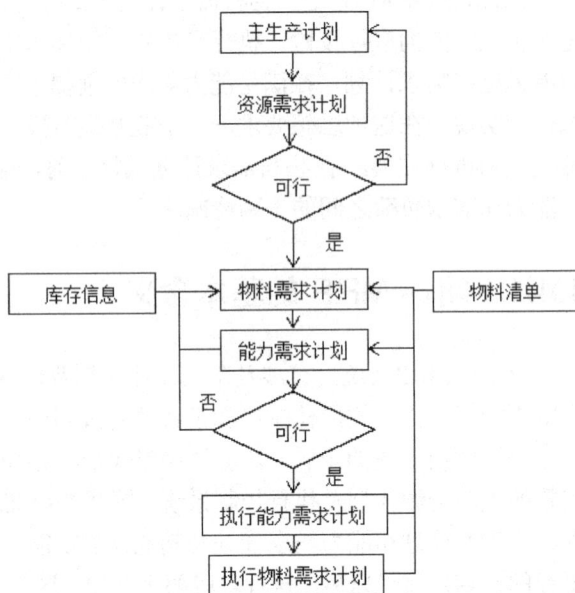

图 1.5 闭环 MRP 逻辑流程图

2. 能力需求计划的依据

- 工作中心：它是各种生产或加工能力单元和成本计算单元的统称。对工作中心，都统一用工时来量化其能力的大小。
- 工作日历：是用于编制计划的特殊形式的日历，它是由普通日历除去每周双休日、假日、停工和其他不生产的日子，并将日期表示为顺序形式而形成的。
- 工艺路线：是一种反映制造某项"物料"加工方法及加工次序的文件。它说明加工和装配的工序顺序，每道工序使用的工作中心，各项时间定额，外协工序的时间和费用，等等。
- 由 MRP 输出的零部件作业计划。

3. 能力需求计划的计算逻辑

闭环 MRP 的基本目标是满足客户和市场的需求，因此在编制计划时，总是先不考虑能力约束而优先保证计划需求，然后再进行能力计划。经过多次反复运算，调整核实，才转入下一个阶段。能力需求计划的运算过程就是把物料需求计划订单换算成能力需求数量，生成能力需求报表。

当然，在计划时段也有可能出现能力需求超负荷或低负荷的情况。闭环 MRP 能力计划通常是通过报表的形式(直方图是常用工具)向计划人员报告，但是并不进行能力负荷的自动平衡，这个工作由计划人员人工完成。

1.4.4　闭环 MRP 与基本 MRP 的区别

闭环 MRP 是在物料需求计划(MRP)的基础上,增加对投入与产出的控制,也就是对企业的能力进行校检、执行和控制。闭环 MRP 理论认为,只有在考虑能力的约束,或者对能力提出需求计划,在满足能力需求的前提下,物料需求计划(MRP)才能保证物料需求的执行和实现。在这种思想要求下,企业必须对投入与产出进行控制,也就是对企业的能力进行校检和执行控制。 在物料需求计划执行之前,要由能力需求计划核算企业的工作中心的生产能力和需求负荷之间的平衡情况。因此,闭环 MRP 具有以下新特点。

第一,主生产计划来源于企业的生产经营计划与市场需求(如合同、订单等)。

第二,主生产计划与物料需求计划的运行(或执行)伴随着能力与负荷的运行,从而保证计划是可靠的。

第三,采购与生产加工的作业计划与执行是物流的加工变化过程,同时又是控制能力的投入与产出过程。

第四,能力的执行情况最终反馈到计划制订层,整个过程是能力的不断执行与调整的过程。

1.5　MRP Ⅱ

在长期的企业管理实践中,人们认识到一条基本的法则,即低水平的管理常常是五花八门的管理子系统滋生的“土壤”。这些子系统往往是为了堵塞某一方面的漏洞而建立的,漏洞越多,子系统越多。事实上,许多子系统所做的事情实质上都是相同的,只不过角度不同而已。由于在建立这些子系统的时候缺乏统一的规划,它们之间联系甚少,因此,子系统越多,矛盾和问题也越多。例如,在制造企业的生产过程中,一个基本的问题是“在什么时候需要什么物料”,在许多制造企业中都有好几个系统来回答这个问题。订单发放系统所发出的采购订单和车间订单中均有日期,而缺料单和催货单等又否定了这些日期。由于没有一个统一的系统可以很好地回答上述的基本问题,于是就产生了好几个系统,而这些系统的工作都不能令人满意。

1.5.1　MRP Ⅱ 的形成和特点

闭环 MRP 系统的出现,使生产计划方面的各种子系统得到了统一。只要主生产计划真正地制订好,那么,闭环 MRP 系统就可以回答上述的基本问题。但这还不够,因为在企业管理中,生产管理只是一个方面,它所涉及的是物流,而与物流密切相关的还有资金流。这在许多企业中是由财会人员另行管理的,这就造成了重复,甚至冲突(数据不一致)。

在更高的管理层次上也有类似的问题。用于最高层管理的经营规划要回答以下三个问题:我们要销售些什么?我们有些什么?我们必须制造什么?销售与运作规划也是用来回答上述问题的。问题在于,经营规划和销售与运作规划是分别制订的。在许多企业中,制订销售与运作规划的人甚至不曾意识到经营规划的存在，制订经营规划的人也从不去了解销售与运作规划。而事实上，经营规划就其基本形式来说，如果不考虑研究开发以及其他不与生产直接相关的部分，那么不过是把销售与运作规划的总和用货币单位来表示。

于是，人们想到，能否建立一个一体化的管理系统，去掉不必要的重复，减少冲突，提高效率呢？

凡是已经成功地实现了用闭环 MRP 系统进行生产管理的企业都会认为，这是可以做到的。甚至认为不这样做未免可惜：既然库存记录的精确度足以支持 MRP 系统，为什么不能进而用于财会核算呢？既然 MRP 系统中的生产计划的确反映了实际情况，为什么不能进而用货币单位来表示它，从而使经营规划也总能反映实际情况呢？

众所周知，在自然科学的研究中，人们认识越深刻，问题就变得越简单，就会在不同的现象中找到同一规律。对管理科学，也同样如此。把财务子系统与生产子系统结合为一体，使闭环 MRP 比 MRP 前进了一大步。

从把主生产计划视为MRP的关键输入之时开始，人们就意识到市场预测将是主生产计划的关键输入。但在当时的许多企业中，市场销售部门并不关心MRP，而只把它看作是一种生产控制技术。虽然这些部门有时也提供市场预测，但只是按要求行事，并非真正了解主生产计划的功能。只有在闭环MRP得到成功应用的企业中，市场销售部门的管理人员才认识到MRP系统不但与他们有关系，而且是他们的"好帮手"。因为只有借助于MRP系统，才能在各种生产约束条件下制订出合理可行的销售计划。反过来，也只有依靠MRP系统，才能使生产迅速地适应销售方面的变化。

对于工程技术，人们也已认识到它在整个管理系统中的作用。特别是那些生产复杂产品或引入新产品而需要在生产中解决一系列工程技术问题的企业，更加需要把工程技术管理与生产管理、销售管理、财务管理等有机地结合起来，也更加需要把工程技术准备计划与生产制造计划、财务计划等各种有关的计划合理地衔接起来。例如，由工程技术部分提供的物料清单，在过去只是生产管理的参考文件，而在 MRP 系统中已成为一个控制文件，即用它来控制物料需求的分解路径。

把生产、财务、销售、工程技术、采购等各个子系统结合成一个一体化的系统，称为制造资源计划(Manufacturing Resource Planning)，英文缩写还是 MRP，为了区别于基本 MRP 而记为 MRP II。

MRP II 有如下特点。

第一，MRP II 把企业中的各子系统有机地结合起来，形成一个面向整个企业的一体化的系统(见图 1.6)。其中，生产和财务两个子系统关系尤为密切。

第二，MRP II 的所有数据来源于企业的中央数据库。各子系统在统一的数据环境下工作。

第三，MRP II 具有模拟功能，能根据不同的决策方针模拟出各种未来将会发生的结果。因此，它也是企业高层领导的决策工具。

MRP II 由闭环 MRP 系统发展而来，在技术上，它与闭环 MRP 并没有太多的区别。但它包括了财务管理和模拟的能力，这是本质的区别。

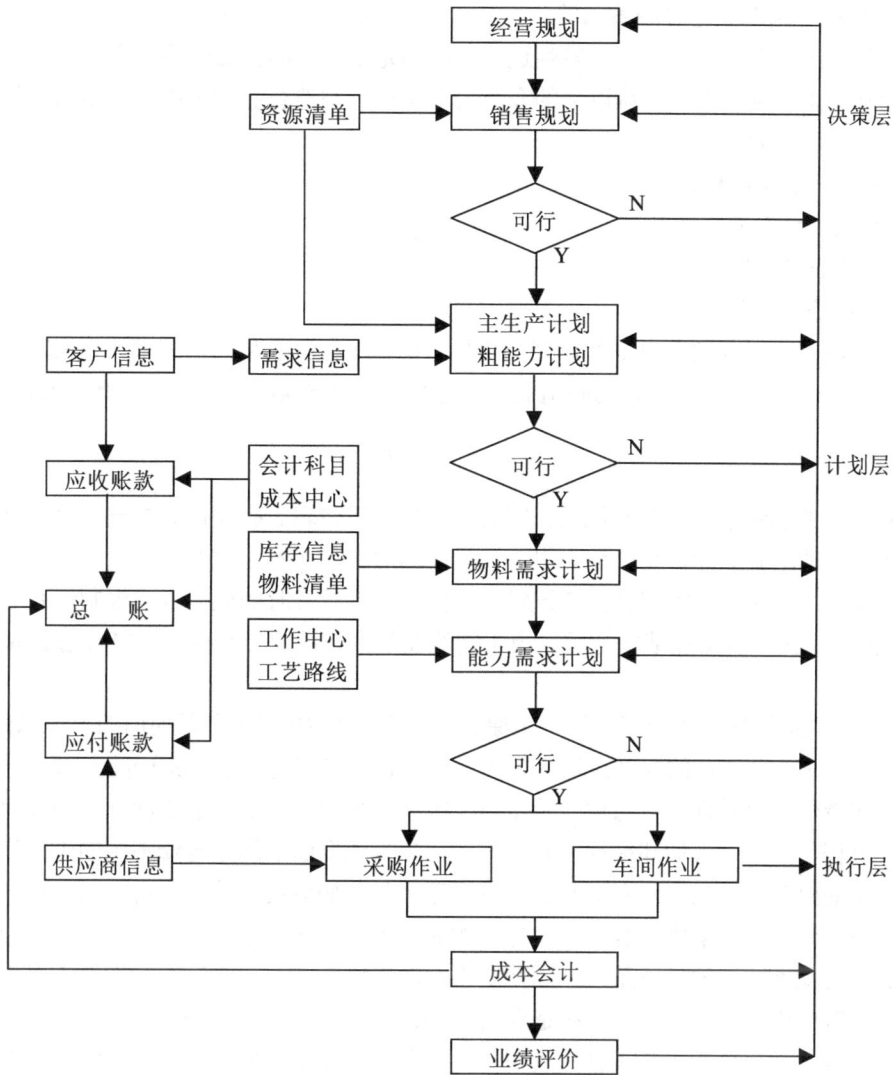

图 1.6 MRP II 系统

1.5.2 MRP II 的重要性和适用性

靠直觉来管理一个规模很小的企业，或许是可以应付的。但是，当企业达到一定的规模后，靠直觉来管理几乎是不可能了。有一个形象的比喻：使用 MRP II 来管理一个公司，恰如靠仪表来驾驶飞机，这个比喻是非常恰当的。当我们在街道上骑自行车时，紧靠直觉观察就可以了。当开汽车时就不完全是这样了，就要有速度表、油料消耗表、后视镜等。那么，开飞机呢？飞机飞行在 10 000 米的高空，要驾驶员通过直接观察来确定气流、云层、飞行高度、飞行方向是不可能的，驾驶员只能通过一系列仪表来驾驶飞机。这些仪表的信息就是对飞机飞行状况的模拟，而 MRP II 就是对一个制造业公司运营状况的模拟。所以，MRP II 对于一个制造业公司是非常重要的。

MRPⅡ对于制造业是普遍适用的。关于这一点，经常有人发生疑问。由于制造业有着众多的行业和数不清的产品，所以，发生这样的疑问是不奇怪的。要回答这个问题必须从制造业生产管理的本质规律出发。从以上的介绍可以看出，制造企业的生产管理要循环往复地回答以下4个问题，即：

(1) 我们将要生产什么？

(2) 我们用什么来生产？

(3) 我们有什么？

(4) 我们还应得到什么？

这4个问题可以分别由主生产计划、物料清单、库存记录和物料需求计划来回答，它们共同构成了一个基本方程式，称为制造业基本方程，这个方程可以用如下的概念公式来表示：

$$A \times B - C = D$$

它对所有的制造企业均是相同的，因此是一种标准逻辑。有关研究指出："这是制造企业中普遍存在的本质规律，正如地心引力，只能面对它，而不能改变它。"

MRPⅡ以现代计算机为工具，通过对大量的数据进行及时的处理来模拟制造企业的生产经营过程——上述的制造业基本方程。由于制造业基本方程的普遍存在，MRPⅡ也是普遍适用的。

对MRP的适用性产生疑问的另一个原因是早期的MRP工作者所使用的习惯术语。在计算机时代的早期，制造业的标准逻辑尚未被普遍认识。特别是由于MRP起源于机械制造业，其早期工作者使用"零件""部件"等术语。因此，虽然在制造业的不同行业中都存在着制造业基本方程，然而，人们却往往只看到不同，认为他们面临的是与众不同的生产环境。当时只有专职的财务人员认识到有标准的财务管理工具，如应收账款、应付账款、总分类账、明细分类账、预算、标准成本等。一位专职的财务人员离开一家企业进入另一家企业时，他不会看到"与众不同"的财务系统；而在制造业的其他环节上，则没有标准的工具。

现在MRPⅡ已向人们提供了制造业管理的标准工具和标准的知识体系，而且已被广泛地应用于实践。制造企业的各级管理人员可以而且应当使用诸如销售与运作规划、主生产计划、物料需求计划、能力需求计划等工具来控制和管理自己的企业，这正如财务人员早已有的标准财务工具一样。

在MRP出现之前，人们希望情况保持不变，以使得生产订单和采购订单的日期保持有效。每逢出现变化，人们则陷入被动。现代的MRPⅡ为管理人员提供了一套强有力的计划和控制工具，使用这样的工具可以很好地应付生产制造环境中永恒的变化。

1.5.3 MRPⅡ的计划层次

MRPⅡ包括5个计划层次，即经营规划、销售与运营规划、主生产计划、物料需求计划和能力需求计划。下面将一一阐述其各自的内容。

1. 经营规划

经营规划表达企业的愿景，是企业的战略规划。但经营规划本身并不具体完成什么，它确定企业经营的战略和目标以及所采取的行动，为企业的发展，特别是财务和经济效益方面做出规划。企业的计划是从长远规划开始的，这个战略规划层次在 MRP II 系统中称为经营规划。经营规划要确定企业的经营目标和策略，为企业长远发展做出规划，主要包括以下内容：第一，产品开发方向及市场定位，预期的市场占有率；第二，营业额、销售收入与利润、资金周转次数、销售利润率和资金利润率(ROI)；第三，长远能力规划、技术改造、企业扩建或基本建设；第四，员工培训及职工队伍建设。

企业经营规划的目标，通常是以货币或金额来表达。这是企业的总体目标，是 MRP II 系统其他各层计划的依据。所有层次的计划，只是对经营规划进一步具体细化，而不允许偏离经营规划。经营规划在企业高层领导主持下会同市场、生产、计划、物料、技术与财务各部门的负责人共同制定。在执行过程中若有意外情况，则下层计划人员只有反馈信息的义务，没有变动规划的权限；变更经营规划只能由企业高层领导决策。

2. 销售与运营规划

销售与运营规划以产品族为处理对象，帮助企业从大格局、高层次上平衡供需关系，提供优秀的客户服务。具有衔接经营规划与详细计划中的执行过程及协调市场和企业职能部门工作的作用。

销售与运作规划是 MRP II 系统的第二个计划层次。在早期的 MRP II 流程中分为销售规划与生产规划(或产品规划)两个层次，由于它们之间有不可分割的联系，所以后来合并为一个层次。销售与运作规划是为了体现企业经营规划而制定的产品系列生产大纲，软件应包括这个计划层次，但由于它主要是由人工方式进行决策并录入数据，而不是由系统运算得出的结果，因此，并非所有的软件都包括这层计划功能。

销售与运作规划的作用是：第一，把经营规划中用货币表达的目标转换为用产品系列的产量来表达；第二，制定一个均衡的月产率，以便均衡地利用资源，保持稳定生产；第三，控制拖欠量(对 MTO)或库存量(对 MTS)；第四，作为编制主生产计划(MPS)的依据。销售规划不一定和生产规划完全一致，例如，销售规划要反映季节性需求，而生产规划要考虑均衡生产。在不同的销售环境下，生产规划的侧重点也不同，例如，对现货生产(MTS)类型的产品，生产规划在确定月产率时，要考虑已有库存量。如果要提高成品库存资金周转次数，年末库存水准要低于年初，那么生产规划的月产量就低于销售规划的预测值，不足部分用消耗库存量来弥补。对订货生产(MTO)类型的产品，生产规划要考虑未交付的拖欠订单量(Backlog)，如果要减少拖欠量，那么生产规划的月产量要大于销售规划的预计销售量。

3. 主生产计划

主生产计划是对企业生产大纲的细化，以协调生产需求与可用资源。主生产计划详细规定生产什么、什么时段应该产出，它是独立需求计划，是综合计划向具体规划转化的过渡关键。

主生产计划(MPS)在 MRP II 系统中是一个重要的计划层次，是传统手工管理没有的新概念。它根据客户合同和预测，把销售与运作规划中的产品系列具体化，确定出厂产品，使之成为展开 MRP 与 CRP 运算的主要依据，对从宏观计划向微观计划的过渡起承上启下作用。主生产计划又是联系市场、主机厂或配套厂及销售网点(面向企业外部)同生产制造(面向企业内部)的桥梁，使生产计划和能力计划符合销售计划要求的优先顺序，并能适应不断变化的市场需求；同时，主生产计划又能向销售部门提供生产和库存信息，提供可供销售量的信息，作为同客户洽商的依据，起了沟通内外的作用。

总之，主生产计划在 ERP 系统中的位置是一个上下内外交叉的枢纽，地位十分重要。在运行主生产计划时要相伴运行粗能力计划，只有经过按时段平衡了供应与需求后的主生产计划，才能作为下一个计划层次——物料需求计划的输入信息。主生产计划必须是现实可行的，需求量与需求时间都是符合实际的，没有夸大或缩小，它必须是一种可以执行的目标。只有可执行的才是可信的，才能使企业全体员工认真负责地去完成计划。因此，主生产计划编制和控制是否得当，在相当大的程度上关系到 ERP 系统的成败。它之所以称为"主"生产计划，就是因为它在 MRPⅡ 系统中起着"主控"的作用。我们强调主生产计划的重要意义是指普遍的情况，特别是多品种小批量和有多种变型的系列产品的情况。如果企业产品的生产周期特别长，比如说在 9 或 10 个月以上，同时每年生产的数量又较少，那么主生产计划的重要性可能就不一定十分明显。

4. 物料需求计划

物料需求计划是指依据主生产计划、物料清单和库存记录对每种物料进行计算，核心是确保物料和能力的可用性，指出何时将会发生物料短缺并给出建议，以最小库存量满足需求，避免物料短缺。

其主要内容包括客户需求管理、产品生产计划、原材料计划以及库存记录。其中客户需求管理包括客户订单管理及销售预测，将实际的客户订单数与科学的客户需求预测相结合，即能得出客户需要什么以及需求多少。

物料需求计划(MRP)是一种推式体系，根据预测和客户订单安排生产计划。因此，MRP 基于天生不精确的预测建立计划，"推动"物料经过生产流程。也就是说，传统 MRP 的方法是依靠物料运动经过功能导向的工作中心或生产线(而非精益单元)，这种方法是为最大化效率和大批量生产来降低单位成本而设计的。计划、调度并管理生产以满足实际和预测的需求组合。生产订单出自主生产计划(MPS)，然后经由 MRP 计划出的订单被"推"向工厂车间及库存。

5. 能力需求计划

能力需求计划把物料需求转换为能力需求，即对各生产阶段和工作中心所需资源精确计算后，按得出的人力负荷、设备负荷等，平衡和调整生产计划，使之更加合理有效。

总之，划分层次是为了明确责任，不同层次计划的制订或实施由不同的管理层负责。计划和控制是 MRPⅡ 的目标手段。计划是为达到一定的目标而制定的行动方案；控制是为保证计划完成而采取的措施。

上述 5 个层次体现由宏观到微观、由战略级到战术级、由粗到细的可执行管理的深化过程。越接近顶层计划对需求的预测成分越大，内容越概括，计划展望期越长；往下则反之。其中经营计划和销售与运营规划具有宏观的性质，主生产计划是宏观向微观的过渡计划，物料需求计划是主生产计划的具体化，能力需求计划把物料需求转化为能力需求；前 3 个层次称为主控计划，是制定企业经营战略目标的层次；后 2 个是在需求和供给两个方面计划与控制的具体化与协调实施的过程，要进行不同深度的供需平衡，并根据反馈的信息，运用模拟方法加以调整或修订。可以说上层计划是下层计划的依据，下层计划不能偏离上层计划的目标，以保证企业遵循着一个统一的计划。

1.6　ERP

对于 ERP 的定义，我们在上文中已经介绍了，因此，在此节内容中我们将重点讲解 ERP 的功能及新发展。

1.6.1　ERP 的功能

Gartner Group 公司是通过一系列功能标准来界定 ERP 系统的。Gartner Group 提出的 ERP 功能标准包括以下 4 个方面。

第一，超越 MRPⅡ范围的集成功能。包括质量管理、实验室管理、流程作业管理、配方管理、产品数据管理、维护管理、管制报告和仓库管理。

第二，支持混合方式的制造环境。既可支持离散型制造环境又可支持流程型制造环境；按照面向对象的业务模型重组业务过程的能力以及在国际范围内的应用。

第三，支持能动的监控能力，提高业务绩效。在整个企业内采用计划和控制方法、模拟功能、决策支持能力和图形能力。

第四，支持开放的客户机/服务器(Client/Server，C/S)计算环境。包括：客户机/服务器体系结构；图形用户界面(GUI)；计算机辅助软件工程(CASE)；面向对象技术；关系数据库；第四代语言；数据采集和外部集成(EDI)。

1. 超越 MRPⅡ范围的集成功能

上述的功能标准中第一个所列的 8 项扩展功能均是相对于标准 MRPⅡ系统来说的，这些扩展的功能仅是 ERP 超越 MRPⅡ范围的首要扩展对象，并非 ERP 的标准功能清单。由于 ERP 的发展尚未达到 MRPⅡ那样的标准和规范，目前尚不能像"MRPⅡ标准系统"那样形成一个"ERP 标准系统"。事实上，像质量管理、实验室管理、流程作业管理等许多不包括在标准 MRPⅡ系统之内的功能，在目前的一些软件系统中已经具备，但是还缺少标准化和规范化。

关于管制报告(Regulatory Reporting)功能的扩展，是由于各国政府对制造业强制执行的环境控制、就业安全及消费者保证等法律法规越来越严格，从而引起大量处理各种遵循法律法规情况报告的需求。对于管制报告方面的需求，发达国家更为迫切。由于不同的国家可能有不同的法规，这方面的功能不可避免地存在客户化的问题。

2. 支持混合方式的制造环境

上述功能标准中第二个所说的"混合方式的制造环境"包括以下三种情况。

(1) 生产方式的混合。这首先是指离散型制造和流程式制造的混合。由于企业的兼并与联合，企业多元化经营的发展，加之高科技产品中包含的技术复杂程度越来越高，使得无论是纯粹的离散型制造环境还是纯粹的流程式制造环境在一个企业中都很少见，通常是两者不同程度的混合。其次是指单件生产、面向库存生产、面向订单装配以及大批量重复生产方式的混合。

(2) 经营方式的混合。这是指国内经营与跨国经营的混合。由于经济全球化、市场国际化、企业经营的国际化，使得纯粹的国内经营逐渐减少，而各种形式的外向型经营越来越多。这些外向型经营可能包括原料进口、产品出口、合作经营、合资经营、对外投资直到跨国经营等各种形式的混合经营方式。

(3) 生产、分销和服务等业务的混合。这是指多种经营形成的技、工、贸一体化集团企业环境。

为了支持混合方式的制造环境，ERP 系统必须在以下两方面突破 MRP II 的局限。

(1) 在标准MRP II系统中，一直未专门涉及流程工业的计划与控制问题。这和传统MRP奉行的简单化原则有关。在标准MRP II系统中，是以行业普遍适用的原则来界定所包含的功能的。例如，制药行业对批号跟踪与管理的需求来自于法律法规的特殊管制，而不是所有的行业都需要这些功能，如洗衣机行业就不需要，因为没有这方面的法规要求。但是，随着质量保证的需求和为消费者服务的需求的发展，洗衣机行业也有了批号跟踪与管理的需求。因此，行业普遍适用的原则标准也发生了变化。ERP扩展到流程行业，把配方管理、计量单位的转换、联产品和副产品流程作业管理、批平衡等功能都作为ERP不可缺少的一部分。值得注意的是，以上所说在标准的MRP II系统中没有包含流程行业的问题，这并不意味着所有的MRP II软件都不适用于流程行业。标准MRP II系统和具体的MRP II软件并非同一件事情。

(2) 传统的 MRP II 软件系统往往是基于标准的 MRP II 系统，同时面向特定的制造环境开发的。因此，即使通用化的商品软件在按照某一用户的需求进行业务流程的重组时，也会受到限制。目前，具有这种有限能力的软件对于满足用户的特定需求是用剪裁和拼装的方式通过不同的产品模块配置来实现的。但是，这很难满足用户在瞬息万变的经营环境中，根据客户需求快速重组业务流程的足够的灵活性要求。这种功能正是 ERP 所追求的。实现的方法不是剪裁拼装式的，而是企业业务流程的重组(Reengineering)。实现这个目标的技术是计算机辅助软件工程和面向对象的技术。

3. 支持能动的监控能力

上述功能标准中第三个是 ERP 能动式功能的加强。与能动式功能相对的是反应式功能。反应式功能是在事务发生之后记录发生的情况。能动式功能则具有主动性和超前性。ERP 的能动式功能表现在它所采用的控制和工程方法、模拟功能、决策支持能力和图形能力。例如，把统计过程控制的方法应用到管理事务中，以预防为主，就是过程控制在 ERP 中应用的例子。把并行工程的方法引入 ERP 中，把设计、制造、销售和采购等活动集成起来，并行地进行各种相关作业，在产品设计和工艺设计时，就要考虑生产制造问题；在制造过程中，如有设备工艺变更，则要及时反馈给设计。这就要求 ERP 具有实时功能，并与工程系统(CAD/CAM)集成起来，从而有利于提高产品质量，降低生产成本，缩短产品开发周期。

决策支持能力是 ERP "能动"功能的一部分。传统的 MRP II 系统是面向结构化决策问题的，就它所解决的问题来说，决策过程的环境和原则均能用明确的语言(数学的或逻辑的，定量的或定性的)清楚地予以描述。在企业经营管理中，还有大量半结构化和非结构化的问题，决策者往往对这些问题有所了解，但不全面；有所分析，但不确切；有所估计，但不准确，如新产品开发、企业合并、收购等问题均是如此。ERP 的决策支持功能则要扩展到对这些半结构化和非结构化问题的处理。

4. 支持开放的客户机/服务器计算环境

上述功能标准中第四个是关于 ERP 的软件支持技术的。为了满足企业多元化经营以及合并、收购等活动的需求，用户需要具有一个底层开放的体系结构，这是 ERP 面向供应链管理，快速重组业务流程，实现企业内部与外部更大范围内信息集成的技术基础。

1.6.2 ERP 的新发展

2000 年 10 月，Gartner Group 公司发布了以亚太地区副总裁、分析家 B. Bond 等 6 人署名的报告——ERP is Dead-Long Live ERPⅡ，并提出了 ERPⅡ的概念。Gartner Group 公司给出的定义为：ERPⅡ是通过支持和优化企业内部和企业之间的协同运作和财务过程，以创造客户和股东价值的一种商务战略和一套面向具体行业领域的应用系统。

为了区别于 ERP 对企业内部管理的关注，Gartner Group 在描述 ERPⅡ时，引入了"协同商务"的概念。协同商务(Collaborative Commerce)，是将具有共同商业利益的合作伙伴整合起来，主要是通过对整个商业周期中的信息进行共享，实现和满足不断增长的客户的需求，同时也满足企业本身的活力能力。通过对各个合作伙伴的竞争优势的整合，共同创造和获取最大的商业价值以及提供获利能力。

综观 ERP 的发展，从订货点法到 MRP，到 MRPⅡ，到 ERP 以及 ERPⅡ的新概念，每个阶段的发展与完善都是与当时的市场环境需求、企业管理模式的变革和技术条件紧密联系在一起的，而且集成的范围越来越大。

因此，未来 ERP 的发展在整体思想体系上必将实现更大范围的集成，支持以协同商务、相互信任、双赢机制和实时企业为特征的供应链管理模式，实现更大范围的资源优化配置，降低产品成本，提高企业竞争力。至于未来的 ERP 叫什么，我们认为 ERP 这个名称就很好。首先，从字面上来说，ERP 涵盖的内容相当宽泛，内涵相对稳定。其次，这个领域需要一个稳定的名称来涵盖，而不应当每有新意就提出一个新的名称，而且伴随着对原有名称的否定。试想如果在数学的几千年的发展中，每有新的思想或方法出现就提出一个新的名称而且否定原来的名称，并用罗马数字加标号，那么要表示一种现代数学方法该用多么烦琐的字符串？

课后习题

1. 联想集团总裁柳传志先生曾经说过"不上 ERP 是等死，上 ERP 是找死"，请你结合本章所学知识，谈一谈你对柳传志先生这句话的理解。

2. 请结合信息时代的新技术发展——云计算、大数据等概念，谈一谈你对 ERP 的未来发展的预期。

第2章

ERP管理软件应用基础

本章以易飞 ERP 系统为例，重点介绍 ERP 管理软件的系统构架，以及在企业日常管理应用中的基础操作和基本信息子系统的相关知识。通过本章的学习，学生应对 ERP 软件有基本的认识，了解如系统登录方式、主界面操作流程、录入作业界面等，并熟练掌握基本信息子系统的各类操作，如录入用户信息、更改用户权限、设置共用参数等。

2.1　易飞 ERP 的系统架构

易飞 ERP 具有企业营运必备的二十多个必选模块，同时，为了满足企业的深度信息化管理需求，还特别开发了一些特殊管理模块。这些模块都是相互关联的，只要企业有相关需求，选购模块后都能轻松上线。

2.1.1　易飞 ERP 模块架构

图 2.1 显示了易飞 ERP 7.0 版本的系统架构状态。

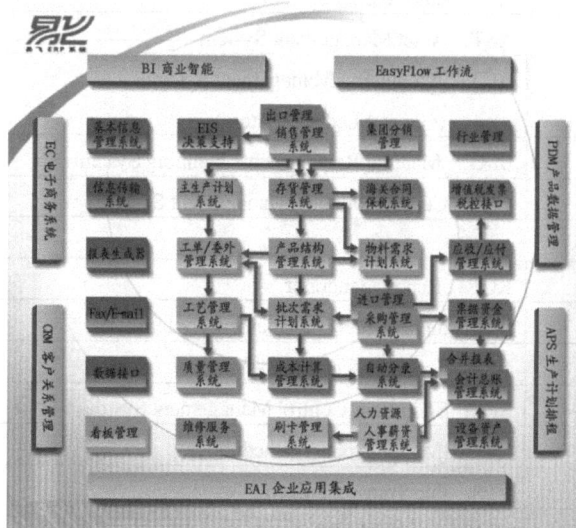

图 2.1　易飞 ERP 系统架构图

那么易飞 ERP 涵盖了哪些模块呢？

从表 2.1 所示的易飞 ERP 全模块一览表中可看出各模块的名称等信息，企业在实施这些模块时，并不是一开始就全部一起上线，通常企业会分阶段来实施。最常见的可分为三个阶段：第一阶段为 1~17 的基础模块；第二阶段为整合性模块，待基本模块上线成功后，再逐步实施，如表中模块 18、19；而第三阶段就是管理决策分析模块，如表中的 39~43 行。其他的模块是一些选择性的系统，要根据企业的预算及管理需求来进行规划，不是一定要选择的，不过这些模块并不能独立上线，都必须在基本模块上线后才能上线。

表 2.1　易飞 ERP 全模块一览表

系统名称	系统代号与全名	主要职能部门
◆ 基础模块		
1. 管理维护子系统	ADM：Administrator System	MIS
2. 基本信息管理系统	CMS：Common Data Management System	
3. 存货管理子系统	INV：Inventory Management System	仓管部
4. 产品结构管理系统	BOM：Bill Of Material Management System	研发部
5. 销售管理系统	COP：Custom Order Processing	销售部
6. 营业决策支持系统	SAS：Sale Analysis System	销售部
7. 采购管理子系统	PUR：Purchase Management System	采购部
8. 工单/委外子系统	MOC：Manufacture Order Control System	生产管理/车间
9. 人事薪资子系统	PAL：Payroll Management System	人力资源部
10. 刷卡管理子系统	AMS：Attendance Management System	人力资源部
11. 批次需求计划系统	LRP：Lot Requirements Planning System	生产管理/采购部
12. 应付管理子系统	ACP：Account Of Payable	财务会计
13. 应收管理子系统	ACR：Account Of Receivable	财务会计
14. 票据资金管理系统	NOT：Note Of Receivable/Payable	出纳
15. 自动分录子系统	AJS：Auto Journal System	财务会计
16. 设备资产子系统	AST：Asset Management System	总务部
17. 会计总账子系统	ACT：Accounting Management System (General Ledger System)	财务会计
18. 物料需求计划系统	MRP：Material Requirements Planning System	生产管理/采购部
19. 成本计算子系统	CST：Cost Accounting Management System	财务会计
◆ 选择性系统		
20. 报表生成器	RGR：Report Generator	MIS
21. 进口管理子系统	IPS：Import Order Management System	采购部
22. 出口管理子系统	EPS：Export Processing System	业务部
23. 工艺管理子系统	SFC：Shop floor Control Management System	生产管理/车间
24. 主生产排程系统	MPS：Master Product Schedule	生产管理
25. 信息传输管理系统	FTS：File Transfer System	MIS
26. 质量管理系统	QMS：Quality Management System	质检部

(续表)

系统名称	系统代号与全名	主要职能部门
27. Fax/Email 处理系统	FEP：Fax and Email Process System	MIS
28. 人力资源管理系统	HRS：Human Resource System	人力资源部
◆ 产业特性需求模块		
29. 维修服务系统	RMA：Return Material Authorization	仓管部
30. 多角贸易子系统	MTP：Merchanting Trade Process	MIS
31. 财务合并报表系统	FCS：Financial Consolidation System	财务会计
32. 财务上报数据系统	FRS：Financial Report System	财务会计
33. 药品经营质量管理系统	GSP：Good Supply Practice	
34. 药品生产质量管理系统	GMP：Good Manufacturing Practice	
35. 税控接口管理系统	TIS：Tax Interface System	财务会计
36. 易飞软件英文语言包		
37. 看板管理系统	KBS：Kanban Management System	
38. 海关合同保税系统	CUS：Customer Order Processing System	销售部
◆ 高阶管理信息系统		
39. 存货决策支持系统	EII (Inventory Executive Information system)	高阶管理
40. 生产决策支持系统	EIM (Manufacture Executive Information system)	高阶管理
41. 人力资源决策支持系统	EIP (Payroll Executive Information system)	高阶管理
42. 财务决策支持系统	EIF (Financial Executive Information system)	高阶管理
43. 商业智能决策系统	BIS (Business Information System)	MIS

2.1.2　ERP 各系统模块与公司功能组织的关联

ERP 系统是为了解决企业各职能部门的流程及管理问题，以下我们简单地将这些模块与企业职能的对应关系做一下归类，用图 2.2 来表示。

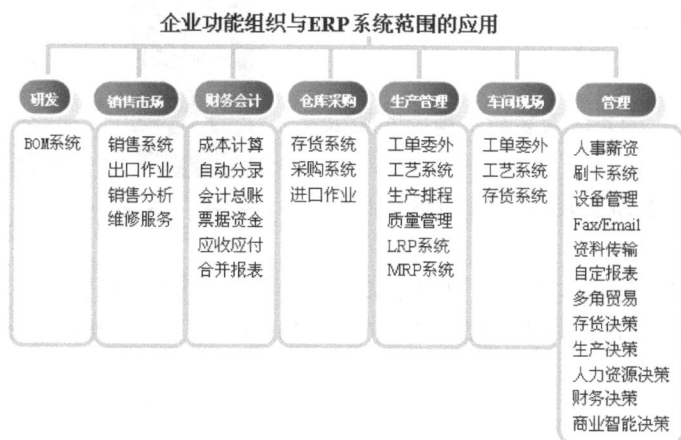

图 2.2　ERP 模块与企业功能组织的应用

从图2.2我们可以看出：

第一，企业在进行信息化时各部门都与信息化模块有着密不可分的联系。

第二，每一个ERP的模块都是为解决企业部门的营运需求而设计的，所以各部门的人员或主管，要多花时间来了解ERP各模块的功能效益。

ERP模块定义与企业部门间的职能划分有密切关联，图2.2所示意的只是指该模块与哪一个部门关联比较大，并不表示和其他部门就完全没关系。

2.2　易飞ERP基础操作篇

在了解上述ERP系统的基本构架情况之后，我们将以易飞ERP为例来重点讲述ERP系统的基础操作，主要包括登录系统、系统画面、录入作业、工作日志、凭证打印、报表、队列工作控制台等内容。

2.2.1　系统登录方式

1. 如何开启/关闭系统

(1) 开启系统的方法

方式一：由桌面易飞程序的快捷方式开启。

方式二：执行"开始"|"程序"|"神州数码易飞ERP系统"|"易飞ERP系统"命令开启。

(2) 关闭系统的方法

单击窗口右上角的"关闭"按钮即可离开系统。

2. 登录方式

(1) 登录系统(见图2.3)

【作业重点】

① 账号：DS，为系统安装后，预设的超级用户。

② 口令：无，系统安装后，默认DS的口令为空。

图2.3　"易飞ERP登录"界面

③ 公司：可建立多公司账套，可根据实际选择要登录的公司账套。

④ Language：分为中文(繁体)、中文(简体)、English三种，可根据实际情况自行选择。

(2) 重新登录系统

【操作步骤】

步骤一：单击"重新登录"按钮，如图2.4所示。

步骤二：重新输入账号、口令，选择要登录的公司。

图 2.4　"重新登录系统"界面

(3) 修改登录密码

【操作步骤】

在系统主界面中，执行"管理维护子系统"|"录入用户信息"命令，进入"录入用户信息"界面，开始更改登录密码(见图 2.5)。

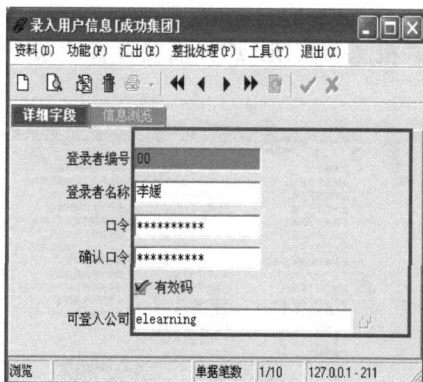

图 2.5　"录入用户信息"界面

【作业重点】

除超级用户外，所有用户只能修改自己的账号和密码，无法修改其他用户的密码。

(4) 切换登录公司

【操作步骤】

单击系统主界面上方的公司账套下拉菜单，选择要切换的登录公司(见图 2.6)。

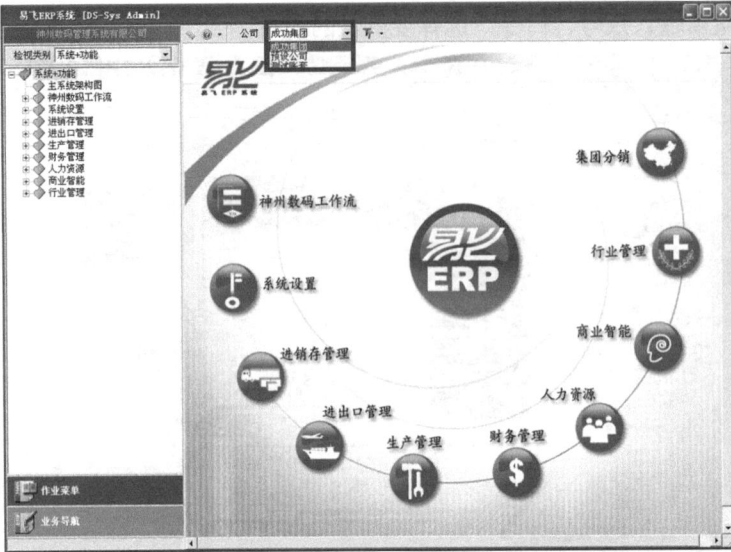

图 2.6 "切换登录公司"界面

2.2.2 系统画面简介

1. 联机帮助

【操作步骤】

单击系统主界面上方的联机丛书按钮,选择需要查看的系统模块,进入联机帮助界面(见图 2.7 和图 2.8)。

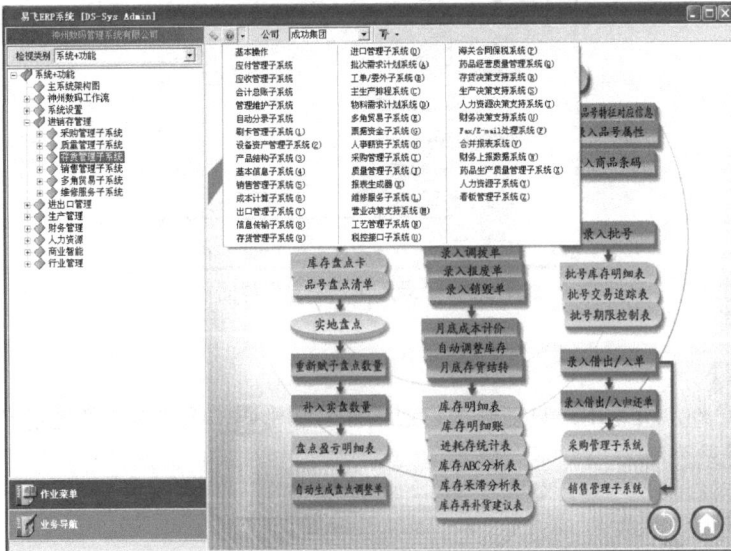

图 2.7 进入联机帮助界面

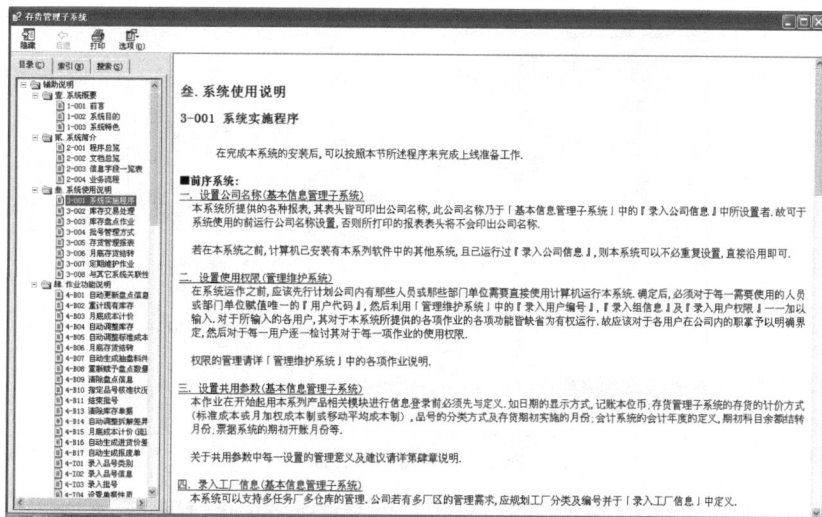

图 2.8　联机帮助界面

【作业重点】

在易飞 ERP 系统中，如果在操作过程中，有任何疑问，都可以使用联机帮助来协助您解决这些问题。大部分模块的联机帮助手册都会有以下四个章节。

① 系统概要：说明了这一模块的目的及特色。

② 系统简介：整理汇总该模块中的所有程序、档案和字段的相关信息。

③ 系统使用说明：主要呈现模块的作业流程及管理报表等信息。

④ 作业功能说明：说明所有的程序。

另外，在输入单据的时候如果遇到问题，可直接在单据上按F1键，系统会链接到联机丛书第四章节中的"作业功能说明"。

2. 检视类别

【目的】

易飞 ERP 系统中，检视类别有系统＋作业、系统＋功能、自定义三种呈现方式。不同的呈现方式，可按不同的角度排列作业清单。这样有利于不同职能的用户个性化的操作，同时也可自定义新增的检视类别(见图 2.9)。

3. 作业清单

【作业重点】(见图 2.10)

作业清单中，将各模块对应的程序归在同一类中，各模块又可细分各子分类，共三层。如"采购管理子系统""供应商管理""录入供应商信息"等，使用者可以单击"＋"节点按钮，将各分类下的作业展开，进入，也可以单击"－"节点按钮，将展开的分类再折叠起来，退出。

清单的先后顺序和作业名称都是可以调整的。

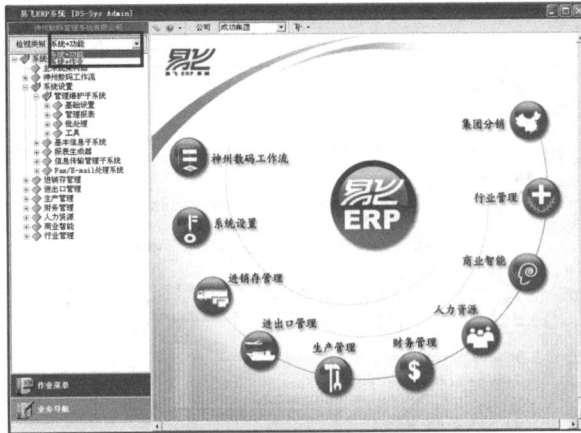

图 2.9　检视类别界面

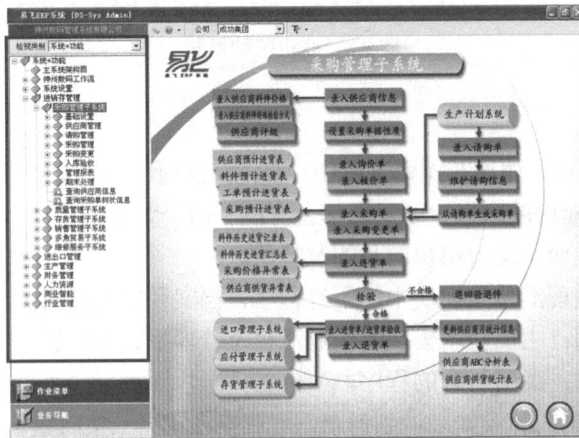

图 2.10　作业清单界面

4. 流程图

【作业重点】

流程图中对应的图标为启动各程序的按钮(见图 2.11)。

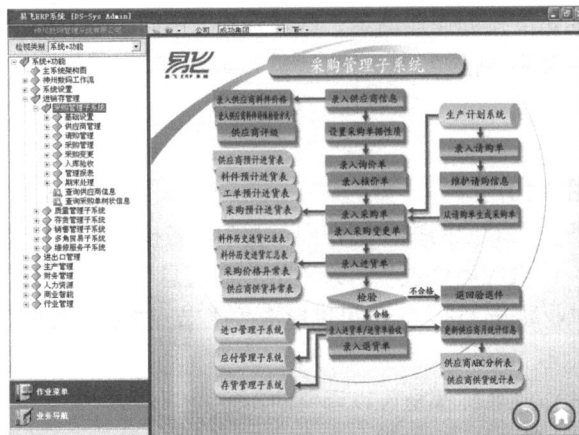

图 2.11　流程图界面

2.2.3　录入作业界面简介

【作业重点1】 (见图2.12)

字段颜色代表的意义如下。

- 绿色：键值(Key)字段，一经保存，无法更改字段值。
- 黄色：必须输入的字段，保存前需输入数据，否则不能保存。
- 白色：可弹性地让使用者输入数据，空白仍可保存。

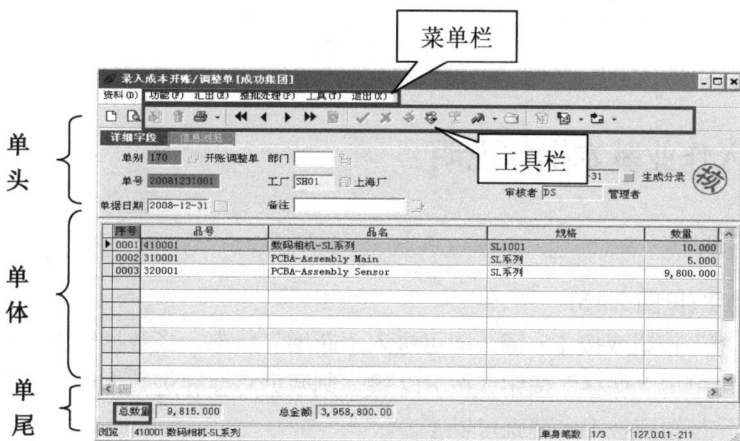

图2.12　录入作业界面

【作业重点2】

字段旁的图标按钮(见图2.13)，可以开窗选择合适的数据。

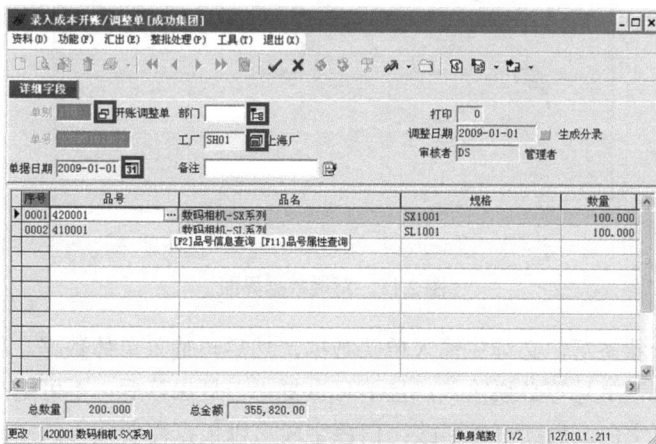

图2.13　图标按钮

【作业重点3】

单体字段的旁边，在编辑的时候，如果可以开窗选择，会出现一个有三个小点的浮钮，当光标移动到浮钮上面，系统会自动告知，这个浮钮有几个功能可以开窗(见图2.14)。

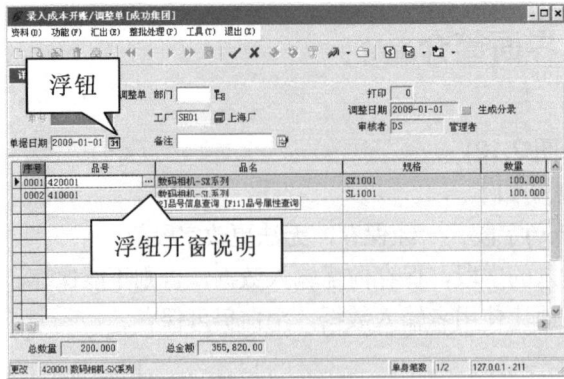

图 2.14　浮钮

2.2.4　录入作业基本操作说明

1. 新增数据

【作业重点】 (见图 2.15)

单击"新增"按钮或按 F5 键，即可进入"新增"状态。当数据输入完成后，若要将此笔数据保存，可单击"保存"按钮或按 F12 键，则数据将会存进数据库中，若不要保存，只要单击"取消"按钮或按 Esc 键就可以了。

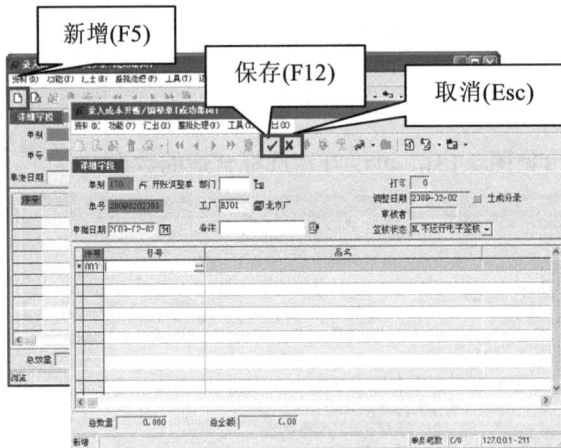

图 2.15　新增数据界面

单据进入新增状态后，必须先输入单头数据，然后再输入单体数据。新增数据时注意：绿色字段，如单别、单号等必须输入，且不可重复，一旦保存后，不可更改；黄色字段，如单据日期等，不可空白，后续可以更改；白色字段可以根据需要输入。

2. 查询数据

【作业重点】

单击"查询"按钮或按 F6 键，进入查询界面(见图 2.16)。

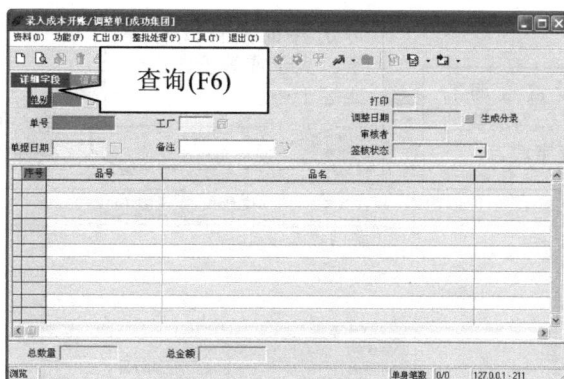

图 2.16　查询数据界面

(1) 一般选项

每个作业的"一般选项"设置的可查询条件，都不太一样，以"录入成本开账/调整单"为例，其"一般选项"的可查询条件为"单别"及"单号"，若使用者已经知道想要查询的成本开账/调整单的单别和单号，则只要输入查询条件后，再单击"确定"按钮，就可以查询到特定的数据(见图 2.17)。

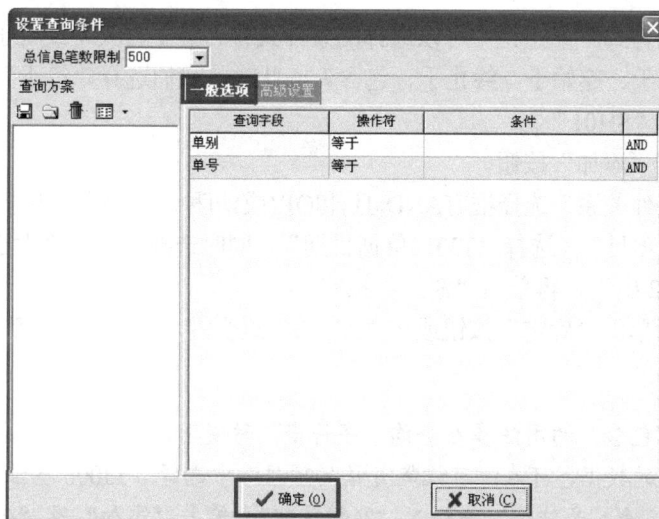

图 2.17　"一般选项"查询界面

但是要记住某张单据的单别和单号可能不是很容易，所以使用者可以利用"高级设置"的查询方式，做进一步的查询。

(2) 高级设置

【业务场景】

现在，我们要查找成功集团自 2008 年 12 月 1 日起，在工厂 SH01 中的所有期初开账单(见图 2.18)。

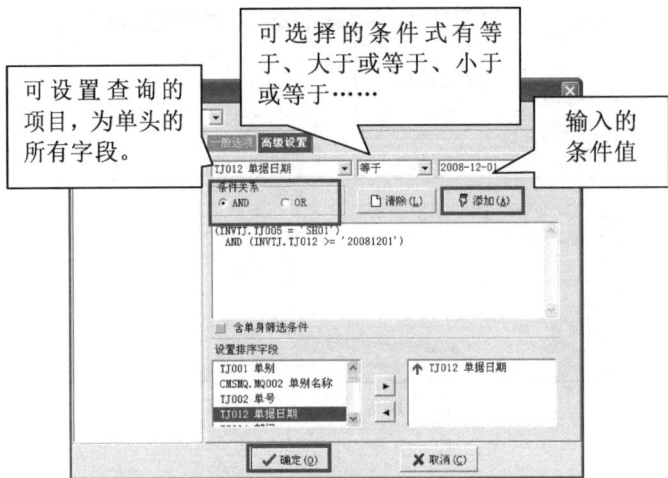

图2.18 "高级设置"查询界面

【操作步骤】

步骤一： 在"高级设置"查询界面中，从"可设置查询的项目"下拉菜单中选择"TJ004工厂"。

步骤二： "条件式"下拉栏中可以选择的条件式有"等于、大于或等于、小于或等于、大于、小于、不等于、起始于、终止于、包含"。此时，我们选择"等于"，然后在"输入的的条件值"中输入"SH01"。

步骤三： 单击"添加"按钮。

步骤四： "条件关系"选择框有AND(且)和OR(或)两种。此例我们选择"AND"。再回到"可设置查询的项目"，选择"TJ012单据日期"，同时选择条件式"大于或等于"，再输入条件值"2008-12-01"，再单击"添加"按钮。

步骤五： 最后单击"确定"按钮或按"Alt+O"组合键，就可以查询到想要的数据了。

注意：

条件式中的"包含"的用法多在查询"字符串"时使用，如要查询"备注"字段中包含"制造部"三个字的数据，可在"可设置查询的项目"中选择"TJ006备注"，然后选择条件式"包含"，再在"输入条件值"中输入"%制造部"，单击"添加"及"确定"按钮后，则字符串中只要包含"制造部"三个字的数据，都可以查询得到。若已知"制造部"是字符串的前三个字，则只需输入"制造部"三个字即可，无须在"制造部"三个字前再加"%"符号。

(3) 单体设置

除了上述两种查询方式外，我们还将介绍另一种查询方式——单体设置。

【业务场景】

查找成功集团品号为410001的成本开账/调整数据(见图2.19和图2.20)。

【操作步骤】

步骤一： 选择"高级设置"查询选项。

步骤二： 勾选"含单体筛选条件"选项，单击"确定"按钮后，弹出"单体设置"查询界面。

    步骤三：选择"可设置查询项目"为"TK004 品号"，"条件式"选择"等于"，"输入条件值"为"410001"，单击"添加"按钮，最后再单击"确定"按钮。

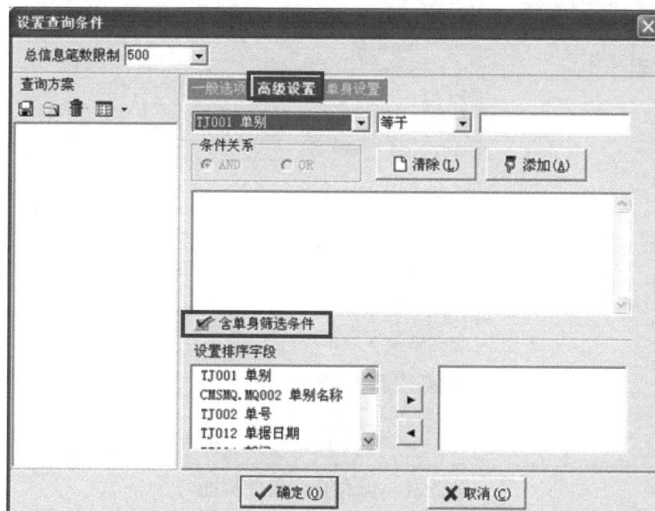

图 2.19 "高级设置"查询界面

图 2.20 "单体设置"查询界面

【作业重点】

    查询的方法与"高级设置"的查询方式一样，可以选择"可设置查询的项目""条件式"及"输入条件值"，差别在于"高级设置"的"可设置查询的项目"为该录入作业的"单头"字段，而"单体设置"的"可设置查询项目"为该录入作业的"单体"字段。

    (4) 保存查询条件

    如果这样的查询条件是经常要用到的，而使用者又不希望每次都输入这么多的内容，就可以将这些查询条件保存起来。

【操作步骤】

步骤一： 单击查询方案中的"保存"按钮(见图2.21)。

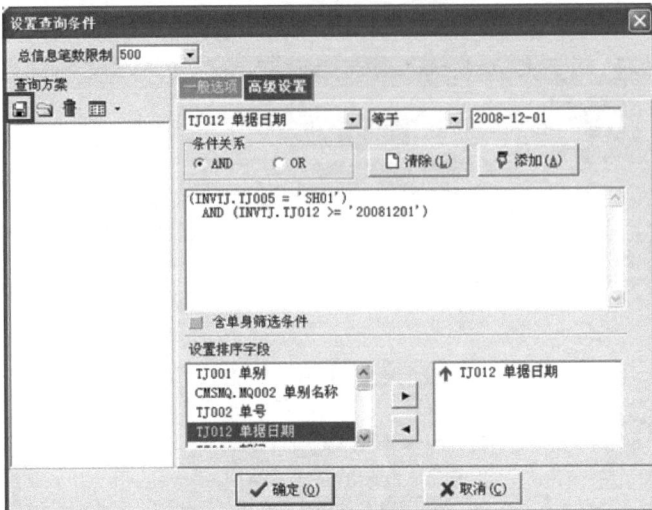

图2.21　保存查询条件界面

步骤二： 在弹出的录入方案名称的对话框中，输入要保存的查询方案名称之后，单击"确定"按钮(见图2.22)。

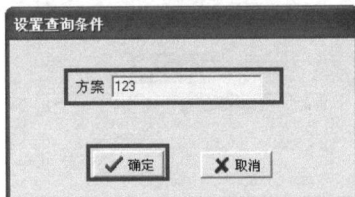

图2.22　录入方案名称

步骤三： 保存后的方案显示在左边的空白区域内，每次使用时只需双击保存在"查询方案"中的方案即可(见图2.23)。

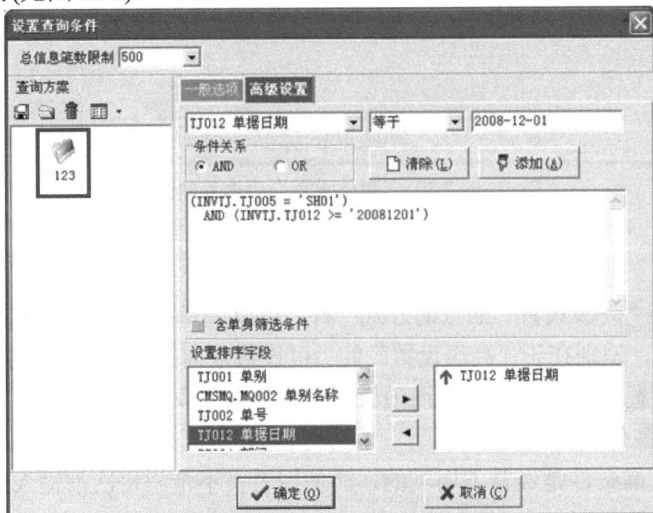

图2.23　保存后的方案显示

3. 更改、审核、作废数据

【作业重点】(见图 2.24)

若要更改数据，必须先查询出要更改的数据，查询方法详见"查询数据"一节。然后，检查该笔数据不能是"已审核"或"已作废"的单据。最简单的辨别方法就是，"更改"按钮是否允许单击。单击"更改"按钮，就可以直接选择要更改的字段进行更改了。

单据数据输入完毕送交审核人员审核后，可单击"审核"按钮，系统会出现一个红色"核"字，表示此资料经过核准确认，并且在此状态下的数据不得进行修改、删除及作废的操作。

但若单据数据输入完毕后，因故需废除此张单据数据，则在未审核的状态下，可单击"作废"按钮，将此资料作废。若某张单据数据是不要的，建议用作废方式处理，不建议用删除方式处理。

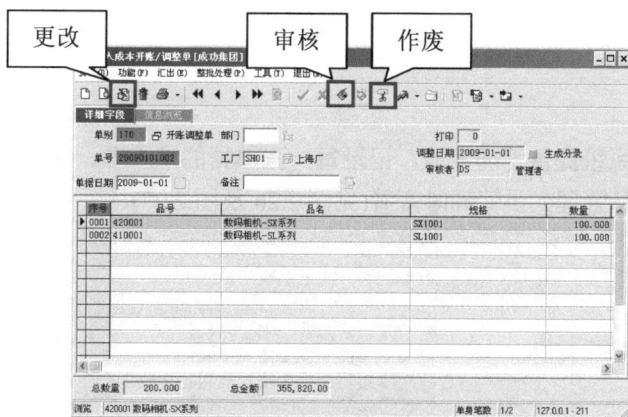

图 2.24　录入作业界面

4. 删除数据

【作业重点】(见图 2.25)

"删除"可以分为两种：整张单据删除及单体单笔数据删除。

① 整张单据删除。

若要删除整张单据，必须先查询出要删除的单据，详见相关章节。检查该笔数据不能是"已审核"或"已作废"的单据，最简单的辨别方法就是，看"删除"按钮是否允许单击。单击"删除"按钮，系统会提示："是否删除此张数据？"，单击"确定"按钮，则该张单据就会从数据库中被删掉。

② 单体单笔数据删除。

若要删除单体的某一笔数据，仍须先查询出要删除单体数据的单据，接着同样是要检查该笔数据不能是"已审核"或"已作废"的单据。然后单击"更改"按钮，再将光标移到要删除的单体数据上，按"Ctrl+Delete"组合键，系统会提示："是否删除本笔信息？"，若单击"确定"按钮，则该笔单体信息就会从该张单据上被删除。

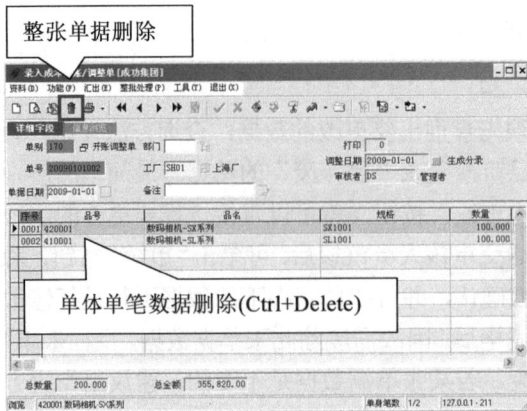

图 2.25　录入作业界面

5. 管理字段介绍

【目的】

录入作业中，系统提供管理字段，记录每一张单据的录入者、录入日期、更改者、更改日期等字段，供信息管理人员管理时查看(见图 2.26 及图 2.27)。

图 2.26　"管理字段"1

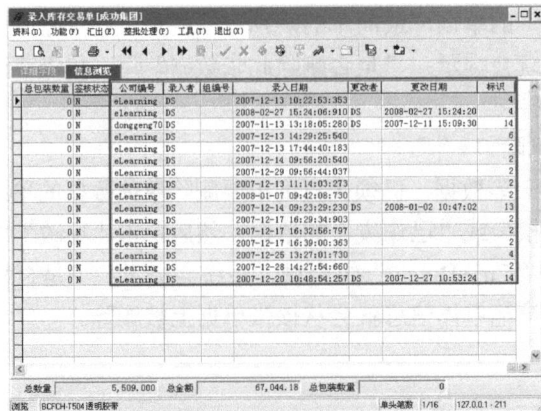

图 2.27　"管理字段"2

【作业重点】

单击"功能"|"管理字段",即可看到系统记录的公司编号、录入者等信息。

6. 保存视图

【目的】

用户可以按照自己使用系统的习惯,在单据的单体重新排列字段的位置并将调整后的视图保存下来。

【操作步骤】

步骤一:拖动录入作业单体字段,按照需要排列显示顺序(见图 2.28)。

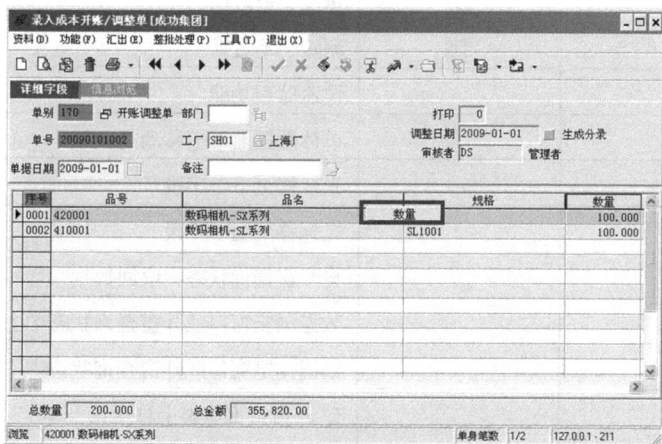

图 2.28　保存视图操作界面 1

步骤二:单击"资料"|"保存视图",保存视图(见图 2.29)。

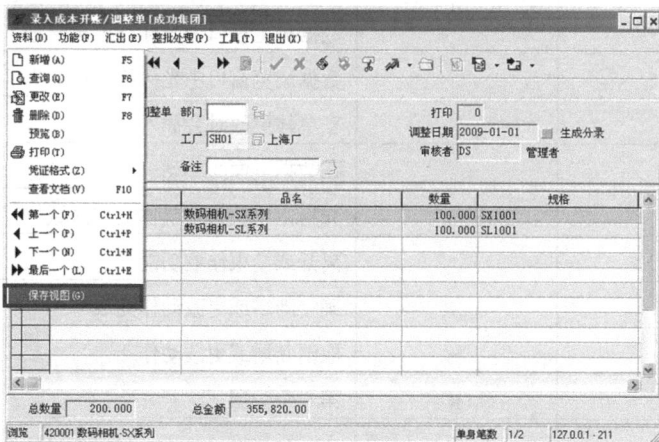

图 2.29　保存视图操作界面 2

7. 功能键、按钮功能介绍

易飞 ERP 系统在操作上的主要按钮及功能键如表 2.2 所示,熟悉以下按钮的使用规则,可让您更加轻松使用本系统。

第一，适用于基本数据及单据数据录入作业。

表 2.2　基本数据功能键及按钮功能

功能键	按钮	应用说明
F1		查询在线说明文件
F2		数据输入字段辅助窗口
F5		新增一笔资料
F6		多笔数据条件式查询
F7		更改一笔数据
F8		删除一笔数据
F12		快速储存功能
↑↓		单体数据上下笔移动功能
Tab 或 Enter		光标移至下一字段
Shift+Tab		光标移至上一字段
Enter 或鼠标双击		自开窗查询状态中取回数据
PgUp		数据浏览窗口或开窗查询状态中上移一页
PgDn		数据浏览窗口或开窗查询状态中下移一页
Home		1. 开窗查询状态上移至第一笔 2. 数据浏览窗口中光标移至该列第一字段
End		1. 开窗查询状态下移至最后一笔 2. 数据浏览窗口中光标移至该列最后字段
Ctrl+Home		数据浏览窗口中光标移至第一笔
Ctrl+End		数据浏览窗口中光标移至最后一笔
Insert		在单体更改时会插入一笔
Ctrl+←或 Ctrl+→		在数据页面间移动
Ctrl+↓		光标由单头移至单体数据区域位置
Esc		离开或结束作业功能
	✔	确定新增或更改动作完成
	✘	取消新增或更改动作
	◀◀	第一个数据
	◀	上一个数据
	▶	下一个数据
	▶▶	最后一个数据

第二，通用快速查询按钮(见表 2.3)。

表 2.3 快速查询按钮功能

按钮	应用说明
31	日历快手，快速选取日期
	地址输入法，快速选取地址
	常用语查询
	开启业务人员信息查询窗口
$	开启币种信息及币种汇率查询窗口
	开启客户信息查询窗口
	开启供应商信息查询窗口
	开启品号信息查询窗口
	开启金融机构信息查询窗口
	开启部门信息查询窗口
	开启会计科目信息查询窗口
	开启各项分类数据辅助窗口
@	开启单位信息查询窗口
	开启工厂及仓库信息查询窗口

2.2.5 工作日志管理

【目的】

易飞 ERP 系统中，如果系统出现异常，管理者可以查看工作日志(见图 2.30)。

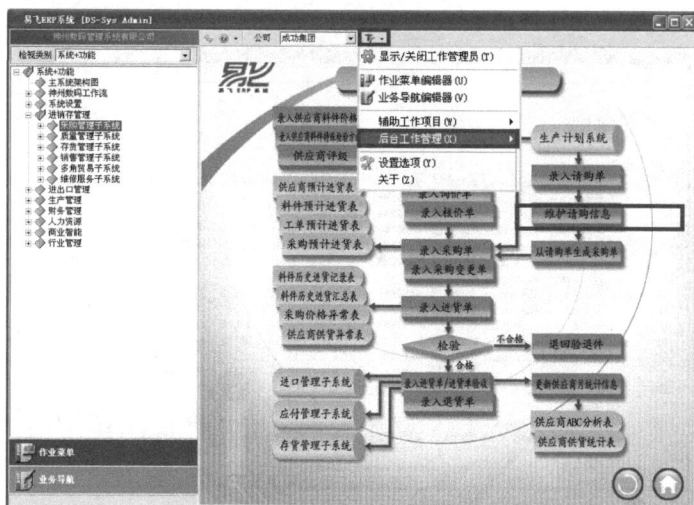

图 2.30 工作日志管理

【作业重点】

工作日志管理的开启方式：在系统主界面中执行“其他作业”|“后台工作管理”|“工作日志管理”命令，进入“工作日志管理”界面。

易飞 ERP 系统中的工作日志管理，分为数据日志和上机记录两种。

1. 数据日志

【作业重点】(见图 2.31)

从作业的角度来记录使用情况。包括作业类型、操作类型、作业代号、操作时间等字段。

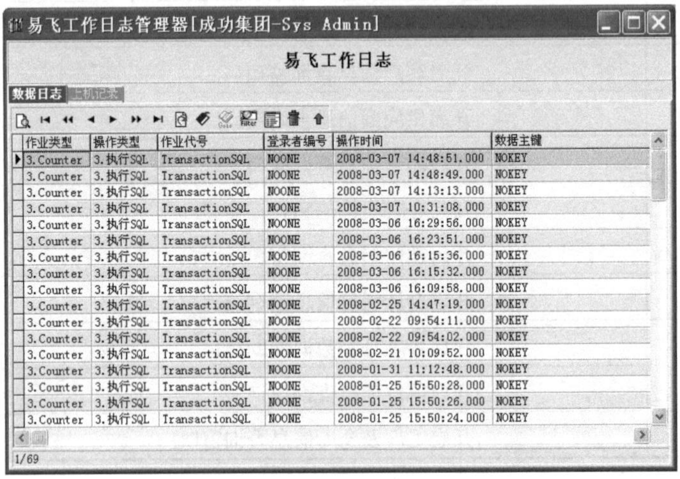

作业类型	操作类型	作业代号	登录者编号	操作时间	数据主键
3.Counter	3.执行SQL	TransactionSQL	NOONE	2008-03-07 14:48:51.000	NOKEY
3.Counter	3.执行SQL	TransactionSQL	NOONE	2008-03-07 14:48:49.000	NOKEY
3.Counter	3.执行SQL	TransactionSQL	NOONE	2008-03-07 14:13:13.000	NOKEY
3.Counter	3.执行SQL	TransactionSQL	NOONE	2008-03-07 10:31:08.000	NOKEY
3.Counter	3.执行SQL	TransactionSQL	NOONE	2008-03-06 16:29:56.000	NOKEY
3.Counter	3.执行SQL	TransactionSQL	NOONE	2008-03-06 16:23:51.000	NOKEY
3.Counter	3.执行SQL	TransactionSQL	NOONE	2008-03-06 16:15:36.000	NOKEY
3.Counter	3.执行SQL	TransactionSQL	NOONE	2008-03-06 16:15:32.000	NOKEY
3.Counter	3.执行SQL	TransactionSQL	NOONE	2008-03-06 16:09:58.000	NOKEY
3.Counter	3.执行SQL	TransactionSQL	NOONE	2008-02-25 14:47:19.000	NOKEY
3.Counter	3.执行SQL	TransactionSQL	NOONE	2008-02-22 09:54:11.000	NOKEY
3.Counter	3.执行SQL	TransactionSQL	NOONE	2008-02-22 09:54:02.000	NOKEY
3.Counter	3.执行SQL	TransactionSQL	NOONE	2008-02-21 10:09:52.000	NOKEY
3.Counter	3.执行SQL	TransactionSQL	NOONE	2008-01-31 11:12:48.000	NOKEY
3.Counter	3.执行SQL	TransactionSQL	NOONE	2008-01-25 15:50:28.000	NOKEY
3.Counter	3.执行SQL	TransactionSQL	NOONE	2008-01-25 15:50:26.000	NOKEY
3.Counter	3.执行SQL	TransactionSQL	NOONE	2008-01-25 15:50:24.000	NOKEY

图 2.31　数据日志

2. 上机记录

【作业重点】(见图 2.32)

从使用者的角度来记录使用情况。包括登录者编号、登录者名称、工作站 IP、程序名称等信息。

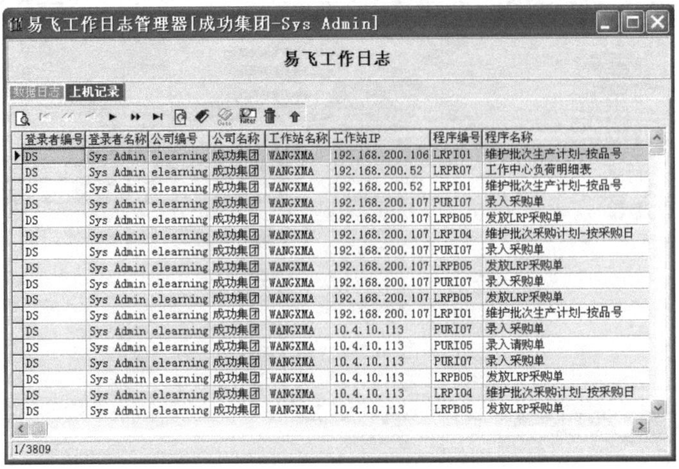

登录者编号	登录者名称	公司编号	公司名称	工作站名称	工作站IP	程序编号	程序名称
DS	Sys Admin	elearning	成功集团	WANGXMA	192.168.200.106	LRPI01	维护批次生产计划-按品号
DS	Sys Admin	elearning	成功集团	WANGXMA	192.168.200.52	LRPR07	工作中心负荷明细表
DS	Sys Admin	elearning	成功集团	WANGXMA	192.168.200.52	LRPI01	维护批次生产计划-按品号
DS	Sys Admin	elearning	成功集团	WANGXMA	192.168.200.107	PURI07	录入采购单
DS	Sys Admin	elearning	成功集团	WANGXMA	192.168.200.107	LRPB05	发放LRP采购单
DS	Sys Admin	elearning	成功集团	WANGXMA	192.168.200.107	LRPI04	维护批次采购计划-按采购日
DS	Sys Admin	elearning	成功集团	WANGXMA	192.168.200.107	PURI07	录入采购单
DS	Sys Admin	elearning	成功集团	WANGXMA	192.168.200.107	LRPB05	发放LRP采购单
DS	Sys Admin	elearning	成功集团	WANGXMA	192.168.200.107	PURI07	录入采购单
DS	Sys Admin	elearning	成功集团	WANGXMA	192.168.200.107	LRPB05	发放LRP采购单
DS	Sys Admin	elearning	成功集团	WANGXMA	192.168.200.107	LRPI01	维护批次生产计划-按品号
DS	Sys Admin	elearning	成功集团	WANGXMA	10.4.10.113	PURI07	录入采购单
DS	Sys Admin	elearning	成功集团	WANGXMA	10.4.10.113	PURI05	录入请购单
DS	Sys Admin	elearning	成功集团	WANGXMA	10.4.10.113	PURI07	录入采购单
DS	Sys Admin	elearning	成功集团	WANGXMA	10.4.10.113	LRPB05	发放LRP采购单
DS	Sys Admin	elearning	成功集团	WANGXMA	10.4.10.113	LRPI04	维护批次采购计划-按采购日
DS	Sys Admin	elearning	成功集团	WANGXMA	10.4.10.113	LRPB05	发放LRP采购单

图 2.32　上机记录

3. 常用按钮说明

易飞工作日志管理中的主要按钮及应用说明详列于表 2.4 中，用户只要熟悉其规则，就可以轻松进行数据日志和上机记录的管理了。以下为对应的图标、功能及其应用说明。

表2.4　工作日志按钮功能说明

按钮	功能	应用说明
✎	设置书签	把书签定位到某一条操作记录上
⬓	移动到书签	设置书签之后，该按钮可以定位到设置书签的记录
▦	过滤资料	根据使用者想要查询的条件进行过滤筛选
▤	显示明细资料	显示每一笔记录的明细资料
🗑	删除历史信息	将历史日志清除
⬆	汇出	将日志汇出系统，以保存

2.2.6　凭证打印操作说明

以下我们将以"存货管理子系统"|"成本开账/调整单"为例，解说凭证的打印操作方式。

1. 凭证选项条件说明

从作业清单执行"存货管理子系统"|"库存交易"|"打印成本开账/调整单"命令。先设置选项条件；选项条件分为"基本选项""高级选项"以及"系统选项"，以下针对这三种选项条件，分别做说明。

(1) 基本选项(见图 2.33)

【作业重点】

① 选择单别：单别可用开窗选择，不可空白。

② 单号、交易日期以及单据日期则可以选择输入或空白。

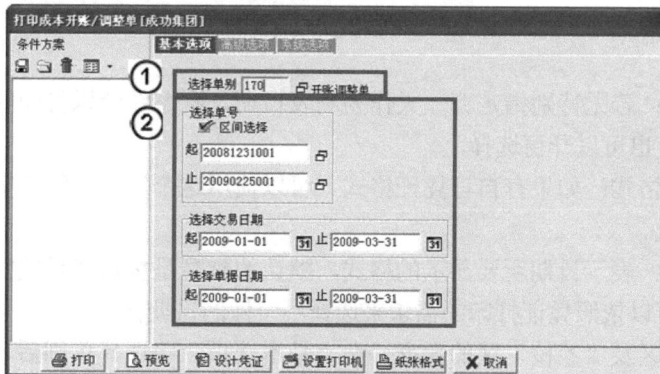

图 2.33　基本选项

(2) 高级选项(见图2.34)

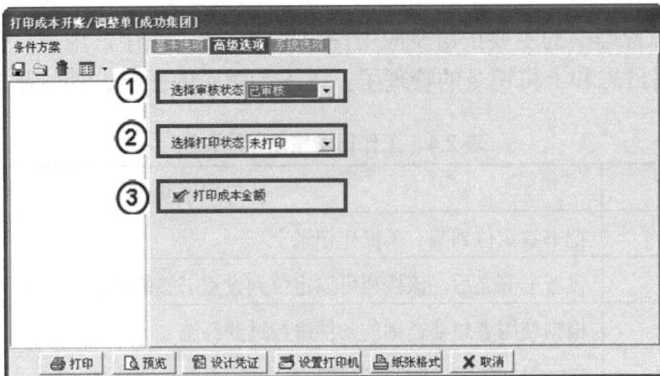

图 2.34　高级选项

【作业重点】

选项的选择内容必须与要打印的单据状态相同，否则系统会告知无符合数据。

① 选择审核状态(单据核准状态)：分为已审核、未审核、作废以及全部四种。

② 选择打印状态：分为已打印、未打印以及全部三种。

③ 可以勾选是否要将成本金额打印出来。

(3) 系统选项(见图2.35)

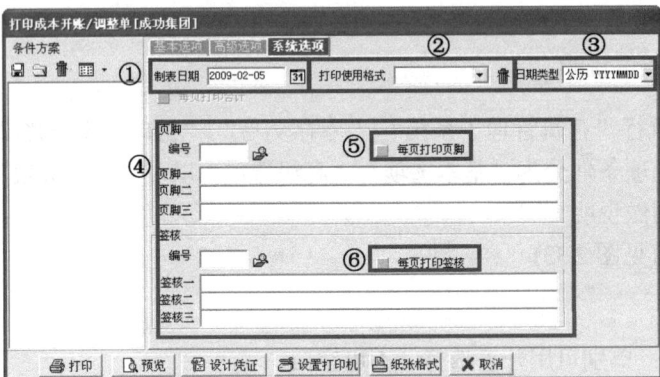

图 2.35　系统选项

【作业重点】

① 制表日期：若无特别指定哪一天作为制表日期，则系统会以打印的那一天作为默认值；可手动输入，也可以开窗选择。

② 打印使用格式：如果有自订凭证格式，可以使用这个选项。凭证格式的设计可在设计凭证中操作完成。

③ 日期类型：表示日期所要显示的格式，默认的类型是根据"设置共享参数"作业中的日期格式；也可以依照凭证打印的需求来选择不一样的日期格式。

④ "页脚"区及"签核"区的数据，在"基本选项"中选择单别后，会由系统自动带出设置单据性质中的设置值。若设置单据性质中设置打印时可修改，此处才可做修改，否则

不可修改。若发现系统未自动带出默认值，可以手动开窗选择页脚或签核代号，也可以到设置单据性质作业中建立各单别的默认页脚及签核。

⑤"每页打印页脚"及⑥"每页打印签核"若勾选，则相同单号的凭证每一页都会打印页脚或签核；若不勾选，那么相同单号的凭证，只有最后一页会打印页脚或签核。

2. 凭证打印

【作业重点】(见图 2.36)

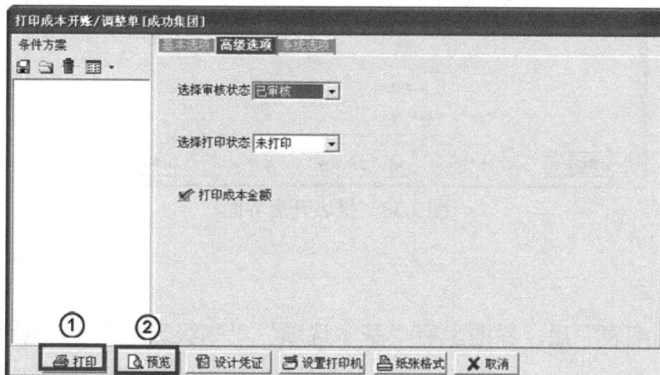

图 2.36　打印凭证

① 当凭证的选项条件设置好后，可以直接单击"打印"按钮将凭证打印出，也可以先预览凭证后再执行打印。

② 单击"预览"按钮，打开如图 2.37 所示的界面。可以调整凭证的缩放比率来阅览，需要注意的是，缩放比率的大小，只是方便使用者阅览凭证，不会影响实际打印出来的大小。

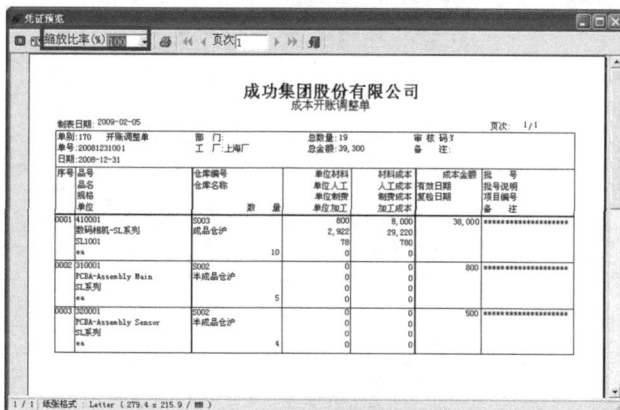

图 2.37　打印预览

2.2.7　报表基本操作说明

1. 如何产生与开启报表

以下我们将以"报价明细表"为例，介绍报表的使用方式(见图 2.38)。

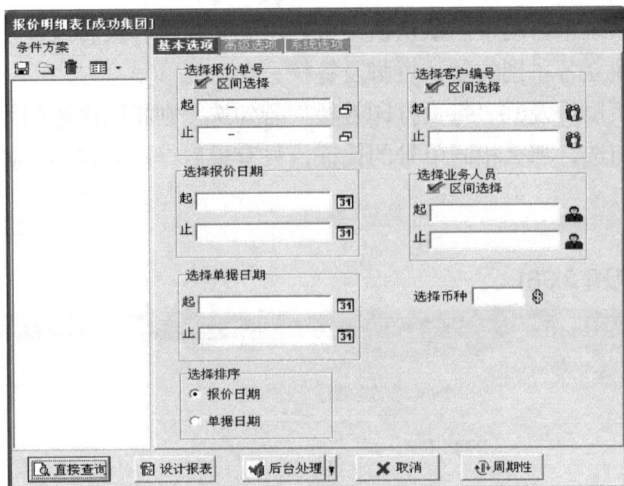

图 2.38　报表开启界面

【作业重点】

开启"报价明细表"后，界面上有"基本选项""高级选项"等选项卡，可进行选项选取或条件输入。

当条件输入完毕后，单击"直接查询""设计报表"或"后台处理"按钮，都可以查看生成的报表。下面，我们分别讲解这三种报表打开的方式。

2. 直接查询(见图 2.39)

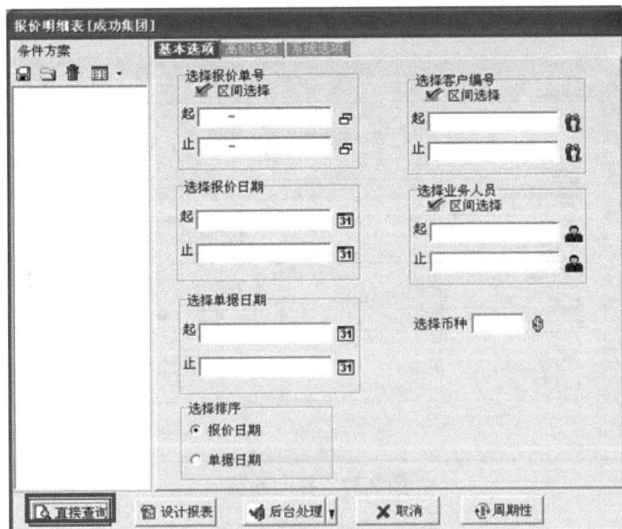

图 2.39　直接查询

【作业重点】

"直接查询"是将报表用类似 Excel 的形式打开，打开后的报表不可做格式的修改(见图 2.40)。

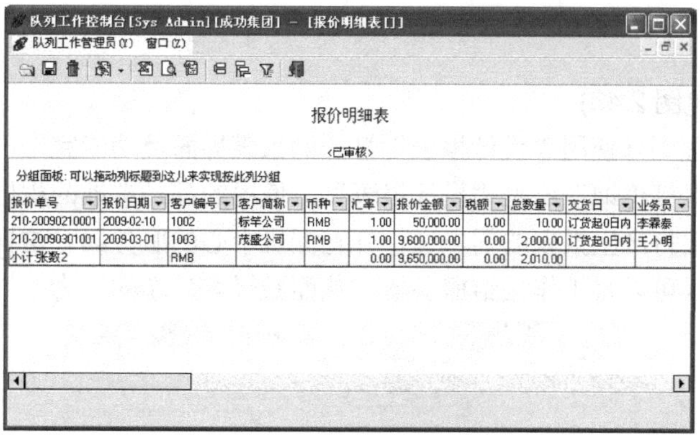

图 2.40   直接查询格式

3. 设计报表

【作业重点】(见图 2.41)

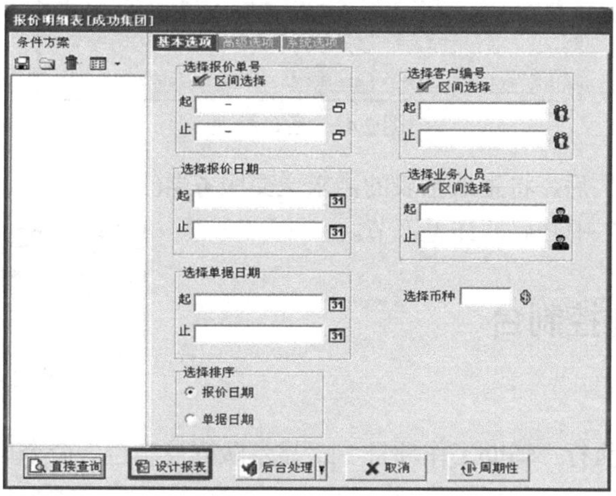

图 2.41   设计报表

使用"设计报表"的方法,打开报表后,可以按照需求来对报表格式进行修改,并且产生的报表可以保留在"队列工作控制台"中(见图 2.42)。

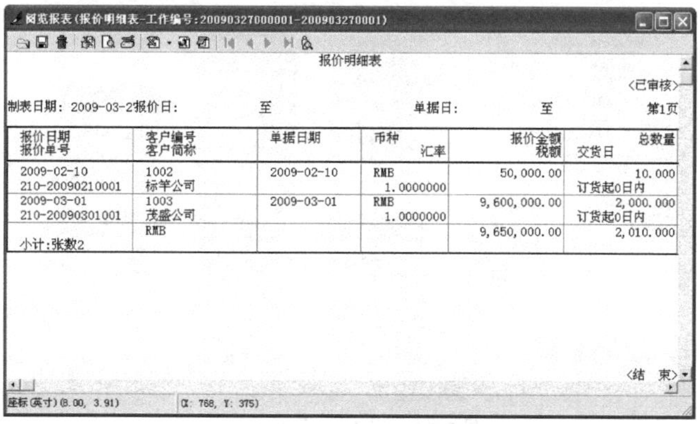

图 2.42   设计报表格式

4. 后台处理

【作业重点】(见图 2.43)

使用"后台处理"与使用"设计报表"打开的报表界面及功能完全一样,只是处理的方式不同。无论是"直接查询"还是"设计报表",使用的都是本地的程序和共用元件,但是"后台处理"却需要将产生报表的需求送往开有派班中心的服务器。这样做的好处是在产生某些大型报表的时候可以将工作丢给服务器,从而减轻客户端的压力。

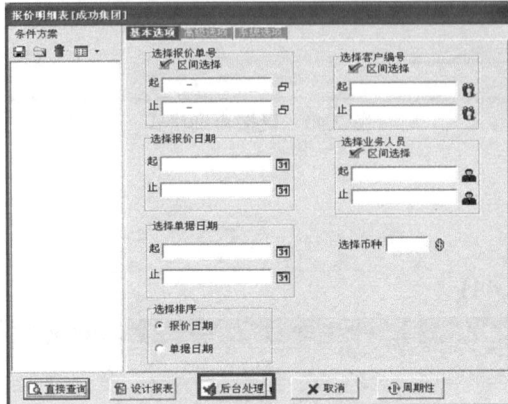

图 2.43　后台处理

单击"后台处理"后,将生成报表的需求送交服务器(见图 2.44)。报表生成之后,可以到"队列工作控制台"中开启,详见下节。

图 2.44　后台处理

2.2.8　队列工作控制台

【作业重点】

在主系统界面,执行"辅助工作项目"|"显示队列控制台"命令后,弹出"队列工作控制台"界面(见图 2.45)。

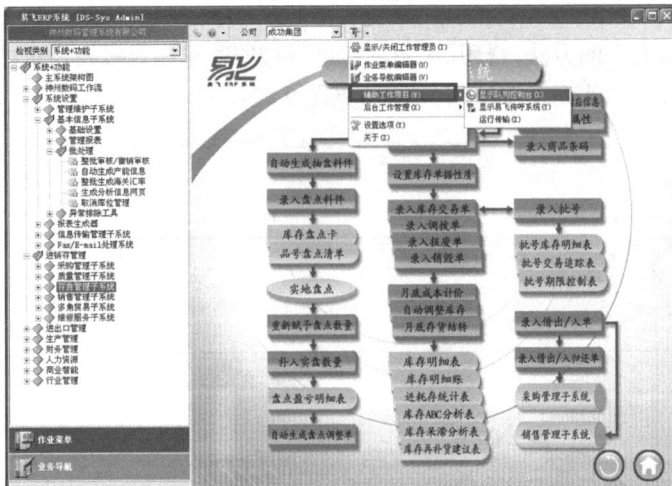

图 2.45　队列工作控制台

队列工作控制台中，包含报表、文字档报表、批次、审核、自订报表和周期性的处理(见图 2.46)。

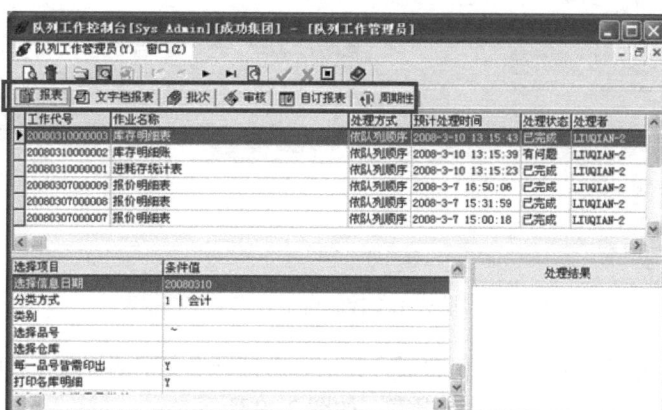

图 2.46　队列工作控制台

1. 报表

【作业重点】(见图 2.47)

单击打开"报表"页面，选中某个工作代号后，可以看到该工作的各项处理状况，下方可以看到前端界面选项的条件值。

当该工作的"处理状态＝已完成"时，双击该工作代号或单击"打开"按钮，即可将报表打开。

图 2.47　队列工作控制台中开启报表

注意：

"处理状态"有等待中、锁定中、处理中、已完成、有问题。只有当"处理状态＝已完成"时，才能开启。

2. 文字档报表

【作业重点】(见图 2.48)

文字档报表有特定的报表格式，它的排列方式不能按序显示，而是以txt的格式呈现出来。

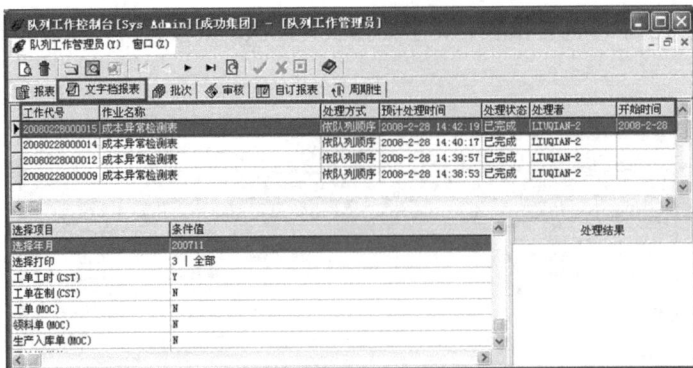

图 2.48　队列工作控制台中开启文字档报表

我们以"成本异常检测表"为例来做介绍。单击打开"文字档报表"页面，选中某个"已完成"的工作代号，可以打开文字档报表，如图 2.49 所示。

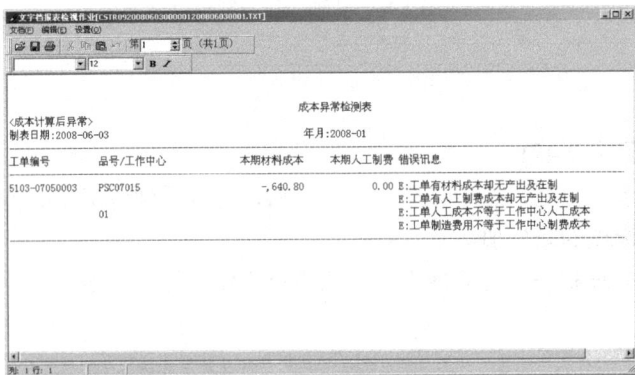

图 2.49　文字档报表界面

3. 批次

【作业重点】

打开批次作业，单击"后台处理"按钮，即可在"队列工作控制台"中，查询到相应的工作代号。在"批次"页面中，选中某个工作代号，可以查看该批次的处理状态、处理结果等信息(见图 2.50)。

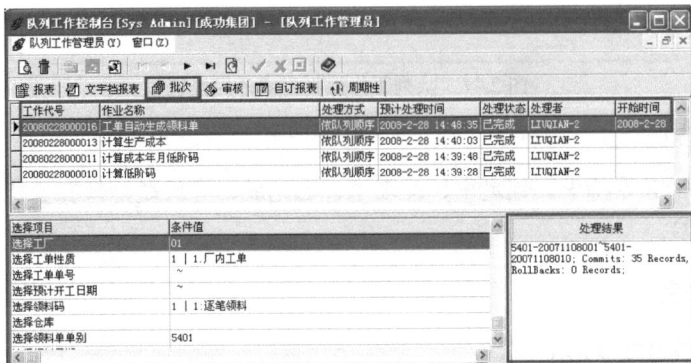

图 2.50　队列工作控制台批次页面

4. 审核(见图 2.51)

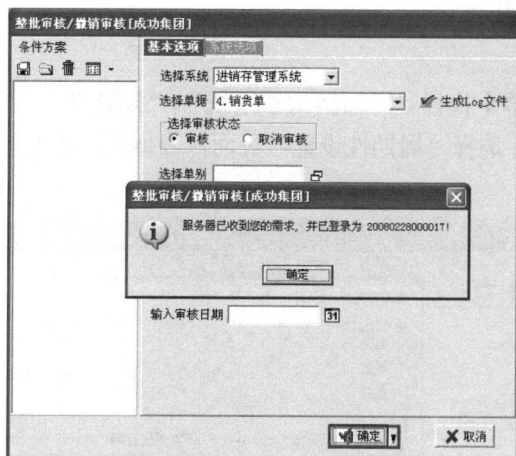

图 2.51 整批审核/撤销审核

【目的】

为了提高单据审核的效率，系统提供了服务器集中批次审核/撤销审核单据的功能。提交整批审核的需求后，可以在"队列工作控制台"中查看审批结果(见图 2.52)。

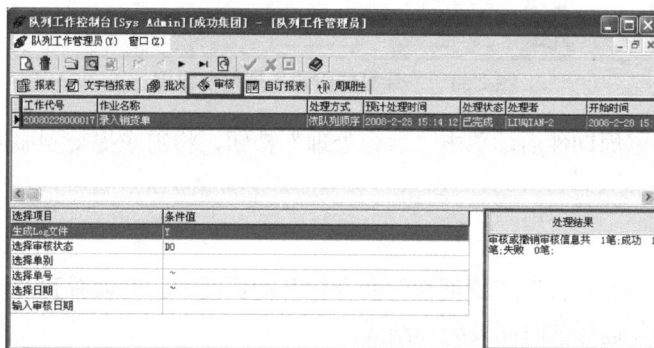

图 2.52 队列工作控制台审核页面

【作业重点】

在"审核"页面中，选中某个工作代号，可以查看该整批审核的处理状态、处理结果等信息。

5. 周期性

【目的】

设置周期性，即通过系统重复生成报表或运行批次作业。这样可以大大提高工作效率，降低人工操作的错误。

【业务场景】

成功集团公司自主研发数码产品，为适应市场不断变化的需求，旗下数码产品需经常改良、创新，导致产品结构会阶段性地发生变化。为此，需要定期对产品低价码进行重新计算，以保证料件低阶码的正确性。

【操作步骤】

步骤一： 从作业清单中执行"产品结构子系统"|"批处理"|"计算低阶码"作业，进入"计算低阶码"界面，选择"周期性设置"页面，根据实际需要与管理要求，设置程序的运行周期(见图 2.53)。

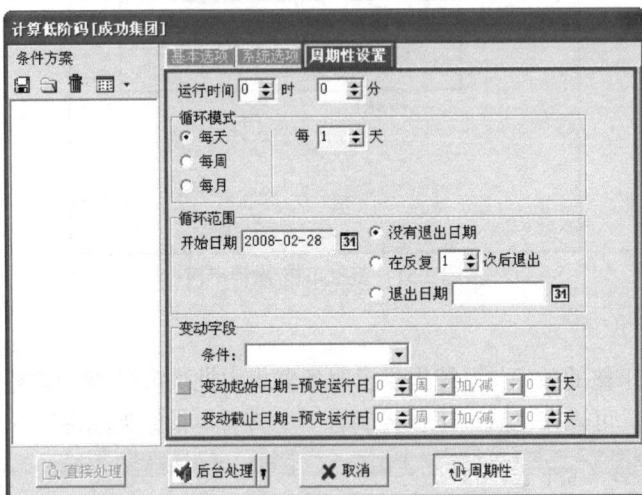

图 2.53 "计算低阶码"周期性设置

步骤二： 设置好周期性后，单击"后台处理"按钮，将需求提交到服务器(见图 2.54 和图 2.55)。

【作业重点】

执行"队列工作控制台"|"周期性"命令打开的页面中，可以看到设置周期性运行的作业，以及每一次重复运行的时间及处理结果。

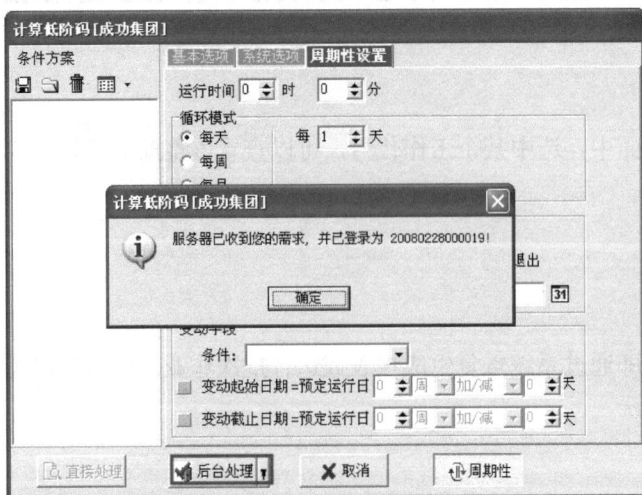

图 2.54 "计算低阶码"后台处理界面

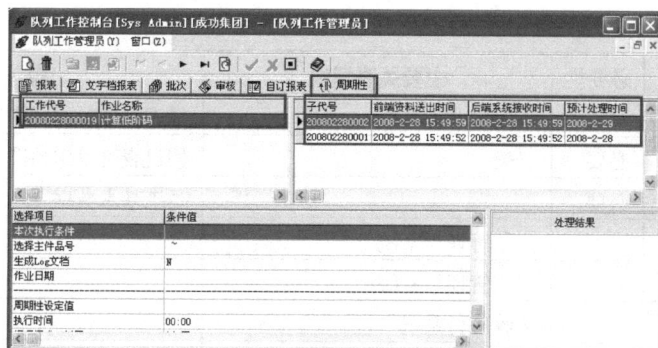

图 2.55 队列工作控制台周期性界面

2.3 基本信息子系统

基本信息子系统是易飞 ERP 的基础模块系统，它将易飞 ERP 中其他各应用系统中共享的基本信息统筹集中管理，以提高信息的集成性与管理的时效性并减少信息的重复性。

2.3.1 系统简介

本系统的程序大多数是关于参数及共用的基本数据设置的。有些数据只应用于个别的系统模块中，有些数据是通用的易飞 ERP 数据。表 2.5 说明了部分系统作业的属性、关联模块、必要性与作业目的，其中备注必须建立资料的，一定要先行录入。

表 2.5 基本信息子系统作业简介

作业名称	必要性	主要关联模块	备注说明
设置共用参数	必要	一般	
设置基本参数	必要	一般	
设置进销存参数	必要	一般	
设置人事参数		人事薪资子系统	
录入工厂信息	必要	进销存管理、生产管理系统	至少要录入一笔
录入仓库信息	必要	进销存管理、生产管理系统	至少要录入一笔
录入工作中心	必要	生产管理系统	
录入部门信息	必要	一般	录入公司的组织结构表
录入币种汇率	必要	一般	至少要录入本位币
录入职务类别		一般	录入采购、业务、生产管理等职能
录入常用语			常用词语资料
录入交易对象分类	必要	销售、采购系统	录入客户、供应商的分类性质
录入金融机构		进销存管理、财务管理系统	录入往来的银行信息
录入页脚签核	必要	一般	凭证单据打印时的页脚和签核

(续表)

作业名称	必要性	主要关联模块	备注说明
录入程序页脚签核		一般	报表打印时的页脚和签核
录入假日表	必要	一般	假日表可以作为推算开工完工日的依据
录入员工姓名	必要		员工基本数据
录入工艺信息		工艺管理子系统	
录入产能信息		工艺管理子系统	
录入付款条件		应收应付系统	
录入语言信息		人力资源子系统	
录入学校资料		人力资源子系统	
录入科系信息		人力资源子系统	

2.3.2 基础设置

1. 设置基本参数

【作业重点】(见图 2.56)

① 数量表达方式有三种：单一单位、大小单位、存货双单位，可以根据企业的产业特性进行选择。

● 单一单位：品号只需使用一个单位，如公斤等。

● 大小单位：可同时表达两种单位，多用于流通买卖行业。

● 存货双单位：品号须同时控制两种单位。

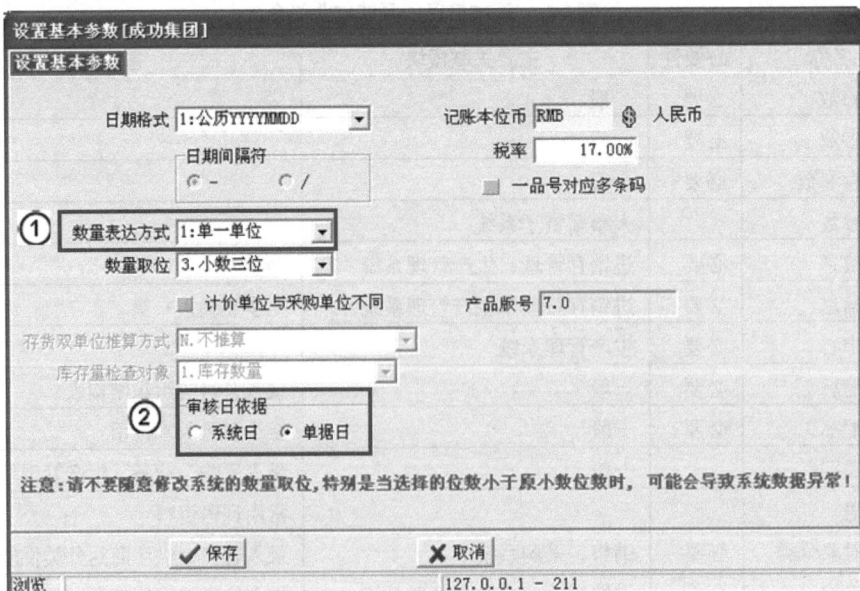

图 2.56 "设置基本参数"界面

② 审核日依据与所有系统的交易单据都有关。有两种方式供选择，一种是依系统日期设定审核日期，一种是依单据的日期设定审核日期。

如果企业要求当日的单据当日就要审核，一般我们可以选择"单据日"作为审核日的依据，相反也可以选择"系统日"作为审核日的依据。审核交易日期的选择，完全取决于公司的管理制度。

2. 设置进销存参数

【作业重点】(见图 2.57)

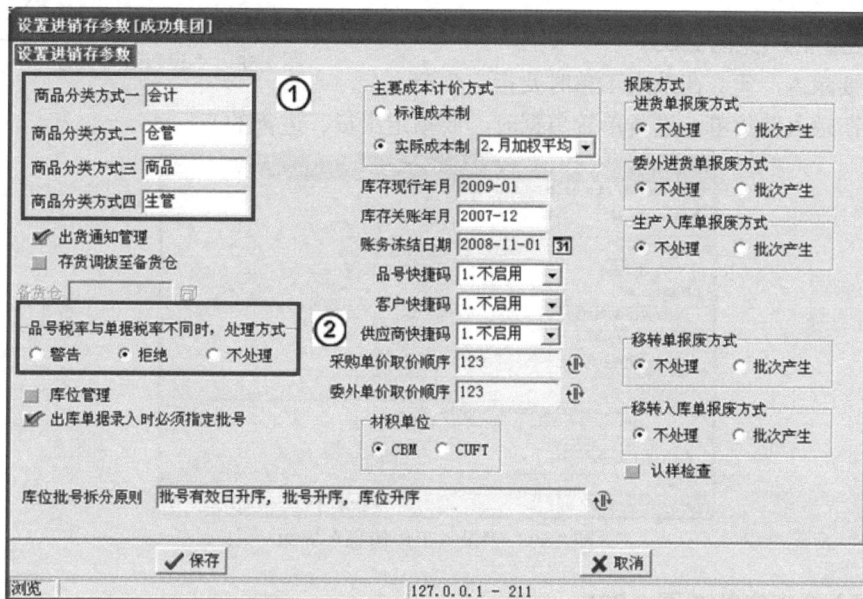

图 2.57 "设置进销存参数"界面

① 商品分类方式跟"存货管理子系统"|"基础数据"|"录入品号类别"有先后数据的关联。

一般企业在管理库存货物时，都会使用一些统计报表来分析存货的管理状况，大部分统计分为财务会计面及仓管材料面的统计。

通常财务部门需要知道存货当中的原材料、半成品、产成品等分类的存货金额。而仓管材料面需要针对物料大类往下再细分，如五金零件、电子零件、塑料零件、包装材料、配件……这些分类通常是为了进行统计分析而使用的。

商品分类方式要在本作业中先设置好。每种分类的内部细分，需要执行"存货管理子系统"|"基础数据"|"录入品号类别"命令录入。然后再执行"存货管理子系统"|"基础数据"|"录入品号信息"命令，录入每一个料件的归属类别。

② 在销货单等单据检查时，如果遇到品号的税率和整张单据的税率不同的情况，会按照此处设置的处理方式进行处理。

3. 设置财务参数

【作业重点】(见图 2.58)

财务管理模块相关系统上线前，必须在本作业中进行设置。现行年月最初上线时，可以依据企业决定上线的年月来设置，之后需要运用系统功能加以变动。

4. 录入工厂信息

【作业重点】(见图 2.59)

至少要录入一笔。在录入工单时要指定生产的工厂；在录入销货单、进货单等单据时，要指定出货、进货的工厂。

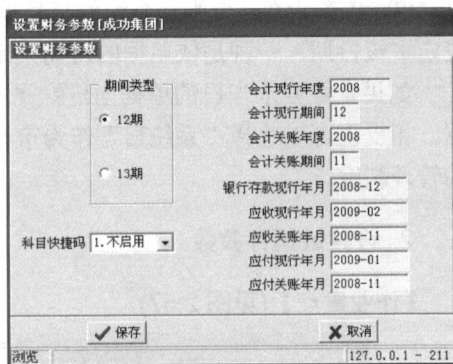

图 2.58 "设置财务参数"界面

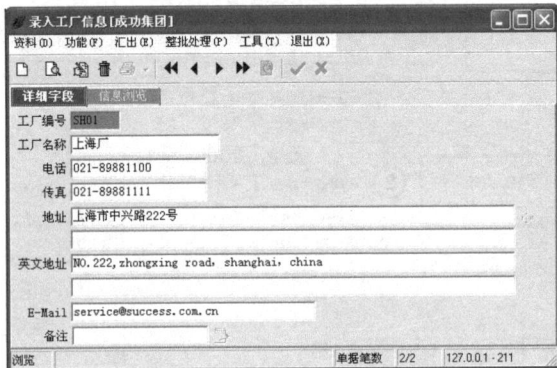

图 2.59 "录入工厂信息"界面

5. 录入仓库信息(见图 2.60)

【作业重点】

① 仓库性质分为存货仓和非存货仓两种。存货仓中的商品计入库存成本；非存货仓中的商品不计入库存成本。

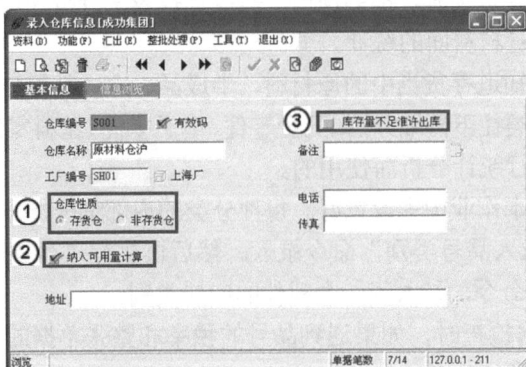

图 2.60 "录入仓库信息"界面

② 此仓库的数量可纳入可用量来累加。

注意:

在本系统的某些单据中,例如客户订单及销货单,均可查询品号的"可用库存量"。当库存余额显示为"100PCS"时,这100PCS到底可不可以销货呢?如果是良品当然可以,但是若其中有20PCS为不良品,那么就只有80PCS可用,我们称存放20PCS的存货仓库为不纳入可用量计算。

③　"库存量不足准许出库"的设置,是为了防止出现这样的异常情况:某单据录入发生在库存尚有余量时,但当该单据录入后,仓库的库存数量依据早前其他单据要求发货后,导致库存余量不足交付或甚至为零的情形。一般企业都会设定为库存量不足不可出库(选项不打勾)。

表2.6是企业最简单、常用的仓库设置,可做参考。

表2.6　常用仓库设置

库别名称	库别性质	纳入可用量计算
原料仓	存货仓	是
成品仓	存货仓	是
不良品仓	存货仓	否
退货仓	存货仓	否
报废仓	非存货仓	否

6. 录入工作中心

【目的】

本作业可以定义厂内生产产能,或者作为制造成本计算时,商品制造费用分摊的基础。

【作业重点】

至少一笔数据记载工单要在哪一个工作中心生产。

图中所示栏位(见图 2.61),为生产成本相关系统所使用,详细说明请参照"成本计算子系统"章节。

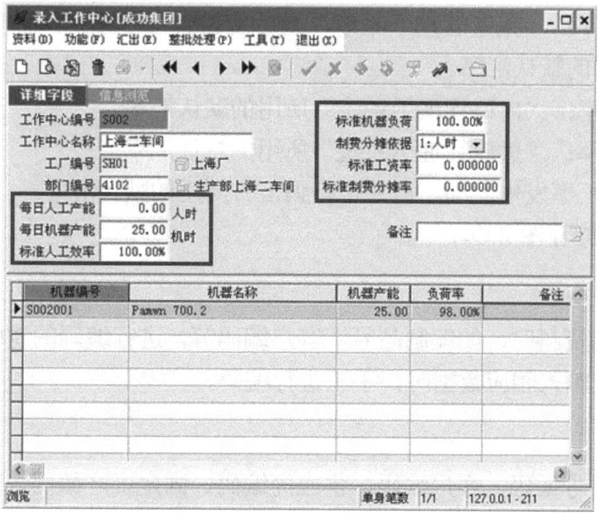

图2.61　"录入工作中心"界面

7. 录入部门信息

【作业重点】(见图 2.62)

将公司的组织结构图/表输入即可,其中"折旧科目"字段,用于"固定资产管理子系统",按照部门摊提折旧费用时使用。

8. 录入币种汇率

【作业重点】(见图 2.63)

至少要建立一笔本位币的数据。

① 银行买进汇率:"销售管理子系统"及"应收管理子系统",如报价单、客户订单、销货单、销售发票等单据所用的默认汇率。

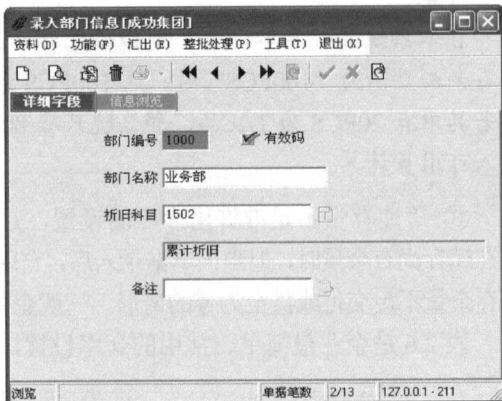

图 2.62 "录入部门信息"界面

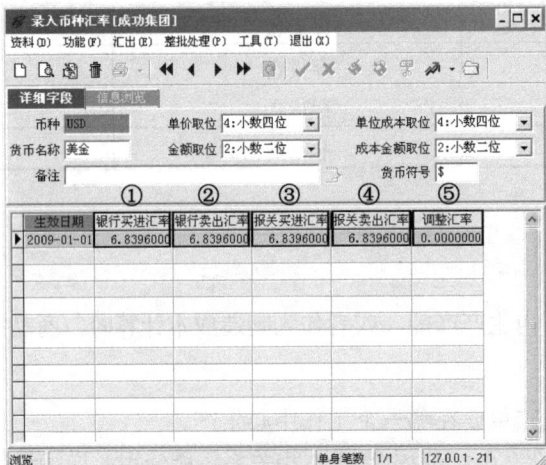

图 2.63 "录入币种汇率"界面

② 银行卖出汇率:"采购管理子系统"及"应付管理子系统",如采购单、进货单、采购发票等单据所用的默认汇率。

③ 报关买进汇率:"出口管理子系统"所用的默认汇率。

④ 报关卖出汇率:"进口管理子系统"所用的默认汇率。

⑤ 调整汇率:汇率发生变动,需要进行调汇时所用的默认汇率。

9. 设置编码原则(见图 2.64)

【目的】

协助企业在新增资料时,如编制品号、客户编码等,进行编码的逻辑设定。如果不设置编码原则,则需要在输入相应数据时,手工进行编码。

【作业重点】

编码类别分为品号编码、客户编码、供应商编码、固定资产编码、产品序号编码、批号编码、专用发票、普通发票 8 种(见图 2.64),其中,"品号编码"设置界面如图 2.65 所示。

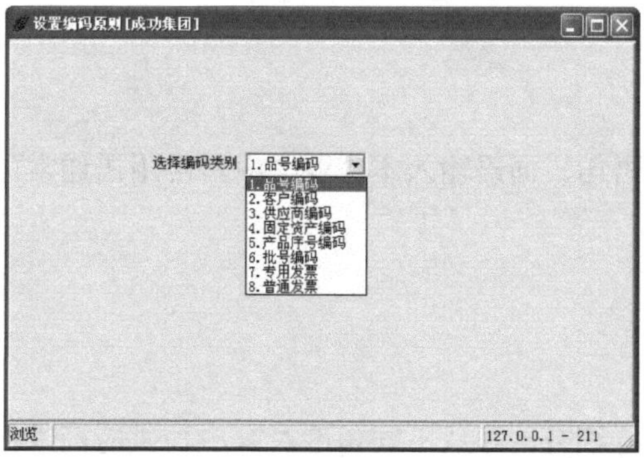

図 2.64　"设置编码原则"界面

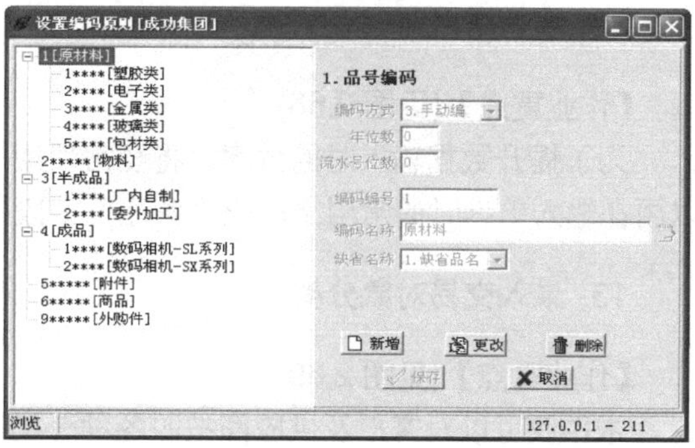

図 2.65　"设置品号编码"设置界面

【操作步骤】

步骤一： 在所属分类项目下，单击"新增"按钮，然后设置编码方式、流水号位数、编码名称等信息。

步骤二： 单击"保存"按钮。

10. 录入员工姓名

【作业重点】(见图 2.66)

① 录入员工姓名前，请先将部门信息录入完整。

② 本作业可以建立公司员工的编号、姓名及所属部门等资料。

11. 录入职务类别

【作业重点】(见图 2.67)

① 如果交易单据上不需要输入职务类人员数据时，可不录入此作业。

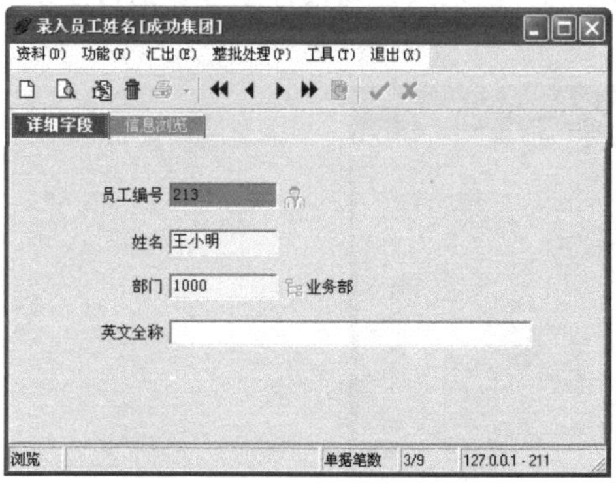

図 2.66　"录入员工姓名"界面

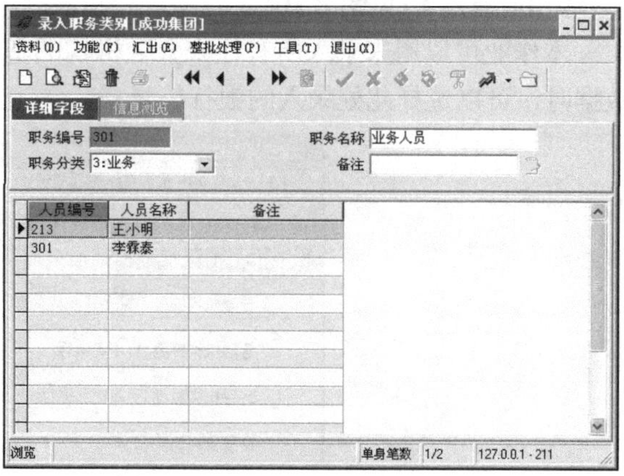

図 2.67　"录入职务类别"界面

② 本作业可以将企业内员工设置为物料管理、生产管理、业务、采购、会计、出纳、仓管、研发等职务。日后输入交易单据，如客户订单、销货单、采购单等时，可以查找并输入相应职务类别的人员。

③ 录入本数据前，请先将员工姓名录入完整。

12. 录入常用语

【作业重点】(见图 2.68)

为了提升数据输入时的效率，将经常使用的语句、词语输入本作业当中。常用语通常可以用在输入单据时的常用字段或"备注"字段中。

13. 录入交易对象分类

【作业重点】(见图 2.69)

本作业可以对客户及供应商按照各种分类进行细分，即从不同角度对客户与供应商进行分类。系统内预设了 9 种分类方式供使用，可以在这些分类方式中选择合适的方式建立分类细项。

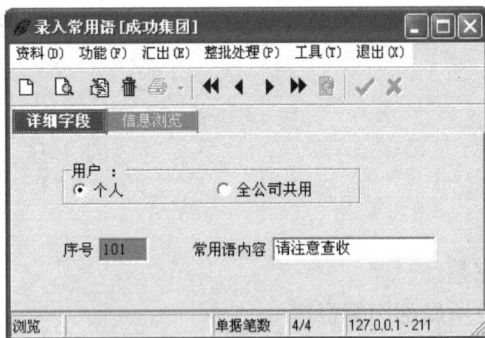

图 2.68 "录入常用语"界面　　　　图 2.69 "录入交易对象分类"界面

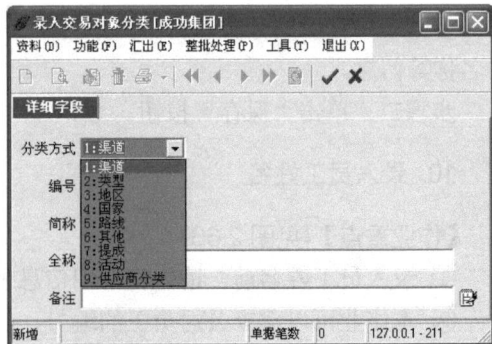

14. 录入金融机构

【作业重点】(见图 2.70)

本作业可以用来录入所有往来金融机构的基本信息。在录入公司银行账号、销售发票等数据时，可以选择此处录入的银行信息。

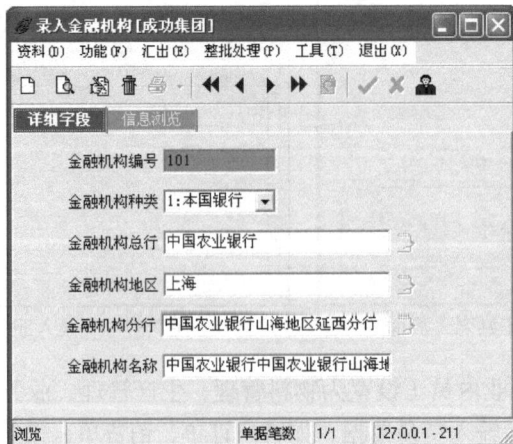

图 2.70 "录入金融机构"界面

15. 录入付款条件

【作业重点】(见图 2.71)

本作业的设置与企业资金预估有关，可以设置"预计收(付)款日""资金实现日"及"取得折扣方式"。对于销售、采购及委外加工后的应收账款或应付账款何时可以预计收/付款，以及资金何时可以兑现，便会用到本作业的设置来进行推算。

16. 录入页脚/签核

【作业重点】(见图 2.72)

本作业用来设置每个页脚内容或签核内容。当打印系统中的凭证单据时，如报价单、销货单、客户订单等，可指定此编号。凭证打印时便可带出所指定页脚或签核编号的内容。

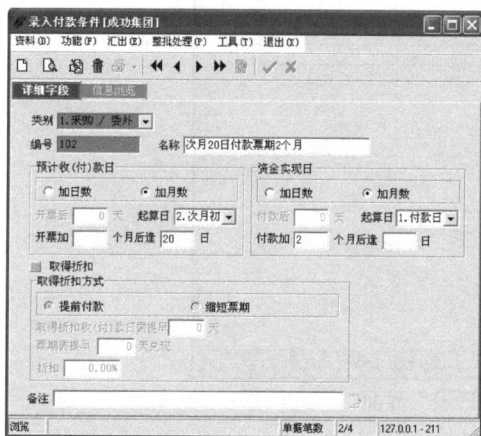

图 2.71　"录入付款条件"界面　　　　图 2.72　"录入页脚/签核"界面

每个企业都有各自的签核程序，使用者可根据实际情况自定义单据末尾的签核字段。

17. 录入程序页脚/签核

【作业重点】(见图 2.73)

易飞 ERP 中的报表，打印时通常没有页脚签核字段。如果有管理需求，可以通过本作业设置程序页脚签核，在报表打印时，便带出需要的页脚与签核。

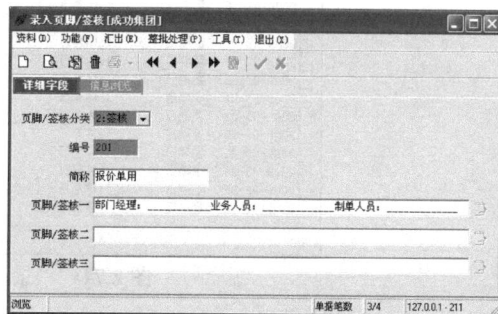

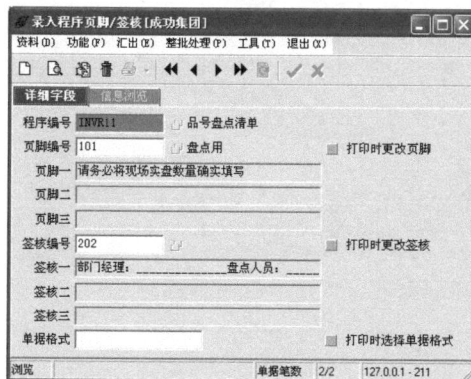

图 2.73　"录入程序页脚/签核"界面

18. 录入假日表

【作业重点】(见图 2.74)

可以依据每年不同的假日表修改本作业。

行业别分为：企业、银行、刷卡班别三种。通常行业别为企业的假日表，可在生成批次需求计划时，用来计算预计开工日等日期。银行行业别的假日表，可应用于"票据资金子系统"中。如果启用了"刷卡管理子系统"，可使用刷卡班别的假日表定义工作日或休息日。

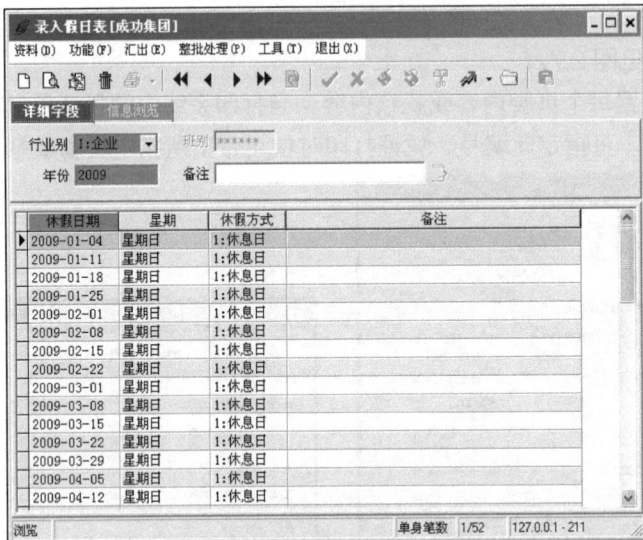

图 2.74 "录入假日表"界面

课后习题

1. 以易飞 ERP 为例，你认为现代企业管理信息系统中最重要的营运必选模块有哪些？为什么？

2. 你认为未来的企业管理信息系统将会出现何种新的功能模块？为什么？

第3章

ERP供应链管理：存货管理

根据前面章节的学习，我们知道ERP是从MRP(物料资源计划)发展而来的新一代集成化管理信息系统，它扩展了MRP的功能，其核心思想就是供应链管理，它跳出了传统企业边界，从供应链范围去优化企业的资源，是基于网络经济时代的新一代信息系统。它对于改善企业业务流程、提高企业核心竞争力的作用是显而易见的。

因此，从本章开始，我们将以易飞软件为例，着重介绍有关ERP供应链管理的内容。其中本章主要介绍供应链管理下存货管理子系统的应用；第4章主要介绍销售管理子系统的应用；第5章主要介绍采购管理子系统的应用。

3.1　供应链管理系统主流程

一般的，现代企业ERP系统中的供应链管理系统包括采购管理、销售管理、库存管理和存货核算等模块。其中每个模块既可以单独使用，也可以与相关子系统联合使用。

3.1.1　供应链整体流程概述

针对供应链整体流程(见图3.1)中涉及的销售、采购、存货系统的相关业务，我们可以从企业实务运作的角度将其串联起来进行说明。客户有购买需求，向企业询价，企业报价给客户，客户对价格认可之后签署订单合同，与企业确认销售商品、数量和预计出货时间等细节。此时如果库存足够则直接销货给客户，之后产生应收账款，如果库存不足，企业需要自制或外购。自制部分详见"第8章　ERP生产管理：工单与委外"章节，采购流程则需要由需求部门提出请购单，经采购部门询、比、议价后向供应商下采购订单，确认需购买的商品、数量和预计进货时间等细节后，供应商送货，企业进行进货验收，产生应付账款。此时商品库存数量足够了，最终销售出库给客户，并产生应收账款。

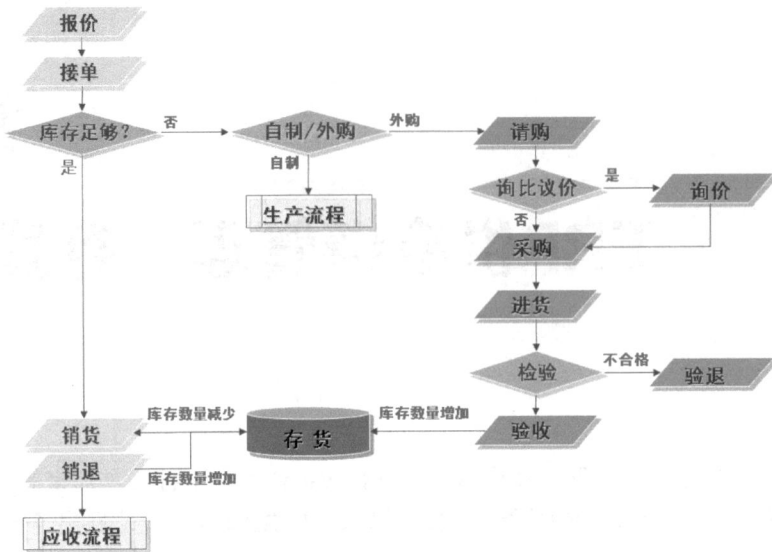

图 3.1 供应链整体流程图

3.1.2 企业供应链与易飞进销存模块对应表

我们以成功集团公司产品"数码相机—SL系列"为例，该系列数码相机为买进卖出的商品，已销售一段时间，非新商品，有配合一段时间的供货商。企业运营流程与易飞系统对应表如表 3.1 所示。

表 3.1 企业运营流程与易飞系统对应表

企业运营流程		易飞系统	
流程	作业内涵	系统类别	作业类别
报价	客户前来询、议价，公司业务单位对客户进行产品报价； 建立客户产品价格记录。	销售	录入报价单 打印报价单 录入客户商品价格
接单	客户下单，业务单位接单。		
库存足够? YES → 出货 自制 or 外购 自制 → 生产	若库存数量足够，可由库存直接出货	销售	录入客户订单 打印客户订单 录入订单变更单 打印订单变更单 结束订单

(续表)

企业运营流程		易飞系统	
流程	作业内涵	系统类别	作业类别
外购 请购	依客户下单货品或依照公司需要申请购买所需货品及数量等	销售	从订单自动转成采购单
		采购	录入请购单 打印请购单 维护请购信息
采购	依照客户下单货品或依需求单位提出的请购对供应厂商进行采买	销售	从订单自动转成采购单
		采购	从请购单生成采购单 录入采购单 打印采购单 录入采购变更单 打印采购变更单 结束采购单
进货	供应厂商送货至公司仓库,由仓库人员点收	采购	录入进货单 打印进货单
验收入库	质检人员进行验收	采购	进货单验收 退回验退件 打印验退件退回单
财务 存货 管理	货品入库/出库/结存管理	存货	录入库存交易单 打印库存交易单 录入调拨单 打印调拨单 录入成本开账/调整单 打印成本开账/调整单 录入借出/入单 打印借出/入单 录入借出/入归还单 打印借出/入归还单 库存盘点管理※ 存货月结流程※
(退货)	货品入库后退货给供货商	采购	录入退货单 打印退货单
出货	出货给客户	销售	录入出货通知单 打印出货通知单 录入销货单 打印销货单
(销退)	客户退货	销售	录入销退单 打印销退单
财务			
※存货盘点	定期存货盘存清点	存货	盘点流程
※存货月结	月份存货价值结算	存货	月结流程

3.2 存货管理子系统简介

存货管理就是对企业的存货进行管理，主要包括存货的信息管理和在此基础上的决策分析，最后进行有效控制，达到存货管理的最终目的——提高经济效益。我们可以将存货管理理解为将厂商的存货政策和价值链的存货政策进行作业化的综合过程。

3.2.1 系统效益与特色

存货管理可以帮助企业在合适的时机，提供合理的物品及数量，避免出现因停工待料而延误交货的困境，同时也可避免因库存数量过多而导致资金积压、周转困难、增加利息等管理成本增加的负担。除此之外，存货管理的基本工作，还要记载及保留出入库的交易资料，从而实时提供各种相关报表以供管理者了解库存的状况，进而做出正确的采购或存货处理等决策。

易飞的"存货管理子系统"具有以下系统特色。

第一，易飞的"存货管理子系统"主要用于管理库存的数量及金额，记录日常库存交易的数据，并提供各项料件实时的交易以及存量的查询，使管理者可以快速掌握库存状况。

第二，系统提供了各类账务性的报表供参考使用，如库存明细表、进耗存统计表等，以此来取代繁琐的人工账簿，同时也提高了存货管理的效率及正确性。除了账务性的报表外，本系统也提供了各种管理性报表，如库存ABC分析表、周转率分析表等，作为协助管理者制定物料管理政策的重要参考依据。

第三，提供各料件批号管理及项目管理的功能，管理者可以轻松地掌握料件批号的进出状况，更符合对各项料件追踪管理的需求。

第四，循环盘点及定期盘点是一定不会少的，可以利用盘点功能来检核库存账务与实际库存量之间的差异，同时也可以作为物料管理人员绩效的参考。

第五，对于各项料件，同时提供四种不同的料件分类方式，以符合公司内不同职能管理部门对同一料件有不同分类的管理方式及账务需求。

第六，提供多个工厂、仓库的库存账务处理，以符合多厂区、多营业点、不同账务的管理需求。

第七，处理工厂内外仓库与仓库之间的调拨作业，对于在途料件的账务与调拨处理，可以配合实际的管理，真正符合权责分明的要求。

第八，系统提供每月存货计价与存货结转的作业，可以提供正确的库存成本金额及各项交易金额，方便财务人员录入相关账簿。

3.2.2 系统架构与关联

易飞ERP的"存货管理子系统"的系统架构如图3.2所示。

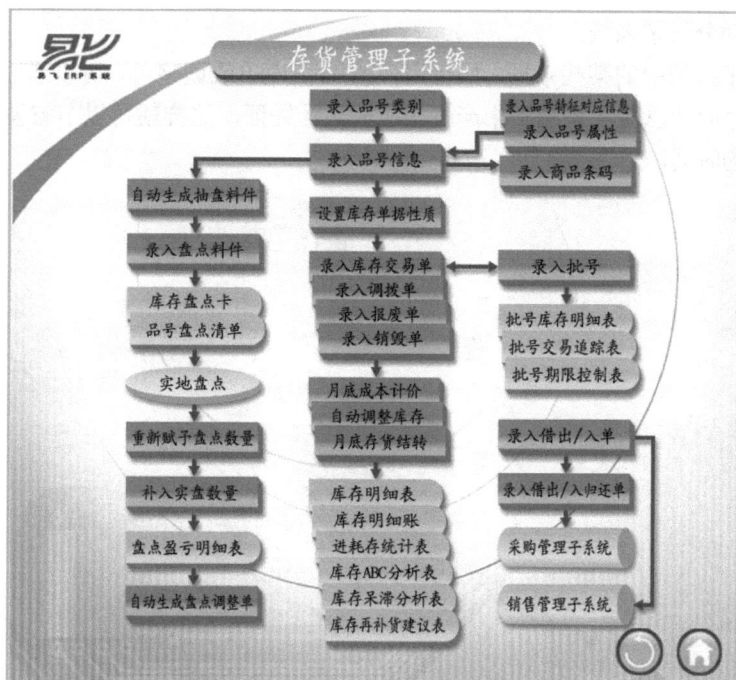

图 3.2　存货管理子系统的系统架构

　　易飞 ERP 的"存货管理子系统"的系统模块关联见图 3.3，其中包含与七项管理子系统的关联。

　　第一，采购管理子系统

　　影响库存数量的单据是进货单和退货单。进货单审核时，库存的数量会增加，退货单审核时，库存的数量就会减少。

　　第二，销售管理子系统

　　影响库存数量的单据是销货单及销退单，销货单审核会减少库存数量，销退单审核时则会增加库存的数量。

　　第三，产品结构子系统

　　影响库存数量的单据是组合单和拆解单。当组合单审核时，成品的库存数量增加，被领用的品号库存数量减少。当拆解单审核时，成品的库存数量减少，而拆解后的品号则会进入仓库，造成库存数量的增加。

　　第四，工单/委外子系统

　　增加库存数量的单据有"退料单""委外进货单"及"生产入库单"，减少库存数量的单据有"领料单"及"委外退货单"。

　　第五，批次及物料需求计划系统

　　库存的资料是生产计划可用量展算的来源，并且在品号信息中设置的部分字段是生产计划时推算需求数量及时间的来源。

　　第六，成本计算子系统

　　将"成本计算子系统"中计算完成的产成品及半成品的单位成本回写更新到"存货管理子系统"，以维护库存成本的正确性。

第七，自动分录子系统

存货管理子系统中的某些单据，如费用性的入/出库单或调整单，可以通过"自动分录子系统"自动在"会计总账子系统"中产生相应的会计凭证，这样就可以节省使用者一张一张输入会计凭证的时间。

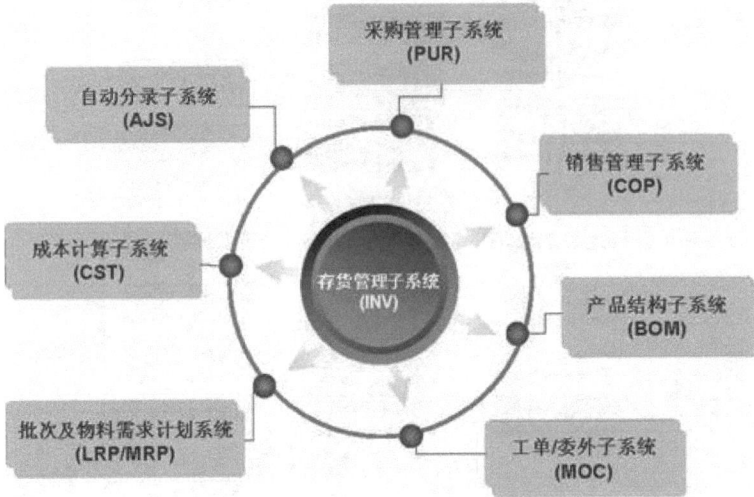

图 3.3　与其他系统的关联图

3.2.3　库存管理交易活动流程

库存管理交易活动流程包括日常交易发生、打印交易单据、核准、单据审核、打印清单明细表等活动，如图 3.4 所示。

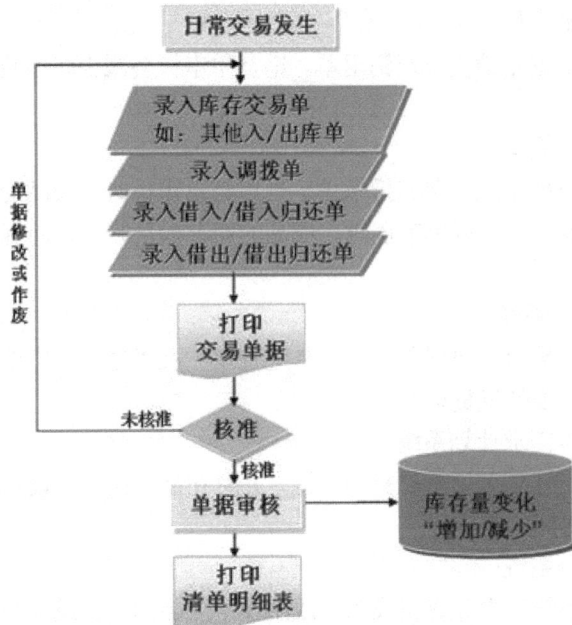

图 3.4　库存管理交易活动流程图

3.3　基础设置

在这一节中，我们将从设置编码原则、设置进销存参数、录入品号类别、录入品号信息、设置库存单据性质这五个方面来详细阐述现代企业存货管理系统的基础设置问题。

3.3.1　设置编码原则

编码是将物料按其分类内容加以有次序地编排，用简明的文字、符号或数字以代表物料的名称，规范其他有关事宜的一种制度；尤其计算机化的信息处理更需借助编码统一管理物料以达到事半功倍的效果。

【业务场景】

成功集团针对品号编码有如表 3.2 所示的编码原则，可将此编码规则设定在"设置编码原则"中，以方便录入品号信息时的编码设定。

表 3.2　品号编码原则

第 1 码	第 2 码	第 3～6 码
1 原材料	1 塑料类 2 电子类 3 金属类 4 玻璃类 5 包材类	流水号
2 物料	后 5 码全为流水号	
3 半成品	1 厂内自制 2 委外加工	流水号
4 成品	数码相机—SX 系列	流水号
5 附件	后 5 码全为流水号	
6 商品	后 5 码全为流水号	
9 外购品	后 5 码全为流水号	

在系统主界面中执行"基本信息子系统"|"基础设置"命令，进入"设置编码原则"界面，新增品号编码原则，如图 3.5 所示。

【作业重点】

品号编码的原则如下。

① 应具备唯一性：以一个品号一个编号为原则。

② 变动属性不可纳入：不建议把供应商纳入品号编码。

③ 应具备弹性、可扩充性：避免未来无法新增品号编号。

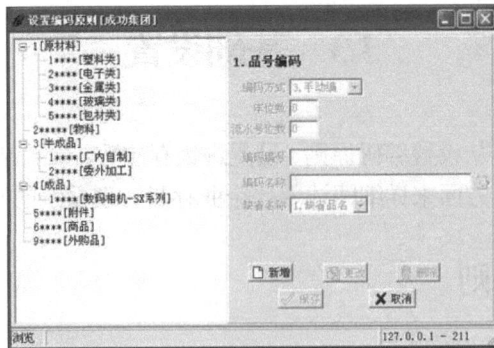

图 3.5 "设置编码原则"界面

④ 应反映顺序：编号应有大小顺序，可让计算机发挥排序功能提高数据报表呈现阅读性及搜寻性。

⑤ 编码越短越好：8～12 码较易记忆。

⑥ 不可用特殊符号：避免使用"."、"/"、"?"、"$"、"#"、"@"等符号。

⑦ 避免英文字母或数字混杂：以免英文字母与数字读音混淆或输入时键盘切换的困扰。

注意：
品号编码原则适用性可视产业性质不同而调整。

3.3.2 设置进销存参数

通过参数设定，使系统的管控点更符合公司现行制度。

【业务场景】

成功集团在 2010 年 1 月 1 日正式上线"存货管理子系统"，而存货的成本计价方式采用实际成本制的月加权平均成本制。在系统主界面中执行"基本信息子系统"|"基础设置"命令，进入"设置共用参数"作业，然后切换到"设置进销存参数"页签，如图 3.6 所示。

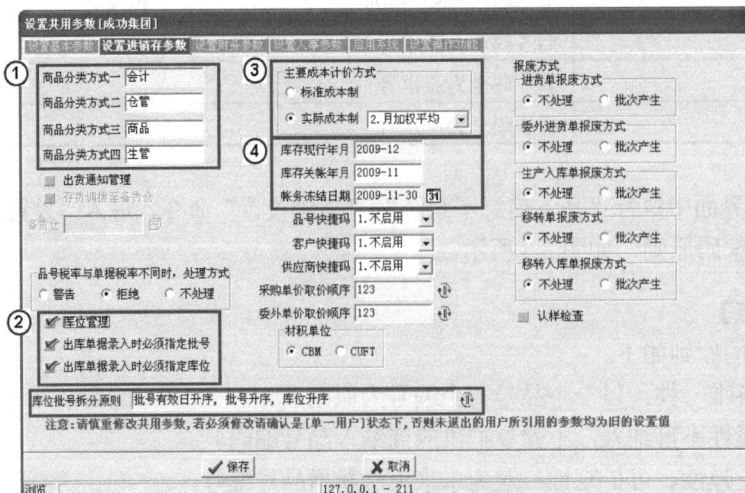

图 3.6 "设置共用参数"界面

【作业重点】

① 商品分类

因为每一种职能管理品号的角度不同，所以可按不同的职能设定不同的分类。后续相关存货统计报表可按商品分类做汇总管理。

② 库位管理

企业进行库位的管理可以很清楚地从单据中找到物品所在的存储位置。启动库位管理，还可选择出库单据录入时是否必须指定批号或库位。做库位及批号管理，在销货或领料时，若该批商品要出货的批号库存不足，则可根据拆分原则进行批号库存量的拆分处理。例如：有一张销货单出货数量 200 个，其中批号 001 存量有 100 个，批号 002 有 200 个，优先从批号 001 出 100 个，再从批号 002 中出 100 个。

③ 主要成本计价方式

用于决定进货料件，库存成本结存的计算方式对整个系统而言非常重要，一旦设定后不要随意更改。更改计价方式应咨询公司会计师，根据实际需求再做决定。成本计价方式分为标准成本制和实际成本制。实际成本制又可以分为月加权平均成本制、先进先出成本制和分批认定成本制。

- 标准成本制

标准成本制是所有存货价值都以一定的金额来认定，且所有入/出库单据皆以此成本计价。如某个料件，设定标准成本价格为 5 元，当存货有 200PCS，则其存货价值就是 1000 元。后又进 100PCS 该货品，供应商特惠价为 4.5 元/PCS，这时因为存货计价方式是标准成本制，因此这 100PCS 的总价值为 100×5＝500 元，无关进货价格的高低。若发生销货，则出库 5 元就是销货单的价值。如表 3.3 所示为标准成本制案例。

表 3.3　标准成本制案例

实际交易明细					库存金额			
日期	交易	数量	单价/成本	交易金额	成本单价	数量	金额	库存金额
1 月 31 日	期末				5	200	1000	1000
2 月 01 日	进货	100	4.5	450	5	100	50	1500
2 月 10 日	销货	50	10	500	5	50	-250	1250
2 月 12 日	进货	100	6	600	5	100	500	1750
2 月 28 日	销货	40	11	440	5	40	-200	1550

- 月加权平均成本制

所有商品的出库总成本以该月份的"平均单位存货成本×出库数量"计算。因此当该月进货单价较高时，该月平均出库单价就会比较高；进货单价较低时，该月平均出库单价就比较低。虽处理上略复杂，但是较能反应实际销货成本。

计算公式：

$$加权平均成本＝\frac{月初存货金额＋本期进货净}{月初存货数量＋本期进货净量}$$

● 先进先出成本制

"先进先出成本制"就是根据存货入库成本时间的早晚来确定发货时存货的成本。每一批存货的进货单价都按序记录，出库时选货的原则是先选早入库的，再选晚入库的。出库的成本就按照对应的进货成本来计算。

如某一商品2月份共有3笔进货交易和1笔销货交易(见表3.4)。执行成本计价后，依入库时间早晚选货，选出销货数量12。计算如下：

$$\frac{(3\times100)+(5\times100)+(4\times20)}{(3+5+4)}=73.33$$

表3.4　先进先出成本制案例

实际交易明细				
日期	交易	数量	单价/成本	交易金额
2月01日	进货	3	100	300
2月10日	进货	5	100	500
2月12日	进货	10	20	200
2月28日	销货	12	200	2400

● 分批认定成本制

"分批认定成本制"就是指商品在出库的时候先确定它的销货批号，然后去看这个商品此批号的进货成本是多少，得到的这个批号的进货成本就是该商品这次的销货成本。如某一商品2月份共有3笔进货交易和1笔销货交易，而销货的批号是T002。从表中可得知该批号产品于2月10日的进货成本为100(见表3.5)。

表3.5　分批认定成本制案例

实际交易明细					
日期	交易	数量	单价/成本	交易金额	批号
2月01日	进货	3	100	300	T001
2月10日	进货	5	100	500	T002
2月12日	进货	10	20	200	T003
2月28日	销货	2	200	400	T002

④ 库存现行年月/库存关账年月/账务冻结日期

与成本会计人员结成本账有非常密切的关系。库存现行年月为结算库存成本的年月，期初开账时需手动输入，后续则交由系统自动结转。库存关账年月为避免人员因疏忽而进行资料修改或重计，以致资料与原先所呈出的报表不同而设定，一般在会计师查完账后执行。账务冻结日期为在现行年月内，避免某日期内的数据被更改而执行的暂时冻结工作(见图3.7)。

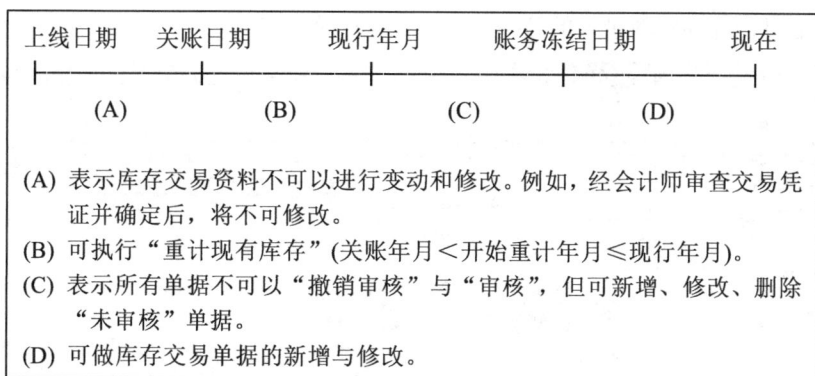

(A) 表示库存交易资料不可以进行变动和修改。例如，经会计师审查交易凭证并确定后，将不可修改。

(B) 可执行"重计现有库存"（关账年月＜开始重计年月≤现行年月）。

(C) 表示所有单据不可以"撤销审核"与"审核"，但可新增、修改、删除"未审核"单据。

(D) 可做库存交易单据的新增与修改。

图 3.7　库存现行年月/库存关账年月/账务冻结日期

3.3.3　录入品号类别

在"设置进销存参数"中已针对商品分类方式做了设定，接下来在"录入品号类别"中针对每一种方式设定其分类的内容。在系统主界面中执行"存货管理子系统"|"基础设置"命令，进入"录入品号类别"作业。如以会计角度所做的品号类别可分为原材料、包装物、低值易耗品、半成品、库存商品等，如图 3.8 所示。

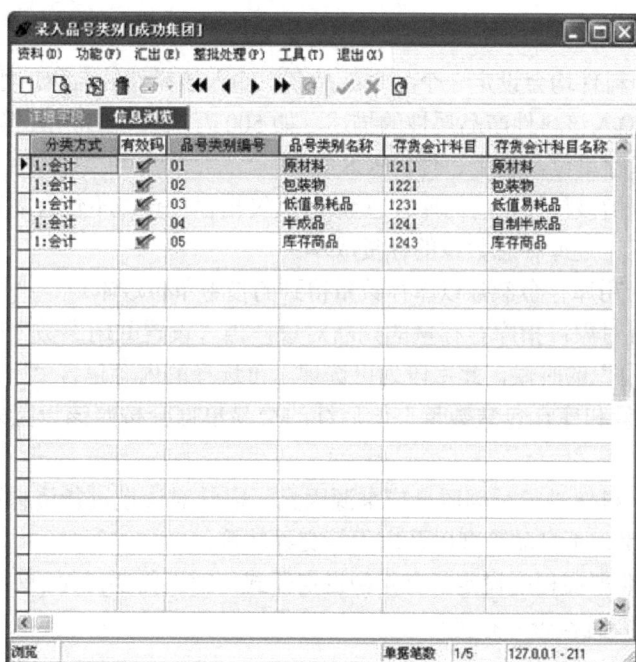

图 3.8　"录入品号类别"界面

3.3.4　录入品号信息

需要记录的商品，都会给予一笔品号基本信息，后续在录入交易单据时，就可以一并带出录入好的信息，提高资料录入的效率，如图 3.9 所示。

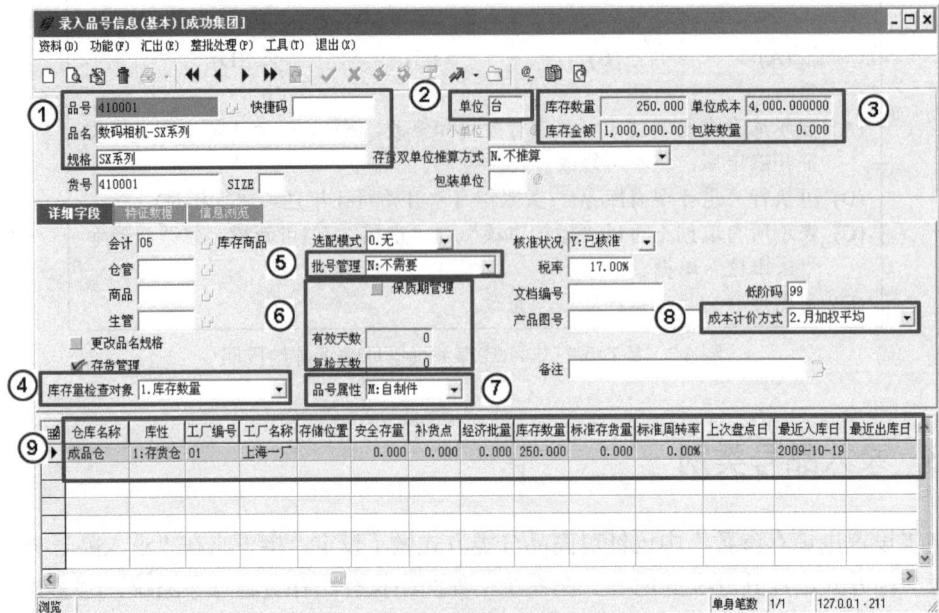

图 3.9　"录入品号信息(基本)"界面

【作业重点】

① 品号：每个料件均会设定一个品号；品名：输入该料件的名称，如数码相机—SX 系列等；规格：可以输入该料件产品属性的描述，如 500 万像素、256MB 等。

② 单位：指库存单位，如个、件、PCS 等。

③ 库存数量：指该料件目前的库存总数量(但仅指存货仓，不包含非存货仓)。

● 库存金额：上述库存总数量的存货成本。

● 单位成本：用库存金额除以库存数量得到的参考单位成本。

④ 库存量检查对象：指库存存量的判断对象，当"设置共用参数"中的"数量表达方式"为"存货双单位"的时候，此字段为可选项。可选择的内容包含"库存数量""库存包装数量""库存数量和库存包装数量"。后续的交易单据会按照该设置来判断库存量是否充足。

⑤ 批号管理：料件进货时因质量或来源因素，需针对该批进货资料进行识别及管理，管制其自入库、领用、不良品管理以及出货等交易轨迹。

批号管理可按照严谨程度设定，有 4 种设定模式：N(不需要)、W(仅需警告)、Y(需要不检查库存量)、T(需要且检查库存量)。

注意：

● 在交易单据上的控管

如果在"录入品号信息"中设定了该商品必须进行批号管理，那么此商品在输入库存交易单据时(库存交易单、成本开账/调整单、进货单、退货单、销货单、销退单、生产入库单、领料单、委外进货单、委外退货单、移转单)均需定义交易的批号。

● 库存数量的查询

凡进行批号管理的商品在进行交易单据出库时，可于数量字段处开窗查询到各批号的结余数量。

⑥ 保质期管理/有效天数/复检天数：品号有时效性时，如牛奶、糖、面粉等，可勾选此选项来控管存货的先进先出，并输入"有效天数、复检天数"字段。有效天数为从进货或入库当日到失效的天数。但只有当批号管理选项没有选择"N:不需要"的时候，才可以勾选"保质期管理"。

⑦ 品号属性：此字段用于定义品号的材料类型、自制件、委外加工件或者是一般采购件。品号属性区分如下。

● P：采购件。一般不需加工的原料，经采购进货取得。

● M：自制件。必须经过自行制造生产过程才能完成的成品或半成品。

● S：委外加工件。一般指需经过委外供应商加工完成的成品或半成品。

● Y：虚设件。虚设件是为简化 BOM 结构，提高 BOM 管理效率而产生的。

● C：配置件。有选配的作用，用来归集相同特性品号，为构建 BOM 而虚拟化的品号。

⑧ 成本计价方式：用于设定单个品号的成本计价方式。当成本计价方式为"实际成本制"的时候此字段为可选项。可选择的内容包含"月加权平均""先进先出"以及"分批认定"。

⑨ 单体会显示该品号存放在各个仓库的数量、工厂、最近入出仓库的日期等信息。仓管信息如图 3.10 所示。

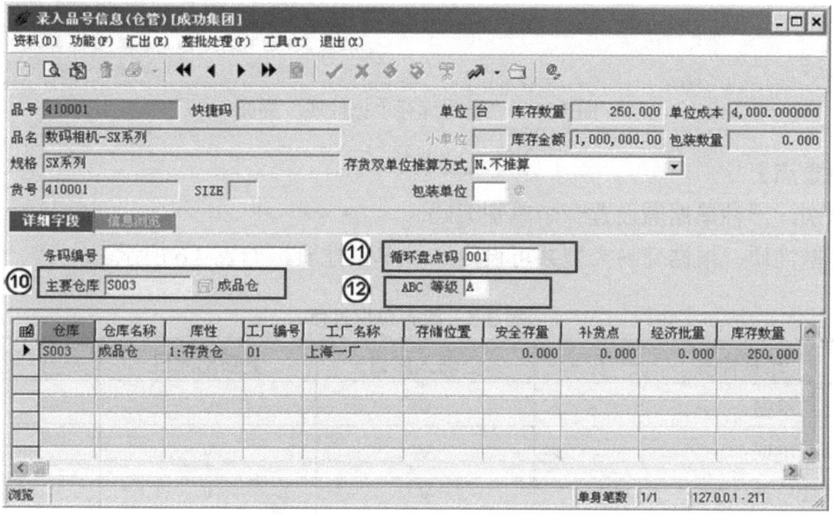

图 3.10 "录入品号信息(仓管)"界面

【作业重点】

⑩ 主要仓库：指料件所存放的主要仓库，系统中所有的库存相关交易单据(销货单、进货单、领料单、生产入库单、库存交易单等)将默认选择此处设置的仓库。

⑪ 循环盘点码：盘点时的群组码，可针对某些特定商品进行循环盘点码的规划。

⑫ ABC 等级：存货耗用 ABC 等级，可由人工自行定义或是系统上线后由"库存 ABC 分析表"来更新。

3.3.5　设置库存单据性质

设置"存货管理子系统"所使用的交易单据及其编码方式、性质、签核格式等。日后交易单据上使用到该单别时，系统会默认抓取单据性质中的相关设定，如图 3.11 所示。

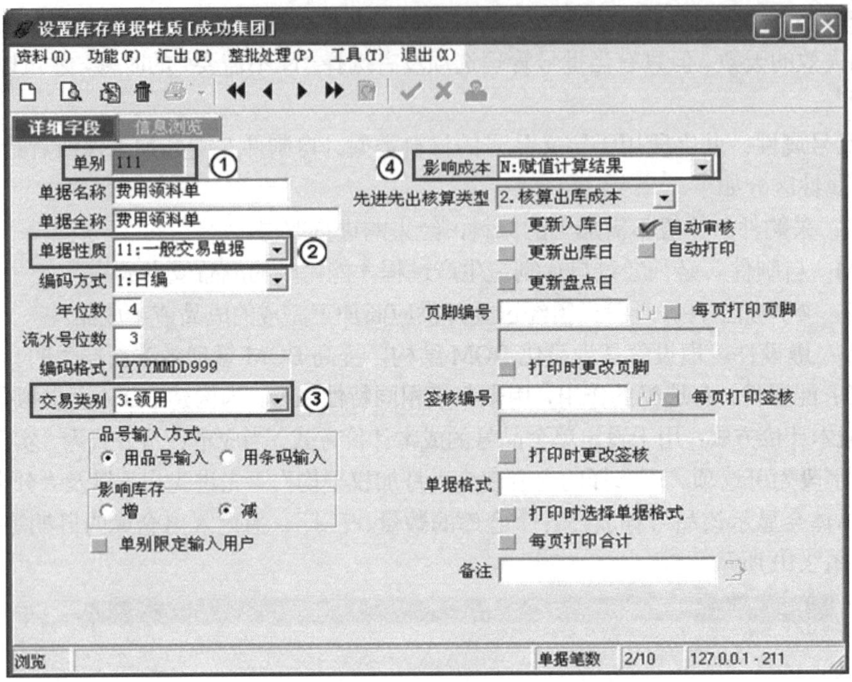

图 3.11　"设置库存单据性质"界面

【作业重点】

① 单别：一种单据需设置一个单别编码。

② 单据性质：根据交易类型共可设定 9 种单据性质，如表 3.6 所示。

表 3.6　库存单据性质

单据性质	更新入库日	更新出库日	更新盘点日
11：一般交易单据	V	V	V
12：库存调拨单据	V	V	
13：借出调拨单据	V	V	
14：借入暂收单据	V	V	
15：借出归还单据	V	V	
16：借入归还单据	V	V	
17：成本开账/调整单据	V	V	
18：报废单据	V	V	
19：销毁单据	V	V	

注：V 表示可按公司管理需求进行个别设定。

各单据属性介绍如下。

- 11：一般交易单据。用于非生产性质的入/出库及调整单据，如部门领料、数量调整单、盘盈损单等。
- 12：库存调拨单据。常用于仓库与仓库之间数量移转时使用。
- 13：借出调拨单据。借出料件时使用的单据。
- 14：借入暂收单据。借入料件时使用的单据。
- 15：借出归还单据。料件借出后，对方归还时使用的单据。
- 16：借入归还单据。料件借入后要归还对方时所使用的单据。
- 17：成本开账/调整单据。成本开账或成本调整时使用的单据。
- 18：报废单据。常用于不良品仓库与正常仓库之间数量移转时使用。
- 19：销毁单据。记录报废仓中的料件已进行销毁处理。

③ 交易类别：分为入库、销货、领用、调拨、调整，一经设定请不要随意修改，因品号交易的数量及金额在单据审核时，会根据此类别自动归类，所以此归类将影响"进耗存统计表"的统计。

④ 影响成本：此字段的设定会直接影响"月加权平均单价"的计算结果。"存货管理子系统"中的各单据则在此处设定"影响成本码"。其他子系统中与库存成本有关的单据是由系统自动设定"影响成本码"的，如："工单/委外子系统"的生产入库、委外进货、委外退货、领退料；"采购管理子系统"的进货单、退货单；"销售管理子系统"的销货单及销退单。

$$月加权平均单位成本 = \frac{期初金额 + 本期进货净额 + 影响成本码为 Y 的单据金额}{期初数量 + 本期进货净量 + 影响成本码为 Y 的单据数量}$$

- 成本计算来源"Y"：计算当月月加权平均单位成本的数据来源。此类单据有："采购管理子系统"的进/退货单；"工单/委外管理子系统"的生产入库单、委外进/退货单；"存货管理子系统"自行定义为 Y 的单据，如录入成本开账/调整单。
- 赋值计算结果"N"：单据的存货成本为品号该月的单位成本，也就是说该成本金额是被赋予的，不会影响当月月加权平均单位成本。此类单据有："销售管理子系统"的销货/销退单；"工单/委外管理子系统"的领/退料单；"存货管理子系统"自行定义为 N 的单据，如盘盈损单。
- 成本调整"y"：仅针对库存金额调整，不会被纳入月加权平均成本计算，也不被计算出来的单位成本所影响。此类单据有："存货管理子系统"的成本调整单(只调成本不调数量)。

3.4　日常业务流程

易飞存货管理系统的日常业务流程包含库存交易流程、库存调拨、借出/借出归还流程、借入/借入归还流程、库存盘点、存货月结六大内容，在此节中我们将逐一讲解。

3.4.1　库存交易流程

【目的】

除采购进货、退货、营业销售、销退、厂内生产的领退料、生产入库、委外加工的领退料、委外进退货之外，其他与库存相关的库存交易进出(如盘盈亏单、其他入库单、其他出库单、报废单等)，都可在本作业进行录入。

【业务场景】

成功集团研发部的陈登山因为研发数码相机新产品，需要领用 5 个主开关连动板，作为开发新产品使用，于是他要使用"录入库存交易单"的费用领料单来向仓管部领取数量为 5 个的主开关连动板。

【操作步骤】

步骤一：在系统主界面中执行"存货管理子系统"|"录入库存交易单"命令，进入"录入库存交易单"开始新增单据内容，如图 3.12 所示。

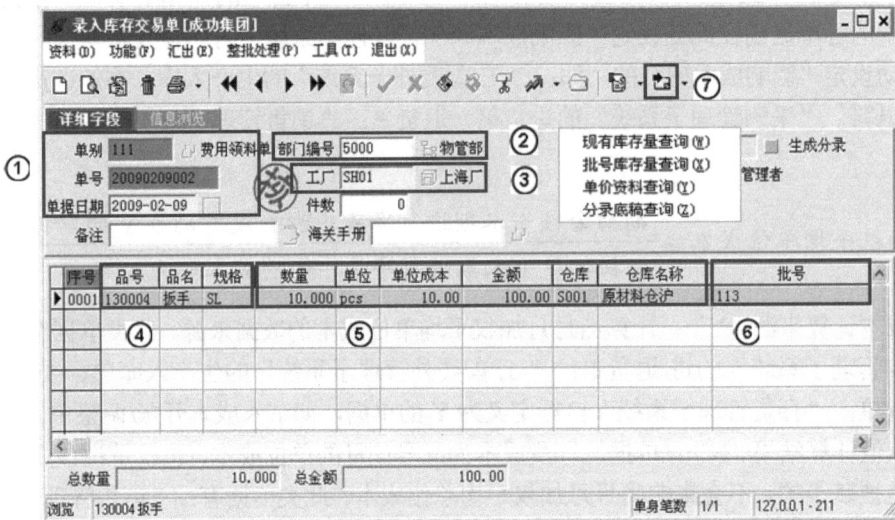

图 3.12　"录入库存交易单"界面

【作业重点】

① 可直接输入"单别"或按 F2 键开窗查询，选好单别后，系统按照单据性质中的设置自动带出单号。系统默认单据日期为当前日期。

② 部门编号：输入交易部门代号。

③ 工厂：品号库存量是分厂分库管理的，所以需输入"工厂"。

④ 输入"品号"，系统带出"品名及规格"。品号输入的辅助功能有三种：按 F2 键进行品号信息的查询，按 F3 键进行整套组件展开，按 F4 键按工单展料。

注意：

F3 键整套组件展开：利用建立的产品结构表(Bill of Material，BOM)为基础，将某一个成品要使用的整套材料自动展出。按 F3 键开窗后,可以设定要展哪一个 BOM 日期哪一个主件品号下所需的用料及其数量;也可以选择要不要展算用料的损耗率;展算方式如何;从哪一个仓库转到哪一个仓库;常用于研发单位,新产品试产时的领料使用。

⑤ 输入领料的数量、单位、领出仓库。若想查看目前该品号的库存数量,可按 F2 键查询。

⑥ 如果在"录入品号信息"中启用了"批号管理"功能,则在单体的"批号"字段还可以录入该品号的批号。

⑦ 工具栏上"资料查询"的选项可以方便查询到与该品号有关的库存量、批号库存量、单价资料等信息。

步骤二: 单据保存后,确认无误即可送交审核。审核后,这次领出的仓库就会扣除 5 个主开关连动板的库存数量,如图 3.13 所示。

图 3.13 "录入库存交易单"界面

【作业流程复习】(见图 3.14)

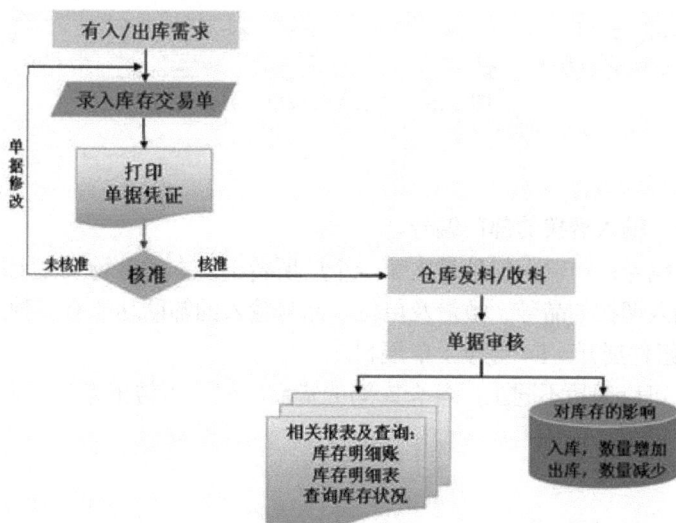

图 3.14 库存交易流程

3.4.2　库存调拨

【目的】

因供应链仓库配货需求，可于本作业中录入某品号在两个同性质仓库之间的移转挪动，如由原料仓转至现场仓，或者由原料仓调拨至委外供应商的委外仓等状况。

【业务场景】

业务部张明达近日预计销售相机器材—三脚架(品号：150007)，但目前"上海一厂"的成品仓库存只剩 3 组，而"上海二厂"的成品仓尚有库存，于是 1 月 5 日业务单位填写转拨单据，由仓管部将 12 组三脚架调拨至"上海一厂"的成品仓，以待后续出货备用。

【操作步骤】

步骤一：在系统主界面中执行"存货管理子系统"|"录入调拨单"作业，进入"录入调拨单"开始新增单据内容，如图 3.15 所示。

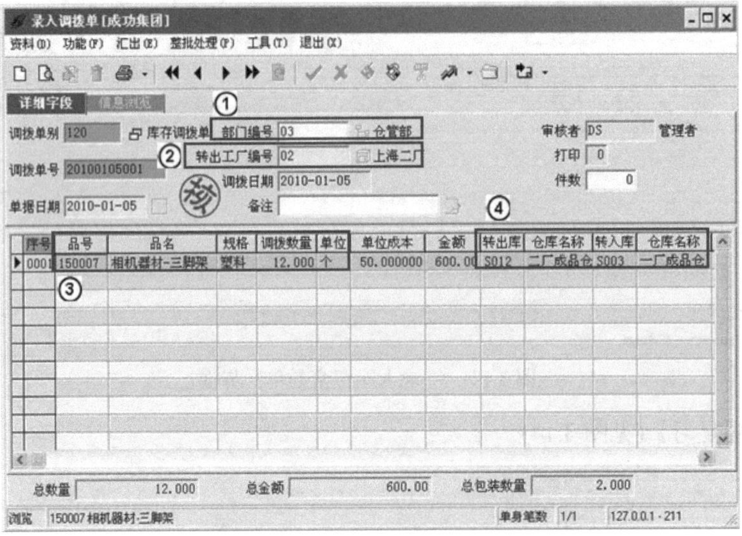

图 3.15　"录入调拨单"界面

【作业重点】

① 部门编号：输入调拨的部门编号。

② 转出工厂编号：需输入料件是由哪一个厂所转出。本业务场景由上海二厂转出。

③ 在单体输入调拨的品号、数量及单位。品号输入的辅助功能有三种：F2 键品号信息查询，F3 键整套组件展开，F4 键按工单展料。

④ 调拨动作可以调拨不同工厂各仓库间的货品，但是"转出库"一定要是单头所输入的"转出工厂"的仓库。

注意：

相同库性(存货/非存货仓)的仓库之间才可以调拨。

步骤二： 输入完毕后，经审查无误，进行审核。由于该品号数量是一进一出的，所以总数量并没有增加或减少，调拨前后存货价值也不变，如图 3.16 所示。

图 3.16　"录入调拨单"界面

【作业流程复习】(见图 3.17)

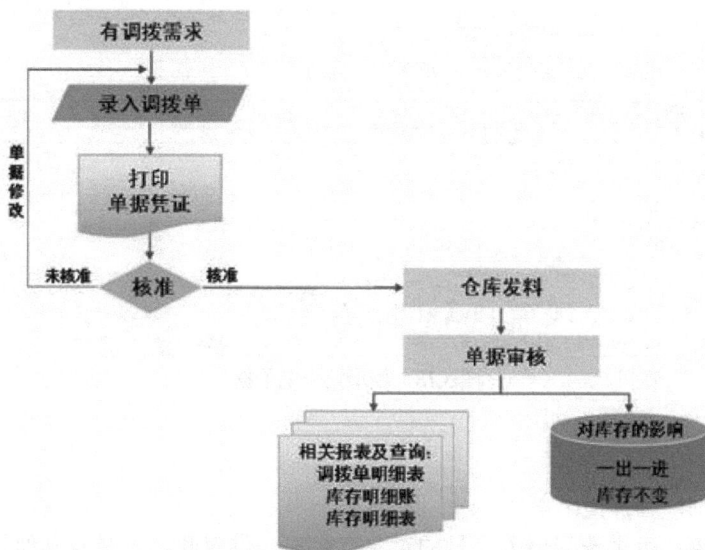

图 3.17　库存调拨流程

3.4.3　借出/借出归还流程

1. 借出

【目的】

借商品、材料给供应商或他人使用时，可将借出的信息记录到"借出单"中。因商品只是借出去而已，所有权仍为公司所有，而且又不会有账款的产生，所以在账面上不做扣账的处理。但是为了管理借出的数量，会虚设一个客户仓或供应商仓，商品借出时，从公司的仓库以调拨方式转至虚设的仓库。

【业务场景】

1月12日，客户—尖峰公司来电给业务部张明达，提出想先借用公司产品"数码相机—SX型"(品号：420001)10台，搭配自己公司其他产品，组合作为3C展会样品，预计19日活动结束后归还。稍后，业务部张明达也接到客户—茂盛公司的来电，同样要借出10台的"数码相机—SX型"作为其展会样品，预计19日归还。

【操作步骤】

步骤一： 需求部门—业务部从系统主界面执行"存货管理子系统"|"录入借出/入单"作业，进入"录入借出/入单"开始新增第一笔单据内容(客户—尖峰公司)，如图3.18所示。

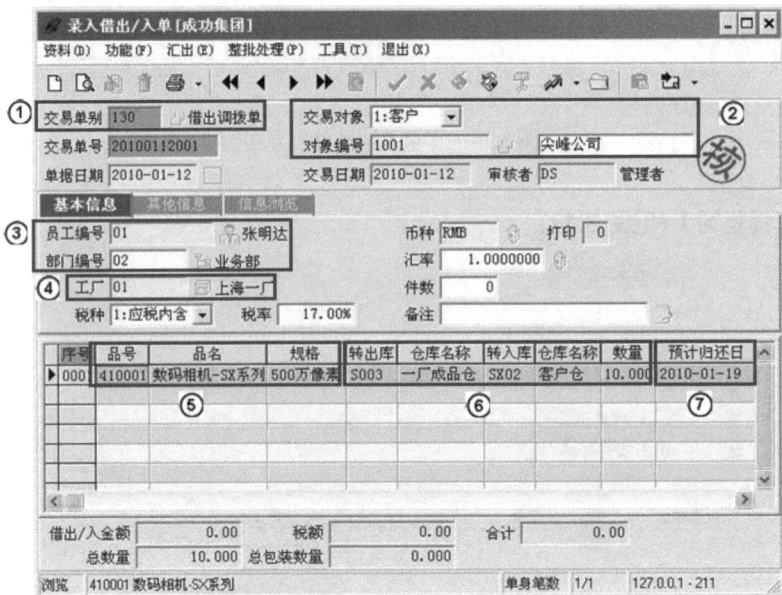

图3.18　新增第一笔单据

【作业重点】

① 交易单别：选择借出单。

② 交易对象：可供选择借入品号的对象有客户、供应商、人员及其他。当对象是客户时可开窗查询及带入客户的信息，本例带出尖峰公司。对象为其他时，则必须自行输入对象编号或直接输入名称。

③ 员工编号、部门编号：输入借出的员工与部门。

④ 工厂编号：需输入是由哪一个工厂借出。

⑤ 在单体输入借出品号。品号输入的辅助功能有二种：F2键查询品号数据；F3键整套组件展开。

⑥ 转出库：从此仓库转出货品借给客户，转出库为正常使用的仓库。

转入库：为虚设的仓库，将借出品转放至此仓库。

数量：输入借出的数量。

⑦ 预计归还日：可以注明客户"预计要归还的日期"。

步骤二： 新增第二笔借出单——茂盛公司，如图 3.19 所示。

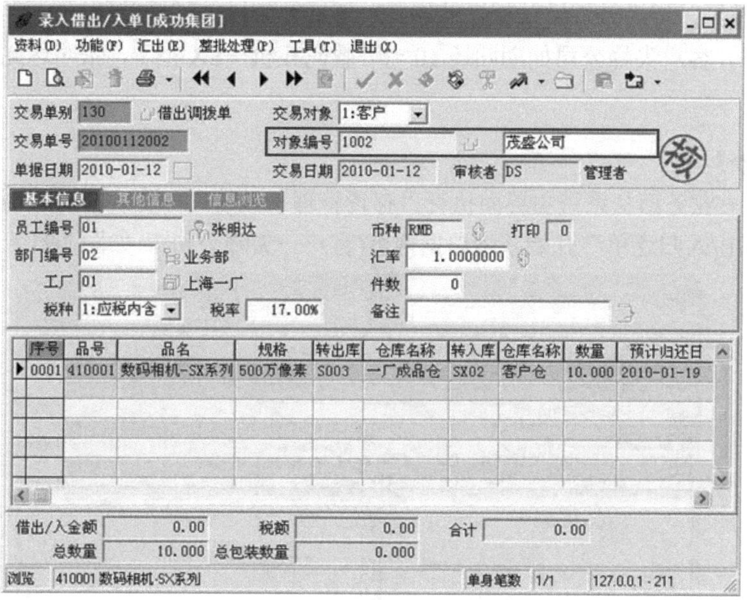

图 3.19　新增第二笔单据

步骤三： 单据保存后，送交需求单位主管签核。

步骤四： 仓管部收到借出单需求后，备货借出给客户。

步骤五： 借出作业完成后，经仓管部主管审核，做调拨扣账处理。如图 3.20 所示。

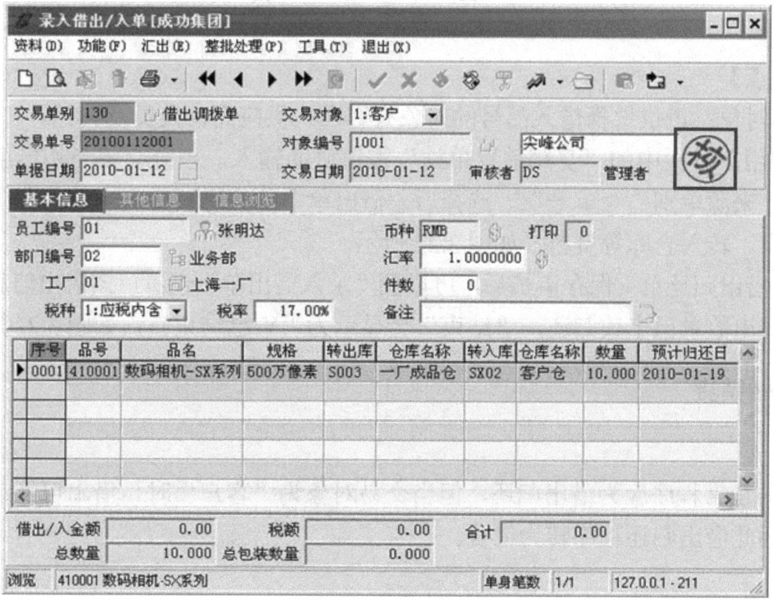

图 3.20　调拨扣账

2. 借出归还

【目的】

于"录入借出/入归还单"记录后续归还时的信息。

【业务场景】

1月19日，客户尖峰公司如期归还10台"数码相机—SX型"，张明达此时要记录归还状况。

【操作步骤】

需求部门—业务部从系统主界面执行"存货管理子系统"|"录入借出/入归还单"作业，进入"录入借出/入归还单"开始新增单据内容(客户—尖峰公司)，如图3.21所示。

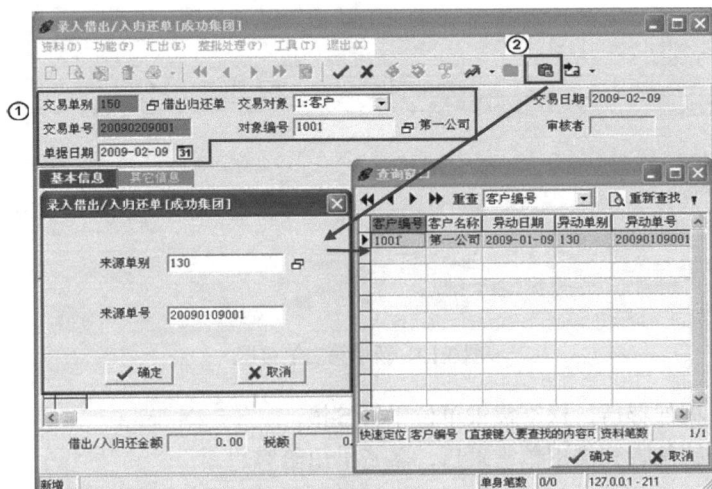

图3.21 新增借出归还单据

【作业重点】

① 交易对象：可供选择借入品号的对象有客户、供应商、人员及其他。

② 可利用工具栏中的"复制前置单据"按钮协助输入，系统会将当初借出的信息自动带出，包含"来源单别""单号"。选择后，借出单中的信息被带到当前作业中。查看带出的品号、转出、转入仓库等资料，如图3.22所示。

③ 当"借出归还单"保存审核后，可以到"录入借出单"查看，该借出信息会显示"归还量"，当借出数量已全数归还，"结束"会显示为"Y:已结束"，如图3.22所示。

3. 借出转销货

【目的】

借出后的正常程序应为借出归还，但当交易对象为"客户"时，借出可能未归还，而是转为销货，因此借出归还程序转为销货。

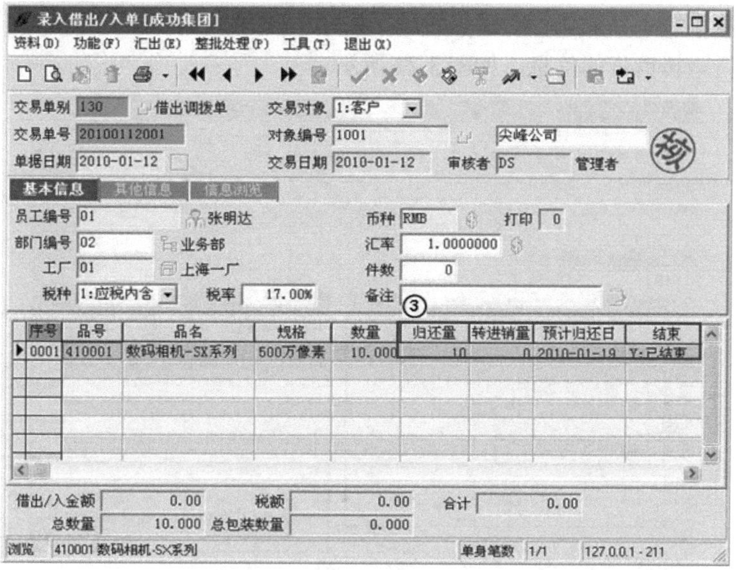

图 3.22 保存并查看借出单资料

【业务场景】

1 月 19 日，茂盛公司表示因"数码相机—SX 型"在展会上受到客户反应热烈，所以要直接购买这 10 台"数码相机—SX 型"，后续可能再继续向公司进货。

【操作步骤】

步骤一：借出转销货，从系统主界面执行"存货管理子系统"|"录入借出/入单"作业，进入"录入借出/入单"界面找到茂盛公司 130-20100112002 的单据，查看借出单详情，如图 3.23 所示。

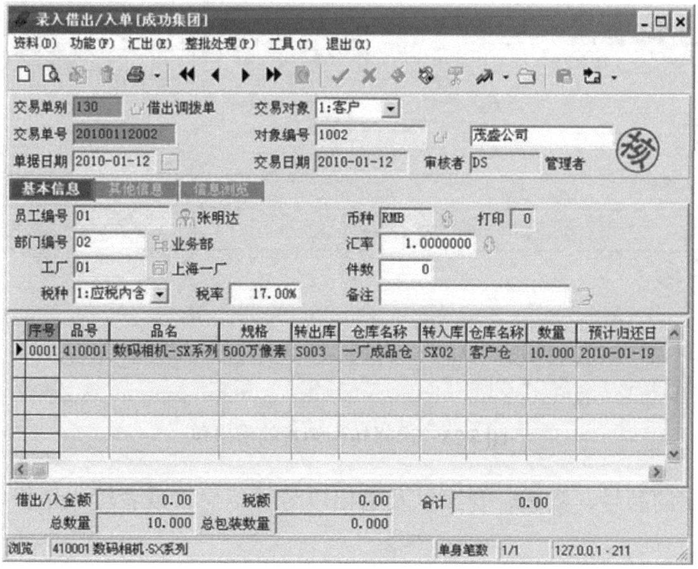

图 3.23 查看借出单据

步骤二： 从系统主界面执行"销售管理子系统"|"录入销货单"作业，进入"录入销货单"界面开始新增转销货的信息，如图 3.24 所示。

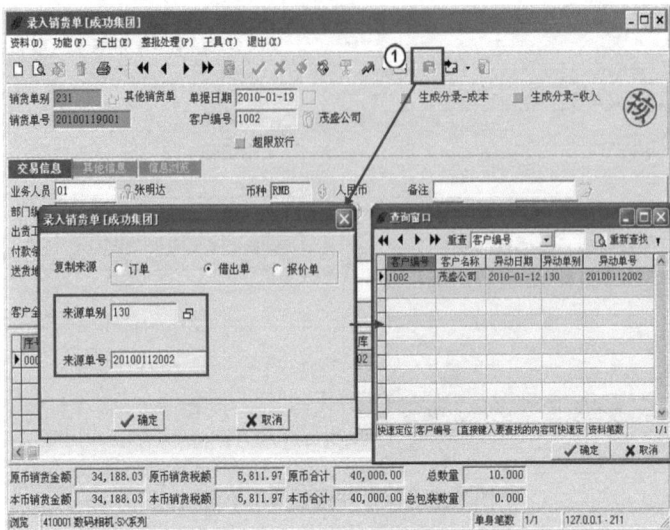

图 3.24　新增转销货信息

【作业重点】

① 新增销货单，单击"复制前置单据"按钮，复制来源选择"借出单"，再单击来源单别单号，选择是哪一笔借出要转为销货，如图 3.25 所示。

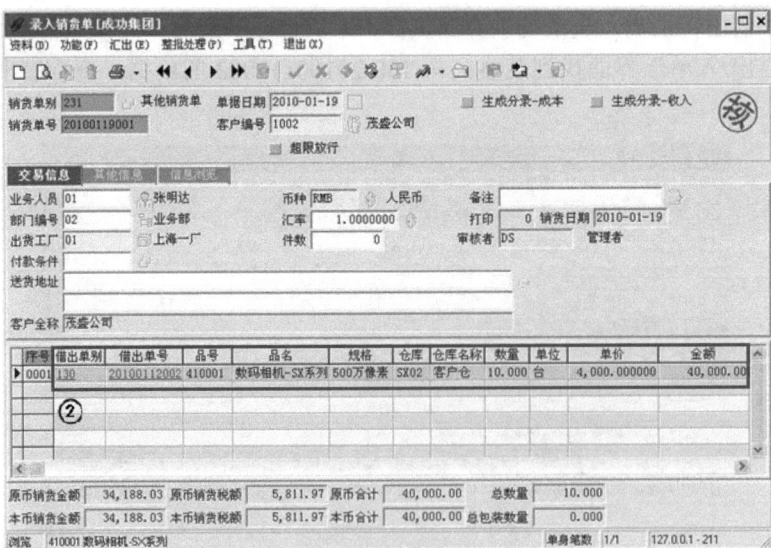

图 3.25　选择转为销货的借出单

② 检查借出的品号、数量、仓库以及借出单号等信息，或者输入销售单价，如图 3.25 所示。

步骤三： 保存后的信息检查无误后即可审核，如图 3.26 所示。

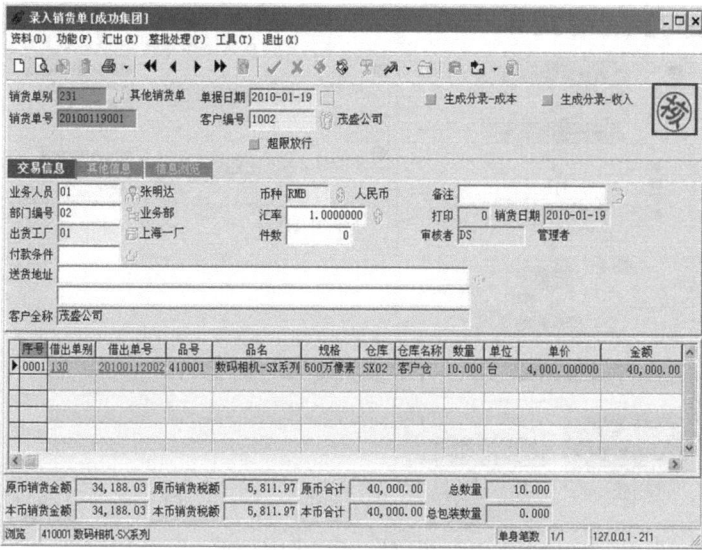

图 3.26 审核销货单

步骤四: 从系统主界面执行"存货管理子系统"|"录入借出/入单"作业,进入"录入借出/入单"界面查询 130-20100112002 借出转销货的详情,如图 3.27 所示。

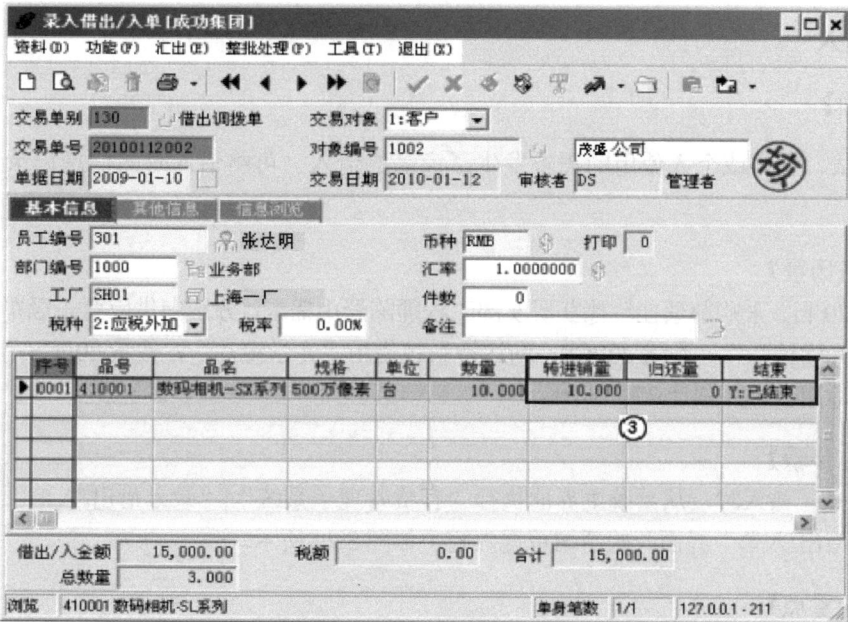

图 3.27 查询 130-20100112002 借出转销货的详情

【作业重点】

③ 因为在销货单中有输入借出单号,所以销货单审核后将借出转销货数回写在借出单中的"转进销量";本业务场景借出数量全数转销货,所以结束显示为"Y:已结束"。

【作业流程复习】(见图 3.28)

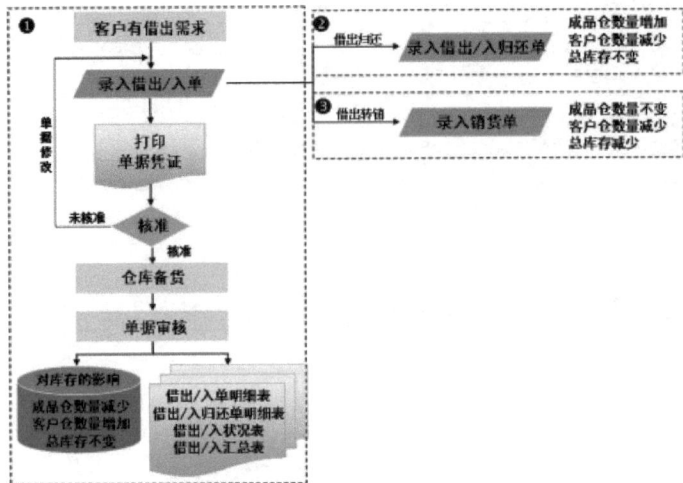

图 3.28　借出/借出归还流程

3.4.4　借入/借入归还流程

1. 借入

【目的】

因测试、生产或个人使用的需求发生了商品的借入，可将借入时的信息记录到"借入单"中。

【业务场景】

1 月 20 日，采购部蔡佳玲接获研发部工程师陈登山需求，分别向供应商—冠军公司借用原材料"光学镜片"，数量 20PCS，向达智科技借用"光学镜片"，数量 20PCS，用来测试新产品的适用性，并预计 27 日归还。

【操作步骤】

步骤一：借入时，从系统主界面执行"存货管理子系统"|"录入借出/入单"作业，进入"录入借出/入单"界面开始新增单据内容，如图 3.29 所示。

【作业重点】

① 交易对象：可供选择借入品号的对象有客户、供应商、人员及其他。

② 员工编号、部门编号：输入责任归属的员工与部门。

③ 工厂：需输入转入库的工厂。

④ 在单体输入借入的品号、数量、单位。品号输入的辅助功能有两种：F2 键查询品号数据；F3 键整套组件展开。

⑤ 预计归还日：可以注明"预计要归还的日期"。

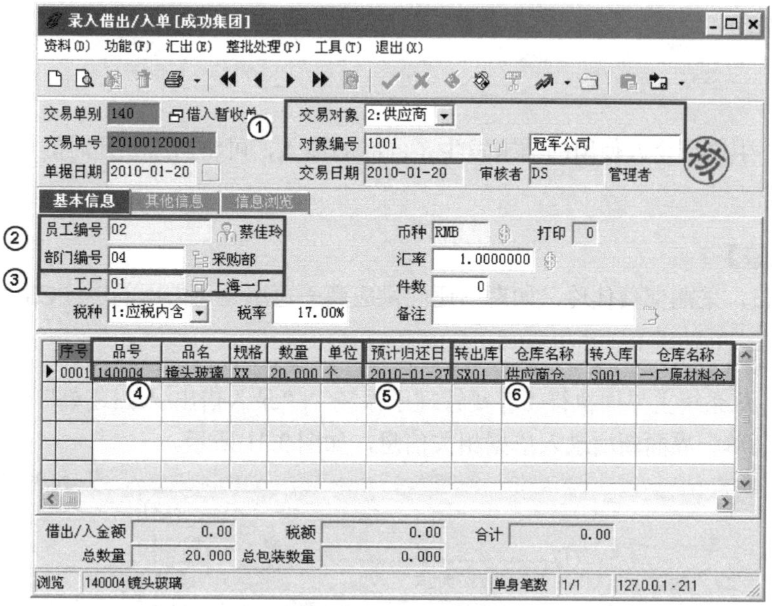

图 3.29　新增借入单单据内容

⑥ 转出库: 通常会设定一个虚拟仓库, 将借入品由此仓库借出, 因为该货品只是向供应商借用, 所有权仍为供应商所有。

转入库: 借入的料件转入此仓库。

步骤二: 录入第二张向达智科技借货的借入单, 如图 3.30 所示。

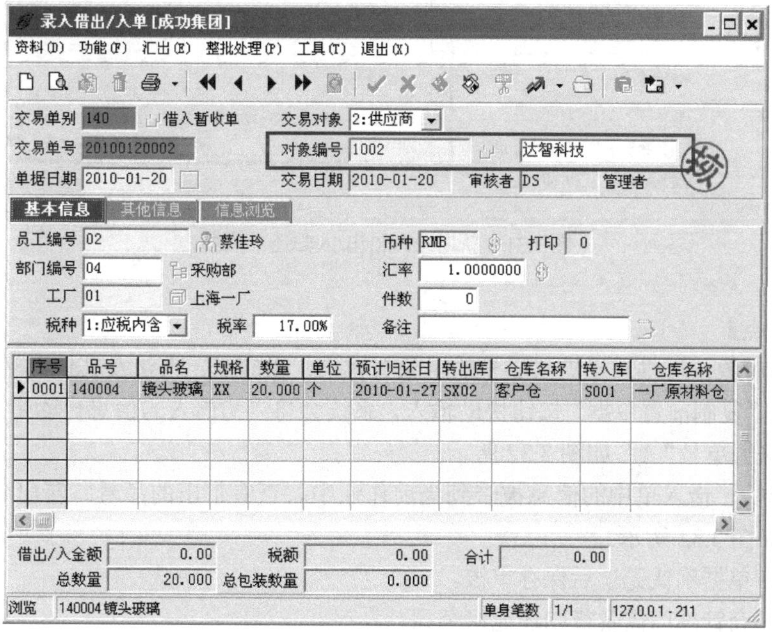

图 3.30　录入第二张借入单

步骤三: 录入后这两张单据请采购主管审核, 然后发出给供应商。

步骤四: 仓管收到借入的商品后, 再请主管对借入单进行审核。

2. 借入归还

【目的】

因测试、生产或个人使用的需求发生了商品的借入，可将后续归还时的信息记录到"借入归还单"中。

【业务场景】

1 月 27 日，采购部蔡佳玲，如期归还向供应商—冠军公司借用的 20 PCS "光学镜片"。

【操作步骤】

步骤一： 从系统主界面执行"存货管理子系统" | "录入借出/入归还单"作业，进入"录入借出/入归还单"界面新增录入单据相关信息，如图 3.31 所示。

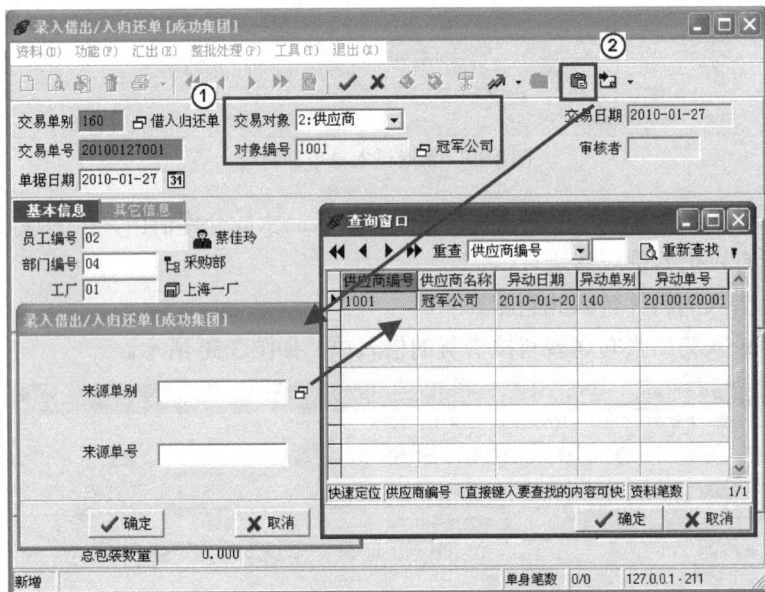

图 3.31　新增录入借出/入归还单信息

【作业重点】

① 交易对象：可供选择借入品号的对象有客户、供应商、人员及其他。

② 单击"复制前置单据"按钮协助输入，系统会将当初借入的信息自动带出，包含"来源单别""来源单号"， 如图 3.32 所示。

③ 选择后，借入单中的信息被带到当前作业中。查看带出的品号、转出仓库、转入仓库等资料，如图 3.32 所示。

步骤二： 单据确认无误后保存审核。

步骤三： 仓管部门需备货归还冠军公司。

步骤四： 查看原始借入单。

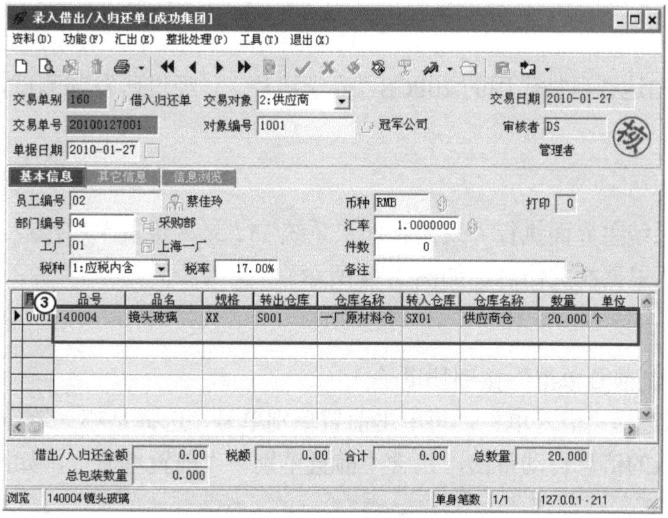

图 3.32　查看带出的资料

【作业重点】

④ 当"借入归还单"保存审核后，可以到"录入借入单"查看，该借入信息会显示"归还量"，若借入数量全数归还，"结束"会显示为"Y:已结束"，如图 3.33 所示。

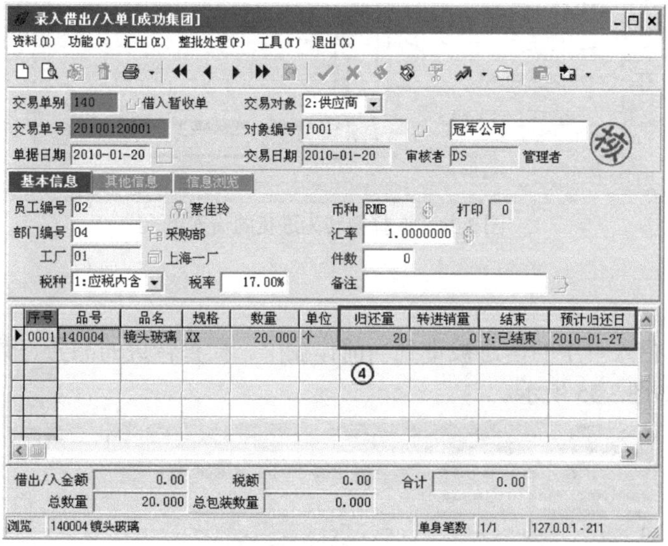

图 3.33　查看审核后的"借入归还单"

3. 借入转进货

【目的】

因测试、生产或个人使用的需求发生了商品的借入，借入的商品已确定不归还，改以采购时，必须录入"进货单"来冲销借入的商品。

【业务场景】

1月27日，向达智科技借用的20PCS"光学镜片"，经过研发部测试，结果良好，决定购买进行试产。

【操作步骤】

步骤一： 从系统主界面执行"采购管理子系统"|"录入进货单"作业，进入"录入进货单"界面新增录入单据相关信息，如图3.34所示。

【作业重点】

① 单击"复制前置单据"按钮协助输入。

② 复制来源选择"借入单"，再单击前置单别单号，选择是哪一笔借入单要转为进货。系统会将当初借入的信息自动带出，包含"前置单别""前置单号"，如图3.34所示。

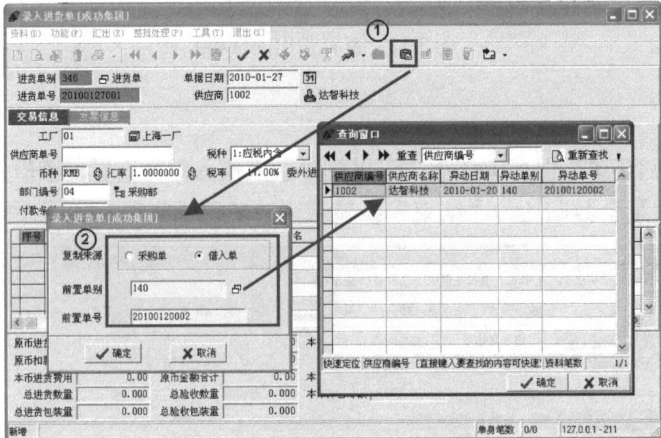

图3.34 选择要转为进货的借入单

【作业重点】

③ 选择后，借入单中的信息被带到当前作业中。检查转进的品号、数量、仓库以及借入单号等信息，如图3.35所示。

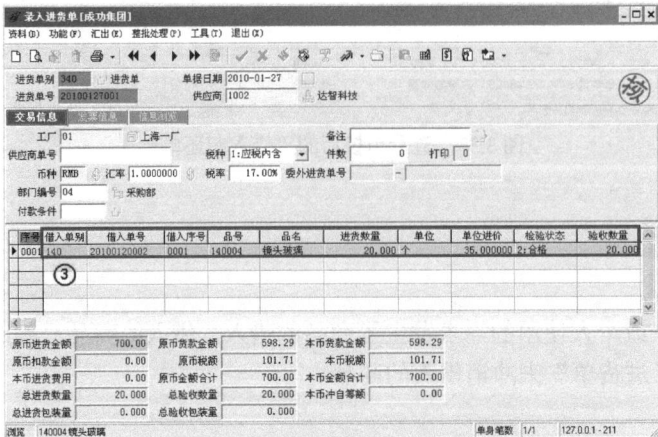

图3.35 检查转进的借入单中的信息

步骤二: 输入借入转进货的单价, 如图 3.36 所示。

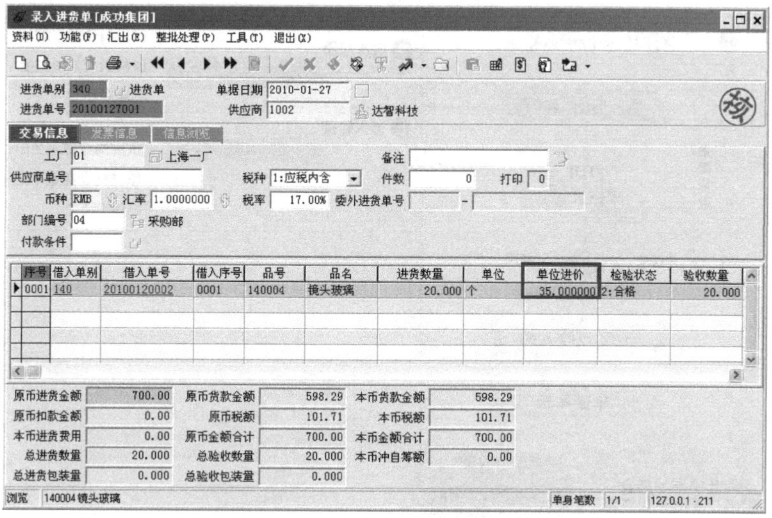

图 3.36 输入借入转进货的单价

步骤三: 单据确认无误后保存审核。

步骤四: 查看原始借入单, 如图 3.37 所示。

【作业重点】

④ 当"进货单"保存审核后, "转进销量"字段会更新为已进货数量。当借入数量已全数进货, "结束"会显示为"Y:已结束", 如图 3.37 所示。

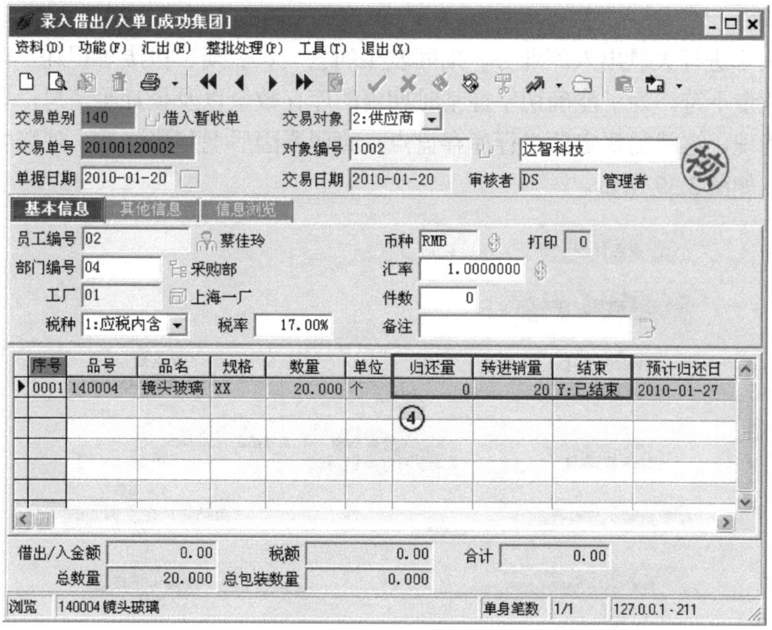

图 3.37 查看借入单

【作业流程复习】(见图 3.38)

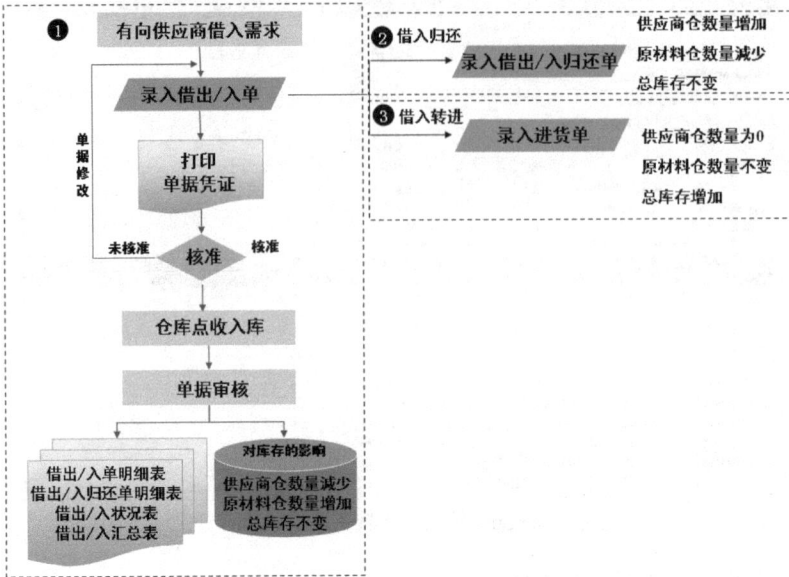

图 3.38　借入/借入归还流程

3.4.5　库存盘点

【目的】

　　企业每天都进行大量出入库业务，期间发生的丢失、破损、报废等损耗，可能导致库存数量与账面数量不符。为了能确切掌握某时期内的库存数量以及损耗等信息，据此分析库存盈亏、改善管理，这就需要定期进行库存盘点，查明原因后调整账面数，使账物相符。盘点作业流程图，如图 3.39 所示。

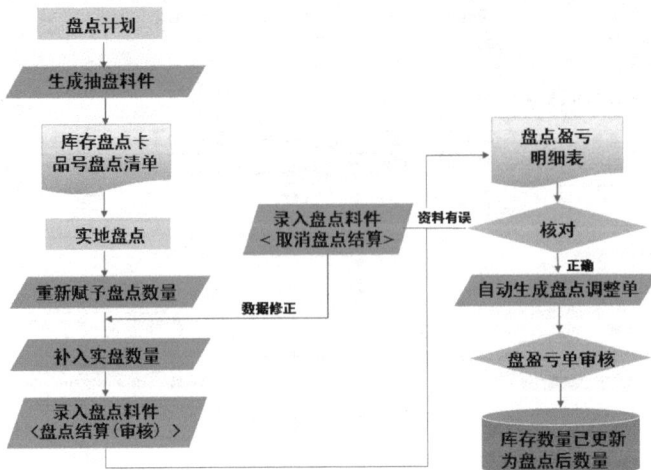

图 3.39　盘点作业流程

【业务场景】

1 月 31 日，又来到盘点的日期了，在这天，仓管部准备针对"原材料仓"进行重要存货抽盘作业。

【操作步骤】

步骤一：盘点计划拟定，成功集团仓管部预计 1 月 31 日进行"原材料仓"的重要存货盘点。1 月 28 日以前先拟定好相关的盘点计划。1 月 31 日实际盘点前，可以先将库存的进出账务冻结起来，以避免盘点后的数据因为库存的再度进出而造成账务混乱。正式完成全部的实地盘点工作后，2 月 1 日以后，与库存相关的交易即可开始正常运作了。盘点的结果到 2 月 3 日已经全部输入完毕，同时也已经核对过相关的账面数量后，即可开始进行"盘盈亏"的结算，但盘盈亏单审核的日期须输入 1 月 31 日，表示这一天开始，库存已经调整为实际盘点后的数量。

步骤二：自动生成抽盘料件，在实际盘点前，产生要盘点的库存信息，如图3.40和图3.41所示。

【作业重点 1】(见图 3.40 和图 3.41)

① 选择底稿排序：为了方便实际盘点，可以设定盘点底稿的排序方式，让盘点人员可以根据实际存储地点或状况，选择"按品号"或"按仓库"打印盘点底稿。若选择"按品号"，表示盘点人员是按照品号顺序做盘点；若选择"按仓库"，表示盘点人员是按仓库顺序(如原料仓、物料仓、半成品仓等)做盘点，成功集团要以"按仓库"作为底稿的排序方式，让不同盘点人员可按各仓库的盘点底稿进行实际盘点。

② 盘点底稿编号、日期：盘点底稿编号为此次盘点的盘点底稿编号，底稿编号由公司自行编订，后续要打印或查询盘点数据都是用这个编号来寻找。如果要盘点的品号很多而且品号分布的区域较广时，可用一个仓库一个底稿编号的方式进行编号，以方便很多人同时盘点。日期为盘点的日期。

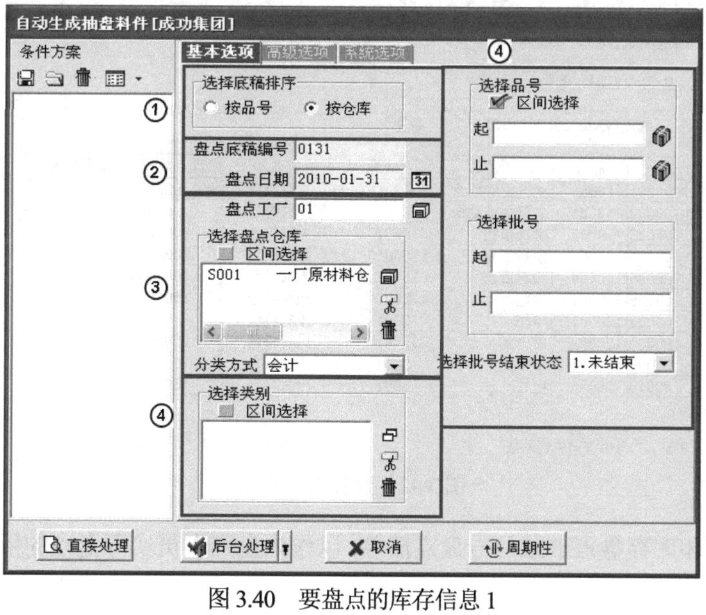

图 3.40　要盘点的库存信息 1

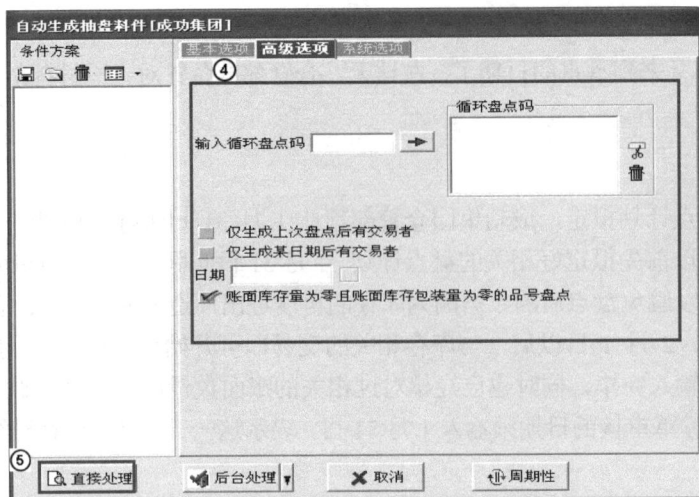

图 3.41　要盘点的库存信息 2

③ 盘点工厂、盘点仓库：盘点筛选条件，表示此次要进行盘点的工厂及仓库。

④ 如果不是全面盘点，也可以选择某一类别的品号，如会计分类的产成品类或者使用循环盘点码仅生成某日期后有交易者等各种条件筛选盘点的范围。通过勾选"账面库存量为零且账面库存包装量为零的品号盘点"还可以选择是否要把账面数量为零的品号也盘点出来。

⑤ 直接处理：单击该按钮后即可生成盘点底稿。

【作业重点 2】

⑥ 盘点数量：在"录入盘点料件"中查看生成的盘点底稿的内容。"盘点数量"为品号在系统中的当前数量，如图 3.42 所示。

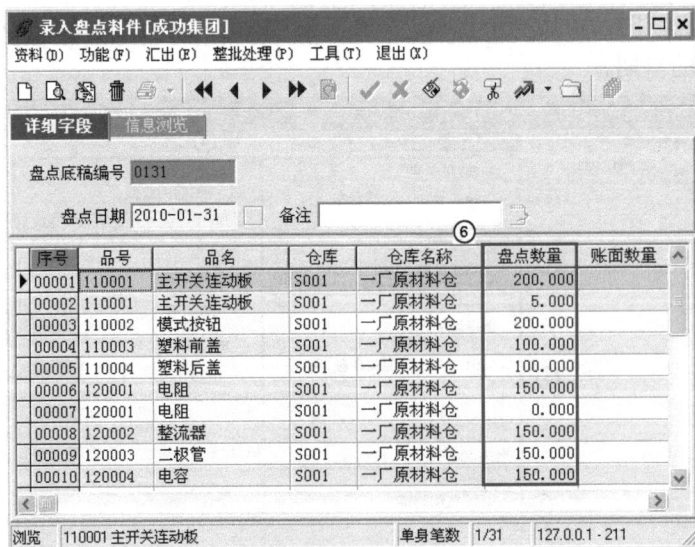

图 3.42　查看盘点数量

步骤三：打印库存盘点卡或品号盘点清单，以作为盘点人员实际盘点的依据，如图 3.43～图 3.45 所示。

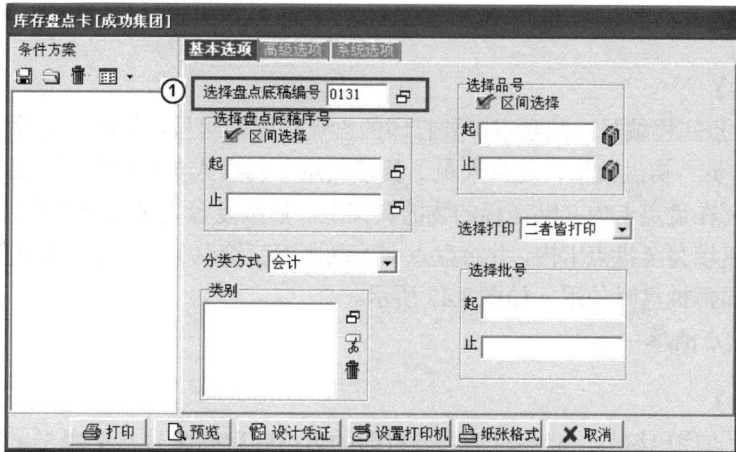

图 3.43 "库存盘点卡"界面 1

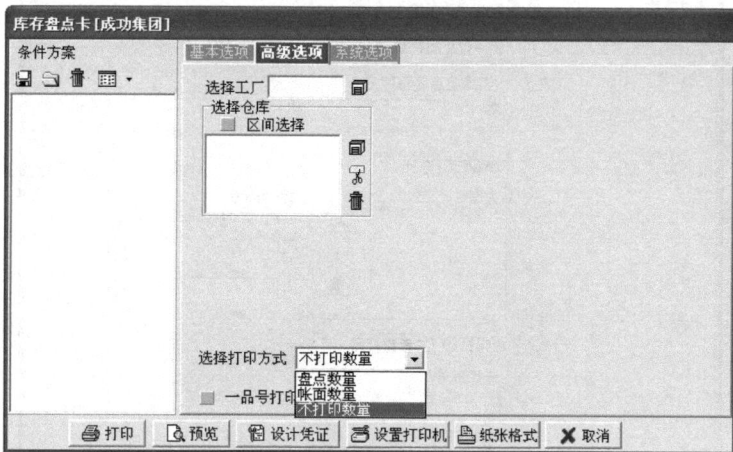

图 3.44 "库存盘点卡"界面 2

图 3.45 "库存盘点卡"凭证预览界面

(1) 打印盘点卡

【作业重点】

① 选择盘点底稿编号：此盘点卡要打印的盘点底稿的编号，如图 3.43 所示。

② 初盘人员、初盘数量、复盘人员、复盘数量：初盘人员在实际盘点后将初盘人员以及初盘数量填写在盘点卡内并贴在标的物的料架上。后续复盘人员实际盘点后，再将复盘人员以及复盘数量填写至盘点卡内，并将盘点卡一联撕下交给财务，另外一联则保留在料架上，提供给抽盘人员再抽盘时使用，如图 3.45 所示。

(2) 打印盘点清单

【作业重点】

① 选择盘点底稿编号：此盘点清单要打印的盘点底稿的编号，见图 3.46。

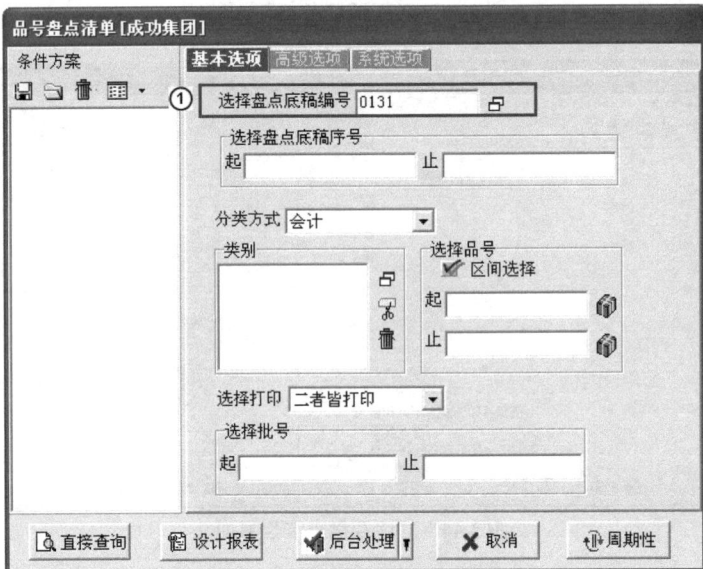

图 3.46　选择盘点底稿编号

② 初盘数量、复盘数量：盘点后，将盘点的结果填写到"初盘数量"，再交给复盘人员进行复盘的工作，同样将"复盘数量"填写在这一张清单的复盘数量内(见图 3.47)。

品号盘点清单											
制表日期: 2010-01-31									②		第1页
底稿编号	底稿序号	品号	品名	仓库	仓库名称	单位	盘点数量	账面数量	初盘数量	复盘数量
0131	00001	110001	主开关连动板	S001	一厂原材料	个	200.000			
	00002	110001	主开关连动板	S001	一厂原材料	个	5.000			
	00003	110002	模式按钮	S001	一厂原材料	个	200.000			
	00004	110003	塑料前盖	S001	一厂原材料	个	100.000			
	00005	110004	塑料后盖	S001	一厂原材料	个	100.000			
	00006	120001	电阻	S001	一厂原材料	个	150.000			
	00007	120001	电阻	S001	一厂原材料	个				
	00008	120002	整流器	S001	一厂原材料	个	150.000			
	00009	120003	二极管	S001	一厂原材料	个	150.000			
	00010	120004	电容	S001	一厂原材料	组	150.000			
	00011	120005	变压器	S001	一厂原材料	组	150.000			
	00012	120006	IC,CMOS	S001	一厂原材料	个	130.000			
	00013	130001	金属Logo	S001	一厂原材料	个	150.000			
	00014	130002	镀镍螺丝	S001	一厂原材料	片	150.000			
	00015	130003	金属接片	S001	一厂原材料	片	130.000			
	00016	140001	LCD窗	S001	一厂原材料	个	120.000			
	00017	140002	显示窗	S001	一厂原材料	个	120.000			
	00018	140003	光学镜片	S001	一厂原材料	PCS	100.000			

图 3.47　填写初盘数量和复盘数量

步骤四: 实地盘点的盘点结果为品号 110001 "主开关连动板" 的盘点数量较账面数量少 5PCS。

步骤五: 实盘数量输入。先执行重新赋予盘点数量, 计算盘点日当天的账面库存量, 重新赋予录入盘点料件单体的盘点数量字段。之后将盘点到的实际数量记录到相应的作业中, 以作为盘盈亏及更新库存数量的依据, 如图 3.48 所示。

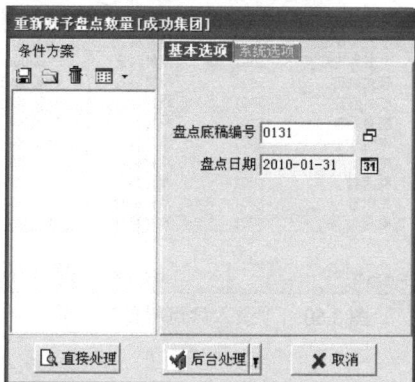

图 3.48 "重新赋予盘点数量" 界面

(1) 方式一: 补入实盘数量(见图 3.49)

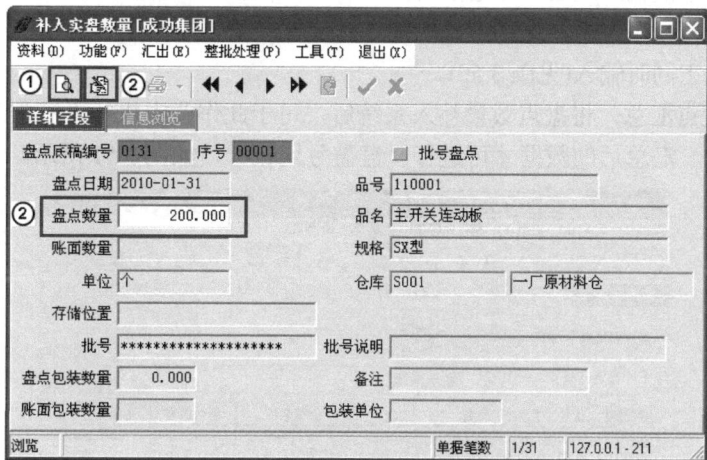

图 3.49 "补入实盘数量" 界面

【作业重点】

① 单击 "补入实盘数量" | "查询", 找出要输入实际盘点数量的 "盘点底稿编号、品号、仓库" 信息。

② 再单击 "修改" 按钮, 将实际盘点到的数量输入 "盘点数量" 的字段。输入完毕后, 将单据保存即可。通过 "补入实盘数量" 输入现场实际盘点数量, 优点是可以多人分工同时进行输入动作。

(2) 方式二: 录入盘点料件(见图 3.50)

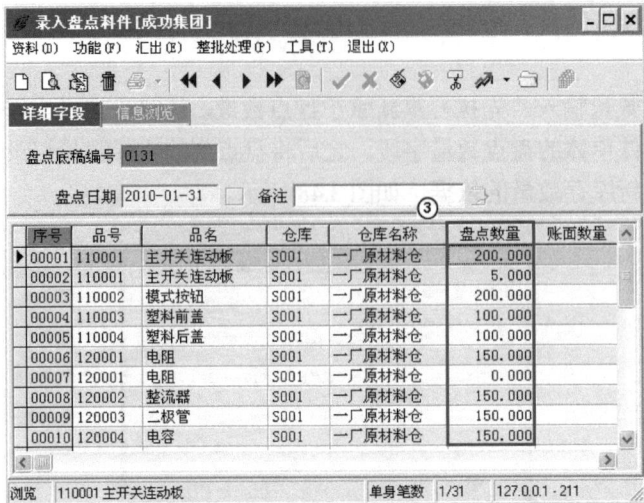

图 3.50 "录入盘点料件"界面

【作业重点】

③ 另一种方式是直接到"录入盘点料件"查询出该份盘点底稿,单击"修改"按钮,在"盘点数量"字段输入现场实际盘点的数量,之后保存。这种方式的优点是当输入实际盘点数量的人员只有一个人时,这种方式的输入速度比较快,缺点是一份底稿一次仅能一人输入,不能多人分工同时输入(见图 3.50)。

步骤六:盘点汇总,将盘点数量补入系统后,可于此作业中执行"汇总"动作,来确认盘点数据已正确,汇总后的数据才可进行"盘盈亏比较",如图 3.51 所示。

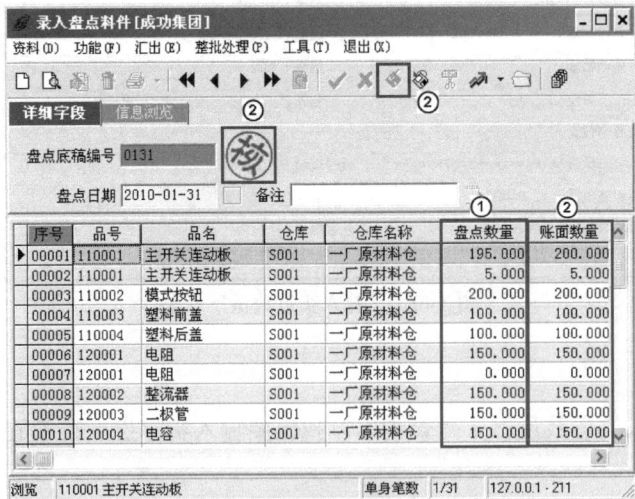

图 3.51 盘点汇总

【作业重点】

① 当所有盘点信息输入完毕后(不论是用"补入实盘数量"还是"录入盘点料件"输入),接下来都需要到"录入盘点料件"作业中,查询出该编号的盘点底稿,单体会显示该底稿的所有盘点资料,也会在单体"盘点数量"栏下看到"实际盘点数"。

注意:

从"补入实盘数量"作业中输入的数量,之后也会显示在这里。

② 确认资料无误后,单击工具栏上的"盘点结算"按钮,数据单头会显示一个"核"字,单体会显示"账面数量",即系统记录的库存数量。

注意:

盘点数量-账面数量=盘盈(盘点数量>账面数量)或盘亏(盘点数量<账面数量)

步骤七: 打印盘点盈亏明细表,查看"盘盈亏状况"。

执行产生报表界面,如图 3.52 所示。

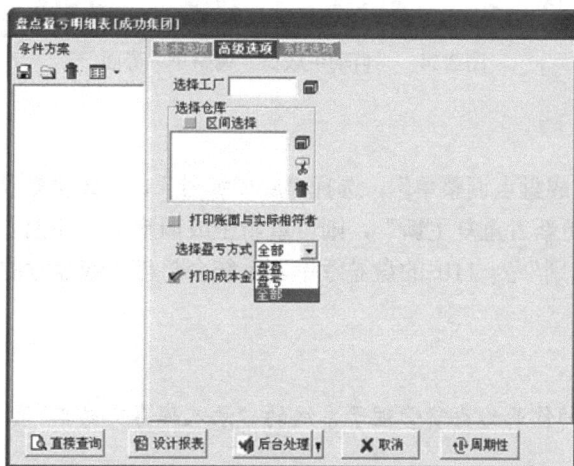

图 3.52　"盘点盈亏明细表"界面

报表产出结果,如图 3.53 所示。

底稿编号	盘点日期	品号	品名	仓库	单位	账面数量	盘点数量	盈亏数量	单位成本	盈亏金额
0131	2010-01-31	110001	主开关连动板	一厂原材料仓	个	200.000	195.000	-5.000		
						200.000	195.000	-5.000		
						200.000	195.000	-5.000		
						200.000	195.000	-5.000		

图 3.53　报表产出结果

步骤八: 生成盘点调整单。自动生成盘点调整单,盘点后,账面数量与实盘数量有差异时,必须产生盘点调整单据(盘盈亏单)来调整库存账面量。调整单可利用本作业由系统产生,也可手动输入,如图 3.54 所示。

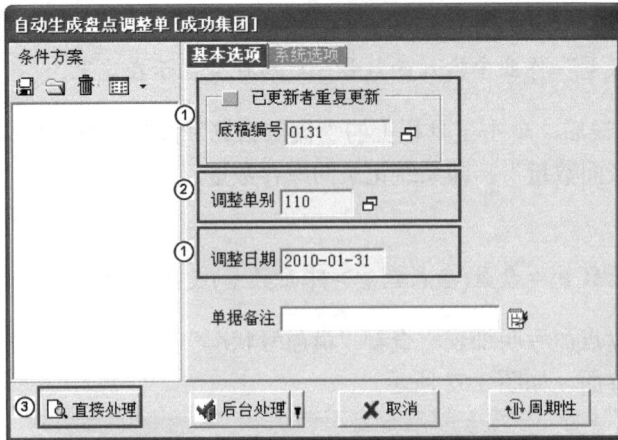

图 3.54 "自动生成盘点调整单"界面

【作业重点 1】

① 单击"自动生成盘点调整单",选择"底稿编号",系统会默认"单据日期"为"盘点日期"。勾选"已更新者重复更新",则可重新生成调整单,并把之前的调整单替换掉。

② 选择"调整单别"为 110 的盘盈亏单。系统会将盘盈或盘亏的数量,产生至此单别的单据中。

注意:

"调整单"对应的作业为存货管理子系统的"录入库存交易单"。

③ 选好后,单击"直接处理"按钮即可,如图 3.54 所示。

【作业重点 2】

④ 到"录入库存交易单"中查询出单别 110,系统产生的盘盈亏单中品号若为盘盈,则产生的数量是正值,若为盘亏,则产生的数量为负值,如图 3.55 所示。

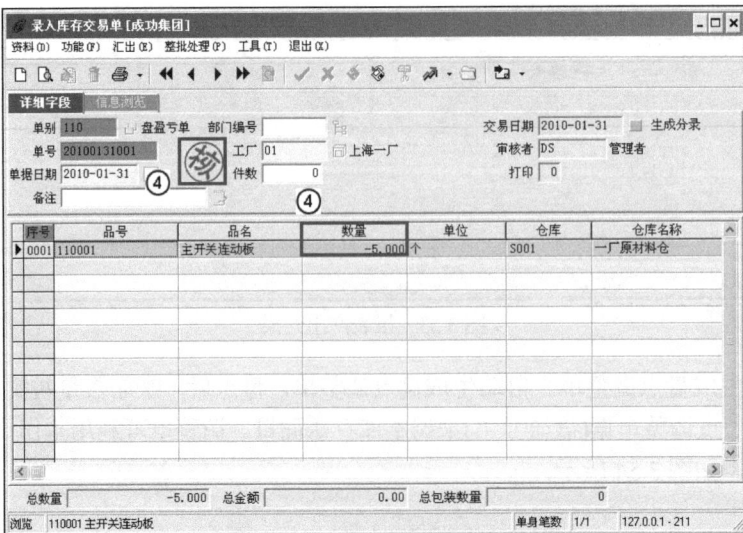

图 3.55 "录入库存交易单"界面

【作业重点 3】

⑤ 当此"盘盈亏单"审核后,该品号的库存数量就会被调整。至此,整个盘点作业完成(见图 3.56)。

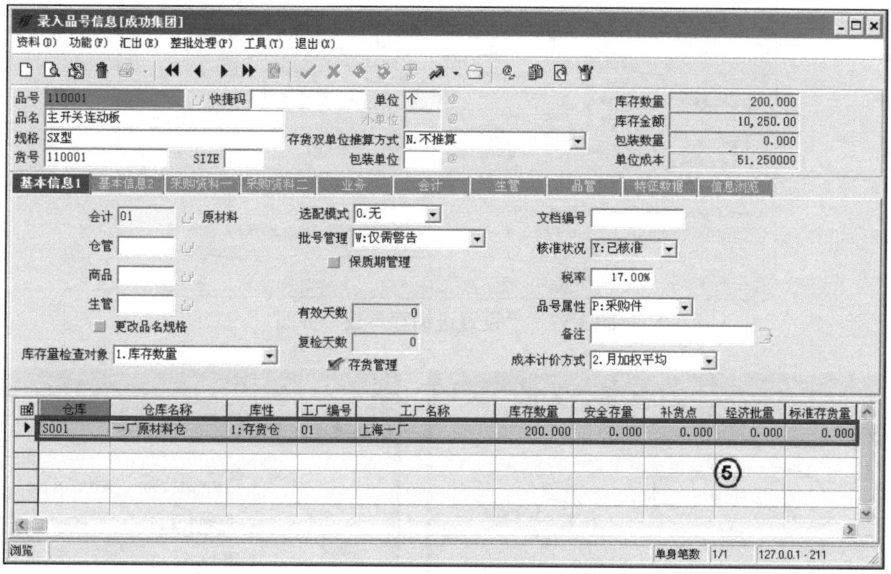

图 3.56 "录入品号信息"界面

3.4.6 存货月结

【目的】

执行存货月结的主要目的:一方面是计算当期期末的存货价值,并且编制相关存货账册,以协助财务报表在编制时对存货方面的认定;另一方面是要将当月的期末存货结转到下一个月的期初,让这个月剩余的存货在下个月可以继续使用。通常最适合做库存月结的时点,是在下个月的月初。会影响库存的单据,包括:存货管理子系统的库存交易单据以及成本调整单、采购管理子系统的进货单和退货单、销售管理子系统的销货单和销退单;另外还有工单/委外管理子系统的领料单/退料单、生产入库单、委外进货单以及委外退货单;等等。

【业务场景】

2010 年 01 月结束,成功集团财会人员张秀娟正在进行 1 月份存货成本计算及月结处理。

【操作步骤】

步骤一: 修改"设置进销存参数"中的账务冻结日期,以防他人再修改当月交易的信息,如图 3.57 所示。

步骤二: 确认月结当月是否还有未审核的单据,如图 3.58 所示。

步骤三: 执行"月底成本计价"作业,计算物料的成本,如图 3.59 所示。

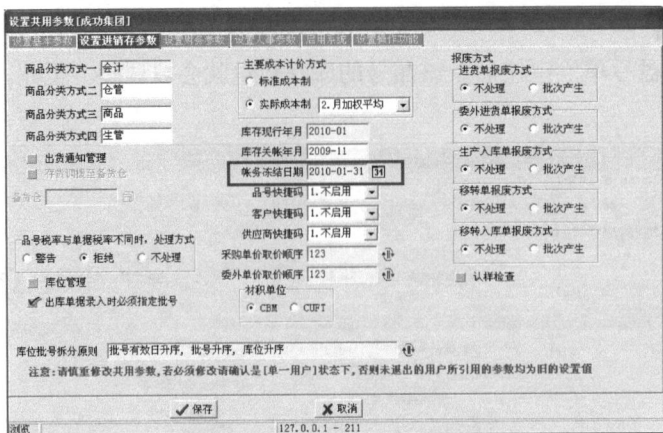

图 3.57 "设置进销存参数"界面

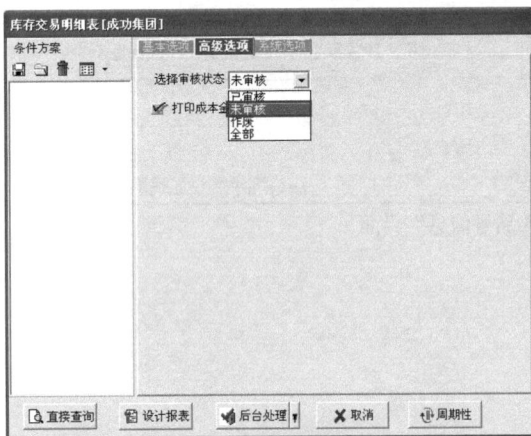

图 3.58 确认月结当月是否还有未审核单据

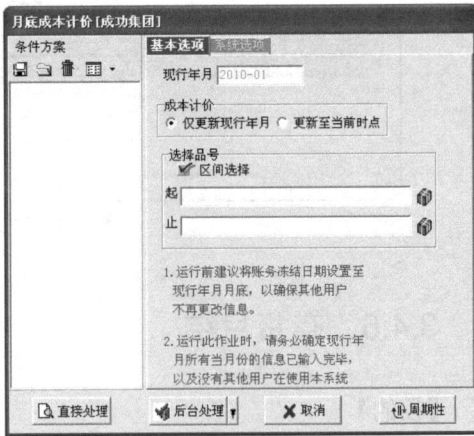

图 3.59 "月底成本计价"界面

步骤四：执行"自动调整库存"作业，调整因小数点引起的金额尾差，如图 3.60 所示。

【作业重点】

① 调整期末数量为 0，但有结存金额的品号：采用"月加权平均成本制"时，由于取位等原因，有时会导致库存数量为零，成本不为零，勾此选项之后，可调整尾差的金额。

② 按当月成本金额，调整各库成本：月加权单位成本要求每个仓库的单位成本都是一样的，所以勾选此选项，可以将当月的单位成本乘以每个仓库的库存数量，算出各库的存货成本，并产生分库差异调整单。

步骤五：执行"月底存货结转"作业，如图 3.61 所示。

【作业重点】

产生月结当月的"品号每月统计信息"，也称为"月档"。结算该月期末库存成本及数量，产生更新到下一个月档的"月初成本"与"月初数量"字段，并将"设置共用参数"中的"库存现行年月"自动加"1"。

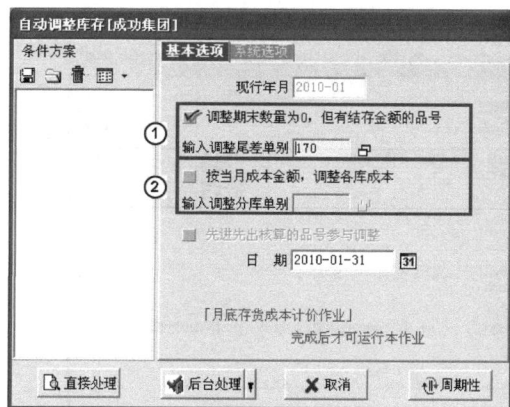

图 3.60　"自动调整库存"界面

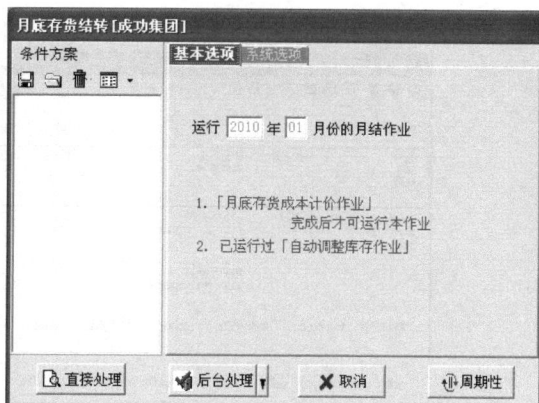

图 3.61　"月底存货结转"界面

注意：

所谓"月底存货结转"作业，相当于会计结账(或关账)动作。执行过后，该月及该月以前的各种影响库存交易的单据就不可再新增输入或撤销审核修改了。

3.5　常用报表简介

1. 库存明细账

【目的】

记录料件的每笔详细交易明细，并且结算料件的期初及期末库存余额，与人工账的库存量交易账册相似，为常用查账报表之一。

【操作步骤】

步骤一：在"库存明细账"界面上进行设置，然后单击"设计报表"按钮，如图 3.62 和图 3.63 所示。

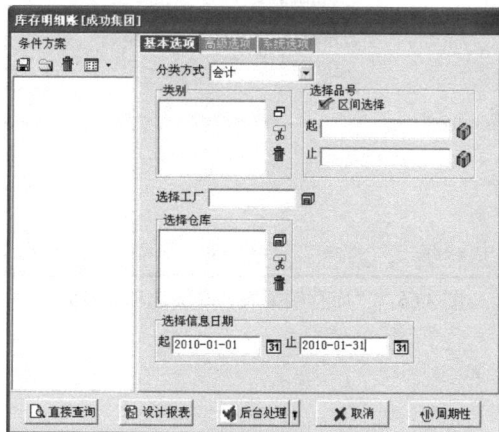

图 3.62　"库存明细账—基本选项"界面

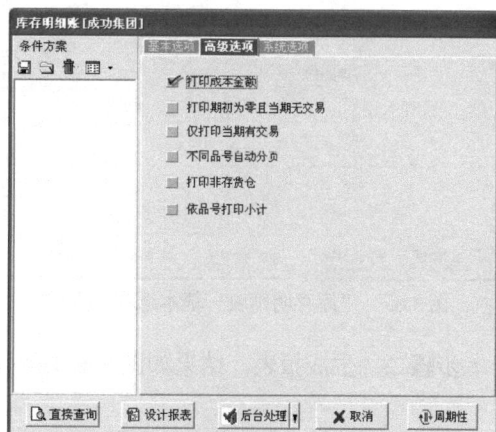

图 3.63　"库存明细账—高级选项"界面

步骤二：生成报表，结果如图 3.64 所示。

图 3.64　生成库存明细账

2. 库存明细表

【目的】

查询在某一特定时点内，各项品号存放在各仓库的库存数量、库存金额及单位成本等统计资料，以正确掌握库存信息。

【操作步骤】

步骤一：在"库存明细表"界面上进行设置，然后单击"设计报表"按钮，如图 3.65 和图 3.66 所示。

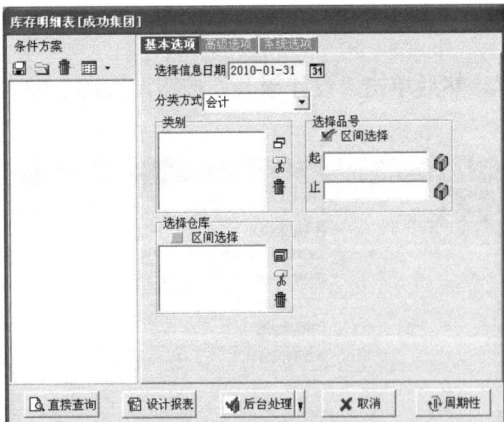

图 3.65　"库存明细表—基本选项"界面

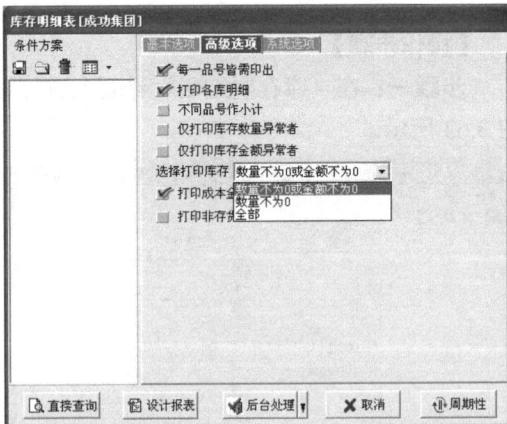

图 3.66　"库存明细表—高级选项"界面

步骤二：生成报表，结果如图 3.67 所示。

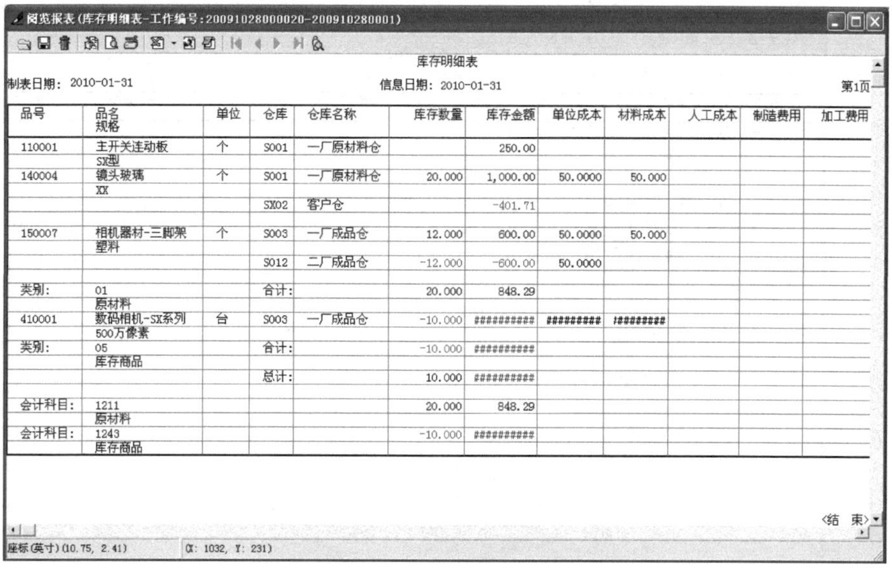

品号	品名 规格	单位	仓库	仓库名称	库存数量	库存金额	单位成本	材料成本	人工成本	制造费用	加工费用
110001	主开关连动板 SX型	个	S001	一厂原材料仓		250.00					
140004	镜头玻璃 XX	个	S001	一厂原材料仓	20.000	1,000.00	50.0000	50.000			
			SX02	客户仓		-401.71					
150007	相机器材-三脚架 塑料	个	S003	一厂成品仓	12.000	600.00	50.0000	50.000			
			S012	二厂成品仓	-12.000	-600.00	50.0000				
类别:	01 原材料		合计:		20.000	848.29					
410001	数码相机-SX系列 500万像素	台	S003	一厂成品仓	-10.000	##########	#########	#########			
类别:	05 库存商品		合计:		-10.000	##########					
			总计:		10.000	##########					
会计科目:	1211 原材料				20.000	848.29					
会计科目:	1243 库存商品				-10.000	##########					

图 3.67　生成库存明细表

3. 库存交易统计表

【目的】

统计与库存相关的各单据明细金额资料，可与进耗存统计表进行对应。

【操作步骤】

步骤一： 在“库存交易统计表”界面上进行设置，然后单击“设计报表”按钮，如图 3.68 所示。

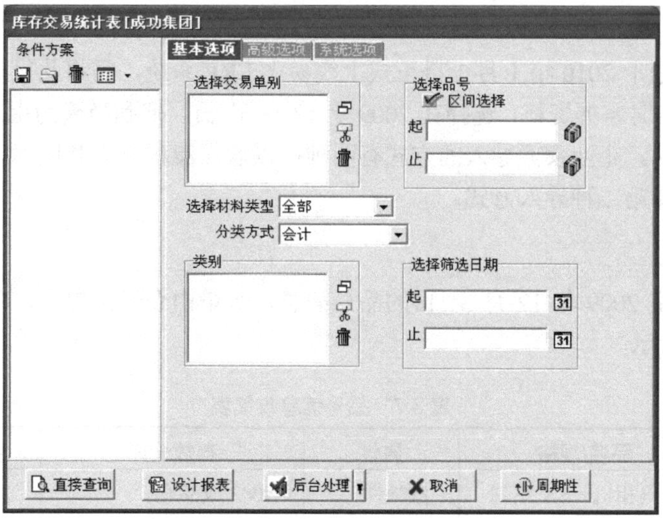

图 3.68　“库存交易统计表”界面

步骤二： 生成报表，结果如图 3.69 所示。

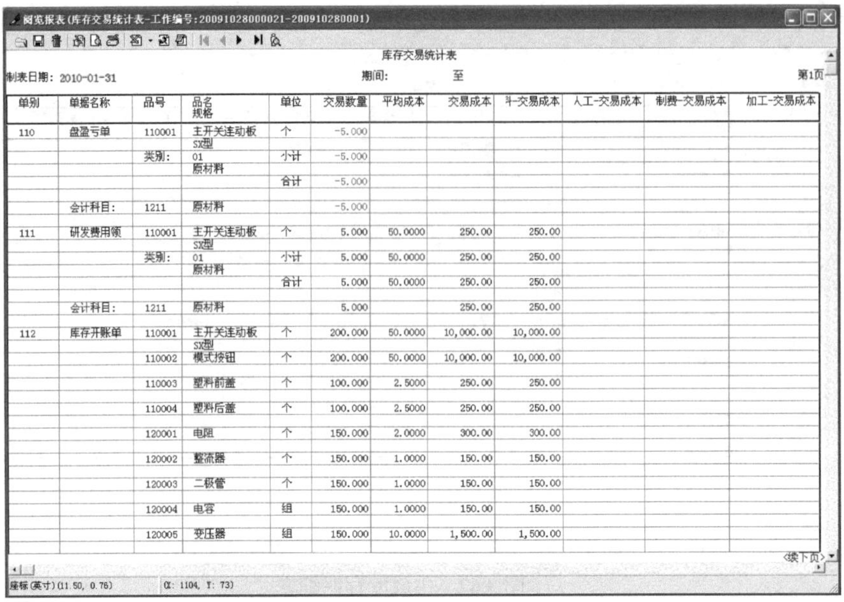
阅览报表(库存交易统计表-工作编号:20091028000021-200910280001)

库存交易统计表

制表日期：2010-01-31 期间： 至 第1页

单别	单据名称	品号	品名 规格	单位	交易数量	平均成本	交易成本	料-交易成本	人工-交易成本	制费-交易成本	加工-交易成本
110	盘盈亏单	110001	主开关连动板 SX型	个	-5.000						
		类别：	01 原材料	小计	-5.000						
				合计	-5.000						
	会计科目：	1211	原材料		-5.000						
111	研发费用领	110001	主开关连动板 SX型	个	5.000	50.0000	250.00	250.00			
		类别：	01 原材料	小计	5.000	50.0000	250.00	250.00			
				合计	5.000	50.0000	250.00	250.00			
	会计科目：	1211	原材料		5.000		250.00	250.00			
112	库存开账单	110001	主开关连动板 SX型	个	200.000	50.0000	10,000.00	10,000.00			
		110002	模式按钮	个	200.000	50.0000	10,000.00	10,000.00			
		110003	塑料前盖	个	100.000	2.5000	250.00	250.00			
		110004	塑料后盖	个	100.000	2.5000	250.00	250.00			
		120001	电阻	个	150.000	2.0000	300.00	300.00			
		120002	整流器	个	150.000	1.0000	150.00	150.00			
		120003	二极管	个	150.000	1.0000	150.00	150.00			
		120004	电容	组	150.000	1.0000	150.00	150.00			
		120005	变压器	组	150.000	10.0000	1,500.00	1,500.00			

<续下页>

座标(英寸)(11.50, 0.76) (X: 1104, Y: 73)

图 3.69 生成库存交易统计表

3.6 期初开账

【目的】

系统的开账是为了将开账时间点之前的库存信息录入 ERP 系统中。这样在开账时间点之后，库存信息才会准确。

【业务场景】

成功集团计划于 2010 年 1 月 1 日正式上线易飞 ERP 系统，需将此日期之前的库存账输入系统中。为了实时掌握资料，选择在 2009 年 12 月 31 日，把到当天为止的库存料账，录入存货管理子系统中。企业余额导入的方式有两种：以盘点流程导入和以“存货账册”直接导入。成功集团选择第二种导入方式。

【操作步骤】

步骤一：收集 2009 年 12 月 31 日的品号信息，数量由仓管部提供，单位成本由财务部提供，如表 3.7 所示。

表 3.7 品号信息收集表

品号	品名/规格	属性	存放仓库	数量	成本
410001	数码相机—SX 系列	自制件	S003 成品仓	250	1000
310001	PCBA-Assembly Main	自制件	S002 半成品仓	250	300
110001	主开关联动板	采购件	S001 原材料仓	200	50
110002	模式按钮	采购件	S001 原材料仓	200	0.1

(续表)

品号	品名/规格	属性	存放仓库	数量	成本
110003	塑料前盖	采购件	S001 原材料仓	100	1
110004	塑料后盖	采购件	S001 原材料仓	100	1
				仓管	财务

步骤二：将收集到的信息手动输入"录入库存交易单"中(见图3.70)。

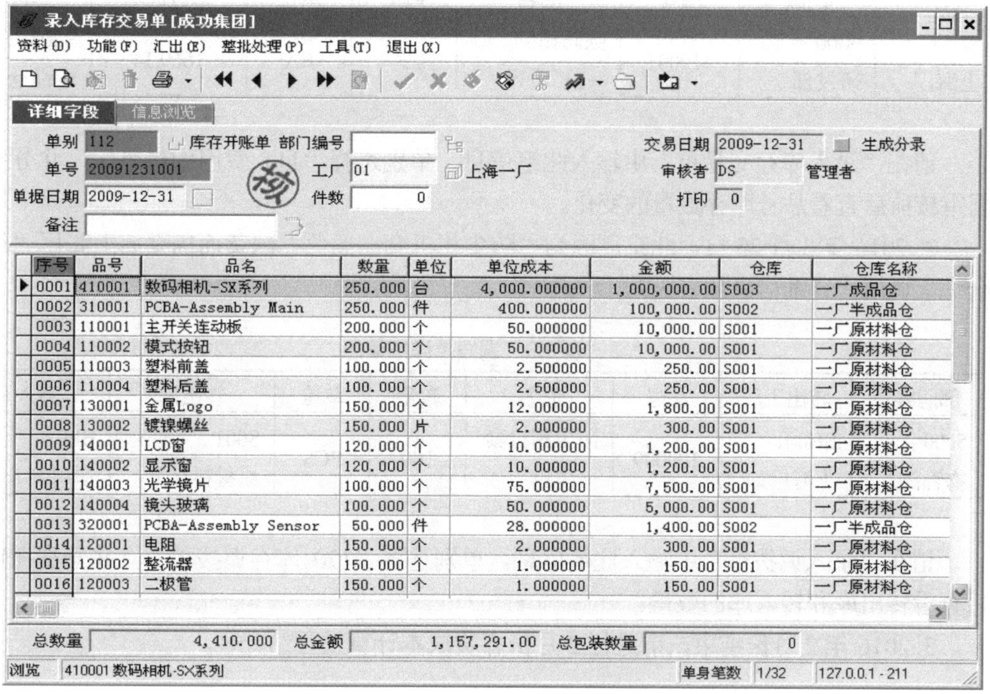

图3.70　"录入库存交易单"界面

步骤三：执行 2009 年 12 月的月底存货结转，如图3.71 所示。

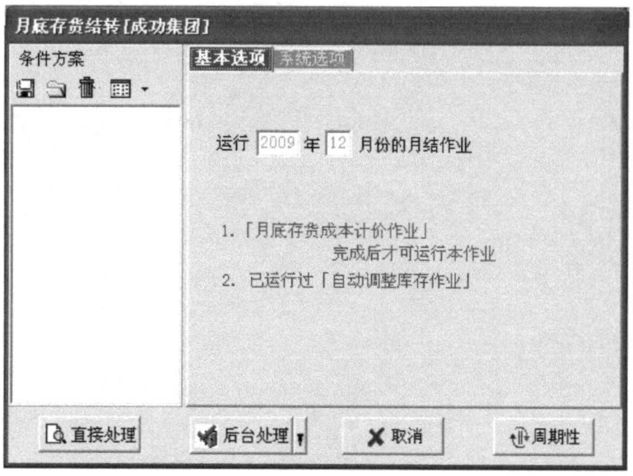

图3.71　"月底存货结转"界面

课后习题

1. 2016 年 3 月 25 日，研发人员从系统中领取一台"数码相机—SL 系列"做试验，明细如表 3.8 所示。

表 3.8　库存交易单详细信息

工厂	部门编号	品号	品名	数量	单位	单位成本	仓库
SH01 上海厂	6000 研发部	410001	数码相机 —SL 系列	1	EA	1669.14	S003 成品仓沪

请在"录入库存交易单"中输入此笔信息，单别选择"111 费用领料单"，并分别在单据审核前后查看品号库存数量的变化。

2. 2016 年 3 月 25 日，北京厂因为"防尘相机套—黑色"缺货而需要向上海厂"原材料仓沪"调用。详细信息如表 3.9 所示。

表 3.9　调拨单详细信息

部门编号	转出工厂	品号	品名	数量	单位	转出库	转入库
5000 物管部	SH001 上海厂	190009	防尘相机套 —黑色	100	PCS	S001 原材料仓沪	B001 原材料仓京

请在"录入调拨单"中输入此笔信息，单别选择"120 库存调拨单"，并分别在审核前后查看转出库和转入库的数量。

3. 2016 年 2 月份结束，请进行 2 月份存货成本计算及月结处理。

第4章

ERP供应链管理：销售管理

本章以易飞ERP供应链管理系统中的销售管理系统为例，从系统简介、基础设置、日常业务流程、常用报表简介、期初开账五个方面着手，详细阐述现代企业对于供应链管理中销售环节的信息化管理。

4.1 销售管理子系统简介

易飞ERP的销售管理子系统主要包含报价、订单、销退货和客户信息管理。除详细记载报价、接单以及销退货的交易信息外，更重要的是实时提供各种相关报表，供管理者了解销售状况，以便正确做出与销售相关的管理决策。

4.1.1 系统效益与特色

易飞ERP的销售管理子系统具有以下七个方面的系统特色。

第一，销售管理子系统提供了"销售预测"管理，可作为编制生产计划的依据，也可作为销售成绩与预测目标达标率的管理工具。

第二，在日常输入订单或销货单数据时，可实时在线检测库存数量是否足够，节省了电话询问或是现场了解实际状况所用的时间。

第三，系统记载了对客户的报价数据和客户价格的变动，以作为公司内部审查和核准的依据。

第四，从多种角度对报价、接单、销货进度做了管控报表，方便在日常作业中做跟催和管理，达到货物准时交货的目的。

第五，利用系统完整的销售数据，针对业务员、产品等和销售相关的资料，做多角度统计及分析，以作为主管销售决策时的工具。

第六，系统特别设计了产品配置功能，客户可以自行定义产品配置方案并进行成本模拟。

第七，订单的凭证可以通过E-mail或传真系统直接传送给客户，不需要将凭证打印出来再传送给客户。这样可让办公室达到无纸化的目的，也减少了行政的处理时间。

4.1.2 系统架构与关联

易飞 ERP 的销售管理子系统的系统构架，见图 4.1。

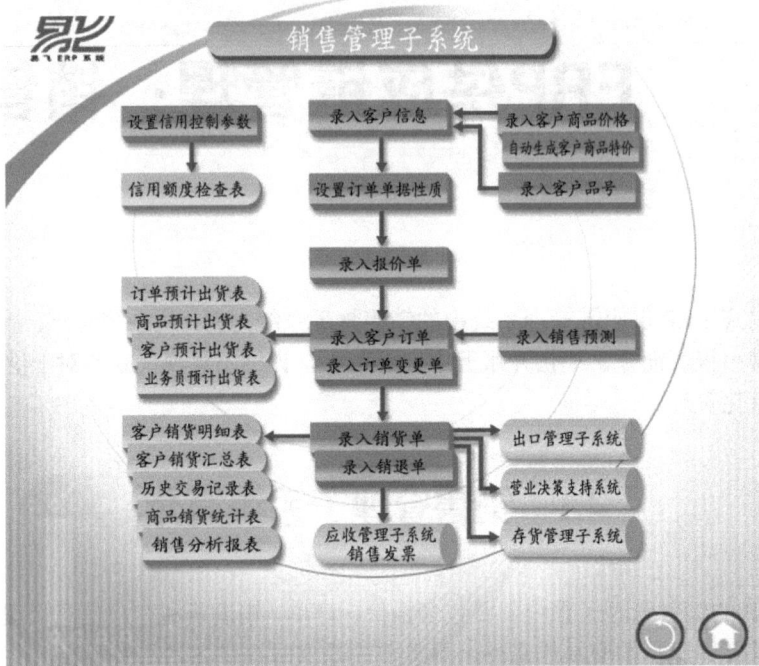

图 4.1 销售管理子系统的系统架构

易飞 ERP 的销售管理子系统功能模块之间的关联，如图 4.2 所示，主要的功能关联有以下十项。

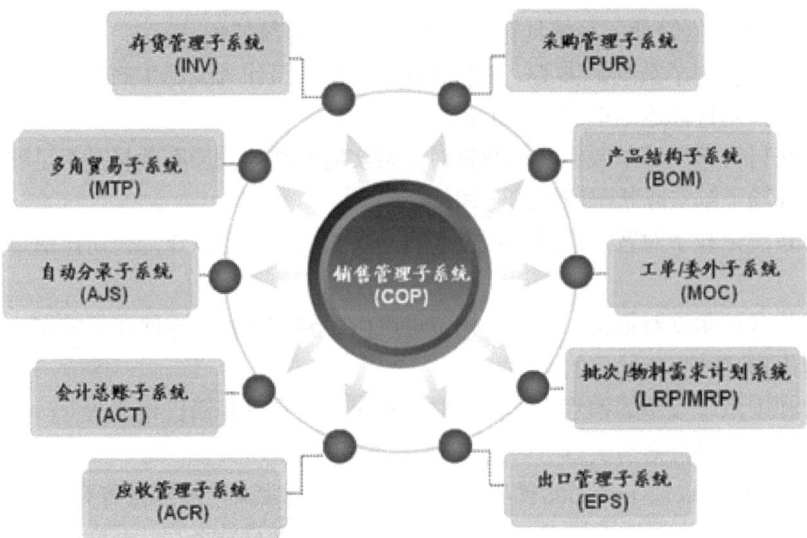

图 4.2 与其他系统的关联图

第一，存货管理子系统

销售管理子系统中销货单审核后会减少库存数量，相对的销退单审核时会增加库存数量，而且在这些单据输入的过程中，也可以查询到当前的库存数量。

第二，采购管理子系统

通过销售管理子系统中"从订单自动转成采购单"这支批次作业，可以把订单直接复制生成采购管理子系统中的请购单或采购单。

第三，多角贸易子系统

在"多角贸易子系统"中会使用到的单据有"多角贸易订单""多角贸易销货单""多角贸易销退单"，这些单据都必须在"销售管理子系统"中的"设置订单单据性质"中设定，而"多角贸易子系统"的批次作业中有"1. 抛转多角贸易订单""2. 还原多角贸易订单"等。这些作业的数据来源，都是来自于"销售管理子系统"的单据数据。

第四，产品结构子系统

在日常作业输入"报价单""订单"或"销货单"时，如果是采用"整套零件出货"或"半成品零件出货"时，就可以将客户购买的主件，按照 BOM 材料用量信息，自动展开成套的材料零件，以节省资料输入的时间。

第五，工单/委外子系统

接单后，如果零库存或者订单有选配件的需求时，在"工单/委外子系统"中，执行"从订单自动生成源工单"后，就可以将"销售管理子系统"中还未完结的订单数据，直接产生工单来投入生产线生产。

第六，批次及物料需求计划系统

当物料需求计划产生的时候，会以销售管理子系统中的"未实现的销售预测量"以及"未结束订单的未销货数量"作为物料需求计算的依据，计算出该买多少数量、该生产多少数量以及什么时候要进货和开工。

第七，出口管理子系统

订单接单后，凡是要出货的商品包装方式以及外销的出口文件，包括 INVOICE、PACKING LIST、L/C 等资料的管理，都是在出口系统中处理的。

第八，应收管理子系统

商品出货后，后续要在应收管理子系统中开票，而销售发票的来源，就是销售管理子系统中的销货单和销退单。

第九，会计总账子系统

如果客户账款的会计科目有分明细科目且启用了"自动分录子系统"，希望通过系统自动产生会计分录的话，那么就需要在"销售管理子系统"的"录入客户信息"中输入"账款科目"。这两个会计科目字段就是从"会计总账子系统"的"录入会计科目"中自动带出来的数据。

第十，自动分录子系统

"销售管理子系统"中的销货单和销退单这两种单据，操作完成后都可以通过"自动分录子系统"来产生成本和账款的会计分录，并抛转会计凭证到"会计总账子系统"，来节省人工录凭证的时间。

4.1.3 一般企业销售循环流程

图 4.3 显示了一般企业的销售循环流程。

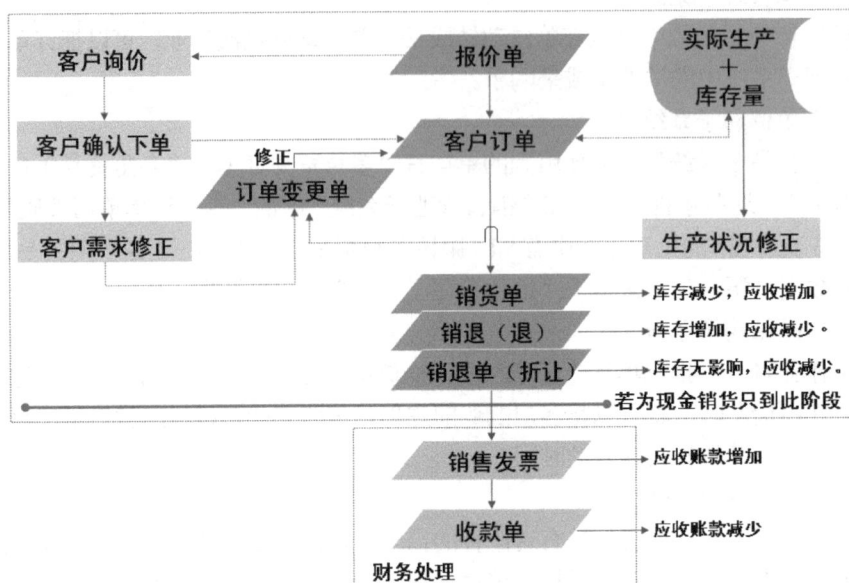

图 4.3 销售循环流程图

4.2 基础设置

易飞 ERP 销售管理系统的基础设置包含：设置编码原则、录入供应商信息、录入品号信息(采购)、设置订单单据性质这四个方面的内容。

4.2.1 设置编码原则

新增客户信息时，可由系统自动给予一个号码，人员就不用记住上一次已经编到第几号了，也不用担心会有跳号的问题发生。

【业务场景】

成功集团针对客户编码有以下编码原则，可将此编码规则设定在"设置编码原则"中，以方便录入客户信息时的编码设定，如表 4.1 所示。

表 4.1 品号编码原则

第 1 码	第 2～4 码
1 国内客户	后 3 码全为流水号
2 国外客户	后 3 码全为流水号

从系统主界面执行"基本信息子系统"|"基础设置"命令，进入"设置编码原则"界面新增客户编码原则，如图 4.4 所示。

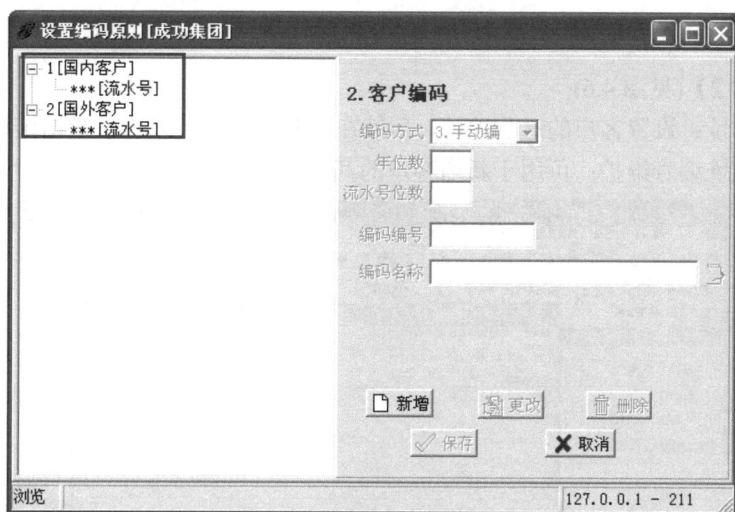

图 4.4 "设置编码原则"界面

4.2.2 录入客户信息

所有与企业有交易往来的客户，不论是国内客户还是国外客户，都必须将客户信息录入这个作业中，如图 4.5 所示。

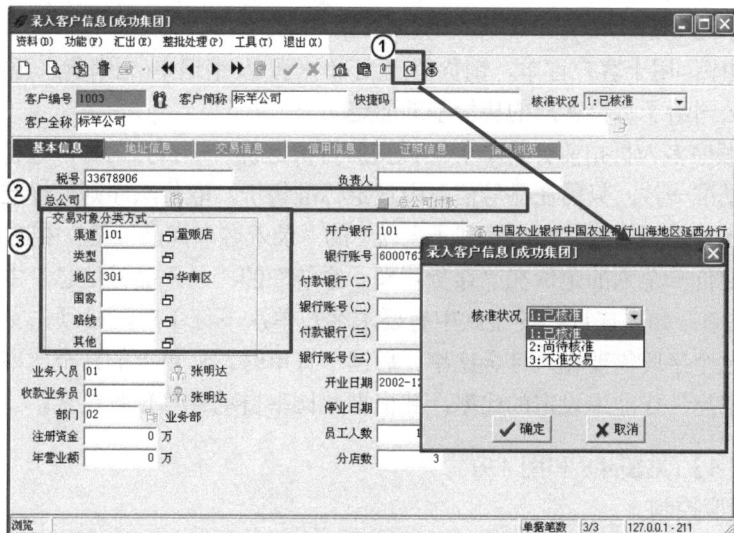

图 4.5 "录入客户信息—基本信息"界面

【作业重点 1】(见图 4.5)

① 核准状况：设置当前客户的核准状况，设置选项包括已核准、尚待核准、不准交易。

② 总公司、总公司付款：当送货给各个运营网点，但付款由总公司完成时设置此选项。

各营业地点的客户信息中需指定"总公司",并将"总公司付款"选项打勾。

③ 交易对象分类方式:可将客户分别以六种不同的分类方式进行分类。例如:渠道属于量贩店类,地区属于华南区。

【作业重点 2】(见图 4.6)

④ 送货地址:设置客户的送货地址,后续在交易单据中可以直接带出这里的地址信息。

⑤ 客户地址编号维护:可用于新增客户的其他地址。

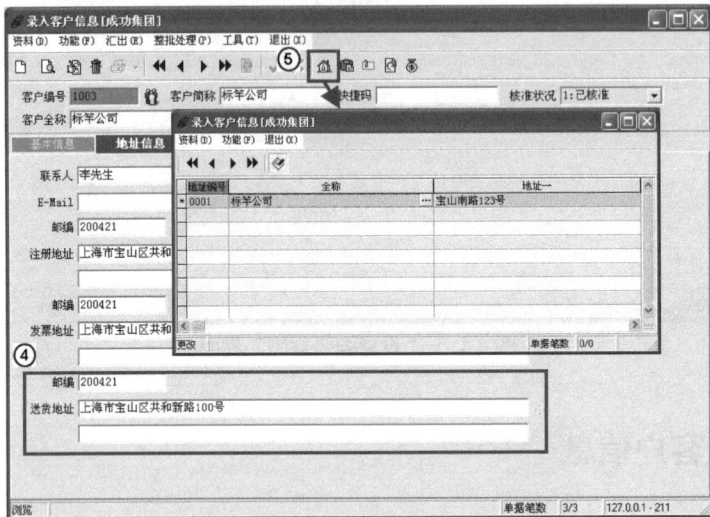

图 4.6 "录入客户信息—地址信息"界面

【作业重点 3】(见图 4.7)

⑥ 定价顺序:用于客户订单、销货单(无订单来源)及销退单(无销货来源)的单价取价顺序,必须根据公司给予每位客户的售价基准而定。

一般设定顺序多为折扣前计价单价→折扣前售价定价一→折扣前标准售价,如果公司对每位客户售价基准一致,只需在品号信息中设定标准售价,取价顺序则为标准售价即可。

计价单价的价格设定在"销售管理子系统"的"录入客户商品价格"中建立;标准售价、零售价、售价定价一至六的定价在"存货管理子系统"的"录入品号信息"中设定。

⑦ 订金比率:如果在订单的条款中有要求客户单次下订单时,必须先支付一定比率的订金,那么在这个字段需要输入订金比率。后续下订单时,订单上的订金比率,会自动默认为"录入客户信息"作业中设定的比率,并根据此比率自动计算预收定金。

【作业重点 4】(见图 4.8 和图 4.9)

⑧ 信用额度控制

第一,为了降低由客户应收账款积压造成的企业资产损失,目前企业的经营对客户都有信用额度控管。信用额度代表客户可以向企业赊购一定金额的货品。这些金额是在客户偿债能力范围而且是企业可承担的风险范围内。一般的信用额度控制范围包含以下四项:应收票据金额、应收账款金额、销货金额、订单金额。

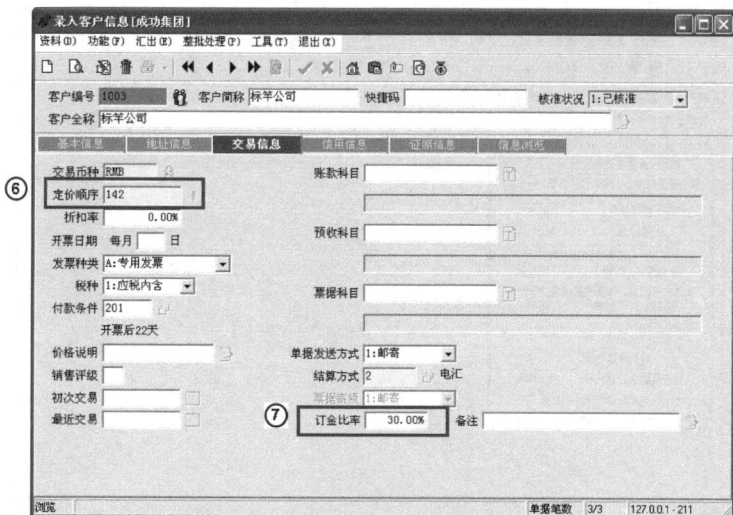

图 4.7　"录入客户信息—交易信息"界面

例如：企业给某客户甲信用额度为 100 万，可超出率为 10%，即可允许信用额度共有 110 万，其信用额度情况如表 4.2 所示。

表 4.2　客户信用额度表　　　　　　　　　　　　　　　单位：万元

额度项 \ 信用额度及比率	实际金额	检查比率 1	信用额度 1	检查比率 2	信用额度 2
未出货订单金额	20	100%	20	60%	12
未开票销货金额	30	100%	30	100%	30
应收账款	20	100%	20	100%	20
未兑现应收票据	10	100%	10	30%	3
尚余信用额度			30		45
可允许信用总额度			110		110

第二，有"Y:按公司参数控制""N:信用额度不控制"以及"y:按客户信息控制"三种信用额度控制方式。当设置为"Y:按公司参数控制"时，系统按照"设置信用控制参数"控制信用额度。

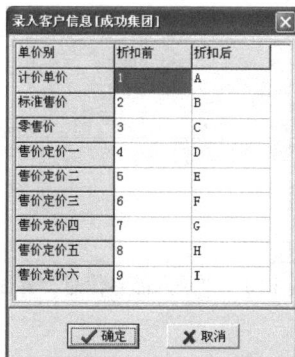

图 4.8　"录入客户信息"定价顺序开窗界面

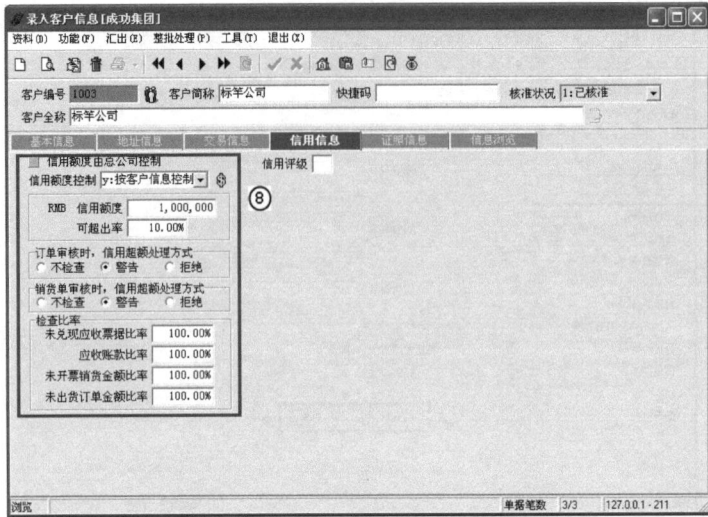

图4.9 "录入客户信息—信用信息"界面

4.2.3 录入品号信息(业务)

【作业重点】(见图4.10)

① 售价控制/单价下限率：用于在用户输入售价时，控管可以超出定价的范围。系统可以根据每家客户在"录入客户信息"中设置的"取价顺序"作为基准或判断依据，来控管定价的范围。可以管控售价的单据有"录入客户订单"和"录入销货单"。

② 超交管理/超交率：当录入销货单时，管控输入的销货数量是否可以超过订单的数量且按照超交率做销货数量上限的管控。

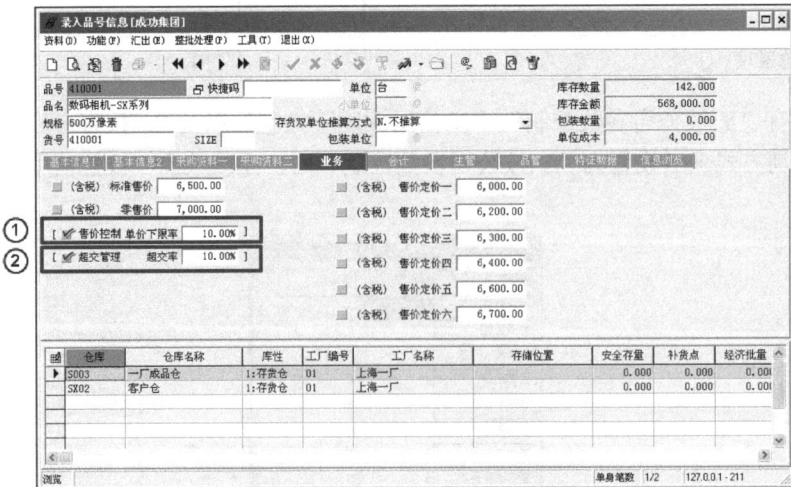

图4.10 "录入品号信息"界面

4.2.4 设置订单单据性质

设置"销售管理子系统"所使用的交易单据及其编码方式、性质、签核格式等。日后交易单据上使用到该单别时，系统会默认单据性质中的相关设置，如图4.11所示。

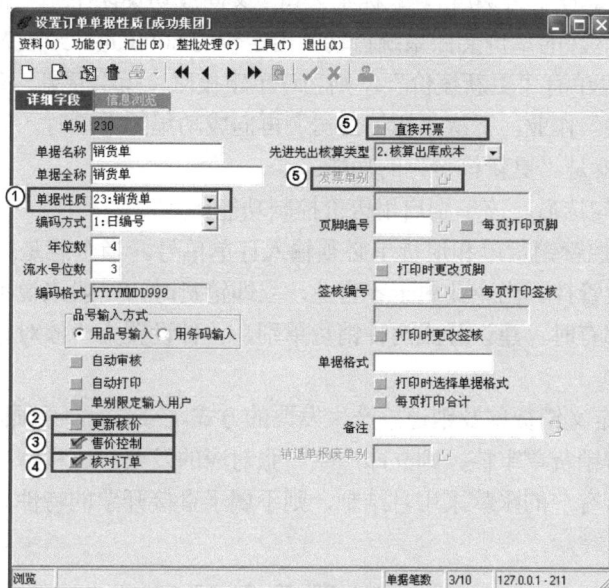

图4.11 "设置订单单据性质"界面

【作业重点】

① 单据性质：共有八种性质，如表4.3所示。

表4.3 单据性质表

单据性质	更新核价	核对订单	直接开票	售价控制
21.报价单※	V			
22.客户订单※	V			V
25.出货通知单		V		V
23.销货单※	V	V	V	V
24.销退单※		V	V	V
27.多角贸易订单				V
28.多角贸易销货单	V	☆		V
29.多角贸易销退单		☆		V

注：V表示可按公司管理需求进行个别设定，☆表示必勾选，※为本课程重点。

② 更新核价：设定此单据表示是否可以更新"录入客户商品价格"。

易飞ERP系统为企业提供控管客户商品计价的功能，企业可将每一个客户的商品计价保存在"客户商品价格档"。这样，输入报价单、无报价的订单以及无原始订单的销货单时，

119

其单价都可由客户商品价格档得来。

如果希望在日常修改这些单据的单价时，也能更新"客户商品价格档"，那么此字段也需勾选。

例如：成功集团将定价商品"数码相机—SX 系列"卖给"标竿公司"的价格是 6000 元，从 1 月 1 日开始生效。在 1 月 20 日，"标竿公司"又向成功集团下了一批购买"数码相机—SX 系列"的订单，这次的单价会由系统自动带出定价的 6000 元，经过客户议价后，决议以 5800 元成交。如果订单有"更新核价"，则当订单审核时，就会更新一笔 5800 元的数据到"录入客户商品价格"作业，下次"标竿公司"再向成功集团下单时，成交价即为 5800 元，而不是 6000 元，这就是"更新核价"的功能。

③ 售价控制：勾选后，该单别启用售价控制功能。

④ 核对订单：控管销货单和退货单必须输入订单单号。当企业是属于订单销货时，销货单应该核对订单做管控。当企业属于零售业，立即销货时，一般来说不需核对订单。当然如果两种销货形态都有时，建议分成两种销货单别，一种设置为"核对订单"，另一种设置为"不核对订单"。

⑤ 直接开票：定义销货单及销退单产生发票的方式。勾选后，必须同时输入对应的"发票单别"。此时，若销货单审核，则立即产生一张对应的发票。这种情况适用于"随货附发票"的销货模式。若客户的账款采用月结制，则不属于直接开票的特性。

4.3 日常业务流程

易飞 ERP 的销售管理日常业务流程包括报价流程、接单流程、订单变更流程、出货通知流程、销货流程、销货退回流程。

4.3.1 报价流程

【目的】

企业向客户提供商品、数量和价格等信息，这个过程可以通过报价单记录下来。销售报价不是必须的销售环节，依企业实际业务需求而定。

【业务场景】

1 月 5 日，客户"标竿公司"的采购部王小芬来电，想要购买"数码相机—SX 系列"，数量为 100 台，与业务部张明达一番议价后，最后以零售价的八五折成交。

【操作步骤】

步骤一：从系统主界面执行"销售管理子系统"|"录入报价单"作业，进入"录入报价单"界面开始新增单据信息，如图 4.12 所示。

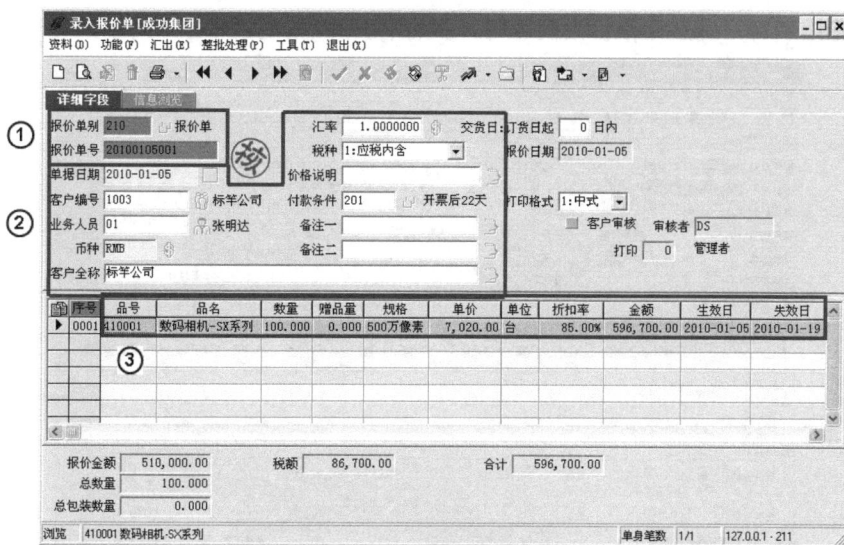

图 4.12　新增单据信息

【作业重点】

① 输入报价单信息。在"报价单别"字段输入"报价单"的单别，也可按 F2 键进行开窗选择。输入后，系统会根据该单别的单据性质设置显示出单号。

② 单据日期默认当前日期，也可根据实际情况修改。开窗选择客户编号，选择客户编号后，系统会按照客户信息的设定自动带出业务人员、币种、税种、付款条件等资料。自动带出的数据，若有需要，可再进行修改。

③ 接下来在单体输入客户要求报价的品号、品名、数量、赠品量、生效日和失效日等信息。交易单价及金额，会按照客户信息所设定的"取价顺序"带出，若有需要时，可再进行修改。

步骤二：报价单数据输入完毕后，将报价单保存、审核，如图4.13所示。

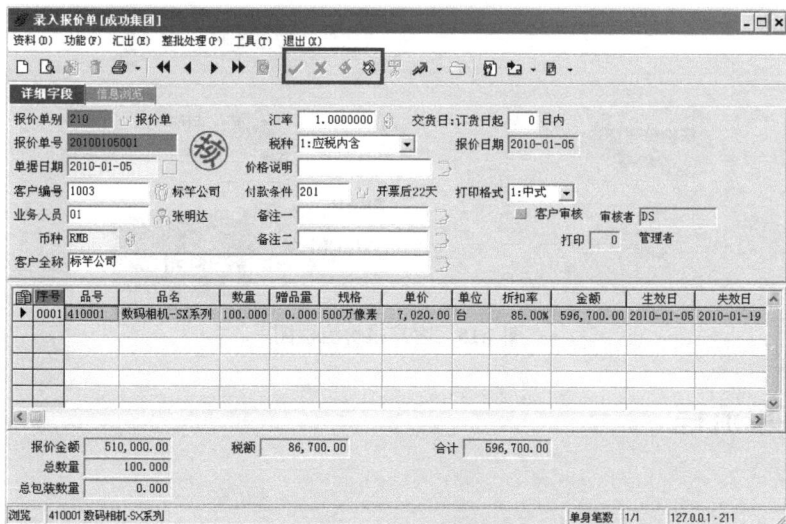

图 4.13　保存并审核报价单

步骤三： 当客户确定此报价没问题时，执行客户审核，如图4.14所示。

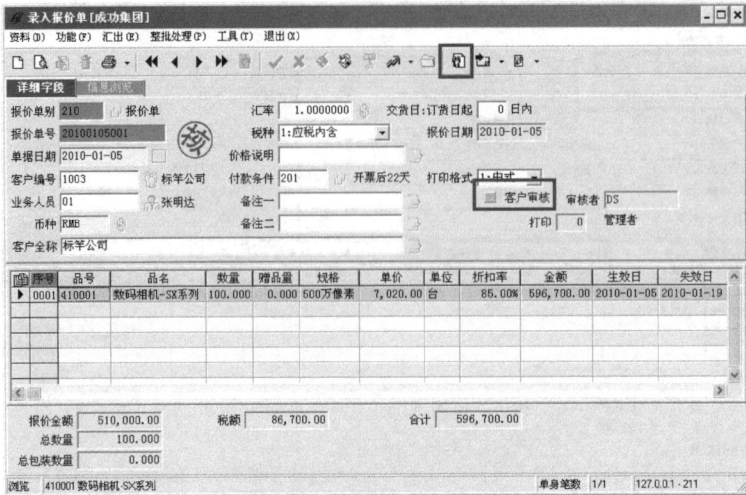

图4.14　执行客户审核

【作业重点】

执行客户审核之后，单据头"客户审核"的选项就会被勾选。

注意：

未经客户审核的报价单，不得转为正式的"客户订单"或"销货单"。

【作业流程复习】 (见图4.15)

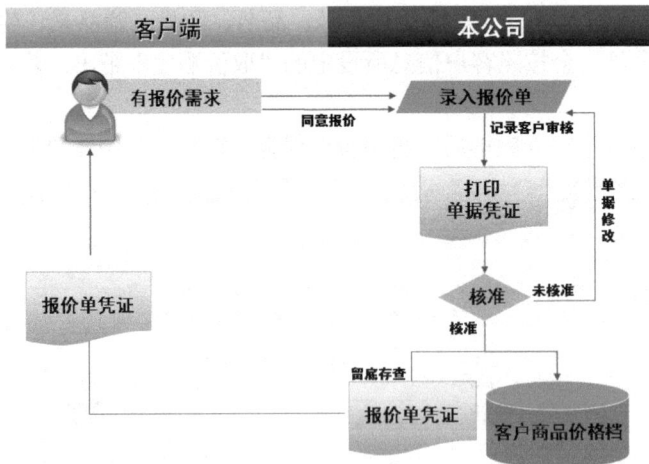

图4.15　客户报价流程图

4.3.2　接单流程

【目的】

企业和客户双方确认要货的需求，可以通过销售订单记录下来。销售订单可以视同企业的销售合同，也可以作为订货的协议。企业将根据销售订单组织货源，对订单的执行进行管控。销售订单不是销售的必须环节，如果为流通买卖行业，可以略过销售订单，直接录入销货单。

【业务场景】

1 月 7 日，客户"标竿公司"采购部王小芬来电通知，确定发正式采购单购买"数码相机—SX 系列"，数量 100 台，同时客户希望能在 1 月 14 日交货。

成功集团业务部门人员将此订单信息输入易飞 ERP 系统"录入客户订单"中，步骤及说明如下。

【操作步骤】

步骤一：从系统主界面执行"销售管理子系统"|"录入客户订单"作业，进入"录入客户订单"界面开始新增单据信息，如图 4.16 所示。

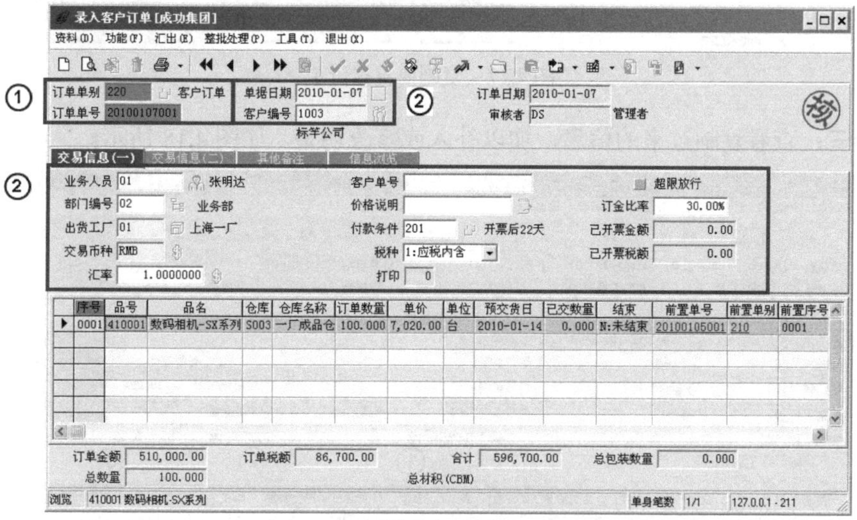

图 4.16 新增客户订单单据信息

【作业重点】

① 在"订单单别"字段输入"客户订单"的单别，也可按 F2 键进行开窗选择。输入后，系统会根据该单别的单据性质设置显示出单号。

② 单据日期默认为当前日期，也可根据实际情况修改。开窗选择客户编号，选择客户信息后，系统按照客户基本信息的设定自动带出部门编号、业务人员、交易币种、税种、付款条件等资料。若此笔订单为外币交易，则系统会默认"银行买进汇率"。带出的信息，若有需要修改，可再进行修改。

步骤二：复制前置报价单，如图 4.17 所示。

【作业重点】

此笔客户订单先前有报价单，可利用"复制前置单据"将报价单信息复制过来。

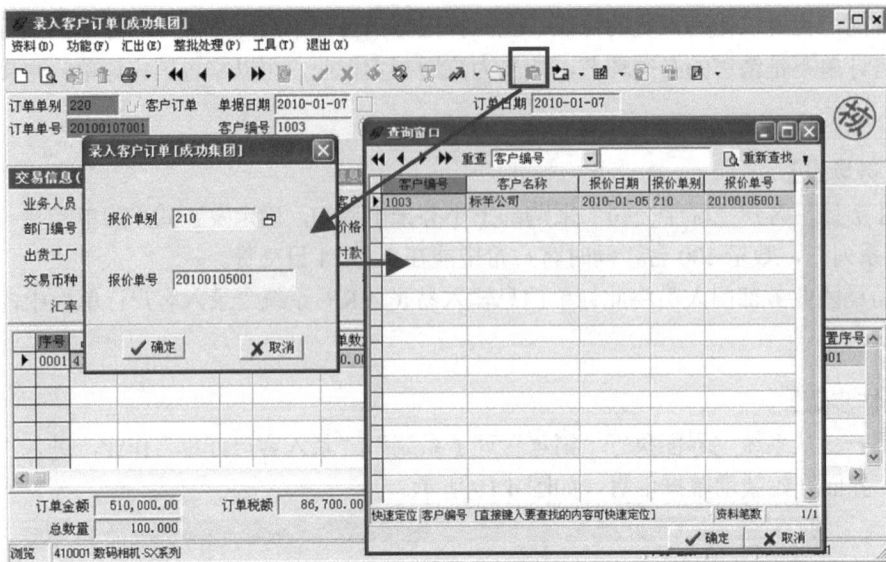

图 4.17 复制前置报价单

步骤三：查看复制过来的信息，加以补入或修改调整，如图 4.18 所示。

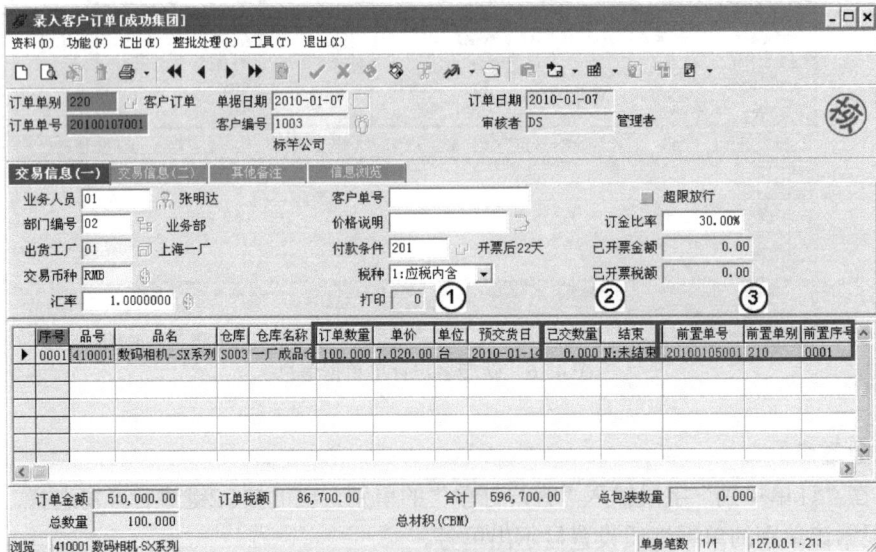

图 4.18 补入或修改调整复制后的信息

【作业重点】

① 订单数量：有 "F2 键各库库存量查询" "F3 键可用量查询" 可供辅助查询。

单价：会通过 "复制前置单据" 功能自动带入单价，或者按照客户信息中所设定的 "取价顺序" 自动带出，也可用 "F2 键客户商品计价查询" "F3 键历史价格查询" 来辅助查询。

预交货日：此订单预计交货的日期。

② 已交数量：由销货单或销退单回写或通过单据头工具栏中的 "输入已交数量" 来填写。

结束：分为"N:未结束"表示尚未全数交货、"Y:自动结束"表示已全数交货、"y:指定结束"表示未全数交货三种情况，但剩余未交货的部分不会交货了，必须做指定结束的动作(指定结束动作也可通过"录入订单变更单"或"结束订单"作业来执行)。

③ 因为此订单是由报价单复制而来，所以"前置单别、单号、序号"会对应"报价单别、单号、序号"，或者也可以运用F2键客户报价单信息查询，开窗选择客户之前的报价单。

步骤四：检查无误后，保存并审核。审核后界面会出现"核"字，此张单据才生效，如图4.19所示。

图4.19　保存并审核单据

【作业流程复习】(见图4.20)

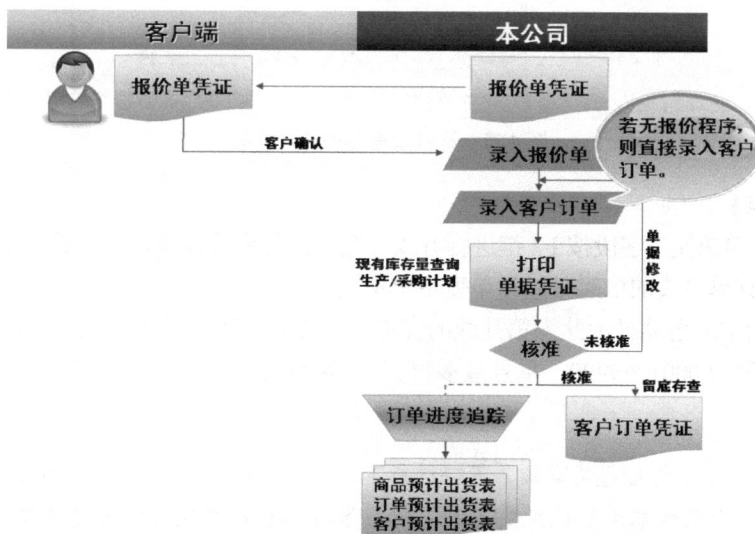

图4.20　客户接单流程图

4.3.3 订单变更流程

【目的】

当已经审核确认的销售订单发生变更需求时，为了记录变更的历史和保留变更前后的原始信息，可以通过订单变更单来管理。同时将变更单打印出来转交给相关部门，便于协调后续的备料及生产。

【业务场景】

标竿公司表示 1 月 7 日的订单要追加购买"数码相机—SX 系列"50 台，连同之前订货的 100 台，共计 150 台。另外，还要加订"数码相机—SL 系列"20 台，单价为 5000 元。

【操作步骤】

步骤一： 从系统主界面执行"销售管理子系统"|"录入订单变更单"作业，进入"录入订单变更单"界面，选择要变更的客户订单，如图 4.21 所示。

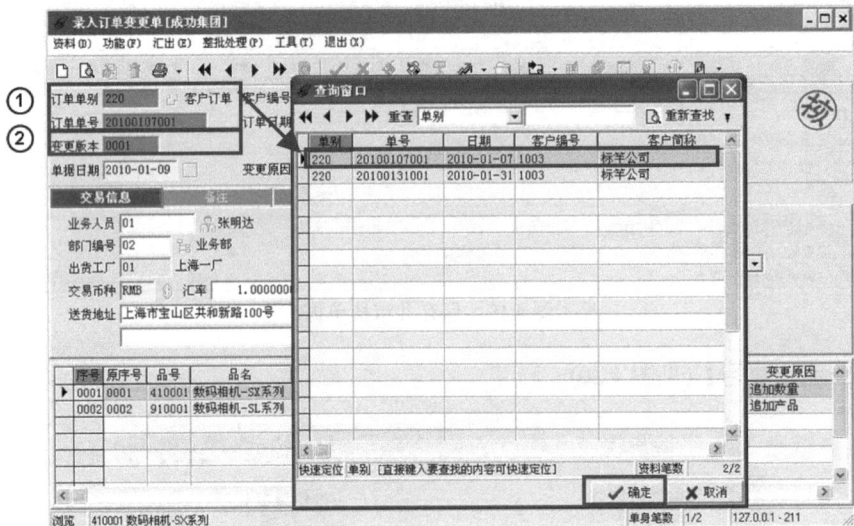

图 4.21　选择要变更的客户订单

【作业重点】

① 在"订单单别"字段按 F2 键进行开窗，选择要变更的订单，选择后按"确定"按钮，系统会将原始订单单头的信息带进订单变更单单头。

② 变更版本：自动显示此为第几版的变更，每变更一次，"变更版本"就会加"1"，版次的编号原则为 0001～9999，单号最多可变更 9999 次。

注意：

前一个版本的变更未完成审核，不得进行下一个版本的变更，例如"0002"的变更版本是以"0001"的变更版本为基础做变更的。同一张订单有较大版次的变更单时，不可撤销作废或撤销审核较小版次的变更单。

步骤二： 选择要更改的订单信息，选择后再对需要变更的信息做修改。

【作业重点】

① "原序号"处可以开窗选择原始订单信息，见图 4.22。

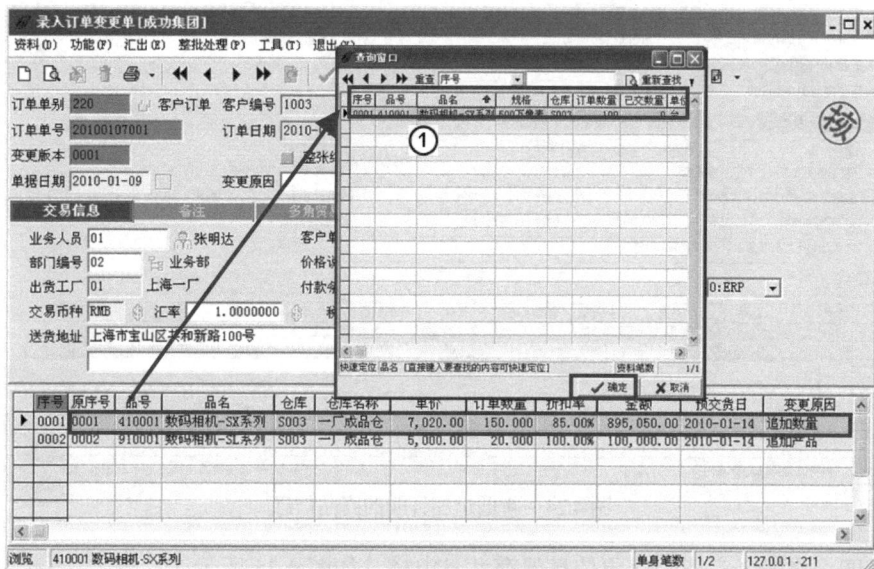

图 4.22　选择原始订单信息

② 按照要求修改订单数量，并填写变更原因，见图 4.23。

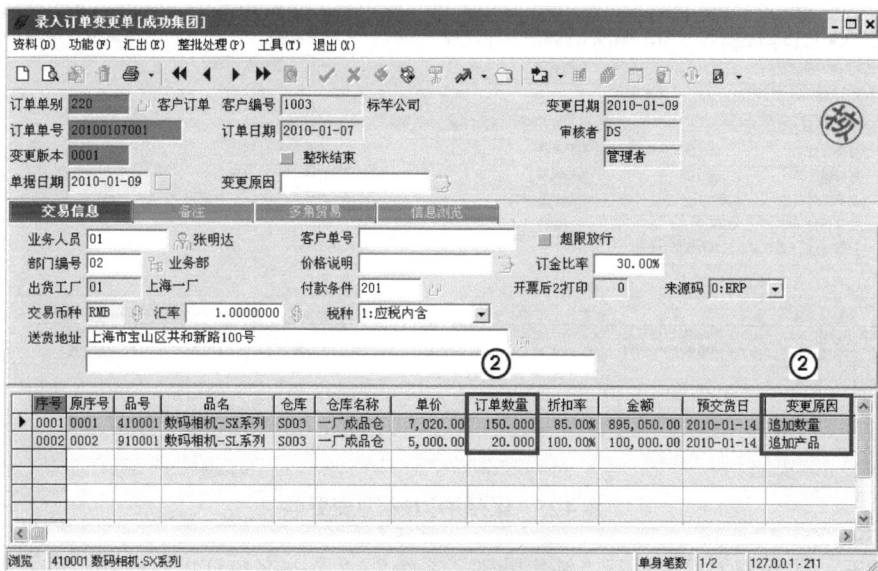

图 4.23　填写变更订单

步骤三：新增追加订购的商品信息，如图 4.24 所示。

【作业重点】

单击单体第一个空白行的"原序号"，新增一个原本不存在的序号，之后填写追加订购的品号、品名及相关信息。

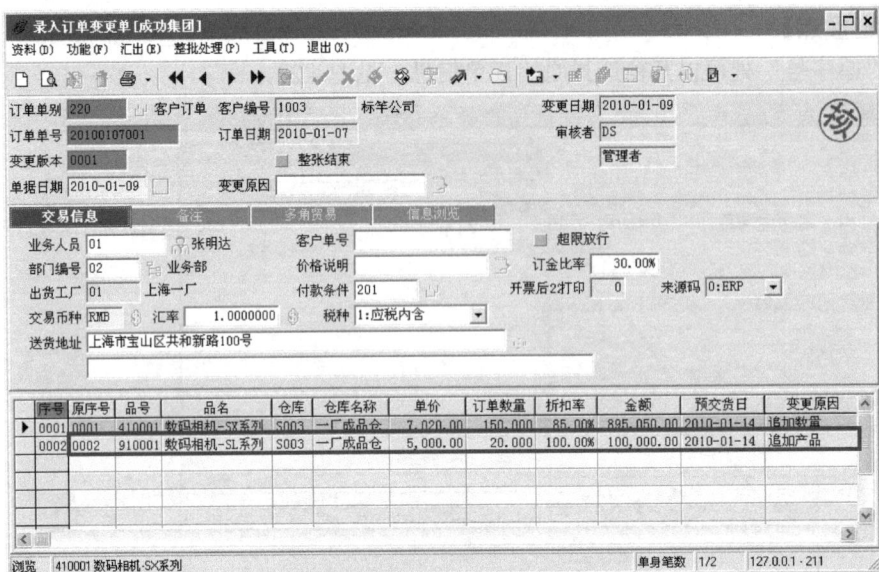

图 4.24　新增追加订购的商品信息

步骤四：将输入完毕的变更信息保存并且审核，如图 4.25 所示。

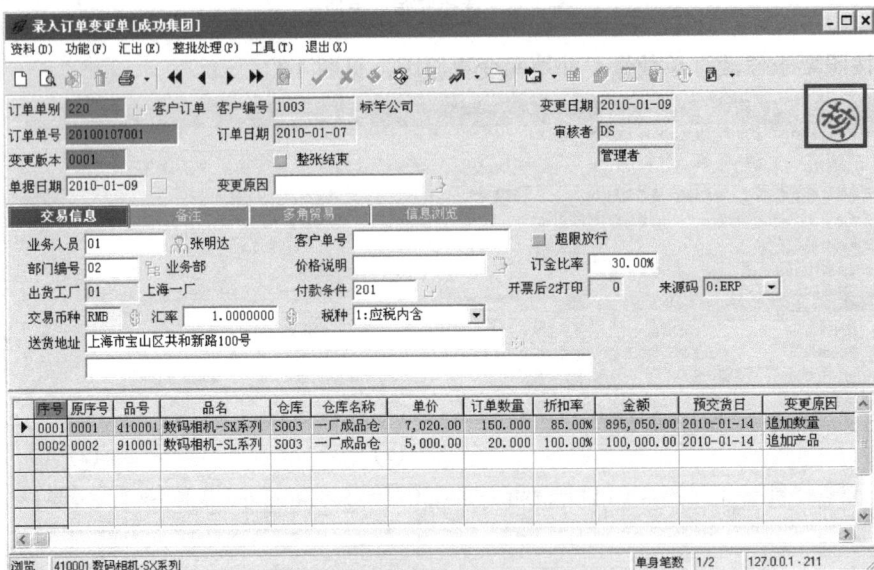

图 4.25　保存并审核信息变更单

　　步骤五：从系统主界面执行"销售管理子系统"|"录入客户订单"作业，进入"录入客户订单"界面查询出原订单，在原订单上查看变更的信息，如图 4.26 所示。

【作业重点】

　　查看方式：选中要查看变更内容的单体信息，单击"资料查询"|"历史变更信息查询"，即可看到变更内容的窗口。

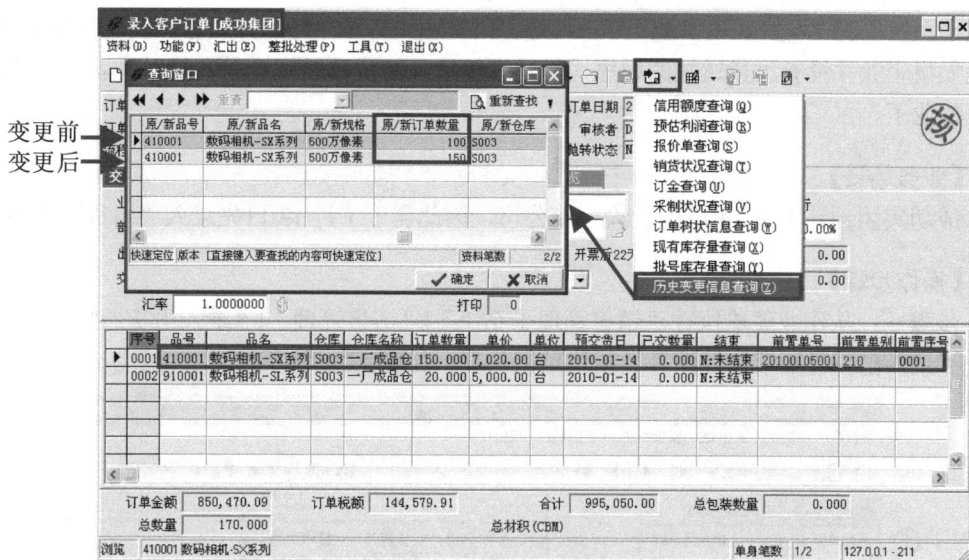

图 4.26 查看变更内容

【作业流程复习】(见图 4.27)

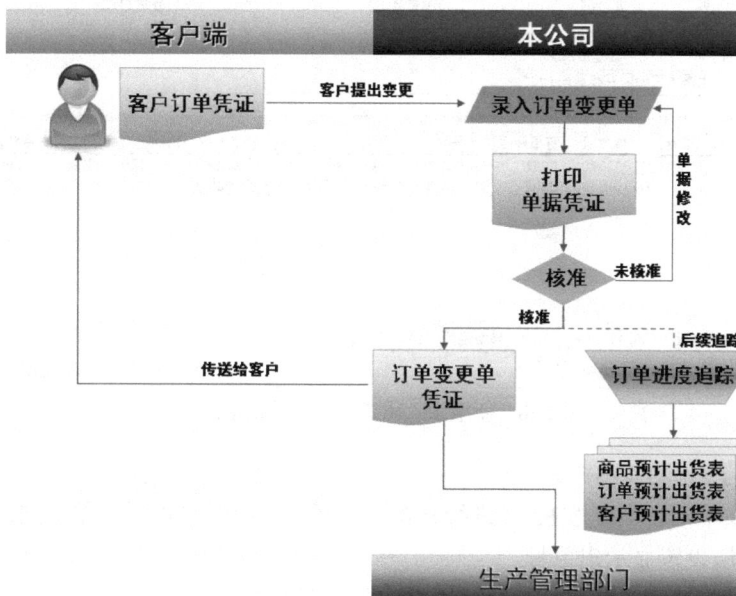

图 4.27 订单变更流程图

4.3.4 出货通知流程

【目的】

通常在货品销货出库前，业务人员会通过"出货通知单"通知仓库人员备货。出货通知单是一种调拨单据，所以单据审核后对库存没有影响。至于要调拨到哪里，必须先在"基本信息子系统"的"设置共用参数"中，勾选"出货通知管理"选项并设置存货调拨至备货仓。但是如果企业并没有出货通知的程序，而是直接录入销货单通知仓管备货时，就不需要使用这个作业了。

【业务场景】

成功集团预计 1 月 14 日出货给标竿公司，因此需于 1 月 13 日先录入"出货通知单"。

【操作步骤】

步骤一：从作业菜单执行"销售管理子系统"|"销售管理"|"录入出货通知单"作业，进入"录入出货通知单"界面开始新增单据信息，如图 4.28 所示。

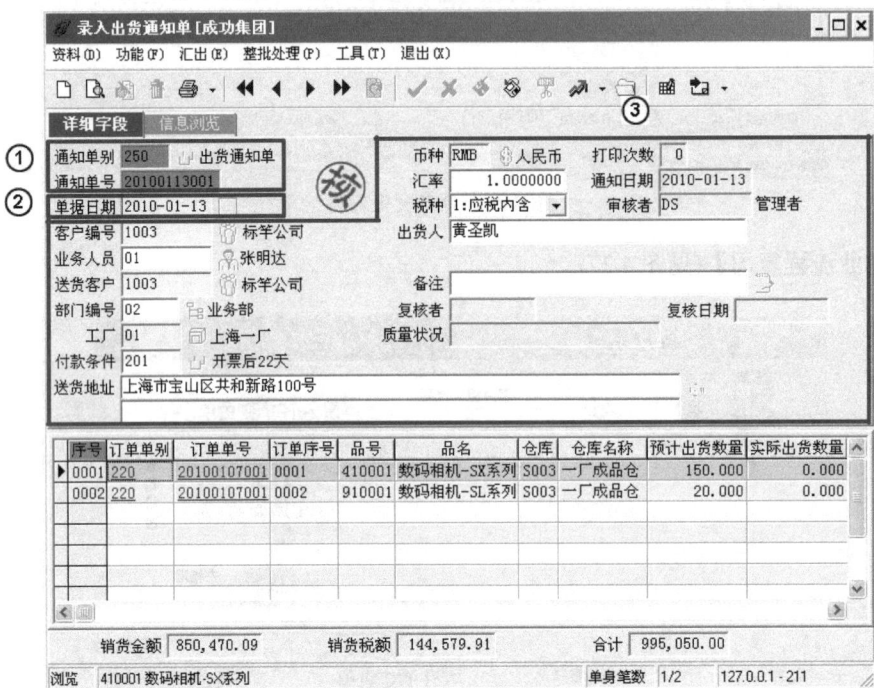

图 4.28　新增录入出货通知单单据信息

【作业重点】(见图 4.28)

① 在"通知单别"字段按 F2 键进行开窗，选择要使用的出货通知单单别，系统会根据该单别的单据性质设置显示出单号。

② 单据日期默认为当前日期，也可根据实际情况修改。

③ 开窗选择客户编号，输入客户编号后，系统按照客户基本信息的设定自动带出业务人员、送货客户、部门编号、工厂、付款条件等资料。因为有时客户的地址和送货地址会不一样，所以这里做了区分。其他带出的信息，若有需要，也可再进行修改。

步骤二：在单体选择要做出货通知的订单，如图 4.29 所示。

【作业重点】(见图 4.29)

① 在单体的"订单单别"处按 F2 键进行开窗，选择要做出货通知的订单单别、单号和序号。

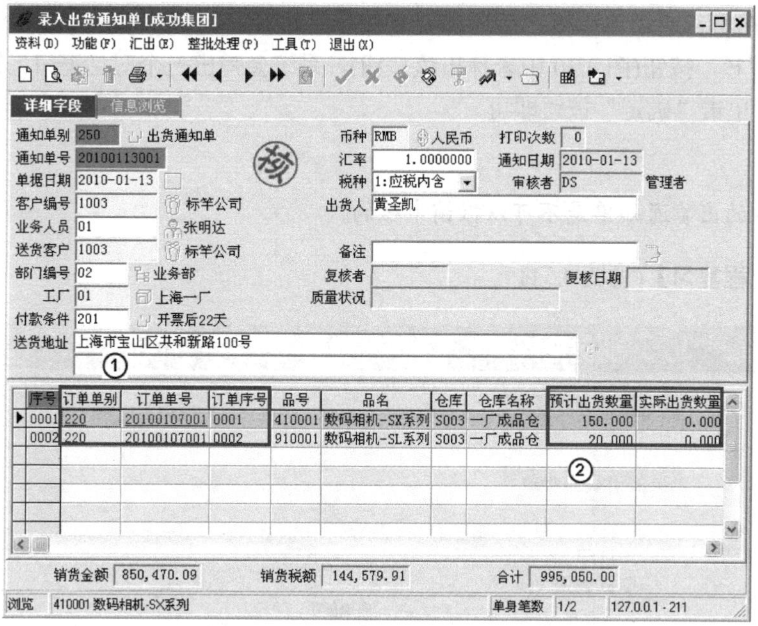

图 4.29 选择要做出货通知的订单

② 预计出货数量：默认抓取订单上的"未交数量"，也可以根据需要更改为这次预计出货的数量。

实际出货数量：对应销货单的累计销货数量，不可手工修改。

步骤三：保存并审核及复核产品质量，如图 4.30 所示。

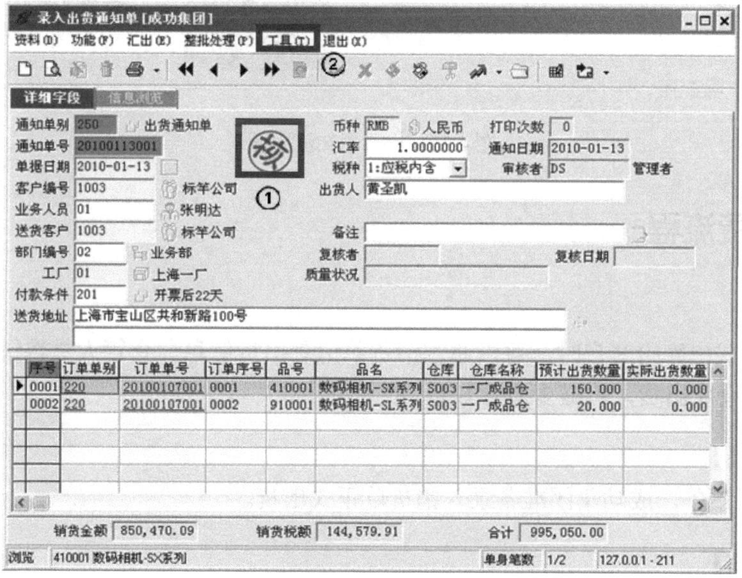

图 4.30 保存并审核出货通知单

【作业重点】(见图 4.30)

① 输入完毕后，请将此客户订单保存并审核。审核后界面会出现"核"字，此张单据才生效。

② 如果在出货通知单审核之后还需要复核产品质量，则可以单击工具栏上的"出货复核/撤销出货复核"按钮(图 4.30 中未标出该按钮)，系统会弹出一个对话窗口。输入复核日期和质量状况后单击"确定"按钮即可。

注意：

经过复核的出货通知单是不可以撤销审核的。

【作业流程复习】(见图 4.31)

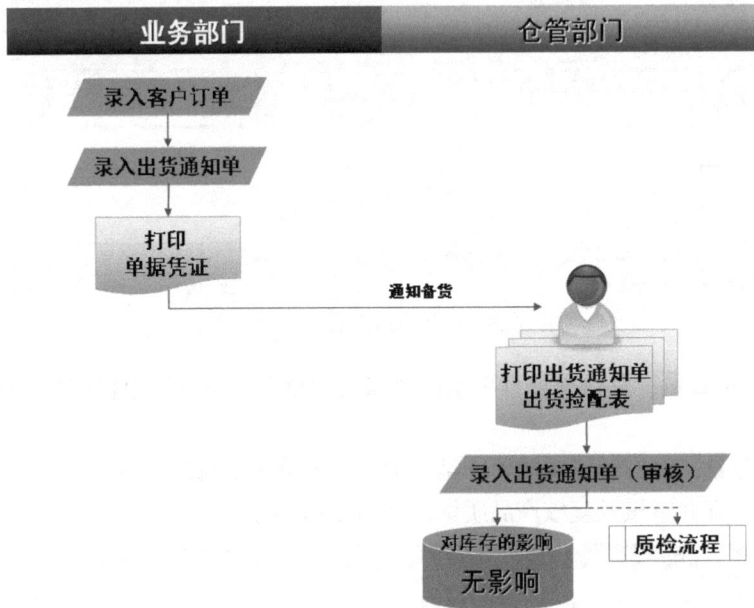

图 4.31　出货通知流程图

4.3.5　销货流程

【目的】

当商品正式出库给客户时，可以通过销货单记录出货信息。仓管人员将销货单审核后，表示商品已从仓库出货，将减少库存数量。

【业务场景】

1 月 14 日下午，成功集团准备录入销货单正式出货。

【操作步骤】

步骤一：从系统主界面执行"销售管理子系统"|"录入销货单"作业，进入"录入销货单"界面开始新增销货单信息，如图 4.32 所示。

【作业重点 1】

① 输入销货单别、单据日期、客户编号等，这些都可利用 F2 键开窗查询选择。输入销

货单别，系统会根据该单别单据性质的设定给予单号。输入客户编号后，会按照客户信息的
设定自动带出部门编号、业务人员、付款条件、币种、汇率等信息，如图 4.32 所示。

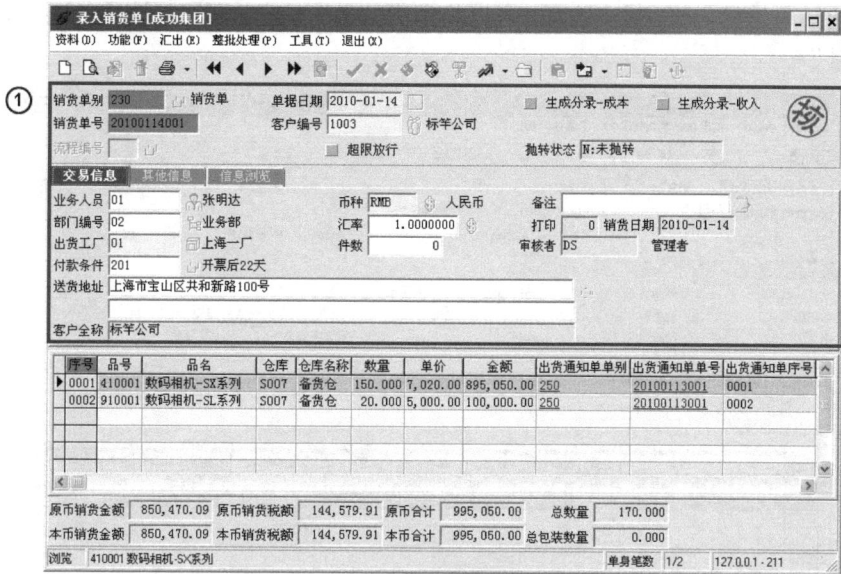

图 4.32　输入新增销货单信息

【作业重点 2】

② 由于前面有"出货通知单"，所以可以利用工具栏上的"复制前置单据"按钮来协
助信息的输入，它会将出货通知单的内容复制到销货单，包括品号、数量、价格等，复制完
成后，再对自动带出的信息进行检查或修改调整，如图 4.33 所示。

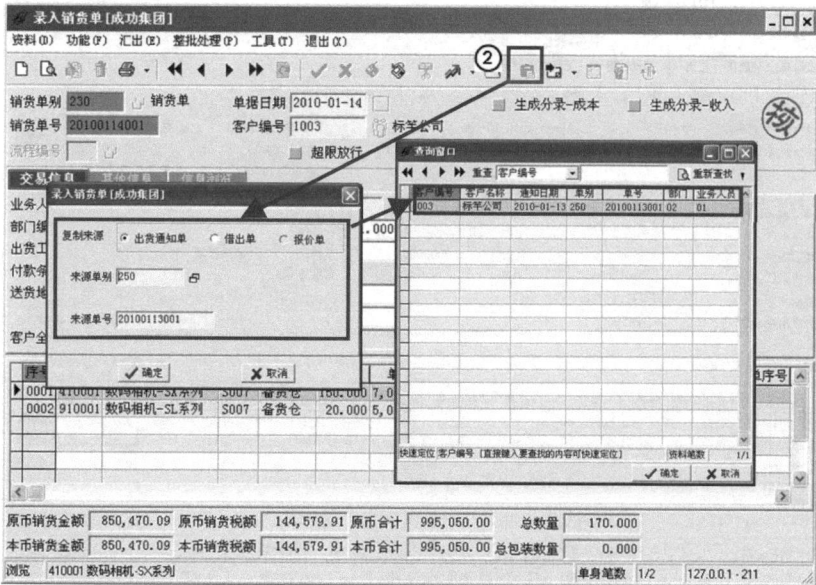

图 4.33　复制出货通知单

【作业重点 3】(见图 4.34)

③ 由于利用"复制前置单据"功能，单体的销货信息由系统自动带出，带出后需要查

看是否无误。

④ 单体中的"出货通知单单别、单号、序号"的作用，一方面可以表明此笔销货所对应的出货通知单是哪一张，另一方面，可以将销货数量的信息，回写到该出货通知单中的"实际出货数量"。

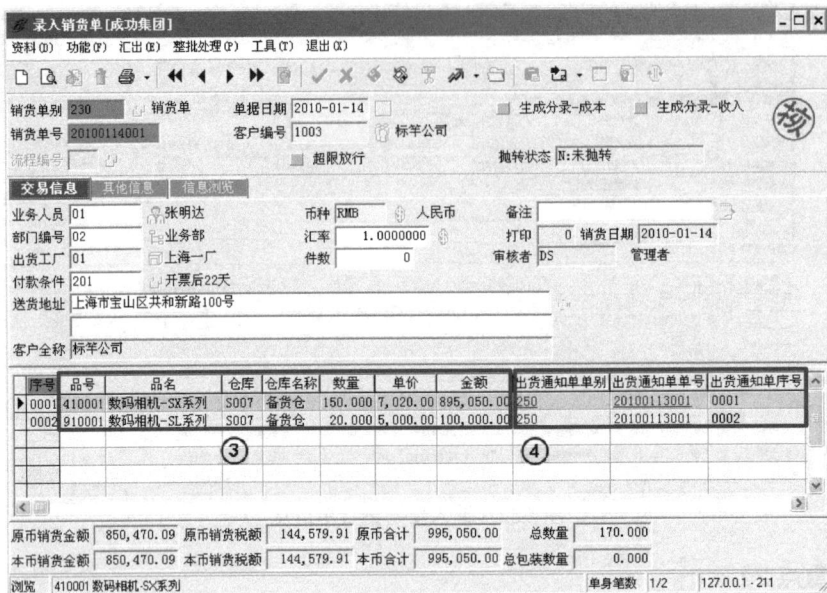

图 4.34 查看复制后的销货单信息

【作业重点 4】(见图 4.35)

⑤ 记录已开票的数量。

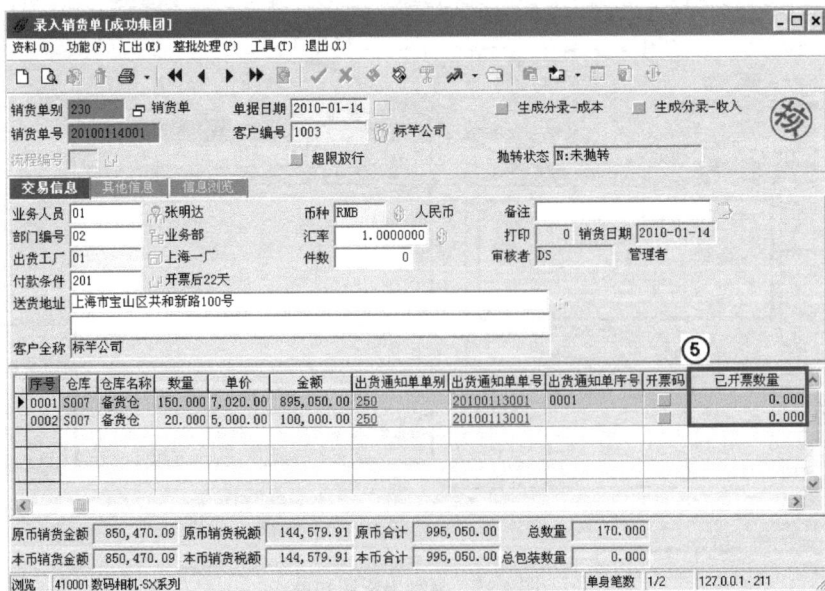

图 4.35 记录已开票的数量

步骤二:保存单据后查看无误即可送交审核人员审核。审核后，存货的库存量便会减少，如图 4.36～图 4.38 所示。

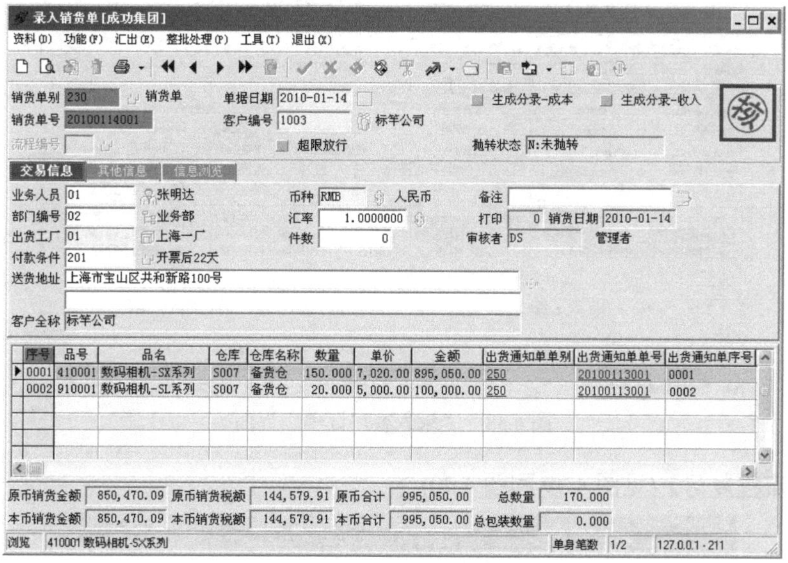

图 4.36　"录入销货单"界面

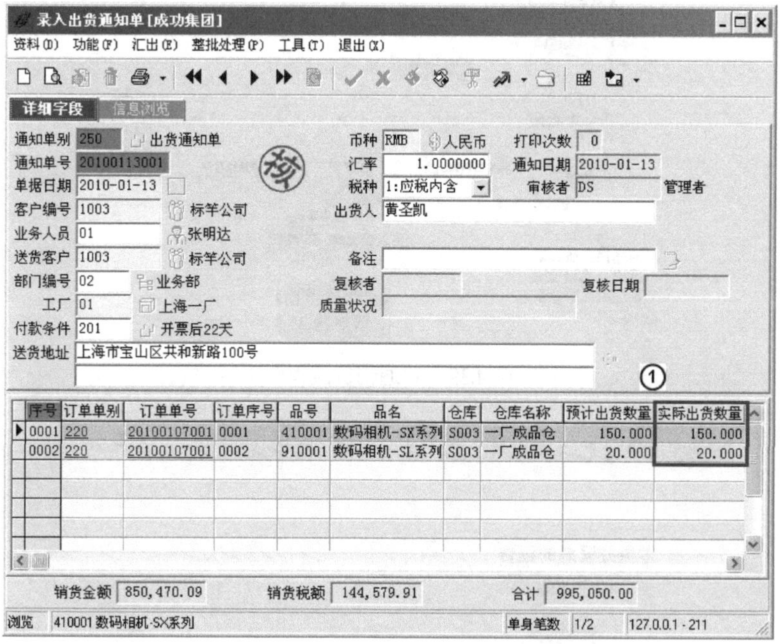

图 4.37　"录入出货通知单"界面

【作业重点】(见图 4.36～图 4.38)

① 出货通知单中的"实际出货数量"更新为销货单的累计销货数量。

② 客户订单中的"已交数量"更新为销货单的累计销货数量。

③ 结束: 有"N:未结束"表示尚未全数交货、"Y:自动结束"表示已全数交货、"y:指定结束"表示尚未全数交货三种方式,但剩余未交货的部分不会交货了,必须做指定结束的动作(可通过"录入订单变更单"或"结束订单"作业来执行)。

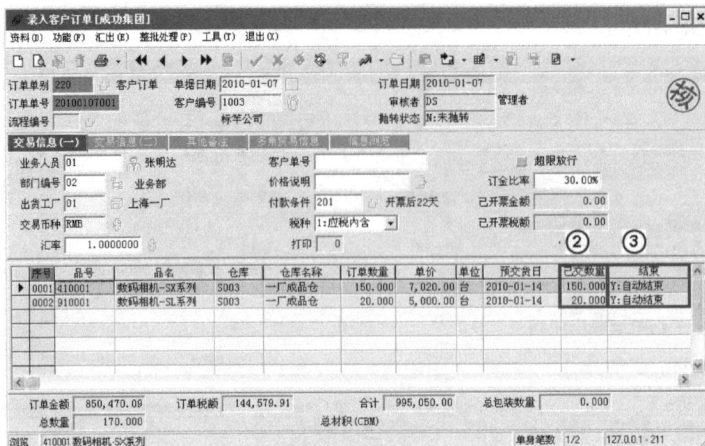

图 4.38 "录入客户订单"界面

【作业流程复习】(见图 4.39 和图 4.40)

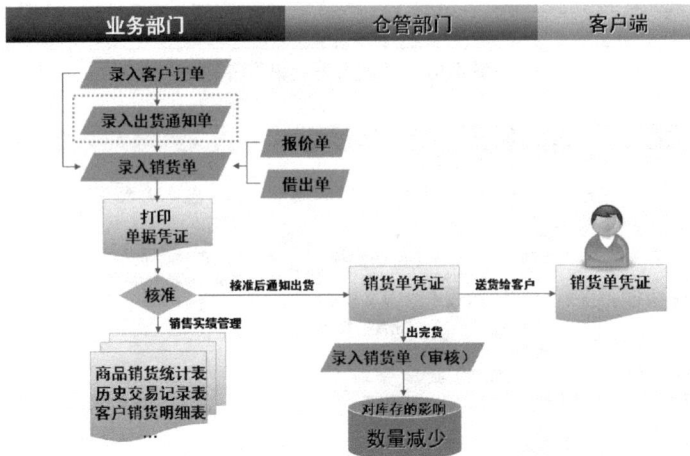

图 4.39 普通销货流程图

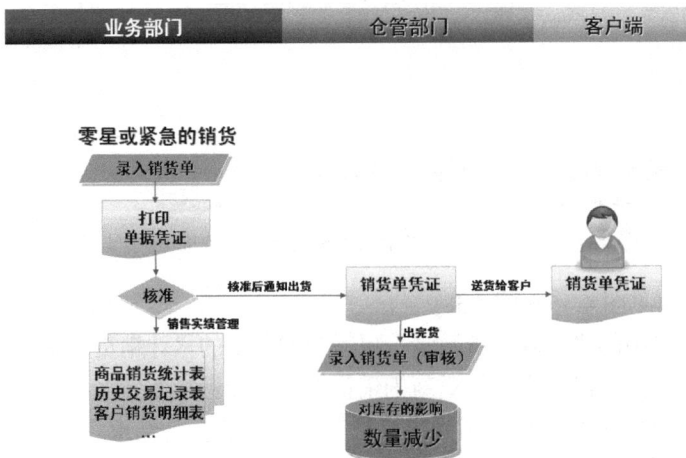

图 4.40 零星销货流程图

4.3.6　销货退回流程

【目的】

通过"录入销退单"记录客户的退货及折让信息。产品确定退回，使用销退单记录退回的商品信息。产品不退回，而以金额折让方式转销，则做销退折让单，这种单据只牵涉到金额的折减，并不会影响库存数量的增减。

【业务场景】

1 月 16 日上午，"标竿公司"发现 2 台"数码相机—SX 系列"有瑕疵，即将退回并请再补货 2 台。张明达将这个信息告知经理后，经理同意客户换货。

【操作步骤】

步骤一： 从系统主界面执行"销售管理子系统"|"录入销退单"作业，进入"录入销退单"界面开始新增销退单信息，如图 4.41 所示。

【作业重点 1】(见图 4.41)

① 在"销退单别"字段输入单别编号，也可按 F2 键进行开窗选择(由于公司可能会将销货退回和销货折让分为不同的单别，所以选择时要注意)。选好后，系统会根据该单别单据性质的设置进行编号。输入单据日期、客户编号，也可开窗选择。

② 输入客户后，会按照客户信息的设置自动带出币种、付款条件、工厂等信息，请检查这些信息的正确性。尤其，当销退单必须对应原始销货单时，这些信息必须与原始销货单相符合。

③ 单体品号字段的输入提供"F2 键品号信息查询""F3 键客户计价信息查询""F4 键销货单信息查询""F11 键品号属性查询" 四种辅助功能键。利用 F4 键选择销货信息，系统会自动将销货单的内容复制过来，再加以修改部分信息就可以了。

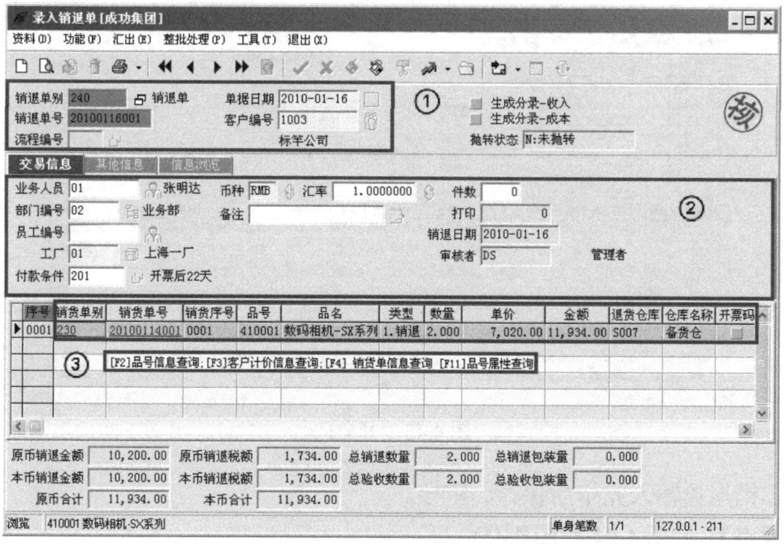

图 4.41　新增销退单信息

【作业重点 2】(见图 4.42)

④ 销退单上的类型有"销退"与"折让","销退"是指客户将货品退回，会影响库存数量的增减，折让是针对金额上的折减，不影响库存数量的增减。

⑤ 可以输入"销货单别、单号、序号""订单单别、单号、序号"以便对应。若有输入"订单单别、单号、序号"，则系统会将销退数量的信息，回写至该订单的"已交数量"。若有输入"销货单别、单号、序号"，则销退数量不可大于销货数量。

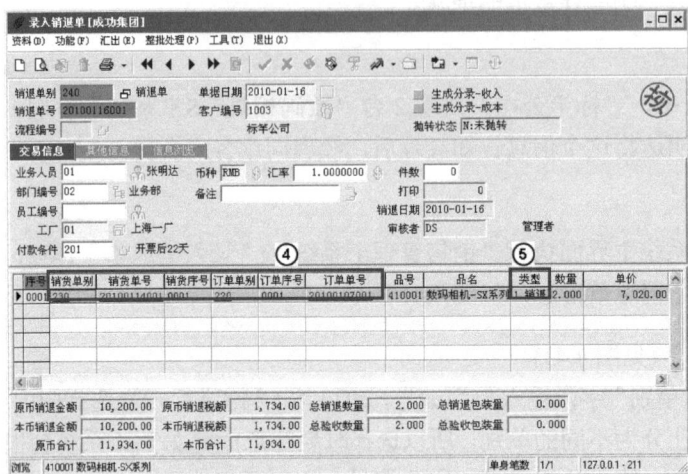

图 4.42 "销退"与"折让"

【作业重点 3】

⑥ "开票码"是指当此笔销退信息开完发票之后，系统会自动将"开票码"栏打勾，如图 4.43 所示。

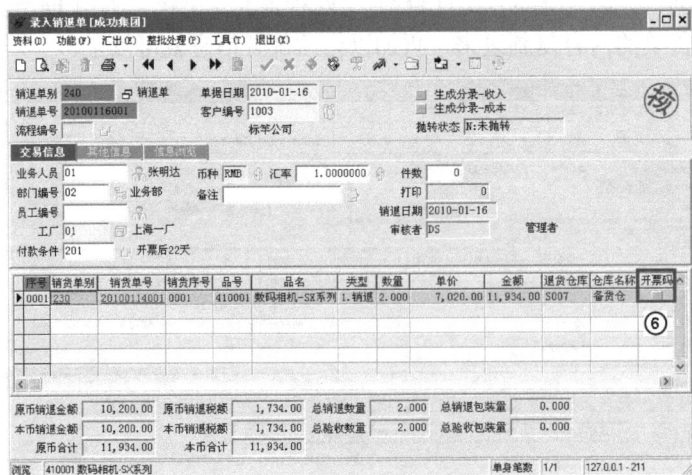

图 4.43 开票码

步骤二：销退单输入完毕后保存、审核。

【作业重点】(见图 4.44 和图 4.45)

销退单审核后，客户订单中的"已交数量"减少相应数量。

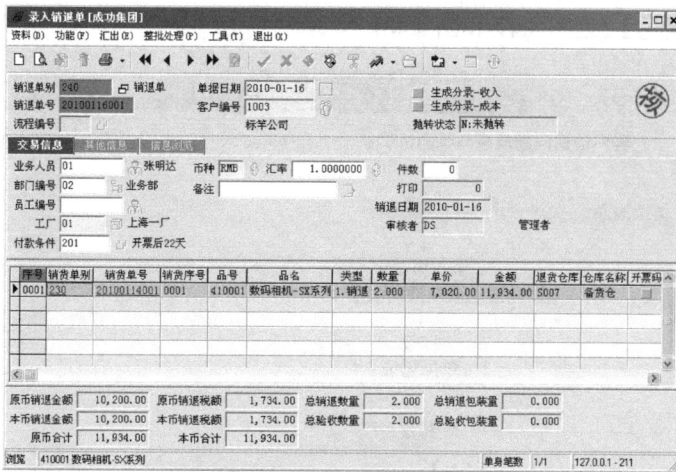

图 4.44　"录入销退单"界面

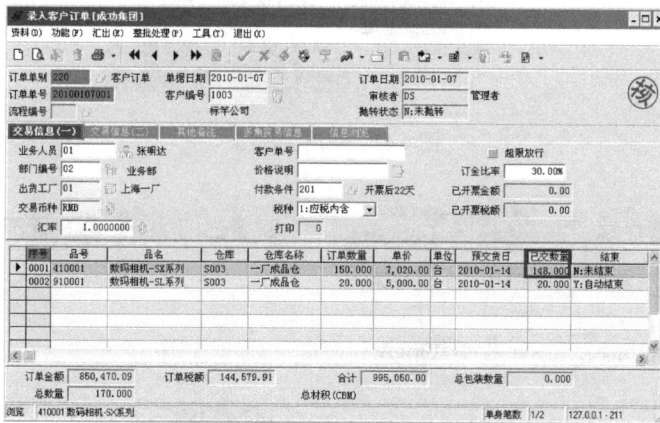

图 4.45　"录入客户订单"界面

步骤三：重新录入销货单给客户，销货数量为两个，如图 4.46 所示。

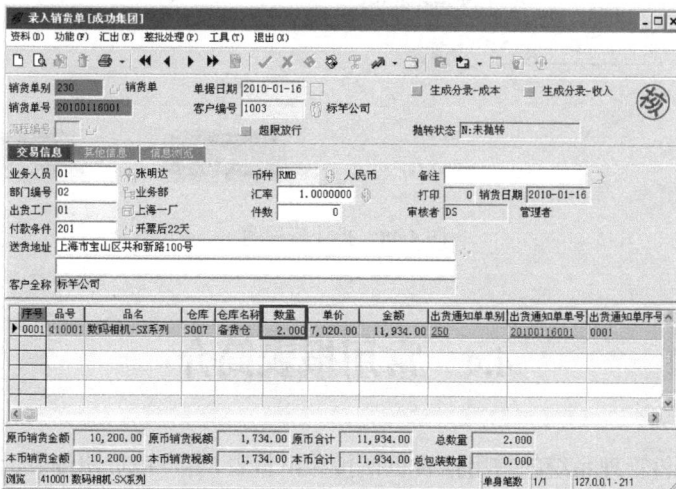

图 4.46　"录入销货单"界面

【作业流程复习】(见图 4.47 和图 4.48)

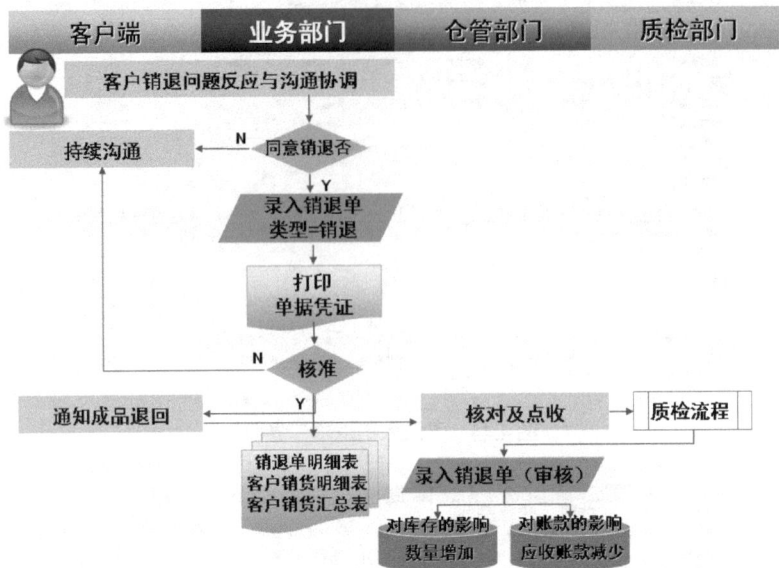

图 4.47 销退流程图

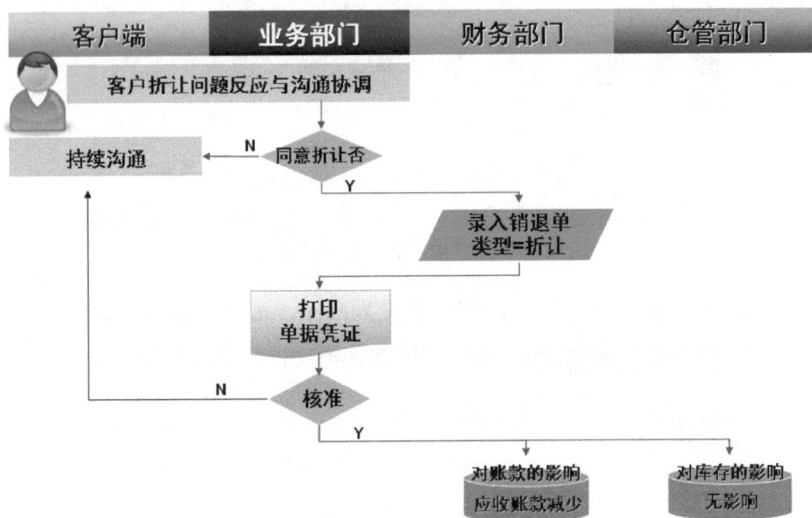

图 4.48 折让流程图

4.4 常用报表简介

易飞 ERP 销售管理系统的常用报表包括预计出货表、客户销货明细表、历史交易记录表。

4.4.1　预计出货表

【目的】

提供以下四种不同角度的预计出货报表，主要控管及追踪出货状况。

- 订单预计出货表：从订单预交货日的角度，查询一段期间各预交货日预计出货的资料。
- 商品预计出货表：从品号角度，查询某个货品预计在何时出货。
- 客户预计出货表：从客户角度，查询客户货品预计出货状况。
- 业务员预计出货表：从业务员角度，查询单个接单预计出货状况。

以"商品预计出货表"和"客户预计出货表"为例，来看一下操作步骤。

1. 商品预计出货表

【操作步骤】

步骤一：在"商品预计出货表"界面上进行设置，然后单击"设计报表"按钮，如图4.49所示。

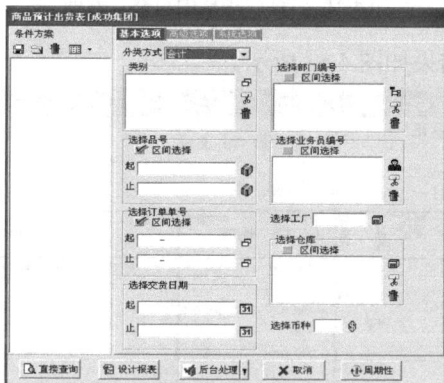

图 4.49　"商品预计出货表"界面

步骤二：生成报表，结果如图 4.50 所示。

图 4.50　生成商品预计出货表

2. 客户预计出货表

步骤一：在"客户预计出货表"界面上进行设置，然后单击"设计报表"按钮，如图 4.51 所示。

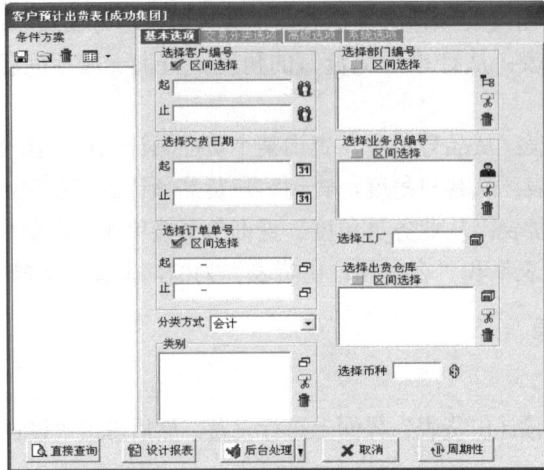

图 4.51 "客户预计出货表"界面

步骤二：生成报表，结果如图 4.52 所示。

图 4.52 生成客户预计出货表

4.4.2 客户销货明细表

【目的】

查询客户一段期间内销货明细数据状况，可供财务对账使用。

【操作步骤】

步骤一：在"客户销货明细表"界面上进行设置，然后单击"设计报表"按钮，如图 4.53 所示。

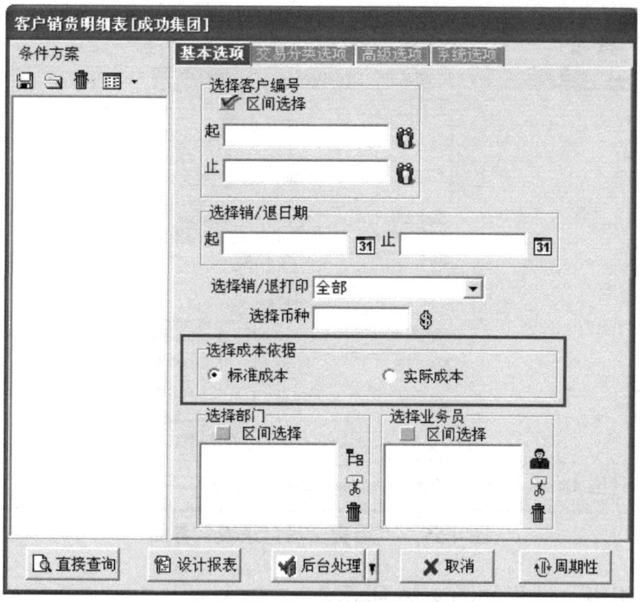

图 4.53　"客户销货明细表"界面

步骤二：生成报表，结果如图 4.54 所示。

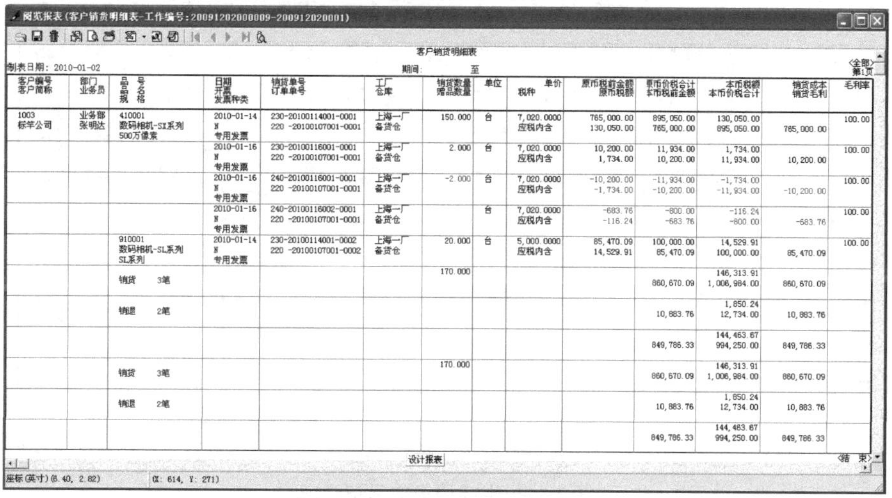

图 4.54　生成客户销货明细表

4.4.3　历史交易记录表

【目的】

查询货品所有往来交易明细数据。

【操作步骤】

步骤一：在"历史交易记录表"界面上进行设置，然后单击"设计报表"按钮，如图 4.55 所示。

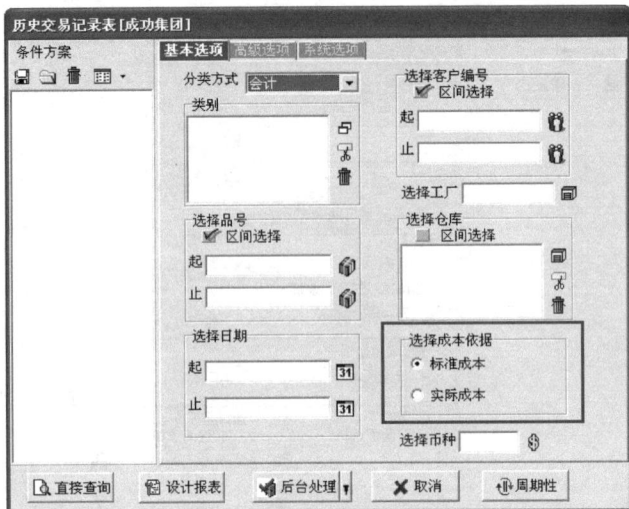

图 4.55 "历史交易记录表"界面

步骤二：生成报表，结果如图 4.56 所示。

图 4.56 生成历史交易记录表

4.5 期初开账

【目的】

"销售管理子系统"的开账是为了将在开账时间点之前就已经接到的未完成订单和客户商品价格录入 ERP 系统中。这样在开账时间点之后，销售部门就可以依据订单和客户商品价格开展后续的销售动作，如销货。这样就保证了销售信息的完整性和可追溯性。

【业务场景】

成功集团计划于 2010 年 1 月 1 日正式上线易飞 ERP 系统，针对销售类部分，公司必须进行至 2009 年 12 月 31 日未结束的客户订单和客户商品价格的导入。

【操作步骤】

步骤一：收集截止到 2009 年 12 月 31 日前，未出货完毕的客户订单。收集格式如表 4.4 所示：

表 4.4　收集未出货完成的订单

客户名称	品号	数量	单价	已交数量	预交货日
1001 尖峰公司	410001 数码相机—SX 系列	10	5000	10	2010-01-02
1001 尖峰公司	410011 相机促销礼包	5	5500	0	2010-01-05
……	……	……	……	……	……

步骤二：将未出货完毕的订单信息逐笔输入"录入客户订单"。不需输入销货单，直接通过工具栏中的"输入已交数量"输入开账时间点之前的已销售数量，如图4.57～图4.59所示。

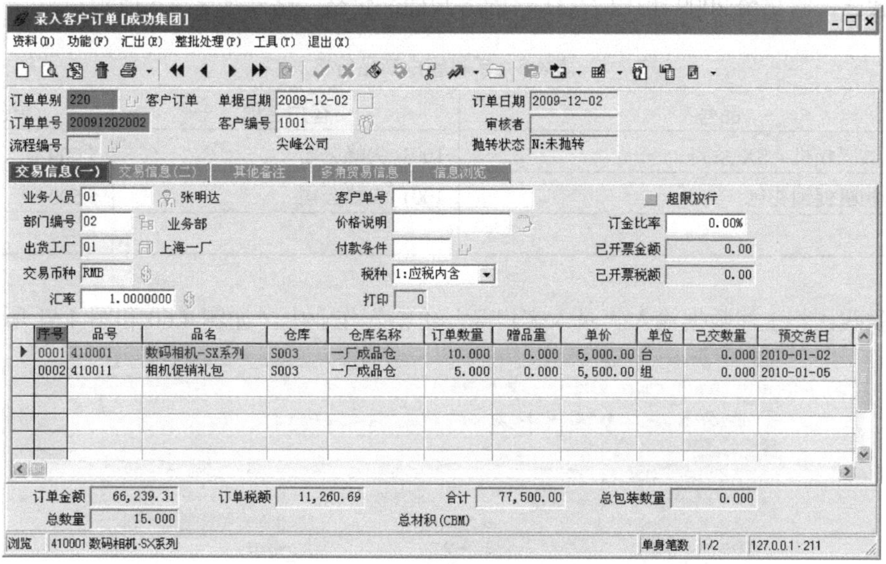

图 4.57　"录入客户订单"界面

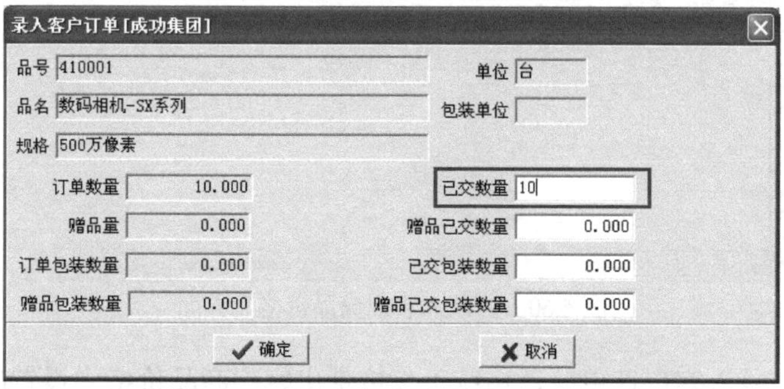

图 4.58　"录入客户订单"输入已交数量界面

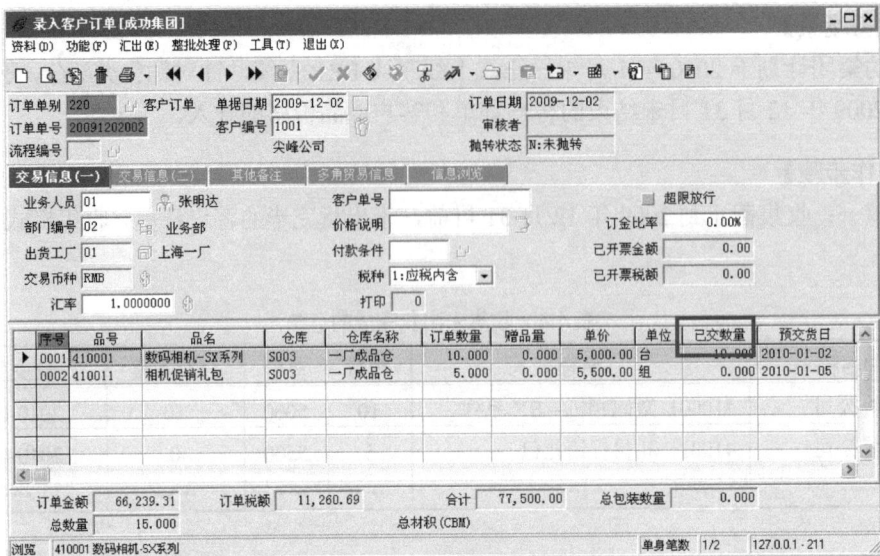

图 4.59 查看输入的订单信息

步骤三：收集至 2009 年 12 月 31 日的客户商品价格，格式如表 4.5 所示。

表 4.5 手机客户商品价格

品号	客户名称	单价
410001 数码相机—SX 系列	1001 尖峰公司	5 000
410011 相机促销礼包	1001 尖峰公司	5 500
……	……	……

步骤四：将上述数据输入"录入客户商品价格"作业中，如图 4.60 和图 4.61 所示。

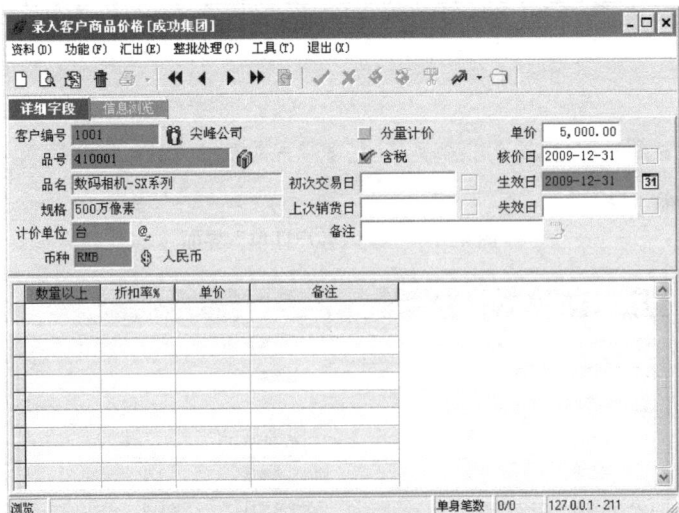

图 4.60 "录入客户商品价格"界面

步骤五：人工录入客户订单时，系统可直接带出客户商品价格中设置的单价。

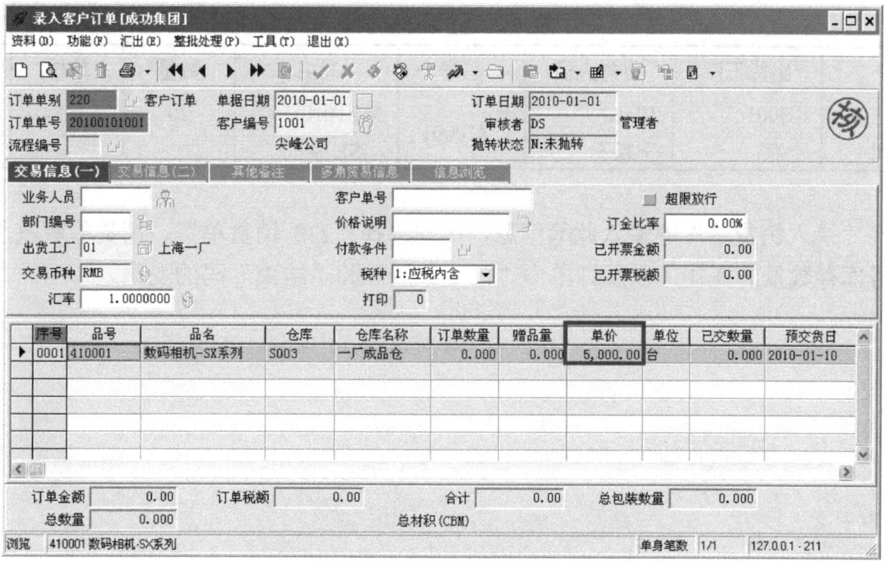

图 4.61 查看录入的商品价格信息

课后习题

1. 客户第一公司(客户编号 1001)想要购买"数码相机—SL 系列"20 台, 于 2017 年 3 月 10 日请成功集团进行报价。成功集团为第一公司做出了报价, 并且经客户审核通过, 详细信息如表 4.6 所示。

表 4.6 报价单详细信息

客户	业务人员	品号	品名	数量	单位	单价	生效日	失效日
1001 第一公司	301 李霖泰	410001	数码相机 —SL 系列	20	EA	5000	2010-6-20	2011-6-20

请在"录入报价单"中输入此笔信息, 单别选择"210 报价单"。

2. 客户第一公司(客户编号 1001)要向成功集团购买"数码相机—SL 系列", 并于 2017 年 4 月 1 日签署订单合同, 合同内容如表 4.7 所示。

表 4.7 合同内容详细信息

客户	出货工厂	业务人员	品号	品名	订单数量	单位	单价	预交货日
1001 第一公司	SH001 上海厂	301 李霖泰	410001	数码相机 —SL 系列	20	EA	5000	2010-4-20

请在"录入客户订单"中输入此笔信息, 单别选择"220 客户订单"。

3. 2017 年 4 月 20 日, 成功集团出货给第一公司"数码相机—SL 系列"20 台, 详细信息如表 4.8 所示。

表4.8　订单详细信息

客户	出货工厂	业务人员	品号	品名	数量	单位	单价
1001 第一公司	SH001 上海厂	301 李霖泰	410001	数码相机 —SL 系列	20	EA	5000

请在"录入销货单"中输入此笔信息，单别选择"230 销货单"。销货单审核前后去查看此品号库存数量的变化，以及订单中"已交数量"和"结束"码的变化。

第5章

ERP供应链管理：采购管理

本章以易飞 ERP 供应链管理系统中的采购管理系统为例，从系统简介、基础设置、日常业务流程、常用报表简介、期初开账五个方面着手，详细阐述现代企业对于供应链管理中采购环节的信息化管理。

5.1 采购管理子系统简介

采购管理涵盖采购作业流程的五个主要项目：请购、采购、进货收料、日常跟催管理以及供应商管理。除了详细记载，从请购到采购再到收料进货的交易信息外，更重要的是实时提供各种相关报表，以供管理者了解所有的采购状况，以便能够做出合理正确的决策。

5.1.1 系统效益与特色

易飞 ERP 的采购管理子系统具有以下七个方面的系统特色。

第一，采购管理子系统中提供了多角度的请购、采购、进货的进度管控报表，方便在日常作业中做跟催及管理，达到准时交货的目的。

第二，针对公司内部对供应商的评估及管理，提供供应商ABC分析表等分析报表，将供应商做等级区分，提供给管理者制定采购政策时的参考依据。

第三，对于日常采购项目，系统将翔实记录商品报价信息及供应商价格变动过程，作为公司内部审查和核准的依据。

第四，对于采购价格管理，系统提供了价格异常以及交货异常的管理报表，用来检核采购是否有异常，供管理者来评估供应商与采购人员的绩效。

第五，为了让采购人员与供应商做快速沟通，系统提供了"查询供应商信息"作业，可以在线实时查询到供应商的相关信息，如供应商应付账款、票据状况、采购单信息、进退货明细、供应商的商品价格等。

第六，如果应付账款与进货同时确立，那么系统中还提供了直接开票功能，它连接"应付管理子系统"自动产生应付账款的采购发票，不需要另外人工输入。

第七，采购单凭证可以通过 E-mail 或传真系统，直接传送给供应商，不需要将凭证打印出来，再传送给供应商，可以达到无纸化的目的。

5.1.2　系统架构与关联

易飞 ERP 的采购管理子系统的系统构架，如图 5.1 所示。

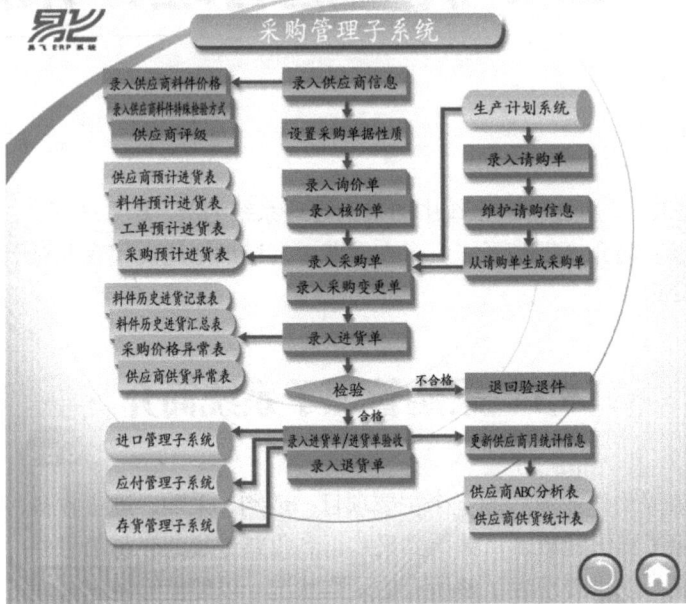

图 5.1　采购管理子系统的系统架构

易飞ERP的采购管理子系统功能模块之间的关联，见图5.2，主要的功能关联有以下九项。

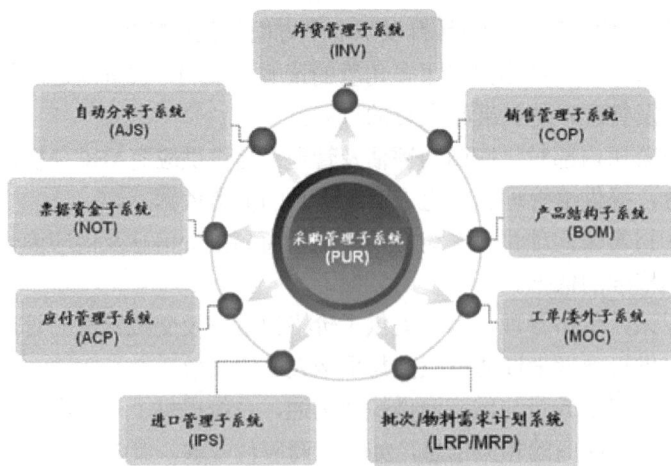

图 5.2　与其他系统的关联图

第一，存货管理子系统

"采购管理子系统"的进货单和退货单审核后，会回写到存货管理子系统，影响库存数量的增加或减少。

第二，销售管理子系统

系统提供"从订单自动生成采购单"的功能，通过批次作业，可以把订单直接复制成采购管理子系统的请购单或采购单。

第三，产品结构子系统

"产品结构子系统"中的"从 BOM 自动生成请购单"主要是将需要生产的主件，按照 BOM 材料用量数据加以展开，自动产生建议采购的请购单数据到采购管理子系统中。

第四，工单/委外子系统

委外供应商信息以及供应商的评级都是在采购管理子系统中设置的。

第五，批次及物料需求计划系统

做物料需求计划或批次需求计划，产生采购需求后，便会针对所需要采购的料件，发放成采购管理子系统的采购单或请购单进行采购。

第六，进口管理子系统

"采购单"是"录入预付购料"的来源，而"录入报关/赎单"又可通过批次自动产生"进货单"到"采购管理子系统"。

第七，应付管理子系统

"采购管理子系统"中的"进/退货单"是"应付管理子系统"中"采购发票"结账的来源。

第八，票据资金子系统

"采购管理子系统"中的采购单、进货单和退货单是"票据资金子系统"中资金预估的主要来源，所以票据资金预估的相关报表会使用到"采购管理子系统"的这些单据。

第九，自动分录子系统

"采购管理子系统"中的进货单和退货单都可以通过"自动分录子系统"的"自动生成分录底稿"作业，抛转凭证到会计总账子系统中。

5.1.3　一般企业采购循环流程

图 5.3 显示了一般企业的采购循环流程。

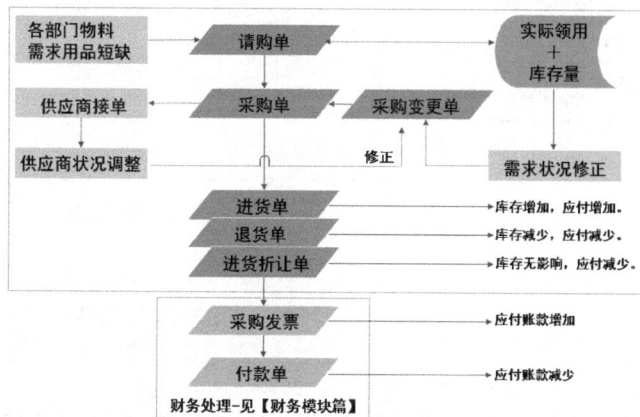

图 5.3　采购循环流程图

5.2 基础设置

易飞 ERP 采购管理系统的基础设置包括设置编码原则、录入供应商信息、录入品号信息(采购)、设置采购单据性质这四个方面的内容。

5.2.1 设置编码原则

新增供应商信息时,可由系统自动给予一个号码,人员就不用记住上一次已经编到第几号了,也不用担心会有跳号的问题发生。

【业务场景】

成功集团针对供应商编码有以下编码原则,可将此编码规则设定在"设置编码原则"中,以方便录入供应商信息时的编码设定,如表 5.1 所示。

表 5.1 供应商编码原则

第 1 码	第 2~4 码	范例
x	xxx	xxxx
1 国内原物料供应商	流水号	1001
		1002
2 国外原物料供应商	流水号	2001
		2002
3 委外供应商	流水号	3001
		3002

从系统主界面执行"基本信息子系统" | "基础设置"作业,进入"设置编码原则"界面新增供应商编码原则,如图 5.4 所示。

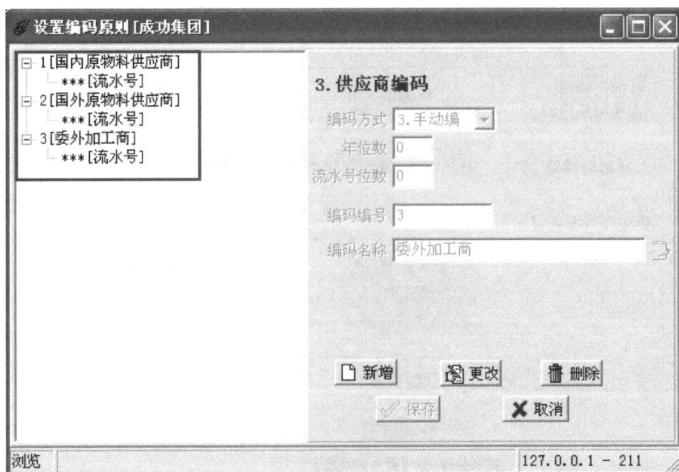

图 5.4 "设置编码原则"界面

5.2.2　录入供应商信息

所有与企业有交易往来的供应商,不论是原材料供应商、固定资产供货商或委外加工供货商,都必须将供应商信息录入在这个作业中。

【作业重点 1】(见图 5.5)

① 记录客户编号、简称、全名等基本信息。

② 核准状况: 有已核准、尚待核准、不准交易三种。

● 已核准: 可交易,开窗也可查询。

● 尚待核准: 开窗查询不到,无法交易,会提示"尚待核准"。

● 不准交易: 开窗查询不到,无法交易,会提示"不准交易"。

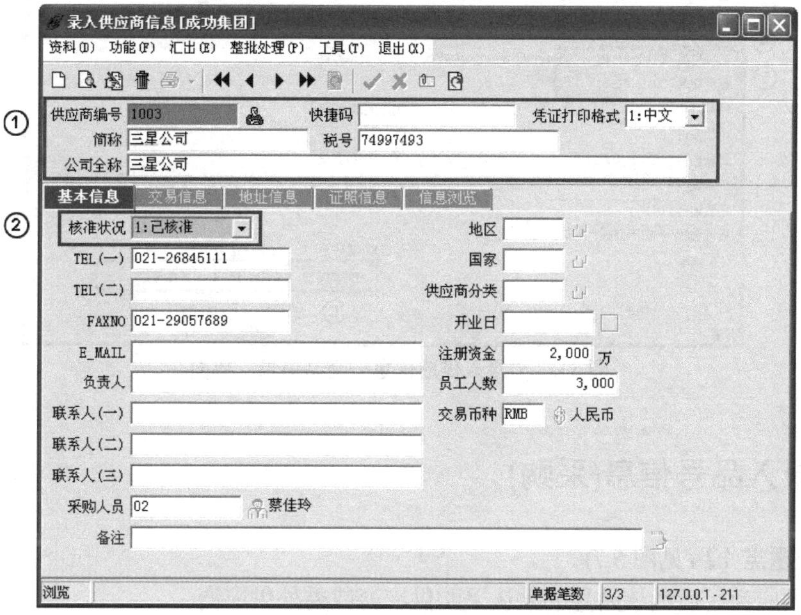

图 5.5　"录入供应商信息—基本信息"界面

【作业重点 2】(见图 5.6)

③ 订金比率: 如果在采购条款中,供应商要求下采购单时需先支付一定比率的订金,则需要在这个字段输入订金比率。后续下采购单时,采购单上就会自动带出订金比率,然后财务人员就知道这张采购单要做预开发票的处理。

④ 允许分批交货: 表示同一批采购序号,是否可分多次进货。

默认为允许分批交货;若为不允许分批交货,当输入"验收数量"时:

● 验收数量≥采购量,则该采购单的结束码更新为"已结束"。

● 验收数量<采购量,则该采购单的结束码更新为"指定结束"。

⑤ 初次交易/最近交易: 初次交易日自行输入,最近交易日期则由进货单回写。

⑥ ABC 等级：按供应商的进货净额来评定供应商的重要性等级，可自行输入，也可通过本系统的"供应商 ABC 分析表"，由系统评级来更新等级。"等级 A"表示进货净额所占的比率较高，"等级 C"表示进货净额所占的比率较低。

⑦ 交货评级和质量评级：评定供货商的交货时程、质量状况。可自行输入，也可通过本系统的"供应商评级"，由系统执行评级来更新等级。

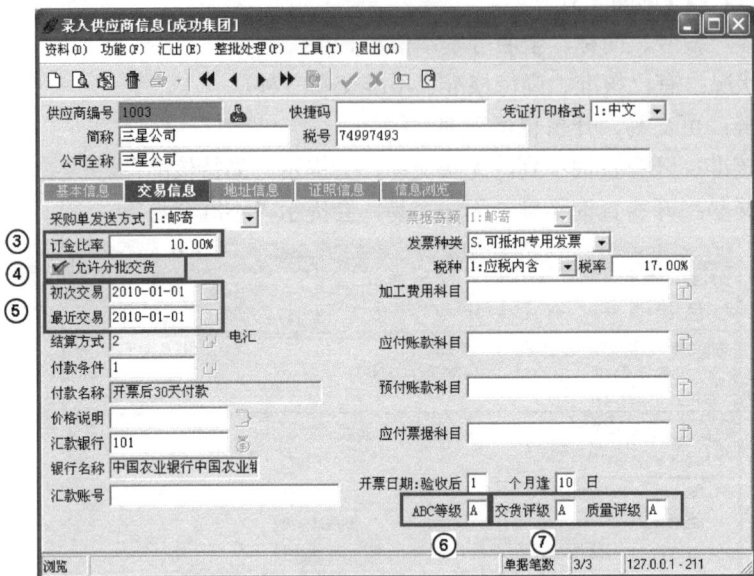

图 5.6 "录入供应信息—交易信息"界面

5.2.3 录入品号信息(采购)

【作业重点1】(见图 5.7)

① 主供应商：后续该品号的默认采购供应商或委外供应商。

② 补货政策：分为"R:按补货点""M:按 MRP 需求"及"L:按 LRP 需求"三种，不同特性品号的库存补充方式不同。"补货点"是一个存量的水平，当存货数量下降到补货点时，就应该发起请购与采购活动，如此一来，才可以确保物料供应不会短缺。而补货政策是"按 MRP 需求"，这是指系统会按照品号的需求与供给缺口，自动产生各项产品的生产计划及采购计划。最后 LRP 则可按订单、按工单或是按销售预测等不同来源，来产生特定的物料需求计划。所以如果企业的紧急插单状况频繁或是用料复杂者，可以设置为"按 LRP 需求"来补货。

③ 固定/变动前置天数：指采购此产品的前置天数。不管采购一个或多个都需要耗费的时间，称为"固定前置天数"；会随着采购的数量多少而改变的时间，称为"变动前置天数"。

品号的采购前置天数＝固定前置天数＋采购量/批量×变动前置天数

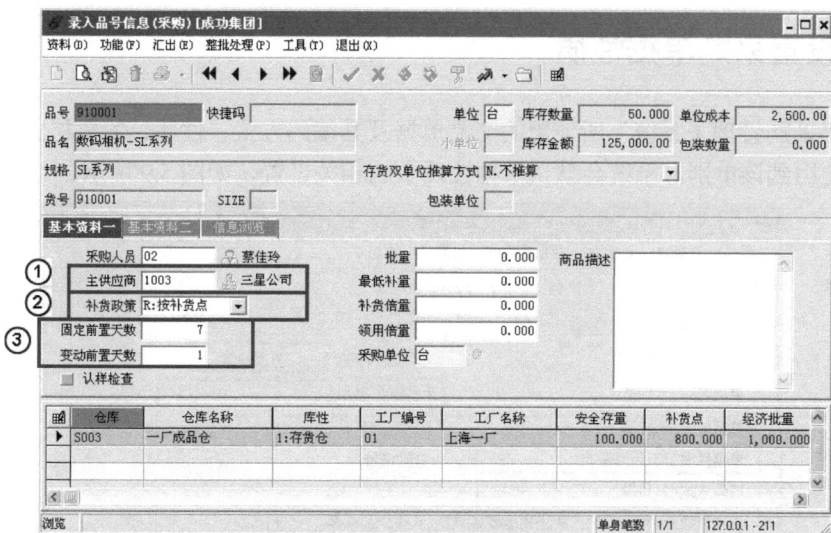

图 5.7　"录入品号信息—基本资料一"界面

【作业重点 2】(见图 5.8)

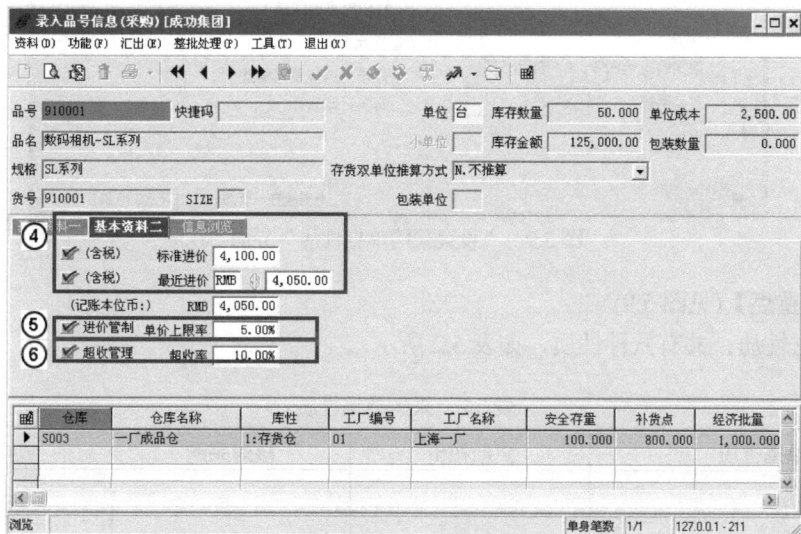

图 5.8　"录入品号信息—基本资料二"界面

④ 标准进价、最近进价:"标准进价"须自行输入,而"最近进价"则会在最近一张进货单验收审核后,由系统回写,同时还会以原币乘以当时的币种汇率,计算出本位币的单价。

⑤ 进价管制/单价上限率:在用户输入采购单价时,可以由系统自动控管可以超出定价的范围。系统会以"供应商核价""最近进价"或"标准进价"作为基准和判断的依据,来控管定价的范围。

⑥ 超收管理/超收率:当采购及委外加工件在进货时,可以设定进货是否可以超过原始采购的数量且按照超收率做进货数量上限的管制。

5.2.4 设置采购单据性质

设置"采购管理子系统"所使用的交易单据及其编码方式、性质、签核格式等。日后交易单据上使用到该单别，系统会默认单据性质中的相关设置，如图 5.9 所示。

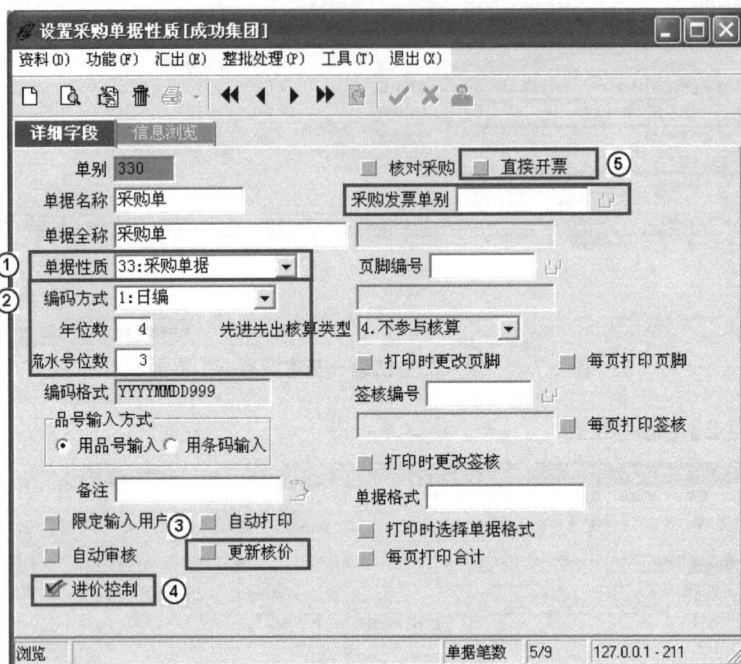

图 5.9 "设置采购单据性质"界面

【作业重点】(见图 5.9)
① 单据性质：共有八种性质，如表 5.2 所示。

表 5.2 采购单据性质

单据性质	更新核价	核对采购	直接开票
31:请购单据※			
32:核价单单据	V		
33:采购单据※	V		
34:进货单据※	V	V	V
35:退货单据※		V	V
36:询价单据			
27:多角贸易采购单据	V		
29:多角贸易退货单据			

注：V 表示可按公司管理需求进行个别设定，※为本课程重点。

② 系统提供了"计算机自动编号"和"手动编号"两种方式，其中计算机自动编号包括日编、月编和流水编。选好编码方式后，还要搭配"年位数"和"流水号位数"，最后从

编码格式可以看出设置后的模板。

③ 更新核价：表示单据审核时，该单据的单价信息是否要更新"供应商料件价格档"。更新后，输入核价单或采购单以及进货单时，单价都可由供应商料件价格档得来。

④ 进价控制：如果想要控制采购的价格，则要勾选"进价控制"。但要保证进货品号的品号信息中也同时启用了进价控制才能有效。

⑤ 直接开票/采购发票单别：勾选后，每一张进货或退货单审核的同时立即产生一张采购发票，称为"直接开票"。此项目勾选时，须设定"采购发票单别"。 此选项适用于"随货附发票"的进货模式使用，而非月结制结账。

5.3　日常业务流程

易飞 ERP 的销售管理日常业务流程包括请购流程、采购流程、采购变更流程、进货/进货验收流程、验退流程、进货退回流程。

5.3.1　请购流程

【目的】

企业料件采购动辄百项、千项以上，数量非常庞大。如果没有经过请购阶段的内部协调、审核作业，将有可能会造成所采购的料件不适合、存货成本过高，甚至无法掌握正确需求时效的弊端发生。所以一般企业会在寄发"正式采购单"给供应商之前，先进行内部需求的审查，由授权主管单位审查这个需求的合理性，再由仓管或相关单位来确认是否已经有库存或是有可以取代的库存品，这样一来就可以预防多买或是造成呆滞等成本浪费的状况发生。

【业务场景】

1 月 10 日，客户—尖峰公司向成功集团下采购单，购买"数码相机—SL 系列"100 台，每台相机单价为 5000 元，预交货日为 1 月 17 日。但此时，成功集团的"数码相机—SL 系列"只有安全存量 50 台，无存货可供出货给尖峰公司。因为该商品为外购商品，非自制品，所以业务部门需要按照公司的制度，进行请购程序。

【操作步骤】

可以手动输入请购单，也可以利用"销售管理子系统"的"从订单自动转成采购单"协助产生请购单。这里详细介绍第二种方法。

步骤一：从作业菜单执行"销售管理子系统"|"订单管理"|"从订单自动转成采购单"作业，进入"从订单自动转成采购单"开始输入筛选条件，如图 5.10 所示。

【作业重点 1】(见图 5.10)

① 选择工厂：选择此次提出请购的工厂。

② 已抛转过的重复生成：如果之前有抛转过请购单，则再次抛转时需要勾选此选项，首次抛转不需勾选。

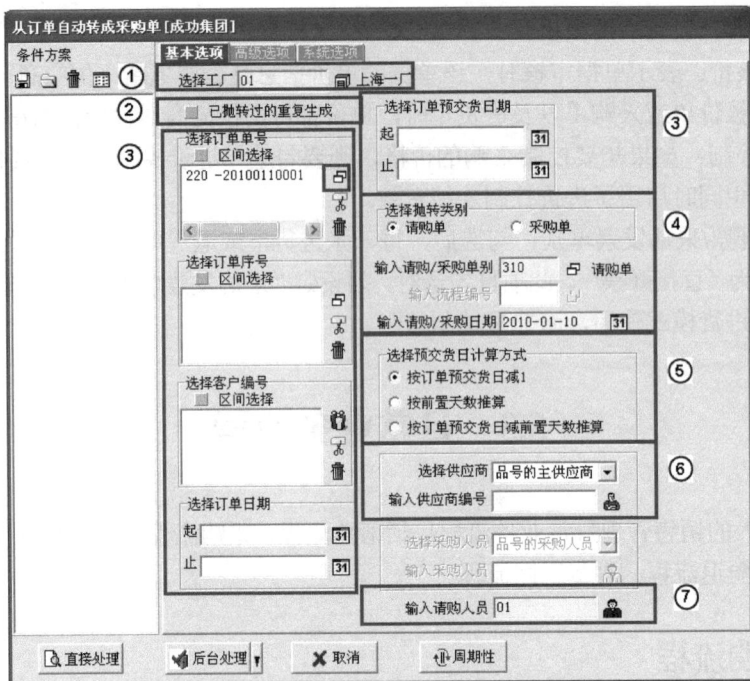

图 5.10 "从订单自动转成采购单"界面

③ 选择订单单号、订单序号、客户编号、订单日期或者订单预交货日期：均为筛选条件，可开窗选择。

④ 抛转类别可以选择是请购还是采购，之后选择要生成的采购单或请购单的单别和单据日期。

⑤ 选择预交货日计算方式有三种，第一种：按订单预交货日减 1，表示按照订单预计交货给客户的日期往前倒推来推算；第二种：按前置天数推算，表示按照请购时间再加上品号的前置天数往后推算，即一种是倒推，一种是正推；第三种：按订单预交货日减前置天数推算，是第一种与第二种计算方式的结合。

注意：
前置天数的设定在"存货管理子系统"｜"录入品号信息"作业中操作。

⑥ 选择供应商有两种选择，第一种："品号的主供货商"，选此种表示公司有在"录入品号信息"中输入品号的主要供货商，此时供应商编号不须输入；第二种："指定供应商"，此时请于下方"输入供应商编号"处，输入本次请购品号要指定的供应商。

⑦ 输入请购人员：这个字段一定要输入。请开窗选择本次请购的人员。

【作业重点 2】(见图 5.11)
⑧ 选择订单单体品号属性：当此张客户订单单体的品号既有采购件，又有自制件的时候，就可以通过这个选项的勾选来筛选需要采购的品号了。

⑨ 选完上述选项之后，单击"直接处理"按钮，系统便会自动生成请购单据。

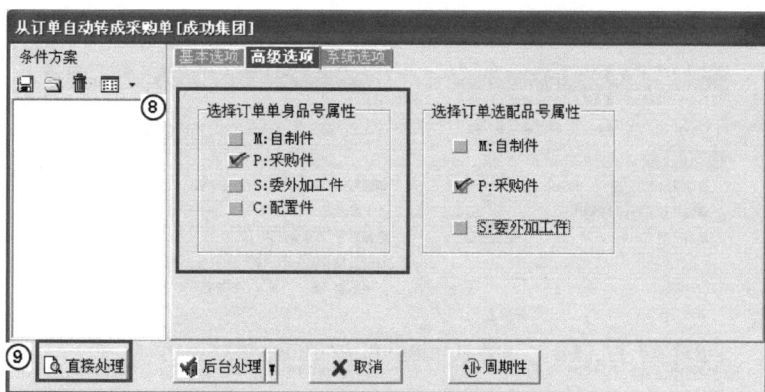

图 5.11 "从订单自动转成采购单"界面

步骤二：从系统主界面执行"销售管理子系统"|"录入请购单"作业，进入"录入请购单"界面。执行"从订单自动转成采购单"后，系统会按照设置的选项条件产生请购单。在"录入请购单"中查询出请购单 310-20100110001，不需要再自行新增请购单(见图 5.12)。

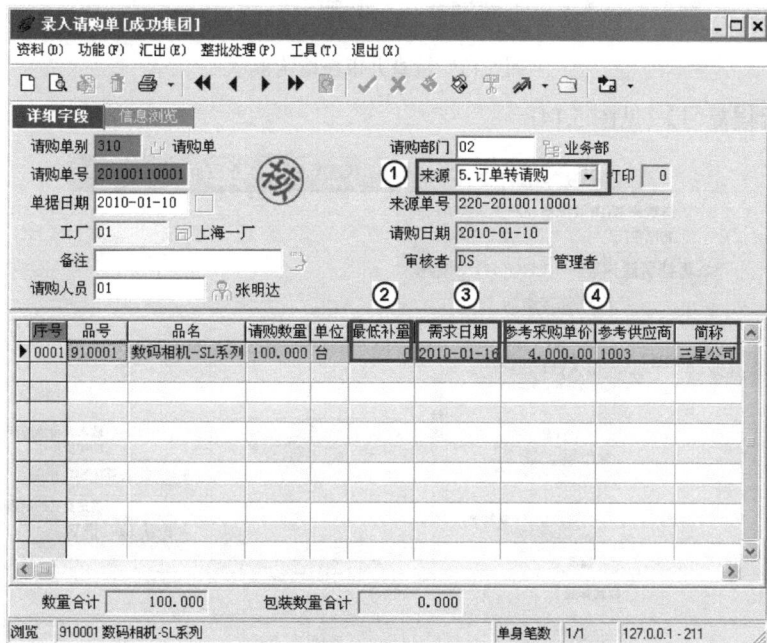

图 5.12 "录入请购单"界面

【作业重点】(见图 5.12)

① 来源：包括 MRP、LRP、再补货建议表、BOM 自动请购、订单转请购、其他。由于此张请购单是由订单复制而来，所以"来源"显示"5.订单转请购"。

② "最低补量"是在"录入品号信息"中设定的值，供填单人员参考。

③ 需求日期：需要供应商交货的日期，根据"从订单自动转成采购单"中的设定来取值。

④ 参考采购单价和参考供应商：为参考值，可以填写也可以空白。

步骤三：检查产生出的请购单内容是否无误或是否需要加以调整修改，完成后即可送交审核(见图 5.13)。

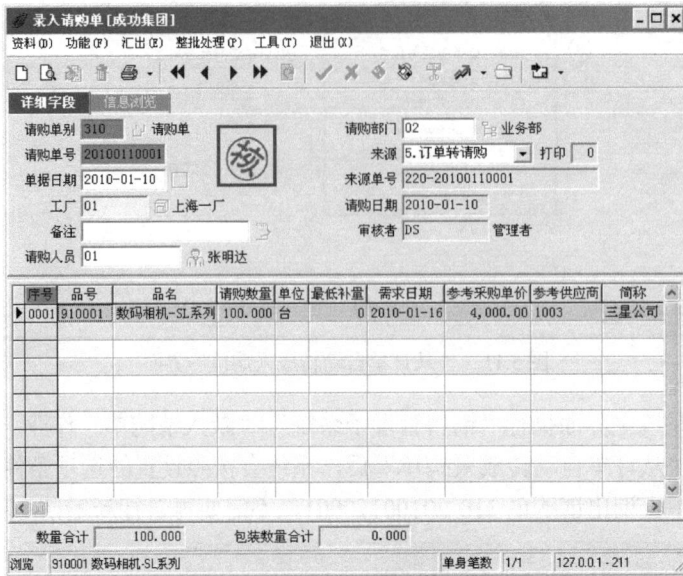

图 5.13　检查并审核请购单

【作业流程复习】(见图 5.14)

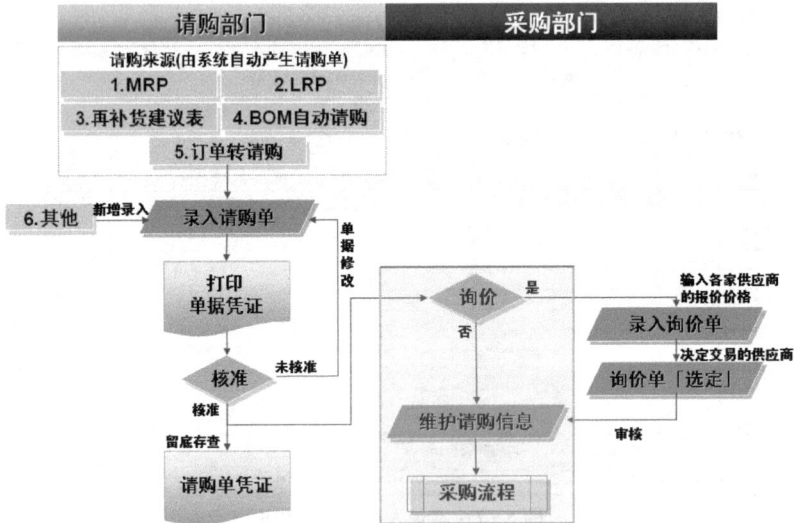

图 5.14　请购流程图

5.3.2　采购流程

【目的】

采购流程包括维护请购信息、从请购单生成采购单以及录入采购单。

第一，维护请购信息目的是采购人员针对品号管辖范围已审核的请购信息，进行采购审查动作，并且做采购发单前最后相关信息的审核。

第二, 从请购单生成采购单目的是当采购人员在"维护请购信息"做好最后的采购信息维护后, 即可执行此作业, 产生正式的采购单。

第三, 录入采购单目的是为正式下采购单给供应商的依据。

【业务场景】

1 月 10 日, 成功集团针对请购部门人员提出的请购需求, 做审核采购的程序。程序为维护请购信息→从请购单生成采购单→系统产生"录入采购单"。

【操作步骤】

步骤一: 从系统主界面执行"采购管理子系统"|"维护请购信息"作业, 进入"维护请购信息"界面开始维护操作(见图 5.15)。

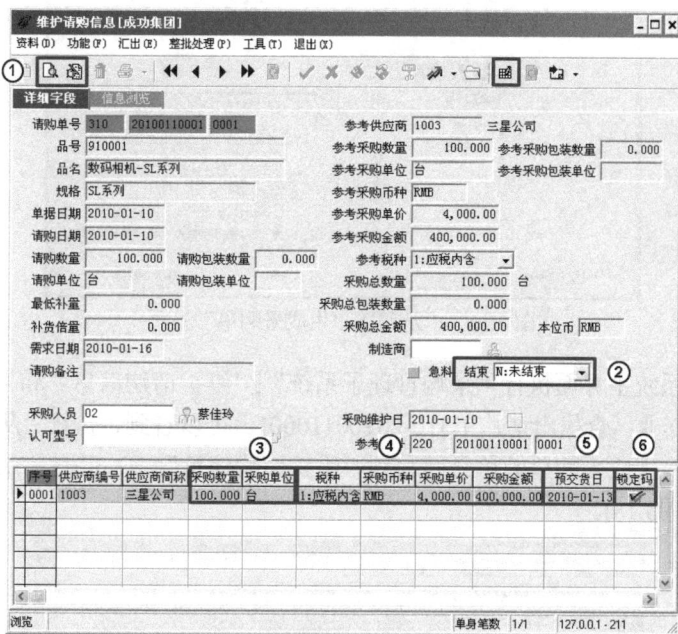

图 5.15 "维护请购信息"界面

【作业重点】(见图 5.15)

① 以"查询"方式找出请购部门提出的请购品号信息, 采购人员利用"修改"功能进行维护, 界面中的灰显字段是请购的原始资料, 不得修改。采购人员可维护白色及黄色字段的资料(图中颜色参见计算机界面情况)。

② 结束: 如果采购部门决定不购买此品号, 采购人员可以单击工具栏上的"指定结束"按钮, 则结束码就会被改为"y:指定结束"; 如果此品号要采购, 但尚未采购, 则结束码显示为"N:未结束"的状态; 当此品号后续产生了采购信息, 则显示"Y:自动结束"。

③ 采购数量、采购单位: 会默认原请购的数量及单位, 有需要修改可再进行修改调整。

④ 税种、采购币种、采购单价、采购金额: 采购人员可查看此类信息做调整修改。

⑤ 预交货日: 采购人员可根据实际情况调整此日期。

⑥ 锁定码: 当采购人员已维护好此笔信息, 可将"锁定码"栏打勾, 表示该笔要采购

且已审核过。锁定后，原请购单不能撤销审核修改。

步骤二：从系统主界面执行"采购管理子系统"|"从请购单生成采购单"作业，进入"从请购单生成采购单"界面开始输入筛选条件，输入之后单击"直接处理"按钮(见图 5.16)。

【作业重点】(见图 5.16)

① 锁定选项：如果请购单很多，一部分要采购，一部分尚不要采购，便可以利用"锁定码"选项筛选请购单，并产生采购单。之后输入要产生的采购日期、采购单别。

② 输入采购日期、输入采购单别：可以在此设置生成采购单的相关信息。

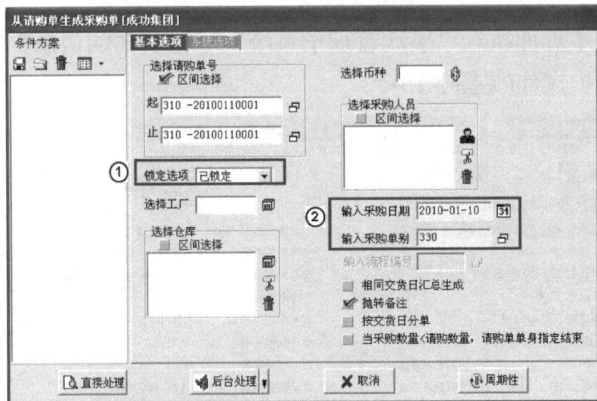

图 5.16   "从请购单生成采购单"界面

步骤三：从系统主界面执行"采购管理子系统"|"维护请购信息"和"录入请购单"作业，进入这两支作业，查找出请购单310-20100110001。可以看到，执行"从请购单生成采购单"后，系统会将生成采购单的单号回写到"维护请购信息"中，并且"录入请购单"自动结束(见图5.17和图5.18)。

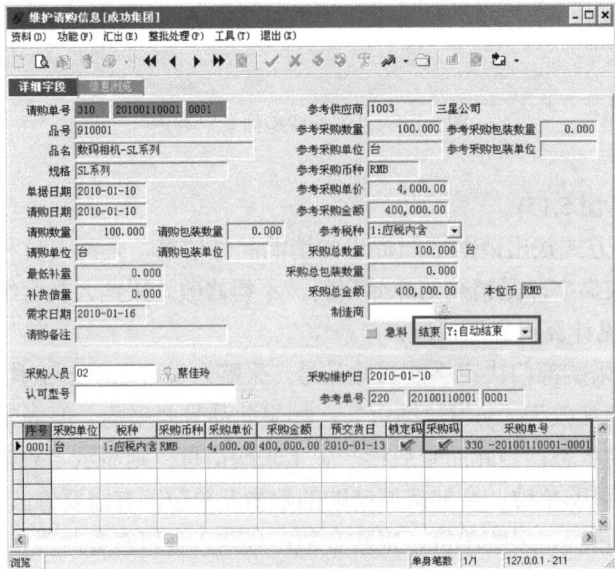

图 5.17   "维护请购信息"界面

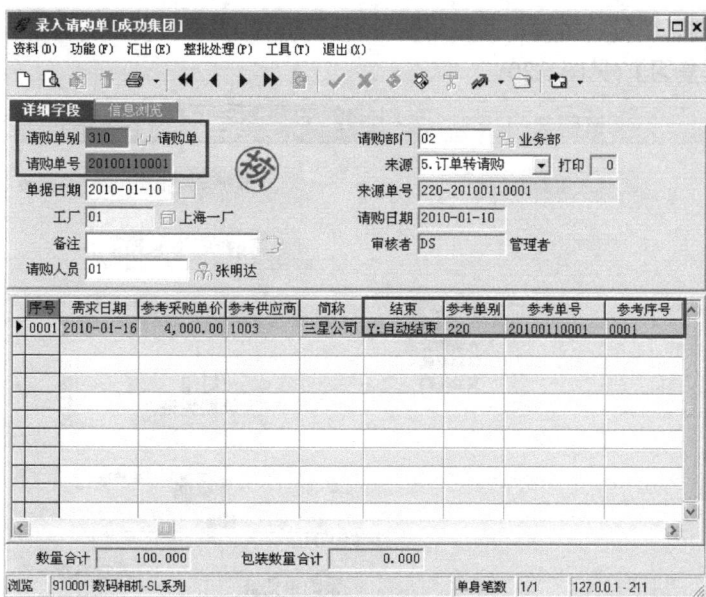

图 5.18　"录入请购单"界面

步骤四：从系统主界面执行"采购管理子系统"|"录入采购单"作业，进入"录入采购单"查看生成的采购单信息，确认无误即可送交审核(见图 5.19)。

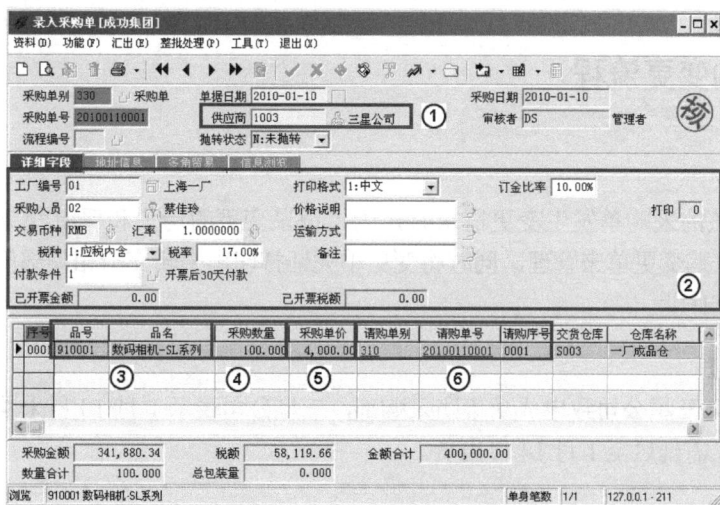

图 5.19　"录入采购单"界面

【作业重点】(见图 5.19)

① 核对供应商对象是否有需要更改。

② 交易数据是根据供应商信息带出来的，采购人员同样必须检查本次交易是否需要更改。

③ 根据请购信息而来，采购人员可按实际情况再做修改。

④ F2 键各库存量查询；F3 键可用库存量查询。

⑤ F2 键查询历史价格。

⑥ 请购单别、单号、序号：此张采购单对应的请购单单号信息。

【作业流程复习】(见图 5.20)

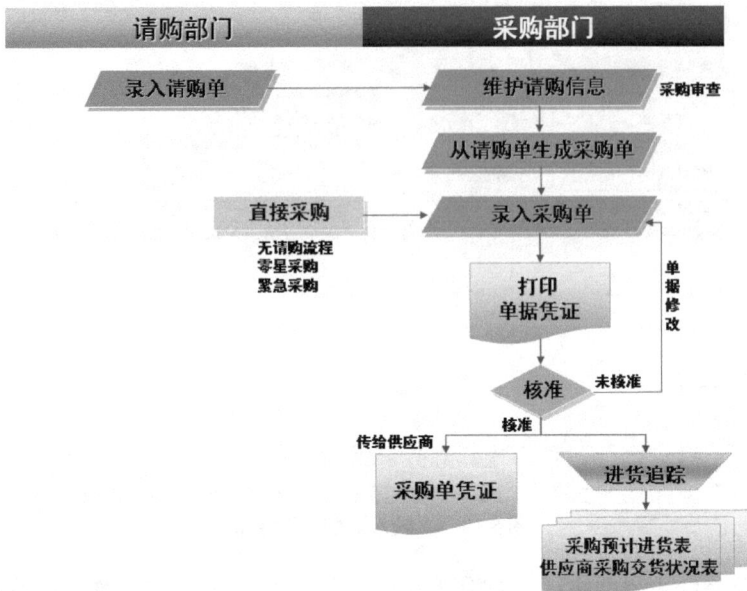

图 5.20　采购流程图

5.3.3　采购变更流程

【目的】

当已经审核的采购单发生变更需求时，为了记录变更的历史和保留变更前后的原始信息，可以通过采购变更单来管理。同时将变更单凭证打印出来转交给相关部门，便于协调后续的备料及生产作业。

【业务场景】

1 月 11 日，三星公司致电成功集团采购部，三星公司表示 1 月 10 日采购单所订购的数量因生产不及，需延后至 1 月 14 日出货。

【操作步骤】

步骤一：从系统主界面执行"采购管理子系统"|"录入采购变更单"作业，进入"录入采购变更单"选择要变更的采购单，如图 5.21 所示。

【作业重点】(见图 5.21)

① 采购单别：可开窗选择要变更的采购单信息。

② 变更版本：自动显示此为第几版的变更，每变更一次，"变更版本"就会加"1"。版次的编号原则为 0001～9999，表示每一张订单单号最多可变更 9999 次。一天可变更的次数无限制。

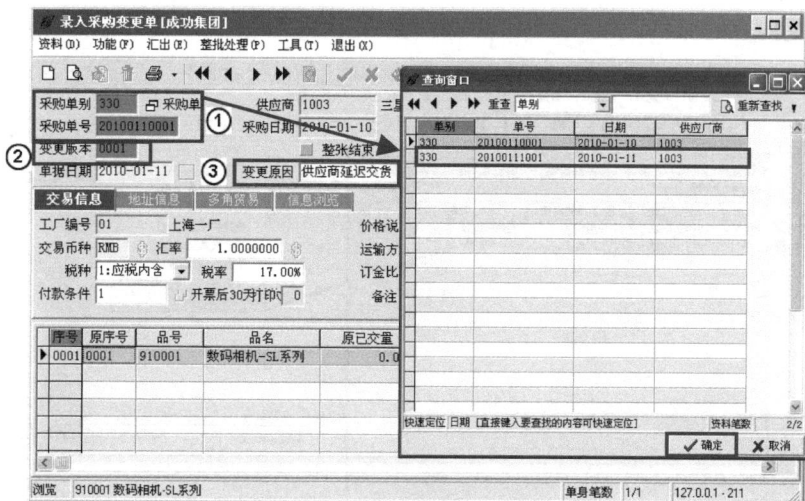

图 5.21　"录入采购变更单"界面

注意:

前一个版本的变更未完成审核,不得进行下一个版本的变更,例如"0002"的变更版本是以"0001"的变更版本为基础做变更的。同一张采购单有较大版次的变更单时,不可撤销作废或撤销审核较小版次的变更单。

③ 变更原因:输入变更的原因,方便后续主管的审核和数据的查询。

步骤二: 在"原序号"处开窗选择要更改的采购单信息,选择后再对需要变更的信息做修改,之后保存并送交审核,如图 5.22 所示。

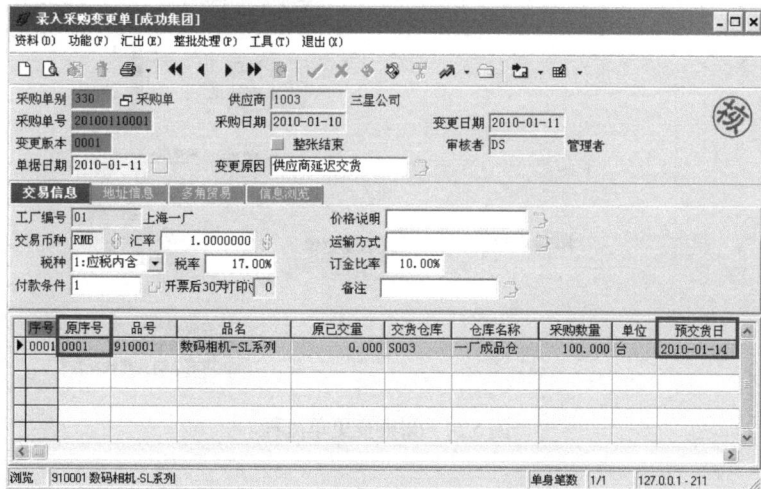

图 5.22　保存并审核变更后的采购单

步骤三: 从系统主界面执行"采购管理子系统"|"录入采购单"作业,进入"录入采购单"查询到原采购单,在原采购单上查看变更的信息,如图 5.23 所示。

【作业重点】(见图 5.23)

查看方式:选中要查看变更内容的单体信息,单击"资料查询"|"历史变更信息查询",

即可看到变更内容的窗口。

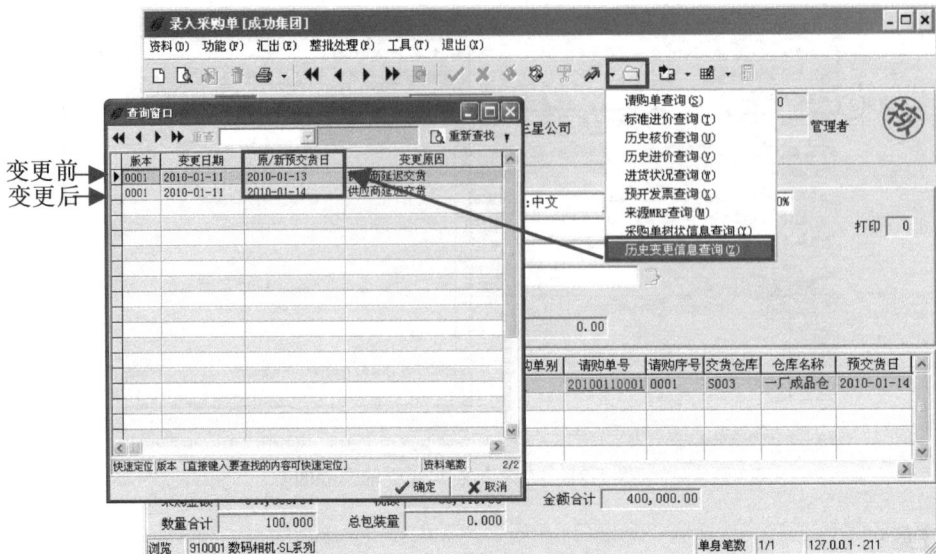

图5.23 "录入采购单"界面

【作业流程复习】(见图 5.24)

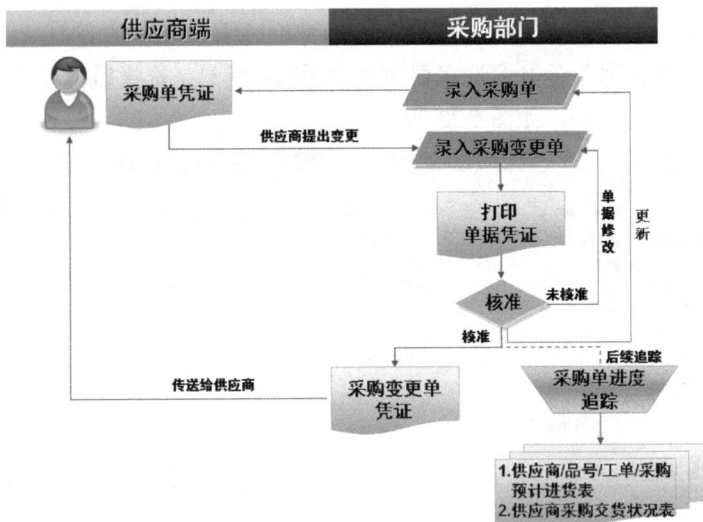

图5.24 采购变更单流程

5.3.4 进货/进货验收流程

【目的】

进货指录入采购进货相关信息。进货验收指阶段式收料时，记录进货验收的动作，以确保供应商送来的原材料或零组件是正确而且可用的。可由品管部门来维护检验状态。

【业务场景】

1 月 14 日，成功集团收到由三星公司送来的商品"数码相机—SL 系列"一批。成功集团按照 1 月 10 日的原始采购单的采购需求和到货料件进行清点及核对。经质检部门核对，全部货品中有 98PCS 合格，2PCS 有瑕疵。

【操作步骤】

步骤一: 从系统主界面执行"采购管理子系统" |"录入进货单"作业，进入"录入进货单"界面开始新增单据内容，如图 5.25 所示。

【作业重点 1】

① 可开窗选择进货单别，系统自动带出单号，输入单据日期及供应商(见图 5.25)。

② 接下来，可利用工具栏上的"复制前置单据"按钮，将采购单信息复制到进货单。一般而言，供应商会按照采购单的内容将货品送达，利用"复制前置单据"功能可以将采购信息复制到进货单，减少人工输入的动作(见图 5.26)。

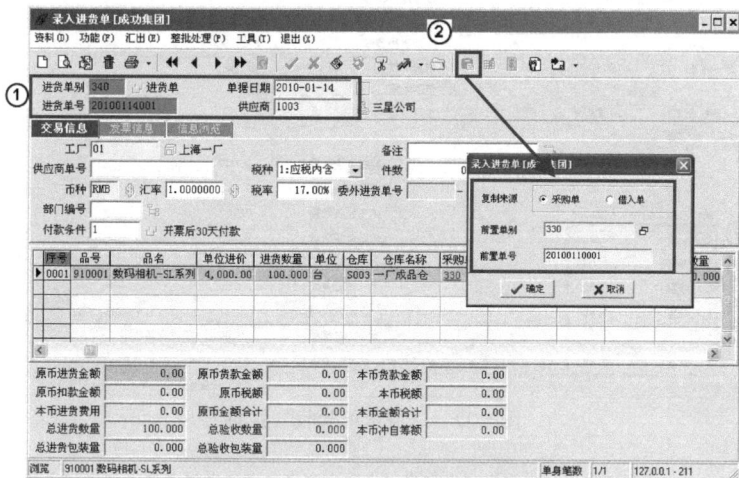

图 5.25 "录入进货单"界面 1

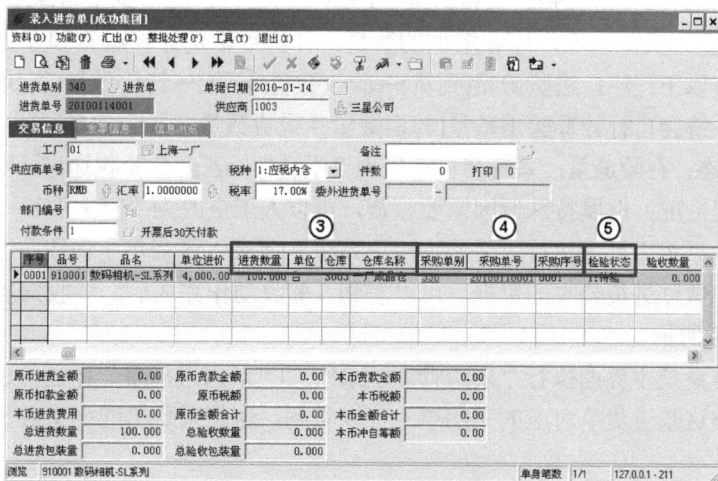

图 5.26 "录入进货单"界面 2

【作业重点 2】(见图 5.26)

③ 在单体输入进货数量及单位，以及进货后要存放在哪一个仓库。

④ 采购单别、单号、序号：显示此笔进货所对应的采购单，后续可将入库数量信息回写至该采购单的"已交数量"。

⑤ 检验状态：当执行验收后，会将验收的结果呈现在此。由于此笔货品尚未进行验收，故当前呈现"1:待验"，待验状态的进货单是不能审核的。

步骤二： 从系统主界面执行"采购管理子系统"|"进货单验收"作业，进入"进货单验收"界面查询出进货单 340-20100114001-0001。输入验收结果后，将其保存，系统会认定这一笔进货验收已完成，单据自动呈现审核状态，如图 5.27 所示。

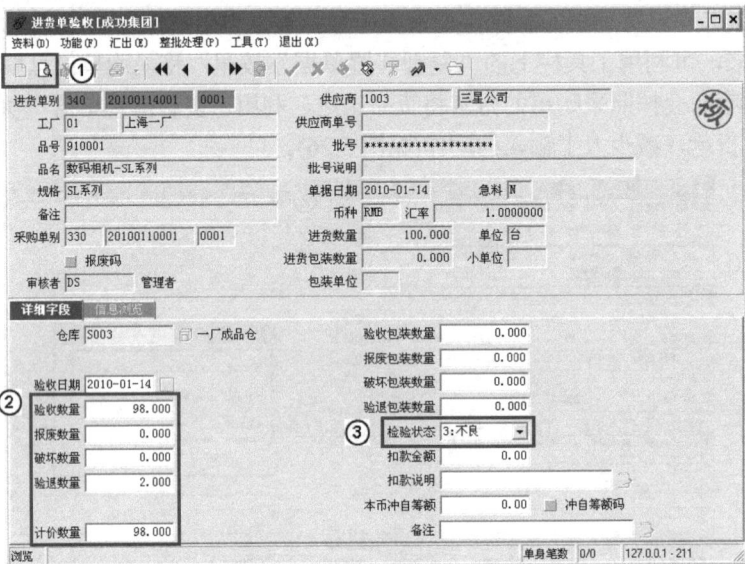

图 5.27　"进货单验收"界面

【作业重点】(见图 5.27)

① 查询出来后，单击"修改"按钮维护产品检验信息，此单据不可新增。

② 验收数量为实际入库，库存增加的数量。计价数量是计算账款和存货金额的数量。故一般而言可有以下程序：进货数量(到货)→验收数量(验收)→计价数量(货款输入)。只要输入验收数量，系统会自行计算验退数量(验退数量＝进货数量－验收数量)。

③ 检验状态：有验退量，系统会自动呈现"不良"，若全数验收通过，则自动呈现"合格"，若有验退情况，但属特殊原因需要收货，可以人工更改为"特采"。

步骤三： 从系统主界面执行"采购管理子系统"|"录入进货单"作业，进入"录入进货单"界面查询出做过进货验收的单据。可以看到，验收动作完成后，验收信息已呈现在进货单上，如图 5.28 所示。

步骤四： 从系统主界面执行"采购管理子系统"|"录入采购单"作业，进入"录入采购单"界面查询出这张进货单对应的采购单。可以看到，这张采购单的已交数量和结束状态，如图 5.29 所示。

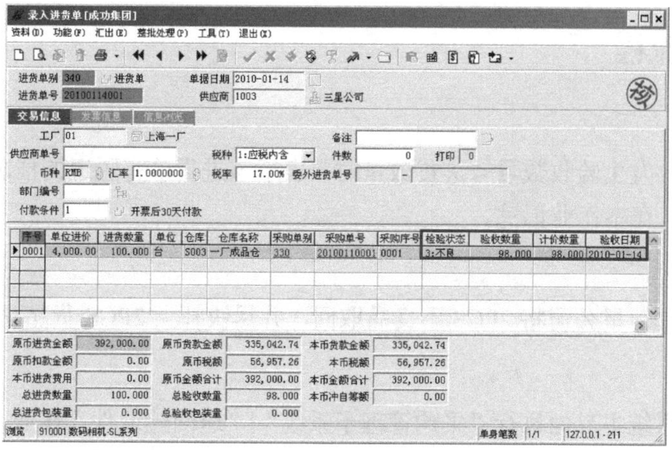

图 5.28　"录入进货单"界面

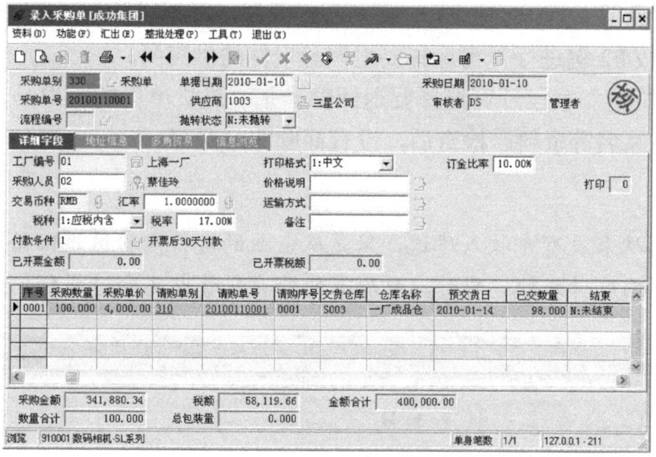

图 5.29　"录入采购单"界面

【作业流程复习】(见图 5.30)

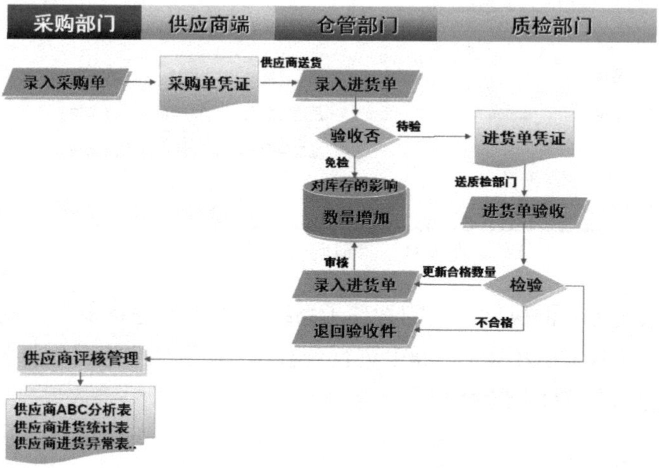

图 5.30　进货/进货验收流程

5.3.5　验退流程

【目的】

当进货验收，发生验收数量<进货数量时，表示该进货单有验退的情况。当供应商取回验退的不良品时，在本作业记录。

【业务场景】

成功集团通知三星公司将 2PCS 不良品取回，并尽快补上 2PCS 货品。

【操作步骤】

步骤一：从系统主界面执行"采购管理子系统"|"退回验退件"作业，进入"退回验退件"界面开始新增单据内容(见图 5.31)。

【作业重点】(见图 5.31)

① 供应商：按 F2 键进行开窗选择要退回验退件的供应商。

② 在"原进货单"字段开窗选择要退回哪一张"进货单"的验退品，系统会自动带出退回数量、品号、品名等资料。检查后，没有问题即可保存。

注意：

不合格的商品从来没有允收入库过，只是从企业的进料检验区退回给供应商，所以登录数据后，并不会影响应付账款。同时，对原有的库存数量也不会造成任何影响。

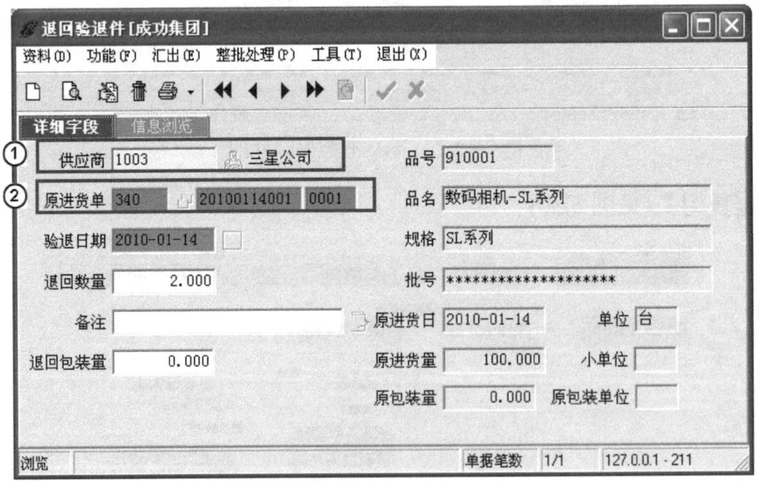

图 5.31　"退回验退件"界面

步骤二：从系统主界面执行"采购管理子系统"|"录入进货单"作业，进入"录入进货单"界面查询到进货单 340-20100114001 进行查看，"验退码"栏已经打勾，如图 5.32 所示。

【作业流程复习】(见图 5.33)

图 5.32 "录入进货单"界面

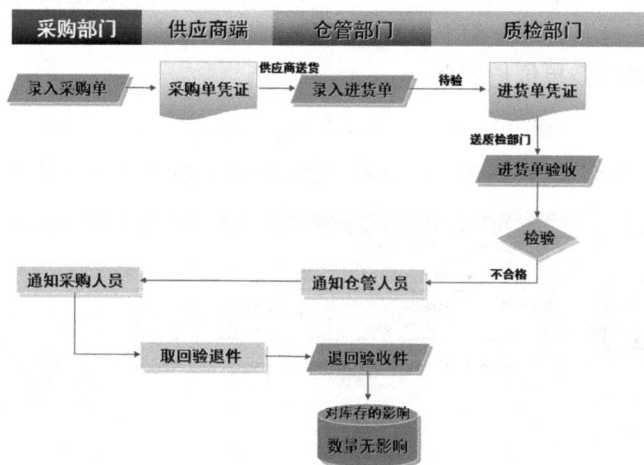

图 5.33 验退流程

5.3.6 进货退回流程

【目的】

如果原材料或零组件在入库后才发现料件质量不良或因特殊原因必须将料件退回给原供应商时，就需按退货流程处理。有两种处理方式：一种是"退货"，产品确定退回，使用退货单记录退回商品信息，之后可能换取新货；另一种是"折让"，产品不退回，而以应付金额减少的方式处理。处理方式不同，对库存的影响也会有不同。

【业务场景】

成功集团发现之前向供应商 1002 大进公司进货的"防尘相机套—黑色"中的 5PCS 有瑕疵，1 月 14 日退货给供应商大进公司。

【操作步骤】

步骤一：从系统主界面执行"采购管理子系统"|"录入退货单"作业，进入"录入退货

单"界面开始新增单据内容，如图 5.34 所示。

【作业重点 1】(见图 5.34)

① 退货单别：F2 键开窗选择单别(由于公司可能会将进货退回和进货折让分为不同的单别，所以选择时，要注意)。选好后，系统会根据该单别单据性质的设定进行编号。输入单据日期、供应商，也可开窗选择。

② 输入供应商后，会按照供货商信息的设定自动带出币种、付款条件、汇率等信息，请检查这些信息的正确性，尤其当退货单必须对应原始进货单时，这些信息必须与原始进货单相符。

③ 单体品号字段的输入提供"F2 键品号信息查询""F3 键品号供应商信息查询""F4 键进货单信息查询""F11 键品号属性查询"四种辅助功能键。本例利用 F4 键选择进货信息，系统会自动将进货单的内容复制过来，再加以修改部分信息就可以了。

④ 退货单上的类型有"退货"与"折让"，退货是指将货品退回给供应商后，会影响库存数量的增减；折让是针对金额上的折减，不影响库存数量的增减。当选择"退货"时，还需要填写退货数量以及单价是多少。

注意：

如果类型选择"折让"，则不可以输入数量，只要直接输入"折让的金额"即可。

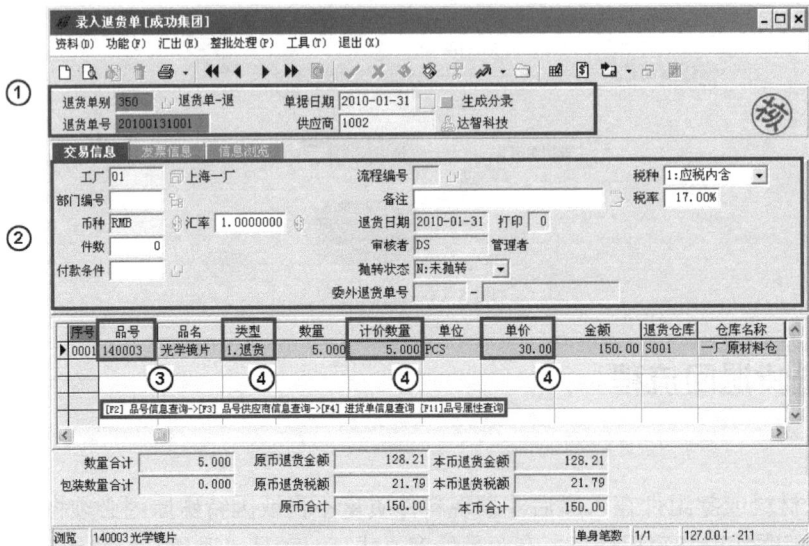

图 5.34 "录入退货单"界面

【作业重点 2】(见图 5.35)

⑤ "进货单别、单号、序号""采购单别、单号、序号"：输入后，系统会将进货退回数量的信息，回写至前置单据。

步骤二：保存后的单据检查无误后即可审核，如图 5.36 所示。

步骤三：从系统主界面执行"采购管理子系统"|"录入采购单"作业，进入"录入采购单"界面查询出做过退货的单据。可以看到，退货动作完成后，已交数量已经扣除了退货的数量，结束状态也变成了"未结束"，如图 5.37 所示。

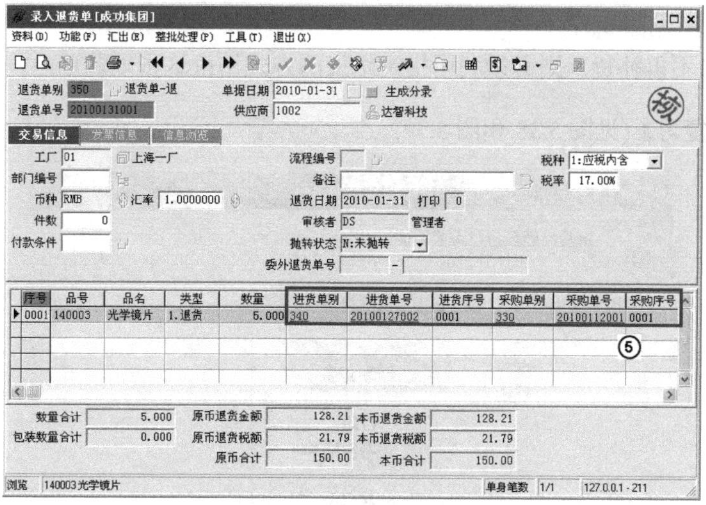

图 5.35　填写单别、单号和序号

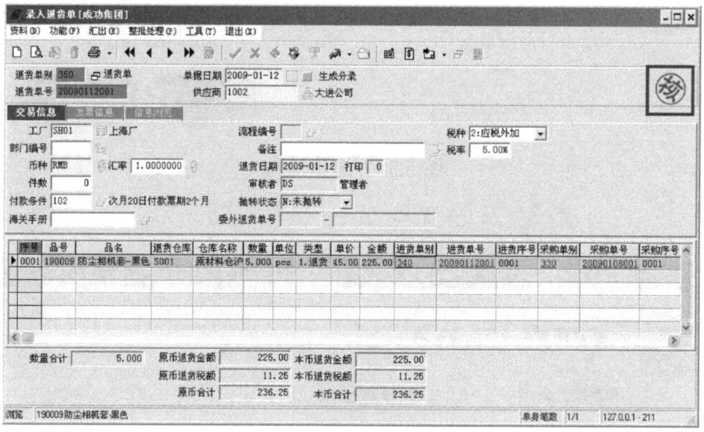

图 5.36　保存并审核单据

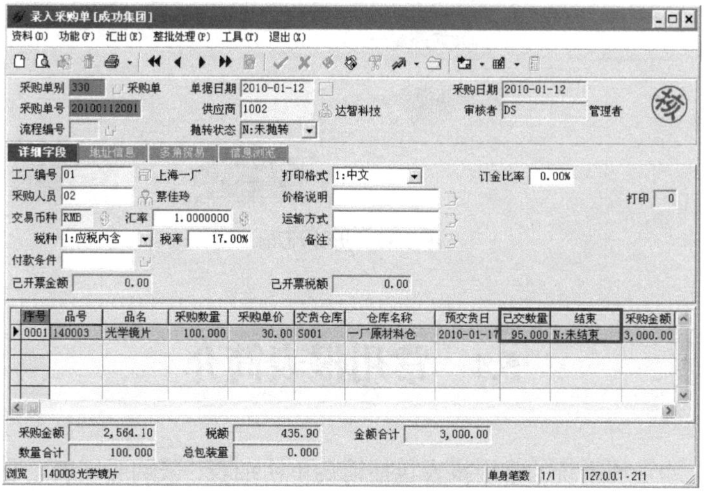

图 5.37　"录入采购单"界面

【作业重点】(见图 5.37)

结束：如果不再补货，则必须利用指定结束的方式结束这张采购单。

【作业流程复习】(见图 5.38 和图 5.39)

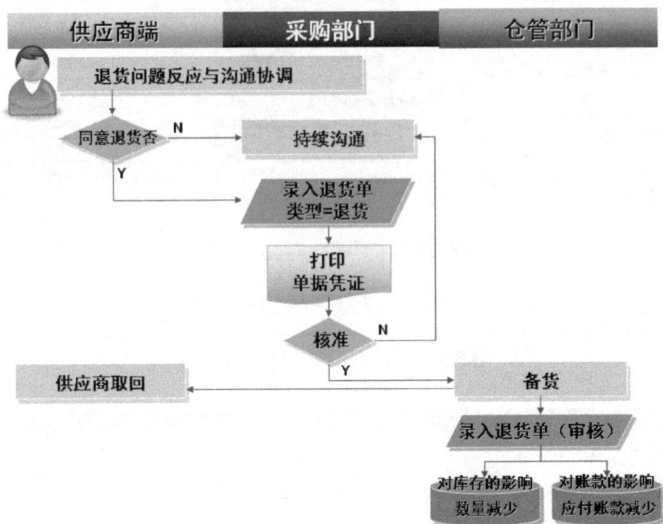

图 5.38　退货流程

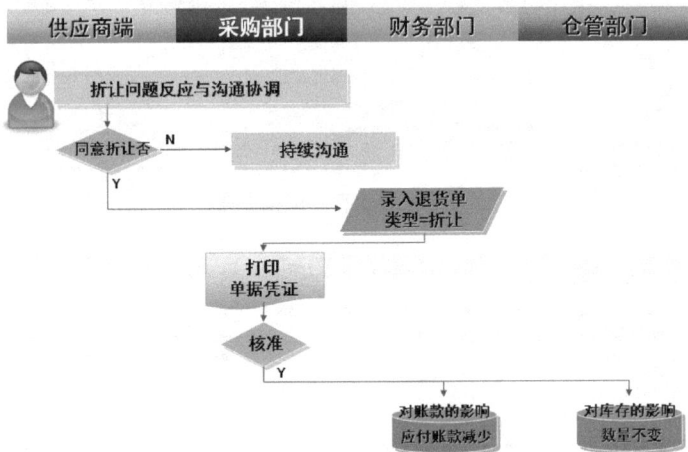

图 5.39　折让流程

5.4　常用报表简介

易飞 ERP 采购管理系统的常用报表包括请购单明细表、采购明细表、进货明细表、供应商供货明细表、预计进货表。

5.4.1　请购单明细表

【目的】

采购人员下采购单前, 可打印此表查询所有已请购的明细信息。

【操作步骤】

步骤一: 在"请购明细表"界面上进行设置, 然后单击"设计报表"按钮(见图 5.40 和图 5.41)。

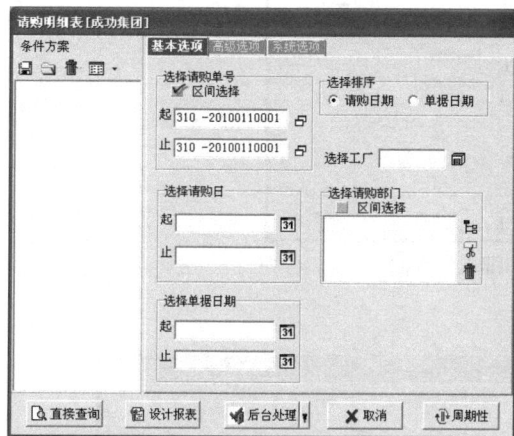

图 5.40　"请购明细表—基本选项"界面

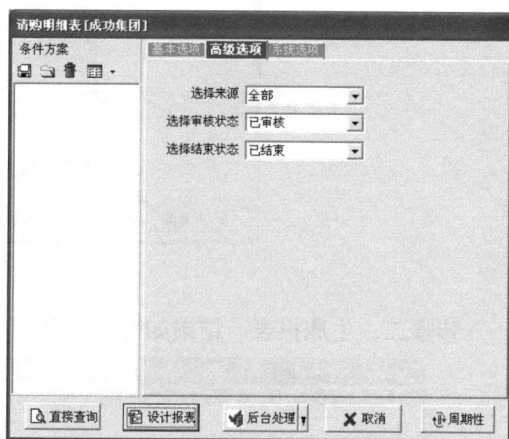

图 5.41　"请购明细表—高级选项"界面

步骤二: 生成报表, 结果如图 5.42 所示。

图 5.42　生成请购明细表

5.4.2　采购明细表

【目的】

查询所有已有采购单的数据, 作为采购审核下单及跟催的依据。

【操作步骤】

步骤一：在"采购明细表"界面上进行设置，然后单击"设计报表"按钮，如图5.43所示。

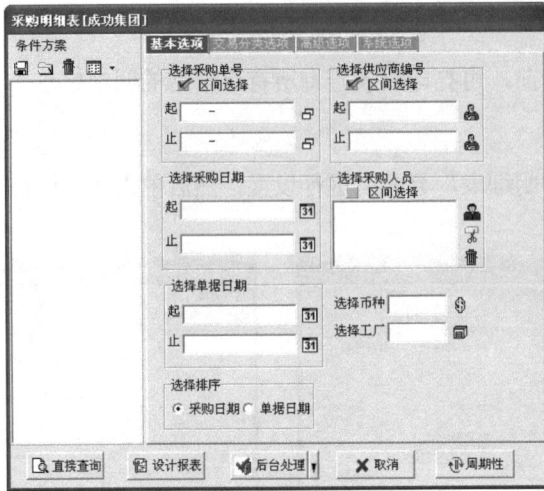

图 5.43　"采购明细表"界面

步骤二：生成报表，结果如图 5.44 所示。

图 5.44　生成采购明细表

5.4.3　进货明细表

【目的】

查询某段期间内的所有进货信息。

【操作步骤】

步骤一：在"进货明细表"界面上进行设置，然后单击"设计报表"按钮，如图5.45所示。

步骤二：生成报表，结果如图 5.46 所示。

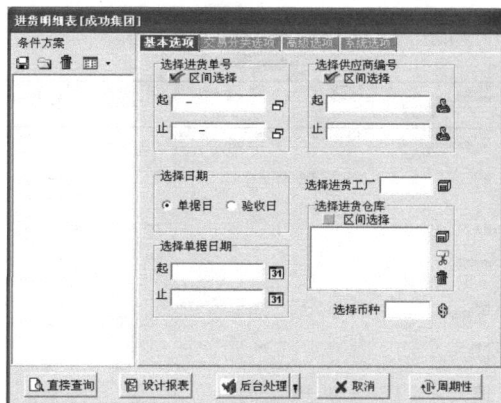

图 5.45 "进货明细表"界面

图 5.46 生成进货明细表

5.4.4 供应商供货明细表

【目的】

查询一段期间内,供应商的进货明细信息,用于供应商账款对账。

【操作步骤】

步骤一:在"供应商供货明细表"界面上进行设置,然后单击"设计报表"按钮,如图 5.47 所示。

步骤二:生成报表,结果如图 5.48 所示。

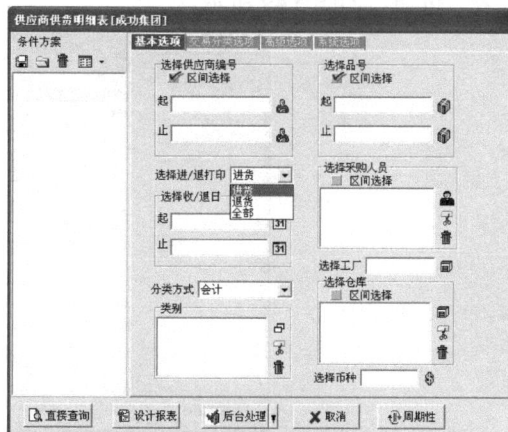

图 5.47 "供应商供货明细表"界面

图 5.48　生成供应商供货明细表

5.4.5　预计进货表

【目的】

提供下面四种不同角度的预计进货报表，主要控管及跟催进货的状况。

- 供应商预计进货表：从供应商角度，查询未来一段期间内，供应商预计进货的明细资料。
- 料件预计进货表：以品号角度，查询某个料件预计在何时进货。
- 工单预计进货表：以工单角度，查询该工单的料件未来预计进货状况。
- 采购预计进货表：以采购单预计交货日，查询某一天预计进来哪些料件。

【操作步骤】

步骤一：以"料件预计进货表"为例，在"料件预计进货表"界面上设置，然后单击"设计报表"按钮，如图 5.49 所示。

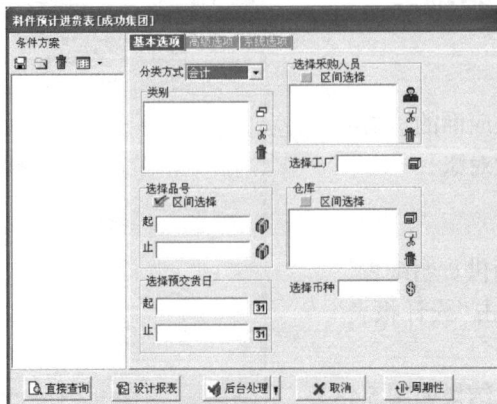

图 5.49　"料件预计进货表"界面

步骤二：生成报表，结果如图 5.50 所示。

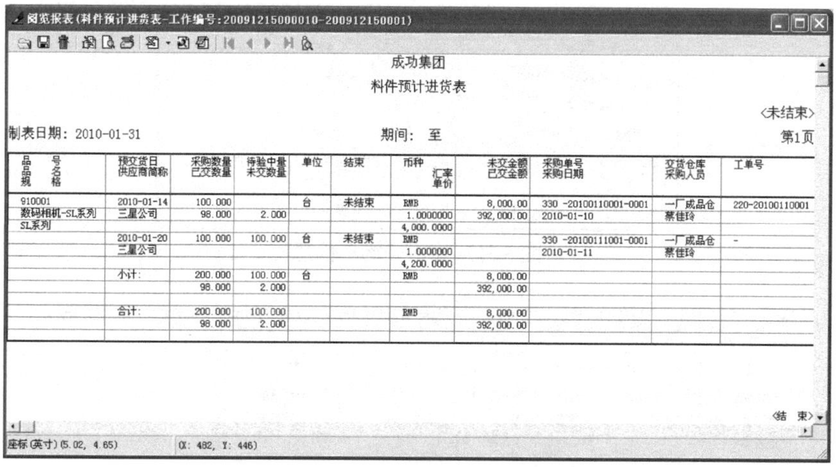

图 5.50　生成料件预计进货表

5.5　期初开账

【目的】

采购管理子系统的开账是为了将在开账时间点之前就已经发生的未完成采购单和供应商料件价格录入 ERP 系统中。这样在开账时间点之后，采购部门就可以依据采购单和供应商料件价格开展后续的采购动作，如进货。这样就保证了采购信息的完整性和可追溯性。

【业务场景】

成功集团计划于 2010 年 1 月 1 日正式上线易飞 ERP 系统，针对采购类部分，必须在 1 月 1 日前将开账数据输入系统中，这样才有期初数据。为了掌握资料是最实时的，往前推一天，也就是在 2009 年 12 月 31 日，把到当天为止的未结束的采购单信息和供应商料件价格，录入采购管理子系统中。

【操作步骤】

步骤一：收集截止到2009年12月31日前，未进货完毕的采购单。收集格式如表5.3所示。

表 5.3　收集未出货完成的采购单

供应商	品号	数量	单价	已交数量
1007 名望公司	110001 主开关连动板	100	50	0
1007 名望公司	110002 模式按钮	100	40	0
……	……	……	……	……

步骤二：将上述未进货完毕的采购单信息逐笔输入"录入采购单"作业中。不需输入进货单，直接通过工具栏上的"输入已交数量"输入开账时间点之前的已采购数量，如图 5.51～

图 5.53 所示。

图 5.51　输入采购单信息

图 5.52　"录入采购单"界面 1

图 5.53　"录入采购单"界面 2

步骤三：收集 2009 年 12 月 31 日供应商料件价格，格式如表 5.4 所示。

表5.4　收集供应商料件价格

品号	客户名称	单价
110001 主开关连动板	1007　名望公司	50
110002 模式按钮	1007　名望公司	40
……	……	……

步骤四：将上述数据输入"录入供应商料件价格"作业中，如图 5.54 所示。

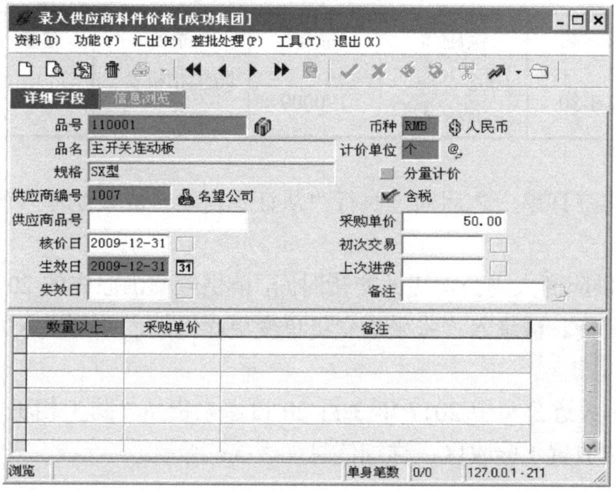

图 5.54　"录入供应商料件价格"界面

步骤五：人员录入采购单时，系统可直接带出供应商料件价格中设置的单价，如图 5.55 所示。

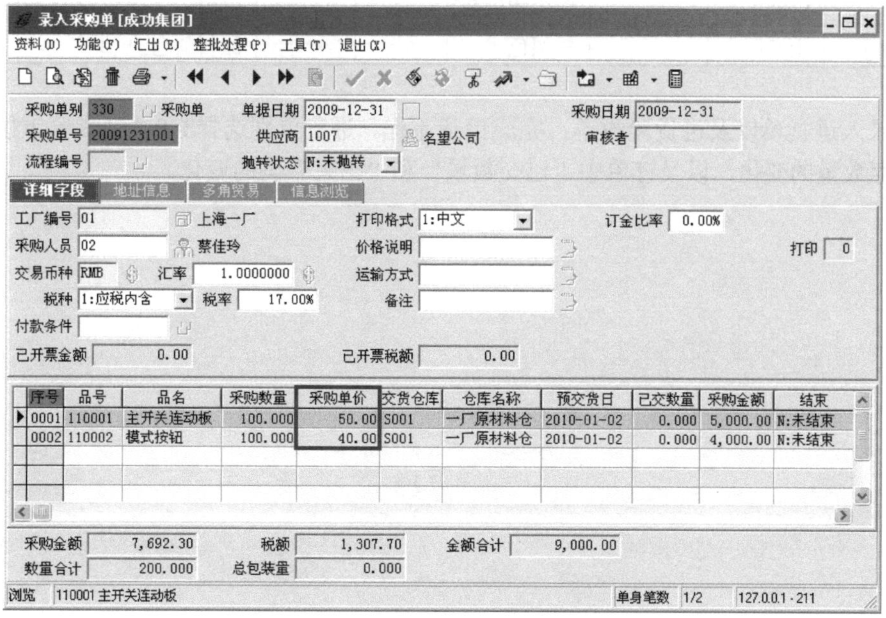

图 5.55　输入采购单时带出的价格单价

课后习题

1. 成功集团的产品"防尘相机套—黑色",为买进卖出的商品而非自制品,已销售一段时间并有配合一段时间的供货商,按公司制度须进行请购、采购程序。公司在接单后,转向供应商大进公司(编号1002)购买,详细信息如表5.5所示。

表5.5　采购单详细信息

请购部门	需求日期	供应商	品号	品名	数量	单位	单价
1000 业务部	2017-3-30	1002 大进公司	190009	防尘相机套 —黑色	60	PCS	10

请先录入一张客户订单,之后通过执行"从订单自动转成采购单"生成采购单,执行时选择请购单别310。

2. 成功集团向供应商大进公司更改交货时间,请供应商由原先的2017年3月30日改为2017年3月20日交货。请录入一张采购变更单变更此日期,并到录入采购单中查看历史变更信息。

3. 供应商1002大进公司于2017年3月20日送来货品"防尘相机套—黑色"60PCS,由公司仓库人员收货放置于验收区,详细信息如表5.6所示。

表5.6　进货详细信息

供应商	工厂	品号	品名	进货数量	单位	仓库	验收数量	验退数量
1002 大进公司	SH001 上海厂	190009	防尘相机套 —黑色	60	PCS	S001 原材料仓沪	59	1

请录入进货单以及进货验收单,完成销货流程。进货单别选择340。销货单审核前后去查看库存数量的变化,以及订单中"已交数量"和"结束"码的变化。

第6章

ERP生产管理：产品结构

生产管理是对企业生产系统的设置和运行的各项管理工作的总称，又称生产控制。其内容包括生产组织工作、生产计划工作、生产控制工作等。现代企业生产管理的目的在于，做到投入少、产出多，取得最佳经济效益。那么，现代企业如何实现高效、低耗、灵活、准时地生产合格产品，提供满意服务呢？这就要求企业将信息化的管理深入到生产阶段。因此，熟悉 ERP 生产制造理念和了解企业生产业务的人员将成为现代企业迫切需要骨干人才。

从本章开始，我们将以易飞软件为例，着重介绍有关 ERP 生产制造管理的内容。其中本章主要介绍 ERP 生产管理中生产制造主流程以及产品结构子系统的应用；第 7 章主要介绍批次需求计划系统的应用；第 8 章主要介绍工单/委外子系统的应用。

6.1 生产制造主流程

"生产制造"是一个涵盖范围很广的概念，因此，企业生产制造营运流程是如何进行的？这是一个容易困扰初学者的问题。本章就将以易飞 ERP 为例，从产品结构、批次需求计划、工单/委外几方面来详细介绍现代企业对于生产制造的信息化管理。

6.1.1 一般企业生产制造整体流程概述

一般的，企业的生产需求与物料供需必须维持一定程度的平衡，才可达到最佳经济的生产效益与避免浪费库存的积压，这得靠批次需求计划的优良规划。

生产计划来源包含订单、LRP 生产计划、MPS 生产计划与销售预测等。产品结构用料也是相当重要的环节，企业可依需求生成"采购计划"与"生产计划"。采购部分，由采购人员执行采购管理流程；存货部分，数量会随着增加；生产部分，由生产管理人员产生"录入工单"，若不执行工艺管理，生产过程中，需记录领、退料信息，领料影响库存数量减少，退料使库存数量增加。生产完成时，厂内自制生产入库，录入在"厂内入库"；委外加工生产入库，录入在"委外进货"，成品入库，库存数量增加。若企业执行工艺管理，必须对每道制作程序控管，生产过程中录入每道工艺的"生产投料"信息，"生产投料"信息会回馈给"领料"信息；每道工艺间的转移信息，也需翔实记录。生产完成信息，则需记录工艺入库信息；工艺管理亦须即时记录报工信息。以上就是生产制造处理流程，其具体流程见图6.1。

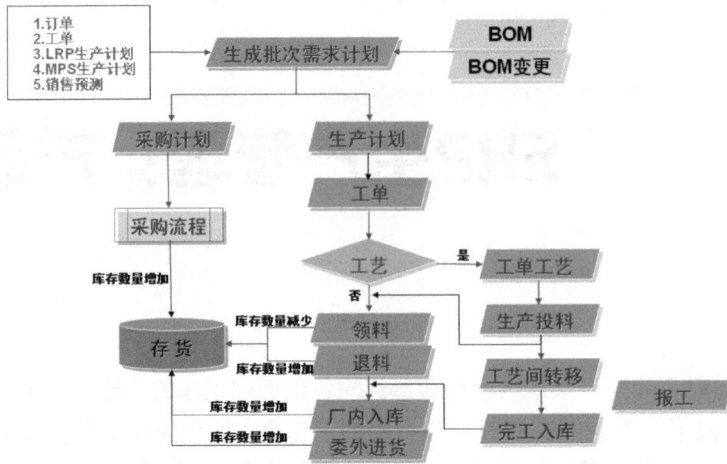

图6.1　生产制造主流程

6.1.2　一般企业生产制造与易飞生产制造模块对应表

一般企业生产制造与易飞生产制造模块对应表如表6.1所示。

表6.1　一般企业生产制造与易飞生产制造模块对应表

企业运营流程		易飞系统	
流程	作业内涵	系统名称	作业名称
BOM/BOM变更	记录的生产树状信息与利用"计算低阶码"作业完成正确低阶码计算	产品结构	录入 BOM 计算低阶码
基本信息设置	各项基本信息的设置	基本信息 存货	录入仓库信息 录入假日表 录入品号信息
生成批次需求计划	计划依据： 订单、工单 LRP 生产计划 MPS 生产计划 销售预测		

(续表)

企业运营流程		易飞系统	
流程	作业内涵	系统名称	作业名称
采购计划	采购流程 检核计划的正确性; 执行"发放 LRP 采购单",产生"采购子系统"的"录入请购单"或"录入采购单"	采购	维护批次采购作业 录入请购单 录入采购单
生产计划 录入工单	检核计划的正确性 将计划锁定,接着发放 LRP 工单产生"工单/委外子系统"的"录入工单"	工单委外 工艺	维护批次生产作业 录入工单 锁定生产计划 发放 LRP 工单
工艺管理? Yes No 工单工艺	工艺管理流程 指定生产工艺路线	工艺	"从产品工艺自动生成工单工艺" 录入工单工艺
生产投料	投料生产	工艺	录入投产单 "从投产单自动生成领料单"
工艺转移	车间人员记录转移数量、转入和转出部门等信息	工艺	录入转移单
完工入库	厂内入库 委外进货 最后一道工艺完成,需将成品入库	工艺 工单委外	录入入库单 录入生产入库单 录入委外进货单
报工	正确且即时地回报工时信息		录入报工单
领料/退料	工作中心领料生产; 原物料退回仓库	工单委外	录入领料单 录入退料单
厂内入库/委外进货	成品制造完工入库	工单委外	录入生产入库单 录入委外进货单

6.2 产品结构子系统简介

企业导入了"产品结构子系统",可以带来什么效益呢。制造业只要有制造生产的行为,就会有产品结构信息。而产品材料用量的信息,是一个公司的"命脉",所以记录的保存非常重要,在易飞 ERP 系统中称之为 BOM(Bill of Material)。一个完整的 BOM 记载了一个产品的使用零件(或原材料)、使用的数量、是否有损耗率、生产及组装的顺序、使用在哪些工艺中、安装的位置等信息。

6.2.1 系统特色与效益

BOM用料信息正确后,除了供平时的生产查询外,最主要是确保批次需求计划、生产计划与采购计划用量的正确性,如果用料信息错误,导致该生产的品号没纳入生产计划,造成人工与机器的设备闲置,或者导致该采购的原物料遗漏未采购,造成工作中心停工待料,等等,这些会造成订单迟交进而影响企业信誉。

一个简单的 BOM 如图 6.2 所示。

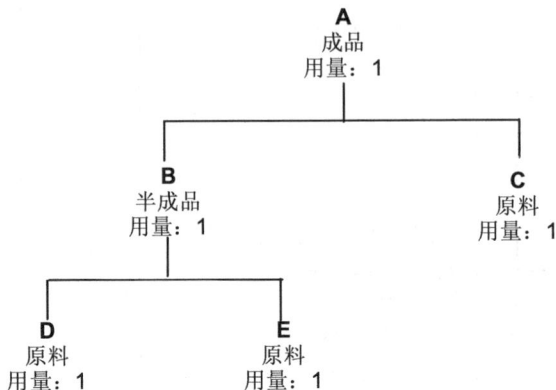

图 6.2   BOM 结构图

易飞 ERP 的产品结构子系统具有以下五个方面的系统特色。

第一,制造部可根据 BOM 来了解产品的用料结构,便于生产及物流上的管理。

第二,正确的用料结构,可避免因采购的遗漏而造成停工待料异常的发生。

第三,仓管人员或领料人员可根据 BOM 做批次领料作为领料的基础,提高领料单单据输入的效率。

第四,生产管理人员可利用BOM执行产品毛需求的生产计划,提高录入工单及采购单的效率。

第五,成本会计人员可根据 BOM 分析产品的用料结构,除了研究如何降低生产成本外,还可迅速正确地计算出产品的标准成本,加强标准成本的管理及减低成本人员计算的负荷。

6.2.2　系统架构与关联

易飞 ERP 的产品结构子系统的系统构架，见图 6.3。

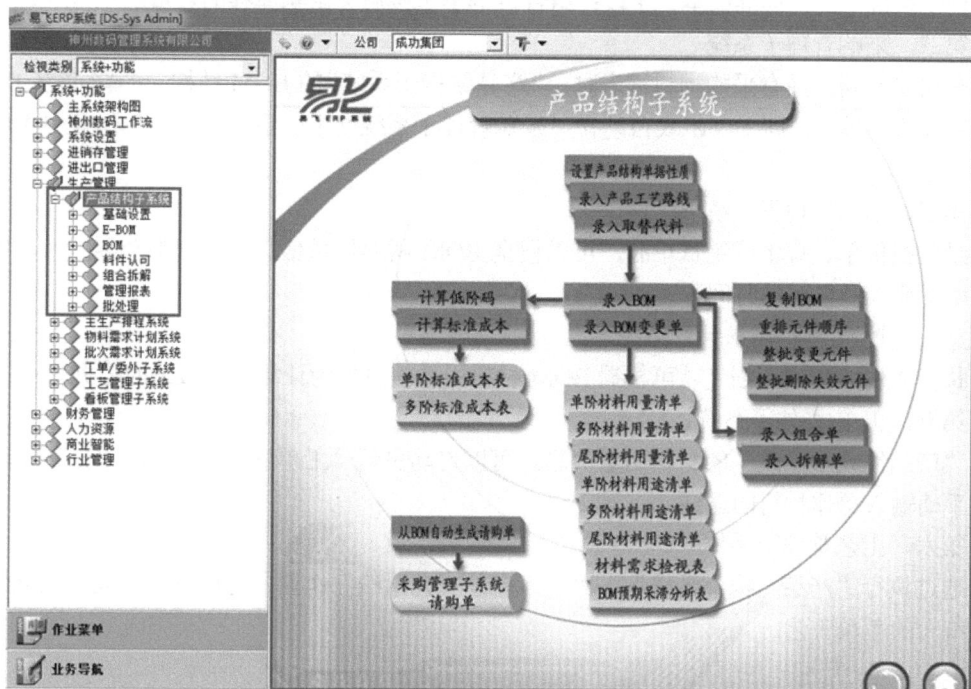

图 6.3　产品结构子系统的系统架构

图 6.3 是进入"产品结构子系统"后的流程图，这是以作业设置的顺序所组成。也可在左边菜单上，看到各作业的分类，如"基础设置""E-BOM""BOM""料件认可""组合拆解""管理报表"与"批处理"。从菜单上大致可以了解系统管理的事务，我们将会陆续介绍各项作业的用法。

产品结构子系统与其他系统的关联如图 6.4 所示。

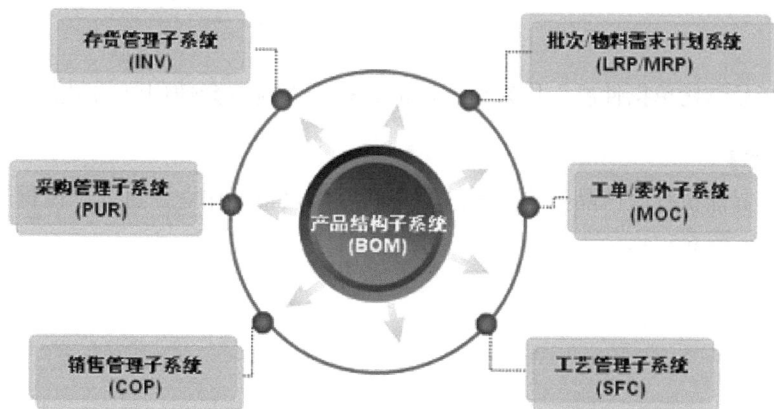

图 6.4　与其他系统的关联图

第一，存货管理子系统

从作业清单中执行"产品结构子系统"｜"计算低阶码"，会回写"存货管理子系统"的"低阶码"字段；从作业清单中执行"产品结构子系统"｜"计算标准成本"，会回写"存货管理子系统"的"标准成本"字段；组合拆解单审核后会影响库存的数量。

第二，采购管理子系统

公司研发新产品有采购物料需求时，"产品结构子系统"的BOM结构，可执行"从BOM自动生成请购单"，即BOM表自动在"采购管理子系统"｜"录入请购单"作业中生成请购单。

第三，销售管理子系统

录入报价单、订单或销货单时，可以根据BOM材料用量信息，展开整套零组件，以节省使用者输入及核对的时间。

第四，批次/物料需求计划系统

执行"生成需求计划"，可根据BOM材料用量信息作为计算供需数量的依据。

第五，工单/委外子系统

"产品结构子系统"的材料用量信息，可以自动更新"工单/委外子系统"的工单单体，避免手动输入单体材料的遗漏。

第六，工艺管理子系统

通过执行"产品结构子系统"｜"录入产品工艺路线"作业，可以直接生成"工艺管理子系统"的工单工艺。

6.3　基础设置

易飞ERP产品结构系统的基础设置主要就是要处理好"设置产品结构单据性质"这个问题。

设置产品结构单据性质

【目的】
"设置产品结构单据性质"用来设定产品结构子系统中会使用到的单据。

【操作步骤】
从系统主界面执行"产品结构子系统"｜"基础设置"作业，进入"设置产品结构单据性质"界面，如图6.5所示。

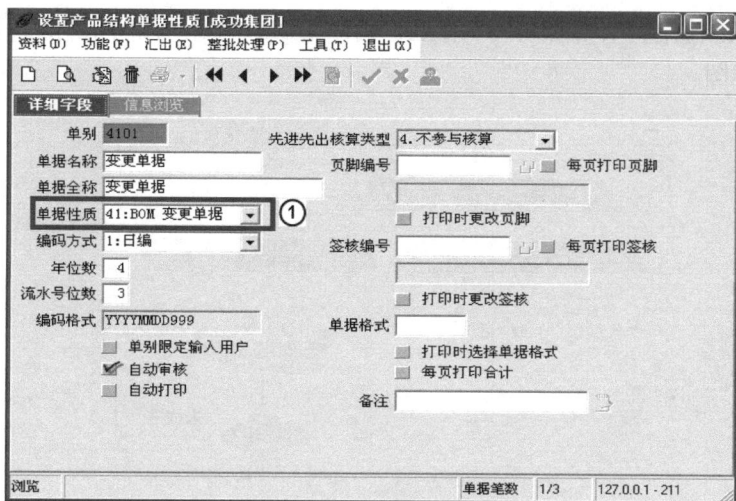

图6.5 "设置产品结构单据性质"界面

【作业重点】(见图6.5)

① 可以设定以下四种不同的"单据性质"，每种单据，系统不限制设定多少张单别。

- "41:BOM 变更单据"，用于日常工程变更发生时使用。
- "42:组合单"，公司有多种商品组合销售的需求时，可以使用该单据性质。
- "43:拆解单"，公司组合性商品未销售完，要拆解回原单品入库时，需使用此单据性质。
- "44:E-BOM 变更单据"，针对新产品开发，在开发过程中记录工程 E-BOM 变更时使用的单据。

6.4 BOM 用量资料管理

BOM 管理，即物料清单管理，指对 BOM 的建立、流转、变更、结算等环节进行维护和控制的过程。对一个企业来说，高效的物料管理，不仅可以实时跟踪企业原材料采购状态及变更情况，确保企业生产运营所需原材料按时到货，还可以作为销售人员进行商机报价时的参考，并帮助企业轻松实现成本管控，促进企业提高效率，降低成本。

6.4.1 作业流程

研发人员有开发新产品需求时，向文件管理部门申请产品新品号，以及该产品会用到的新用料的品号；文件管理部门将核准的新品号信息，输入"存货管理子系统"|"录入品号信息"作业中；研发人员才可将新产品用量信息，输入"产品结构子系统"|"录入 BOM"作业中；建好产品结构信息后，可打印"材料用量清单"并让主管审核，若审核不通过则必须重新修改 BOM 用料资料。核准的产品结构才视为生效；"材料用量清单"可作为留底存查。

BOM 建立完成须执行"计算低阶码"作业，确保 BOM 用料阶码的正确性。图 6.6 所示为 BOM 作业流程图。

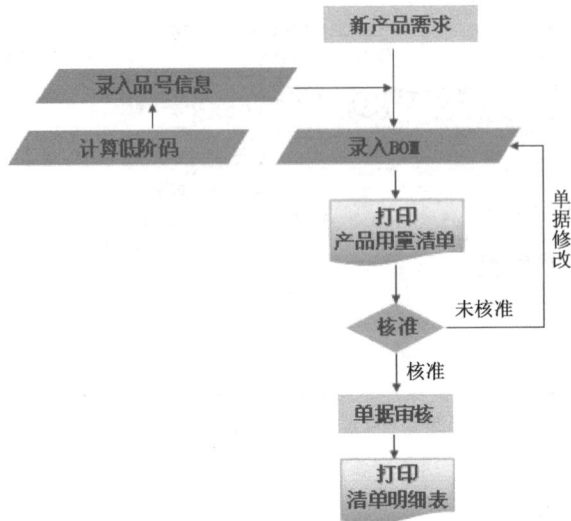

图 6.6　BOM 作业流程

6.4.2　录入 BOM

【目的】

录入企业所有产品的结构信息，作为后续生产用料与成本计算的依据。

【业务场景】

成功集团为了应对市场快速的变化，致力于新产品研发，日前研发部门研发出新一代明星级畅销商品——"数码相机—SX 系列"，并将该新产品的材料用量记录在易飞 ERP 系统里中。

以下是"数码相机—SX 系列"的产品用量表，产品结构图如图 6.7 所示。

说明：

M 件—自制件；S 件—委外加工件；P 件—采购件；Y 件—虚设件。例如："P 件 / 1"，表示该品号为"采购件"，用量为"1"。

成功集团针对其半成品都有做存货管理的管制，所以要用分阶次的方式，建立该 SX 系列数码相机的半成品及成品的产品结构，一共有四个 BOM 信息要录入。

品号：**410001 (M 件)**

数码相机-SX 系列 yy

310001
PCBA-Assembly
Main
（M 件/1）

320001
PCBA-Assembly
Sensor
（S 件/1）

390001
相机包材组
（Y 件/1）

190004
电池-AA 可充式
（P 件/4）

190007
驱动程序光盘
-Ver1.0

190009
防尘相机套-黑色
（P 件/1）

190012
使用手册(简体中文)
（P 件/1）

品号：310001 (M 件)

PCBA -Assembly Main

110001
主开关连动板
（P 件/1）

110002
模式按钮
（P 件/1）

110003
塑料前盖
（P 件/1）

110004
塑料后盖
（P 件/1）

130001
金属 Logo
（P 件/1）

130002
镀镍螺丝
（P 件/8）

140001
LCD 窗
（P 件/1）

140002
显示窗
（P 件/1）

140003
光学镜片
（P 件/1）

140004
镜头玻璃
（P 件/1）

品号：320001 (S 件)

PCBA -Assembly Sensor

120001 电阻（P 件/4）　120002 整流器（P 件/1）　120003 二极管（P 件/2）　120004 电容（P 件/6）　120005 变压器（P 件/1）　120006 IC.CMOS（P 件/1）　130003 金属接片（P 件/2）　190001 PCB 电板（P 件/1）　200001 锡（P 件/0.1）

品号：390001 (Y 件)

相机包材组

150001
包装盒
（P 件/1）

150002
内隔板
（P 件/1）

150003
气泡袋
（P 件/2）

150004
包装盒贴纸
（P 件/1）

150005
产品序号贴纸
（P 件/1）

150006
保修卡
（P 件/1）

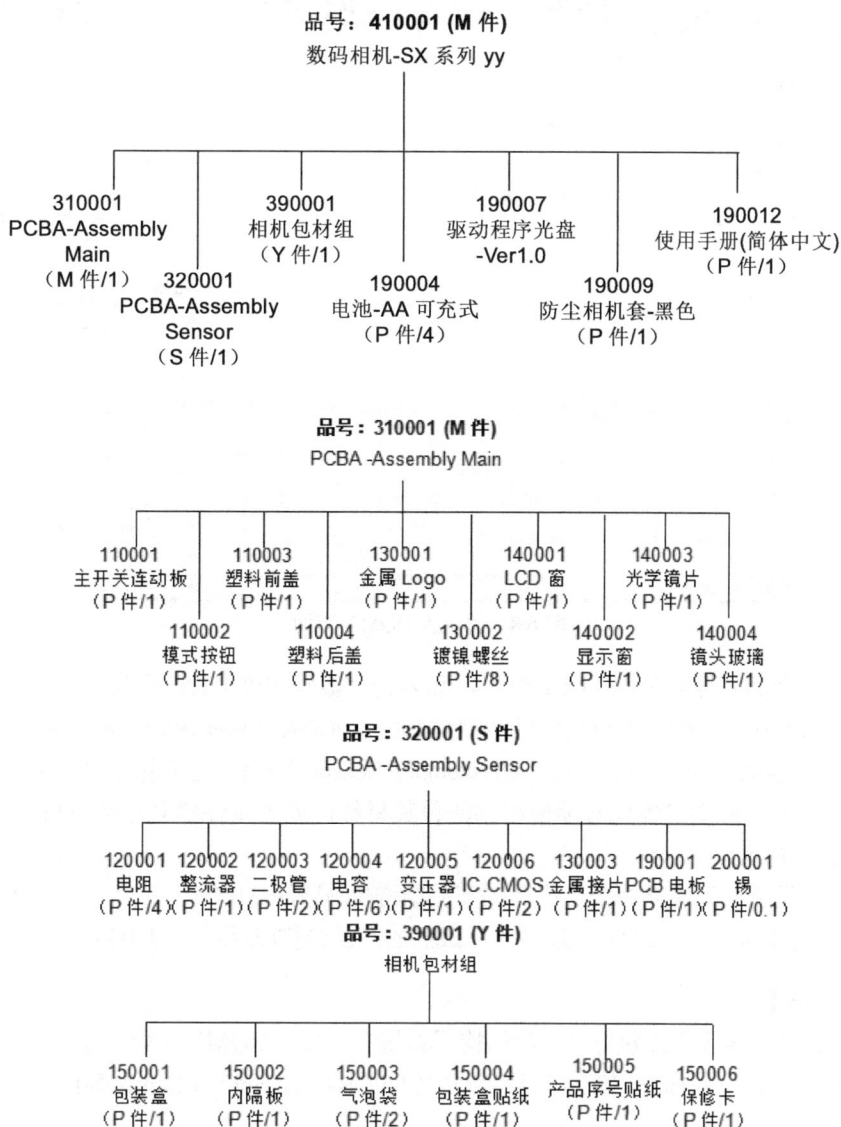

图 6.7　产品结构图

以下是建立该 BOM 的一般处理步骤。

第一，研发人员必须向文件管理部门申请产品的新品号，以及该产品会用到的新用料的品号。

第二，文件管理部门将核准的新品号信息，输入"存货管理子系统"|"录入品号信息"作业中。

第三，研发人员将新产品用量信息，输入"产品结构子系统"|"录入 BOM"作业中，如图 6.8 所示。

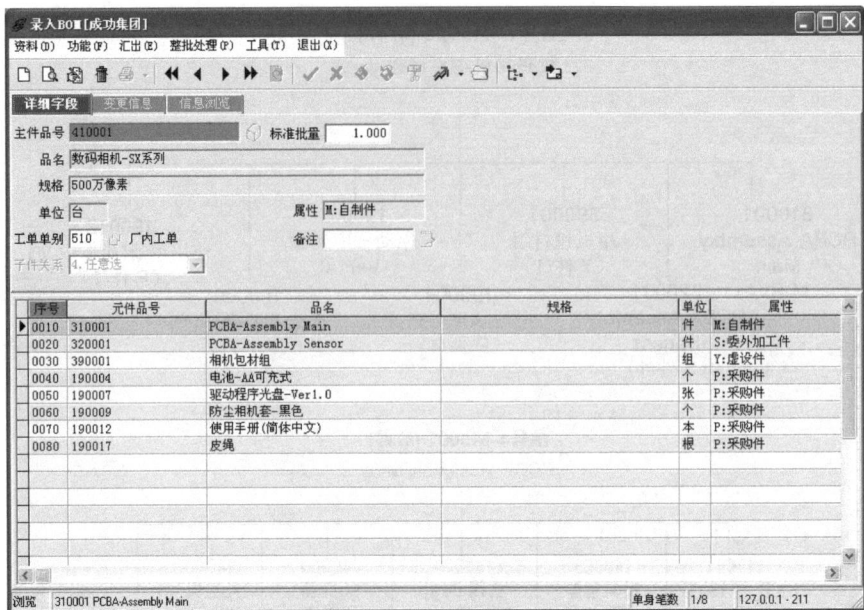

图 6.8 "录入 BOM"界面

第四，新产品品号编码为"410001"，品名为"数码相机—SX 系列"。此新产品共享两个半成品的用料：一个厂内自制件(品号为 310001-PCBA- Assembly Main 系列)；一个将外包给委外供应商(品号为 320001- PCBA-Assembly Sensor 系列)。为了降低信息量及增加输入的效率，研发人员特意将各型号都使用到的包装材料，以虚设件建立包装材料组合(品号：390001-相机包材组)。

第五，研发人员先建立两个半成品的产品结构(即品号：310001 及 320001)；再建立虚设件的产品结构(即品号：390001)；最后建立成品的产品结构(即品号：410001)。

【操作步骤】

步骤一：从系统主界面执行"产品结构子系统"|"录入 BOM"作业，进入"录入 BOM"界面，开始建立第一个 BOM 信息(品号：310001-PCBA Assembly Main 系列)。

【作业重点】(见图 6.9)

① 主件品号：直接输入"PCBA Assembly Main 系列"的品号 310001 或按 F2 键开窗查询选择。输入品号后，系统默认带出该新产品的"品名""规格""单位"及"属性"，如图 6.9 所示。

② 标准批量：指该 BOM 内元件的组成用量生产出来的主件数量，由于成功集团是一般装配业，故此例只需输入"1"即可，如图 6.9 所示。

注意：

化工业或食品加工业因其生产过程中的机器设备、工艺、成本等因素，须扩大单位的生产量来降低成本或控制工艺，从而设定一个标准批量，其 BOM 内所有元件的组成用量均指生产此主件标准批量所需的组成量。(如生产"茶类饮料"，熔炉运转一次至少产出 1000 公升，则"标准批量"为"1000"，单体用料为生产 1000 公升所需的原料。)

③ 在"工单单别"字段输入"品号 310001"在生产时默认要新增的工单单别。在生产计划中,如果此主件需要生产,则系统将以此设定的"工单单别"自动新增工单,如图 6.9 所示。

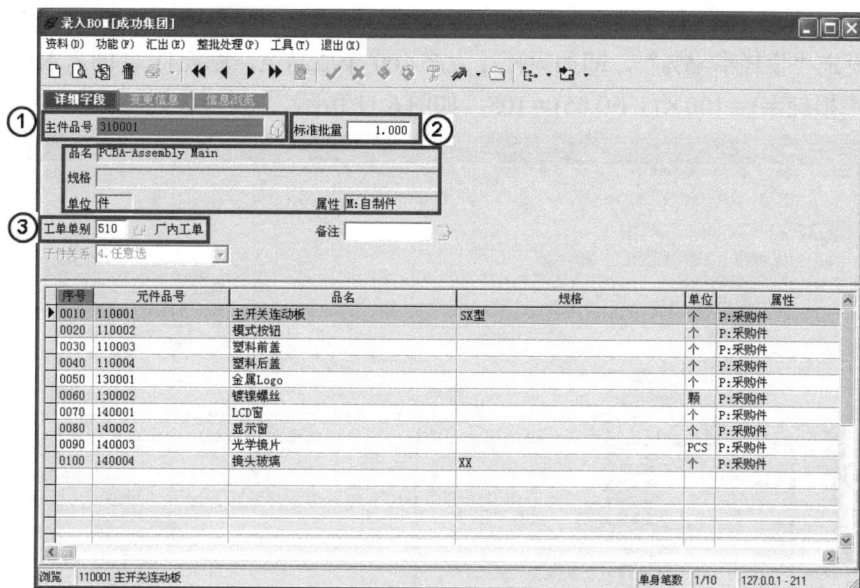

图6.9　建立第一个 BOM 信息

步骤二: 将"品号 310001"底下用到的材料以"分阶次"的方式输入单体中。

【作业重点 1】(见图 6.10)

④ 主件是由许多元件材料组成,故可以序号区别,如 0010、0020、0030 等。在输入时,序号将自动以 10 进位的方式赋予,以方便日后可以插号补入新增的元件(如 0010 及 0020 之间可以加插 0011~0019 共 9 个序号),如图 6.10 所示。

⑤ 输入"元件品号",系统默认带出元件品号"品名""规格""单位"及"属性",如图 6.10 所示。

【作业重点 2】(见图 6.11)

⑥ "组成用量"是生产标准批量的主件品号所需用到的数量;"底数"则是用来计算组成用量的分母。建立组成用量时,若无法以整数或整除的小数点表示,则其组成用量可用"底数"呈现。如:生产一颗复合维生素,需 0.1 克维生素 B1,这样可用组成用量为 1、底数为 10,来表达数量信息。底数也可解决"库存单位"与"产品用量单位"的换算问题,如:涂料的库存单位为"KG",但其 BOM 内的单位用量为"5g",则可以建"组成用量=5","底数=1000",来表示"0.005KG"(BOM 单位为库存单位)。由于成功集团是一般装配业,而且此产品用量无用量换算的问题,故此例只需输入"组成用量","底数"则设为"1"即可,如图 6.11 所示。

⑦ "损耗率"指生产时，因工艺因素造成除标准组成用量外，需多额外投入的元件差异比率，如：新产品刚开始制造时，组装较不熟悉，容易出错，可能较容易导致原物料毁坏，就必须详加考虑"损耗率"。假设生产 1 个成品 A 要用到 1 个元件 C，若生产 100 个成品 A 会用到 100 个元件 C(标准用量)，可是据实际状况，每制造 100 个成品 A 要用到 105 个元件 C，所以设定"损耗率=5%"，即如果预计生产 100 个成品 A，则元件 C 的需求用量＝标准用量×(1＋损耗率)＝100×(1＋0.05)＝105，如图 6.11 所示。

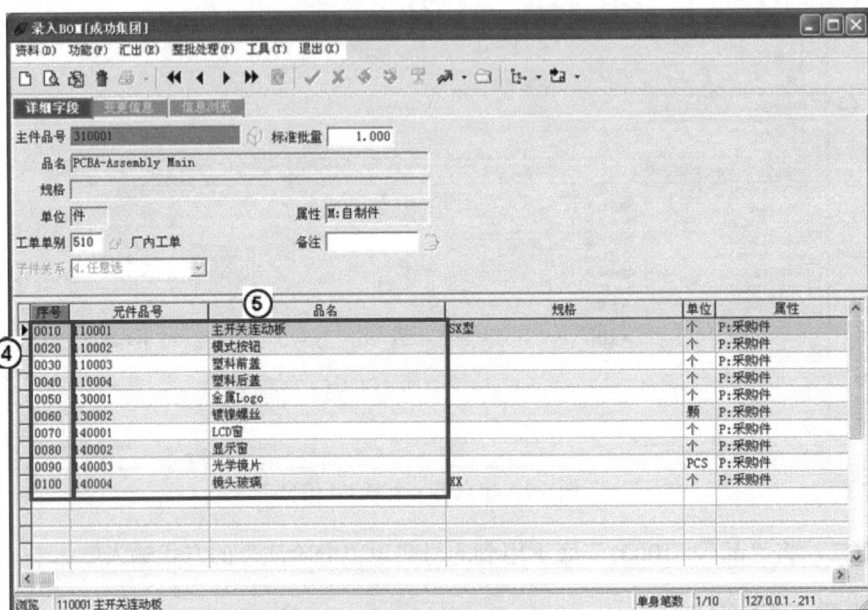

图 6.10　录入单据信息 1

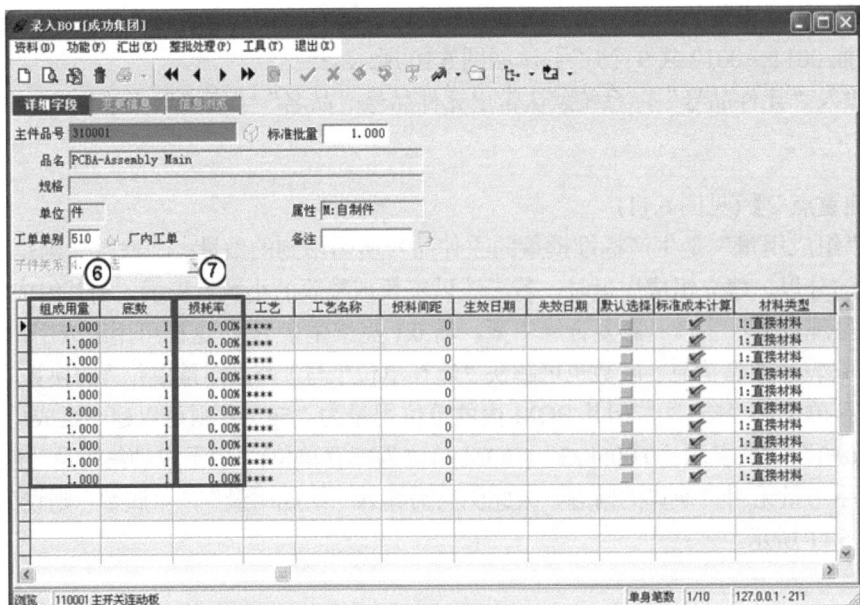

图 6.11　录入单据信息 2

【作业重点3】(见图 6.12)

⑧ "工艺及工艺名称"指此组成元件在实际生产或备料时，所需使用到的先后顺序(领料工艺)。若投料按工艺领料，可以设定其领料工艺，如生产循环很长，则不希望将所有材料都囤积在现场；若生产循环短，每次投料都是将所需材料领到现场，则不须设定领料工艺，可以"****"取代，如图 6.12 所示。

⑨ 投料间距(天)：生产时，如果有分段投料的控制，可区分不同的投料间距，新增工单时，用料的预计领料日就会依不同投料间距推算，如：某一工单的预计开工日为2月1日，须领品号 A，而品号的"投料间距"设定为"2"(天)，表示开工后2天则要投入品号 A，也即2月3日，须领品号 A。在新增输入信息时，系统默认"投料间距"为"0"(天)，表示预计开工日就将所有材料提领完毕，如图 6.12 所示。

⑩ "生效日期"指该元件对主件的生效日期，产品发料日未达生效日期的元件不得备料投入；"失效日期"则指该元件对主件的失效日期，产品发料日已达失效日的元件不得备料投入。若不设定"生效日期"及"失效日期"，表示此料件永久生效；若只设定"生效日期"，不设定"失效日期"，如"生效日期=2010-01-01"，表示该料件从"2010-01-01"开始生效后即永久生效，若到某一时间点发现该料件有失效日期，则可通过"录入 BOM 变更单"修正，如图 6.12 所示。

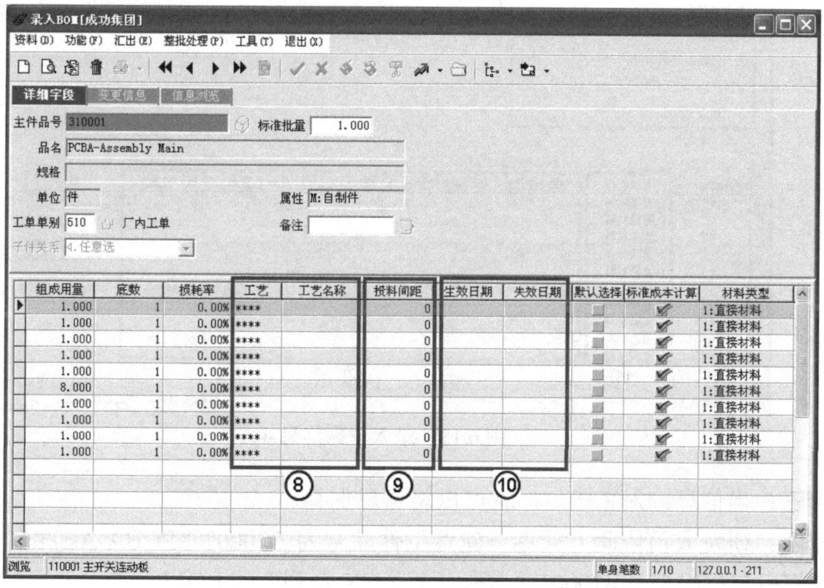

图6.12 录入单据信息3

【作业重点4】(见图 6.13)

⑪ 材料类型：可以将所有材料分成五种类型，如表 6.2 所示。若"材料类型"属"不发料"者，将不作领料处理，但新增工单时，可让现场人员了解要使用哪些测试仪器等。若"材料类型"属"供应商供料"，则不作领料处理，用于结算材料费用给委外供应商的依据，如图 6.13 所示。

表6.2 材料类型简介

材料类型	简介
直接材料	成本可直接归属至产出成品
间接材料	成本不可或不容易直接归属至产出成品
供应商供料	委托委外供应商提供的材料
不发料	不须发料，如测试仪器、驱动程序版本等
客户供料	由客户提供的材料(即本公司是委外加工商)

⑫ 插件位置1至5：可记录元件的插件位置，如电子组装业的电板元件插件位置；若同一个料件需安装在多个位置，可以分号来区隔，如图6.13所示。

⑬ 新增BOM信息时，只会看到BOM的录入日期，系统默认为系统日期，不需输入，并默认版本为"0000"；变更单号、版本、日期、更改日期遇有BOM变更时会回写，不需手动输入，在此新建阶段可不予理会，如图6.13所示。

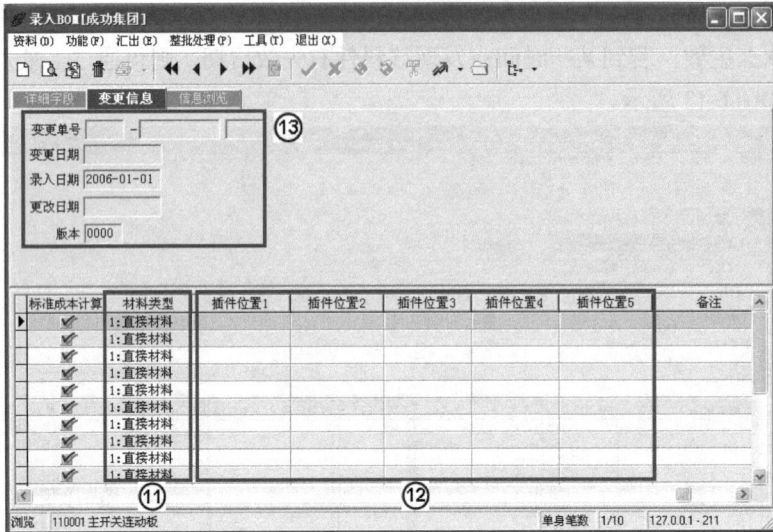

图6.13 录入单据信息4

步骤三：当信息输入完毕后，就可以将信息保存。

步骤四：研发人员依此方式逐一建置主件品号为320001 "PCBA-Assembly Sensor"、390001 "相机包材组"及410001 "数码相机—SX系列"的BOM。

步骤五：当所有BOM信息建立完成后，找到新产品 "410001 数码相机—SX系列"，接着单击工具栏上的"展阶"，选择"多阶"和"下展"选项，表示要以"主件品号往下展看主件下的元件品号"(以"多阶用量"的角度呈现)，如图6.14所示。

【作业重点】(见图6.15)

⑭ 查询主件品号为310001 "PCBA-Assembly Main系列"的BOM，可以在品号处选择"元件品号：140004镜头玻璃"，接着选择"展阶"中的"多阶"和"上展"选项，表示要以"元件品号往上展看主件品号"，则会看到以上的画面(以"多阶用途"的角度呈现)，如图6.15所示。

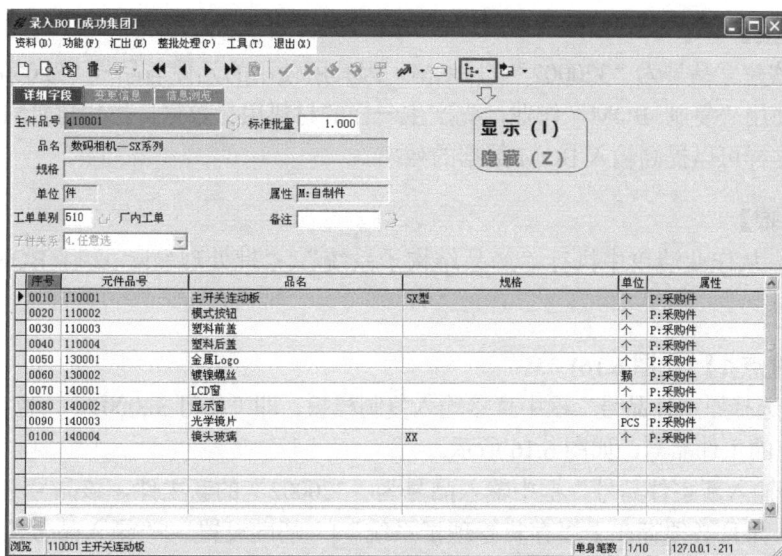

图 6.14 "录入 BOM"展阶界面

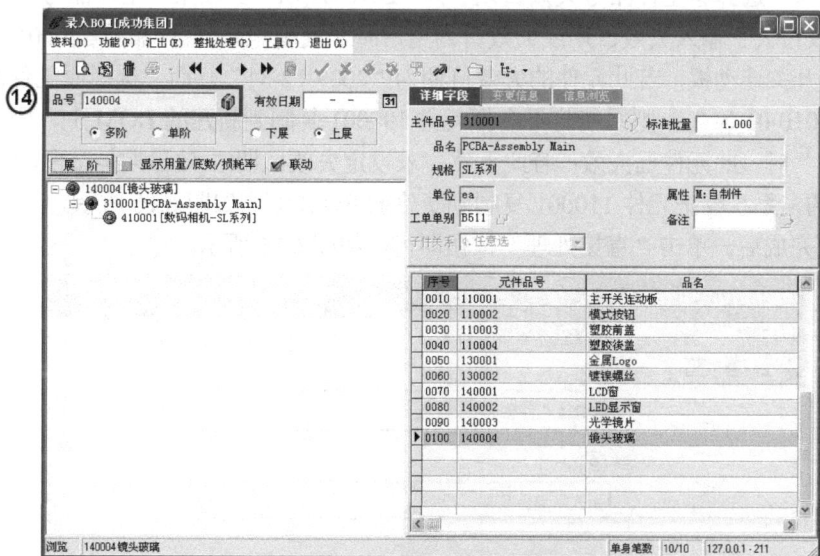

图 6.15 "录入 BOM"界面

注意：

若一个元件用于多处，如：包装材料的元件"150001—包装盒"用于成品 410001 及 420001 "数码相—SL/SX 系列"，则在元件"150001—包装盒"中选择"展阶"中的"上展"选项，即可看到此元件用于 410001 及 420001 "数码相机—SL/SX 系列"两种成品上。

6.4.3 复制 BOM

【目的】

利用复制功能，快速产生 BOM 信息，可提高输入 BOM 数据的效率。

【业务场景】

研发部欲建立品号为"320002"的 BOM，因其所使用的元件与品号"320001"的 BOM 雷同，所以使用"复制 BOM"作业，先产生一样的材料用量数据，然后再针对差异的部分进行修改，这样可以提高输入 BOM 数据的效率。

【操作步骤】

步骤一： 从作业清单中执行"产品结构子系统"|"批处理"|"复制 BOM"作业(见图 6.16)。

【作业重点 1】 (见图 6.16)

① 在"选择原主件品号"框中直接输入复制样板，即"品号 320001"，也可按 F2 键查询已建 BOM 的主件品号，如图 6.16 所示。

② 在"输入新主件品号"框中输入品号为"320002"的新主件，该品号必须没有建过 BOM 数据，而且必须存在于"存货管理子系统"|"基础设置"|"录入品号信息"中，如图 6.16 所示。

③ 可输入"选择原主件品号失效日期"为"2010-01-01"。如果"主件品号 320001"单体元件的失效日大于输入失效日期或失效日为空白时才复制，如：主件品号 320001 会用到元件 190001 主开关连动板，若此元件的失效日期为"2009-12-31"，而"选择原主件品号失效日期"为"2010-01-01"，则系统将不会把元件 190001 复制到新建的 BOM 上，因为日期为"2010-01-01"时，此元件已失效；若此元件并未设定失效日期(失效日期是空白的)，则此元件仍是有效的，系统会把元件 110001 复制到新建的 BOM 上，如图 6.16 所示。

④ 复制完成后，单击"直接处理"按钮即可，如图 6.16 所示。

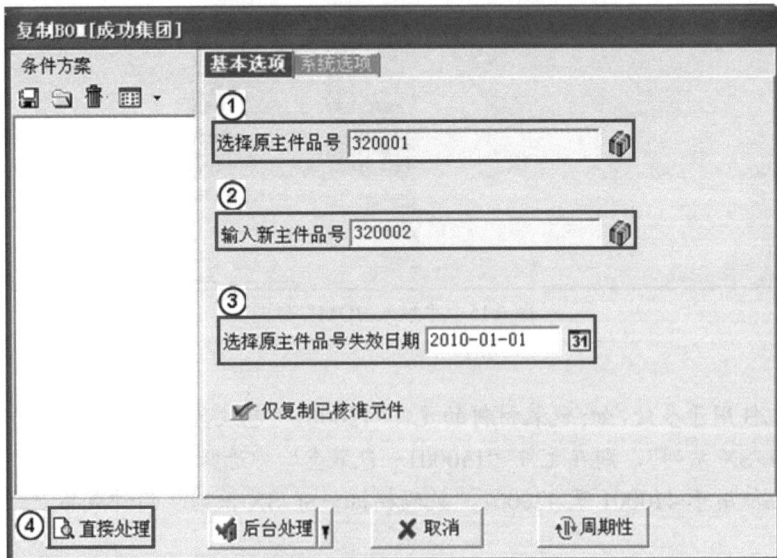

图 6.16 "复制 BOM"界面

【作业重点 2】 (见图 6.17)

⑤ 复制完后，研发人员可以在"录入 BOM"界面中看到复制好的数据，如图 6.17 所示。

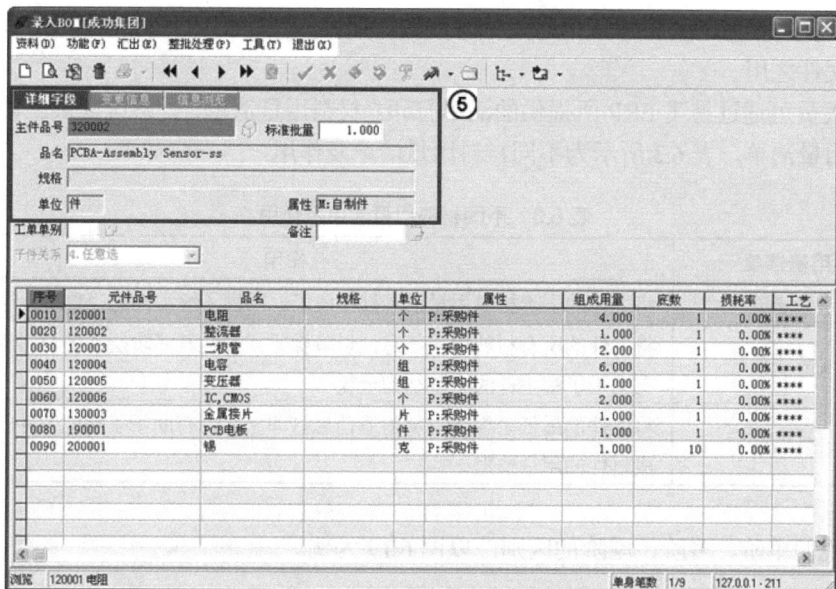

图 6.17 查看复制完成后的数据

步骤二：复制完成后，研发人员可以针对有差异的部分进行微调，如将原本序号为"0010"的"120001 电阻"的数量由"6"改为"4"，如图 6.18 所示。

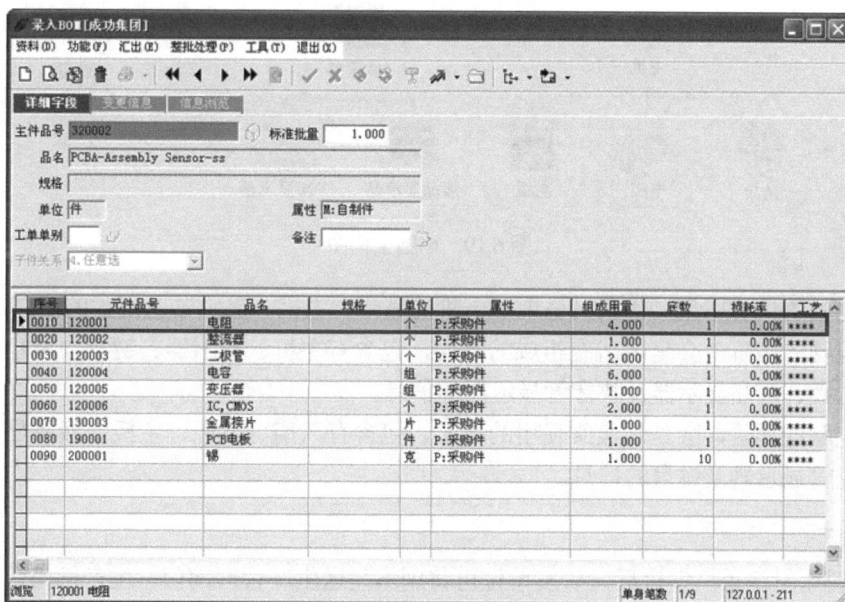

图 6.18 微调有差异的数据

6.4.4 BOM 的生效

【业务场景 1】

当研发人员将新产品 410001"数码相机—SX 系列"的用量信息都输入"录入 BOM"作

业中后，会发现建好的材料用量信息是分阶次的，研发人员可打印"材料用量清单"作为签核及存查文件之用。

研发人员可通过易飞 ERP 所提供的清单打印"材料用量清单"，系统提供三种以不同阶次打印的用量清单，表 6.3 所示为不同材料用量清单及作用。

表6.3　不同材料用量清单及作用

材料用量清单	作用
单阶材料用量清单	将主件的下阶材料用量信息打印成表，以供了解主件的"单阶"组成结构
多阶材料用量清单	将主件的所有材料用量信息，以阶梯方式表达其多阶层次的材料组成结构，有助于了解主件的完整结构全貌
尾阶材料用量清单	将主件的最低阶组成材料用量信息打印出来，有助于了解此主件的最原始组成料件的用量情形

举例说明单阶、多阶、尾阶的区别，以图 6.19 为例。

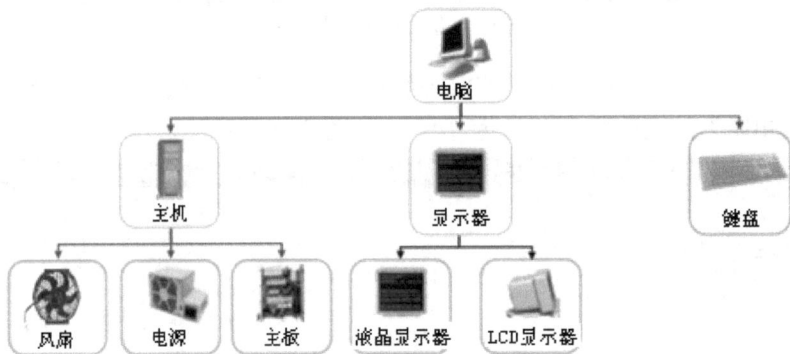

图 6.19　电脑架构图

- 电脑的单阶用量，代表只呈现下一阶的品号、主机、显示器及键盘的信息。
- 电脑的多阶，会呈现所有组成的品号，包含有主机、显示器、键盘、风扇、电源、主板、液晶显示器及映像管显示器的信息。
- 电脑的尾阶，会呈现最终使用的品号，包含有风扇、电源、主板、液晶显示器、映像管显示器及键盘的信息。

【目的】

"材料用量清单"签核后，研发单位可将副本呈送生产管理部门、生产部门、财务部门及采购部门，以方便相关人员随时翻阅备查之用。

【操作步骤】

步骤一：以"多阶材料用量清单"为例，在"多阶材料用量清单"界面上进行设置，然后单击"直接查询"按钮，如图 6.20 和图 6.21 所示。

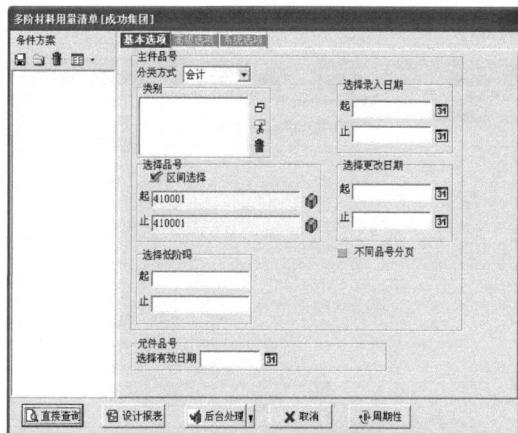

图 6.20 "多阶材料用量清单—基本选项"界面 　图 6.21 "多阶材料用量清单—高级选项"界面

步骤二: 生成报表, 结果如图 6.22 所示。

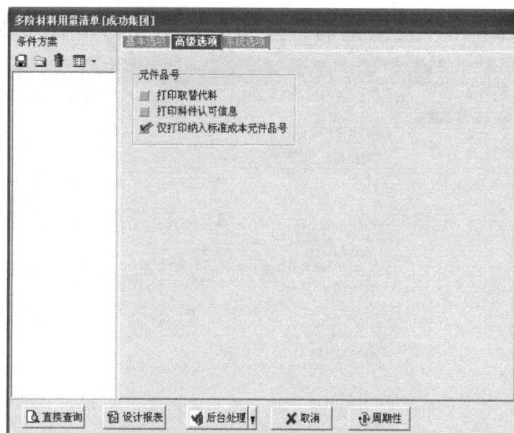

图 6.22 生成多阶材料用量清单报表

【业务场景 2】

若研发人员想要检查有哪些成品或半成品会用到某一料件, 可在系统中打印三种以不同阶次打印的报表查看, 表 6.4 所示为不同材料用途清单及作用。

表 6.4 不同材料用途清单及作用

材料用途清单	作用
单阶材料用途清单	将料件组成上一阶的各主件用量信息打印成表, 以供了解料件的单阶用途情形
多阶材料用途清单	将料件组成的所有主件信息, 以锯齿式方式表达其多阶层次的用途情形, 有助于了解料件的完整用途
尾阶材料用途清单	将料件组成的最终主件数据打印出来, 有助于了解料件的最终用途

【操作步骤】

步骤一: 以"多阶材料用途清单"为例, 在"多阶材料用途清单"界面上进行设置, 然后单击"直接查询"按钮，如图 6.23 和图 6.24 所示。

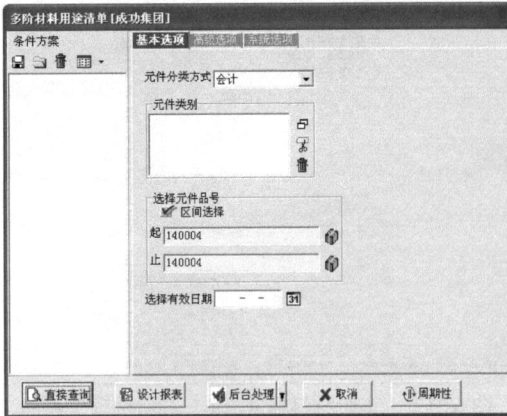

图 6.23 "多阶材料用途清单—基本选项"界面

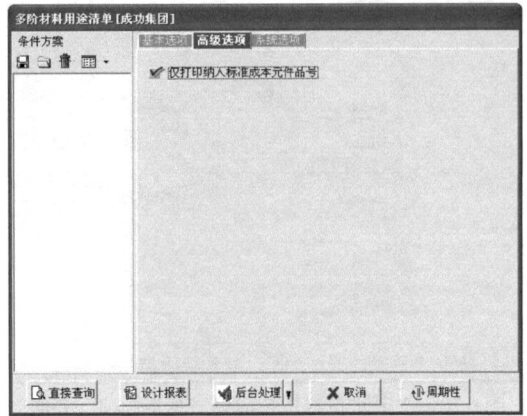

图 6.24 "多阶材料用途清单—高级选项"界面

步骤二： 生成报表，结果如图 6.25 所示。

图 6.25 生成多阶材料用途清单报表

6.4.5 计算低阶码

【目的】

执行此作业的目的是确认各品号"低阶码"的正确性，而"低阶码"的功用主要是方便计算机计算统计用，在生成生产计划时展开 BOM 并控制结束指标。如：A1 的产品用量表，A1 的阶码是第 00 阶；B、C 是第 01 阶；D、E 是第 02 阶。另一成品 A2，其半成品 B 的阶码在 A2 的产品用量表中是第 02 阶，但是在 A1 的产品用量表中，半成品 B 的阶码是第 01 阶，因此 B 的低阶码会以最低的阶码 02 来呈现，如图 6.26 所示。

【操作步骤】

从作业清单中执行"产品结构子系统"|"批处理"|"计算低阶码"作业，如图 6.27 所示。

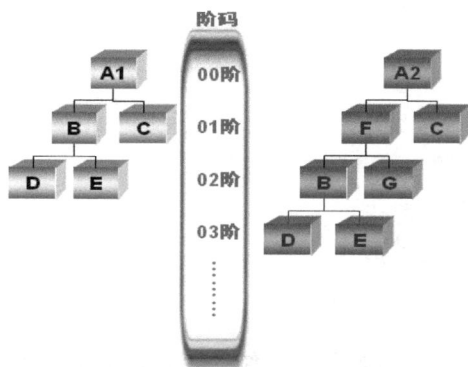

图 6.26 低阶码

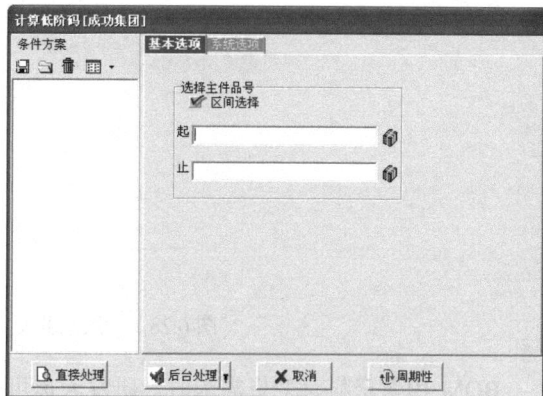

图 6.27 "计算低阶码"界面

【作业重点】

使用者可不选择"选择主件品号"选项，就单击"直接处理"。系统会将计算完的结果，回写到"录入品号信息"的"低阶码"字段。执行"计算低阶码"作业的时机如下。

- 建立新 BOM 信息后。
- 遇有 BOM 变更时。
- 执行生产计划前。

6.5 BOM 的变更管理

企业的产品不会一成不变，尤其在快速求变的时代里，产品的生命周期(Product Lifecycle)更是短暂，各家企业的研发部门，无不全力以赴努力研发新产品，以应对市场变化与需求，相形之下"BOM 变更管理"就显得格外重要。为了留下 BOM 变更的记录，并符合内部控制制度，企业通常不会直接在"录入 BOM"中修改变更数据，而是通过"录入 BOM 变更单"来保留修改记录，具体修改方式可以由手动或批次两种方式来完成。

6.5.1 作业流程

图 6.28 所示为一般企业遇到 BOM 变更时的作业流程。

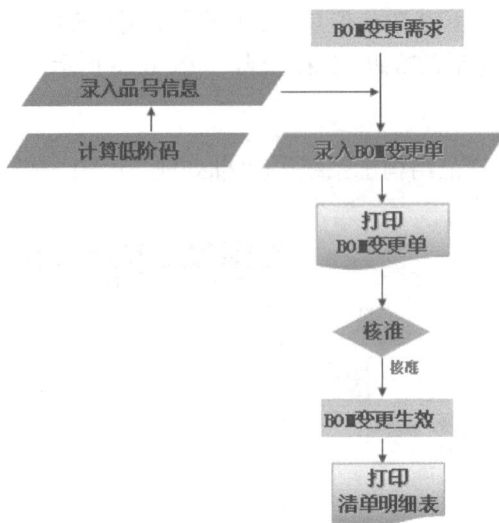

图 6.28　一般企业变更 BOM 的流程图

BOM 用量资料有变更需求时，研发人员可以在"产品结构子系统"|"录入 BOM 变更单"作业中，将工程变更的结果输入，若变更的用料是新品号，则必须按照品号编码原则申请新品号。申请核准后，将新品号信息输入"存货管理子系统"|"录入品号信息"选项中，才可进行 BOM 变更作业的输入。建好的 BOM 变更信息，可以打印"BOM 变更单"凭证，让研发部门主管签核，研发部门主管须至"录入 BOM 变更单"中进行审核，审核完成后，单击"审核"按钮，该变更 BOM 结构开始生效；研发人员也须将审核通过的变更信息打印成表，将副本送交相关部门，并留正本在该部门存查。最后，为了维护各品号的低阶码，还须执行"产品结构子系统"|"计算低阶码"作业，让系统自动将产品的低阶码重新计算。

6.5.2　手动变更

【业务场景】

成功科技的研发部在前段时间经客服部反应后，确定"数码相机—SX 系列"的镜头有松动的可能性问题存在。经过一段时间的测试，针对其中半成品"310001 PCBA-Assembly Main"进行改良，改良内容是增加 2 颗镀镍螺丝来增加镜头的稳定性，经过测试，确认问题已获得改善，于是研发部于 1 月 14 日正式变更"数码相机—SX 系列"的原产品用量表。

【操作步骤】

步骤一：从系统主界面执行"产品结构子系统"|"录入 BOM 变更单"作业，进入"录入 BOM 变更单"界面，单击"新增"按钮后，开始输入 BOM 变更信息。

【作业重点】

① 可直接输入"变更单别"或按 F2 键开窗查询(须在"设置产品结构单据性质"中设置好"单据性质=41:BOM 变更单据"的 BOM 变更单)，由系统带出"单据日期"为系统日期，"变更单号"则依单据性质设定编号，如图 6.29 所示。

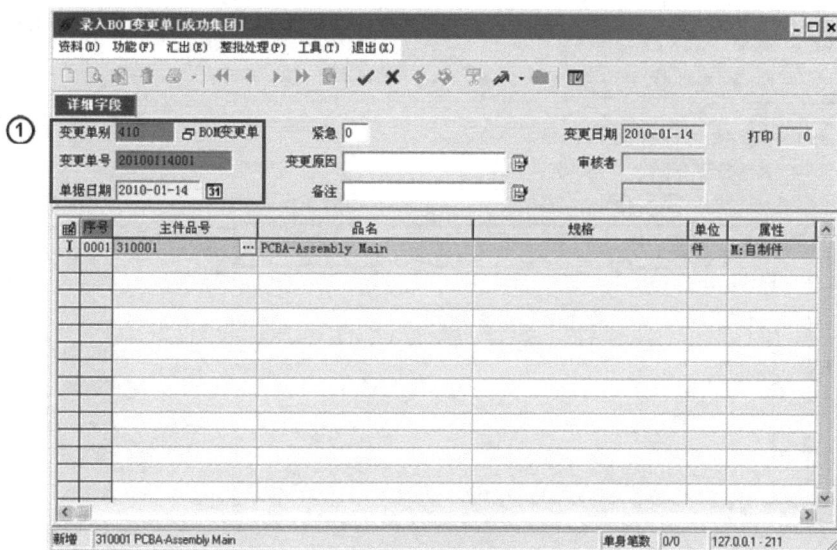

图 6.29 "录入 BOM 变更单"界面 1

步骤二： 在"主件品号"的字段，输入此次要修改的主件品号。

【作业重点 1】

② 输入主件品号"310001 PCBA-Assembly Main"，"品名""规格""单位"等信息都不需手动输入，由系统带出默认值，如图 6.30 所示。

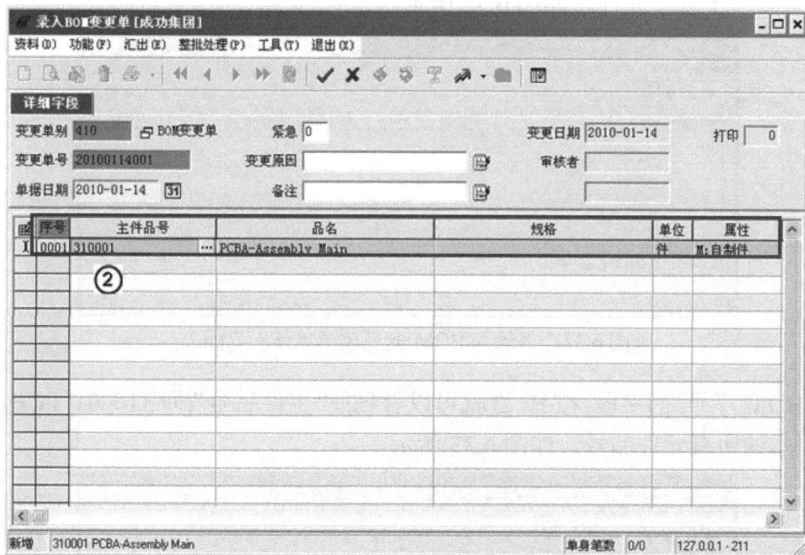

图 6.30 "录入 BOM 变更单"界面 2

【作业重点 2】

③ 由于这是我们第一次修改"310001"这个主件品号，所以会在"序号"字段看到"0001"。另外，也可以在"变更原因"字段输入此次变更的原因，如图 6.31 所示。

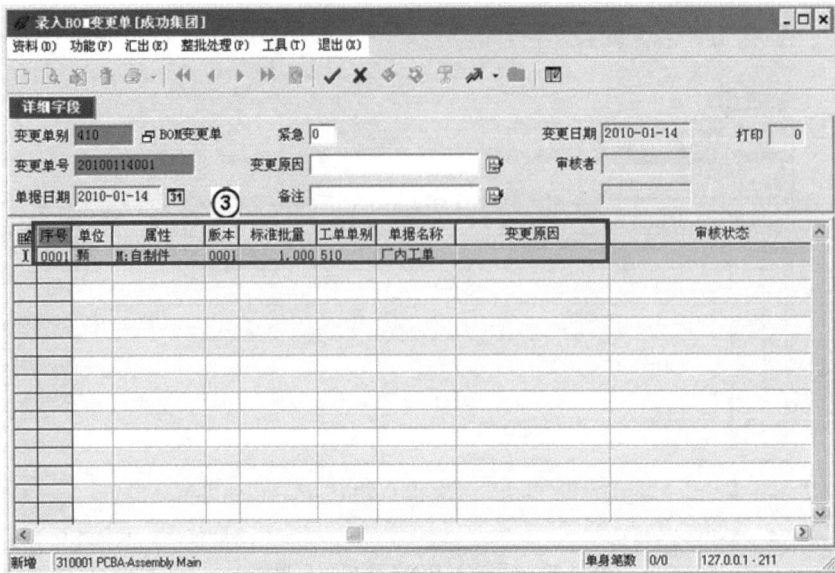

图 6.31 "录入 BOM 变更单"界面 3

步骤三：单击单体左上角的"工程变更单子单体"，输入变更品号的信息(见图 6.32)。

【作业重点】

④ 单击单体左上角的"工程变更单子单体"，如图 6.32 所示的窗口，单击"维护"按钮，开始输入要变更哪些元件，如图 6.32 所示。

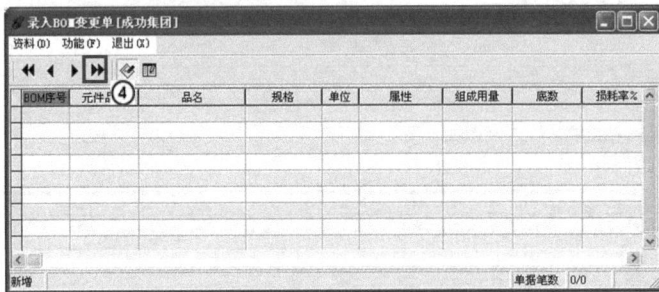

图 6.32 "录入 BOM 变更单子单体"界面 1

⑤ 在"BOM 序号"的字段，按 F2 键就可以看到此"主件品号"(即 310001"PCBA-Assembly Main")下原本的所有元件品号，如图 6.33 所示。

图 6.33 "录入 BOM 变更单子单体"界面 2

⑥ 选择修改序号为"0060"、品号为"130002 镀镍螺丝"的选项栏，原组成用量为"8"，须增加使用 2 颗，选好后，单击"确定"按钮，如图 6.34 所示。

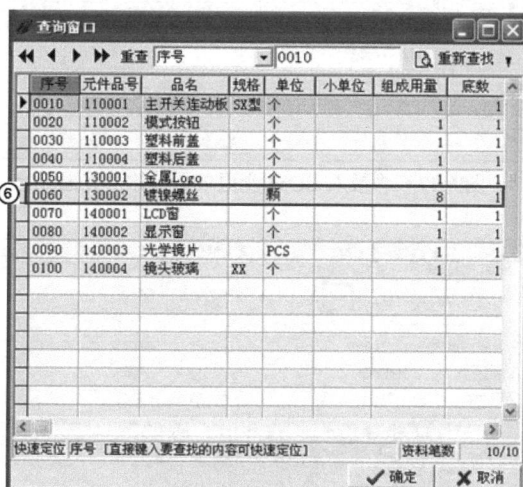

图 6.34　"录入 BOM 变更单子单体"界面 3

⑦ 系统将原始未变更前的信息，带到变更单的子单体，如图 6.35 所示。

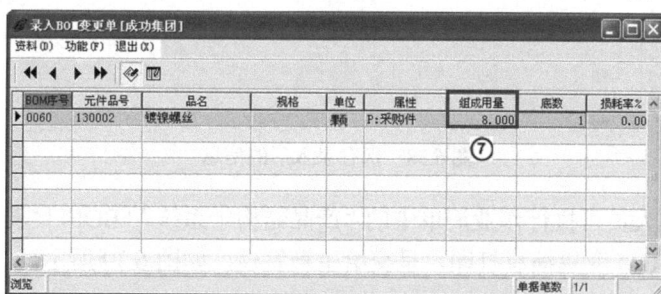

图 6.35　"录入 BOM 变更单子单体"界面 2

⑧ 直接在"组成用量"字段将原本"8"颗的用量改为"10"颗，如图 6.36 所示。

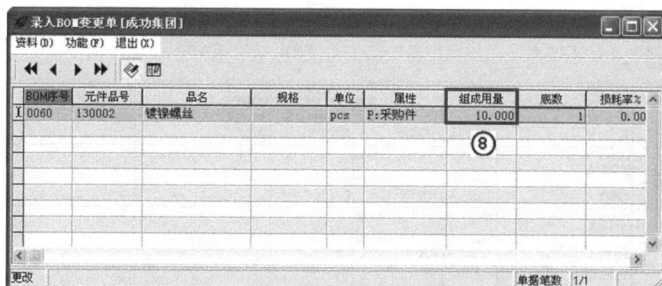

图 6.36　"录入 BOM 变更单子单体"界面 3

⑨ 单击"维护"按钮，表示不再维护信息；单击右上角的"关闭"按钮，离开"维护变更单子单体"的界面，如图 6.37 所示。

步骤四：系统回到"录入 BOM 变更单"界面，研发人员须将录入的信息保存，如图 6.38 所示。

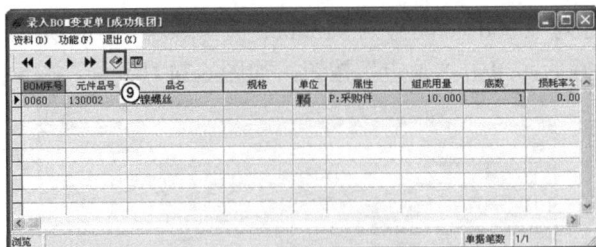

图 6.37 "录入 BOM 变更单子单体"界面 4

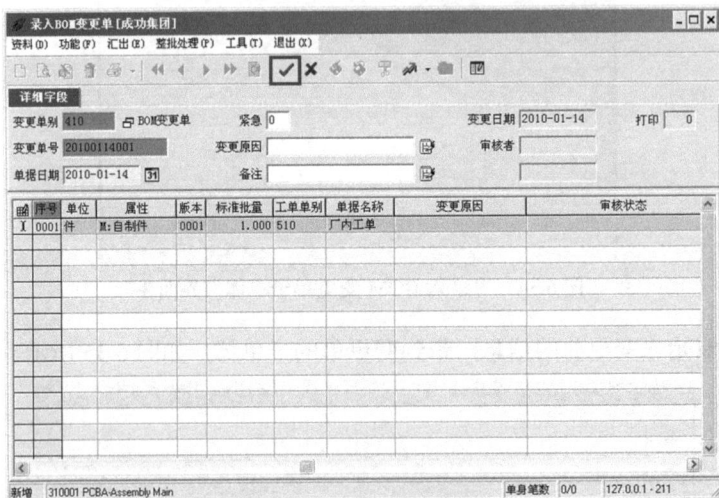

图 6.38 保存录入后的信息

步骤五：研发人员可执行作业清单中的"产品结构子系统"|BOM|"打印 BOM 变更单"作业，将输入的 BOM 变更信息打印，呈交给主管签核，如图 6.39 所示。

图 6.39 "BOM 变更单"报表界面

步骤六：研发主管将 BOM 变更单凭证签核后，再到"录入 BOM 变更单"中进行审核，审核完成后，单击"审核"按钮，单据就会出现一个红色的"核"字，则此 BOM 变更方为生效，如图 6.40 所示。

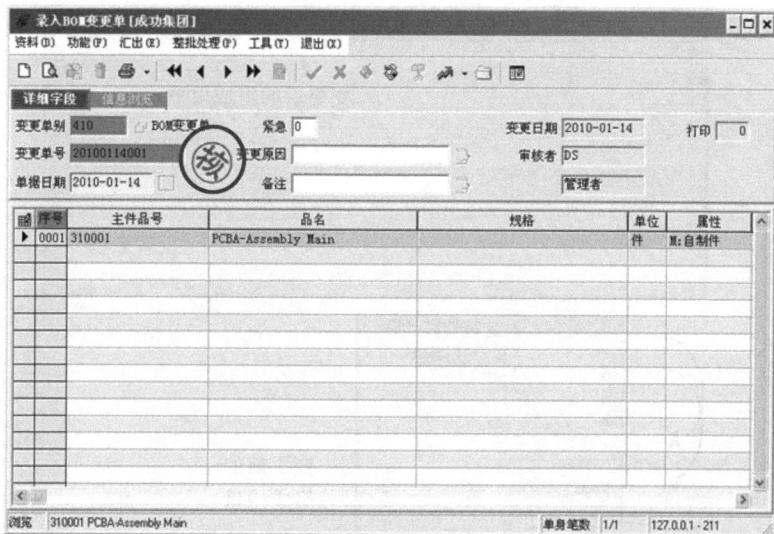

图 6.40 审核变更单

【作业重点】

⑩ 当 BOM 变更审核后，可以在"录入 BOM"界面中，看到"变更后"的结果，同时也可以看到该单据会记录最新的"变更单号""变更日期""版本""更改日期"，及单体变更号的用料信息，如图 6.41 所示。

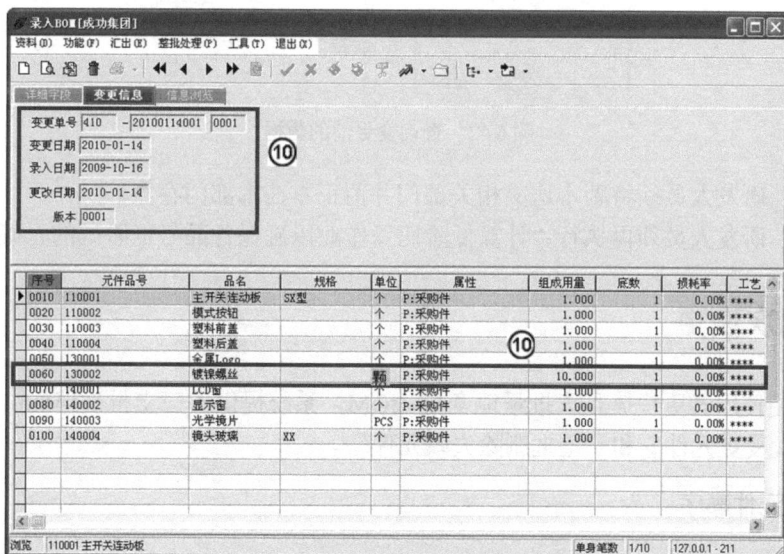

图 6.41 查看变更审核后的单据信息

⑪ 若要查询变更前的数据，可以在"变更单子单体"界面，先选择一个变更后的品号，如"130002 镀镍螺丝"，再单击"查询原元件品号信息"，即可看到"变更前元件品号及其

数据"了，如图 6.42 所示。

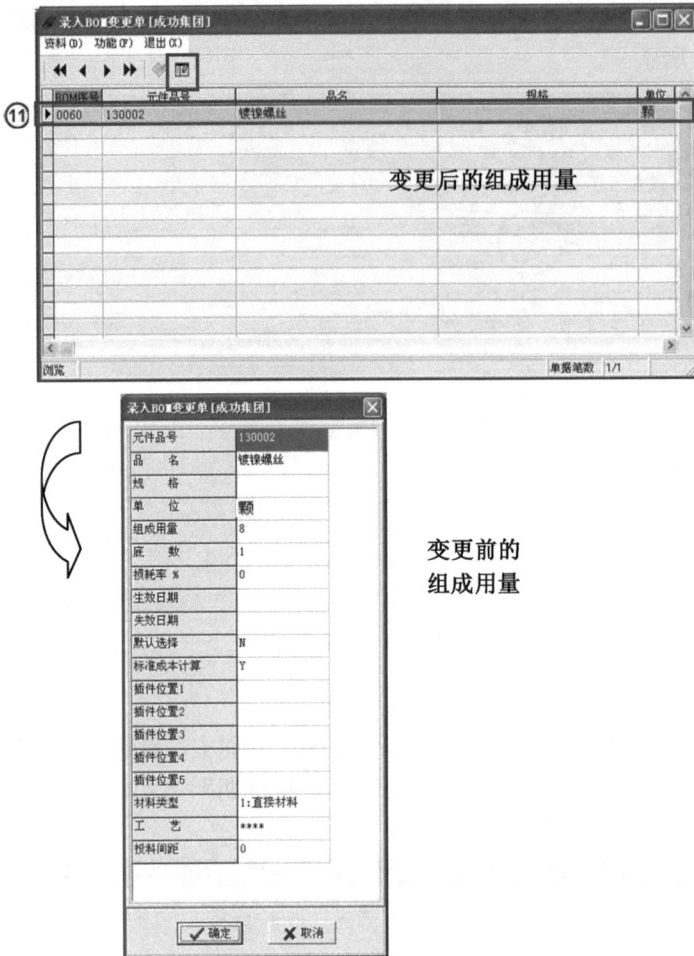

图 6.42　查询变更前的数据

步骤七：研发人员须将副本送交相关部门并留正本在本部门存查。

步骤八：研发人员须再执行"计算低阶码"作业以确保各品号低阶码的正确性。

6.5.3　批次变更

为了方便使用者更快捷且大批量地变更 BOM，系统提供了三支批次作业："重排元件顺序""整批变更元件"和"整批删除失效元件"。

1. 重排元件顺序

【目的】

将各主件材料用量信息中各组成元件的序号重新排列整理。当一主件的材料用量信息经过输入、更改、取消等更改后，可能生成序号有空号的现象或组成元件的序号顺序与其品号顺序不符的现象，可以利用本作业加以整理，生成 BOM 变更单。图 6.43 所示就是可以选择的两种排列方式。

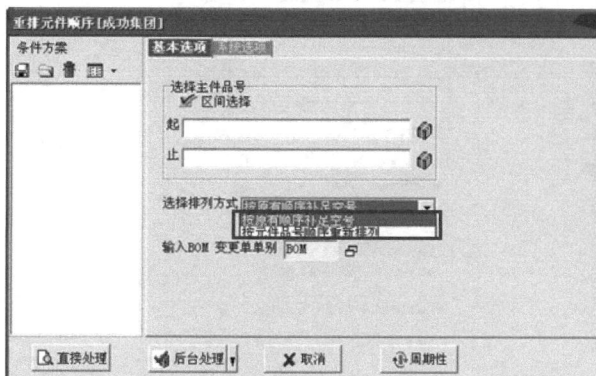

图 6.43　"重排元件顺序"界面

2. 整批变更元件

【目的】

第一，将各主件材料用量信息中的某一共享组成元件信息删除。

第二，将各主件材料用量信息中的某一共享组成元件更改为另一元件。

第三，将各主件材料用量信息中的某一共享组成元件信息，如"组成用量""损耗率""生效日""失效日"等字段做整批更改。

第四，将某一组成元件新增至各主件材料用量信息中。

图 6.44 所示为整批变更元件作业界面。

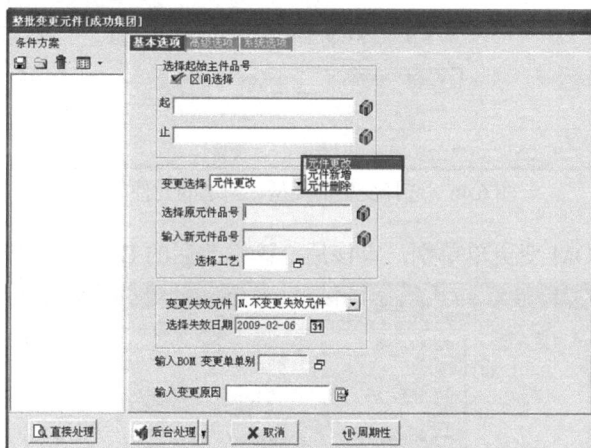

图 6.44　"整批变更元件"界面

【业务场景】

为了提供相机使用者的携带方便性，现需要在数码相机的配件中新增配元件——皮绳，故研发人员需要利用"整批变更元件"作业在所有型号的数码相机中新增 190017 皮绳元件。

【操作步骤】

步骤一：从系统主界面执行"产品结构子系统"｜"整批变更元件"作业，选择需要新增皮绳的所有主件品号，如图 6.45 所示。

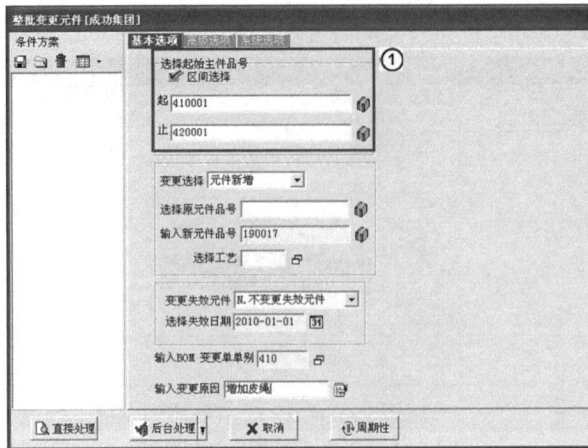

图 6.45　选择主件品号

步骤二： 选择变更的类型、新增的元件品号，如图 6.46 所示。

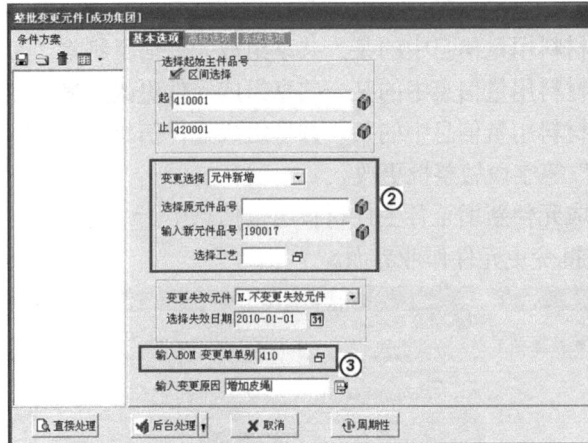

图 6.46　选择变更的类型、新增的元件品号

步骤三： 输入 BOM 变更单单别，审核后，该修改后的 BOM 才生效，如图 6.47 所示。

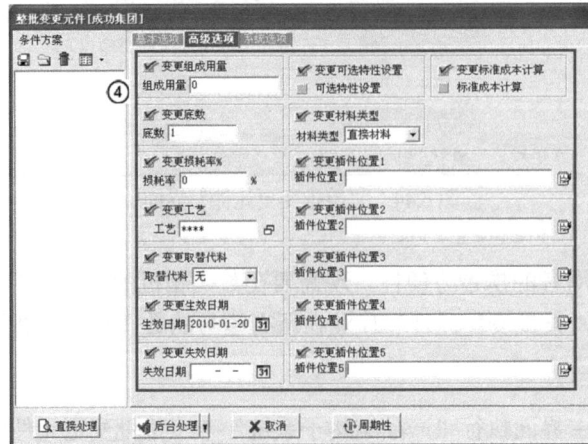

图 6.47　审核变更单单别

步骤四：输入新增元件的明细信息，包括组成用量，生效日期等，如图 6.48 所示。

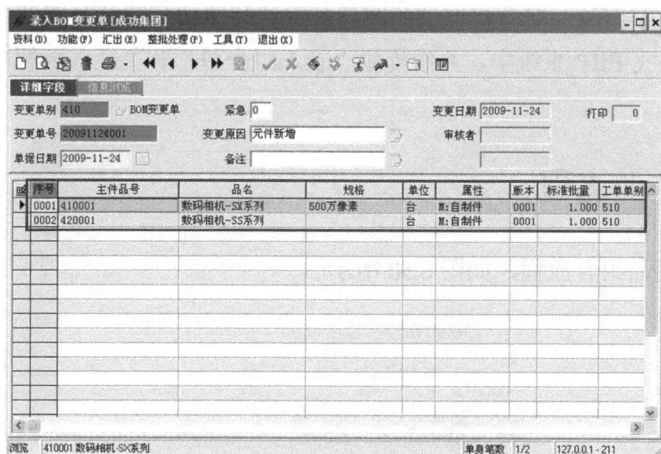

图 6.48   输入新增元件的明细信息

步骤五：当 BOM 变更单审核后，所有的相机都成功增加了新的元件，如图 6.48 所示。

3. 整批删除失效元件

【目的】

将各主件的材料用量信息中的失效元件信息予以整批删除用以节省保存空间，同时可使材料用量信息加以清理以免混杂难以阅览。图 6.49 所示为整批删除失效元件作业界面。

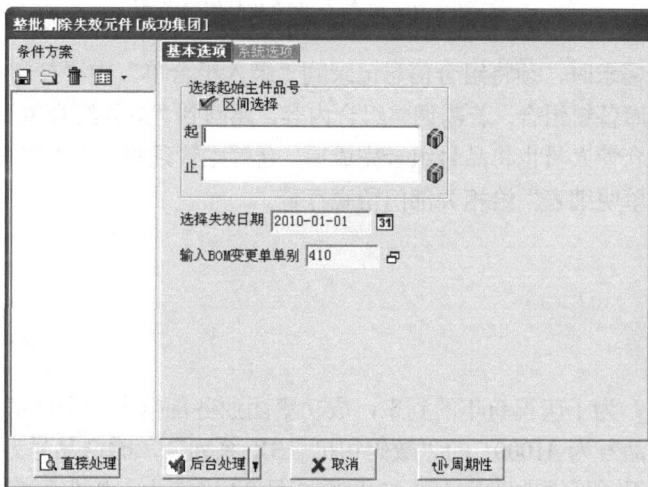

图 6.49   "整批删除失效元件"界面

6.6   组合与拆解管理

【目的】

对于较多买卖流通业的企业来说，为了进行商品买卖的促销，会在节假日将两件或两件以上的商品捆绑销售，例如将数码相机与镜头刷捆绑销售，以此方式来更好地推广商品，增加销售量；当日常销售时，又会将捆绑的商品进行拆分销售。这时就需要进行将商品组合和拆分的步骤，在易飞 ERP 系统中，系统提供"录入组合单"和"录入拆解单"来实现该流程的发生。

6.6.1 组合作业流程

一般企业的商品组合流程，如图 6.50 所示。

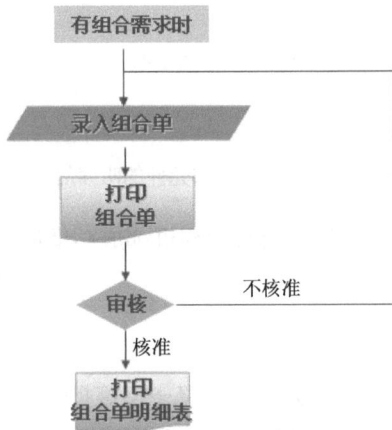

图 6.50 一般企业的商品组合流程

有商品组合需求时，须将组合信息记录到"录入组合单"中"打印组合单"后，交给主管审查并通知仓库备料组合，若需调整组合内容，要回到"录入组合单"中进行数据的修改。主管审查无误且仓管人员也将品号组合完成后，仓管主管须将"录入组合单"进行审核完成，后续打印"组合单明细表"给相关部门留底存查。

6.6.2 组合

【业务场景】

行销会议中，为了庆祝新年的到来，成功集团业务部拟定一个促销活动——相机促销礼包，促销商品是品号为 410001 的"数码相机—SX 系列"，赠送品号为 190018 的镜头刷，促销数量是 100 组，促销期间从 2 月 13 日至 2 月 20 日为止。故业务部门必须在系统中录入组合单。

【操作步骤】

步骤一： 从作业清单中执行"产品结构子系统"|"组合拆解"|"录入组合单"作业，进入"录入组合单"界面，单击"新增"按钮，开始输入组合单的信息。

【作业重点】

① 可直接输入"组合单单别"或按 F2 键开窗查询(须在"设置产品结构单据性质"中设

置好"单据性质=42:组合单单据"的组合单),由系统带出"单据日期"为系统日期,"组合单号"则依单据性质设定编号。输入成品品号即组合后的新产品,系统默认带出品名和规格,成品数量输入组合后的新商品数量,如图6.51所示。

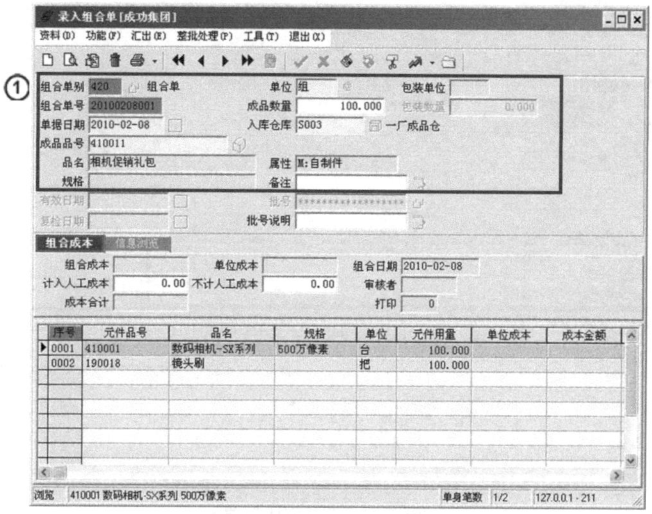

图 6.51 输入组合单信息

步骤二: 在单体中输入组合元件的信息。

【作业重点】

② 可直接输入或按 F2 键开窗选择需要组合的元件品号,品名、规格等信息会由系统默认带出,输入组合成品需要的元件数量,如图 6.52 所示。

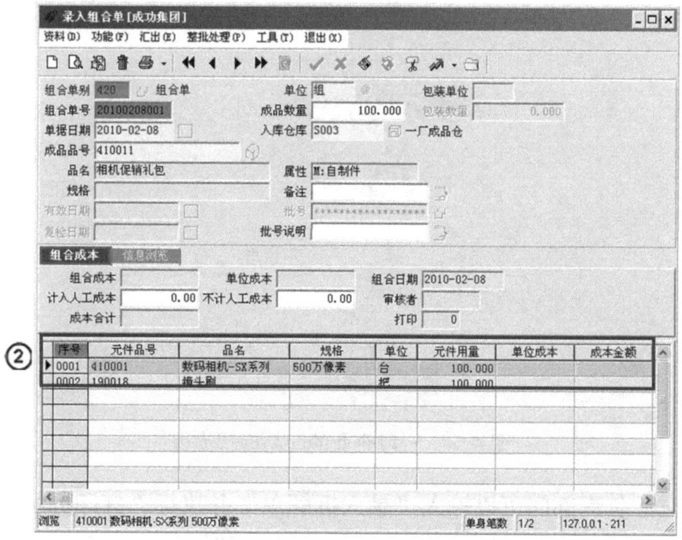

图 6.52 输入元件品号信息

步骤三: 审核组合单。

【作业重点】

③ 组合单审核,单体元件品号的单位成本由系统自动计算带出,并且计算元件的成本

金额，累加计算出组合成品的成本。根据单头输入的成品数量，计算出组合成品的单位成本。组合成品在库存中的数量增加，元件品号在库存中的数量减少。业务部门可以在促销活动期间，出售捆绑组合后的 410001 的相机促销礼包，如图 6.53 所示。

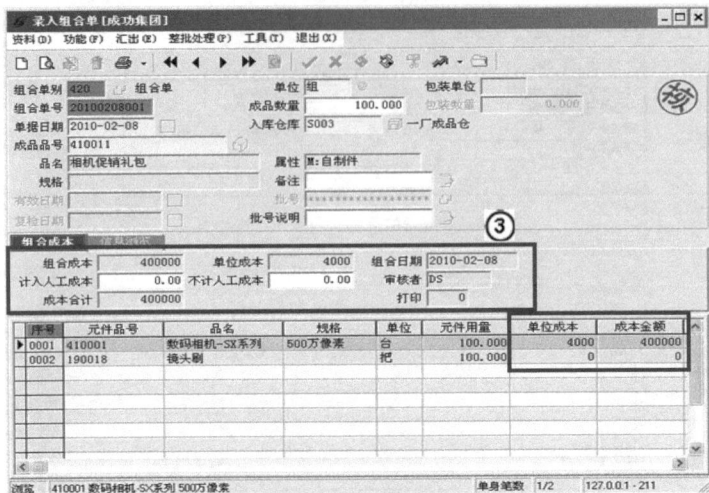

图 6.53　审核组合单

6.6.3　拆解作业流程

图 6.54 所示为一般企业的商品拆解流程。

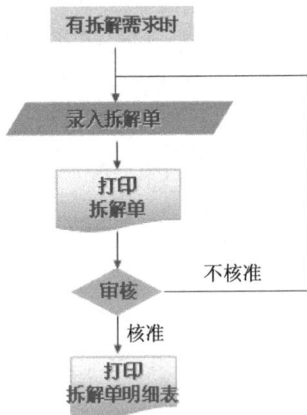

图 6.54　一般企业的商品拆解流程

有拆解需求时，负责部门可以输入"录入拆解单"并执行"打印拆解单"后，交给主管审查并通知仓库按照拆解单上的料件进行拆解。若需调整拆解单内容，要回到"录入拆解单"中进行数据的修改。拆解单完成，仓管人员将拆解后的料件个别入库，并由主管将录入拆解单做审核，负责单位可以打印"组合单明细表"给相关部门留底存查。

6.6.4　拆解

【业务场景】

新年过后，业务部统计"相机促销礼包"的销售数量，尚有 2 组未销售完毕，但活动已经结束，必须将已组合的商品进行拆解，恢复原来的个别销售。故业务部门必须在系统中录入拆解单。

【操作步骤】

步骤一：从作业清单中执行"产品结构子系统"｜"组合拆解"｜"录入拆解单"作业，进入"录入拆解单"界面，开始输入拆解单的信息。

【作业重点】

① 可直接输入"拆解单单别"或按 F2 键开窗查询(须在"设置产品结构单据性质"中设置好"单据性质=43:拆解单单据"的拆解单)，由系统带出"单据日期"为系统日期，"拆解单号"则依单据性质设定编号。输入成品品号，即需要拆解的新产品，系统默认带出品名和规格，成品数量输入拆解的商品数量，如图 6.55 所示。

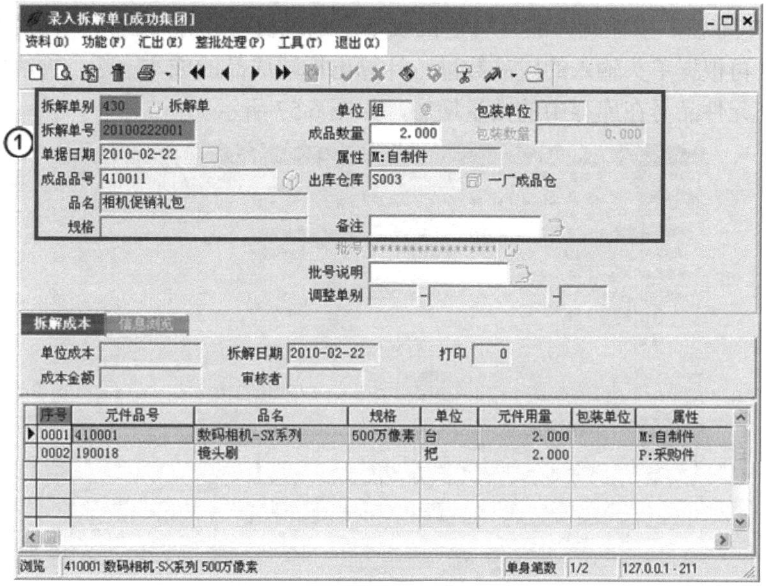

图 6.55　输入拆解单信息

步骤二：在单体中输入拆解元件的信息。

【作业重点】

② 直接输入或按 F2 键开窗选择要拆解的元件品号，品名、规格等会系统默认带出，输入拆解成品需要的元件数量，如图 6.56 所示。

步骤三：打印拆解单，由主管审核信息的正确性，无误后，打印拆解单交由仓管部进行商品的拆解及入库。同时通知仓管主管，将录入拆解单审核。

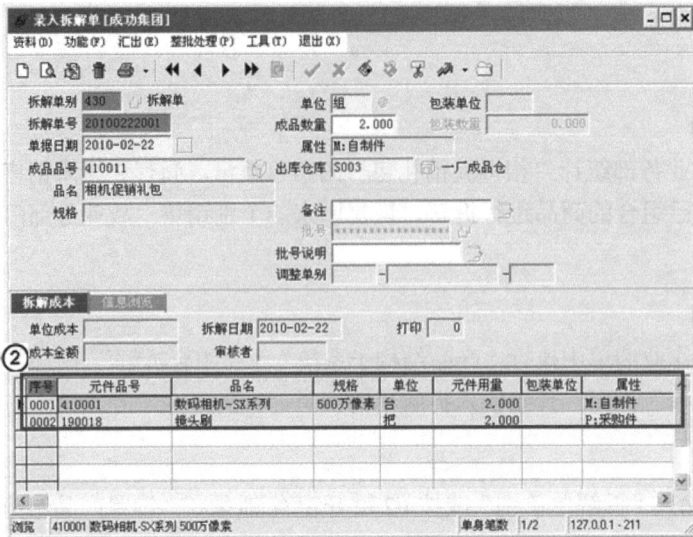

图 6.56　输入拆解单元件信息

【作业重点】

③ 拆解单审核，单体元件品号的单位成本由系统自动计算带出，并且累加计算出拆解成品的成本。再根据单头输入的成品数量，计算出拆解成品的成本金额。拆解成品在库存中的数量减少，元件品号在库存中的数量增加，如图 6.57 所示。

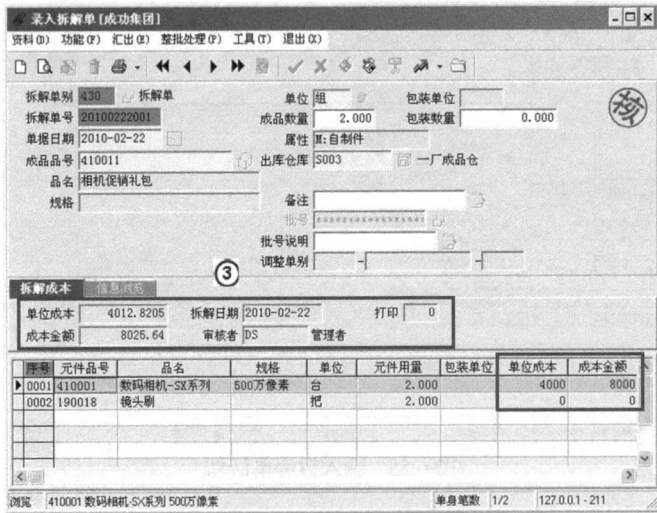

图 6.57　审核并打印拆解单

6.7　报表简介

易飞 ERP 产品结构子系统中的报表主要是"材料需求检视表"，以下是该表的功能讲解与操作说明。

【目的】

可将生产某一批量主件所需使用的材料数量及其库存可用量等信息打印成表。

【操作步骤】

步骤一： 在"材料需求检视表"界面上进行设置，然后单击"直接查询"按钮，如图 6.58 和图 6.59 所示。

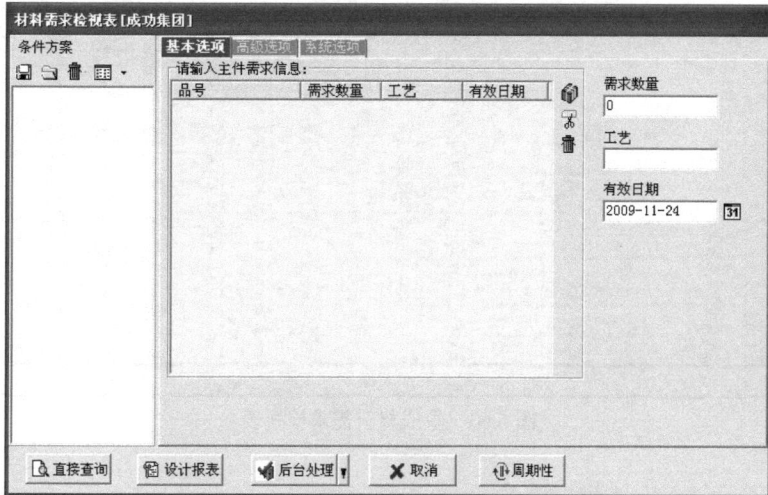

图 6.58　"材料需求检视表—基本选项"界面

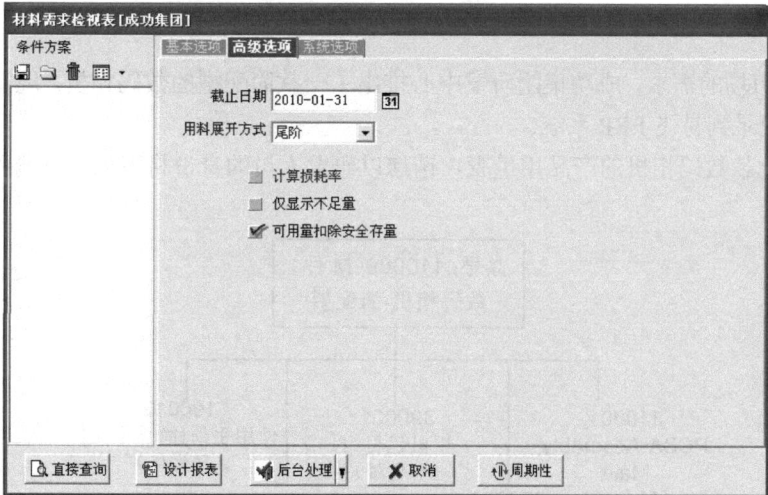

图 6.59　"材料需求检视表—高级选项"界面

步骤二： 生成报表，呈现主件及元件使用的材料数量及库存可用量信息，结果如图 6.60 所示。

图 6.60　生成材料需求检视表

课后习题

1. 顺应市场的需求，成功集团研发中心推出了一款简配型的数码相机，现需要将新产品的材料用量记录到易飞 ERP 系统。

以下是此款数码相机的产品用量表，请您以研发人员的身份将下列信息输入至系统中，并使其生效。

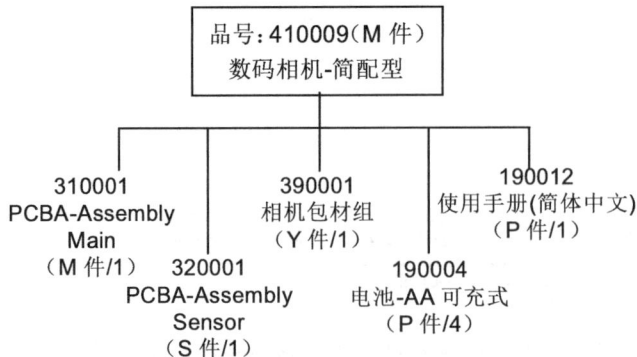

2. 成功集团研发中心在完成数码相机—简配型的 BOM 建立后，发现此款相机的电池待机时间稍短，因此现需要将其修改成 190003 电池—AAA 可充式。请您以研发人员的身份对 BOM 进行变更。

第7章
ERP生产管理：批次需求计划

本章以易飞ERP生产管理系统中的批次需求计划系统为例，从系统简介、基础设置、生成批次需求计划、需求计划的检核、需求计划的锁定、需求计划的发放、常用报表简介七个方面，详细阐述现代企业对于生产管理中批次需求计划的管理。

7.1 批次需求计划子系统简介

优良的生产排程计划及正确的料件供应，是制造业长期以来追求的目标，却也是制造业最困扰的两个问题。

优良的生产排程计划除了必须满足客户订单的出货外，还需要能兼顾工作中心的产能负荷状况，另外也能克服当采购或生产时间不能及时负荷接单出货的时间压力或是适应市场需求的变动。至于料件供应的部分，如果补充太多或太快，将造成闲置积压的现象；如果补充太少或太慢，则又将发生停工待料的状况，影响生产或出货的进度。因此，如何准确地计算出在什么时间需要多少数量的某种料件才能满足生产的需要又不造成闲置的现象，一直是制造业者努力追求的目标，而且目前市场的需求变动性大，产品的趋势是少量多样，产品的BOM变更用料又频繁，接单出货的前置时间也因环境关系被压缩才能提高竞争力等种种原因下，如何快速地计算及反应批次生产及物料供需的问题将是非常重要的。

在今天这种竞争激烈的商业环境下，谁能够有效地解决料件的供应问题，谁就掌握了制胜的条件。而易飞ERP的"批次需求计划系统"就是生产管理人员的最佳帮手，它可以用最少的时间，达到正确产生生产或采购计划的目的。

7.1.1 系统效益与特色

易飞ERP的采购管理子系统具有以下七个方面的系统特色。

第一，可依据不同的计划来源产生物料需求计划。可以自行定义供给和需求量的时间点，灵活按照各种物料需求状况进行设定。

第二，可透过"发放LRP工单"将生产计划生成正式的工单。

第三，可透过"发放 LRP 采购单"将采购计划生成正式的请购单或采购单。

第四，系统会记录计划的来源依据，保留详细的记录。

第五，可记录"计划批号"及计划的来源单号，作为后续跟催进度的依据。

第六，系统提供"需求计划基本信息检核表"，协助进行系统上线前的数据检核，提高上线效率。

第七，"批次需求计划系统"适用于以下情况。

- 处理紧急订单或插单的计划。
- 以源工单为生产依据的管制类型。
- 生产或采购计划需作来源追溯的作用。

7.1.2　系统构架与关联

图 7.1 所示是进入"批次需求计划系统"后的流程图，这是以作业设置的顺序所组成。也可在左边菜单上，看到各作业的分类，如"基础设置""批次需求计划""生产计划""采购计划""期末处理"。从这菜单上，大致可以了解系统管理的事务，我们将会陆续介绍各项作业的用法。

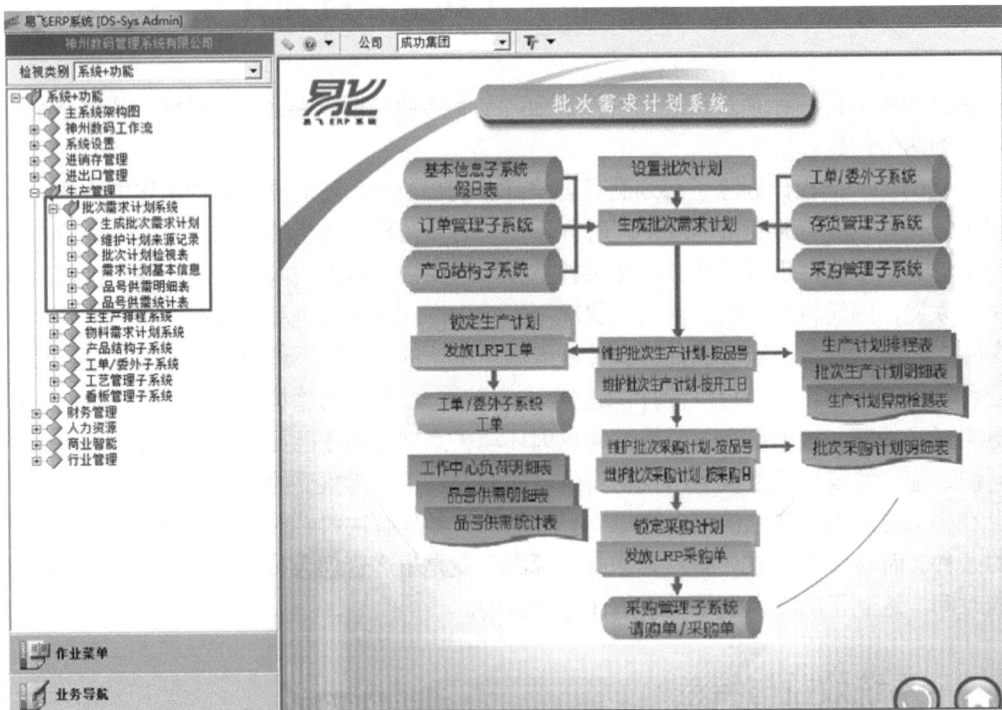

图 7.1　批次需求计划系统的系统架构

图 7.2 所示为批次需求计划系统与其他系统的关联。

第一，基本信息子系统

从作业清单中执行"批次需求计划系统"|"生成批次需求计划"作业设置"基本信息子系统"中的工厂信息、仓库信息及假日表信息。

第二，存货管理子系统

执行"批次需求计划系统"|"生成批次需求计划"作业，需同步设置"存货管理子系统"下"录入品号信息"中的库存可用量、安全存量、前置天数、批量、补货政策等信息。

第三，产品结构子系统

执行"批次需求计划系统"|"生成批次需求计划"作业时会根据 BOM 材料用量信息自动展算各品号的供需数量。

第四，销售管理子系统

"批次需求计划系统"可以根据订单来生成采购计划和生产计划。

第五，工单/委外子系统

"工单/委外子系统"的工单是 LRP 的来源之一，而批次需求计划系统的生产计划最终也可以发放成工单，另外委外工单还会自动带入委外供应商加工的价格。

第六，采购管理子系统

"批次需求计划系统"的采购计划最终可以发放成请购单和采购单。

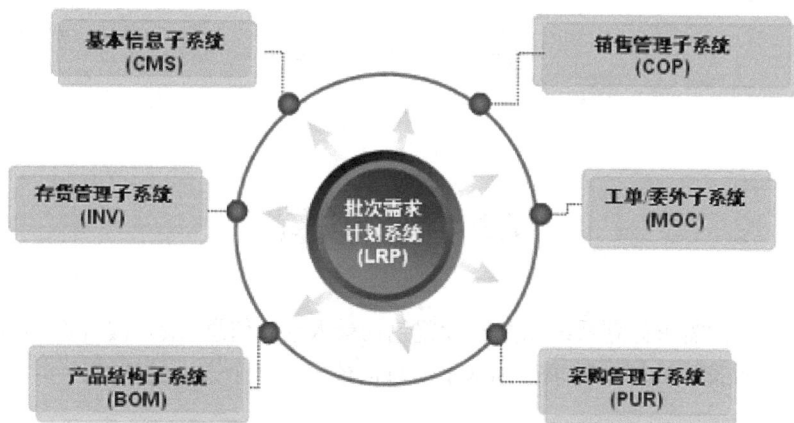

图 7.2　批次需求计划系统与其他系统的关联图

7.1.3　生产计划处理流程

如图 7.3 所示，易飞将生产计划处理分成 5 个步骤 4 个阶段来看：第一个阶段是前置数据的建置，例如仓库、企业假日表、品号、产品结构等信息；第二个阶段是计划产生的阶段，主要是指执行"生成批次需求计划"作业；第三个阶段是资料检核与调整，通过报表核对计划生产或采购数量是否有误，或者因实际情形在维护作业中调整生产或采购的数量；第四个阶段是把审核无误的计划锁定后，把要产生工单或采购单的品号勾选起来，就可以执行"发放"的动作，产生工单或请采购单了。利用系统来展算，只需要执行"生成批次需求计划"，系统就会自动算出相应采购或生产的数量，剩下来就只有核对及产生单据了。

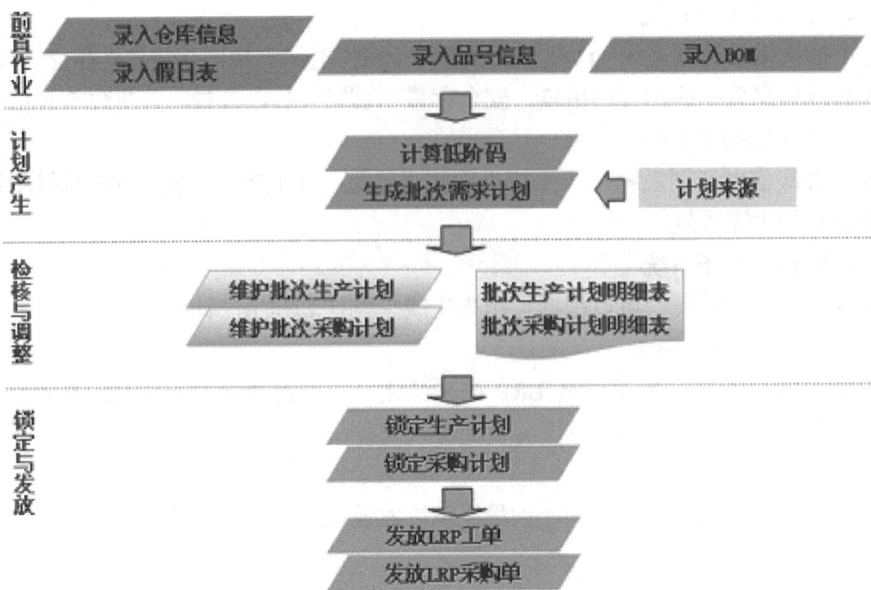

图 7.3　生产计划处理流程

7.2　基础设置

易飞 ERP 批次需求计划系统的基础设置包括录入仓库信息、录入假日表、录入品号信息、录入 BOM、设置批次计划、需求计划基本信息检核表这六个方面的内容。

7.2.1　录入仓库信息

【目的】

须检查"基本信息子系统"|"基础设置"|"录入仓库信息"作业中的仓库信息是否正确。特别是生产管理人员需要检查要纳入生产计算的仓库,是否有勾选"纳入可用量计算"选项,有勾选的仓库,其库存数量才会纳入计划作规划。千万别遗漏而影响可用量的正确性,明明仓库还有库存量,却没有纳入计划,而造成购买了多余的原材料,或是生产了多余的成品,这样就失去了使用"批次需求计划系统"的意义。图7.4所示为"录入仓库信息"界面。

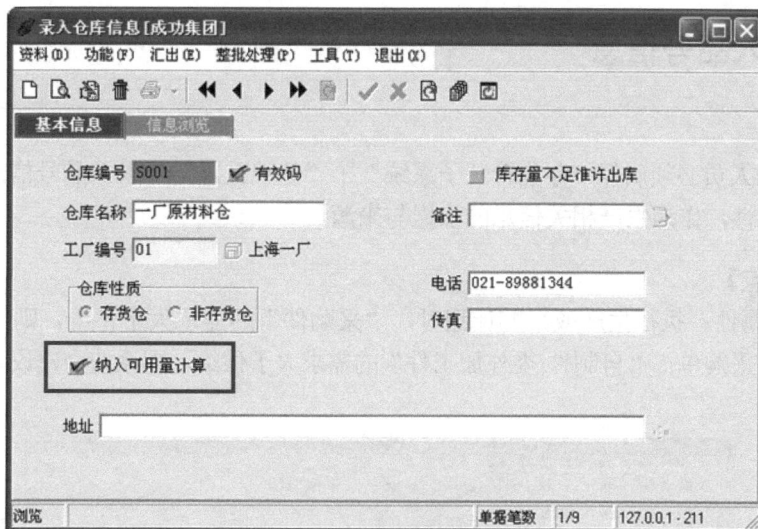

图 7.4 "录入仓库信息"界面

7.2.2 录入假日表

【目的】

确定"基本信息子系统"|"基础设置"|"录入假日表"作业中，是否有设定"行业别"为"1:企业"的假日表，因为生产计划将以此假日表作为推算需求及供给日期的依据。这项基础设置信息如果设置错误，影响会很大，例如计划日期错误，造成工作中心无法按照正确时间完工，而影响对客户的交货时间，进而影响企业的信誉。图 7.5 所示为"录入假日表"界面。

图 7.5 "录入假日表"界面

7.2.3　录入品号信息

【目的】

生产管理人员必须确保"存货管理子系统"｜"基础设置"｜"录入品号信息"作业中品号信息的正确性，作为生产相关信息的依据与来源。

【作业重点】

① 品号属性：执行生产或采购计划时，"采购件"的需求大于供给，则系统会建议生产管理人员下采购单；"自制件/委外加工件"的需求大于供给，则系统会建议开立工单，如图 7.6 所示。

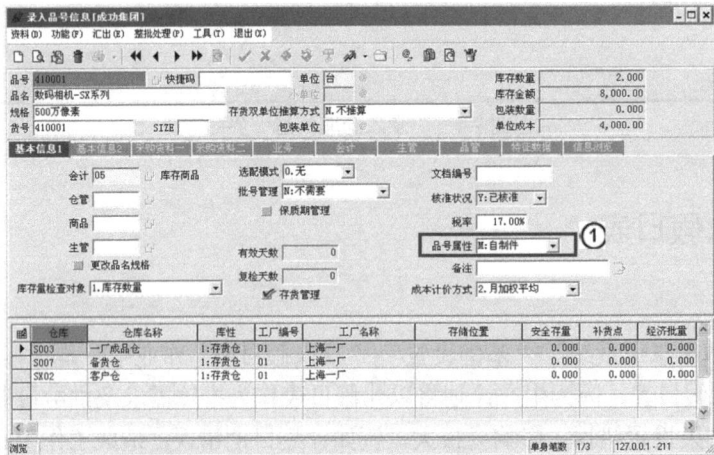

图 7.6　"录入品号信息—基本信息 1"界面

② 主要仓库：产生计划信息时一并产生此默认信息，如图 7.7 所示。

③ 低阶码：方便计算机运算统计，在计算生产或采购计划时展开 BOM 并控制的结束指标，须维护低阶码信息的正确性，生产管理人员可从作业清单中执行"产品结构子系统"｜"批处理"｜"计算低阶码"作业，如图 7.7 所示。

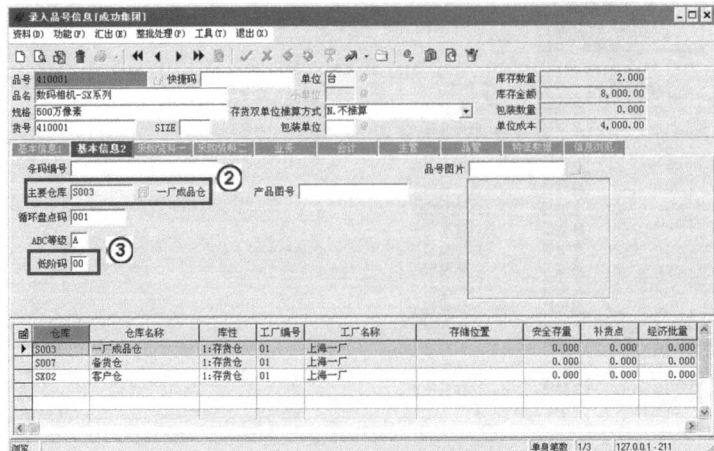

图 7.7　"录入品号信息—基本信息 2"界面

④ 采购人员：将需求发放到请/采购单时，可将特定采购人员负责的品号，发放给指定采购人员；主供应商：产生计划信息会一并产生此默认信息。如图 7.8 所示。

⑤ 补货政策：不同特性品号的库存补充方式不同(如按补货点)，若要执行生产计划，则补货政策可设为"L:按 LRP 需求"或"M:按 MRP 需求"，如图 7.8 所示。

⑥ 固定前置天数、变动前置天数、批量：对"采购件"而言，前置天数指的是"从下采购单到商品进料所需的天数"(采购天数)；对"厂内自制件及委外加工件"，则指"从领料投料生产一直到完工所耗用的天数"(生产天数)。固定前置天数指不管采购或生产数量多少都须耗用的时间；变动前置天数则会根据数量多少而改变，数量多则变动前置天数也多，如图 7.8 所示。

采购/生产天数＝固定前置天数＋变动前置天数×预计产量/批量

⑦ 最低补量：指的是"最低生产量"或"最少采购量"，如轮胎供应商因运输及制造成本因素，限定每次下采购单，一定至少要购买 10 个轮胎，因为低于 10 个，供应商将不生产不送货。补货倍量：某些料件在生产或采购时，碍于生产条件或包装方式的规定，必须以此量的倍数生产或采购，我们称之为"补货倍量"。如：供应商将 500 颗的螺丝包装成一包，不拆开分售，所以就会设定螺丝的"补货倍量"为 500。最低补量与补货倍量可搭配一起使用，假设某一料件的需求量为 1000PCS，若供应商针对该料件的包装方式为 24PCS 包成一盒，不拆开散卖，而且限定必须采购至少 1000PCS，则可将"最低补量"设定为"1000"，补货倍量设定为"24"。采购时必须下单 1008PCS(为 24 的倍数，同时符合至少采购 1000PCS)，才符合供应商的规定及包装的限制，如图 7.8 所示。

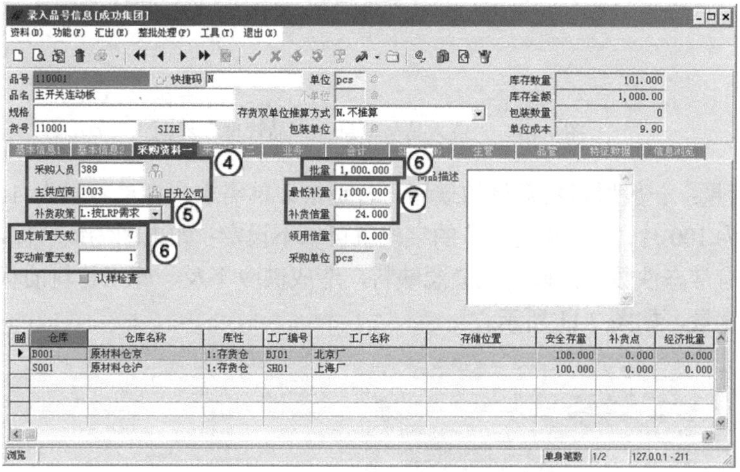

图 7.8　"录入品号信息—采购资料"界面

⑧ 工作中心：若为"自制件"或"委外加工件"才须输入，作为产生计划的默认信息。计划人员：若不同生产管理人员负责计划不同品号的生产或采购计划，可设定此字段，后续可作为"工单/采购发放"时的条件，如图 7.9 所示。

⑨ 检验天数：确认采购件、自制件或委外加工件的质量所耗用的检验时间，系统将计算出"采购/生产天数"＋"检验天数"，推算出需求的预计交货日及预计完工日，如图 7.10 所示。

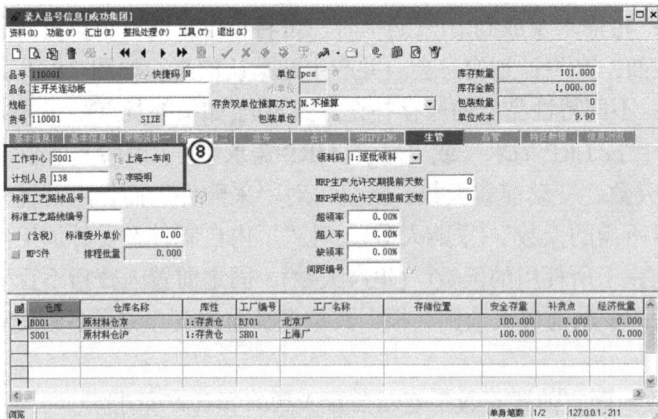

图 7.9 "录入品号信息—生产管理"界面

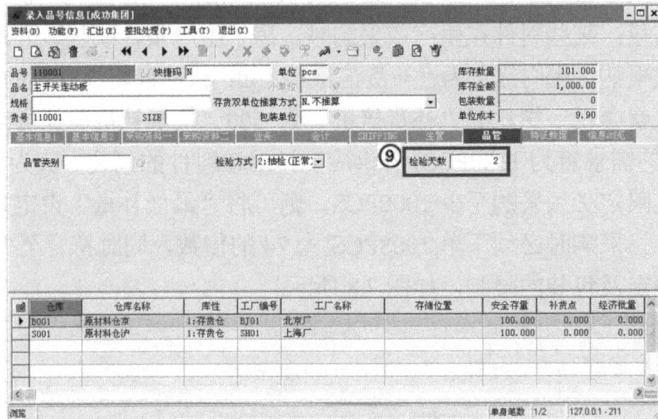

图 7.10 "录入品号信息—产品管理"界面

⑩ 安全存量：一般原材料数量的规划，若是依订单需求，订单数量为 100 片，则采购或生产数量就为 100 片，"安全存量"的字段就可以不设定；如果因为该料件常有异常发生，必须在仓库备有常态性数量，以防止紧急缺料，造成供应不及、停工待料的状况，则可设定该料件的安全存量，如图 7.11 所示。

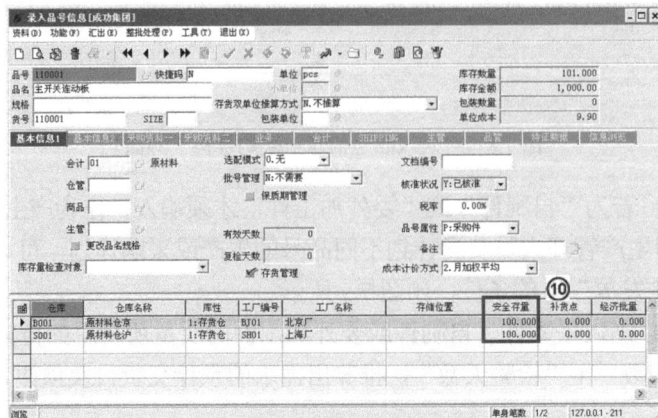

图 7.11 "录入品号信息—基本信息 1"界面

7.2.4　录入 BOM

【目的】

生产管理人员必须确认研发人员是否有将产品结构信息输入"产品结构子系统"|
"BOM"|"录入 BOM"作业中，以作为生产的信息来源依据。图 7.12 所示为"录入 BOM"
作业界面。

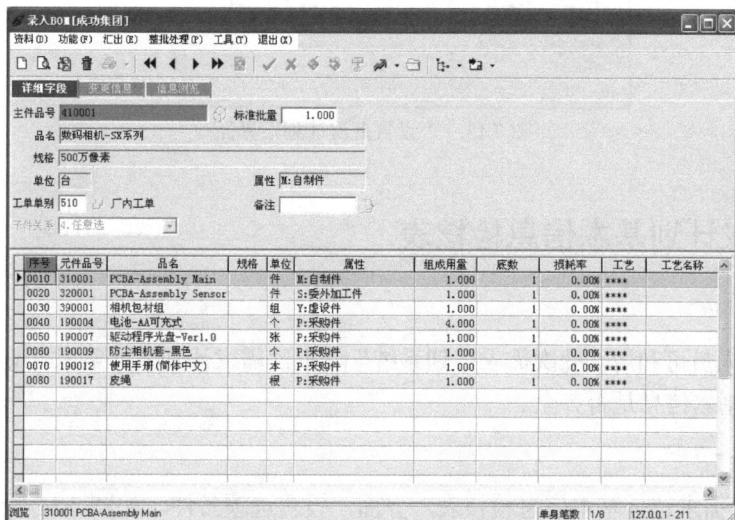

图 7.12　"录入 BOM"界面

【作业重点】

与"批次需求计划系统"相关的信息有：标准批量、工单单别、各用料的组成用量、底
数、损耗率、生失效日、投料间距，务必确实检查信息是否正确。

7.2.5　设置批次计划

【目的】

从系统主界面执行"批次需求计划系统"|"设置批次计划"作业，这作业主要是设置批
次计划在发放或是计算时的一些原则。图 7.13 所示为"设置批次计划"界面。

【作业重点】

① 选择将采购计划发放成"采购单"或是"请购单"。

② 净需求补货数量计算原则：以来源单据的数量作为衡量依据；有两种方式，可以根
据自己的需求进行选择，在净需求补货数量计算时是以不超出来源单据的数量为原则还是补
足来源单据外的需求数量。

③ 发放出来的采购单实际开单日，比"批次需求计划"展算的"预计采购日"晚时，
就要视为急单处理，急单就是在单据上备注"急料"，来提醒相关人员注意及跟催。"延迟
几天"需要将单据设为急单，请在这里设定；生产件开单日延迟也是一样的道理。

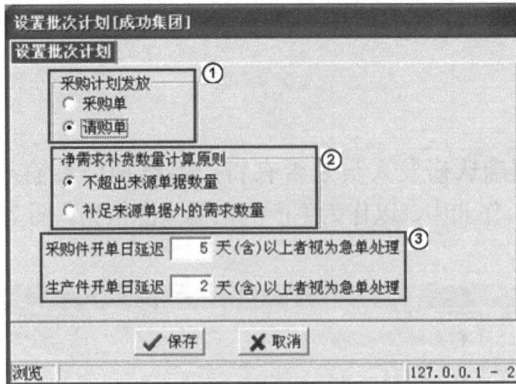

图 7.13 "设置批次计划"界面

7.2.6 需求计划基本信息检核表

【目的】

生产管理人员可利用"批次需求计划系统"|"批次需求计划"|"需求计划基本信息检核表"作业查看基本信息是否齐全。

【作业重点】

① 进入"需求计划基本信息检核表"界面，设置选项条件，如图 7.14 所示。

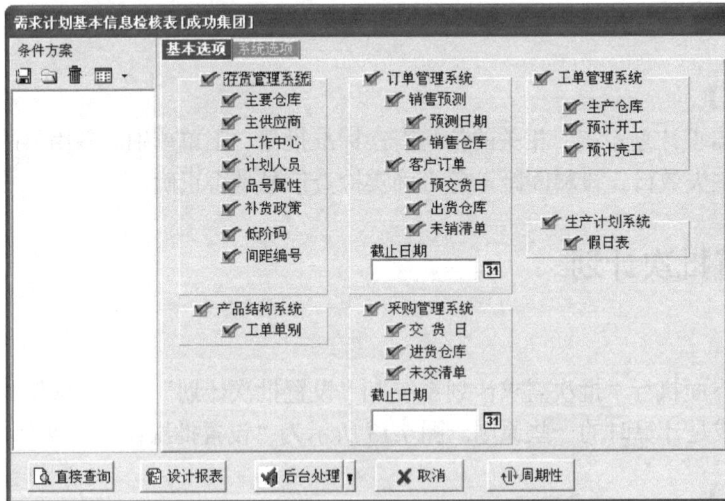

图 7.14 "需求计划基本信息检核表"界面

② 报表产出结果。"空白"表示数据不够完整，可能会影响生成的结果，所以必须要再去这个字段所属的作业下面，将数据维护完整，才不会影响到生产计划的结果，如图 7.15所示。

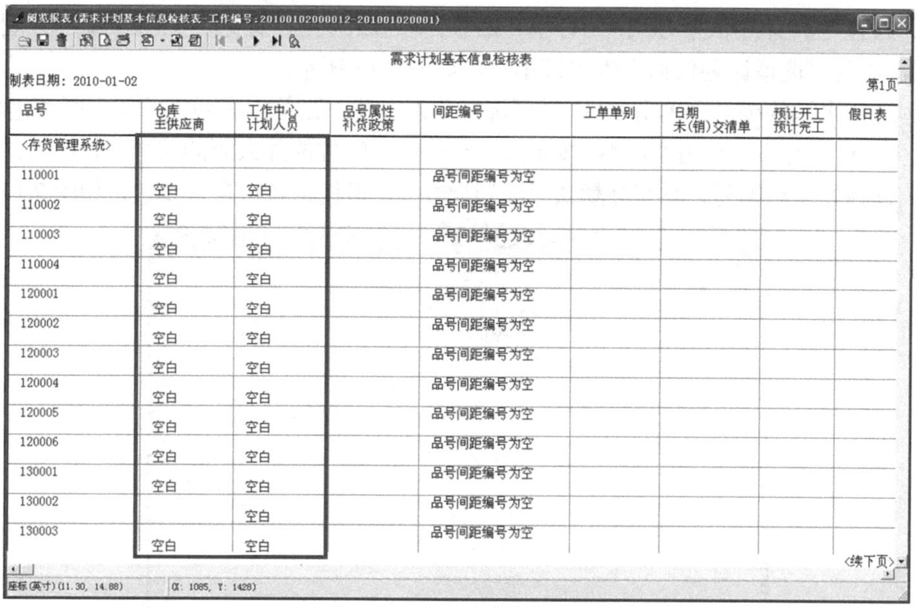

阅览报表(需求计划基本信息检核表-工作编号:20100102000012-201001020001)

需求计划基本信息检核表

制表日期：2010-01-02 第1页

品号	仓库 主供应商	工作中心 计划人员	品号属性 补货政策	间距编号	工单单别	日期 未(销)交清单	预计开工 预计完工	假日表
<存货管理系统>								
110001	空白	空白		品号间距编号为空				
110002	空白	空白		品号间距编号为空				
110003	空白	空白		品号间距编号为空				
110004	空白	空白		品号间距编号为空				
120001	空白	空白		品号间距编号为空				
120002	空白	空白		品号间距编号为空				
120003	空白	空白		品号间距编号为空				
120004	空白	空白		品号间距编号为空				
120005	空白	空白		品号间距编号为空				
120006	空白	空白		品号间距编号为空				
130001	空白	空白		品号间距编号为空				
130002		空白		品号间距编号为空				
130003	空白	空白		品号间距编号为空				

<续下页>

座标(英寸)(11.30, 14.88) (X: 1085, Y: 1428)

图 7.15 “需求计划基本信息检核表”界面

7.3 生成批次需求计划

【目的】

依据需求来源，由系统自动生成满足需求的生产计划与采购计划。

【业务场景】

成功集团生产管理部负责生产计划人员，针对预交日1月20日的订单执行生产计划及采购计划，计划产生后，随即将“计划批号”E-mail 生产管理部人员检视生产计划内容，以及采购部检视采购计划结果。

【操作步骤】

步骤一：为了确保生产及采购计划的正确性，生产管理人员须从作业清单中执行“产品结构子系统”|“批处理”|“计算低阶码”作业。若无发生 BOM 变更，可免去执行此步骤，如图 7.16 所示。

注意：

只要产品结构是新增或遇有 BOM 变更，都须执行此作业。

步骤二：确认低阶码无误后，从作业清单中执行“批次需求计划系统”|“批次需求计划”|“生成批次需求计划”作业，如图 7.17 所示。

【作业重点 1】

① “选择工厂”为“上海一厂”，需求计划是分厂计算的，如图 7.17 所示。

② 共有 5 种计划依据方式：1.订单、2.工单、3.LRP 生产计划、4.MPS 生产计划、5.销售预测，本例"选择计划依据"为"订单"，如图 7.17 所示。

③ 选择来源的编号：单击 F2 键只可选择单别，若一张单据有两笔信息，则两笔信息都会纳入生产计划计算。单击 F3 键可按单别、单号以及序号选择来源的信息。如图 7.17 所示。

④ 选择好来源编号，系统会默认"计划批号"，但使用者可自行修改，如图 7.17 所示。

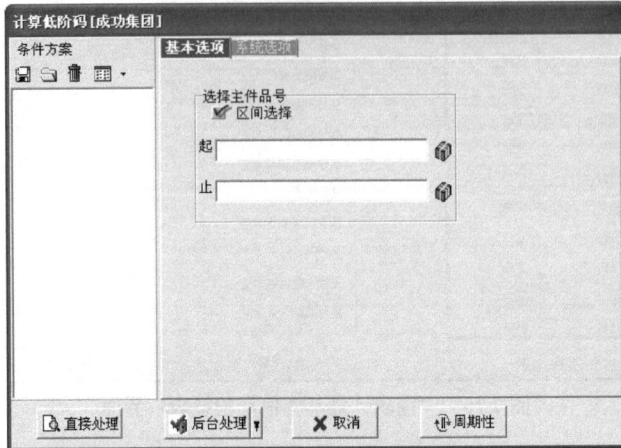

图 7.16　"计算低阶码"界面

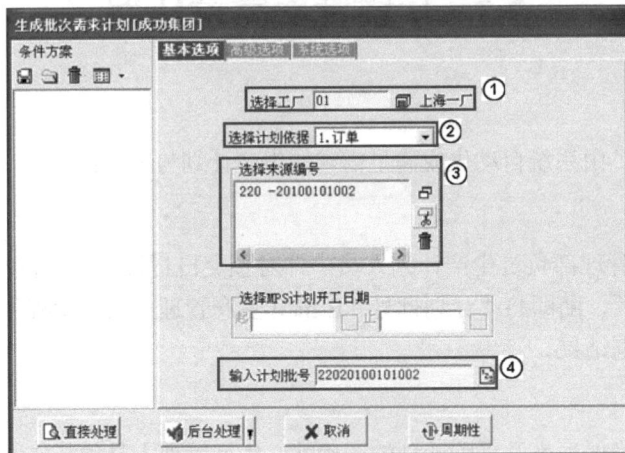

图 7.17　"生成批次需求计划"界面

【作业重点2】

⑤ 选择仓库：可指定要将哪一个仓库的可用量纳入计划考虑，若不特别指定，系统会将该工厂中勾选"纳入可用量计算"的仓库都纳入计算，如图 7.18 所示。

⑥ 选择补货政策：指品号在"存货管理子系统"|"基础设置"|"录入品号信息"作业中的"补货政策"，可选择"按 MRP 需求"或"按 LRP 需求"或"全部(指按 MRP 及 LRP 需求)"，如图 7.18 所示。

【作业重点3】

⑦ 批次需求计算方式，如图 7.19 所示。

- 净需求：依目前需求来源品号的现有库存量及九大量的考虑，计算出净需求量。例如：毛需求量为 100，现有库存量为 20，则净需求量为 80，产生计划需求量为 80。

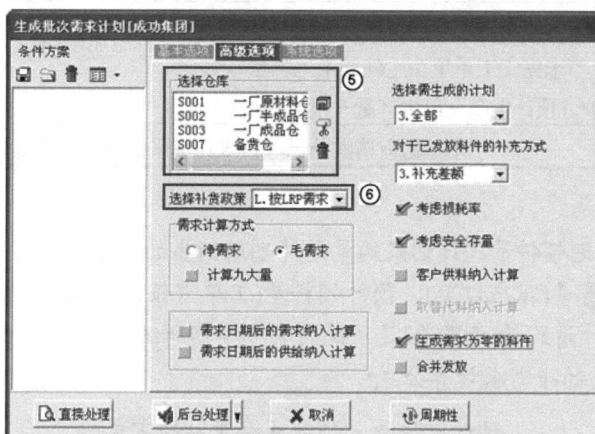

图 7.18　"生成批次需求计划"界面 1

- 毛需求：依目前需求来源品号的需求量，直接以 BOM 用料产生计划需求量，不考虑九大量及现有库存量。

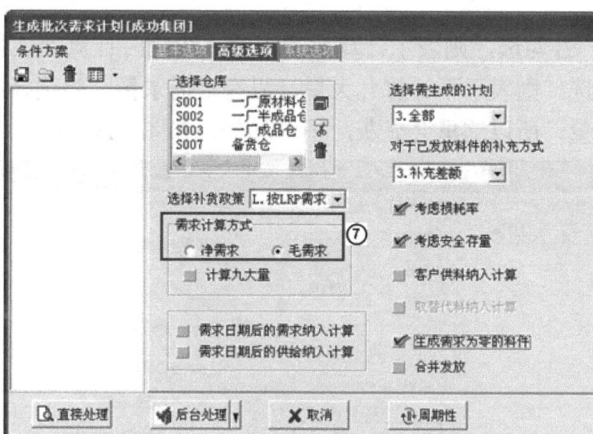

图 7.19　"生成批次需求计划"界面 2

表 7.1 所示为批次需求计划中九大量项目及说明。

表 7.1　批次需求计划中九大量的说明

九大量项目	说明
计划销售量	未实现的销售预测量(预测数量－已受订量)
计划领料量	相关需求的料件需求量(生产计划档上阶主件的元件需求量)
预计销售量	未结束订单的未销货数量 (订单数量＋赠品量－已交数量－赠品已交量)
预计领料量	未完工工单单体料件的应领未领料量(需领用量－已领用量)
计划生产量	生产计划内的预计生产量(生产计划档的生产数量)
计划采购量	采购计划内的预计采购量(采购计划档的采购数量)

(续表)

九大量项目	说明
预计进货量	未结束采购单的未进货量(采购数量—已交数量)
预计生产量	未完工工单单头主件的未生产量 (预计生产—已生产量—报废数量)
预计请购量	未更新的请购数量(请购单已审核未转成采购单的请购数量)

注意:

计划生产量、计划领料量、计划采购量是计划所衍生的数量,而其他数量如计划销售量(销售预测)、预计销售量(客户订单)、预计领料量(工单需领)、预计进货量(采购单)、预计生产量(工单产出)及预计请购量(请购单)是系统内实际单据所统计出来的数量。

计划生产/采购量的净需求计算公式:

$$预计出库量-预计库存量=净需求$$

其中,预计出库量包括:计划销售、计划领料、预计销售、预计领料;预计库存量包括:现有库存量、计划生产、计划采购、预计进货、预计请购、预计生产。

【作业重点4】

⑧ 计算九大量:若勾选,则表示计算毛需求时,也同时计算九大量,但是不参与最后的计划计算。若不勾选,则表示不计算九大量,只有毛需求量。当选择净需求时,本身计算逻辑中必须计算九大量,所以这里会显灰,不可选择,如图7.20所示。

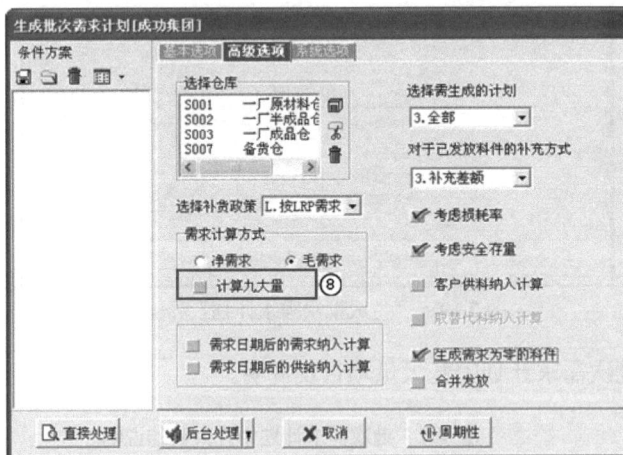

图7.20 "生成批次需求计划"界面3

【作业重点5】

⑨ 需求日期后的需求纳入计算/需求日期后的供给纳入计算,如图7.21所示。若勾选,则表示在考虑日期因素下,料件需求日期之后的九大量纳入计算。若不勾选,则表示不考虑日期因素,料件需求日期之后的九大量不纳入计算。

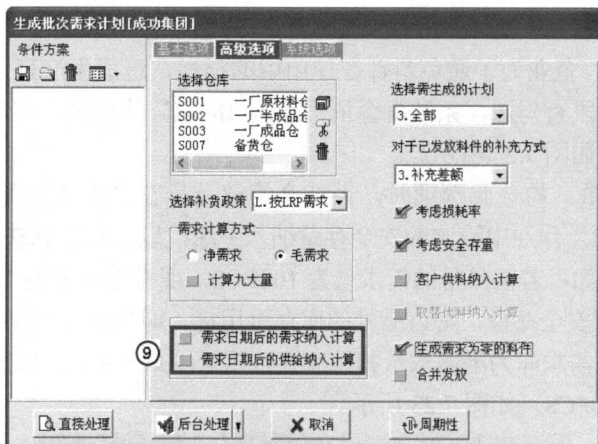

图 7.21 "生成批次需求计划"界面 4

例如：某料件 1 月 30 日的净需求为 100PCS，若不勾选"需求日期后的供给纳入计算"，则表示 1 月 30 日的供给量 80PCS 无法应急(如无法将需求日期后的供给提前考虑)，所以需求日期之后的九大量不纳入计算，建议生产/采购量为 100PCS(悲观想法)。若勾选"需求日期后的供给纳入计算"，表示 1 月 30 日的供给可应急(如可将需求日期后的供给提前考虑)，需求日之后的九大量将纳入计算(乐观想法)。

⑩ 选择需生成的计划：提供"1.生产计划""2.采购计划""3.全部"三种计划方式。若选择"全部"，则针对品号信息中主要来源为采购件者，产生采购计划；主要来源为自制件或加工件者，也同时产生生产计划。如果零件是属于尾阶用料，要产生采购计划前，一定要先有生产计划。如图 7.22 所示。

⑪ 对于已发放料件的补充方式，仅对"毛需求"的计算方式有用。不再补充：相同计划来源的品号，若存在于工单或请/采购单，则不产生计划(即已发放者不再补充)。重新补充：不管相同计划来源的品号是否存在于工单或请/采购单，都一律需产生计划。补充差额：相同计划来源的品号，若存在于工单或请/采购单，则仅需产生计划量的差额数。例如：原订单来源需求为 100PCS，已产生计划且发放工单为 100PCS，因订单变更为 120PCS，再次按相同订单来源产生需求时，只会产生差额数 20PCS。如图 7.22 所示。

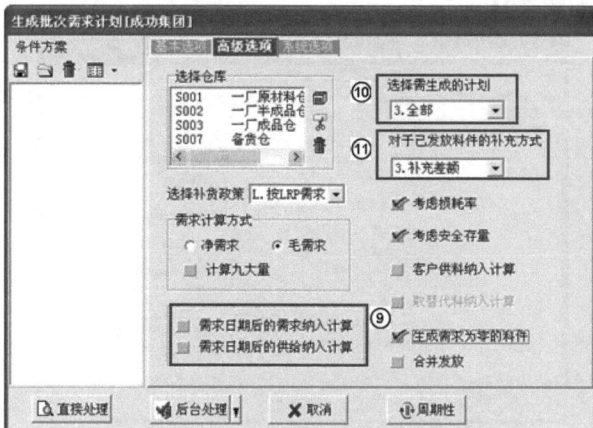

图 7.22 "生成批次需求计划"界面 5

【作业重点6】

⑫ 考虑损耗率：企业为了避免料件在使用中的损耗，造成生产延迟，所以会设定"损耗率"，如果这个字段有勾选，系统就会依"录入 BOM"的设定，自动在生产计划中带出"损耗率"默认值，如图 7.23 所示。

⑬ 考虑安全存量：勾选此选项时，系统会将该品号在"存货管理子系统"|"基础设置"|"录入品号信息"作业中设定的安全存量纳入考虑，以防止紧急缺料，造成供应不及，停工待料的状况。例如：若某品号的需求量为100PCS，现有库存量为120PCS，安全存量设定为50PCS，若考虑安全存量，则该品号的库存可用量，即为现有库存量减安全存量(120－50＝70PCS)，所以净需求即为毛需求量扣掉库存可用量(100－70＝30PCS)，即系统会建议该品号须采购或生产30PCS，如图 7.23 所示。

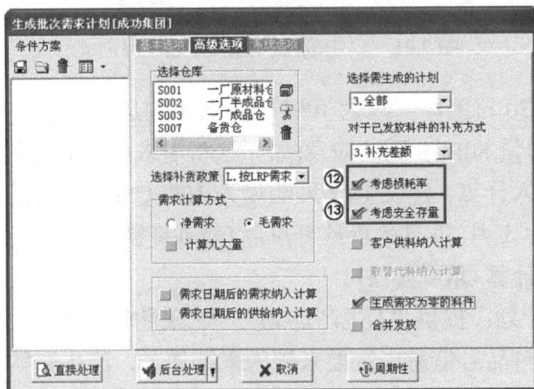

图 7.23 "生成批次需求计划"界面 6

【作业重点7】

⑭ 客户供料纳入计算：若企业是委外供应商，所需原料须向客户提领(或部分由客户供料)，则可勾选此选项，系统会根据"产品结构子系统"|BOM|"录入 BOM"作业中，该料件"材料类型＝客户供料"的计划计算出来，方便向客户统计提领，如图 7.24 所示。

⑮ 生成需求为零的料件：在生成净需求时，如果毛需求量小于库存可用量，即不需要生成该料件，如果勾选此选项，那么该料件还会显示，但数量为 0，如果不勾选，则该料件不会在计划中显示，如图 7.24 所示。

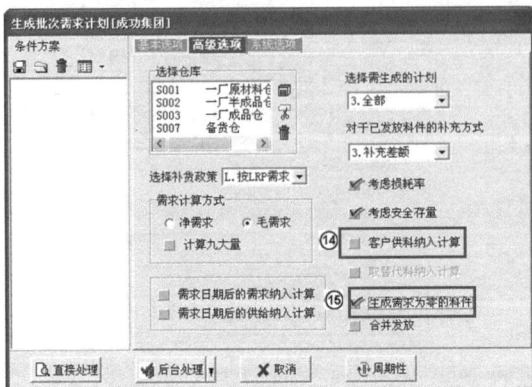

图 7.24 "生成批次需求计划"界面 7

7.4 需求计划的检核

易飞 ERP 批次需求计划系统中对于需求计划的检核包含对于"批次生产计划明细表"
"批次采购计划明细表""维护批次生产计划—按品号"以及"维护批次采购计划—按品号"
四个项目的检核。

【目的】

当系统产生计划后，生产管理人员可用以下两种方式查看执行的结果。

第一，打印"明细表"查看信息。

第二，开启维护作业，在计算机屏幕上查看信息。

7.4.1 批次生产计划明细表

【目的】

可以将生产计划明细信息按计划批号打印成表。

【业务场景】

生产管理人员将计划生成后，可通过"批次生产计划明细表"来查看具体信息。

【操作步骤】

步骤一：在"批次生产计划明细表"界面上进行设置，然后单击"设计报表"按钮，如
图 7.25 和图 7.26 所示。

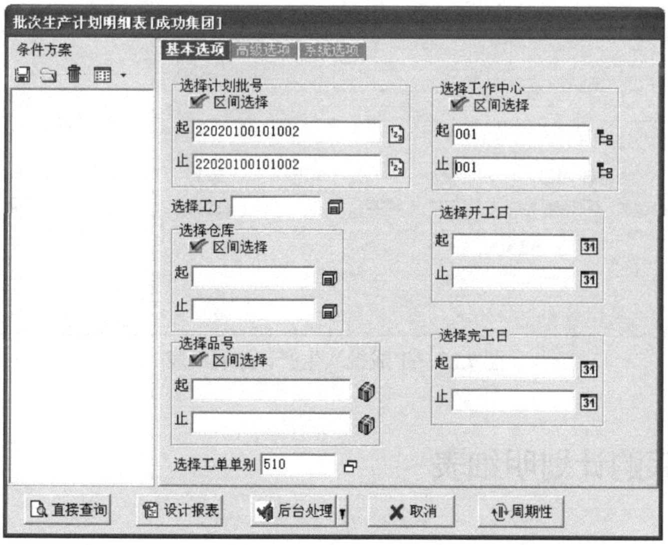

图 7.25 "批次生产计划明细表—基本选项"界面

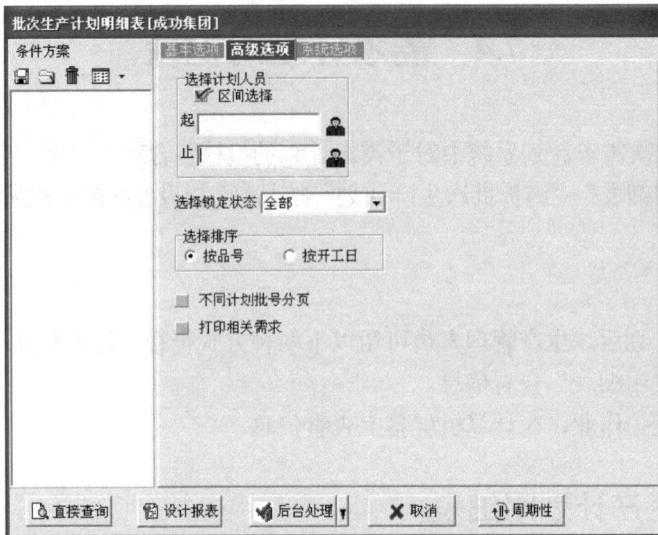

图 7.26 "批次生产计划明细表—高级选项"界面

步骤二：生成报表，结果如图 7.27 所示。

图 7.27 生成批次生产计划明细表

7.4.2 批次采购计划明细表

【目的】

可以将采购计划明细信息按计划批号打印成表。

【业务场景】

采购人员通过"批次采购计划明细表"来查看具体信息。

【操作步骤】

步骤一： 在"批次采购计划明细表"界面上进行设置，然后单击"设计报表"按钮，如图 7.28 和图 7.29 所示。

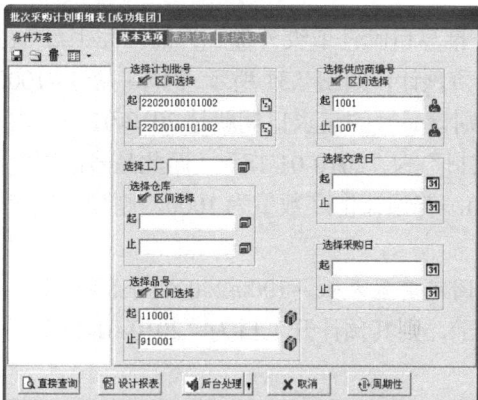

图 7.28 "批次采购计划明细表—基本选项"界面　　图 7.29 "批次采购计划明细表—高级选项"界面

步骤二： 生成报表，结果如图 7.30 所示。

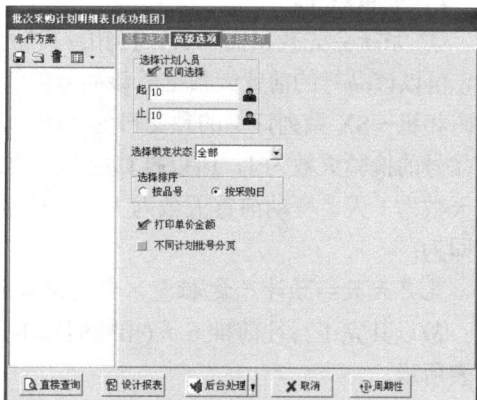

图 7.30 生成批次采购计划明细表

7.4.3 维护批次生产计划—按品号

【目的】

可以将已生成的批次生产计划或采购计划信息以品号的方式来查询、更改、删除其生产计划信息。

【业务场景】

生产管理人员将计划生成后，可通过"维护批次生产计划—按品号"来查看具体信息。

【操作步骤】

从系统主界面执行"批次需求计划系统"｜"维护批次生产计划—按品号"作业。

【作业重点1】

① 系统会先找出需求日,再扣掉检验天数,推算自制件或委外加工件的"完工日"(预计),再以该品号的前置天数推算该品号的"开工日"(预计),如图7.31所示。例如:品号410001数码相机—SX系列订单的预交日为2010-02-20,则该品号的需求日期就是2010-01-19,由于该品号的检验天数为1,所以推算出其"预计完工日"为"2010-01-18";而此品号的固定前置天数为1天、变动前置天数为1天、批量为200,若预计生产数量为1000,则预计生产天数即为:

生产天数＝预计产量/批量×变动前置天数＋固定前置天数＝1000/200×1＋1＝6天

故以其完工日往前推6天(扣除假日1月17日),则其预计开工日为"2010-01-11",如下表所示。

2010 年 01 月						
日	一	二	三	四	五	六
					1	2
3	4	5	6	7	8	9
10	11	12	13	14	15	16
17	18	19	20	21	22	23
24	25	26	27	28	29	30

注:星期日放假

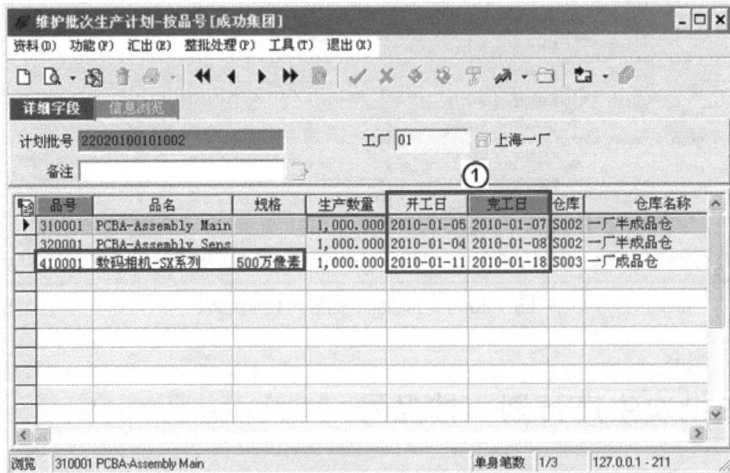

图7.31 "维护批次生产计划—按品号"界面1

【作业重点2】

② 系统会默认带出该品号在"录入品号信息"作业中的主要仓库,如图7.32所示。

③ 系统会根据执行计划时的条件计算出各品号的预计生产数量,如图7.32所示。影响

条件如下。

- 采纳 "净需求" 或 "毛需求" 的计算方式。
- 考虑安全存量。
- 需求日期后的供给和需求纳入考虑。
- 已发放料件的补充方式。

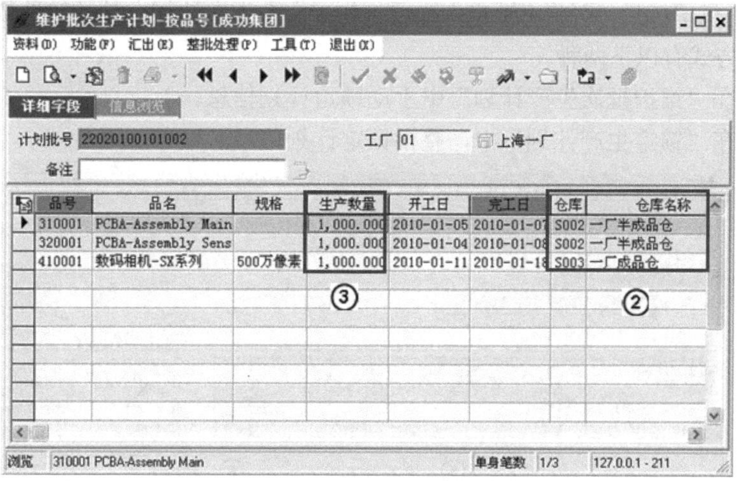

图 7.32　"维护批次生产计划—按品号" 界面 2

若选择 "批次需求计算方式＝净需求或毛需求(且有勾选'计算九大量')"，可在 "生产数量" 字段按 F2 键查看各数量信息，如图 7.33 所示。

图 7.33　"查询库存可用量" 界面

【作业重点 3】

④ 系统默认发放生产计划的工单，是此自制件在 "产品结构子系统" | BOM |"录入 BOM"作业中预设的 "工单单别"；若要发放成另一张工单，可在本作业修改。如图 7.34 所示。

⑤ 系统会默认带出该品号的委外供应商或工作中心，如图 7.34 所示。

● 厂内自制件：默认"录入品号信息"的"工作中心"为此品号的工作中心，可修改。

● 委外加工件：默认"录入品号信息"的"主供应商"是此品号的委外供应商，可在此作业变更修改。如果委外供应商在"工单委外子系统"有委外价格信息时，也会默认在此带出委外单价。

⑥ 生产信息审核后，可将"锁定"选项打勾，作为生产计划发放的筛选依据，如图 7.34 所示。锁定的方式有以下两种。

第一，可在"维护批次生产计划"中手动锁定计划信息。

第二，可在"锁定生产计划"中，整批锁定计划信息。

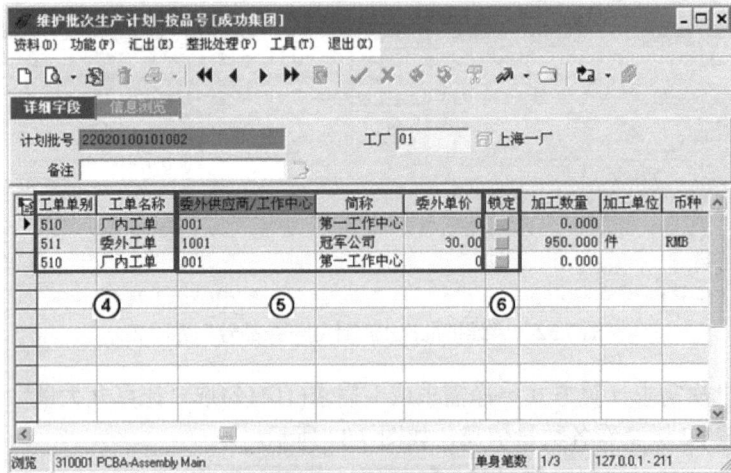

图 7.34 "维护批次生产计划—按品号"界面 3

⑦ 可查看每一笔生产计划的依据及来源，如图 7.35 所示。

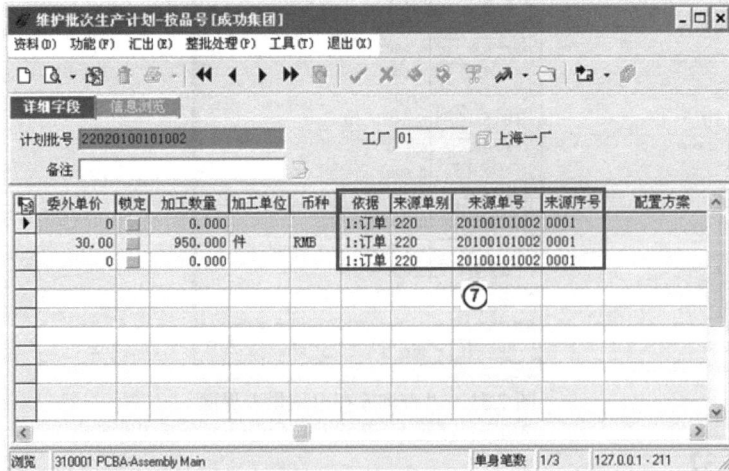

图 7.35 "维护批次生产计划—按品号"界面 4

⑧ 在本维护作业中，可单击单体左上角查看该自制件的用料信息，如图 7.36 所示。

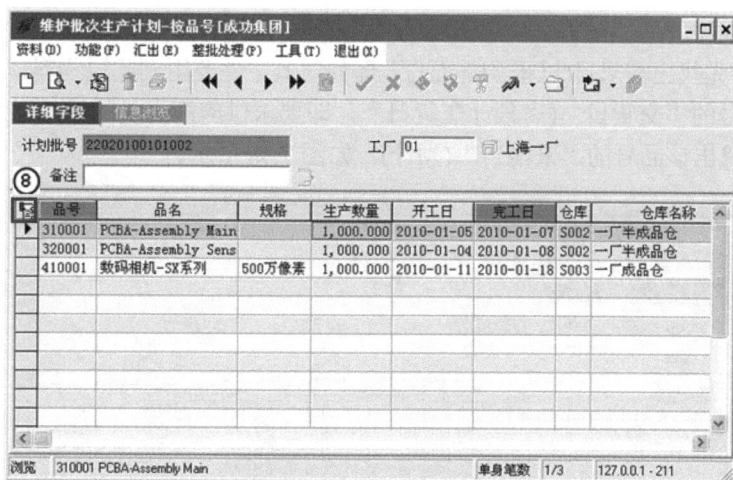

图 7.36　"维护批次生产计划—按品号"界面 5

单击单体左上角按钮可查看该自制件的用料信息，如图 7.37 所示。

⑨ 其用料的"预计领料日"推算，是根据该自制件的"预计开工日"，再加上该用料在"录入 BOM"的"投料间距"设定算出的，如图 7.37 所示。

预计领料日＝预计开工日＋投料间距

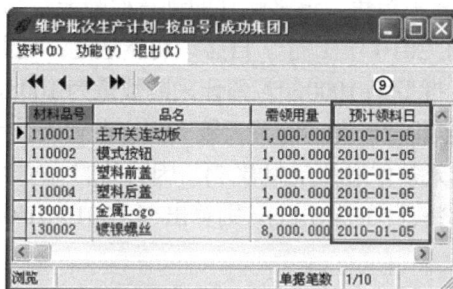

图 7.37　"维护批次生产计划—按品号"界面 6

7.4.4　维护批次采购计划—按品号

【目的】

可以将已生成的批次生产计划或采购计划信息以品号的方式来查询、更改、删除其生产计划信息。

【业务场景】

采购人员通过"维护批次采购计划—按品号"来查看具体信息。

【操作步骤】

从系统主界面执行"批次需求计划系统"｜"维护批次采购计划—按品号"作业。

【作业重点 1】

① 系统会先找出需求日(以采购件而言，即何时其主件要用到此原物料)，再扣掉检验天数，推算此品号的"交货日"("预计交货日"，即要求供应商送货的日期)，再以该品号的前置天数，推算出该品号的"采购日"(预计)，如图 7.38 所示。

图 7.38 "维护批次采购计划—按品号"界面 1

例如：成品 410001 数码相机—SX 系列须于 2010 年 1 月 11 日预计开工，这个产成品会用到料号 190009 防尘相机套—黑色，该采购件的进货检验天数为 2 天，所以推算扣除 1 月 10 日休假日，原料供应商在 2010 年 1 月 7 日必须将货送达；而此品号的固定前置天数为 2 天、变动前置天数为 1 天、批量为 1000，若预计采购数量为 1008，则预计生产天数即为：

采购天数＝预计采购量/批量×变动前置天数＋固定前置天数＝1008/1000×1＋2＝4 天

由于 1008/1000=1.008(无条件进位至整数 2)，因另外的 8PCS 为下一批量数。故以其预计交货日往前推 4 天(须扣除假日 1 月 3 日)，则算出在"2010-01-02"就必须下采购单给供应商了，如下表所示。

2010 年 01 月						
日	一	二	三	四	五	六
					1	2
3	4	5	6	7	8	9
10	11	12	13	14	15	16
17	18	19	20	21	22	23
24	25	26	27	28	29	30

注：星期日放假

【作业重点 2】

② 系统会默认该品号在"录入品号信息"作业中设定"主供应商"是此次下采购单的对象，但若不向主供货商购买，可于此作业变更，如图 7.39 所示。

③ 系统会根据执行计划时的条件计算出各品号的预计采购数量，如图 7.39 所示。影响条件如下。

- 采纳"净需求"或"毛需求"的计算方式。
- 考虑安全存量。
- 需求日期之后的供给和需求纳入计算。
- 已发放料件的补充方式。
- 该料件在"录入品号信息"作业中设定"最低补量"及"补货倍量"。
- 若选择"批次需求计算方式＝净需求或毛需求(且有勾选'计算九大量')"，则可在 "采购数量"字段按 F2 键查看各数量，如图 7.40 所示。

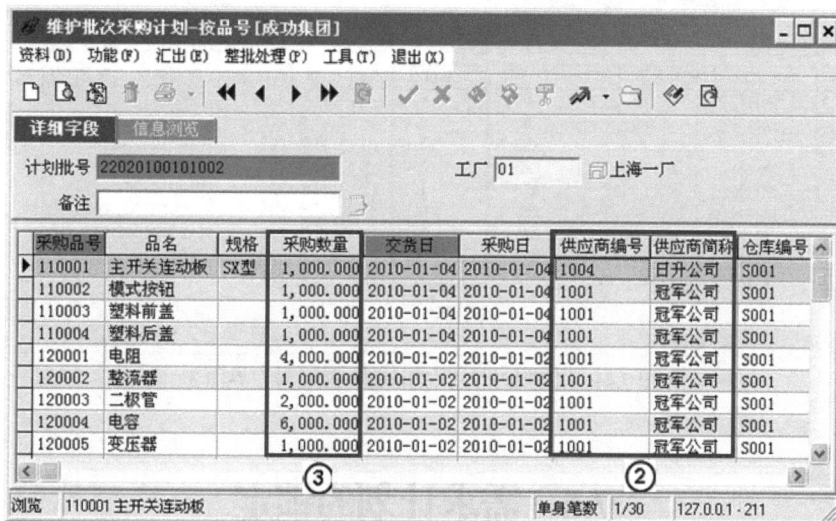

图 7.39　"维护批次采购计划—按品号"界面 2

图 7.40　"查询库存可用量"界面

【作业重点 3】

④ 若成功集团与此主供应商曾议价，有将核价信息输入"录入供应商料件价格"中，

系统产生计划信息时，会带出此核价信息的有效单价；若不曾议价过，则会先抓取品号的"最近进价"作为参考单价；若不曾进货则会以品号的"标准进价"作为参考单价；也可在"单价"字段按 F2 键开窗查询历史单价或按 F3 键查询品号供应商建立的单价，如图 7.41 所示。

图 7.41　"维护批次采购计划—按品号"界面 3

7.5　需求计划的锁定

易飞 ERP 批次需求计划系统中对于需求计划的锁定包括"锁定生产计划""锁定采购计划"两个方面的内容。

【目的】

第一，可将审核过的信息与未审核的信息区分开来，作为计划发放的筛选依据。

第二，若批次需求计划产生后，部分计划结果在考虑产能因素后有所调整，可将人工调整的项目进行锁定，再依相同计划来源条件，重新执行"批次需求计划产生作业"，以求计划结果的最佳化。

第三，若批次需求计划先执行生产计划再产生采购需求者，则必须先将生产计划锁定，才能产生出采购计划需求内容。

第四，若产生计划的依据为"依 LRP 生产计划"，则需先在"维护批次生产计划"中，自行建立计划信息并将计划信息锁定，才能执行"生成批次需求计划"作业。

7.5.1　锁定生产计划

【业务场景】

当生产计划信息审核后，生产管理人员可将计划信息"锁定"。锁定的方式有以下两种。

第一，可在"维护批次生产计划"中，手动锁定计划信息，如图 7.42 所示。

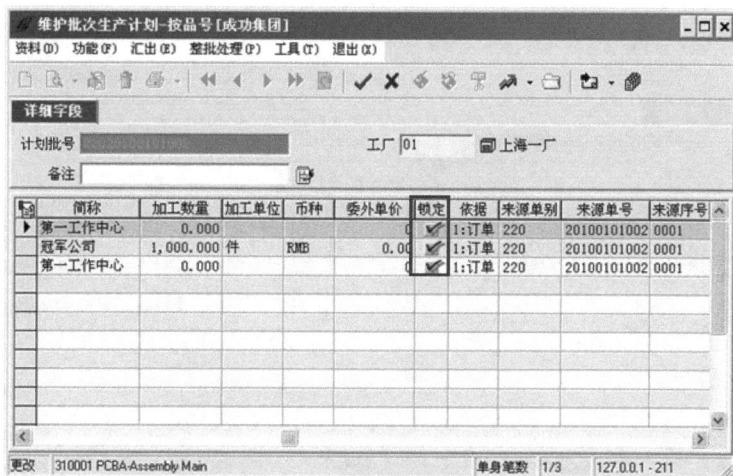

图 7.42　手动锁定生产计划信息

第二，可在"锁定生产计划"中，整批锁定计划信息，弹出界面如图 7.43 所示。

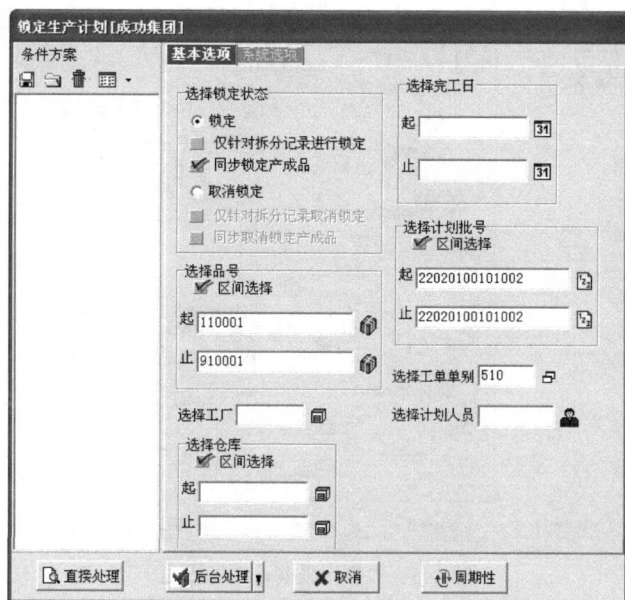

图 7.43　"锁定生产计划"界面

7.5.2　锁定采购计划

【业务场景】

当采购计划信息审核后，采购人员可将计划信息"锁定"。锁定的方式有以下两种。

第一，可在"维护批次采购计划"中，手动锁定计划信息，如图 7.44 所示。

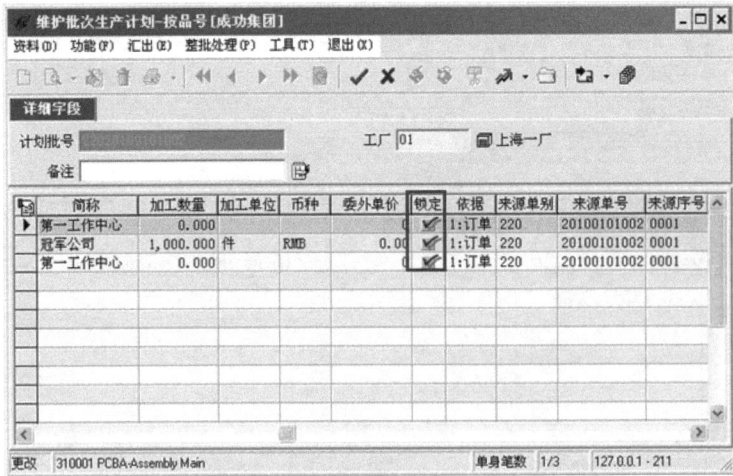

图 7.44 手动锁定采购计划信息

第二，可在"锁定采购计划"中，整批锁定计划信息，弹出界面如图 7.45 所示。

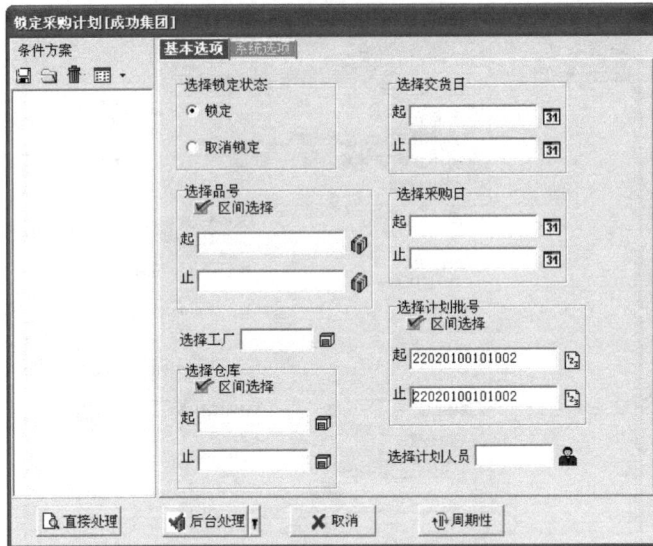

图 7.45 "锁定采购计划"界面

7.6 需求计划的发放

易飞 ERP 批次需求计划系统中对于需求计划的发放包括"生产计划的发放""采购计划的发放"两个方面的内容。

【目的】

将系统排定的生产与采购计划发放执行，作为生产与采购的依据。

7.6.1 生产计划的发放

【业务场景】

当生产管理人员检核生产计划信息没问题后，即可将信息发放成工单，由制造部按单领料开工生产。

【操作步骤】

步骤一： 从系统主界面执行"批次需求计划系统"|"发放 LRP 工单"作业，进入"发放 LRP 工单"界面，对其发放条件进行设置。

【作业重点 1】

① 选择在"维护批次生产计划"作业中维护好的信息，将特定的"品号""预计完工日""计划批号""工厂""仓库""锁定状态(可只发放已锁定的计划)""工单单别(可选择发放在计划中维护好的工单单别)""工单性质(厂内或委外工单)""计划人员"等信息发放到"工单委外子系统"|"录入工单"作业中，如图 7.46 所示。

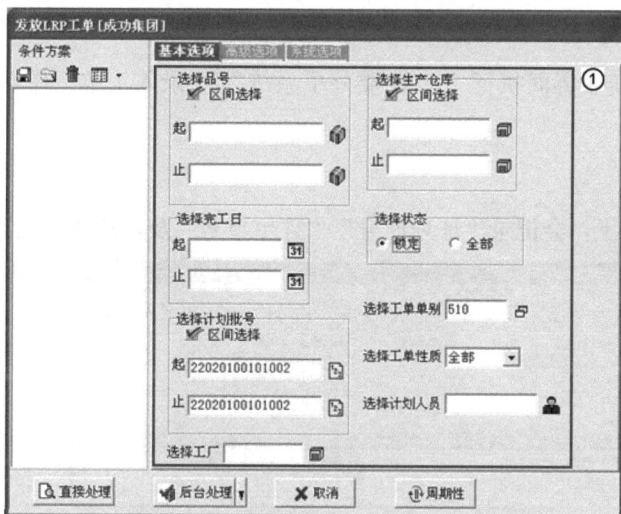

图 7.46 "发放 LRP 工单—基本选项"界面

【作业重点 2】

② 产生工单时，可依"计划批号"或"品号"作为发放的排序依据，如图 7.47 所示。

③ 若相同计划批号有不同预计开工日的相同品号，可合并一起发放成工单；系统会将同一个计划批号的相同品号的生产数量累加，并以最早一笔预计开工日的信息，记录在工单单头相关字段中，如图 7.47 所示。

④ 可勾选"发放委外工单的委外单价为零者"的选项，即使产生的生产计划，其委外单价为零者，也会发放到工单。若不勾选，表示希望委外单价须再进行确认，在"维护批次生产计划"补入确认后的委外单价后，再发放委外工单。此选项的目的主要是担心信息众多、单价为零者没有事先查看就发单而产生问题，如图 7.47 所示。

⑤ 若计划产生的开工日、预计领料日及完工日小于发放日期，可选择以输入的"发放日期"，作为发放工单的"预计开工日"及"预计完工日"， 如图 7.47 所示。

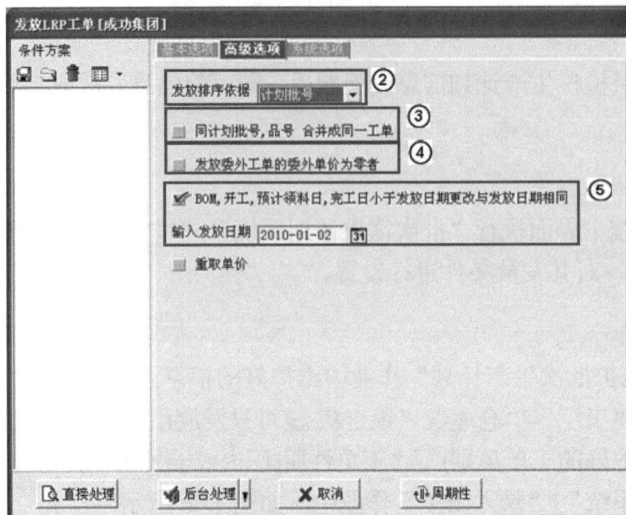

图 7.47　"发放 LRP 工单—高级选项"界面

步骤二：从系统主界面执行"工单/委外子系统"|"录入工单"作业，查看发放出来的工单。

【作业重点】

⑥ 发放的工单上，会记录"计划批号""订单单号"及客户相关信息，如图 7.48 所示。

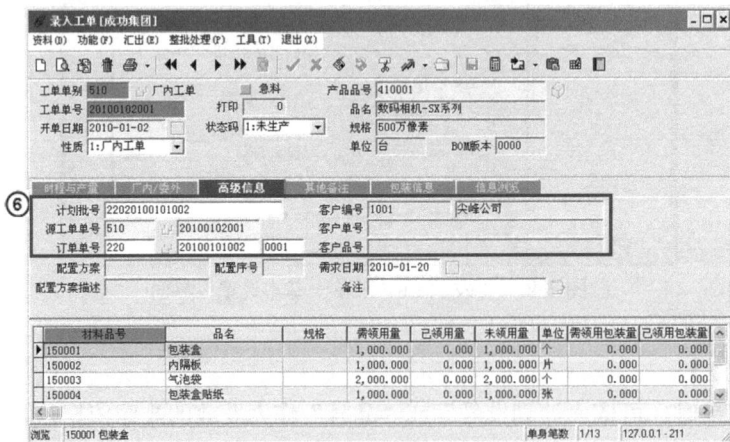

图 7.48　"录入工单"界面

7.6.2　采购计划的发放

【业务场景】

当采购计划信息无误时，采购人员即可将信息发放成请购单或采购单，进行请/采购程序。

【操作步骤】

步骤一：从系统主界面执行"批次需求计划系统"|"发放 LRP 采购单"作业，进入"发放 LRP 采购单"界面，对其发放条件进行设置。

【作业重点 1】

① 可选择"维护批次采购计划"作业中维护好的信息，将特定的"供应商""品号""采购日""计划批号""工厂""仓库""币种""锁定状态""计划人员"等计划信息发放到"采购管理子系统"|"录入请购单或录入采购单"作业中，如图 7.49 所示。

② 共有以下三种发放方式可供选择，如图 7.49 所示。

第一，同计划批号且同品号、厂商、交货日、交货库、币别的采购计划，是否要将数量累加合并发放。

第二，同厂商且同计划批号、品号、币别的采购计划，是否要将数量累加合并发放。

第三，所有品号都单独发放。

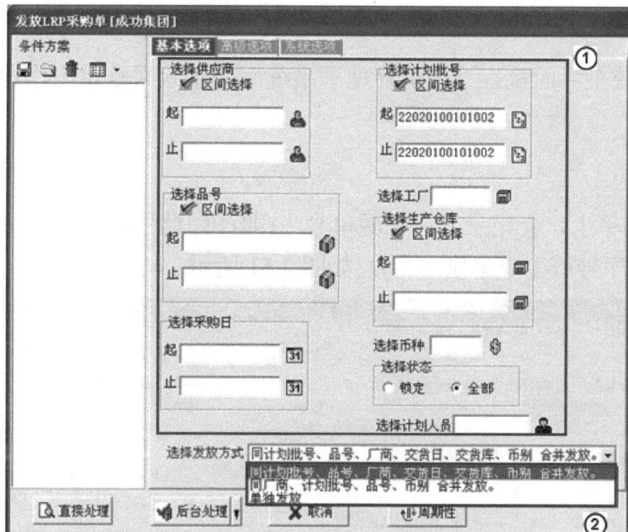

图 7.49 "发放 LRP 采购单—基本选项"界面

【作业重点 2】

③ 可勾选"发放采购单价为零的计划"的选项，即使产生的采购计划其采购单价为零，也会发放到请购单或采购单，由采购人员在采购流程与供应商议完价后再补入(维护请购信息)。若不勾选，则表示采购单价须再进行确认，并在"维护批次采购计划"中补入确认后的采购单价，再发出请购单或采购单。如图 7.50 所示。

④ 若预交货日小于发放日期，可选择已输入的"发放日期"，作为发放请购单或采购单的"预交日"， 如图 7.50 所示。

⑤ 系统会根据"设置批次计划"指定的发放单据性质，让使用者在"输入单别"带出请购单或采购单的单别，如图 7.50 所示。

⑥ 可指定属于特定采购人员负责的品号发放请购单或采购单，如图 7.50 所示。

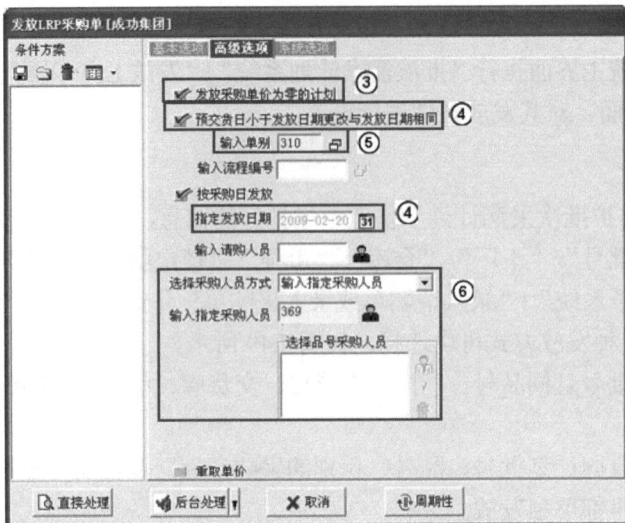

图 7.50　"发放 LRP 采购单—高级选项"界面

步骤二：从系统主界面执行"采购管理子系统"|"录入采购单"作业，查看发放出来的采购单。

【作业重点】

⑦ 发放的采购单上，会记录其"来源单号"(即计划批号)及"参考单别、单号、序号"(订单单别、单号及序号或工单单别单号)，如图 7.51 所示。

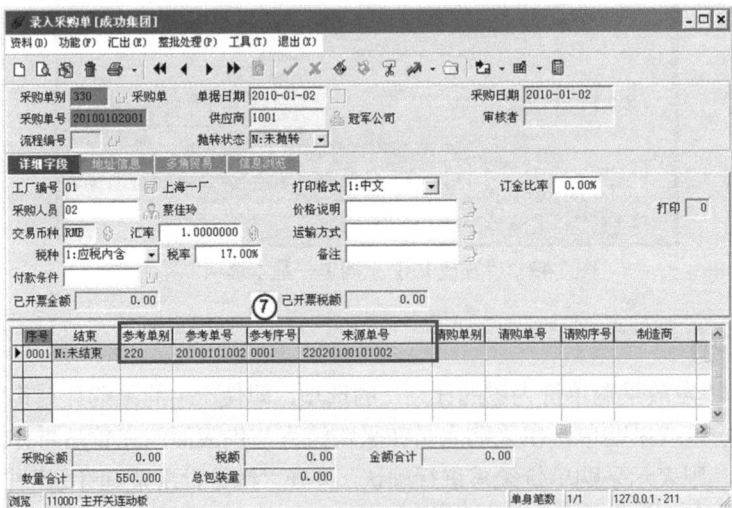

图 7.51　"发放 LRP 采购单—详细字段"界面

7.7　常用报表简介

易飞 ERP 批次需求计划系统中的常用报表主要有品号供需明细表、品号供需统计表。

7.7.1　品号供需明细表

【目的】

以品号及截止时点来呈现未来供给需求的"九大量明细资料"及"库存预计结余数量"，以确实掌握料件的供需平衡，同时也可以作为"产能变动"分析借调用料可行性的参考报表。

【操作步骤】

步骤一：在"品号供需明细表"对话框中的"基本选项"界面上进行设置，如图7.52所示。

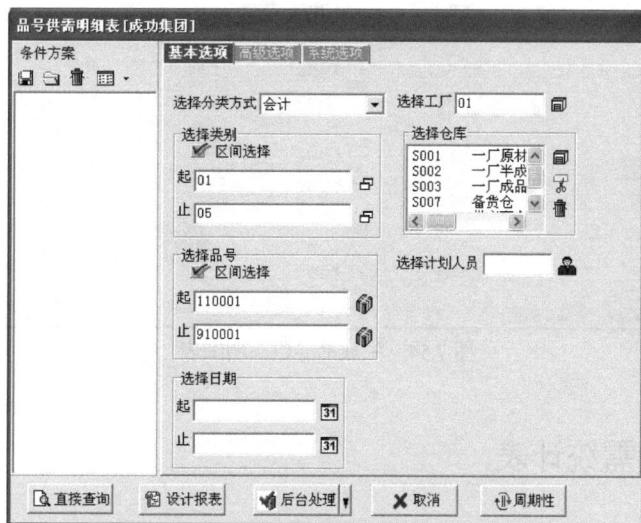

图 7.52　"品号供需明细表—基本选项"界面

步骤二：在"品号供需明细表"对话框的"高级选项"界面上进行设置，单击"设计报表"按钮，如图 7.53 所示。

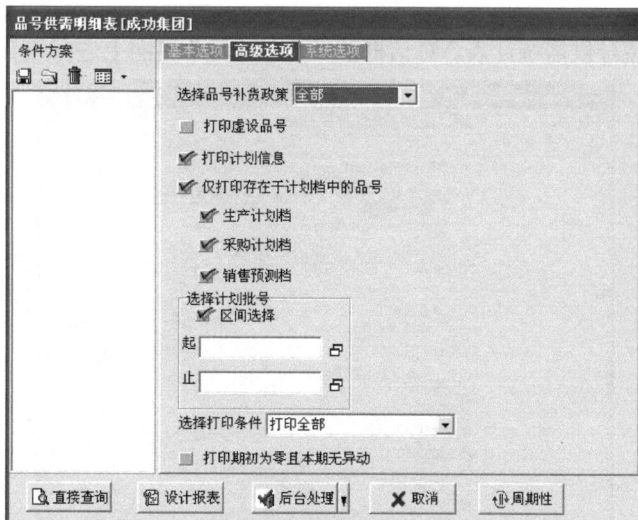

图 7.53　"品号供需明细表—高级选项"界面

步骤三：生成报表，结果如图 7.54 所示。

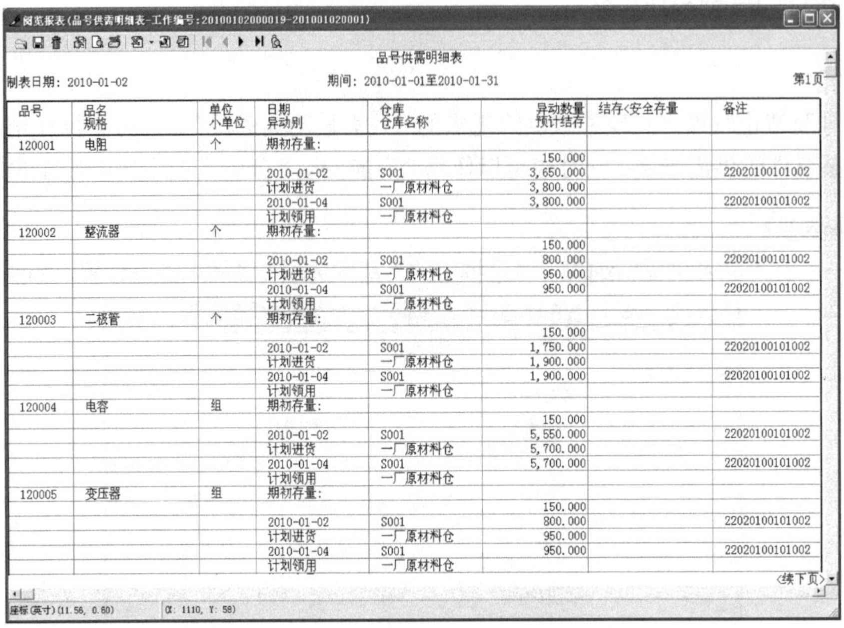

阅览报表(品号供需明细表-工作编号:20100102000019-201001020001)

品号供需明细表

制表日期：2010-01-02　　期间：2010-01-01至2010-01-31　　第1页

品号	品名 规格	单位 小单位	日期 异动别	仓库 仓库名称	异动数量 预计结存	结存<安全存量	备注
120001	电阻	个	期初存量:				
					150.000		
			2010-01-02	S001	3,650.000		22020100101002
			计划进货	一厂原材料仓	3,800.000		
			2010-01-04	S001	3,800.000		22020100101002
			计划领用	一厂原材料仓			
120002	整流器	个	期初存量:				
					150.000		
			2010-01-02	S001	800.000		22020100101002
			计划进货	一厂原材料仓	950.000		
			2010-01-04	S001	950.000		22020100101002
			计划领用	一厂原材料仓			
120003	二极管	个	期初存量:				
					150.000		
			2010-01-02	S001	1,750.000		22020100101002
			计划进货	一厂原材料仓	1,900.000		
			2010-01-04	S001	1,900.000		22020100101002
			计划领用	一厂原材料仓			
120004	电容	组	期初存量:				
					150.000		
			2010-01-02	S001	5,550.000		22020100101002
			计划进货	一厂原材料仓	5,700.000		
			2010-01-04	S001	5,700.000		22020100101002
			计划领用	一厂原材料仓			
120005	变压器	组	期初存量:				
					150.000		
			2010-01-02	S001	800.000		22020100101002
			计划进货	一厂原材料仓	950.000		
			2010-01-04	S001	950.000		22020100101002
			计划领用	一厂原材料仓			

<续下页>

座标(英寸)(11.56, 0.60)　(X: 1110, Y: 58)

图 7.54　生成品号供需明细表

7.7.2　品号供需统计表

【目的】

以“每日”或“每周”“每旬”“半月”及“每月”的汇总方式，打印出某品号在特定截止时点的未来供给需求的“九大量资料”及“库存预计结存数量”。

【操作步骤】

步骤一：在“品号供需统计表”对话框的“基本选项”界面上进行设置，如图 7.55 所示。

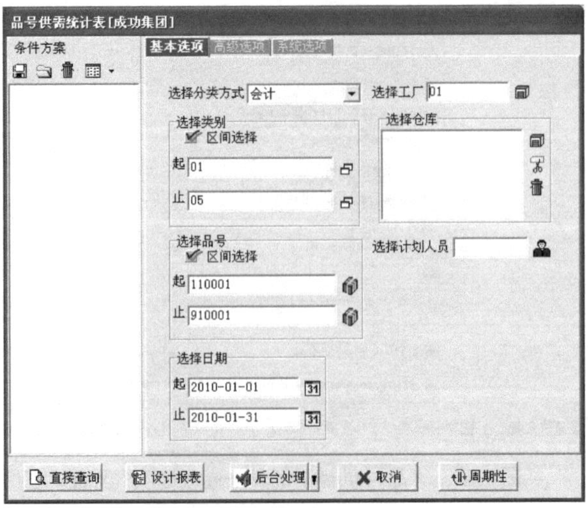

图 7.55　“品号供需统计表—基本选项”界面

步骤二：在"品号供需统计表"对话框的"高级选项"界面上进行设置，然后单击"设计报表"按钮，如图 7.56 所示。

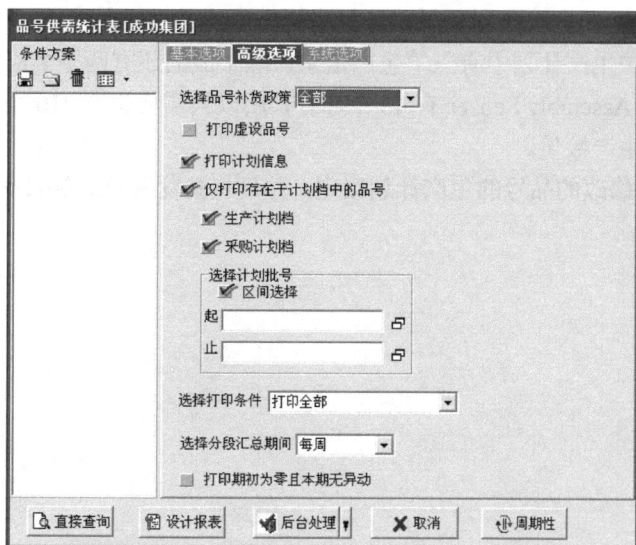

图 7.56　"品号供需统计表—高级选项"界面

步骤三：生成报表，结果如图 7.57 所示。

图 7.57　生成品号供需统计表

课后习题

1. 成功集团接到一张订单，由客户 1001 第一公司订购 250 个品号为 4100001 的数码相机，单价为 3000 元。现在请您以生产管理人员的身份根据此订单生成批次需求计划，包括生产和采购两部分，计算方式选择"毛需求"。

2. 上题中生成出的生产计划和采购计划可以分别存放在维护生产计划和维护采购计划中，可以看到在维护生产计划中有三笔生产信息，除了成品还有两个半成品，由于发现仓库中的 320001 PCBA-Assembly Sensor 有 40 个库存，所以只需要生产 210 个即可，请在维护生产计划中修改相关生产数量。

3. 请将上题中修改的品号的生产计划锁定，并只将其发放成工单/委外子系统中的工单。

第8章

ERP生产管理：工单与委外

本章以易飞 ERP 生产管理系统中的工单与委外系统为例，从"系统简介""基础设置""生成批次需求计划""需求计划的检核""需求计划的锁定""需求计划的发放""常用报表简介"七个方面，详细阐述现代企业生产管理中工单与委外的管理。

8.1 工单与委外子系统简介

在不同的企业里，"工单"都有不同的名称，如工单(Job Order、Shop Order、Work Order)、生产工单(Production Order)等。工厂内的一切活动都是以生产管理部门发出的"工单"作为办事的依据。因此，如果能确实掌握所有工单的状况，就能让工厂内的一切活动有条不紊，按部就班地进行。

一般的，现代企业对于工单与委外的信息化管理，将从以下三个方面为企业带来系统性效益。

第一，系统提供了厂内以及委外工单的建立，日常生产的领、退料以及产成品生产后的入库动作，另外，如果产品外包时，委外加工的领/退料、完工后的委外加工进/退货以及委外单价的管理等与工厂生产相关的日常这些工作活动都能记录。

第二，系统提供多种与生产相关的管理报表，如工单生产状况表、工单需求检视表、料件缺料状况表、工单用料分析表、委外价格异常表等，让管理者从系统中可以取得和生产相关的信息，充分掌握信息以避免生产异常所造成的损失。

第三，"工单/委外子系统"的日常单据都是在成本结算时搜集成本信息的来源，如工单、领退料单及生产入库单、委外进/退货单等。

8.1.1 系统效益与特色

易飞 ERP 的工单与委外子系统具有以下七个方面的系统特色。

第一，系统符合多任务、多工作中心的生产形态，可以同时兼做厂内生产工单以及委外工单的管理。

第二，在厂内工单管理方面，提供生产进度表、工单需求检视表、料件缺料状况表、工单欠料状况表、料件预计领用表、工单用料分析表等多张报表。

第三，委外管理方面，提供委外加工的委外加工记录表，还有管理委外进货异常的数据，包括委外价格异常表、委外进货异常表等多张报表来协助用户做好委外管理。

第四，日常工作中常见和生产有相关的单据，如工单、领料单、生产入库单以及委外进/退货等，都可以在系统中按照内部管理的需要，自行制定符合内部管理的签核流程。

第五，系统提供多种不同的领料方式，无论是采用备料制或是领料制还是自动扣料制，系统都可以按照企业内部管理来灵活运用。

第六，工单用料展开时，如果工单需要使用的材料有短缺，系统会提供"取替代料"判断来提醒这个材料有建立取替代料，可以达到实时替换料件的功能，以避免重复购买。

第七，如果有运用 LRP、MRP 或 MPS 时，可以按照库存数量和料件的预计进出库的状况，来自动计算料件的生产顺序和备料的数量，并自动产生工单，这样就能精确地计算出每一段期间内应准备的材料。

8.1.2 系统构架与关联

图 8.1 显示了易飞 ERP 中工单/委外子系统的总体构架。

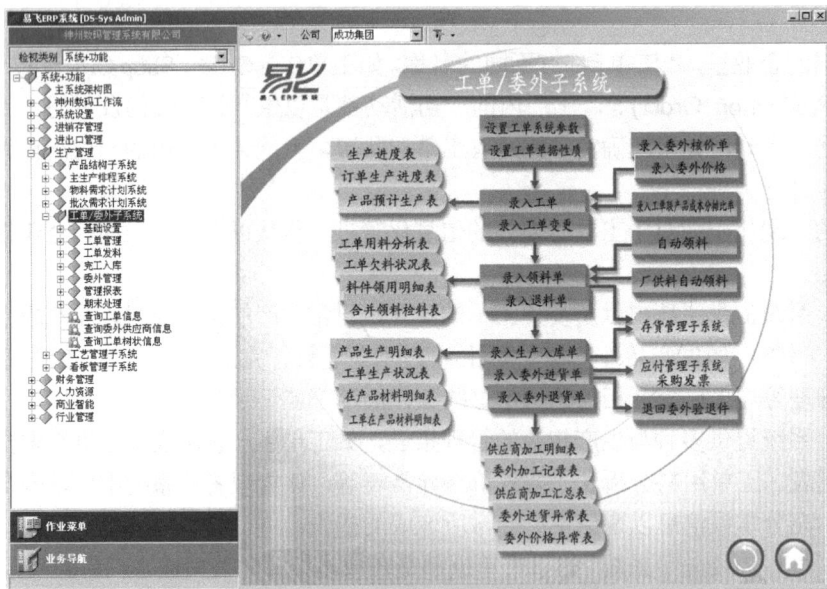

图 8.1 工单与委外子系统的系统架构

图 8.2 所示显示了在易飞 ERP 中，工单/委外子系统与其他系统的关联。

第一，存货管理子系统

"工单/委外子系统"的各类单据包括领料单、入库单等都会实际影响库存的数量，同时在录入品号信息中的库存数量和金额也会同步更新。

第二，采购管理子系统

供应商的基本数据资料是所有工单系统的委外供应商都必须在采购管理子系统中来建立。

第三，销售管理子系统

"销售管理子系统"可以执行"从订单自动生成源工单"将客户订单转成内部或委外加工生产的工单。

第四，产品结构子系统

录入工单时单体的材料可以直接根据BOM产品结构信息自动带出，并计算需领用量。

第五，工艺管理子系统

工单数据是产生工单工艺的数据来源，所以"工艺管理子系统"的投料单后续也可以自动产生领料单。

第六，应付管理子系统

公司产品有委外加工，当供应商加工完成交货后，要填写委外进货单，而所要支付的加工费用就要交给"应付管理子系统"来处理。

第七，自动分录子系统

"工单/委外子系统"的领(退)料单、生产入库单以及委外进(退)货单是财会人员生成会计凭证的数据来源，在"自动分录子系统"中，通过"自动生成分录底稿"来产生分录底稿或者会计凭证。

第八，质量管理子系统

若工单成品品号的"检验方式"为抽检，并运行了生产入库检验程序，则必须通过"质量管理子系统"的检验。

第九，成本计算子系统

成本会计人员会根据"工单/委外子系统"中的领(退)料单、生产入库单以及委外进(退)货单等数据进行核对，并在"成本计算子系统"中执行"计算生产成本"，算出每张工单的生产成本。

第十，批次需求计划系统

执行批次需求计划时，会参考工单的预计生产以及预计领用数量，来估算该生产多少数量，该何时开工，以及该何时完工。

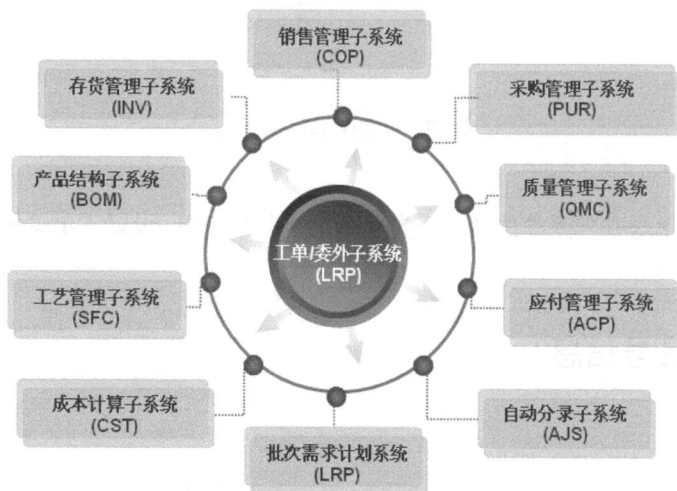

图8.2 工单/委外子系统与其他系统的关联图

8.2　生产制造流程

业务部门接到客户订单后，公司召开产销协调会，各部门进行产能、物料的初步协调。生产管理部门执行需求计划排定，并将针对所产生的采购计划发放成采购单，后续采购流程由采购人员跟催；同时也将针对所产生的生产计划，视产能状况，发放成厂内工单或委外工单；若有订单、用料、日期等信息调整，就须执行工单变更调整。实际开工时，记录相关领/退料信息；完工后，厂内自制件记录入库信息；委外加工件在委外进货单中记录信息；同时在进货检验发现不良品，可立即退回加工厂商或完成品入库后发现有不良品时，要跟委外供应商协调作退货处理。单据输入完保存，可以打印各种报表，如经常会使用到的单据凭证、单据的清单及明细表，以及工单系统所提供的管理报表(如生产进度表、工单需求检视表、工单在产品材料明细表等)。以上就是生产制造流程，如图 8.3 所示。

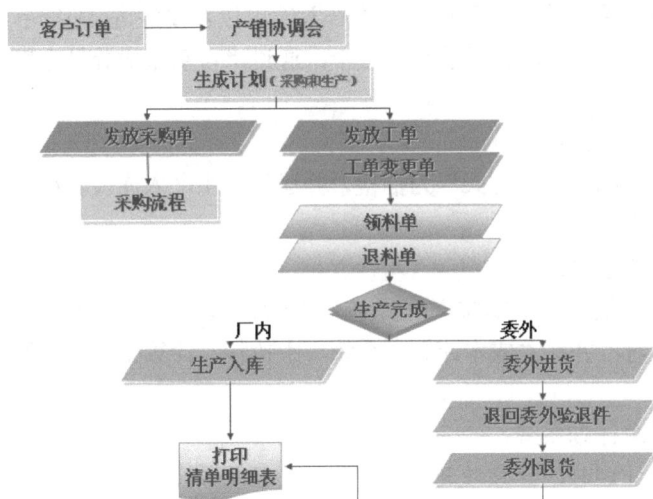

图 8.3　生产制造流程

8.3　基础设置

易飞 ERP 工单与委外系统的基础设置包括录入品号信息、设置工单单据性质这两个方面的内容。

8.3.1　录入品号信息

【目的】

检查"基本信息子系统"|"基础设置"|"录入品号信息"作业中的领料码是否正确，以作为生产信息的来源依据。

【作业重点】

领料码是设定工单/委外子系统生产成品时所用组成料件的领料模式，共有逐批领料、自动扣料、单独领料三种，如图 8.4 所示。

- 逐批领料：当生产产成品时，下阶的用料必须逐批填写领料单才可领出生产。一般制造业的批次用料都是采用这种管理模式。

- 自动扣料：多发生在塑料业或素材加工业，这些用料也必须管制其库存，但是因为包装方式特殊无法分割，所以等成品入库时，用产成品入库数量倒推下阶的标准用料来产生领料单扣除库存。

- 单独领料：需要区别其他料件单独领用时使用，比如特别贵重的部件或是一些生产时所需使用的费用性材料，如手套、模型、模具等，这一类的料件，就可以设定为"单独领料"。

图 8.4　"录入品号信息"界面

8.3.2　设置工单单据性质

【目的】

检查"工单/委外子系统"|"基础设置"|"设置工单单据性质"作业中的各类单据性质是否建立完整。

【作业重点】

① 单别：最多可编 4 码，建议以数字或英文字母作为单别的代号，如图 8.5 所示。

② 单据性质：工单/委外子系统中共可以设置 11 种不同的单据性质，包括一般工单、返工工单、厂内领料、委外领料、厂内退料、委外退料、生产入库、委外进货、委外退货、核价单和挪料单，如图 8.5 所示。

- "51:一般工单"：日常在录入工单时候使用。

- "52:返工工单"：已入库产品质量发生异常，需要重新加工或更换零件等状况时使用。

- "54:厂内领料"：仓库备料或现场工作中心领料时使用。

- "55:委外领料"：发料给委外供应商时使用的领料单据。
- "56:厂内退料"：生产完工有余料，需退料仓库时使用的单据。
- "57:委外退料"：委外供应商加工完毕有余料，要退回厂内时使用。
- "58:生产入库"：质检检验良品后入库时使用的单据。
- "59:委外进货"：委外供应商加工完成后，进货入库时使用的单据。
- "5A:委外退货"：委外供应商产品入库后发现质量问题，要将产品退还给委外供应商所使用的单据。
- "5B:核价单"：产品给委外供应商或是旧品号变更委外单价时使用。
- "5C:挪料单"：生产发生料件短缺时，同时有其他批工单已经完工但还有余料没有退料时，可使用挪料单据来挪用其他批工单的用料。

③ 编码方式、年位数、流水号位数、编码格式：共4种编码方式(日编、月编、流水号、手动编号)；系统默认"设置共用参数"中"日期格式"的年码格式；在"编码格式"字段中，可看到单号格式，编码总长度不可以超过11码，如图8.5所示。

④ 品号输入方式：结合条形码扫描器输入品号数据，可选择"用条码输入"，如图8.5所示。

⑤ 自动审核、自动打印：单别在数据输入后，要立即审核，可设定为"自动审核"；单别在数据输入完毕保存后要马上打印，可设定为"自动打印"，如图8.5所示。

⑥ 单别限定输入用户：设定允许以此单别新增资料的用户名单，如图8.5所示。

⑦ 核对工单：管控进出库单据，如领/退料单、生产入库单、委外进/退货单、挪料单等，在输入时是否一定要输入工单单别单号；有使用易飞"成本计算子系统"时，必须设定核对工单，以确保成本计算结果的正确性，如图8.5所示。

⑧ 直接开票：委外进/退货单据在审核的同时，系统会在应付管理子系统产生一张采购发票，这就是直接开票，如图8.5所示。

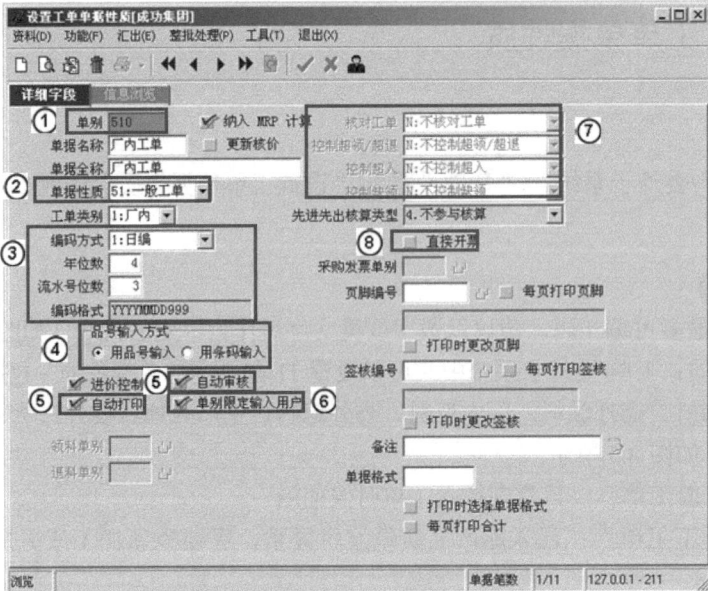

图8.5 "设置工单单据性质"界面

8.4 录入工单

工单的录入，可以正确记录工厂生产产品所需的材料、时间及产量。

【目的】

依企业流程上的不同而有所差异，其信息来源有以下几种。

第一，客户订单：若企业为接单生产，可在接到客户订单后，直接在"销售管理子系统"|"订单管理"|"录入客户订单"作业中记录，再在"工单/委外子系统"|"从订单自动生成源工单"作业中，将客户的需求直接转为工单。

第二，生产计划：若企业在生产前须执行生产计划，可执行"批次需求计划系统"|"批处理"|"生成批次需求计划"作业，由系统产生计划建议，计划确认后，再执行"发放生产计划"，将计划转为正式的工单。

第三，生产管理人员也可自行在"工单/委外子系统"|"工单管理"|"录入工单"作业中新增工单。

8.4.1 录入工单—厂内

【业务场景 1】

成功集团业务部 1 月 8 日，接到来自客户"茂圣公司"的急单，订购品号 410001"数码相机—SX 型"200 台，预计 1 月 26 日交货，因目前"数码相机—SX 型"无库存，经过产销协调后，生产管理部同意插单生产，于是按品号 410001"数码相机—SX 型"的产品结构，录入三张工单：工单 1 为生产成品"数码相机—SX 型"，品号为 410001，厂内生产，预计产量为 200，预计开工日为 1 月 22 日，因为成品组装后需要包装，所以派工给厂内工作中心——"组装车间二组"加工。

【操作步骤】

步骤一：在系统主界面执行"工单/委外子系统"|"录入工单"作业，进入"录入工单"界面后，开始建立工单信息。

【作业重点】

① 在"工单单别"直接输入单别编号或按 F2 键开窗选择单别，可选择厂内及委外性质的单别(单别须在"设置工单单据性质"中设置好)，选好后，系统会自动带出该工单"性质"信息，无须输入。工单开单日期将默认为系统日期，可修改，如图 8.6 所示。

② "状态码"的信息会根据此工单在不同的生产阶段而有所变化，如图 8.7 所示。

● 未生产：工单输入完毕后的默认值。

● 已发料：工单已经有了领料单，进入发料的阶段。

● 生产中：工单已发料且已部分入库。

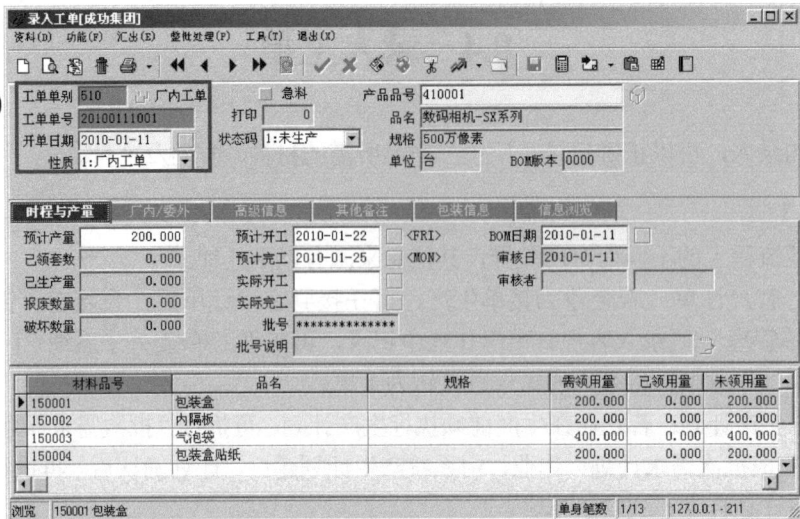

图 8.6 "录入工单"界面 1

- 已完工：最后一批入库使得"已生产量＋报废数量+破坏数量"大于等于"预计产量"时，该生产入库单或委外进货单的日期将被赋予实际完工日。
- 指定完工：工单开工生产后，因故必须终止生产(如：订单被取消或生产到一半确定不再生产)，则必须将此工单指定结束，以避免生产及用料计划的误差。若要将某一工单指定完工，可通过工单变更单或工单中的"指定完工"按钮来执行工单指定完工的动作。

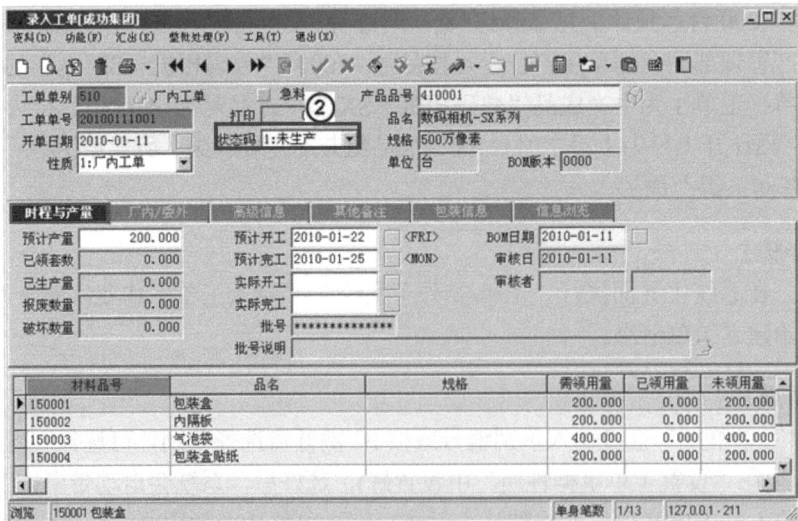

图 8.7 "录入工单"界面 2

步骤二： 输入产品品号。

【作业重点】

③ 输入要生产的产品品号，也可按 F2 键开窗选择品号，系统会默认带出品名、规格及单位，使用者不需再手动输入，如图 8.8 所示。

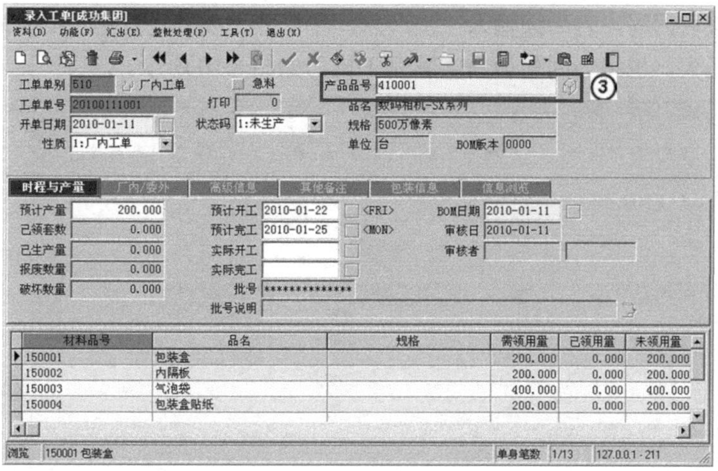

图 8.8　"录入工单"界面 3

步骤三：决定预计生产数量。

【作业重点】

④ "预计产量"指输入预计生产的数量，此预计产量也是单体材料品号需领用量的推算依据。"已领套数"是"领料单"审核回写的；"已生产量""报废数量"及"破坏数量"是半成品或成品完工入库时，由"生产入库单"(厂内自制件)或"委外进货单"(委外加工件)审核后回写，使用者无须手动输入，如图 8.9 所示。

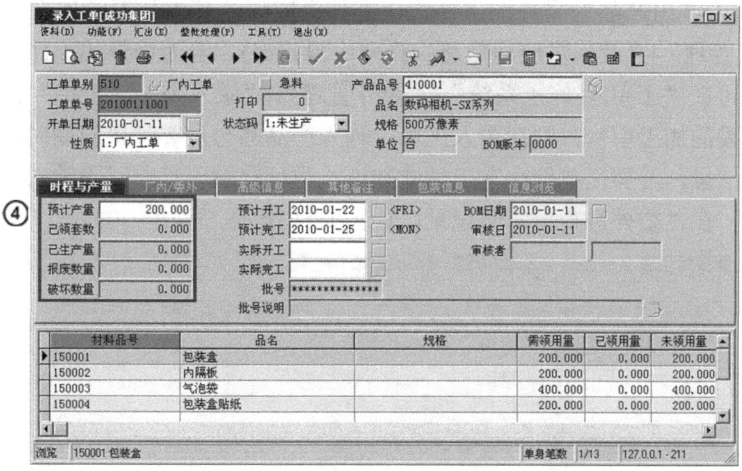

图 8.9　"录入工单"界面 4

步骤四：输入预计开工日期。

【作业重点】

⑤ 在"预计开工"字段输入预计开工日期，系统会根据此生产品号在"录入品号信息"中设定前置天数，加上"行业别=1.企业"的假日表设定(系统将自动排除假日表上的休假日)，计算所需的生产天数，推算出预计完工日期，让管理者可以掌握生产状况。"实际开工日"是第一张"领料单"审核后将审核日期回写，"实际完工日"是第一张"生产入库单"或"委

外进货单"审核后回写，若后续输入"生产入库单"或"委外进货单"的入库或进货日期比本字段的日期还大，也将会回写最新实际完工日，如图 8.10 所示。

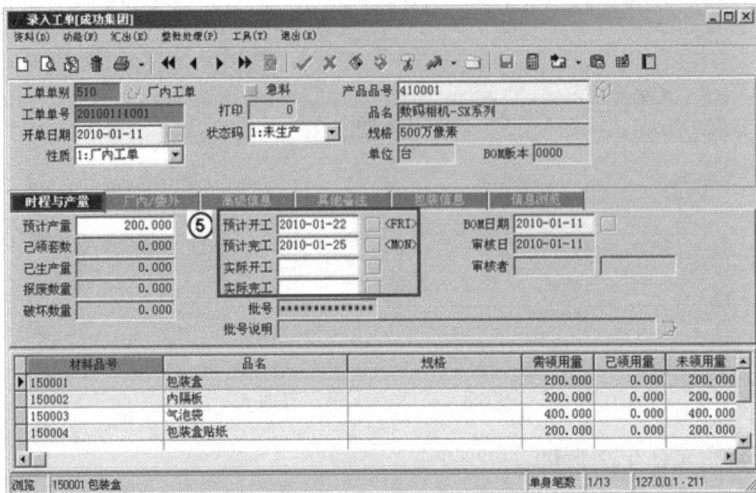

图 8.10　"录入工单"界面 5

步骤五： 输入负责生产的工厂、工作中心或委外供应商。

【作业重点】

⑥ 选择页签"厂内/委外"，指定负责生产的工厂、工作中心(若产出产品为厂内自制件)或委外供应商(若产出产品为委外加工件，该委外供应商的基本数据须先在"采购管理子系统"|"供应商管理"|"录入供应商信息"作业中设定好)。若为委外加工件，负责外包的生产管理人员，可在"工单/委外子系统"|"委外管理"|"录入委外核价单"作业中，输入与委外供应商谈妥的加工单价，则在录入工单、输入产品品号及委外供应商时，系统会自动带出"单价"等信息。若加工单价在完工后才知道，也可在录入工单时不输入，等半成品或成品完工入库后，在"委外进货单"中记录，如图 8.11 所示。

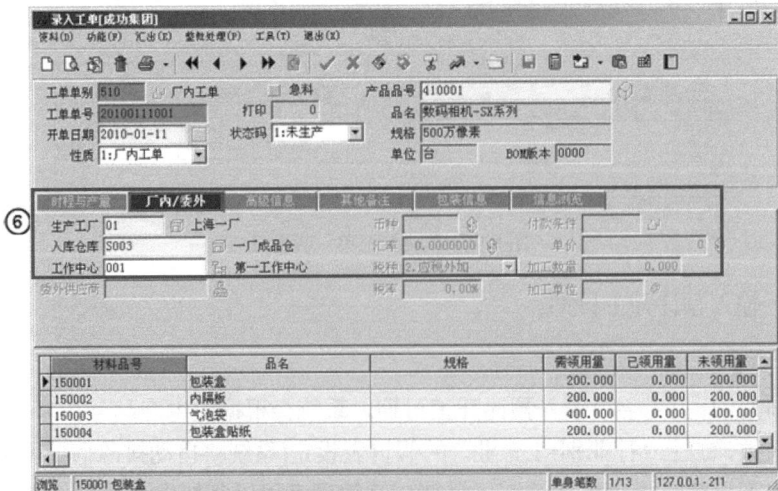

图 8.11　"录入工单"界面 6

步骤六：记录工单录入的来源。

【作业重点】

⑦ 若手动录入工单，可输入"源工单单号"；若遇多阶 BOM 生产时，输入源工单信息，能让低阶码较大的半成品追溯到生产来源，也利于后续工单进度的追踪查询(如订单生产进度表)。生产管理人员也可记录"订单单号"，输入订单单号后，系统将自动带出"客户编号""客户单号"及"客户品号"等信息。若企业在决定生产时须执行生产计划，可执行"批次需求计划系统"|"生成批次需求计划"作业，由系统产生计划建议，计划确认后，再执行"发放生产计划"，将计划转为正式的工单，则产生的工单将记录"该计划的计划批号"，以便后续物料管理人员追踪，如图 8.12 所示。

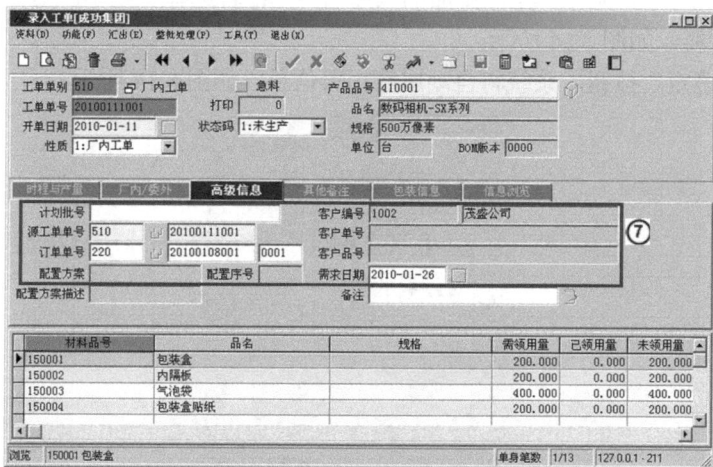

图 8.12 "录入工单"界面 7

步骤七：输入产品品号的用料。

【作业重点 1】

⑧ 单击"录入工单"单体字段，系统自动弹出展阶的窗口，后续根据此窗口的选项，计算出生产此品号所需的材料及其所需用量，如图 8.13 所示。

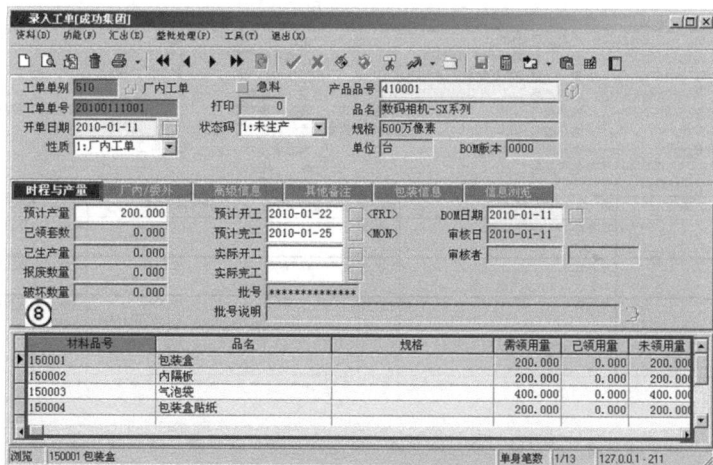

图 8.13 "录入工单"界面 8

⑨ 展开方式：展算生产品号是单阶材料还是尾阶材料，若选择"展开方式"为"单阶"，则系统将针对生产品号的单阶 BOM 展开所需料件；若选择"尾阶"，则将针对生产品号所有材料都展算出来，但不包含半成品，如图 8.14 所示。

⑩ 若勾选"计算损耗率"，表示将依"录入 BOM"设定的"损耗率"计算所需使用的材料用量。例如：产出 100 个成品，材料 A 的标准用量为 100，若预计在生产的过程中，此材料会产生耗损状况，则可设定某一百分比的损耗率，如 5%，则仓库将多发 5%的材料给工作中心，以此例则会发 105 个材料 A 给工作中心，如图 8.14 所示。

⑪ 选择仓库是指要从哪一个仓库领料。共有三个选项：若选择"1.主要仓库"，则表示此材料品号在"录入品号信息"有设定"主要仓库"，则领料时可以选择领取此仓库的材料；若选择"2.入库仓库"，则指"生产产品的入库仓库"；若选择"3.指定仓库"，则必须输入从哪一个仓库领料，如图 8.14 所示。

⑫ 单击"确定"按钮，系统将自动展算用料信息，如图 8.14 所示。

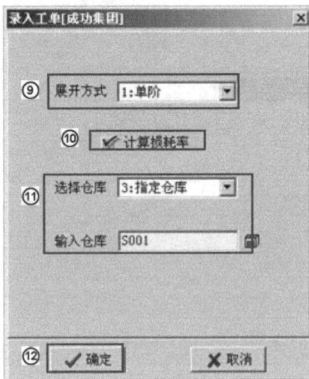

图 8.14 "录入工单单体展阶"界面

【作业重点 2】

生产管理部门主管审核，将副本分发给生产部门、物料管理部门及委外供应商(若为委外加工件的外包)，并将正本留存生产管理部门备查，如图 8.15 所示。

图 8.15 "录入工单凭证"界面

【业务场景 2】

至于第二张半成品品号——310001 PCBA-Assembly Main 的工单, 采用同样的方式录入完毕, 图 8.16 所示是半成品品号为 310001 的工单内容: 厂内生产, 预计产量为 200, 预计开工日为 1 月 12 日, 派工给厂内工作中心——"组装车间二组"加工。

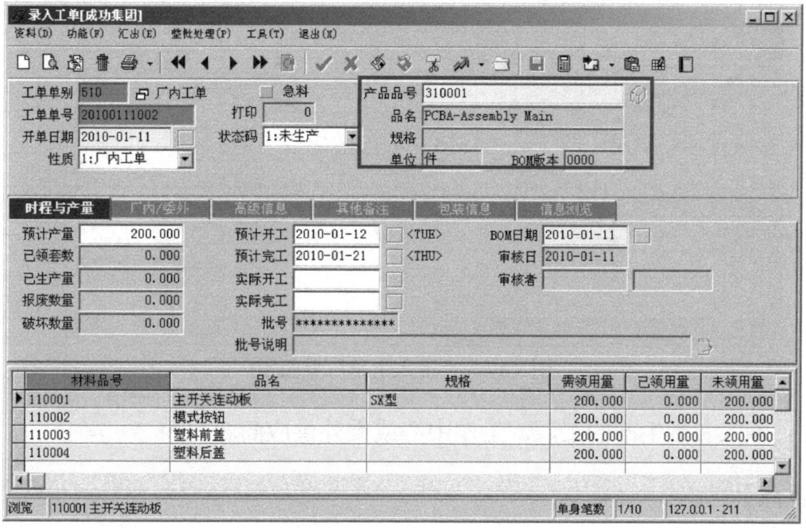

图 8.16 "录入工单"界面 9

8.4.2 录入工单——委外

【业务场景】

外包人员还需要录入第三张的委外加工工单, 生产半成品 PCBA-Assembly Sensor, 品号为 320001, 预计产量为 150, 预计开工日为 1 月 13 日, 委托外包厂商"达智科技"进行加工。

【操作步骤】

步骤一: 录入方式与厂内相同, 在系统主界面执行"工单/委外子系统"|"录入工单"作业, 进入"录入工单"界面后, 开始建立工单信息。

【作业重点】

① "工单单别"直接输入单别编号或按 F2 键开窗选择单别, 此例须选择委外性质的单别, 如图 8.17 所示。

② 直接输入半成品品号 320001"PCBA-Assembly Sensor", 也可按 F2 键开窗选择品号, 系统默认带出品名、规格及单位, 使用者不需手动输入, 如图 8.17 所示。

③ 决定预计生产数量, 此例须在"预计产量"输入数量 150; 预计产量也是单体材料品号需领用量的推算依据, 如图 8.17 所示。

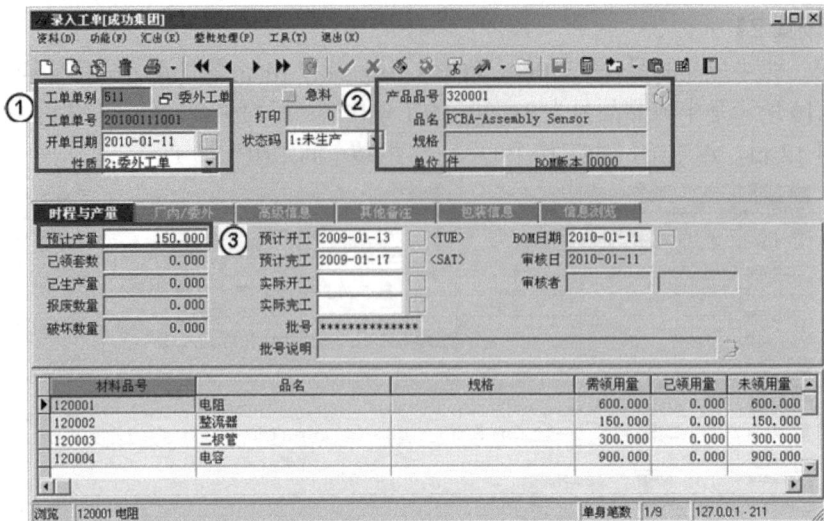

图 8.17　"录入工单"界面 10

步骤二: 输入负责生产的工厂、工作中心或委外供应商。

【作业重点】

④ 指定负责委外加工件的委外供应商"达智科技",如图 8.18 所示。

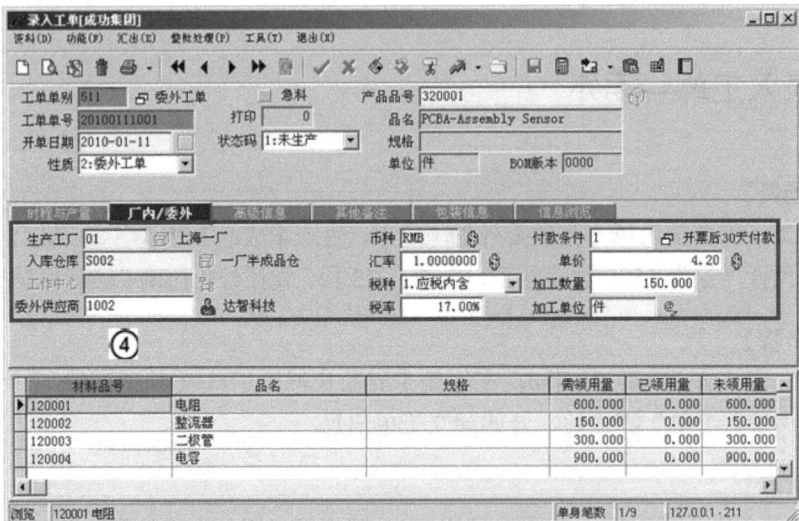

图 8.18　"录入工单"界面 11

步骤三: 输入产品品号的用料。

【作业重点】

⑤ 单击"录入工单"单体字段,系统自动弹出展阶窗口,后续根据此窗口选项,计算出生产此品号所需的材料及其所需用量,如图 8.19 所示。

步骤四: 打印工单内容,由生产管理部门主管审核后,再将工单凭证送至仓管部以便开工生产前准时备料完成,如图 8.20 所示。

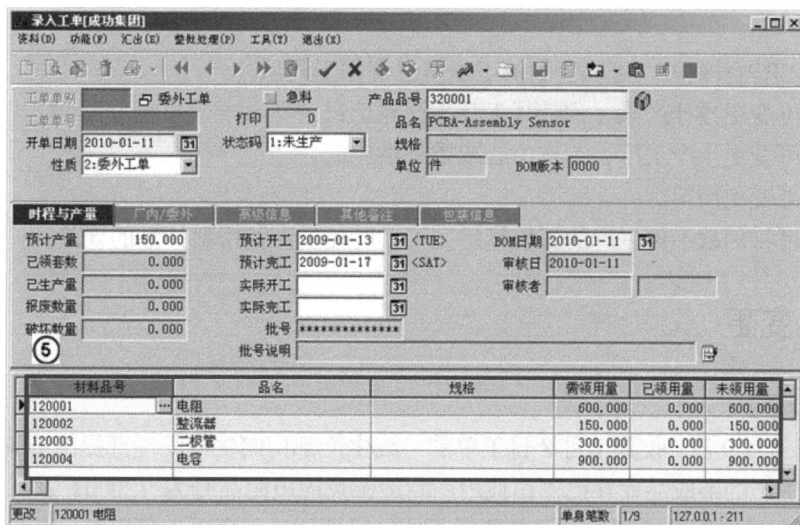

图 8.19　"录入工单"界面 12

图 8.20　"录入工单凭证"界面

8.5　工单变更

当产能、产量、用料、需求等有变更时，生产管理人员可在"录入工单变更单"做修改、指定完工及打印工单变更的相关信息，可保留原始工单记录。

【目的】

在易飞 ERP 系统中，可以变更的工单信息有如下几项。

第一，可变更预计产量、预计开工及预计完工日。

第二，可变更生产工厂、工作中心或委外供应商。

第三，可变更用料。

第四，可将因故不再生产的工单指定完工，避免生产及用料计划的误差。

录入工单变更

【业务场景】

2010 年 1 月 9 日，收到 1 月 8 日工单的一线生产部门向生产管理部提出协调，仓管部反应原本委外生产的半成品库存已挪作他用，制造部反应电阻品号为 120001 及二极管品号为 120003 的生产损耗率有提高，建议多备料。外包组评估后，变更工单内容。变更事项一：原本工单的委外生产数量为 150 个，将该工单预计产量需增加至 200 个。变更事项二：电阻的需领用量由原本的 800 个增加至 824 个，二极管的需领用量由原本的 400 个增加至 408 个。

【操作步骤】

步骤一：选择需要变更的工单。

【作业重点】

① 在"工单单别"框按 F2 键开窗选择要变更哪一张工单，选好后，会在"变更版本"的字段看到"0001"，表示这一张工单目前是第一次做变更；"变更日期"期初会默认带系统日期。系统会默认单头的信息是原始工单的信息，如产品品号、工单性质等，不可修改，如图 8.21 所示。

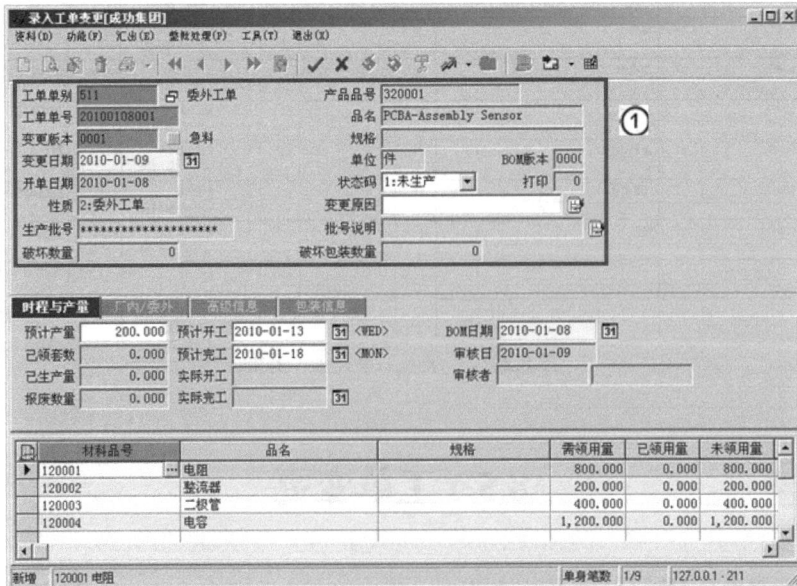

图 8.21 "录入工单变更"界面 1

步骤二：输入变更事项。

【作业重点 1】

② 本例要变更"预计产量 200"， 直接在相关字段修改即可；"预计完工日"有变更需求时，同样直接修改该字段内容即可，如图 8.22 所示。

③ 单击单体材料品号时，系统会显示如图 8.23 所示的提示，询问是否要重计单体用料的用量。

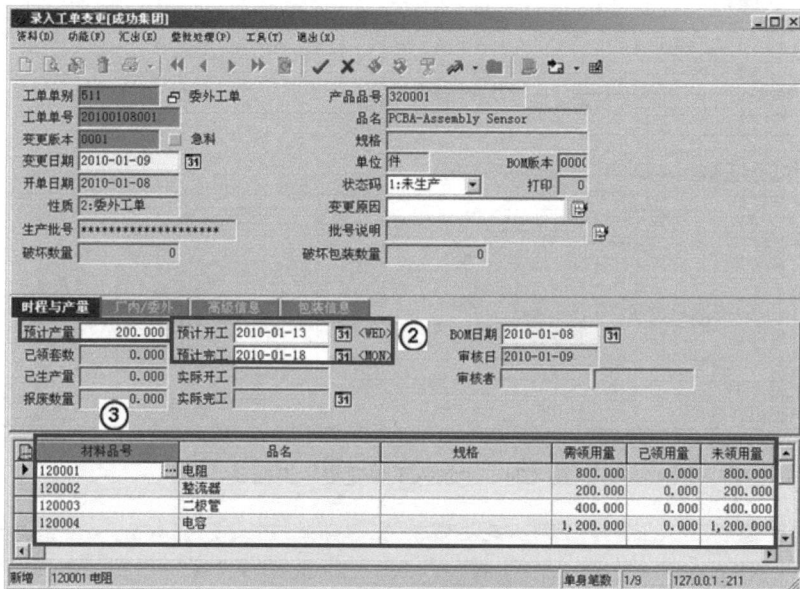

图 8.22 "录入工单变更"界面 2

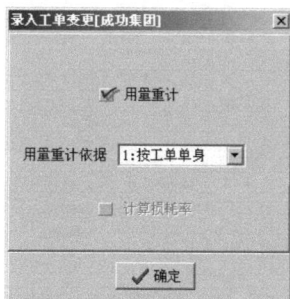

图 8.23 录入工单变更单用料变更界面

【作业重点 2】

④ 单击"确定"按钮后，单体的"需领用量"发生相应的变更，如图 8.24 所示。

⑤ 若要变更用料，为了保留原始材料的记录，可选中某材料品号，再单击单体左上角的"原工单单体信息查询"，如图 8.25 所示，就可看到如图 8.26 所示的该材料在原工单的信息。

⑥ 若要指定完工，只需将状态码改为"y:指定完工"即可，如图 8.25 所示。

注意：

若将工单指定完工，系统会以变更日期作为该工单的"实际完工"日期，后续产品成本计算时，是计算在制成本的依据。

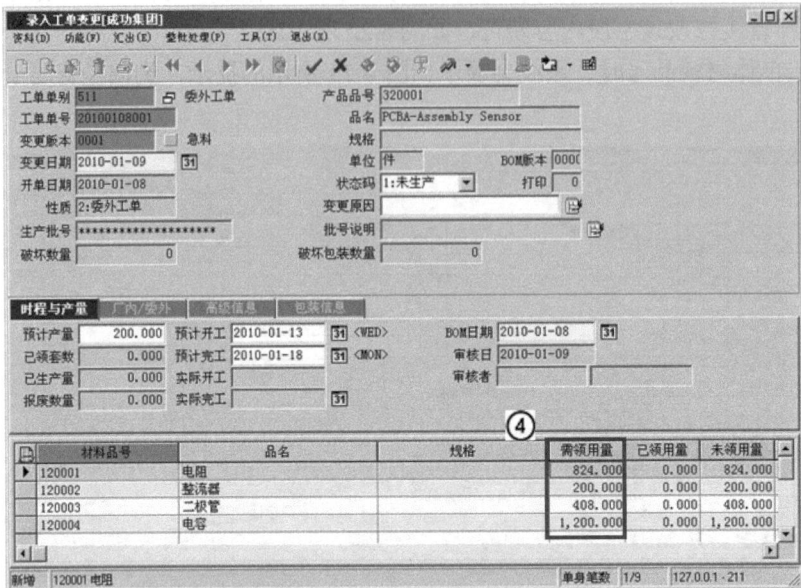

图 8.24　"录入工单变更"界面 3

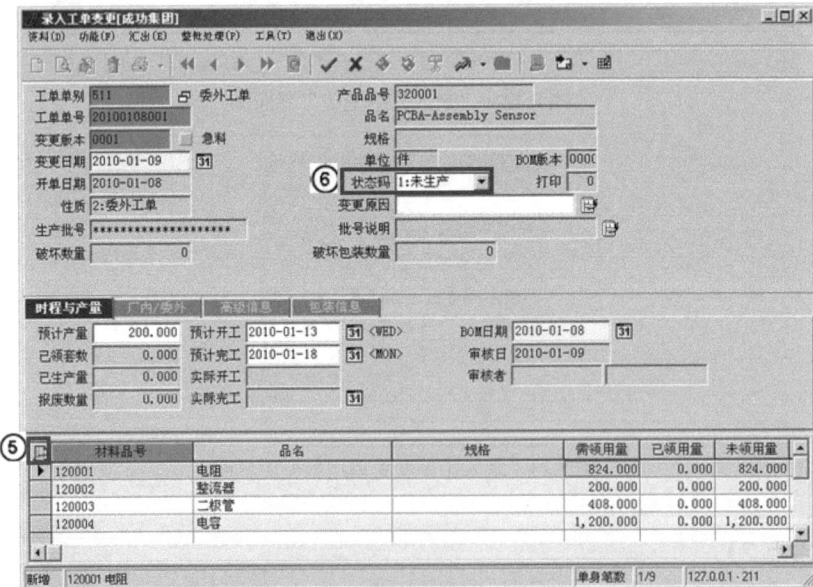

图 8.25　"录入工单变更"界面 4

步骤三： 审核工单变更单。

【作业重点】

⑦ 工单变更须经过生产管理部门主管审核，再将副本分发给生产部门、物料管理部门及委外供应商(若是委外加工件的外包)，并将正本留存生产管理部门备查，如图 8.27 所示。

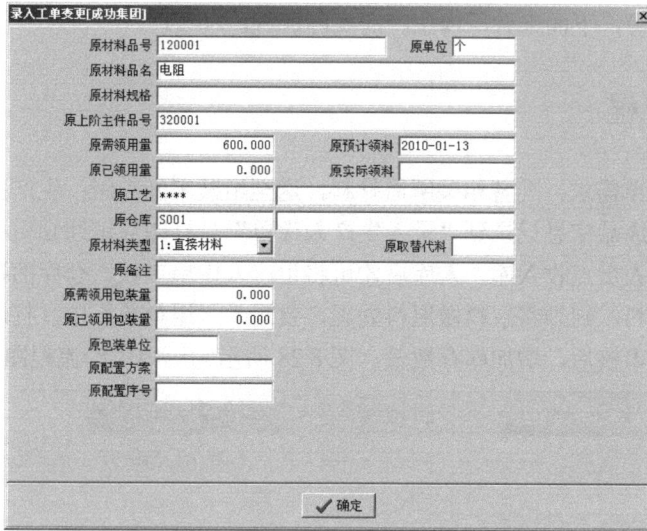

图 8.26　"原工单单体信息查询"界面

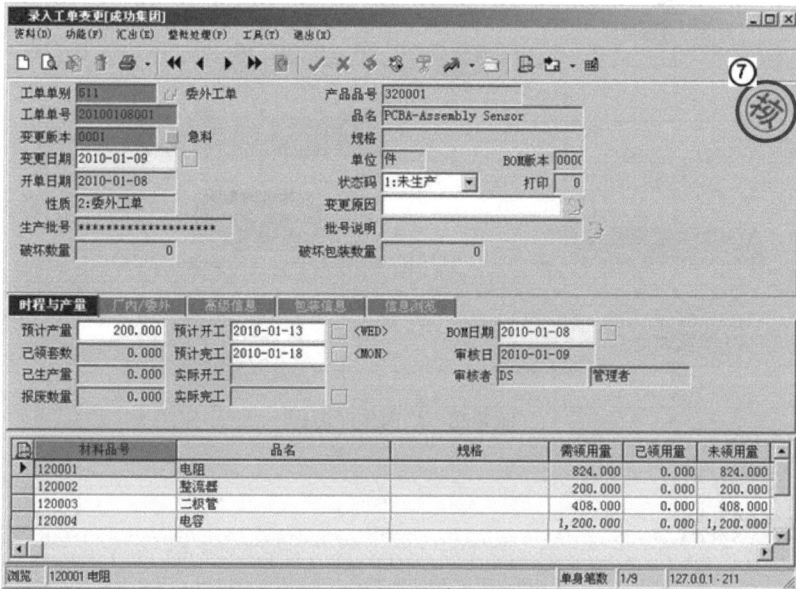

图 8.27　审核录入工单变更

注意：
变更后的信息会立刻在"录入工单"中显示。

8.6　厂内生产流程

工单就绪后，相关部门就要开始运作起来了，如仓管部门要准备备料、制造部要准备机器及领取所需材料等，下面来看厂内生产的实际流程。

8.6.1 作业流程

仓管部根据工单需求，准备相关所需材料，送至组装车间二组；生产完成后，车间二组将完工的成品或半成品信息记录到"录入生产入库单"且打印凭证通知质检部检验，检验完成后，再通知仓管人员点收入库，入库后才可将生产入库单审核，仓库的数量就会增加；若车间有未使用的余料，则须将余料做退料处理，要录入"退料单"中，打印凭证交由仓库人员点收入库，单据审核后，增加库存数量。图 8.28 所示为厂内生产流程图。

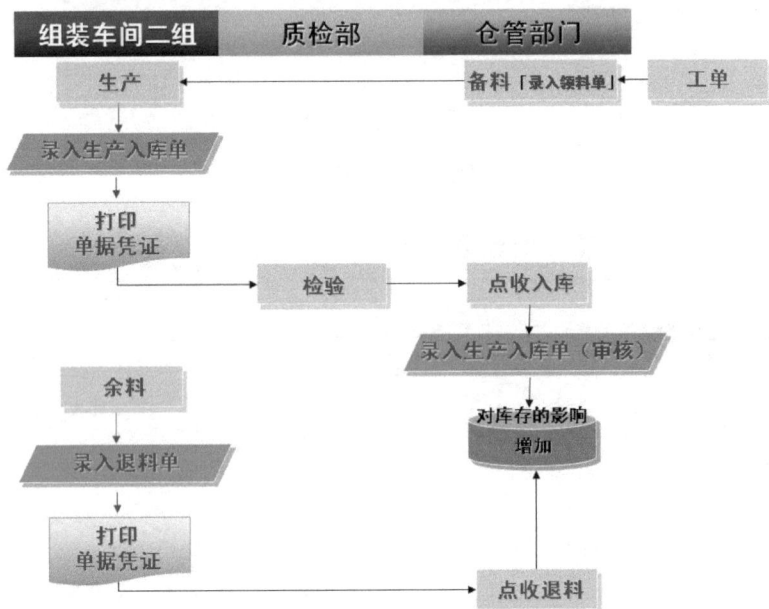

图 8.28 厂内生产流程

8.6.2 生产领料

【目的】

制造车间需要有材料，才能开工生产，也就是要领料。制造业发料原则一般有两种：一为领料制，另一种为备料制(发料制)。

第一，领料制：生产现场根据工作中心的派工指令，填写领料单向物料管理部门申请发料，主动权在制造车间。

第二，备料制：物料管理部门根据生产排程表，将料件准备好，发送到制造车间，主动权在物料管理部门。

有关发料、领料制度的规划必须配合料件的管理属性来管理：一般 BOM 中有些材料是难以或无经济效益做批次发料的，如螺丝、螺帽、胶带，这些材料一方面要跟着工单分批来领料，只点数量及过秤还要标示及管理，花费的时间不少，因此这些料件通常会以采购的包

装单位来领用，采用的是领料制，使用者可以在"存货管理子系统"|"基础设置"|"录入品
号信息"作业中，设定该料件的"领料码"(如设定为"单独领料、自动扣料")作为控管点。

【业务场景】

1 月 11 日这天，仓管部于"PCBA-Assembly Main"工单生产前，开使录入领料单，并
且按"用量表"检料，将料件备齐交由"组装车间二组"。

【操作步骤】

步骤一：从系统主界面执行"工单/委外子系统"|"录入领料单"作业，进入"录入领
料单"界面，开始建立领料信息。

【作业重点】

① 在"领料单别"直接输入单别编号(厂内自制件及委外加工件领料须分开)或按 F2 键
开窗选择单别(单别须在"设置工单单据性质"中设置好)，选好后，系统将默认系统日期为
领料单录入的"单据日期"，可修改如图 8.29 所示。

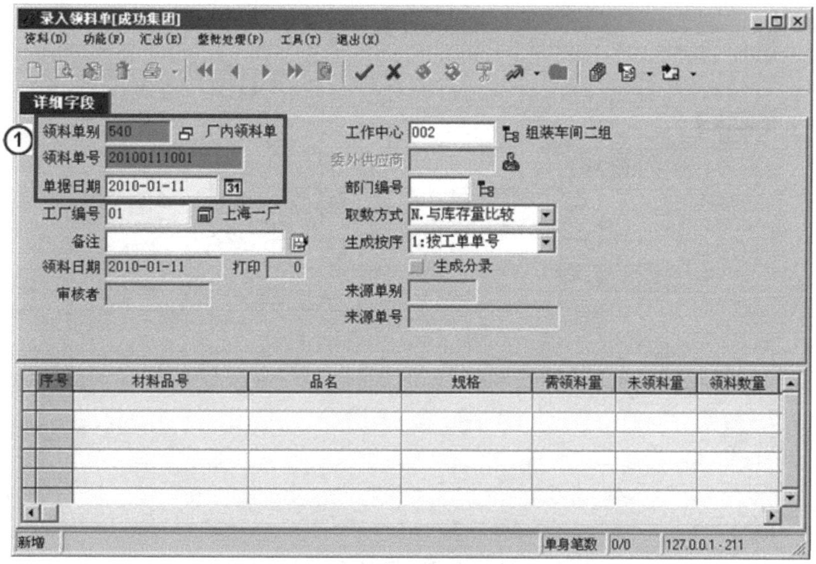

图 8.29 "录入领料单"界面 1

步骤二：选择领料的工厂及工作中心/委外供应商。

【作业重点】

② 在"工厂编号"字段选择领料的工厂，若为厂内自制，则可记录领料的"工作中心"，
若为委外加工，则可记录领料的"委外供应商"，如图 8.30 所示。

步骤三：选择要领哪一张工单的用料及领料方式。

【作业重点】

③ 可单击工具栏中的"工单信息输入"按钮，如图 8.31 所示，系统自动显示如图 8.32
所示的窗口，输入要领哪一张工单的用料及其领料方式。

④ 须单击工具栏上的"维护"按钮，方可选择工单信息，如图 8.32 所示。

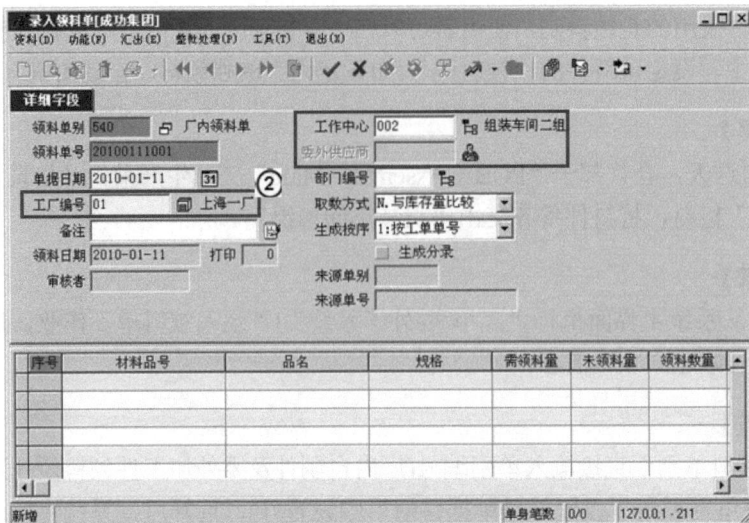

图 8.30　"录入领料单"界面 2

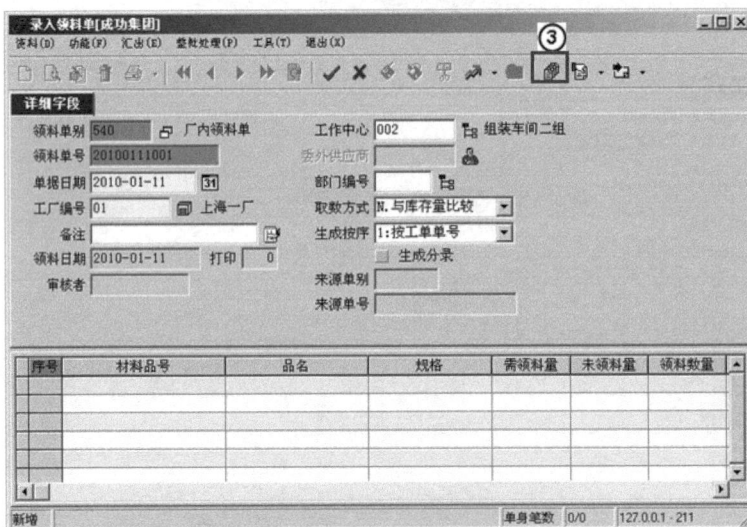

图 8.31　"录入领料单"界面 3

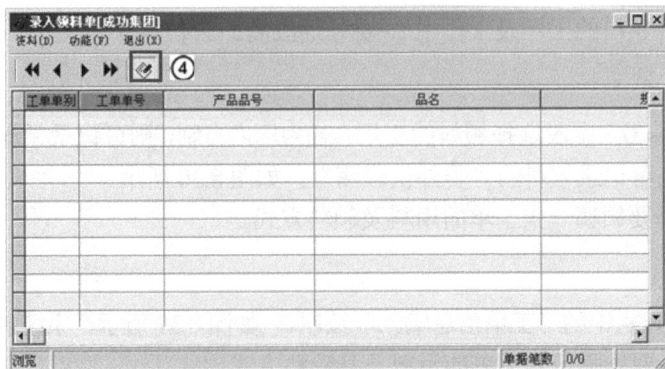

图 8.32　"工单信息输入"界面 1

⑤ 在"工单单别"字段，按 F2 键开窗选择指定工单单号，如图 8.33 所示。

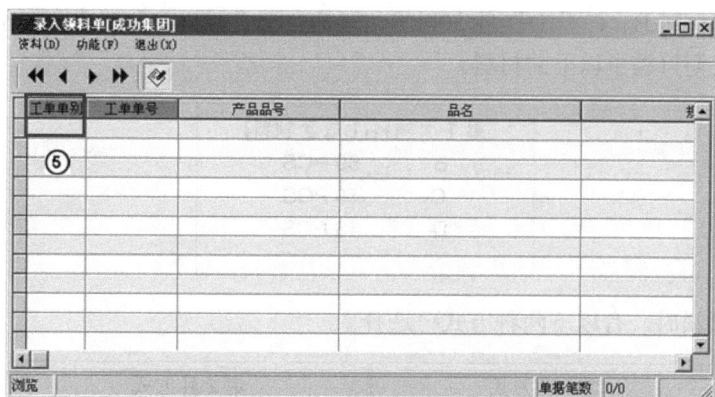

图 8.33 "工单信息输入"界面 2

⑥ 选好领料的工单单号，单击"确定"按钮，即可回到前一界面，系统将自动带出该工单单号要生产的产品品号、品名及规格，如图 8.34 所示。

图 8.34 "工单单别开窗"界面 1

⑦ 指定"领料方式"，如图 8.35 所示。

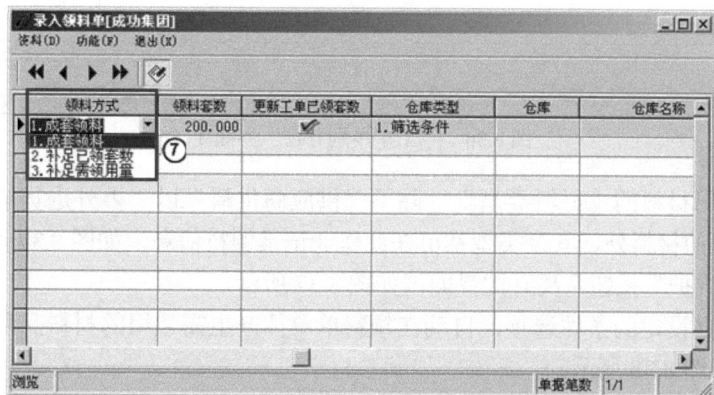

图 8.35 "工单单别开窗"界面 2

假设某一工单，其预计产量为 100 套"成品 A"，此"成品 A"须领"材料 B、C 及 D"

各 100PCS。若第一次领料时，我们只领 50 套所需的用量，则设定"领料方式=1.成套领料"，所以应该提领"材料 B、C 及 D"各 50PCS。但是由于"材料 D"的库存量不足，所以在第一次领料时，我们只领了以下的材料。

第 1 次领料(1.成套领料)	
B	50 PCS
C	50 PCS
D	48 PCS

那第二次领料时，有以下两种方式可选择。

第 1 种方式		第 2 种方式	
第 2 次领料(2.补足已领套数)		**第 2 次领料(3.补足需领用量)**	
B	0 PCS	B	50 PCS
C	0 PCS	C	50 PCS
D	2 PCS	D	52 PCS
↓		↓	
✍ 第三次需要再领料 50 套！		✍ 材料已经全部领完了！	

⑧ 可利用"录入品号信息"中"领料码"的特性(1.逐批领料、2.自动扣料、3.单独领料)，输入领料码作为领料时过滤的条件，如图 8.36 所示。

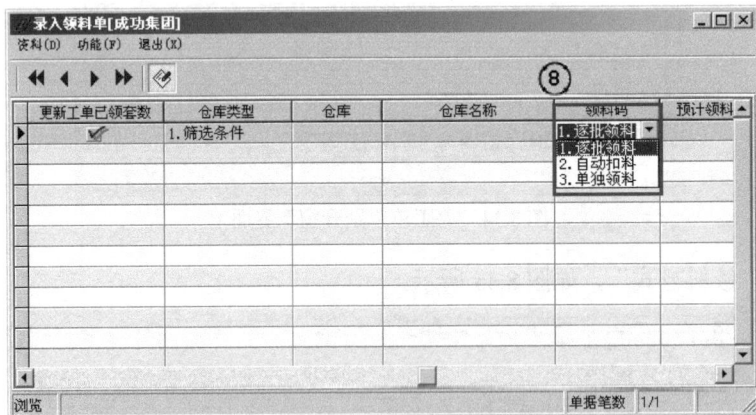

图 8.36 "工单单别开窗"界面 3

⑨ 选择领用材料的"材料类型"，除了"供应商供料"以"委外进货单"的入库数量反推供应商代买的材料外，其余类型都可在此作业记录领料信息，如图 8.37 所示。

⑩ 单击"维护"按钮，离开此界面，如图 8.37 所示。

⑪ 系统根据设定的条件选项，自动在领料单单体产生需领用的材料品号，请记得要将此单据保存，如图 8.38 所示。

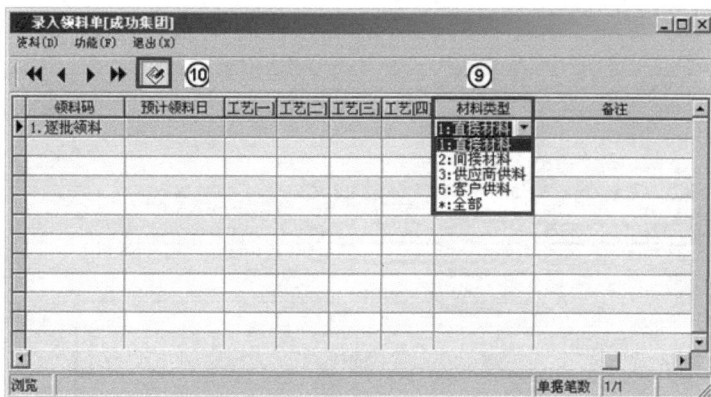

图 8.37 "工单单别开窗"界面 4

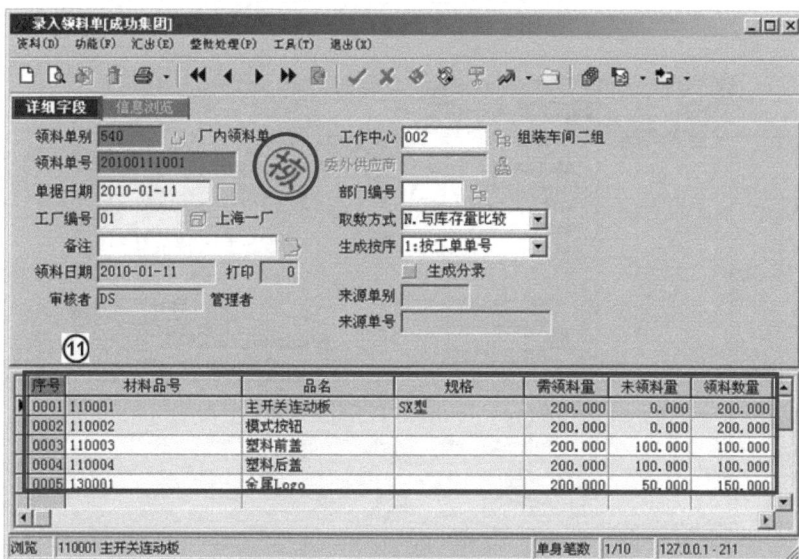

图 8.38 "录入领料单"界面

步骤四：审核领料单。

【作业重点】

⑫ 发料时，仓管人员须将领料单审核，并经领料人(如工作中心负责人员)签收，而领料单副本也须交给成本会计人员，用于成本计算，如图 8.39 所示。

⑬ 领料单审核，系统回写工单的"已领套数、已领用量、实际开工日"；工单"状态码"改为"2.已发料"。领料单审核表示该用料数量已从仓库中扣除，如图 8.39 所示。

注意：

"工单自动生成领料单"，可以将工单的指定用料及用量以批次的方式快速产生领料单。

在"基本选项"及"高级选项"的页签中，设定好产生领料单的条件，单击"直接处理"按钮后，系统便会自动生成录入领料单，如图 8.40 所示。

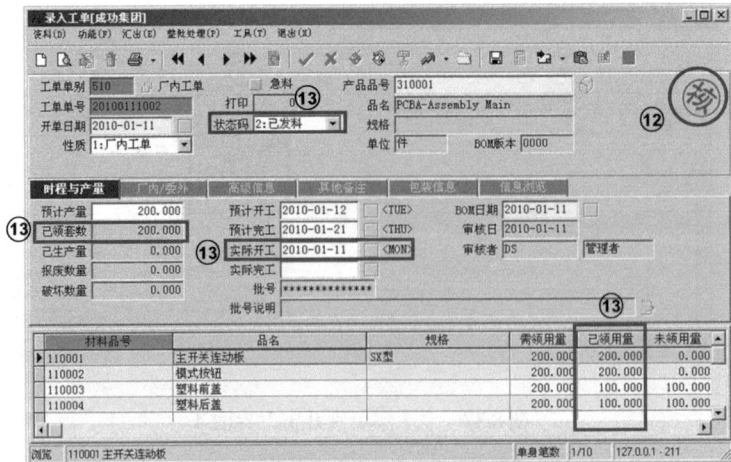

图 8.39 "录入工单"界面

图 8.40 "工单自动生成领料单"界面

8.6.3 生产退料

【目的】

工单若做领料管制，退料单也需要输入工单信息，在工单完工或指定完工前，在当月要将剩余料件办理退料，以免影响成本计算的正确性。

【业务场景】

时间过得真快，转眼间到了 1 月 20 日，"组装车间二组"也完成工单"PCBA-Assembly Main"的生产，此时车间组长检视车间后，发现还有剩余的材料，车间清点后，大约是两套材料要退回仓库，所以需录入退料单，将余料退回仓管部。

【操作步骤】

步骤一：从系统主界面执行"工单/委外子系统"|"录入退料单"作业，进入"录入退

料单"界面，开始建立退料信息。

【作业重点】

① 在"退料单别"框中直接输入单别编号(厂内自制件及委外加工件退料须分开)或按 F2 键开窗选择单别(单别须在"设置工单单据性质"中设置好)，选好后，系统默认系统日期为退料单录入的"单据日期"，可修改，如图 8.41 所示。

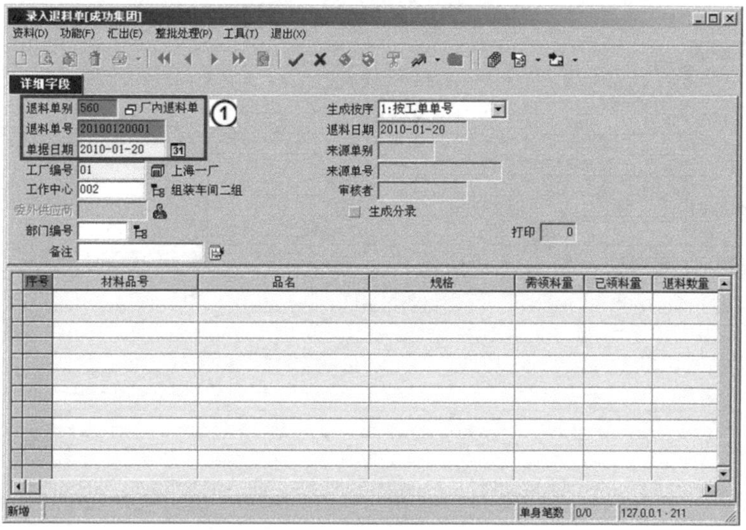

图 8.41 "录入退料单"界面 1

步骤二： 选择退料的工厂及工作中心/委外供应商。

【作业重点】

② 在"工厂编号"字段选择退料的工厂，若为厂内自制，则可记录退料的"工作中心"，若为委外加工，则可记录退料的"委外供应商"，如图 8.42 所示。

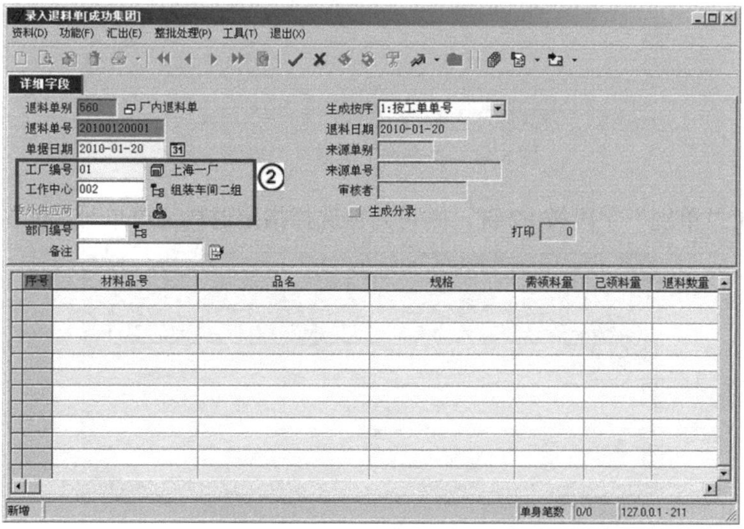

图 8.42 "录入退料单"界面 2

步骤三：选择要退哪一张工单的剩料及退料方式。

【作业重点】

③ 可单击工具栏上的"工单信息输入"按钮，系统会自动显示以下窗口，输入要退哪一张工单的剩料及其退料方式，如图 8.43 所示。

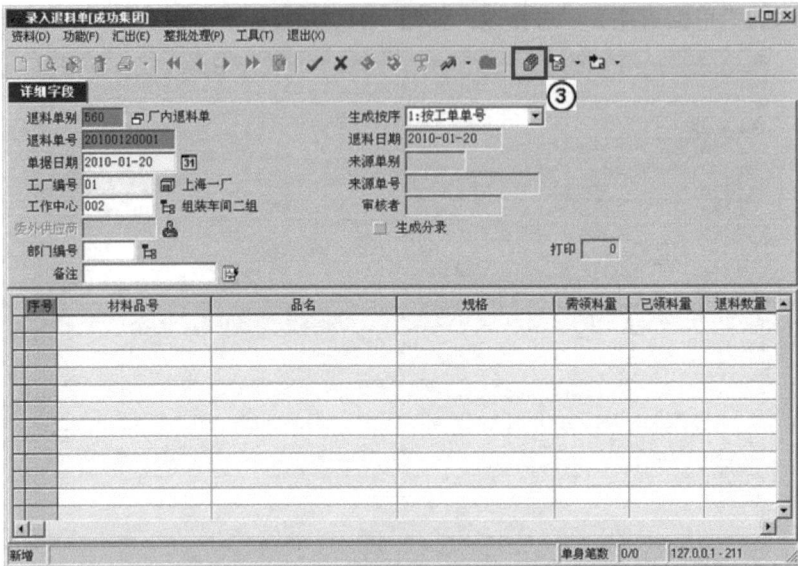

图 8.43 "录入退料单"界面 3

④ 单击工具栏上的"维护"按钮，方可选择工单信息，如图 8.44 所示。

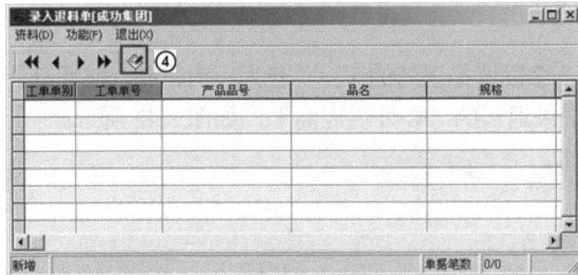

图 8.44 "查询工单信息"界面 1

⑤ 在"工单单别"字段按 F2 键，则可开窗选择指定退料工单单号，如图 8.45 所示。

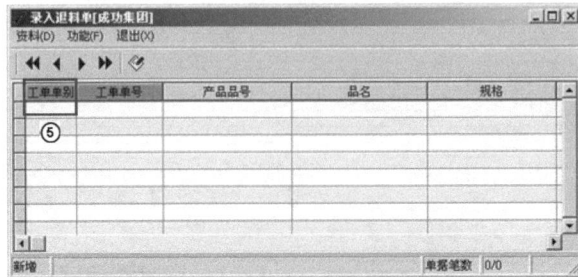

图 8.45 "查询工单信息"界面 2

⑥ 选择"退料方式"为"1.成套退料"或"3.退已领用量"；此例选择"1.成套退料"，如图 8.46 所示。

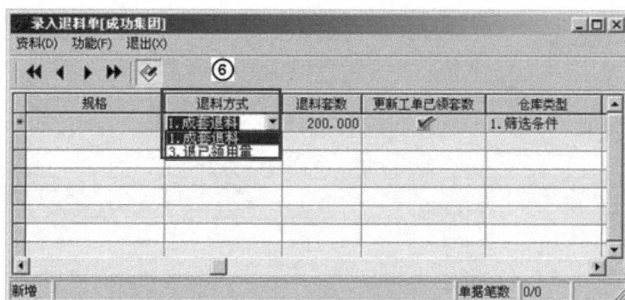

图 8.46 "查询工单信息"界面 3

⑦ 输入"退料套数"，如图 8.47 所示。

图 8.47 "查询工单信息"界面 4

⑧ 单击"维护"按钮，然后离开此界面，如图 8.48 所示。

图 8.48 "查询工单信息"界面 5

⑨ 系统根据设定的条件选项，自动在退料单单体产生退料的材料品号及数量，接着记得将此单据保存，如图 8.49 所示。

步骤四：审核退料单。

【作业重点】

⑩ 仓管人员点收退料后，才将退料单审核，如此较易保持库存准确性，退料单副本也须交给成本会计人员，用于成本计算。

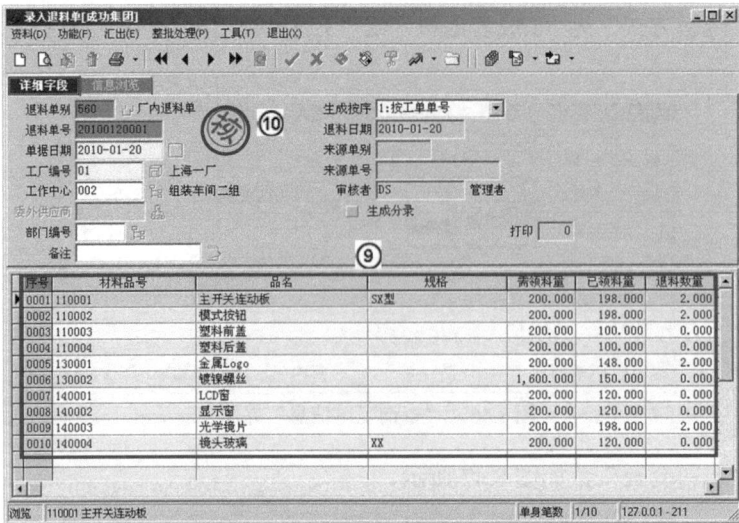

图 8.49　"录入退料单"界面 4

⑪ 退料单审核，系统回写工单的"已领套数"。退料单审核也表示这些用料量已退回到仓库，仓库数量会增加，系统也会回写工单单体用料的"已领用量"，如图 8.50 所示。

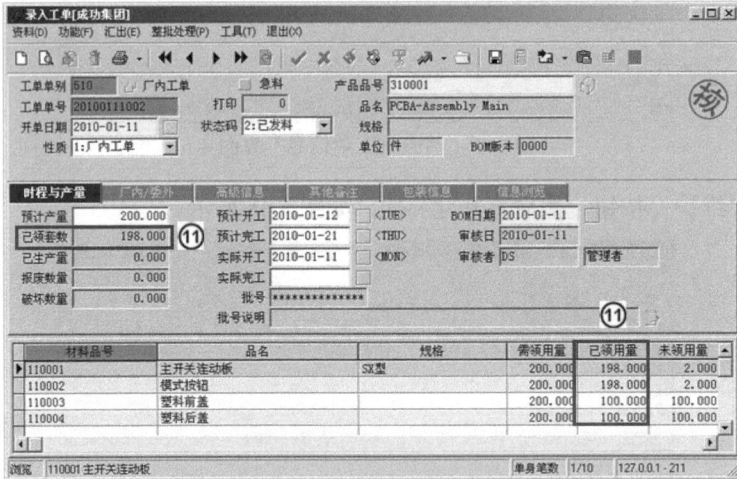

图 8.50　"录入工单"界面

8.6.4　生产入库

【目的】

当成品或半成品完工，可在系统中记录入库信息，作为成本计算依据。

【业务场景】

1 月 21 日，制造部办理半成品"PCBA-Assembly Main"的生产入库事宜。

【操作步骤】

步骤一：从系统主界面执行"工单/委外子系统"|"录入生产入库单"作业，进入"录

入生产入库单"界面，开始建立入库信息。

【作业重点】

① 在"入库单别"框中直接输入单别编号或按 F2 键开窗选择单别(单别须在"设置工单单据性质"中设置好)，选好后，系统将默认系统日期为入库单录入的"单据日期"，可修改，如图 8.51 所示。

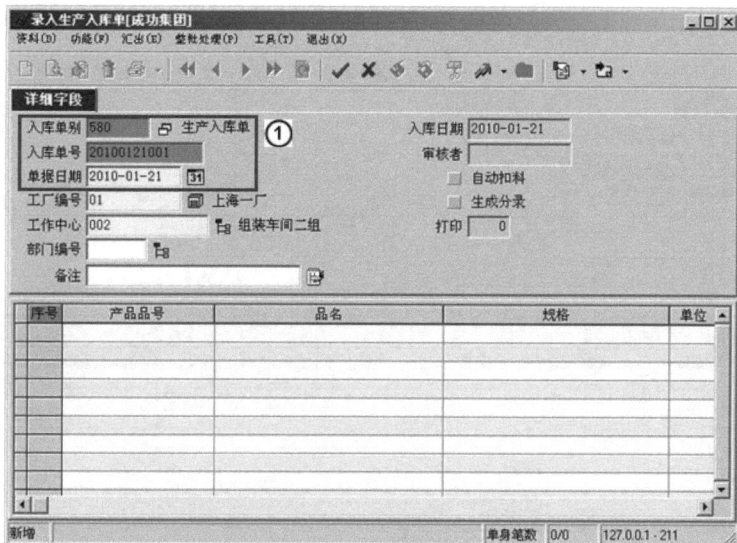

图 8.51　"录入生产入库单"界面 1

步骤二：选择入库的工厂及工作中心。

【作业重点】

② 在"工厂编号"字段选择入库的工厂，也须记录入库的"工作中心"，工作中心是"成本计算子系统"搜集及分摊人工成本、制造费用的依据，如图 8.52 所示。

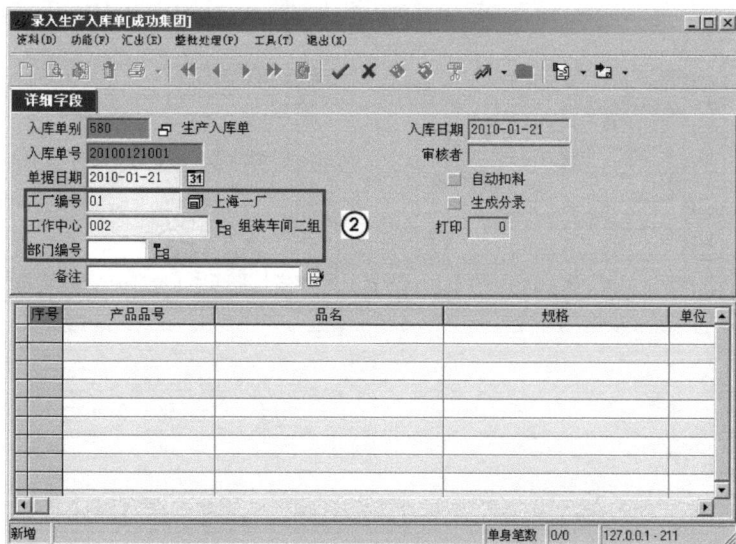

图 8.52　"录入生产入库单"界面 2

步骤三：指定入库的工单、品号及输入入库数量。

【作业重点】

③ 在"产品品号"字段按 **F2** 键，选择未完工的工单，系统根据选择的工单默认带出剩余的未入库量，以及工单单号、订单单号等相关信息，如图 8.53 所示。

④ 输入要入库到哪一个仓库，如图 8.53 所示。

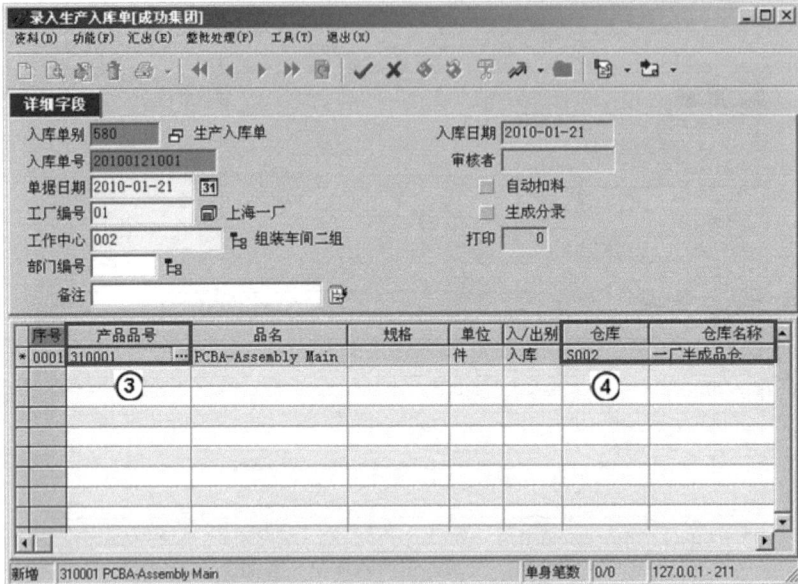

图 8.53　"录入生产入库单"界面 3

⑤ 检验完毕，检验合格数量输入"验收数量"；不良的部分输入"验退数量"；报废的部分输入"报废数量"；破坏的部分输入"破坏数量"，如图 8.54 所示。

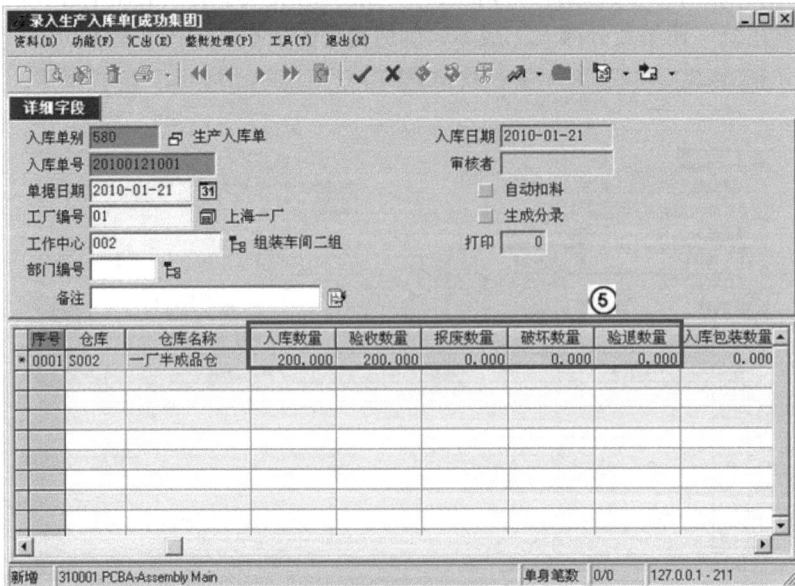

图 8.54　"录入生产入库单"界面 4

⑥ 若"入库数量＝验收数量"或"报废数量＝0，验退数量＝0，入库数量≥验收数量＋破坏数量"，则"检验状态"会显示为"合格"；若"验退数量＞0，报废数量＞0，入库数量≠验收数量＋破坏数量"，则"检验状态"显示为"不良"，如图 8.55 所示。

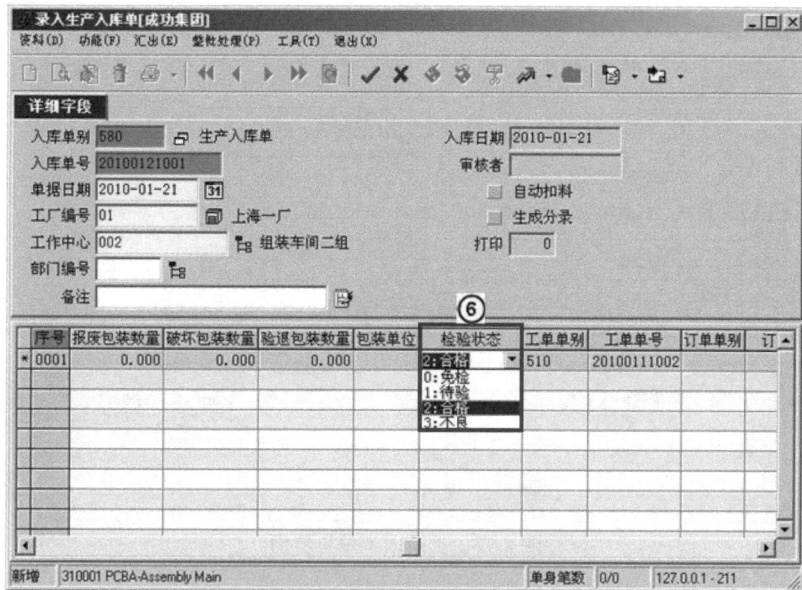

图 8.55　"录入生产入库单"界面 5

步骤四：审核生产入库单。

【作业重点】

⑦ 仓管人员点收成品或半成品，生产入库单方可审核，副本将交由成本会计人员作为计算成本的依据，如图 8.56 所示。

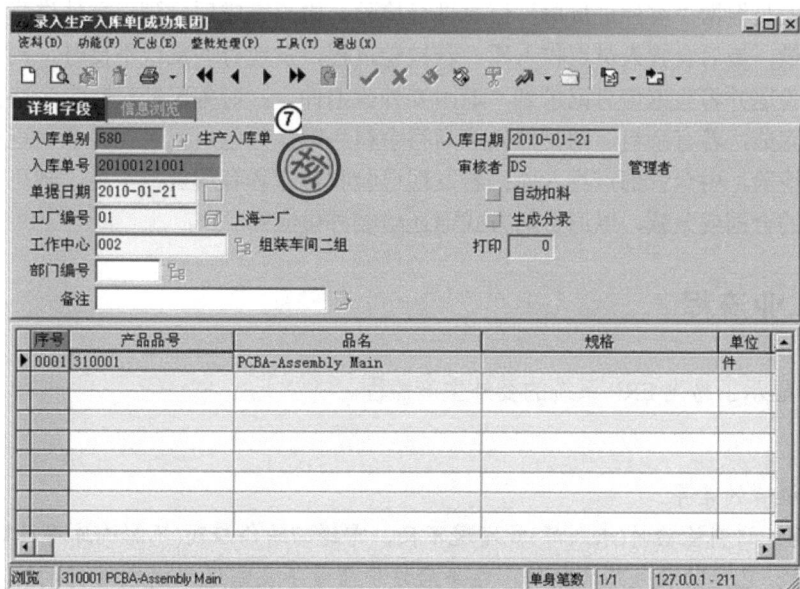

图 8.56　"录入生产入库单"界面 6

⑧ 生产入库单审核，单据"验收数量"与"报废数量"会回写到工单的"已生产量"与"报废数量"，并记录完工日期；若"已生产量＋报废数量＋破坏数量≥预计产量"，则工单"状态码"将自动由系统更新为"Y:已完工"，如图 8.57 所示。

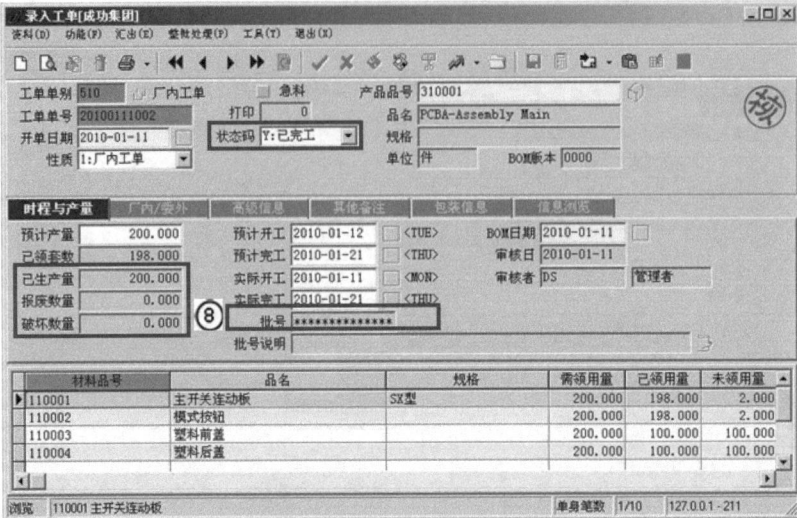

图 8.57 "录入工单"界面

8.7 委外生产流程

公司外包人员录入外包工单及录入委外领料单，仓管部备料完成并送货至委外供应商；委外加工件由委外供应商完工送回厂时，由外包人员输入"委外进货单"并记录送回厂的数量；由质检人员根据"委外进货单"信息进行检验，检验完成后，到"委外进货单验收"中记录验收数量；最后仓管人员点收入库。若检验过程，发现有瑕疵或不良时，则不良数量不入库，直接验退并将验退信息记录到"退回委外验退件"，财务仅针对验收合格的给付加工费用；加工完成，若有余，则委外供应商将余料送回，外包组记录在"录入退料单"中，通知质检部检验，由仓管部点收入库；若发现已验收入库者有瑕疵或不良，则可按照与委外供应商谈妥的合同或条款，以退货的方式退还给委外供应商。

8.7.1 作业流程

图 8.58 显示了易飞 ERP 系统的委外生产流程。

注意：
验退与退货的差异。

- 验退：进料检验时(未入库)就发现不良，需退回给供应商(不影响库存及账款)。
- 退货：已经验收入库的料件，在事后发现质量不良需退回供应商(库存减少且应付账款也会减少)。

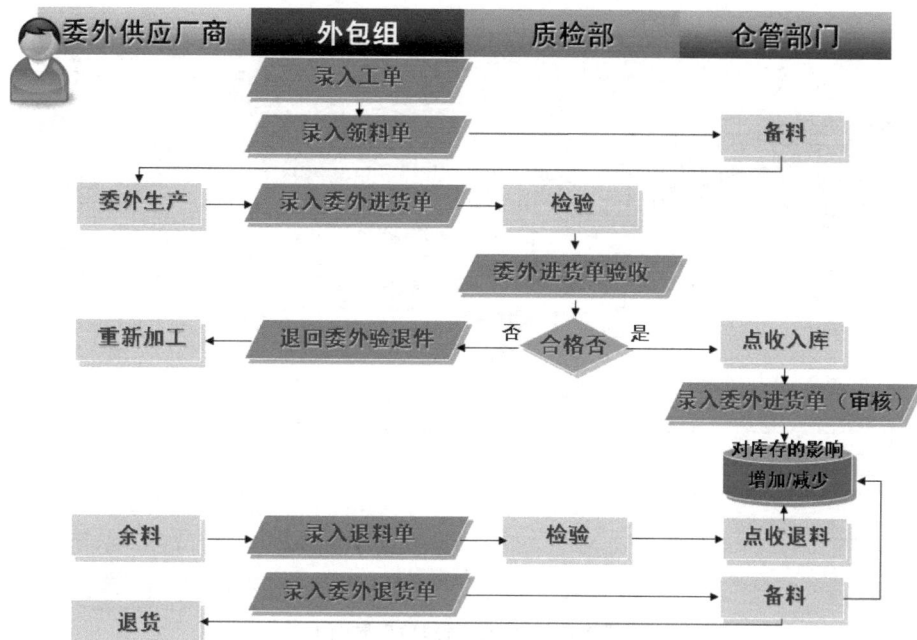

图 8.58　委外生产流程

8.7.2　委外生产领料

【目的】

记录委外厂商加工完成的入库信息，以将正确信息回馈到工单上，作为成本计算依据。

【业务场景】

1 月 11 日这天，外包组按"PCBA-Assembly Sensor"工单录入委外领料单。

【操作步骤】

步骤一：从系统主界面执行"工单/委外子系统"|"录入领料单"作业，进入"录入领料单"界面，开始建立领料信息。

【作业重点】

① 在"领料单别"直接输入单别编号(厂内自制件及委外加工件领料须分开)或按 F2 键开窗选择单别(单别须在"设置工单单据性质"中设置好)，选好后，系统将默认系统日期为领料单录入的"单据日期"，可修改，如图 8.59 所示。

步骤二：选择领料的工厂及工作中心/委外供应商。

【作业重点】

② 在"工厂编号"字段选择领料的工厂，若此例为委外加工，则可记录领料的"委外供应商"，如图 8.60 所示。

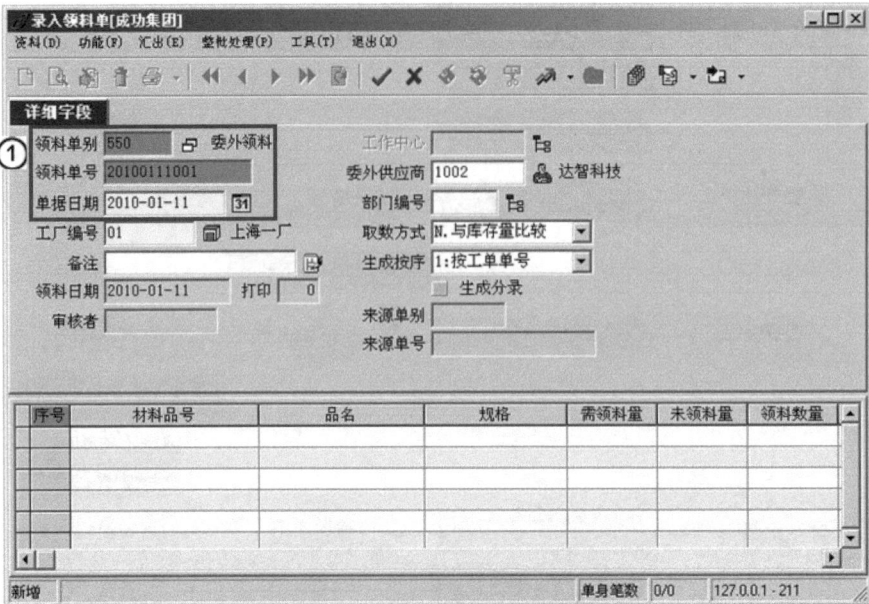

图 8.59 "录入领料单"界面 1

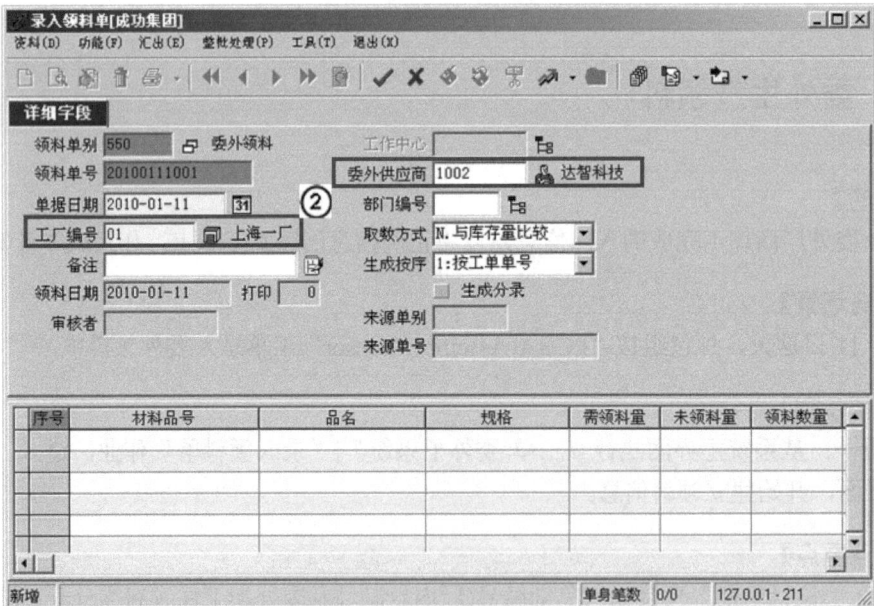

图 8.60 "录入领料单"界面 2

步骤二：选择要领哪一张工单的用料及领料方式。

【作业重点】

③ 单击工具栏上的"工单信息输入"按钮，如图 8.61 所示，系统会自动显示如图 8.62 所示的窗口，输入要领哪一张工单的用料及其领料方式。

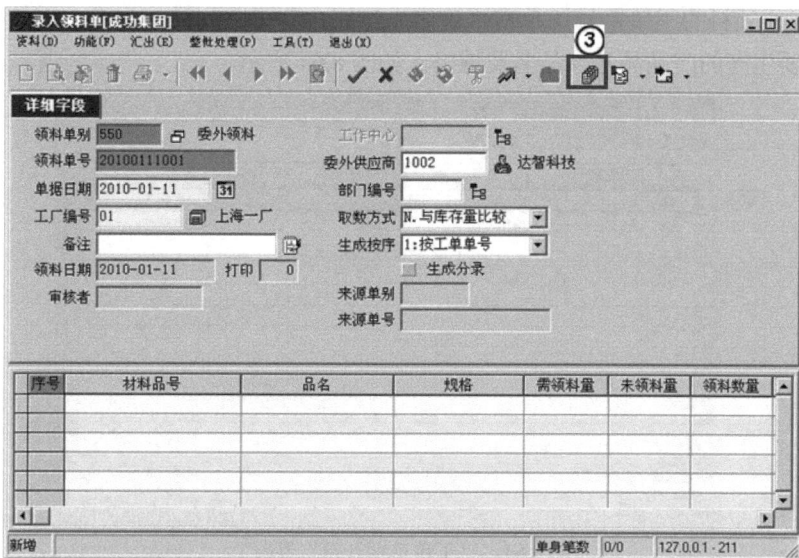

图 8.61　"录入领料单"界面 3

④ 单击工具栏上的"维护"按钮，方可选择工单信息，如图 8.62 所示。

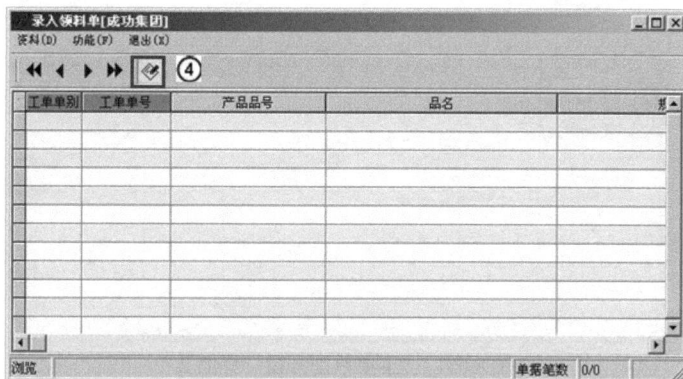

图 8.62　"工单信息输入"界面 1

⑤ 可在"工单单别"字段，按 F2 键开窗选择指定工单单号，如图 8.63 所示。

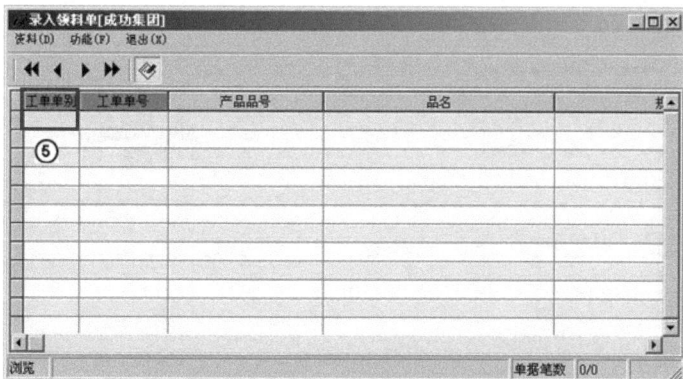

图 8.63　"工单信息输入"界面 2

⑥ 选好要领料的工单单号，单击"确定"按钮，即可回到前一界面，系统将自动带出该工单单号要生产的产品品号、品名及规格，如图 8.64 所示。

图 8.64　"工单单别开窗"界面 1

⑦ 可指定"领料方式"，如图 8.65 所示。

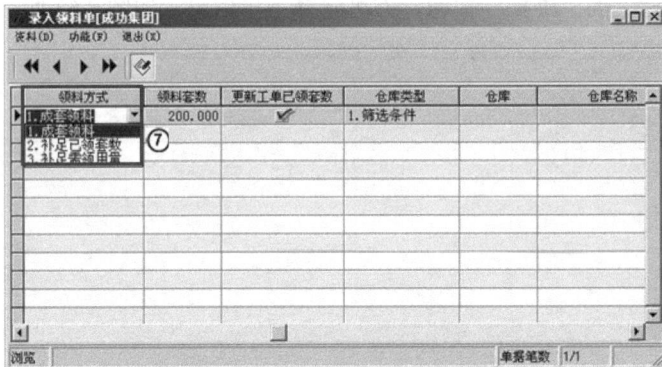

图 8.65　"工单单别开窗"界面 2

⑧ 可利用"录入品号信息"中"领料码"的特性(1.逐批领料、2.自动扣料、3.单独领料)，输入领料码作为领料时过滤的条件，如图 8.66 所示。

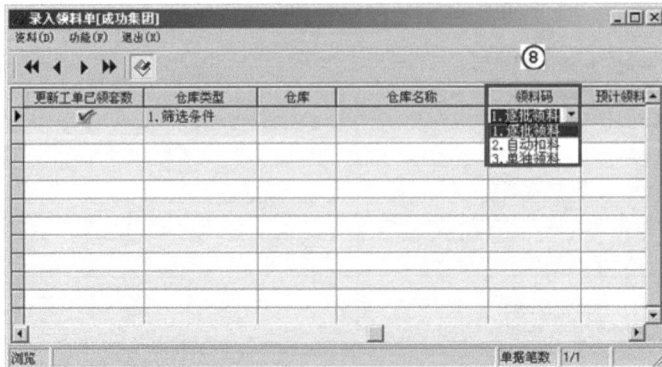

图 8.66　"工单单别开窗"界面 3

⑨ 选择领用材料的"材料类型"，除了"供应商供料"是以"委外进货单"的入库数量反推供应商代买的材料外，其余类型都可在此作业中记录领料信息，如图 8.67 所示。

⑩ 单击"维护"按钮，离开此界面，如图 8.67 所示。

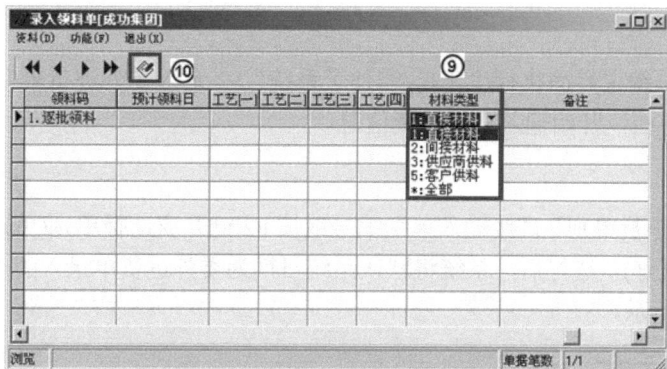

图 8.67　"工单单别开窗"界面 4

⑪ 系统根据设定的条件选项，自动在领料单单体产生需领用的材料品号，如图 8.68 所示。

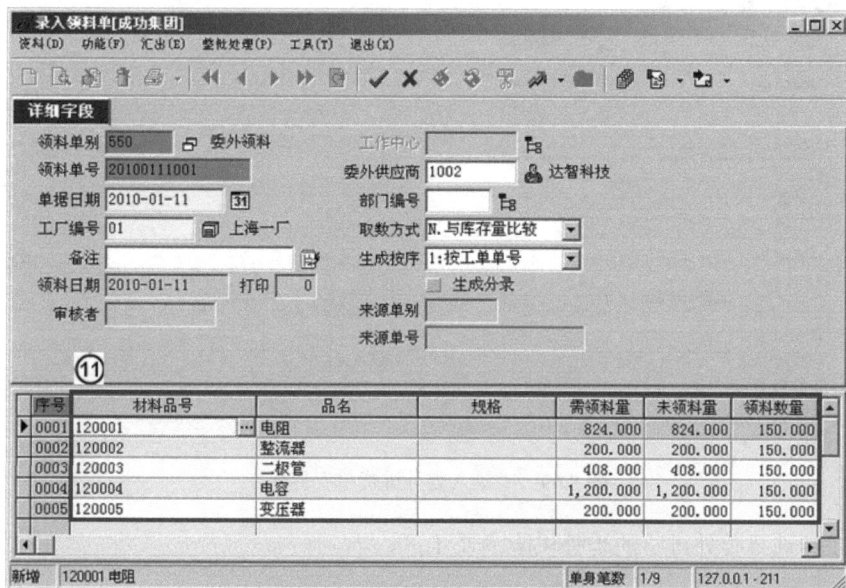

图 8.68　"录入领料单"界面

8.7.3　委外进货、验收、验退

【目的】

录入委外生产过程的进货、验收、验退信息，作为成本计算依据。

【业务场景1】

1月16日，委外供应商"达智科技"已经加工完成"PCBA-Assembly Sensor"工单，并且将完成数量200送回公司，由外包组负责收料。

【操作步骤】

步骤一：从系统主界面执行"工单/委外子系统"|"录入委外进货单"作业，进入"录入委外进货单"界面，开始输入委外进货信息。

【作业重点】

① 在"委外进货单别"直接输入单别编号或按F2键开窗选择单别(单别须在"设置工单单据性质"中设置好)，选好后，系统将默认系统日期为委外进货单录入的"单据日期"，可修改，如图8.69所示。

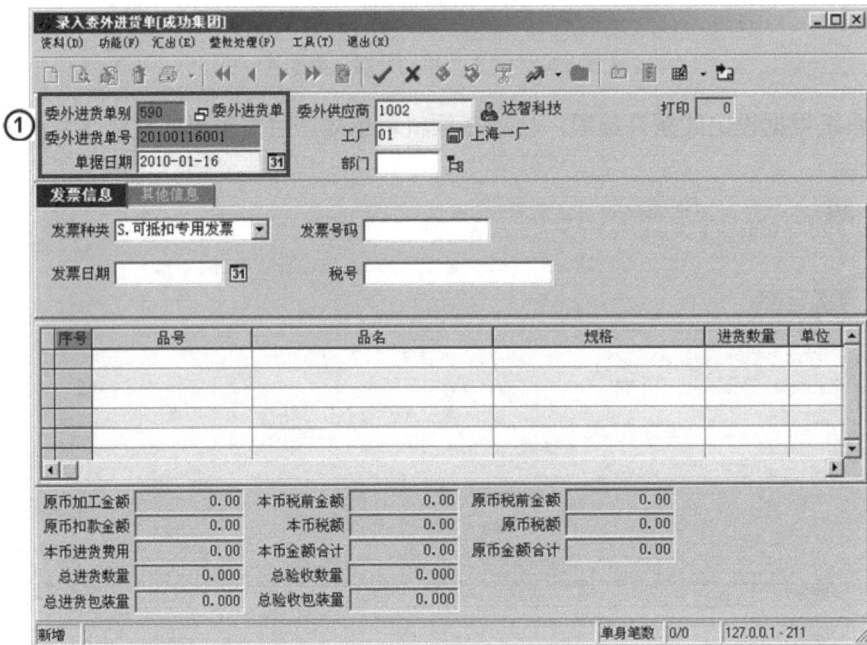

图 8.69　"录入委外进货单"界面1

步骤二：选择委外进货的委外供应商及工厂。

【作业重点】

② 在"委外供应商"字段选择委外供应商，须记录委外进货到何"工厂"，如图 8.70所示。

步骤三：补入发票信息(若为随货附发票)。

【作业重点】

③ 若委外供应商在送货时就随货附发票，则可输入"发票信息"，如发票号码、发票日期、发票种类、税号等信息，如图8.71所示。

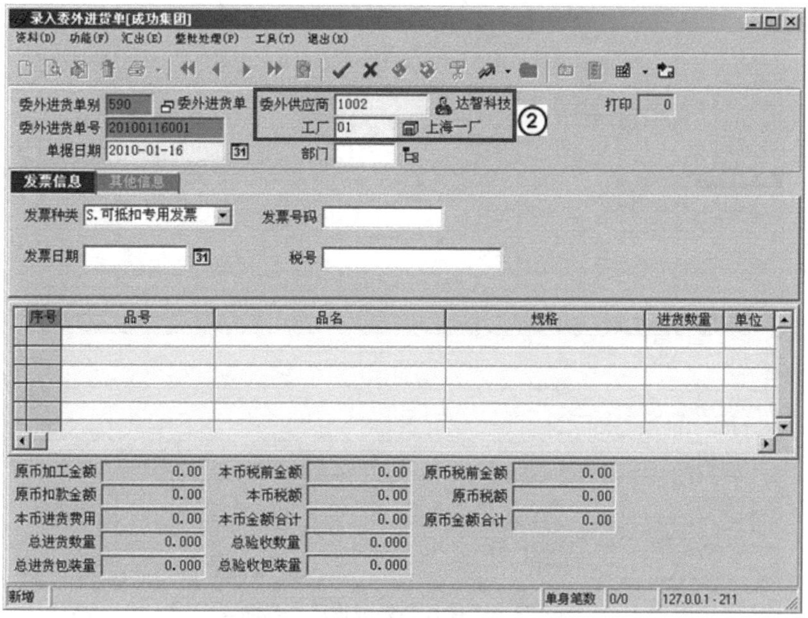

图 8.70 "录入委外进货单"界面 2

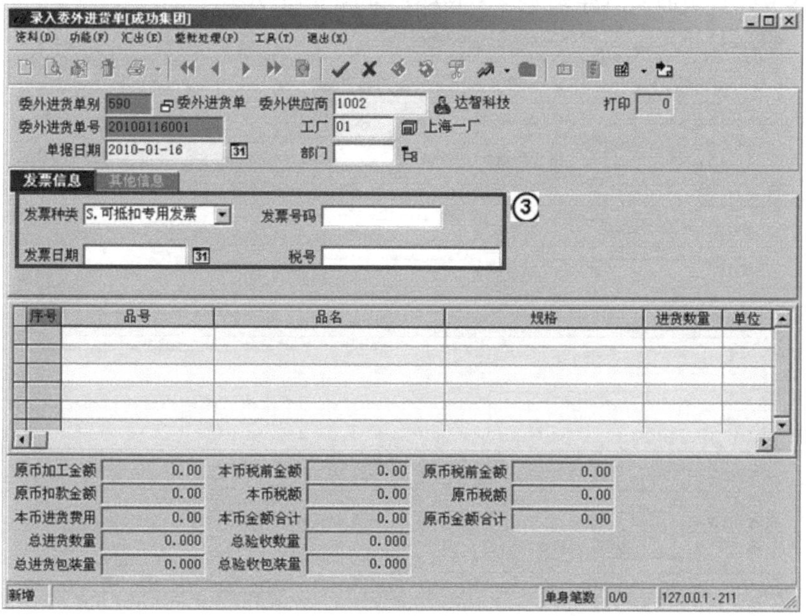

图 8.71 "录入委外进货单"界面 3

步骤四: 指定委外进货的工单、品号及输入进货数量。

【作业重点】

④ 在"品号"字段按 F3 键,选择未完工的工单,系统根据选择的工单默认带出剩余的未进货量、工单单号等相关信息。同时,输入检验合格后要入库到哪一个仓库以及此次进货数量,如图 8.72 所示。

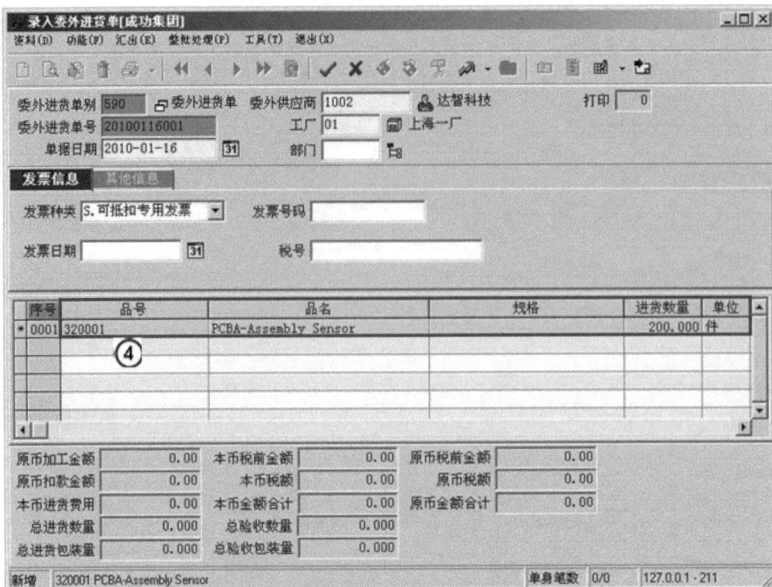

图 8.72　"录入委外进货单"界面 4

⑤ 输入检验合格后要入库到哪一个仓库，如图 8.73 所示。

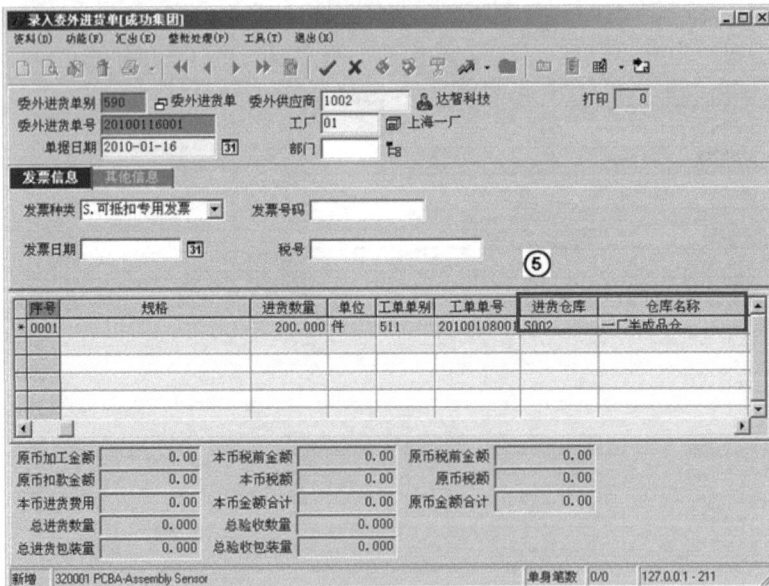

图 8.73　"录入委外进货单"界面 5

⑥ 确认委外单价、加工金额、进货费用等信息是否正确，如图 8.74 所示。

⑦ 将委外进货单保存，交由质检部门执行检验工作，如图 8.74 所示。

【业务场景 2】

质检部检验有 2 个品质不合格，将退回"达智科技"重新加工。

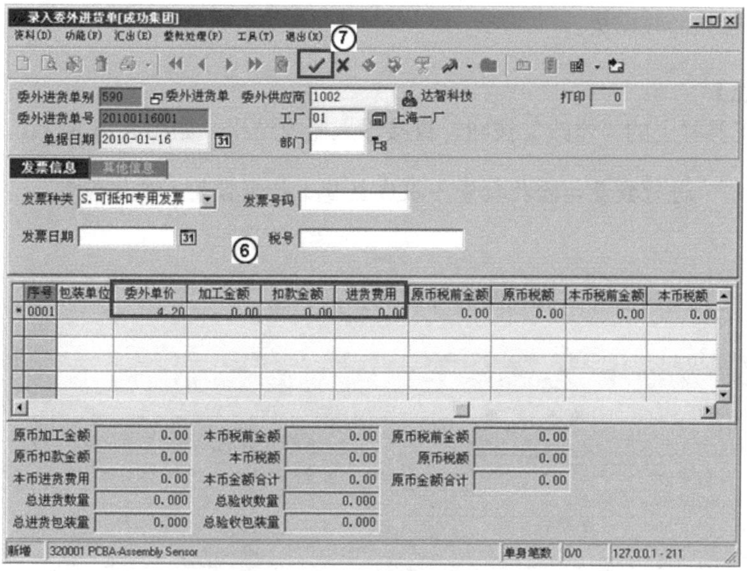

图 8.74 "录入委外进货单"界面 6

【操作步骤】

步骤一： 从作业清单中执行"工单/委外子系统"|"委外管理"|"委外进货单验收"作业，找出之前由物料管理或收发室人员输入的委外进货相关信息。

【作业重点】

① 以"查询"方式找出该张委外进货相关信息(本作业不可新增信息)，如图 8.75 所示。

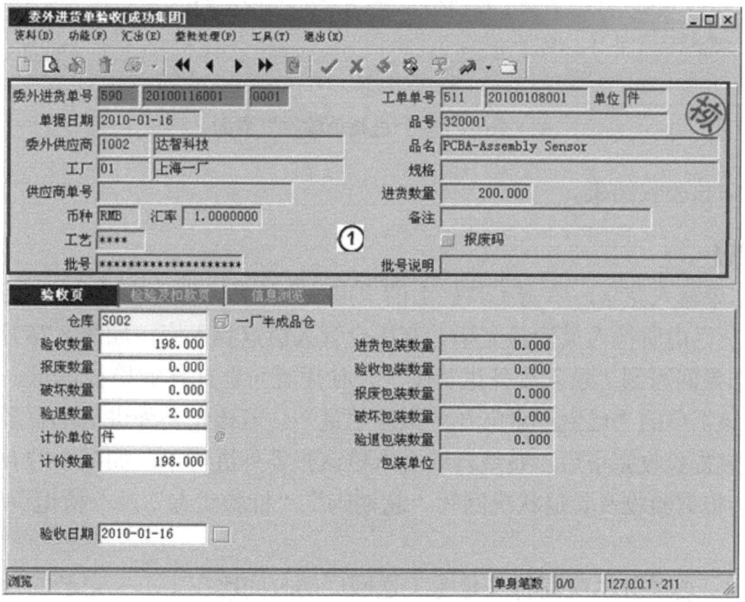

图 8.75 "委外进货单验收"界面 1

步骤二：输入验收结果。

【作业重点】

② 单击工具栏上的"修改"按钮，直接输入验收结果，如图 8.76 所示。

$$进货数量＝验收数量＋报废数量＋验退数量＋破坏数量$$

注意：

计价数量是需要向委外供应商给付账款的产品数量。

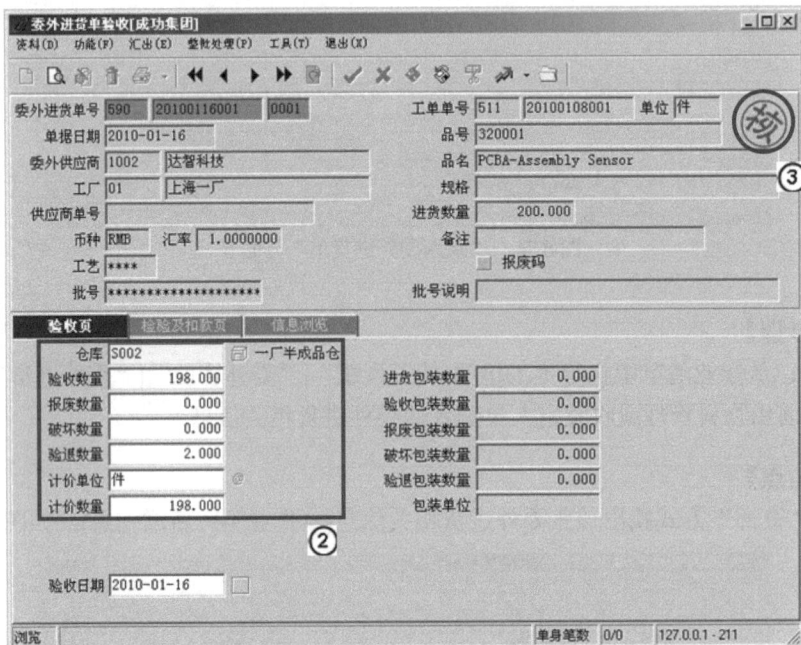

图 8.76　"委外进货单验收"界面 2

步骤三：审核验收结果。

【作业重点】

③ 验收结果输入完毕，单击工具栏上的"审核"按钮，即可在此作业看到红色的"核"字，表示此批货已由质检人员检验完毕并交由仓管人员点收入库，如图 8.76 所示。

④ 验收结果回写到"录入委外进货单"，使用者可在此作业检视信息。系统会将此验收结果回写到该工单的"已生产量"及"报废数量"。若该张委外进货单有多笔进货信息，则在最后一笔进货验收完毕后，系统自动会审核该张委外进货单，如图 8.77 所示。

⑤ 系统会根据验收及验退状况回写"超期码""检验状态"及"检退码"，如图 8.78 所示。

● 超期码：若委外供应商将品号完工送回厂的时间比在工单上记录的预计完工日晚，则系统将自动勾选此字段，作为后续"委外进货异常表"评核供应商交货状况的依据。

● 检验状态：有验退将显示"不良"，全数验收则显示"合格"；可作为后续"委外进货异常表"评核供应商质量状况的依据。

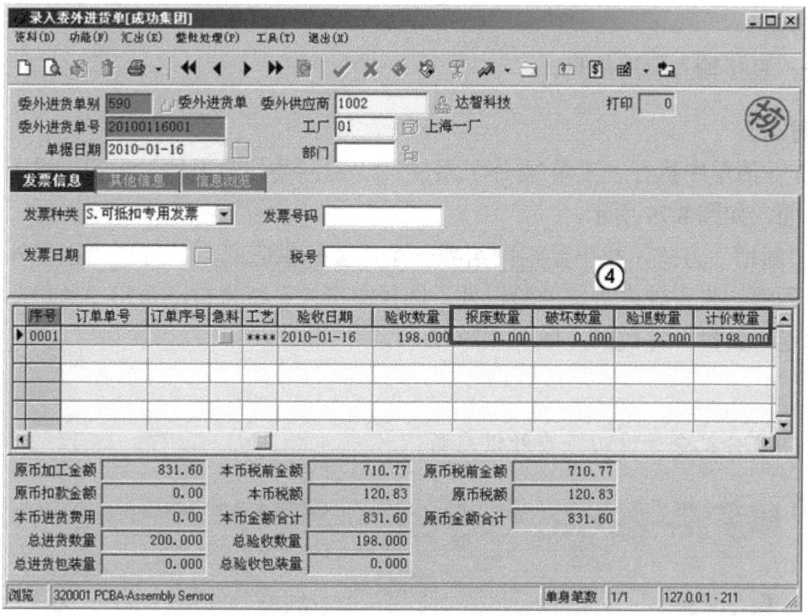

图 8.77　"录入委外进货单"界面 7

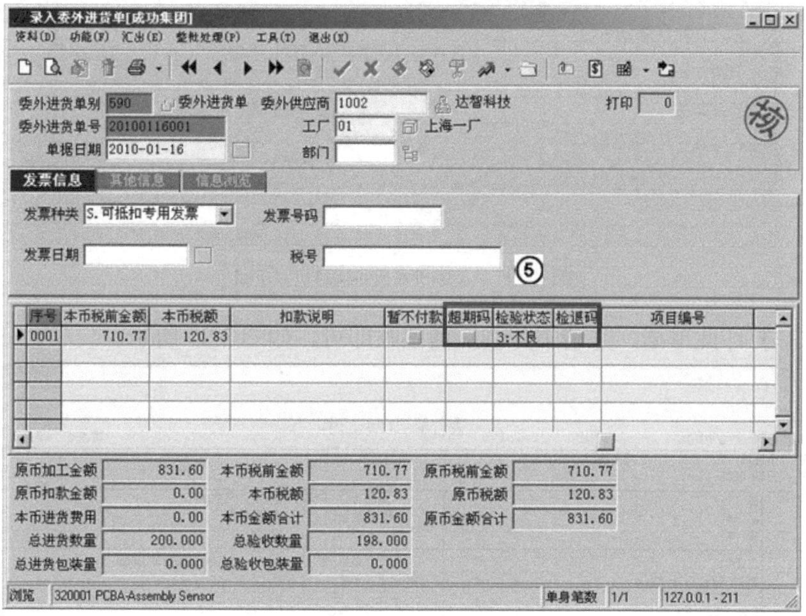

图 8.78　"录入委外进货单"界面 8

- 检退码：若检验时即发现有验退件，则在退还给供应商并在"退回委外验退件"中输入验退信息后，由系统自动勾选此字段。

【业务场景 3】

质检人员在验收产品过程中，发现进货有瑕疵或不良，2 件产品品质不合格，须退回"达智科技"重新加工。

【操作步骤】

步骤一： 直接输入验退信息。

【作业重点】

① 从作业清单中执行"工单/委外子系统"|"退回委外验退件"作业，进入"退回委外验退件"界面，如图 8.79 所示。

② 以"新增"方式，找出要退回给哪一个"委外供应商"，可在"原委外进货单"字段找出要退回哪一张委外进货单的验退件，选择即可，系统将自动带出"验退品号、品名、规格"及"退回数量"等数据，如图 8.79 所示。

注意：

验退件不可分批分量退回给委外供应商。

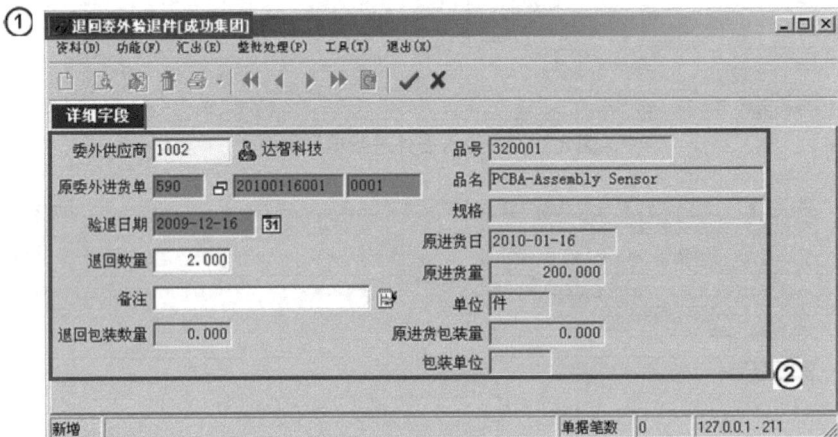

图 8.79 "退回委外验退件"界面

步骤二： 打印此单据，并请委外供应商签收即可，如图 8.80 所示。

图 8.80 "委外验退件退回单"凭证

8.7.4　委外生产退料

【目的】
记录正确退料信息，以维护生产成本计算的正确性。

【业务场景】
1 月 16 日，"达智科技"将工单加工完成后，还剩下一些未使用的材料，包含 50 个品号为 120001 的电阻、5 支品号为 120003 的二极管，为避免零件放置过久闲置或损坏，因此将余料退回成功集团，外包组收到余料后，随即录入委外退料单并通知质检部检验后，余料即可入库存放。

【操作步骤】
步骤一： 从系统主界面执行"工单/委外子系统"|"录入退料单"作业。

【作业重点】
① 在"退料单别"框中直接输入单别编号或按 F2 键开窗选择单别，此单别须在"设置工单单据性质"中设好。选好后，系统将默认系统日期为退料单录入的"单据日期"，可自行修改，如图 8.81 所示。

图 8.81　"录入退料单"界面 1

步骤二： 选择退料的工厂及工作中心/委外供应商。

【作业重点】
② 在"工厂编号"字段选择退料的工厂，若此例为委外加工，则可记录退料的"委外供应商"，如图 8.82 所示。

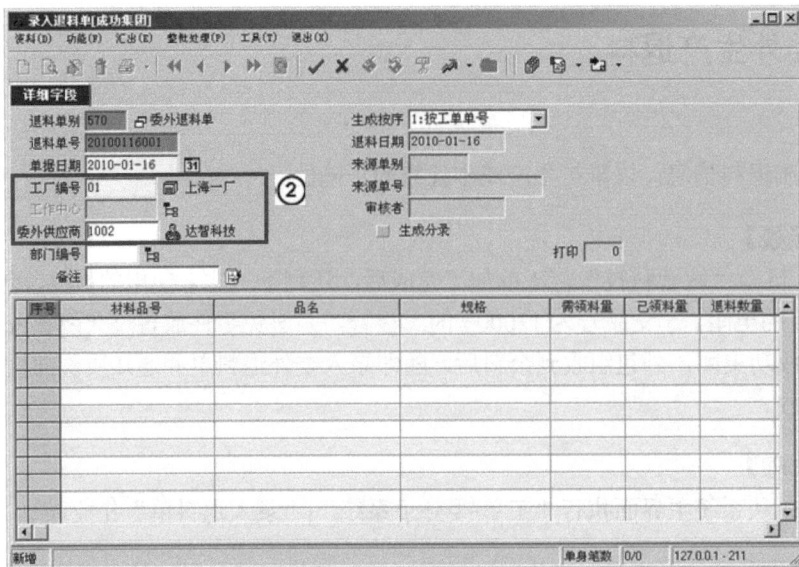

图 8.82　"录入退料单"界面 2

步骤三：选择要退哪一张工单的余料及退料方式。

【作业重点】

③ 单击工具栏上的"工单信息输入"按钮，如图 8.83 所示，系统自动显示如图 8.84 所示的窗口，输入要退哪一张工单的剩料及其退料方式。

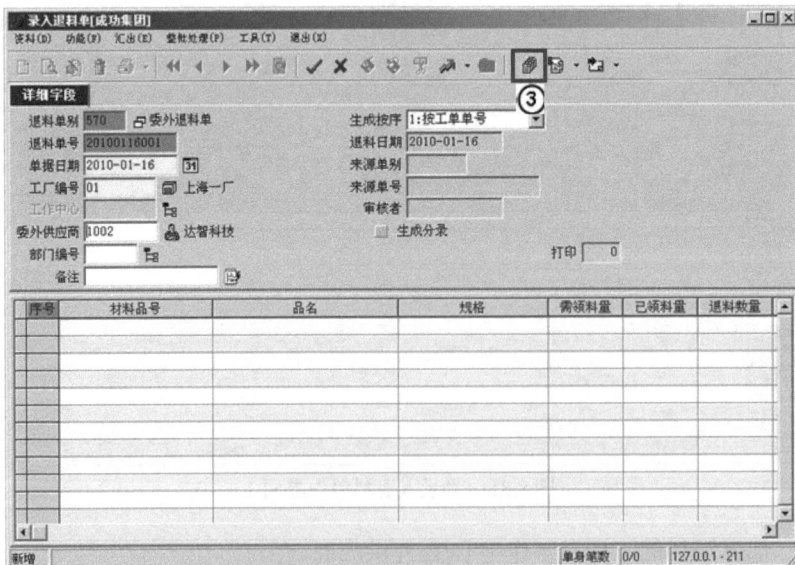

图 8.83　"录入退料单"界面 3

④ 单击工具栏上的"维护"按钮，方可选择工单信息，如图 8.84 所示。

⑤ 在"工单单别"字段按 **F2** 键，则可开窗选择指定退料工单单号，如图 8.85 所示。

⑥ 可选择"退料方式"为"1.成套退料"或"3.退已领用量"；此例选择"3.退已领用量"，如图 8.86 所示。

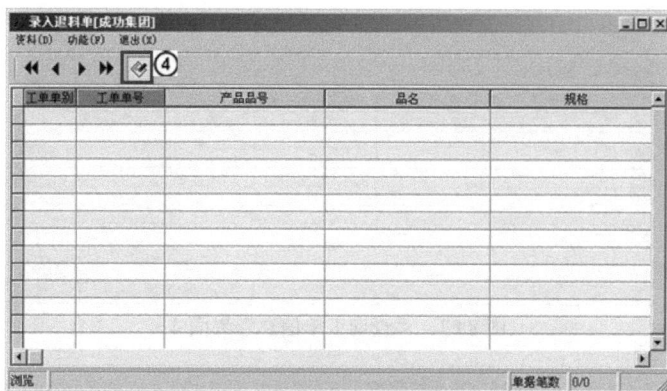

图 8.84 "查询工单信息"界面 1

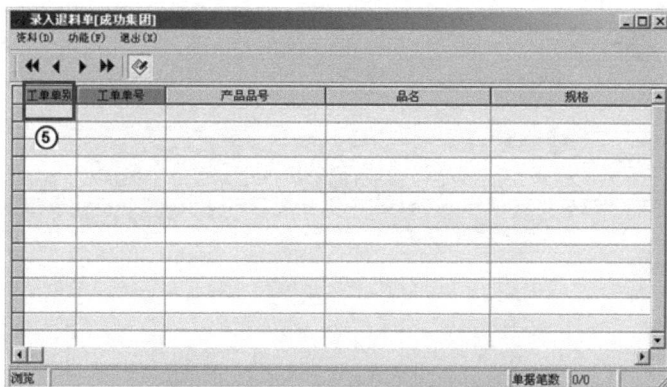

图 8.85 "查询工单信息"界面 2

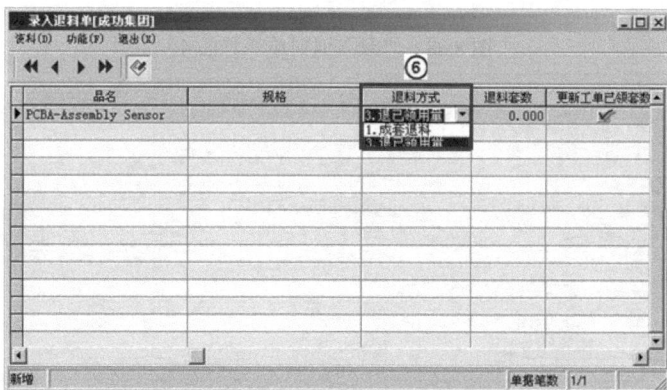

图 8.86 "查询工单信息"界面 3

⑦ 单击"维护"按钮，离开此界面，如图 8.87 所示。

⑧ 系统根据设定的条件选项，自动在退料单单体产生退料的材料品号及数量，如图 8.88 所示。

⑨ 检查品号为 120001 的电阻是否为 50 个、品号为 120003 的二极管是否为 5 支，并且将不需退料的信息执行单体删除，仅保留余料退回的品号；将此单据信息保存，如图 8.89 所示。

图 8.87 "查询工单信息"界面 4

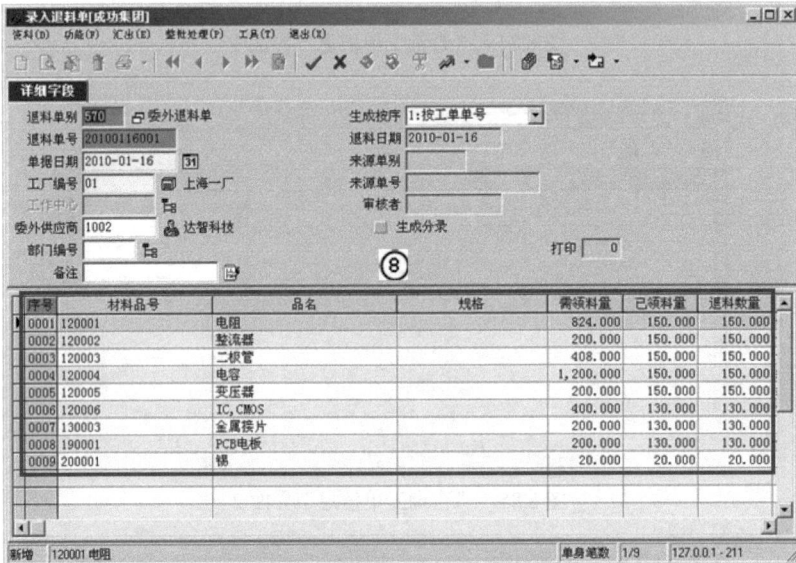

图 8.88 "录入退料单"界面 4

图 8.89 "录入退料单"界面 5

步骤四：审核退料单。

⑩ 仓管人员点收退料，才将退料单审核，如此较易保持库存的准确性，退料单副本也须交给成本会计人员，用于成本计算，如图 8.90 所示。

图 8.90 录入退料单凭证

⑪ 退料单审核，系统回写工单的"已领套数"。退料单审核也表示这些用料量已退回到仓库，仓库数量会增加，系统也会回写工单单体用料的"已领用量"，如图 8.91 所示。

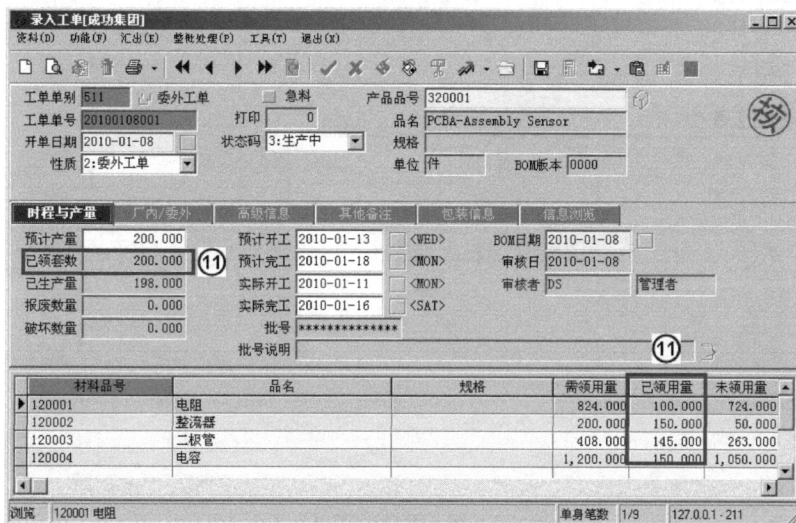

图 8.91 "录入工单"界面

8.7.5 委外生产退货

【目的】

录入退回给加工厂商的信息，以维持工单的正确生产信息。

【业务场景】

1 月 19 日，仓管部备料时发现已入库的半成品"PCBA-Assembly Sensor"，其中 5 个外观有脱落的现象，通知质检部前来检查，检查后判定为加工品质不良，因此仓管部通知外包组，将这 5 个不良品退回"达智科技"重新加工。

【操作步骤】

步骤一：从作业清单中执行"工单/委外子系统"|"录入委外退货单"作业，进入"录入委外退货单"界面，输入委外退货信息。

【作业重点】

① 在"委外退货单别"直接输入单别编号或按 F2 键开窗选择单别(单别须在"设置工单单据性质"中设好)，选好后，系统将默认系统日期是委外退货单录入的"单据日期"，可修改，如图 8.92 所示。

② 在"委外供应商"字段选择委外供应商，如图 8.92 所示。

③ 记录从何"工厂"退货，如图 8.92 所示。

④ 若委外进货已补入发票信息，则在委外退货时，也必须在"发票信息"页面将发票信息补齐，才可对应要退哪一张发票的货，如图 8.92 所示。

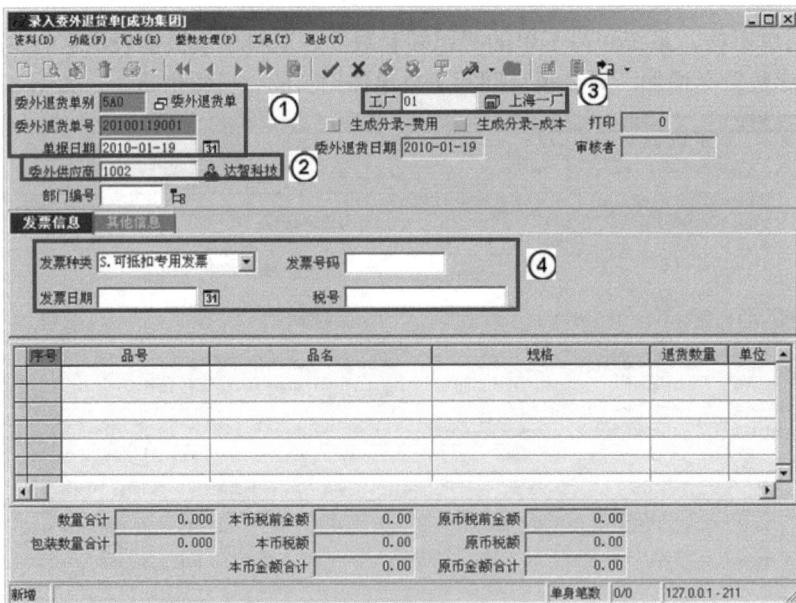

图 8.92　"录入委外退货单"界面 1

步骤二：指定委外退货的工单、品号及输入退货数量并审核单据。

【作业重点】

⑤ 在"品号"字段按 F3 键，选择对应工单，系统将原始工单的信息带到单体中，再针对原始信息做微调，该范例是将退货数量调整为 5，如图 8.93 所示。

⑥ 将委外退货单审核后，即可请委外供应商签收；库存数量与要付给委外供应商的账款都会随之减少，如图 8.93 所示。

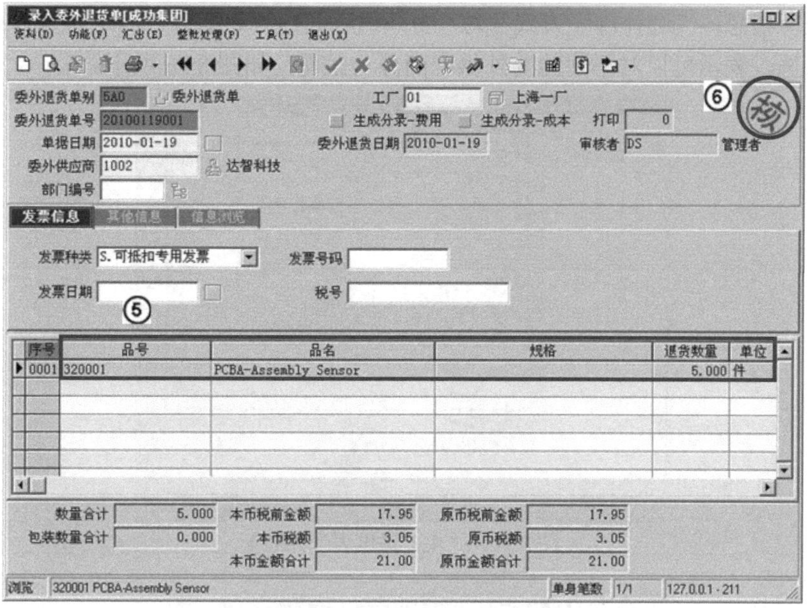

图 8.93 "录入委外退货单"界面 2

8.8 常用报表简介

易飞 ERP 工单与委外子系统中包含的主要常用报表有：生产进度表、合并领料捡料表、料件领用明细表、工单生产明细表、未扣料工单明细表、供应商加工明细表等。

8.8.1 生产进度表

【目的】

以工单或者供应商的角度检视一段期间内的生产状况，便于提供给相关部门掌握生产进度。

【操作步骤】

步骤一：在"生产进度表"界面上进行设置，然后单击"直接查询"按钮。

【作业重点】

① 选择工单性质，有厂内工单或者委外工单 2 种；也可指定查看的工厂。若"选择工单性质"选择"厂内工单"，则可在"选择工作中心"筛选"工作中心"的资料；若选择"委外工单"，则可选择委外供应商资料；也可以工单的开工日及工单单头的入库仓库作为筛选依据，如图 8.94 所示。

② 选择查询工单的审核状态；根据工单状态筛选需要查看的工单；报表数据排序方式可自由选择；在"选择排序方式"中，要勾选"工作中心不同分页"，需提前在"基本选项"中勾选"选择工作中心"与"预计开工日"，"工作中心不同分页"代表可以对不同的工作

中心分页呈现信息；"选择排序方式"为"委外供应商预计开工日"，"委外供应商不同分页"才能勾选，表示可以对不同的委外供应商分页呈现，如图 8.95 所示。

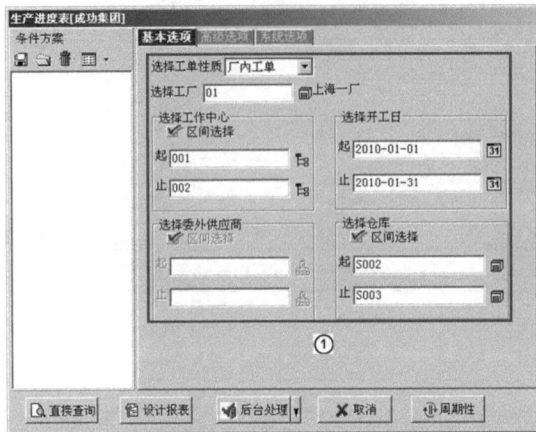

图 8.94　"生产进度表"界面 1

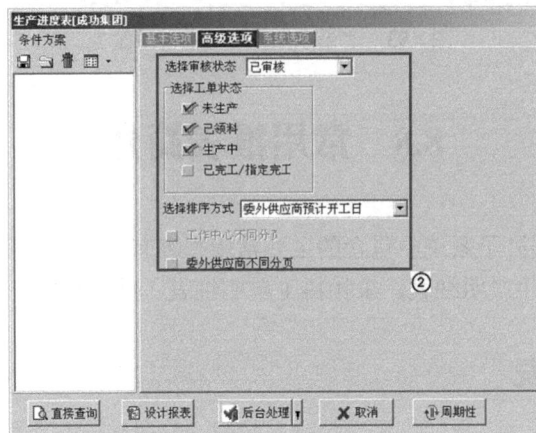

图 8.95　"生产进度表"界面 2

步骤二：生成报表，结果如图 8.96 所示。

工单编号	工单状态	开工日	实开工	完工日	实完工	产品品号	单位	品　名	规　格	预计产量	已领料量	已生产量	未生产量
510-20100111002	已完工	2010-01-12	2010-01-11	2010-01-21	2010-01-21	310001	件	PCBA-Assembly Main		200.00	198.00	200.00	0.00
510-20100111001	未生产	2010-01-22		2010-01-25		410001	台	数码相机-SX系列	500万像素	200.00	0.00	0.00	200.00

图 8.96　生成生产进度表

8.8.2 合并领料捡料表

【目的】

可将合并捡料的多张领料单信息汇总印成一张捡料表，以方便捡发料。

【操作步骤】

步骤一： 在"合并领料捡料表"界面上进行设置，再单击"直接查询"按钮。

【作业重点】

① 选择打印哪一个工厂或哪一个仓库中的材料；选择某区间要捡料的领料编号，如图 8.97 所示。

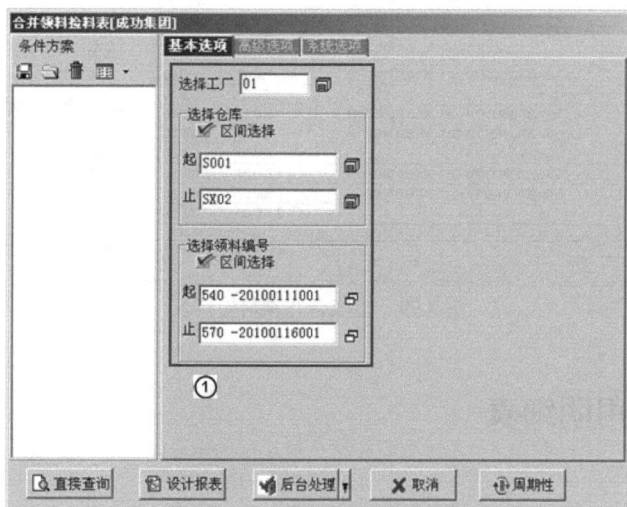

图 8.97 "合并领料捡料表"界面 1

② 选择打印哪一种审核状态的领料单，如图 8.98 所示。

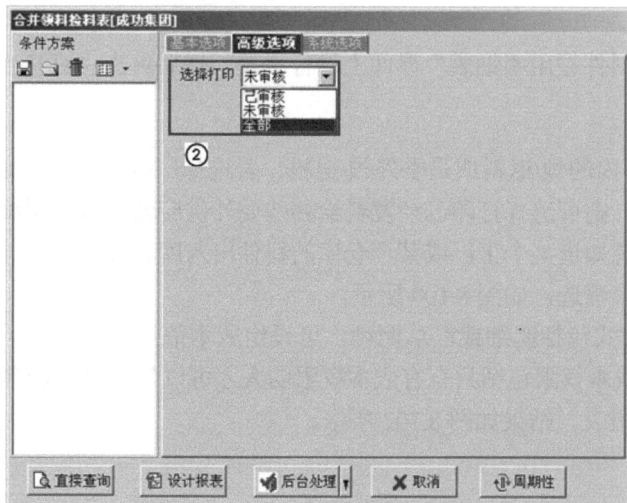

图 8.98 "合并领料捡料表"界面 2

步骤二：生成报表，结果如图 8.99 所示。

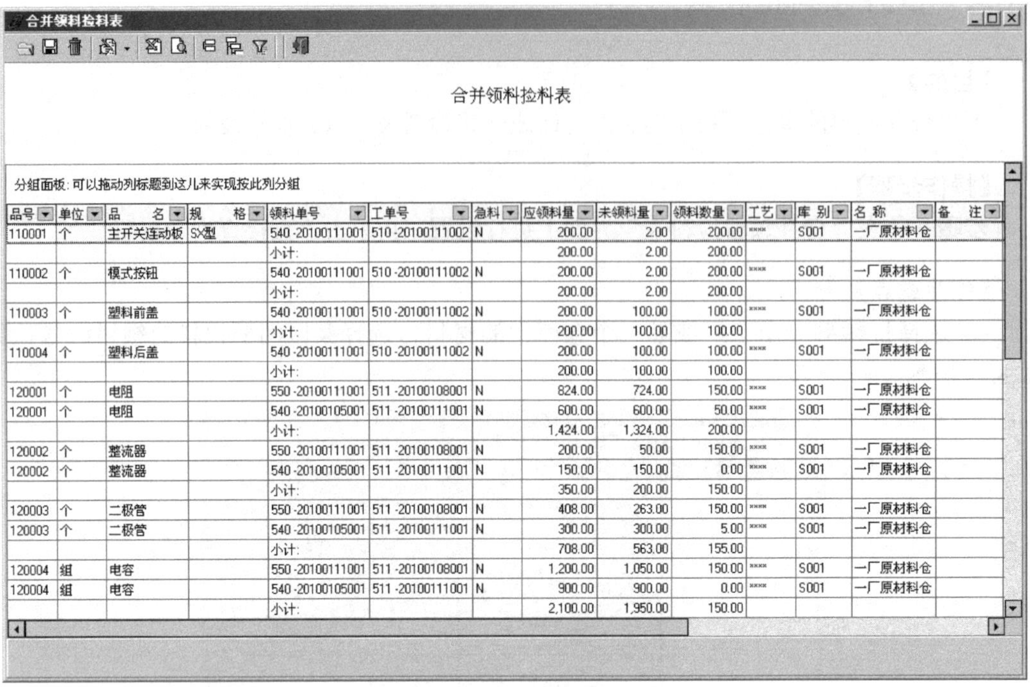
合并领料捡料表

合并领料捡料表

分組面板: 可以拖动列标题到这儿来实现按此列分組

品号	单位	品名	规格	领料单号	工单号	急料	应领料量	未领料量	领料数量	工艺	库别	名称	备注
110001	个	主开关连动板	SX型	540-20100111001	510-20100111002	N	200.00	2.00	200.00	****	S001	一厂原材料仓	
				小计:			200.00	2.00	200.00				
110002	个	模式按钮		540-20100111001	510-20100111002	N	200.00	2.00	200.00	****	S001	一厂原材料仓	
				小计:			200.00	2.00	200.00				
110003	个	塑料前盖		540-20100111001	510-20100111002	N	200.00	100.00	100.00	****	S001	一厂原材料仓	
				小计:			200.00	100.00	100.00				
110004	个	塑料后盖		540-20100111001	510-20100111002	N	200.00	100.00	100.00	****	S001	一厂原材料仓	
				小计:			200.00	100.00	100.00				
120001	个	电阻		550-20100111001	511-20100108001	N	824.00	724.00	150.00	****	S001	一厂原材料仓	
120001	个	电阻		540-20100105001	511-20100111001	N	600.00	600.00	50.00	****	S001	一厂原材料仓	
				小计:			1,424.00	1,324.00	200.00				
120002	个	整流器		550-20100111001	511-20100108001	N	200.00	50.00	150.00	****	S001	一厂原材料仓	
120002	个	整流器		540-20100105001	511-20100111001	N	150.00	150.00	0.00	****	S001	一厂原材料仓	
				小计:			350.00	200.00	150.00				
120003	个	二极管		550-20100111001	511-20100108001	N	408.00	263.00	150.00	****	S001	一厂原材料仓	
120003	个	二极管		540-20100105001	511-20100111001	N	300.00	300.00	5.00	****	S001	一厂原材料仓	
				小计:			708.00	563.00	155.00				
120004	組	电容		550-20100111001	511-20100108001	N	1,200.00	1,050.00	150.00	****	S001	一厂原材料仓	
120004	組	电容		540-20100105001	511-20100111001	N	900.00	900.00	0.00	****	S001	一厂原材料仓	
				小计:			2,100.00	1,950.00	150.00				

图 8.99　生成合并领料捡料表

8.8.3　料件领用明细表

【目的】

查询某段期间内材料实际领用的状况，以方便物料管理人员分析工作中心/委外供应商的领用状况。

【操作步骤】

步骤一：在“料件领用明细表”界面上进行设置，然后单击“直接查询”按钮。

【作业重点】

① 选择打印厂内的领/退料或是委外领/退料，若选择厂内领退料，则可选择工作中心；若选择委外领退料，则可选择打印已经发料给哪些委外供应商的领料明细；也可用领料日期当作筛选条件或是想知道某个工厂或某个仓库的料件出入库状况，可以针对工厂、仓库来设定；亦可针对品号来筛选，如图 8.100 所示。

② 选择打印方式包括明细或汇总两种。可设定成本信息打印，为了控管成本不会随意被看到，可以设定成本权限包括只有有成本权限的人才可以勾选这个选项，如图 8.101 所示。

步骤二：生成报表，结果如图 8.102 所示。

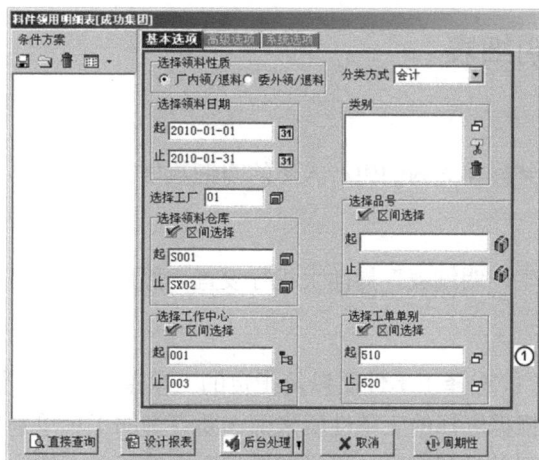

图 8.100 "料件领用明细表"界面 1

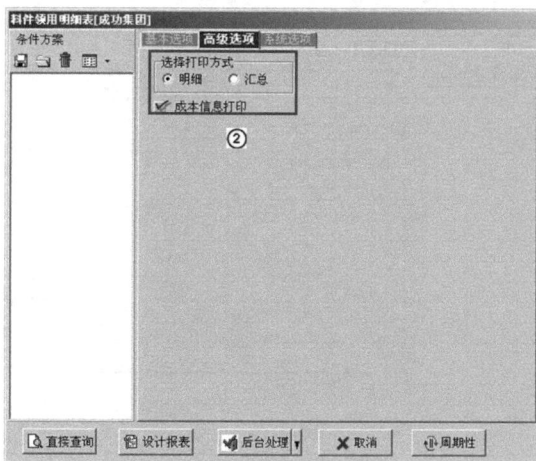

图 8.101 "料件领用明细表"界面 2

图 8.102 生成料件领用明细表

8.8.4 工单生产明细表

【目的】

以工单的角度查询某段期间内的生产入库的明细数据。

【操作步骤】

步骤一：在"工单生产明细表"界面上进行设置，然后单击"直接查询"按钮。

【作业重点】

① 筛选查询的工厂；选择工单性质以及指定的工单单据；工单性质分为厂内工单、委外工单以及全部；系统根据选择的工单性质来筛选要查询的工单单别单号，如工单性质为厂内工单，那么在工单单别单号开窗后，就只能看到厂内的工单；指定要查询哪一段期间的入库单数据或者只查询某个入库仓库及入库单别，如图 8.103 所示。

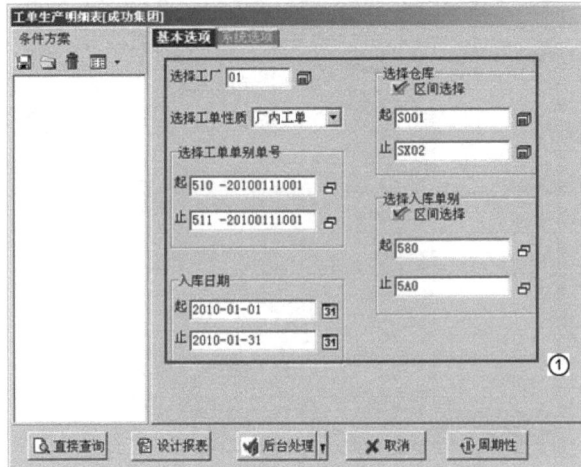

图 8.103 "工单生产明细表"界面

步骤二：生成报表，结果如图 8.104 所示。

图 8.104 生成工单生产明细表

8.8.5　未扣料工单明细表

【目的】

月底时物料管理或成本会计人员查询哪些工单已入库但没有领退料，这张报表是成本计算前的异常检核报表。

【操作步骤】

步骤一： 在"未扣料工单明细表"界面上进行设置，然后单击"直接查询"按钮。

【作业重点】

① 选择要打印哪一个工厂或仓库的工单；若知道有哪些工单有未领料的情况，也可以直接输入工单编号或用工单单头的实际完工日来当作查询条件，如图 8.105 所示。

② 仅打印未领料者，只有在工单没有领退料或是有输入领退料单但单据还没有审核的情况下才会打印，这种情况就是作为异常检核的核对报表，如图 8.106 所示。

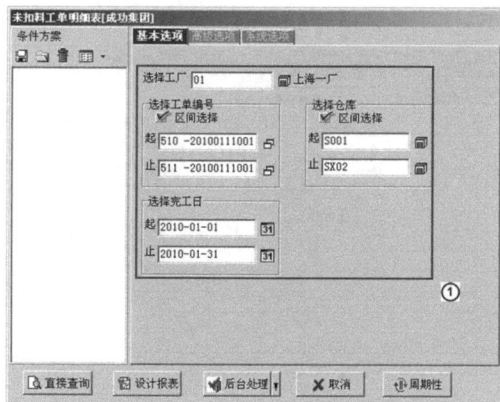

图 8.105　"未扣料工单明细表"界面 1

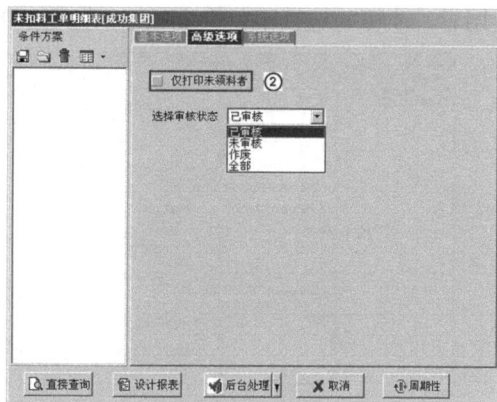

图 8.106　"未扣料工单明细表"界面 2

步骤二： 生成报表，结果如图 8.107 所示。

工单编号	开工日	完工日	产品品号	品名	规格	单位	预计产量	已生产量	领料单号	领料套数	审核	急料
510 -20100111002	2010-01-11	2010-01-21	310001	PCBA-Assembly Main		件	200.00	200.00	540 -20100111001	200.00	Y	N
510 -20100111002	2010-01-11	2010-01-21	310001	PCBA-Assembly Main		件	200.00	200.00	560 -20100120001	2.00	N	N
511 -20100108001	2010-01-11	2010-01-25	320001	PCBA-Assembly Sensor		件	200.00	193.00	550 -20100111001	200.00	Y	N
511 -20100108001	2010-01-11	2010-01-25	320001	PCBA-Assembly Sensor		件	200.00	193.00				

图 8.107　生成未扣料工单明细表

8.8.6 供应商加工明细表

【目的】

查询某段期间委外供应商的交货明细，用于与供应商核对账务使用。

【操作步骤】

步骤一：在"供应商加工明细表"界面上进行设置，然后单击"直接查询"按钮。

【作业重点】

① 选择委外供应商；选择要打印的是委外进货单、委外退货单还是全部都要打印出来；选择要打印哪一段区间的单据；若想缩小打印的范围，可针对某类产品来查询供应商的进货明细；也可用工厂、仓库或是交易币种来筛选要查询的数据，如图8.108所示。

② 选择委外供应商是否要分页，若勾选表示要分页，方便和委外供应商核对账款时使用；可以选择排序的方式，按供应商加日期加品号或是供应商加品号加日期；有"售价权限"使用者，才可勾选打印单价金额，如图8.109所示。

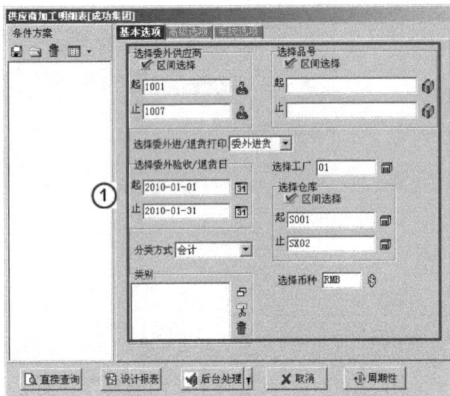

图8.108 "供应商加工明细表"界面1

图8.109 "供应商加工明细表"界面2

步骤二：生成报表，结果如图8.110～图8.112所示。

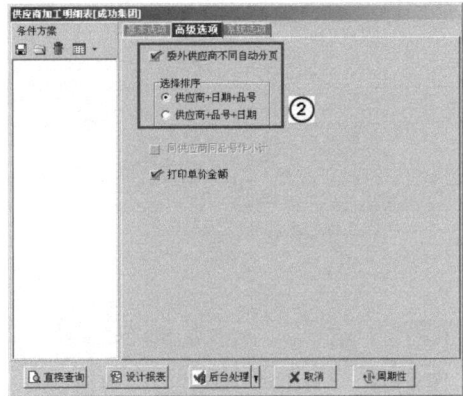

图8.110 生成供应商加工明细表1

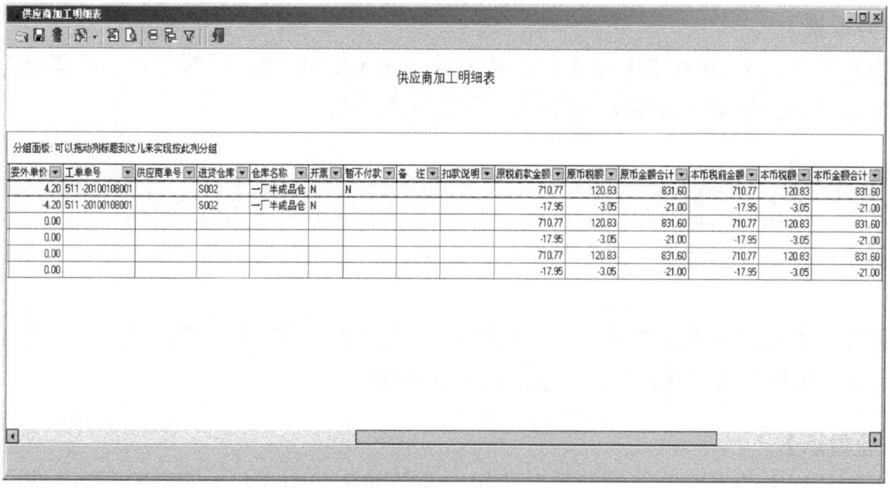
供应商加工明细表

供应商加工明细表

分组面板：可以拖动列标题到这儿来实现按此列分组

委外单价	工单单号	供应商单号	进货仓库	仓库名称	开票	暂不付款	备　注	扣款说明	原税前款金额	原币税额	原币金额合计	本币税前金额	本币税额	本币金额合计
4.20	511-20100108001		S002	一厂半成品仓	N	N			710.77	120.83	831.60	710.77	120.83	831.60
-4.20	511-20100108001		S002	一厂半成品仓	N				-17.95	-3.05	-21.00	-17.95	-3.05	-21.00
0.00									710.77	120.83	831.60	710.77	120.83	831.60
0.00									-17.95	-3.05	-21.00	-17.95	-3.05	-21.00
0.00									710.77	120.83	831.60	710.77	120.83	831.60
0.00									-17.95	-3.05	-21.00	-17.95	-3.05	-21.00

图 8.111　生成供应商加工明细表 2

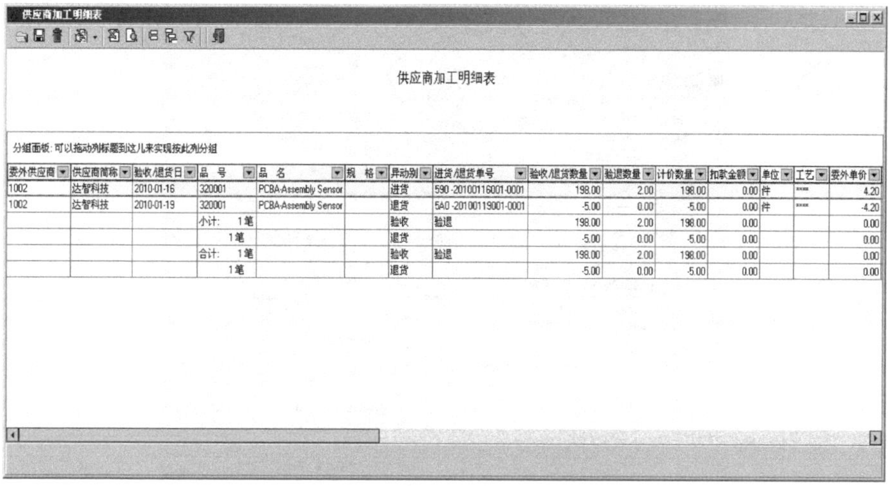
供应商加工明细表

供应商加工明细表

分组面板：可以拖动列标题到这儿来实现按此列分组

委外供应商	供应商简称	验收/退货日	品　号	品　名	规　格	异动别	进货/退货单号	验收/退货数量	验退数量	计价数量	扣款金额	单位	工艺	委外单价
1002	达智科技	2010-01-16	320001	PCBA-Assembly Sensor		进货	590-20100116001-0001	198.00	2.00	198.00	0.00	件	****	4.20
1002	达智科技	2010-01-19	320001	PCBA-Assembly Sensor		退货	5A0-20100119001-0001	-5.00	0.00	-5.00	0.00	件	****	-4.20
			小计：　1笔			验收	验退	198.00	2.00	198.00	0.00			0.00
			1笔			退货		-5.00	0.00	-5.00	0.00			0.00
			合计：　1笔			验收	验退	198.00	2.00	198.00	0.00			0.00
			1笔			退货		-5.00	0.00	-5.00	0.00			0.00

图 8.112　生成供应商加工明细表 3

8.9　期初开账

【目的】

工单/委外子系统的开账是为了将开账时间点之前还在制造车间生产的在制信息录入易飞 ERP 系统中，也就是未完工的工单信息；这样在开账时间点之后，生产车间就可以根据这张工单开展后续的生产动作，如领料、完工入库，以确保生产信息和成本信息的完整性和可追溯性。再来还要导入“委外供应商的委外单价”，主要是为了管理委外加工的单价，在系统正式上线前，先导入有助于后续在输入委外工单以及委外进货时，直接就可以带出已经核准的委外单价，这样除了可以节省后续单据输入的时间外，最重要的是，不用每次输入单据时都要再检查一次单价，以减少人工输入错误单价的次数。

【业务场景】

成功集团计划于 2010 年 1 月 1 日正式上线易飞 ERP 系统，针对工单生产类部分，公司必须将 2009 年 12 月 31 日前未结束的工单信息导入系统。

【操作步骤】

步骤一： 收集截止到 2009 年 12 月 31 日前，未完工的工单相关信息。

步骤二： 设定单据性质"51"的工单开账单，此单别仅为工单开账时使用，如图 8.113 所示。

步骤三： 手动输入未完工的工单领料信息，不需输入领料单，直接通过工具栏中的"输入已领用量"按钮输入开账时间点之前的已领料数量。

【作业重点】

单击工具栏中的"输入已领用量"按钮，系统弹出如图 8.114 所示的界面，输入开账时点的已领用量，如图 8.115 所示。

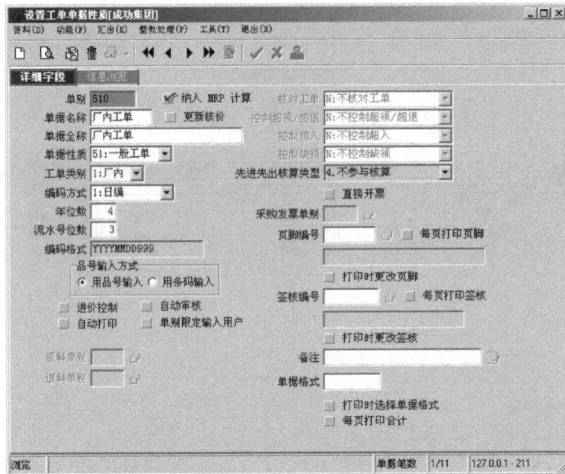

图 8.113　"设置工单单据性质"界面

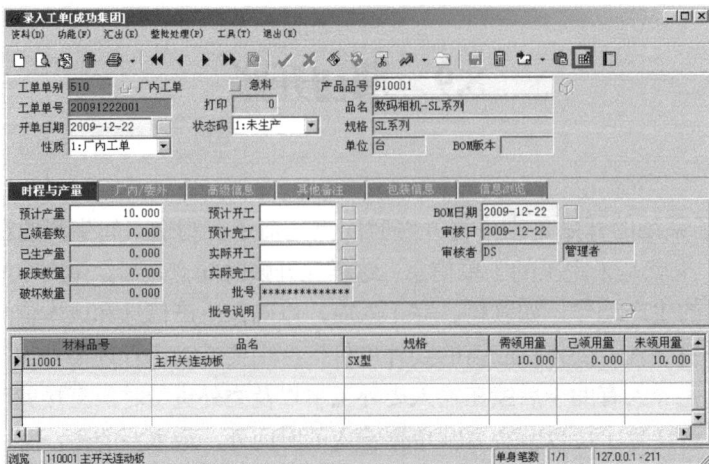

图 8.114　"录入工单"界面 1

图 8.115 "录入工单"界面 2

步骤四：手动输入 2009 年 12 月 31 日前未完工的工单入库信息，不需输入入库单，直接通过工具栏中的"输入产品已生产相关信息"按钮输入开账时间点之前的已生产数量。

【作业重点】

单击工具栏中的"输入产品已生产相关信息"按钮，系统弹出如图 8.116 所示的界面，输入开账时点的已生产量等数量，如图 8.117 所示。

图 8.116 "录入工单"界面 3

图 8.117 "录入工单"界面 4

步骤五：打印工单明细表，检查余额是否正确，如图 8.118 所示。

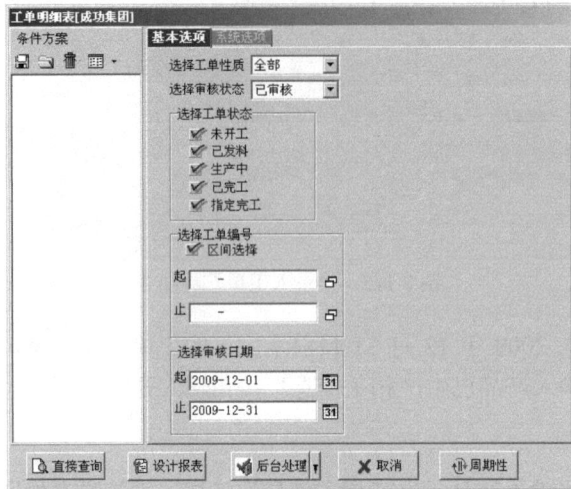

图 8.118 "工单明细表"界面

步骤六：输入与公司有往来的委外供应商的委外单价，如图 8.119 所示。

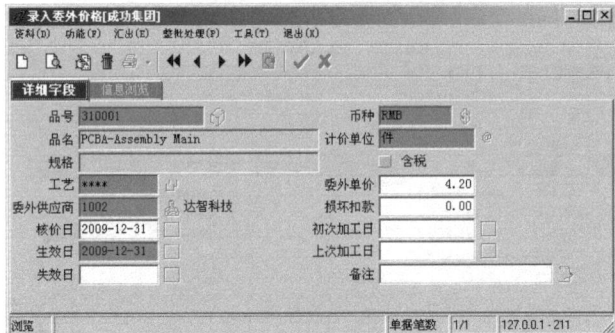

图 8.119 "录入委外价格"界面

课后习题

1. 成功集团生产部门 3 月 30 日需要生产 500 台 410001 的数码相机，由上海厂一车间负责开工生产，预计开工日订在 4 月 5 日，产成品的最终入库仓库是 S003 成品仓，单体材料品号直接以单阶形式展开进行领料即可。

2. 4 月 4 日，仓管人员备完需要的材料后即可让车间人员进行领料，车间人员将所有的材料一次领完，并且是根据工单单体的材料用量领取的，领料完毕后，需要在 ERP 系统中输入领料单，请您以车间人员的身份手动输入一张领料单。

3. 产品经过一系列的加工生产，最终在 4 月 25 日完工入库，并且所有品号都验收合格，请您以车间人员的身份手动输入生产入库单。

第9章

ERP财务管理：应付管理

对现代企业而言，清晰分明的财务管理是极其重要的。同时，在企业运营中，资金流一直是企业的核心管控对象，其流动通畅与否，直接影响企业的兴衰，对其有效地进行控制也是管理中的关键工作。所以，在ERP整个方案中财务管理是至关重要的核心部分。今天，企业可以运用ERP系统，通过财务处理子系统，实现对资金流的综合与高效处理和控制，将由生产活动、采购等活动输入的信息自动计入财务模块生成总账、会计报表，取消了输入凭证繁琐的过程，几乎完全替代以往传统的手工操作。

从本章开始，我们将以易飞软件为例，着重介绍有关ERP财务管理的内容。其中本章主要介绍ERP财务管理主流程以及应付管理子系统的应用；第10章主要介绍应收管理子系统的应用；第11章主要介绍会计总账子系统的应用。

9.1 财务主流程

企业财务整体流程是如何进行的？从采购付款循环开始，当企业采购进货验收后，就可以用收到的供应商发票请付货款。财务收到发票的同时就会将应付账款立账；如果后续发现进货商品有不合格，需折让金额或直接将进货退回时，那么发票金额和应付账款就会相应调整。企业如果有委外生产情况的话，委外进/退货也要建立应付账款并用发票请款。请款之后等到相关主管审核通过，就会正式支付货款给供应商。再来看销售收款循环，当企业按照客户订单销货出库后，就可以通过税控接口开具发票寄送给客户，开票的同时确立应收账款。如果有销退或折让的情况，那销售发票和应收账款也会对应地调整，例如，根据销退或折让金额开红字冲销发票，同时减少应收账款。确认收到客户打来的款项后，财务人员就会将应收账款做核销。

以上所讲的，就是最直观的采购付款和销售收款循环。但是除此之外，采购的进货与退货、销售的销货与销退还有生产领料与入库都会影响存货状况，而这些会涉及财务流程中的成本会计部分。以上这些和财务账务有关的交易，最终都要建立对应的会计凭证。

9.1.1　一般企业财务整体流程概述

【作业重点】

易飞 ERP 系统非常人性化地提供了自动分录子系统，可以轻松地批次产生会计凭证。除了收款付款之外，销货成本、生产成本、存货成本以及采购进货成本同样可以通过自动分录子系统来产生会计凭证。每个月，财务人员都会将一个月内发生的所有会计凭证都整理过账，确认每笔业务都正确且没有遗漏之后，就可将账务月结。结账之后，便可以查看系统提供的各种财务报表，以了解企业的财务状况与经营结果，如资产负债表、损益表、试算表等，以上就是财务处理流程，如图 9.1 所示。

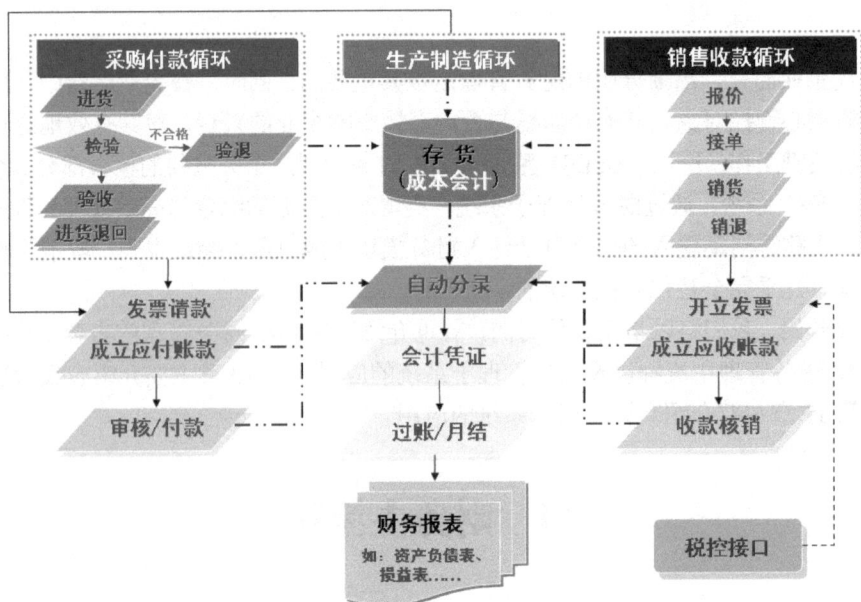

图 9.1　财务主流程

9.1.2　一般企业财务制造与易飞财务模块对应表

表 9.1 显示了一般企业财务制造与易飞财务模块的对应关系。

表 9.1　一般企业财务制造与易飞财务模块对应关系表

企业运营流程		易飞系统	
流程	作业内涵	系统名称	作业名称
进货/退货	记录向供应商进货记录或者由于某些原因而退回货品时使用	采购	录入进货单 录入退货单

企业运营流程		易飞系统	
流程	作业内涵	系统名称	作业名称
发票请款 成立应付账款	记录原物料的进/退货或委外进/退货或杂项等应付账款的发生	应付	录入采购发票
审核/付款	记录发生支付货款的业务	应付	录入付款单
生产流程			
销货/销退	记录客户销货记录或者由于某些原因而退回货品时使用	销售	录入销货单 录入销退单
开立发票 成立应收账款	记录发生或需要结算成立的应付账款	应收	录入销售发票
税控接口	根据企业性质，开取税务局要求的发票	应收	自动生成销项发票底稿 维护销项发票底稿 汇出销项发票底稿 汇入销项发票信息
审核/收款	记录发生收取货款的业务	应收	录入收款单
自动分录	生成财务使用的会计凭证	自动分录	自动生成分录底稿 还原分录底稿 维护分录底稿 自动生成会计凭证 还原会计凭证
会计凭证	记录财务结算使用的凭证	会计总账	录入会计凭证 录入常用凭证
过账/月结	审核过的凭证做过账处理并计算当月的损益结转到下月	会计总账	整批过账 会计月结

9.2　应付管理子系统简介

本章以易飞 ERP 为例，详细阐述现代企业财务管理中的应付账款管理问题。易飞 ERP 的"应付管理子系统"涵盖了以下几项主要的作业流程：采购发票开票流程、付款流程、应付月结流程、暂估应付账款流程，对此本章将逐一深入讲解。

9.2.1　系统特色与效益

"应付管理子系统"，除了会详细地记载从立账到冲账的交易数据外，更重要的是，可以实时提供各种相关的报表，让管理者可以了解所有应付账款的记录，以便做出适当的财务相关管理决策。当然，如果将相关的作业计算机化，所有数据就可以被快速地处理，大量储存也不会是问题，信息也可以做到实时、共享，减少部门间文件往返传递的处理时间。

【系统特色】

第一，可以处理非例行性的采购发生或是其他应付费用及款项。

第二，可以做供应商的预付货款处理。

第三，提供暂不付款的功能，稍后自动批次付款。

第四，当采购发票的票面金额与进货单的进货金额产生差异时，系统还可自动调整。

第五，提供应付账款结转作业，能明确记录每月各供应商应付账款的统计信息。

第六，提供暂估账款的功能，为了能较准确地在账册上反映应付账款和资金的状况。

第七，付款冲账管理，系统提供了多币种应付账款处理，同时付款作业不仅可以手动付款同时也可以选择使用自动付款的功能。

第八，系统还提供期末调汇功能，自动计算汇兑损益以及应收应付账款对冲的处理。通过应付管理子系统，能为企业带来管理上、稽核上、流程上的不同效益。

9.2.2　系统架构与关联

易飞 ERP 的应付管理子系统的系统构架，见图 9.2。

图 9.2 所示是进入"应付管理子系统"后的流程图，这是以作业设置的顺序所组成。也可在左边菜单上，看到各作业的分类，如"基础设置""应付账款管理""付款管理""应付转账""进货费用分摊""暂估成本核算""管理报表""期末调汇"与"期末结账"。从菜单上，大致可以了解系统管理的事务，我们将会陆续介绍各项作业的用法。

图 9.3 显示了易飞 ERP 中应付管理子系统与其他子系统的关联。

第一，采购管理子系统

采购物品进货或退货单据审核生效后，就可以到"应付管理子系统"的"录入采购发票"中建立应付账款。进货单会增加应付账款，而退货单则会减少应付账款。

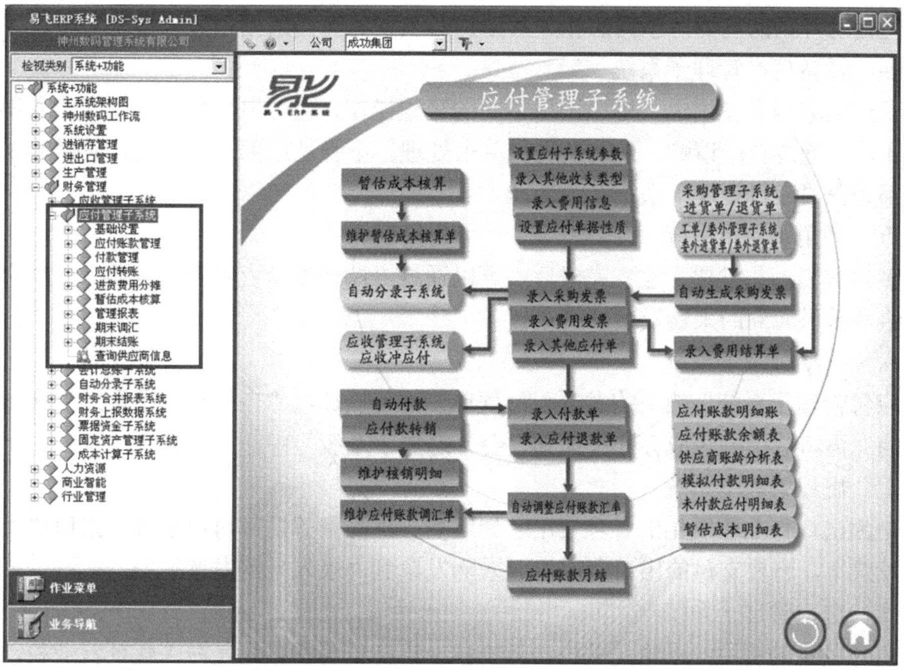

图 9.2　应付管理子系统的系统架构

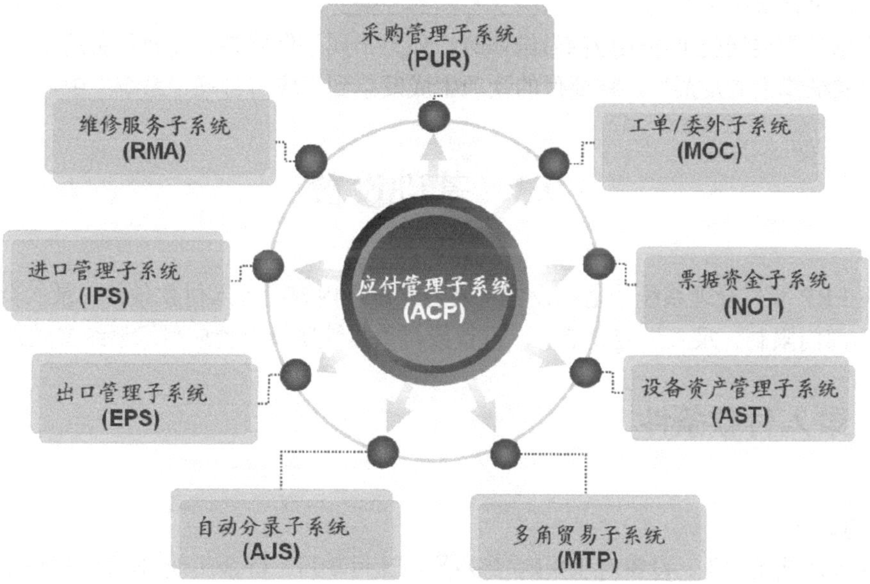

图 9.3　应付管理子系统与其他系统的关联图

第二，工单/委外子系统

如果有委外加工的情况，委外进货单和委外退货单就会产生加工费的应付账款。可以通过"应付管理子系统"的"录入采购发票"建立应付账款。委外进货单会增加应付账款，而委外退货单则会减少应付账款。

第三，票据资金子系统

出纳人员在输入付款单时，如果以票据形式付款，可以一并将应付票据的数据录入。如果要使用自动开票的功能，票据的相关数据也必须事先在"票据资金子系统"中设置好。

第四，设备资产管理子系统

在资产的取得及使用上，可以选择不同的流程操作，也可以直接输入"资产取得及改良单"，还可以通过资产请购、采购及进货单来处理。不管是用哪一种方式，应付账款的确立及付款都是在"应付管理子系统"中处理。

第五，多角贸易子系统

"多角贸易销售发票"建立完成后，可以通过"抛转多角贸易销售发票"，产生对应的要结算给下游供应商的采购发票。

第六，自动分录子系统

"应付管理子系统"的采购发票和付款单，都可以通过"自动分录子系统"来批次产生分录底稿，再将分录抛转成会计凭证到"会计总账子系统"中。

第七，出口管理子系统

凡是因出口作业所发生的各项费用，如运费、保险费等，都可以通过"出口费用自动生成采购发票"，将要支付的出口费用生成采购发票到"录入采购发票"中。

第八，进口管理子系统

进口时发生的费用，不论是关税、货物税、推广贸易费，还是海关代征营业税，都是可以通过执行"报关/赎单自动生成采购发票"，开票到"应付管理子系统"。

第九，维修服务子系统

当维修品需要送交上游供应商做维修时，如果不属于保修期，需要付费的话，可以通过"自动生成维修采购发票"，将要付的款项生成发票到"应付管理子系统"中。

9.3 基础设置

易飞ERP应付管理系统的基础设置主要包含以下内容：录入付款条件、录入会计科目、录入科目/部门限制、录入供应商信息、设置应付单据性质、设置应付子系统参数。

9.3.1 录入付款条件

【目的】

"录入付款条件"，设置对于采购/委外的预计付款日、资金实现日，取得折扣方式的付款条件，为协助企业作好资金管理。

【操作步骤】

从系统主界面执行"基本信息子系统"|"基础设置"作业，进入"录入付款条件"界面，如图9.4所示。

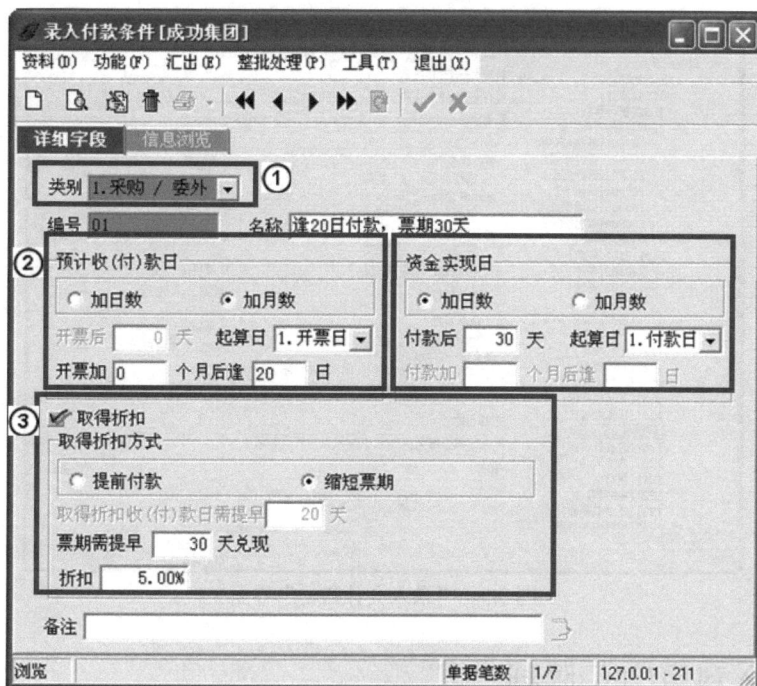

图9.4 "录入付款条件"界面

【作业重点】(见图9.4)

① 可以设定"采购/委外"或"销售"两种类别的付款条件。

② 预计收(付)款日、资金实现日：根据加日数或者加月数的方式来设定付款和资金实现的具体日期。

③ 若发生取得折扣的现象，可以通过提前付款或缩短票期的方式来设定给予的折扣幅度。

9.3.2 录入会计科目

【目的】

"录入会计科目"，将要使用的会计科目信息预先设置好。

【操作步骤】

从系统主界面执行"会计总账子系统"|"基础设置"作业，进入"录入会计科目"界面，如图9.5所示。

【作业重点】(见图9.5)

建立在应付账款的日常处理中，会使用到的和应付账款、预付账款等相关的会计科目。

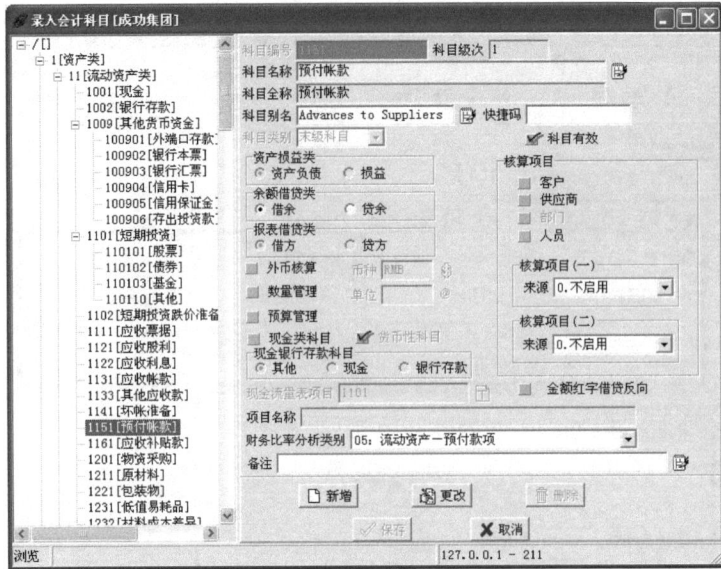

图 9.5 "录入会计科目"界面

9.3.3 录入科目/部门限制

【目的】

"录入科目/部门限制",对于做部门管理的科目进行部门的限定。

【操作步骤】

从系统主界面执行"会计总账子系统"|"基础设置"作业,进入"录入科目/部门限制"界面,如图 9.6 所示。

【作业重点】

设定该会计科目被限定使用在哪些部门中,填写"zzzzzz"表示所有部门。

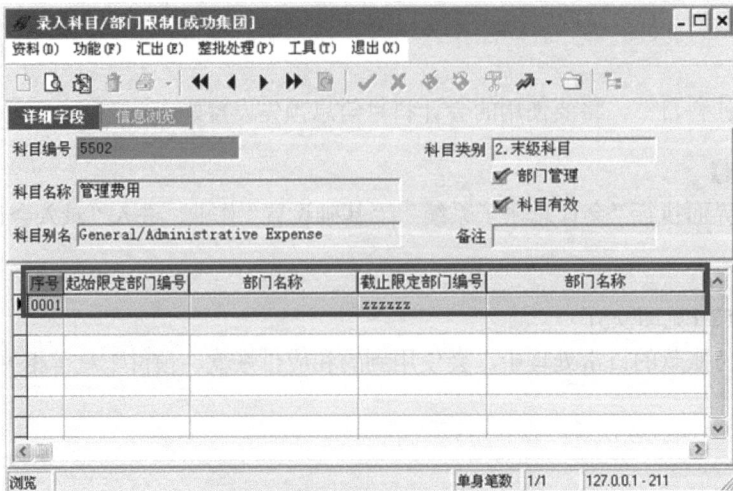

图 9.6 "录入科目/部门限制"界面

9.3.4 录入供应商信息

【目的】

"录入供应商信息"，设置各供应商的基本资料。

【操作步骤】

从系统主界面执行"应付管理子系统"|"基础设置"作业，进入"录入供应商信息"界面，如图 9.7 所示。

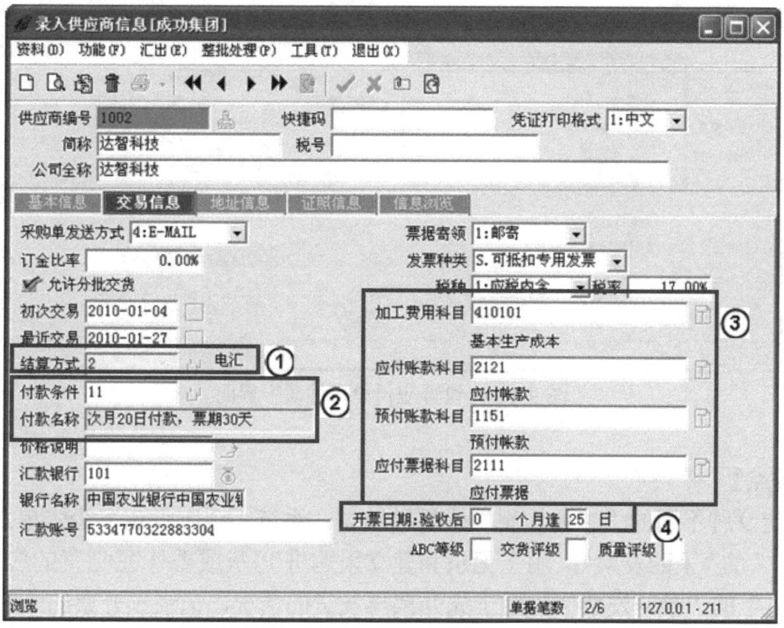

图 9.7 "录入供应商信息"界面

【作业重点】(见图 9.7)

① 结算方式：需在"录入结算方式"作业中设定，随后可在此开窗挑选。

② 付款条件：选择与供应商商定好的付款条件来建立。

③ 若不同供应商使用不同会计科目时，可在此设定该供应商所使用的会计科目；若所有供应商使用同一个汇总科目，这里可不用设置。

④ 设定该供应商自己的开票日期，当使用"自动生成采购发票"时，供应商开票日期就是依据这里设定的日期。

9.3.5 设置应付单据性质

【目的】

"设置应付单据性质"，设置"应付管理子系统"所要使用的交易单据，包括性质、编码方式、签核格式等。

【操作步骤】

从系统主界面执行"应付管理子系统"|"基础设置"作业，进入"设置应付单据性质"界面，如图 9.8 所示。

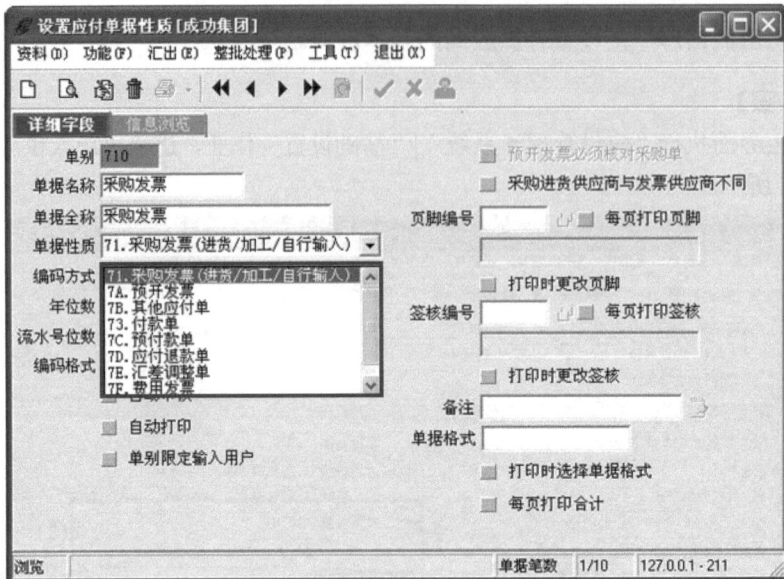

图 9.8　"设置应付单据性质"界面

【作业重点】

可以设定 9 种不同的"单据性质"，每种单据，系统不限制设定多少张单别。

- "71"的"采购发票"，用于记录和建立采购进/退货或委外进/退货的应付账款信息。
- "7A"的"预开发票"，用于先开票再发货的情况，记录预开票的账款信息。
- "73"的"付款单"，用于货款或委外加工费用的支付款项的记录。
- "7B"的"其他应付单"，用于记录一些不涉及存货内容、不计税的账款，如应付管理费、租赁费。
- "7C"的"预付款单"，用于货款或委外加工费用的预付款项的记录，通常是订金。
- "7D"的"应付退款单"，用于退回已经支付出去的款项。
- "7E"的"汇差调整单"，用此单据来调整因汇率变动而造成的本币损益。
- "7F"的"费用发票"，用于记录由采购进货而发生的运费、保险费、保价费。
- "7G"的"暂估成本核算单"，用于月末发票未到但需暂估成本的核算单据。

9.3.6　设置应付子系统参数

【目的】

"设置应付子系统参数"，设置"应付管理子系统"中会使用到的相关交易的会计科目；进货价差调整会使用到的单别；暂估核算方式；付款核销方式；以及汇差调整的设置。

【操作步骤】

从系统主界面执行"应付管理子系统"|"基础设置"作业，进入"设置应付子系统参数"界面，如图 9.9 所示。

【作业重点 1】

① 设置应付系统会使用到的各类调整单的单别。

② 系统提供三种暂估方式可供选择：单到回冲、单到补差和月初回冲。

③ 可以按照付款习惯进行选择核销方式：按单据或者按产品。

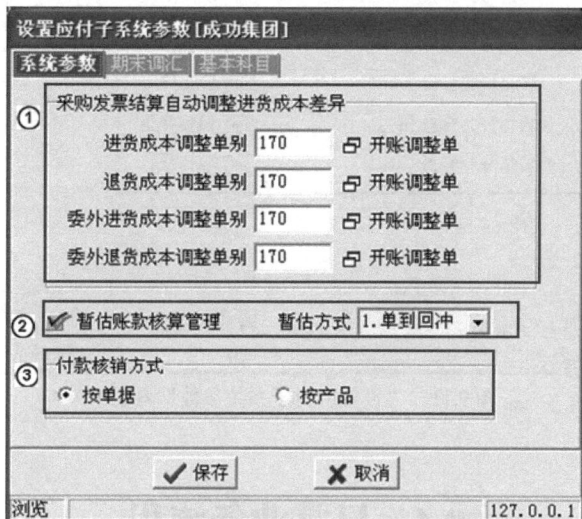

图 9.9　"设置应付子系统参数"界面 1

【作业重点 2】

④ 启用"期末调汇"功能后，需要设置汇差调整单的单别，如图 9.10 所示。

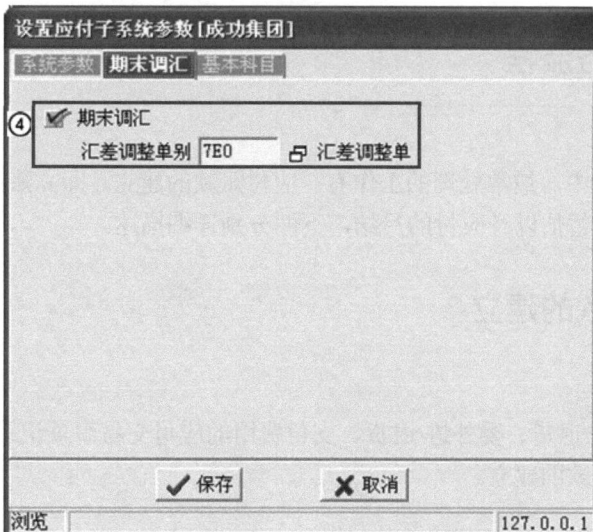

图 9.10　"设置应付子系统参数"界面 2

【作业重点3】

⑤ "基本科目"设置企业应付会计的日常业务中所使用的会计科目，一经设定不得随意变更，如图9.11所示。

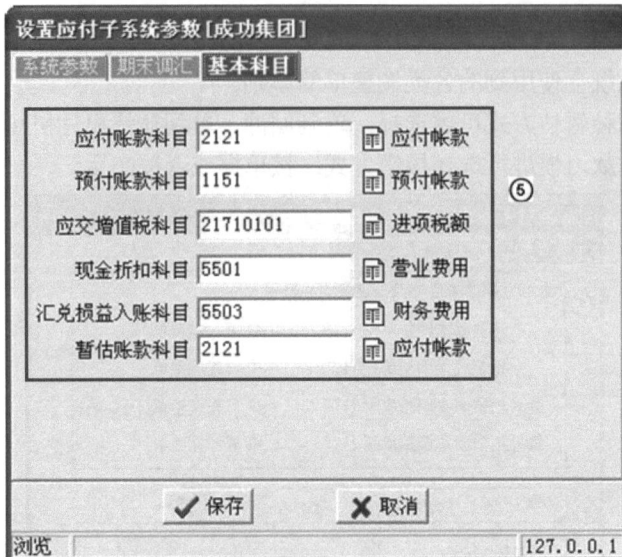

图9.11 "设置应付子系统参数"界面3

9.4 日常业务流程

易飞ERP应付管理子系统的日常业务流程包含以下主要方面的工作：财务业务流程、应付账款的建立、应付账款核销、应付账款暂估、应付账款月结。

9.4.1 财务业务流程

【目的】

在应付管理业务中，最常处理的工作有：应付账款的建立，即立账；应付账款的付款核销；期末应付账款的暂估以及应付的月结，下面分别详细描述。

9.4.2 应付账款的建立

【目的】

将企业发生的进/退货、委外进/退货、支付费用的应付交易事项记录于"录入采购发票"作业中，表示应付账款的建立。

【业务场景1】

第一，1月14日，成功集团收到"三星公司"送来的100台"数码相机—SL系列"以及随货一同送到的发票。质检部门对这批商品进行了验收，验收合格，所有商品直接入库。负责这笔采购业务的采购人员蔡佳玲，将进货信息输入系统中。

第二，因为是随货附发票，成功集团对于这种情况是采用直接开票的方式来建立应付账款信息的。

第三，稍后，蔡佳玲会把收到的"三星公司"的发票转交给会计人员黄淑贞。黄淑贞拿到发票之后，在系统中通过"应付管理子系统"的"录入采购发票"作业，查找到直接开票所生成的应付账款。

第四，找到"三星公司"的采购发票后，会计黄淑贞再次核对发票信息是否正确，进货商品信息及应付款等信息是否正确，还要确认最后的总金额是否和发票上的一致。所有信息核对无误之后，黄淑贞就会将此笔采购发票审核。

第五，黄淑贞将该张采购发票打印出来交到出纳组请款，准备付款。

【操作步骤】

步骤一： 从系统主界面执行"采购管理子系统"|"入库验收"作业，进入"录入进货单"界面，开始建立进货信息，如图9.12所示。

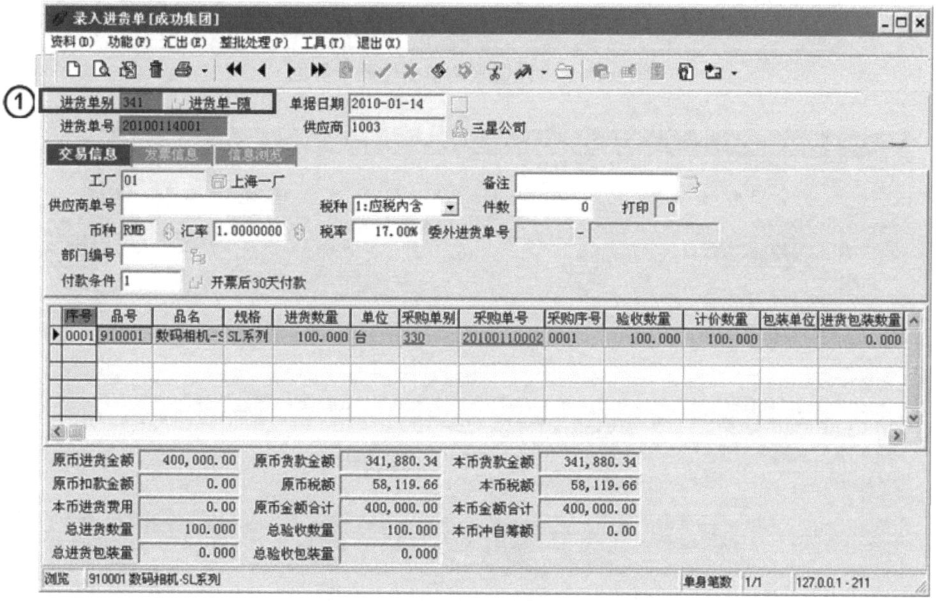

图9.12 "录入进货单"界面

【作业重点】

① "进货单别"：选择三星公司随货附发票业务需使用的进货单别。该单别在"设置采购单据性质"中必须勾选"直接开票"且设定直接生成的采购发票单别，如图9.13所示。

步骤二： 找到"直接开票"生成的采购发票并检查内容是否正确，核对无误后，审核该采购发票，如图9.14所示。

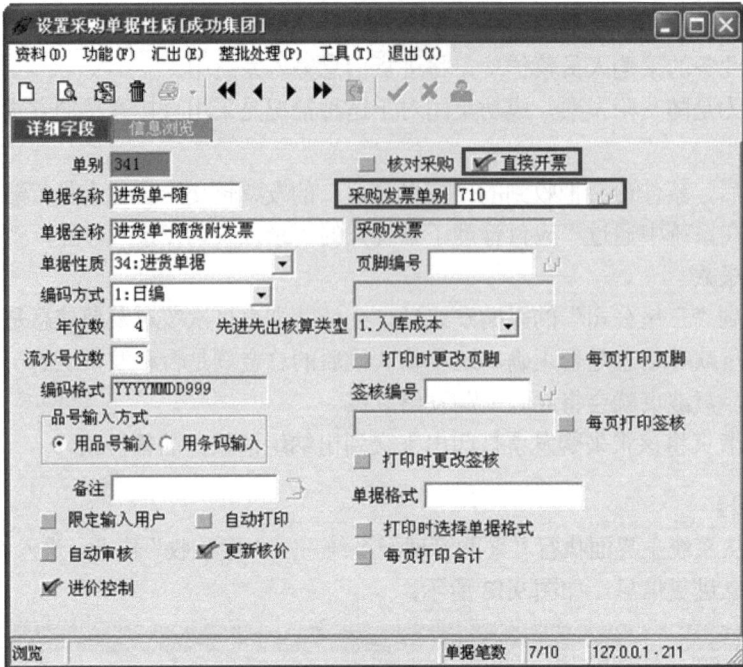

图 9.13　"设置采购单据性质"界面

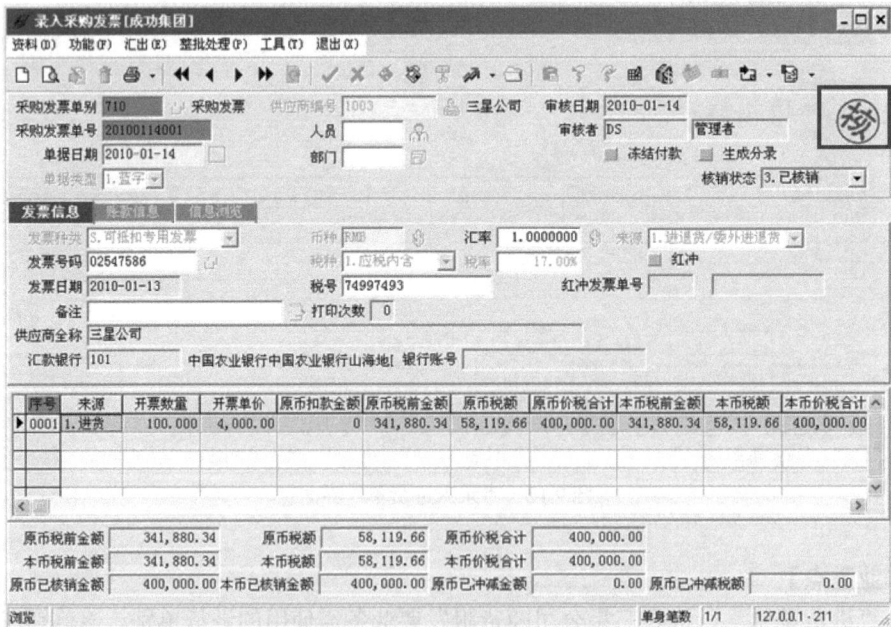

图 9.14　"录入采购发票"界面

　　步骤三：使用单据上提供的打印功能，将采购发票打印后交给出纳组请款，准备付款，如图 9.15 所示。

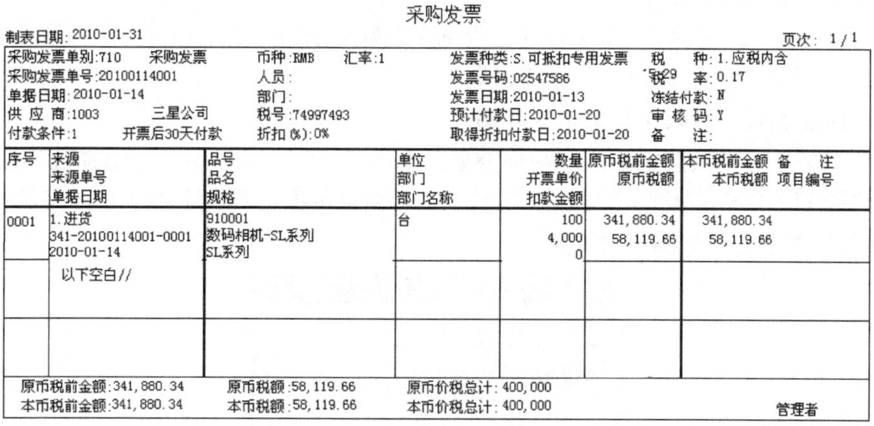

图 9.15　"打印采购发票"界面

【业务场景 2】

第一，在 1 月 30 日，黄淑贞收到了供应商"大进公司"寄来的发票，该发票是对应成功集团 1 月 11 日收到的 50 台"数码相机—SL 系列"。于是，黄淑贞打开系统，手工录入采购发票的信息，建立应付账款 20 万元。

第二，确认无误后，黄淑贞将该张采购发票打印出来交给出纳组请款，准备付款。

【操作步骤】

步骤一：从系统主界面执行"应付管理子系统"|"应付账款管理"作业，进入"录入采购发票"开始新增单据内容，如图 9.16 所示。

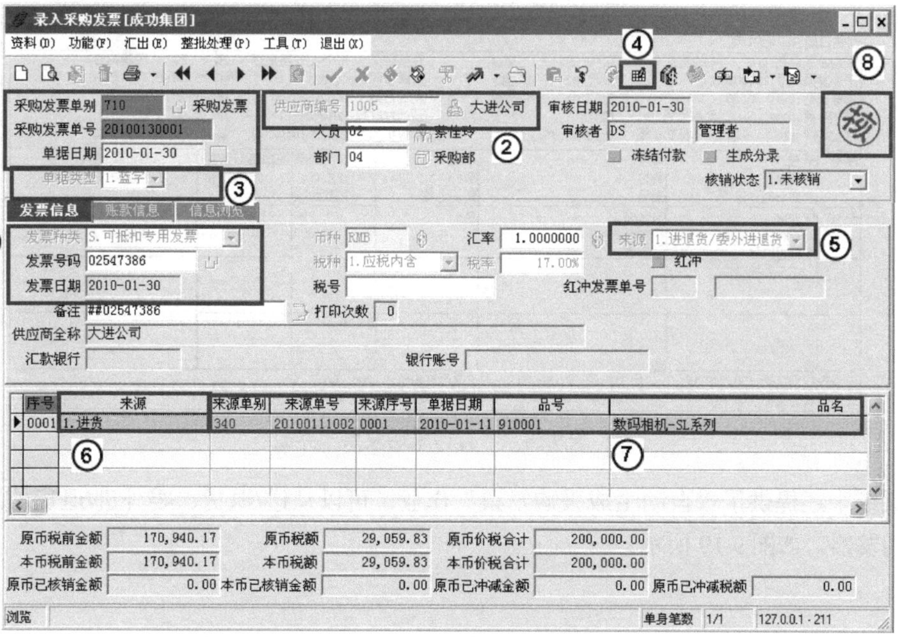

图 9.16　"录入采购发票"界面

【作业重点】(见图 9.16)

① 可直接输入"单别"或 F2 键开窗查询，选好单别后，系统按照单据性质中的设置自动带出单号。系统默认单据日期为当前日期。

② 供应商编号：输入交易的供应商编号。

③ 单据类型：提供蓝字和红字两种类型。本次是正常采购进货，即选择蓝字发票。

④ 将收到的供应商发票信息输入单据中，可通过单据工具栏上的"更改发票信息"按钮，来输入发票信息，如图 9.17 所示。

图 9.17　输入发票信息

⑤ 来源：共有进退货/委外进退货、固定资产、采购单以及其他四种选择。根据业务是向"大进公司"采购而付款，所以来源选择进退货/委外进退货。

⑥ 单体来源根据单头的来源进一步缩小范围，选择进货。

⑦ 选择进货来源的进货单单别和单号，资料就会带入采购发票单体。

⑧ 单据确认无误后，审核该采购发票。

步骤二：黄淑贞将该张采购发票打印出来交给出纳组请款，准备付款，如图 9.18 所示。

图 9.18　"打印采购发票"界面

系统中还提供了"自动生成采购发票"作业，可以从进/退货、委外进/退货信息自动生成采购发票，如图 9.19 所示。

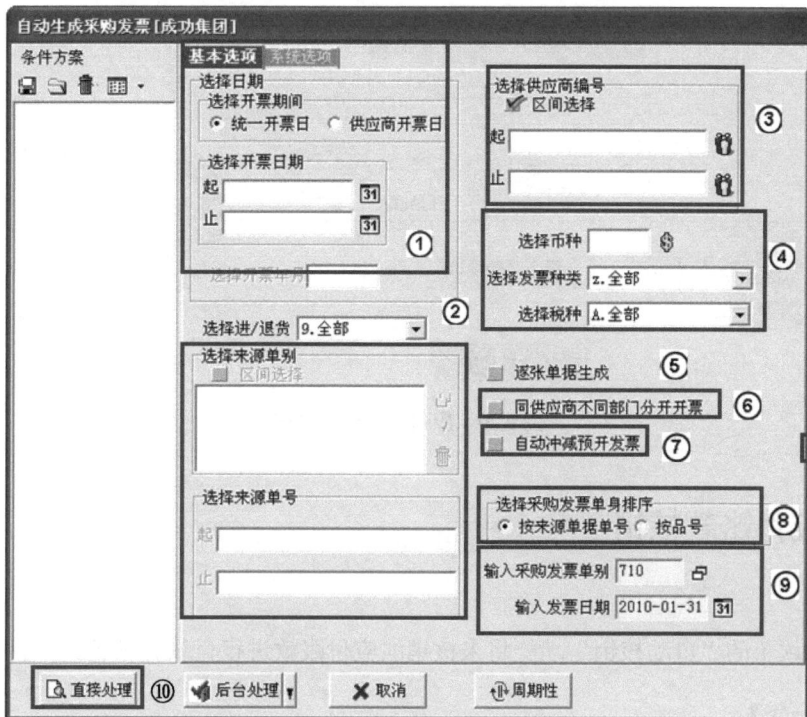

图 9.19　"自动生成采购发票"界面

【作业重点】(见图 9.19)

① 选择开票期间: 统一开票日或供应商开票日。若选择统一开票日, 则可设定开票日期; 若选择供应商开票日, 则可设定开票年月和开票日。

② 选择进/退货: 选择需要生成采购发票的类别, 进货、退货、委外进货单、委外退货单和全部五种都可以。若选择进货、退货、委外进货、委外退货时, 可以继续以来源单别单号来缩小范围; 若选择全部, 则不可以单别单号来缩小范围。

③ 选择供应商编号: 以供应商来作为筛选来源单据的条件。

④ 币种、发票种类和税种的设定, 也可以用来筛选要生成采购发票的来源单据。

⑤ 逐张单据生成: 作业默认不勾选, 勾选表示所有来源单据各自生成一张采购发票。

⑥ 同供应商不同部门分开开票: 选择是否根据部门进行合并开票。

⑦ 自动冲减预开发票: 生成发票的时候会将预开发票考虑进来, 自动扣除这部分金额。

⑧ 生成出来的采购发票单体内容根据企业的需要选择"按来源单据单号"或者"按品号"显示。

⑨ 当选择统一开票日时, 需要设定生成的"采购发票单别"以及"发票日期"; 当选择供应商开票时, 只需设定生成的"采购发票单别"。

⑩ 设置完毕后, 单击"直接处理"按钮, 系统自动生成采购发票。

【作业流程复习】(见图 9.20)

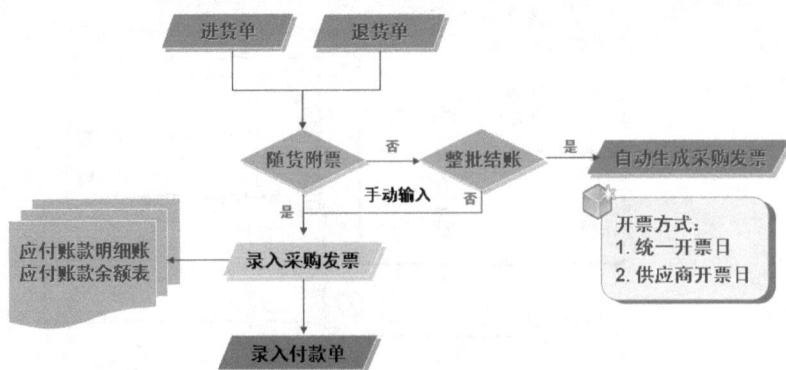

图 9.20   应付账款建立流程

9.4.3   应付账款核销

【目的】

利用付款单的"自动核销"功能将未核销的应付账款进行付款并核销。

【业务场景】

会计黄淑贞建立好应付账款之后，将采购发票打印出来交到出纳组请款，准备付款。出纳组按照与"三星公司"的交易条件，到了 1 月 20 日，电汇了 400 000 元给供应商三星公司，并通知负责应付的黄淑贞，可以做付款核销了。后续，黄淑贞在"录入付款单"作业中，付清了 400 000 元"数码相机—SL 系列"的款项。

【操作步骤】

步骤一：从作业清单中执行"应付管理子系统"|"付款管理"|"录入付款单"作业，如图 9.21 所示。

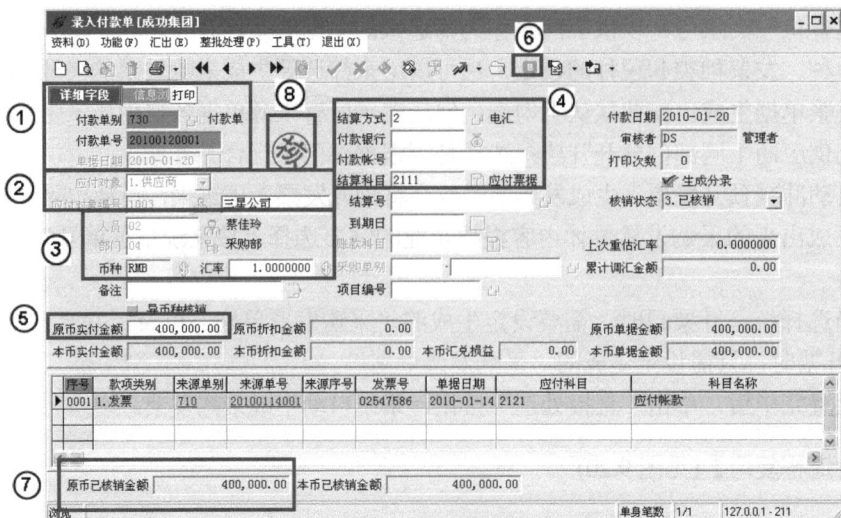

图 9.21   "录入付款单"界面

【作业重点 1】(见图 9.21)

① 可直接输入"单别"或按 F2 键开窗查询，选好单别后，系统按照单据性质中的设置，自动带出单号。系统默认单据日期为当前日期。

② 应付对象：选择付款的供应商并输入供应商的编号。

③ 人员、部门、币种、汇率：根据所选择的供应商在"录入供应商信息"作业中的设置自动显示。

④ 结算方式、付款银行、付款账号、结算科目：与供应商协商后对应设置。

⑤ 原币实付金额：输入本次实际的付款金额。

⑥ 利用"自动核销"按钮，来直接进行核销应付账款。在弹出的窗口中，勾选需核销的应付账款信息，如图 9.22 所示。

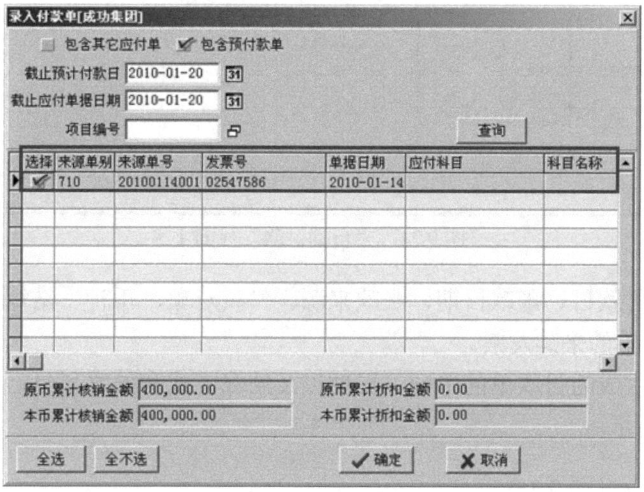

图 9.22　勾选需核销的应付账款信息

⑦ 选定后，勾选的内容将出现在"录入付款单"的单体中。

⑧ 确认付款单无误后，审核该单据，则应付账款被核销，如图 9.23 所示。

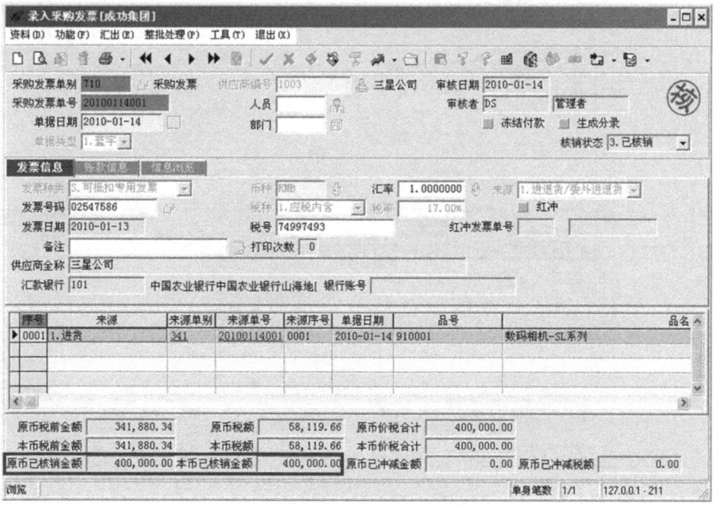

图 9.23　核销应付账款

【作业重点 2】(见图 9.24)

系统中还提供了"自动付款"作业，可以针对多张采购发票、预收发票进行付款，如图 9.24 所示。

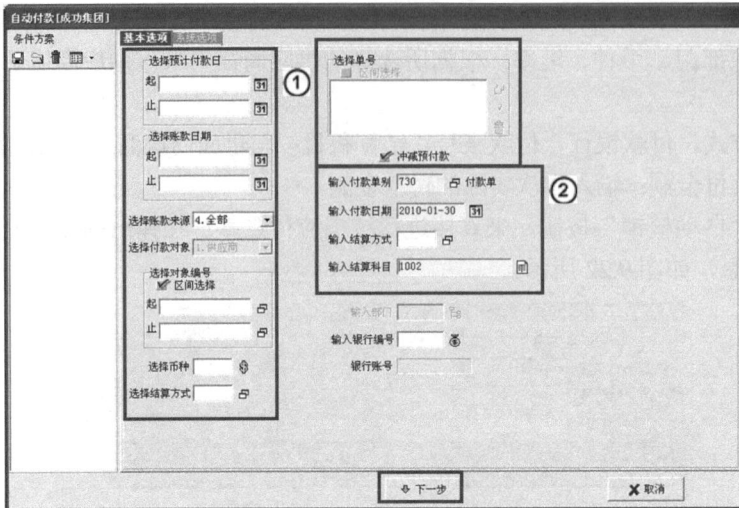

图 9.24　"自动付款"界面 1

① 通过预计付款日、账款日期、账款来源、付款对象、币种、结算方式及单号来筛选需要批量产生付款单的采购发票。

② 设定作业生成的付款单的单别、日期以及结算方式和结算科目后，单击"下一步"按钮，如图 9.25 所示。

【作业重点 3】(见图 9.25)

③ 勾选您需要进行付款的采购发票。

④ 单击"产生付款单"按钮，即可生成相应的付款单。

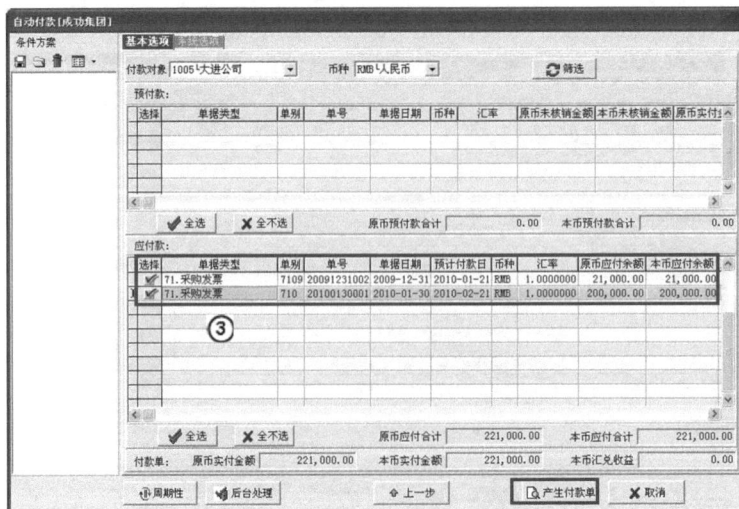

图 9.25　"自动付款"界面 2

【作业流程复习】(见图 9.26)

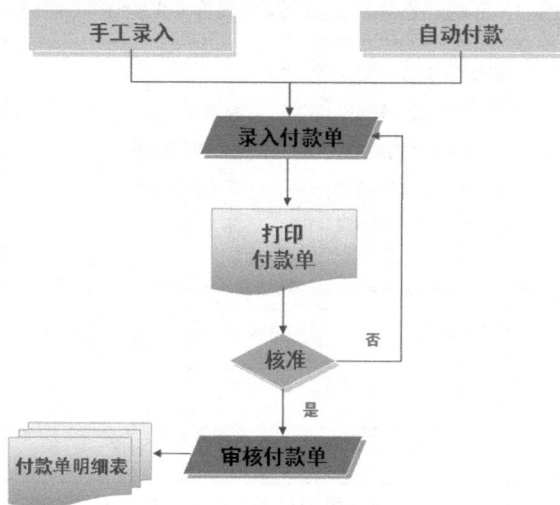

图 9.26　应付账款核销流程

9.4.4　应付账款暂估

【目的】

针对企业货物已收到但未收到发票时,月末将这部分账款先进行暂估入账,保证账实相符,随后利用回冲再来冲销。

暂估的方式有单到回冲、单到补差、月初回冲三种。三者的区别如表 9.2 所示。

表 9.2　不同暂估方式的区别

暂估方式	区别
单到回冲	收到对方开出的销售发票后才将上月的凭证做回冲
单到补差	收到对方销售发票后只补差额,不将上月暂估凭证做回冲
月初回冲	月初将上月暂估凭证做回冲

公司决定启用暂估账款核算时,需在上线前设定好暂估方式,三者选一,不可随意修改,如图 9.27 所示。

【作业重点】

勾选启用“暂估账款核算管理”,并选择其中一种暂估方式。

【业务场景】

第一,1 月 31 日,黄淑贞检查当月是否有进货需要做暂估的情况。

第二,黄淑贞查到 1 月 20 日有一笔原先向供应商“达智科技”借用的 20PCS“镜头玻璃”转做了进货处理,总金额为 700 元,但尚未收到发票。黄淑贞以未税金额 598.29 元做了暂估应付款。

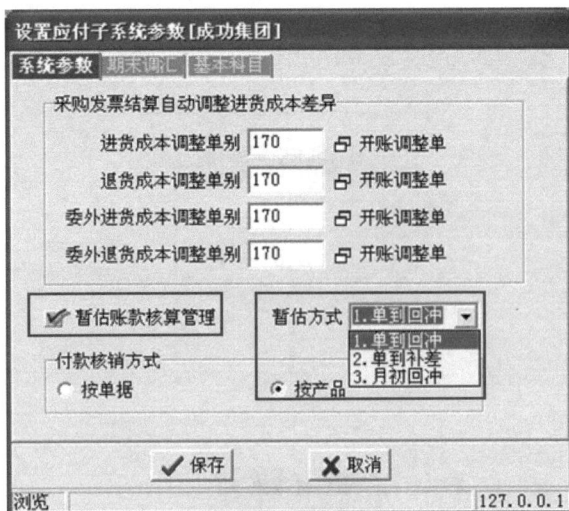

图 9.27   "设置应付子系统参数"界面

【操作步骤】

步骤一：从作业清单中执行"应付管理子系统"|"暂估成本核算"|"暂估成本核算"作业，如图 9.28 所示。

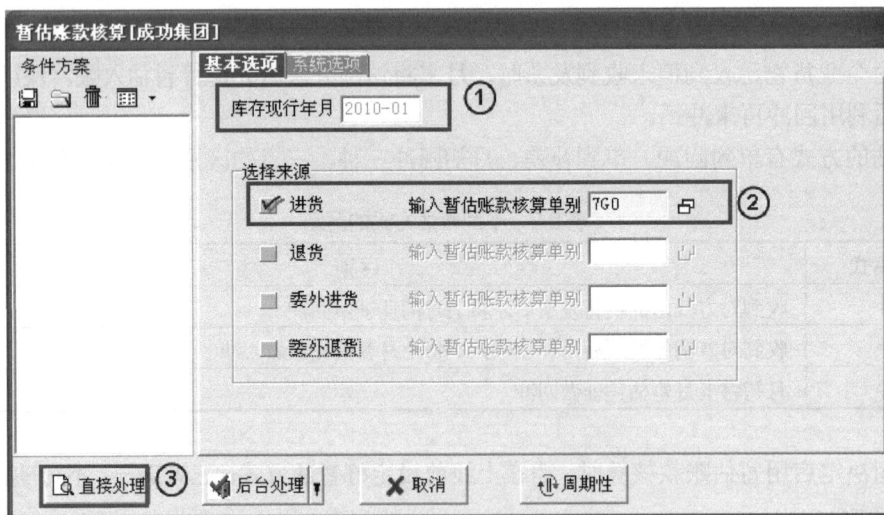

图 9.28   "暂估账款核算"界面

【作业重点】(见图 9.28)

① 系统自动带出库存现行年月，检查该月是否有暂估账款需核算。

② 选择需要核算暂估账款的来源并输入暂估账款核算单别。

③ 单击"直接处理"按钮后，即生成暂估成本核算单。

步骤二：黄淑贞打开"维护暂估账款核算单"作业，查看生成的结果，如图 9.29 所示。

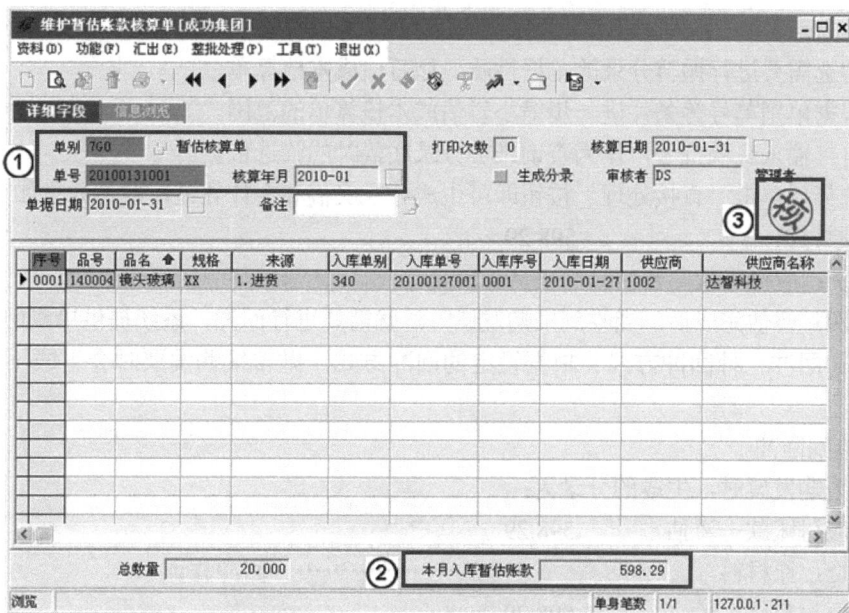

图 9.29　"维护暂估账款核算单"界面

【作业重点】

① 单别是"暂估成本核算"执行前设定的，单号则自动带出。

② 系统自动将进货单上的未税金额作为本次入库暂估账款。

③ 确认暂估核算单无误后，审核单据。

步骤三： 月底时，黄淑贞通过自动分录子系统，将暂估账款核算单抛转生成分录底稿和会计凭证，如图 9.30 所示。

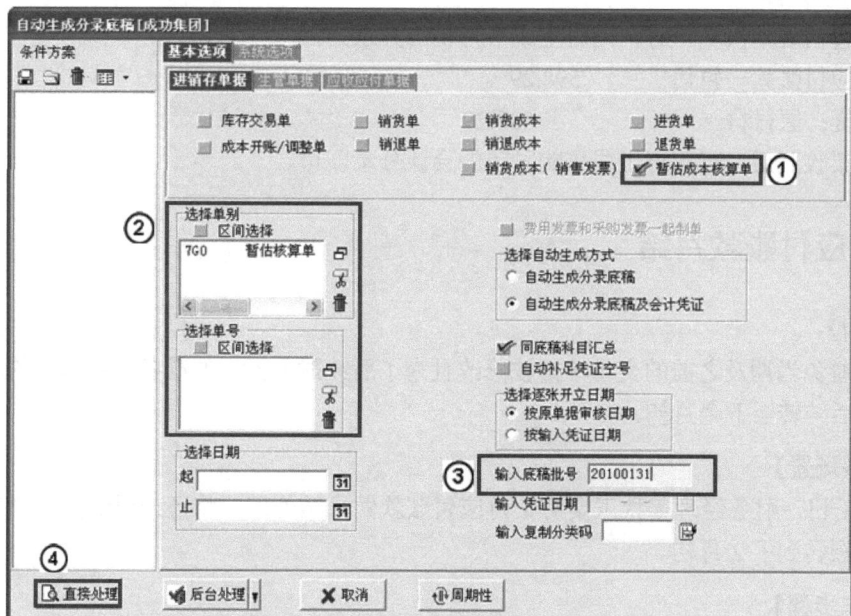

图 9.30　"自动生成分录底稿"界面

【作业重点】

① 勾选需要进行抛转分录的单据性质，如暂估成本核算单。

② 根据单别单号等条件进一步缩小暂估成本核算单的范围。

③ 自行输入底稿批号，作为查询维护分录底稿时的筛选依据。

④ 选择后单击"直接处理"按钮即可生成分录底稿和会计凭证，暂估分录如下。

借：原材料   598.29

    贷：应付账款—暂估   598.29

步骤四： 暂估完成后，当收到采购发票时，就需要进行回冲，系统提供单到回冲、单到补差和月初回冲三种回冲方式。根据设定的回冲方式，抛转采购发票时会生成不同的会计分录。

(1) 单到回冲

抛转采购发票时，生成的分录为：

借：应付账款—暂估   598.29

    贷：原材料   598.29·················回冲凭证

借：原材料   598.29

    应缴税金—进项税额   101.71

    贷：应付账款   700 ·················正式的发票凭证

(2) 单到补差

抛转采购发票时，生成的分录为：

借：应付账款—暂估   598.29

    应缴税金—进项税额   101.71

    贷：应付账款   700

(3) 月初回冲

抛转暂估成本核算单时，同时生成下月初的分录为：

借：应付账款—暂估   598.29

    贷：原材料   598.29

待发票收到后，直接再生成采购发票的会计分录即可。

9.4.5 应付账款月结

【目的】

为了避免当期及之前的交易单据被修改且为了后续财务报表的准备，将本月的应付账款正确结算后结转至下个月初。

【业务场景】

2月1日，财务经理姜秋玉要对1月应付账款做月结处理。将还未付清的各供应商的应付账款余额转到了2月初。

【操作步骤】

步骤一： 检查"录入采购发票""录入付款单"以及"维护供应商每月统计账款"作业，

核实当月发生的交易资料和当月期初资料的正确性。

　　步骤二：利用会计总账子系统的明细账、总账和应付管理子系统的应付账款明细账进行核对，验证是否账账相符。

　　步骤三：执行"应付账款月结"作业，如图 9.31 所示。

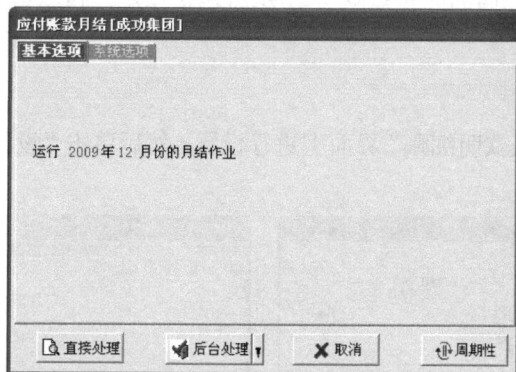

图 9.31　"应付账款月结"界面

　　步骤四：打开"维护供应商每月统计账款"作业，检查当月账款余额是否结转至下月期初账款金额，如图 9.32 所示。

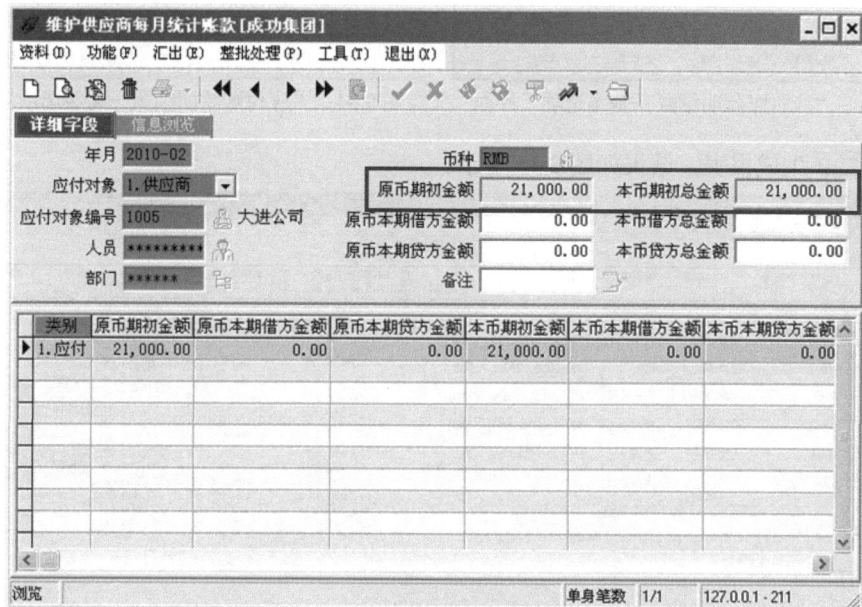

图 9.32　"维护供应商每月统计账款"界面

9.5　报表简介

　　易飞 ERP 应付管理子系统包含的主要报表有：应付账款明细账、应付账款总账、应付账款余额表、未付款应付明细表。

9.5.1 应付账款明细账

【目的】

可将某段期间内供应商的应付账款交易明细(包括立账、付款情况)，序时打印成账，为常用查账报表之一。

【操作步骤】

步骤一： 在"应付账款明细账"界面上进行设置，然后单击"设计报表"按钮，如图9.33和图9.34所示。

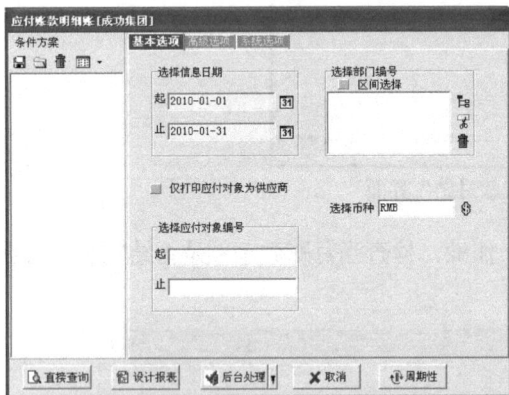

图9.33 "应付账款明细账—基本选项"界面	图9.34 "应付账款明细账—高级选项"界面

步骤二： 生成报表，结果如图9.35所示。

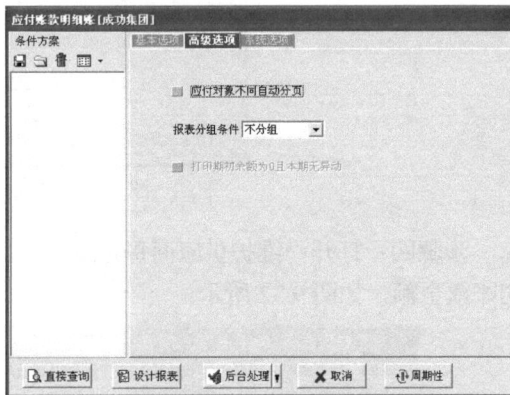

图9.35 生成应付账款明细账

9.5.2 应付账款总账

【目的】

可以查看供应商、部门在各个应付期间内发生的应付、实付以及各期余额的汇总金额。

【操作步骤】

步骤一： 在"应付账款总账"界面上进行设置，然后单击"设计报表"按钮，如图 9.36 所示。

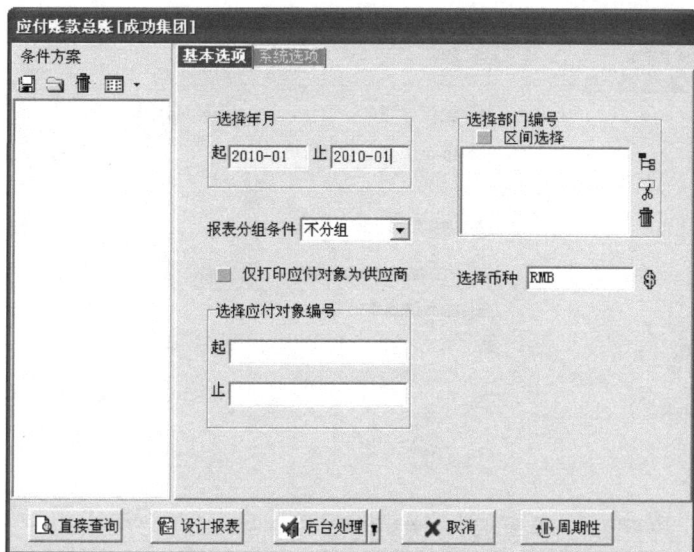

图 9.36　"应付账款总账"界面

步骤二： 生成报表，结果如图 9.37 所示。

图 9.37　生成应付账款总账

9.5.3　应付账款余额表

【目的】

将某段应付期间内的应付账款余额按供应商、部门或者不分组的方式，序时打印成表。

【操作步骤】

步骤一： 在"应付账款余额表"界面上进行设置，然后单击"设计报表"按钮，如图 9.38 所示。

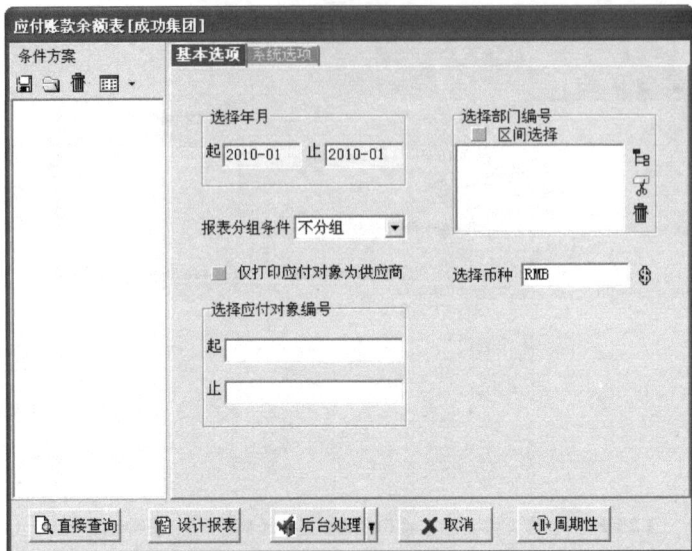

图 9.38　"应付账款余额表"界面

步骤二： 生成报表，结果如图 9.39 所示。

图 9.39　生成应付账款余额表

9.5.4　未付款应付明细表

【目的】

将某段日期区间未付款结束的供应商、员工或其他应付账款明细表打印成表。通常进行付款准备可用此报表。

【操作步骤】

步骤一： 在"未付款应付明细表"界面上进行设置，然后单击"设计报表"按钮，如图 9.40 和图 9.41 所示。

步骤二： 生成报表，结果如图 9.42 所示。

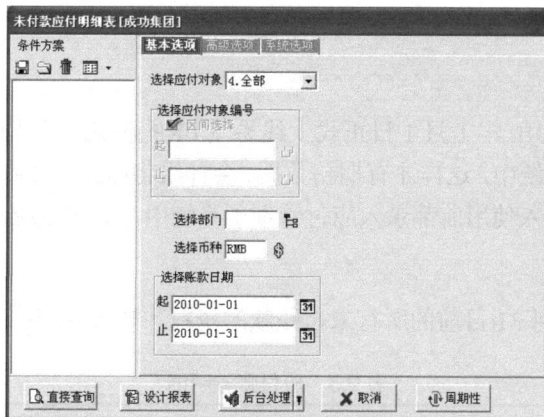

图 9.40 "未付款应付明细表—基本选项"界面

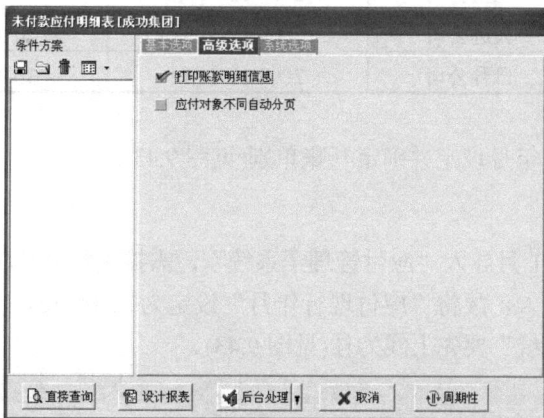

图 9.41 "未付款应付明细表—高级选项"界面

图 9.42 生成未付款应付明细表

9.6 期初开账

【目的】

为了将开账时间点之前的应付信息录入 ERP 系统中，这样系统正式使用时，应付信息才能正确。

【业务场景】

成功集团计划于 2010 年 1 月 1 日正式上线易飞 ERP 系统，于是必须在 1 月 1 日之前将现有的应付信息输入系统中，这样才有期初数据。会计组将截止到 2009 年 12 月 31 日的应付账款余额信息在系统投入使用前都录入应付管理子系统中，完成系统开账。

【操作步骤】

步骤一： 搜集 12 月 31 日前的所有未付账款的资料，如表 9.3 所示。

表9.3　应付账款明细

供应商编号	名称	应付账款日期	应付金额	税额
1001	三星公司	2009-12-31 止	10 000	500
1002	大进公司	2009-12-31 止	20 000	1000
1003	日升公司	2009-12-31 止	30 000	1500

步骤二： 应付现行年月设定并确定开账单别(见图 9.43)。

【作业重点 1】

因为要在 2010 年 1 月导入"应付管理子系统"，需搜集每家供应商 2009 年 12 月底的期末应付账款并将其导入，故将"应付现行年月"设定为 2009-12。"应付管理子系统"上线时，"采购管理子系统"要先上线为佳(见图 9.43)。

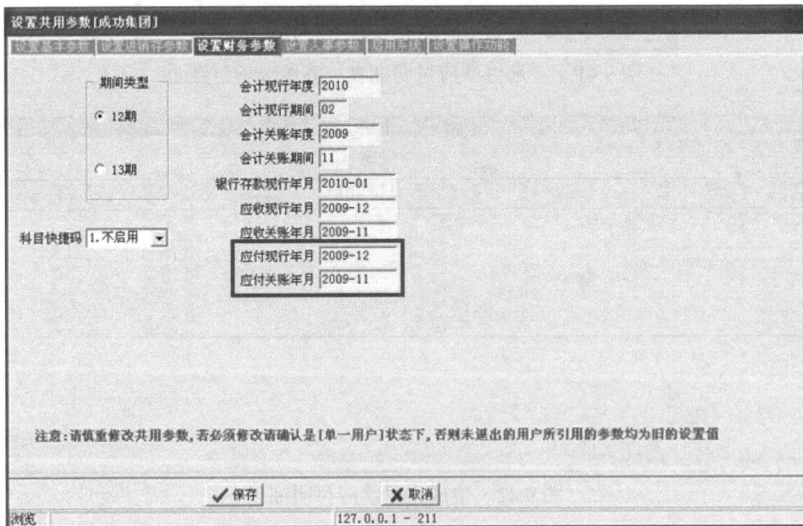

图9.43　"设置共用参数"界面

【作业重点 2】

设定开账使用的单别，"单据性质"选择"71.采购发票"，如图 9.44 所示。

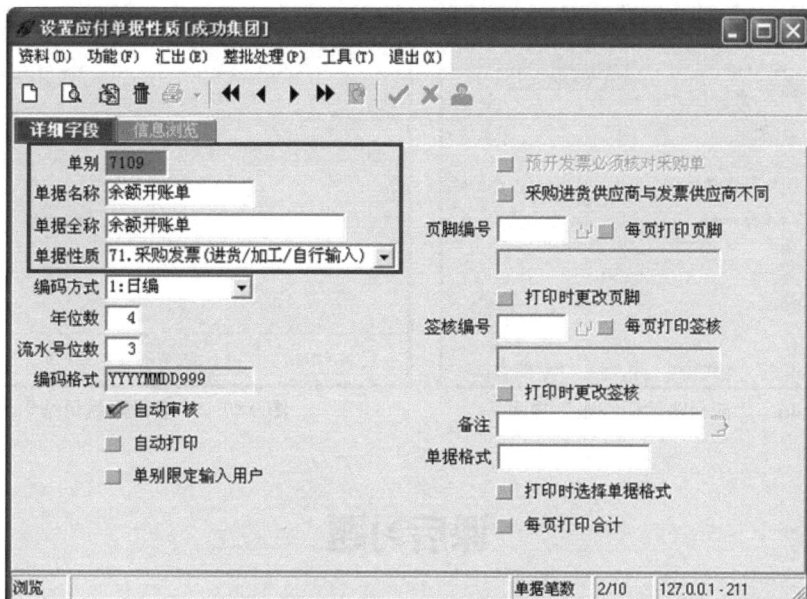

图 9.44 "设置应付单据性质"界面

步骤三：将截至 2009 年 12 月 31 日的应付账款余额逐笔输入开账单中。

【作业重点】

由于是余额导入，所以"来源"选择"其他"，"数量"和"单价"也可不输入，直接录入"金额"和"税额"(见图 9.45)。

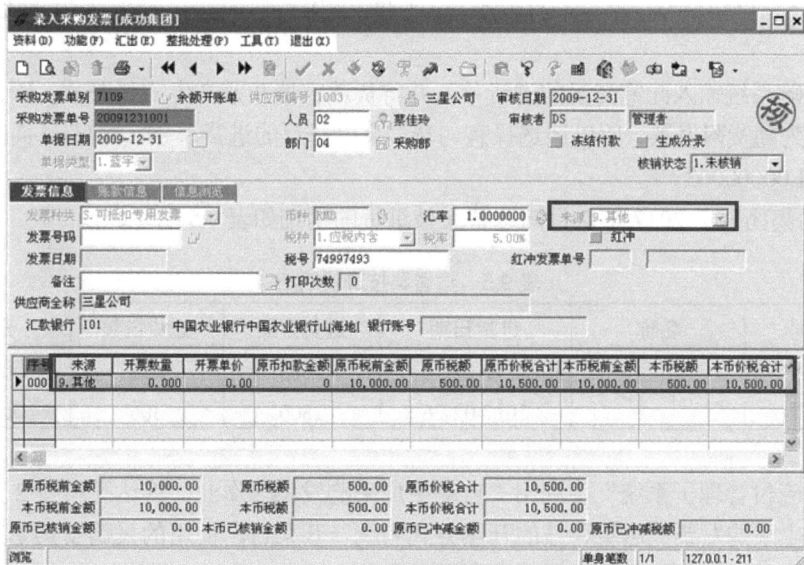

图 9.45 "录入采购发票"界面

步骤四：利用"应付账款明细账"来核对应付账款资料(见图 9.46)。

步骤五：执行应付账款月结(见图 9.47)。

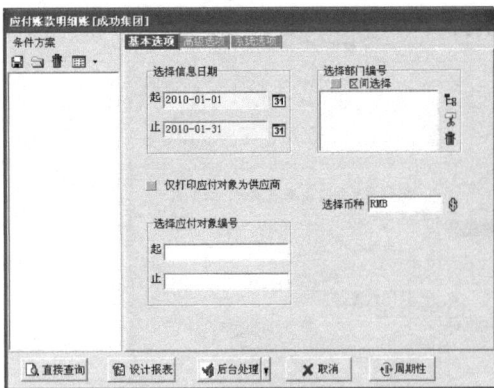

图9.46 "应付账款明细账"界面

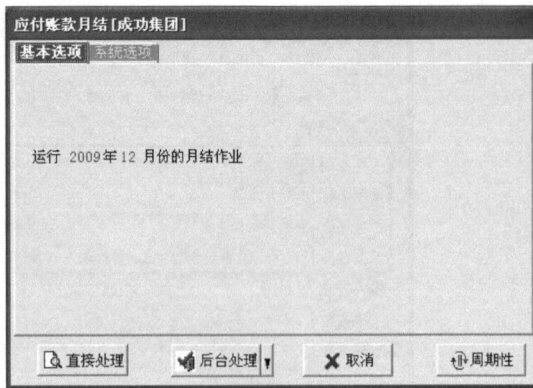

图9.47 "应付账款月结"界面

课后习题

1. 成功集团在2017年2月向冠军公司进货的明细如表9.4所示。

表9.4 冠军公司进货明细

供应商编号	进货日期	品号	品名	数量	金额	开票方式
1001 冠军公司	2017-02-15	110001	主开关 连动板	100	5000	随货附发票
		110002	模式按钮	100	4000	随货附发票

请于采购系统输入此笔交易的进货单,并将货款直接开票产生应付账款;因为冠军公司的开票方式为随货附发票,所以请选择有勾选"直接开票的进货单别:341",而随货附的发票号码为KL00000003。

2. 成功集团研于2017年2月向达智科技进货的明细如表9.5所示。

表9.5 达智科技进货明细

供应商编号	名称	进货日期	进货金额	进货税额	开票方式
1002	达智科技	2017-02-10	2500	425	统一开票日
		2017-02-26	1800	306	统一开票日

请于"应付管理子系统"中利用"自动生成采购发票"作业,将达智科技2月份的进货数据结账产生采购发票;达智科技的开票方式为统一开票日,使用的采购发票单别为710,收到一张达智科技开立的进项发票,发票号码为DD00000004、发票货款为4300、发票税额为215。

3. 成功集团于2017年3月10日进行银行电汇,支付达智科技(供应商编号1002)账款,金额为5031,要核销2016年2月28日立账的采购发票。

第10章

ERP财务管理：应收管理

本章以易飞ERP财务管理系统中的应收管理子系统为例，从"系统简介""基础设置""日常业务流程""坏账处理""报表简介""期初开账"这六个方面，详细阐述现代企业财务管理中的应收账款管理。

10.1　应收管理子系统简介

"应收管理子系统"可以为企业处理账款的收款、客户订单订金的预收，并详细记载从开票到核销的交易数据。同时，可以实时提供各种相关的报表，让管理者能随时了解应收账款的状况。这样管理者才能实时地做出适当的处理决策，让损失降到最低。这是管理账款非常重要的一个工作任务，而且所有数据可以大量储存和快速处理，信息也可以做到实时、共享，减少部门间文件往返的处理时间，提高了企业内部的运行效率。

10.1.1　系统效益与特色

易飞ERP的应收管理子系统具有以下六个方面的系统特色。

第一，提供多币种管理，不管客户是用哪一种币种来结算账款或者支付账款，在系统的处理上都是没有问题的。

第二，处理非例行性收入，系统不仅可以处理一般销货的账款，对于一些非常规销售发生的其他收入也可以处理。

第三，订金管理，当公司提供客户下订单并预收订金时，订金管理的这项功能也是应收管理子系统必不可少的。

第四，提供多角度的账款分析，依照客户或者业务员的角度，分析应收账款的账龄分布状况的报表，使您切实掌握账款的交易和呆滞情况，及时进行坏账处理，将发生呆账的机会降到最低。

第五，为了取代人工账册，提供应收账款明细分类账，取代每月财务手工计算账册，不仅节省了许多人工操作的时间，也避免了错误的发生。

第六，系统提供税控接口的处理，将 ERP 系统与"防伪税控开票系统"做接口处理，方便财务人员直接开取发票。

10.1.2 系统构架与关联

图 10.1 显示了易飞 ERP 中应收管理子系统的总体构架。

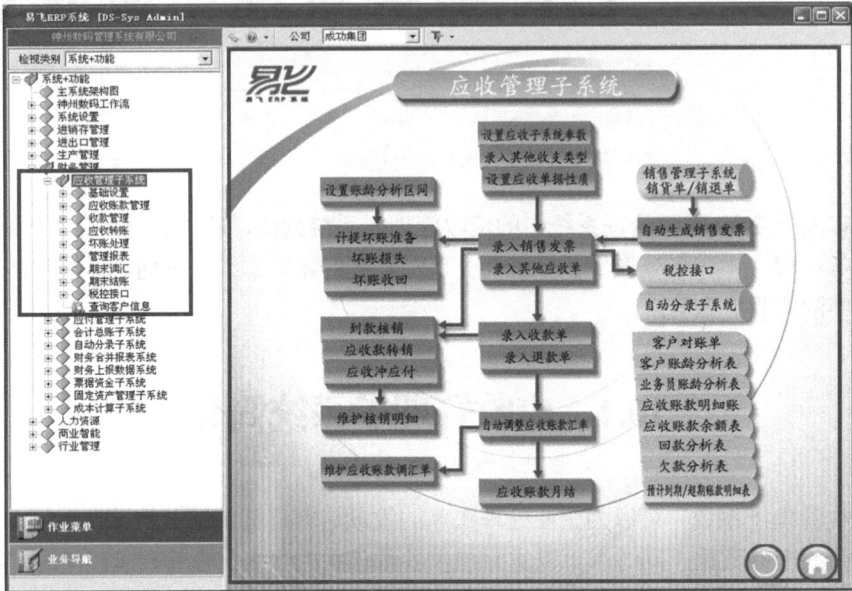

图 10.1 应收管理子系统的系统架构

图 10.1 是进入"应收管理子系统"后的流程图，这是以作业设置的顺序所组成。也可在左边菜单上，看到各作业的分类，如"基础设置""应收账款管理""收款管理""应收转账""坏账处理""管理报表""期末调汇""期末结账"与"税控接口"。从菜单上，大致可以了解系统管理的事务，我们将会陆续介绍各项作业的用法。

图 10.2 所示为应收管理子系统与其他系统的关联。

第一，销售管理子系统

销售货品或销退货品，都会把数据记录在"销货或销退单"中，当这些数据要建立应收账款时，就会先到"应收管理子系统"的"录入销售发票"中立账，"销货单"会增加对客户的应收账款，而"销退单"则会减少对客户的应收账款。

第二，票据资金子系统

当客户的结算方式是采用票据时，那么开立应收票据后，也可以通过收款单，将票据信息输入，系统便会自动关联该张应收票据。

第三，固定资产管理子系统

如果资产有出售的情况时，确立其他应收账款以及后续收款，都可以利用应收管理子系统的销售发票和收款单来处理。

第四，自动分录子系统

"应收管理子系统"中的销售发票和收款单，可以通过"自动分录子系统"来生成分录底稿。

第五，维修服务子系统

当客户的维修品送回公司做维修时，如果不属于保修期，需要收费的话，就可以通过"自动生成维修销售发票"，将要收的款项，产生到"应收管理子系统"中。

第六，多角贸易子系统

多角贸易进行时，当"多角贸易销售发票"建立完成后，我们就可以通过"抛转多角贸易销售发票"来自动产生"应收管理子系统"中的销售发票。

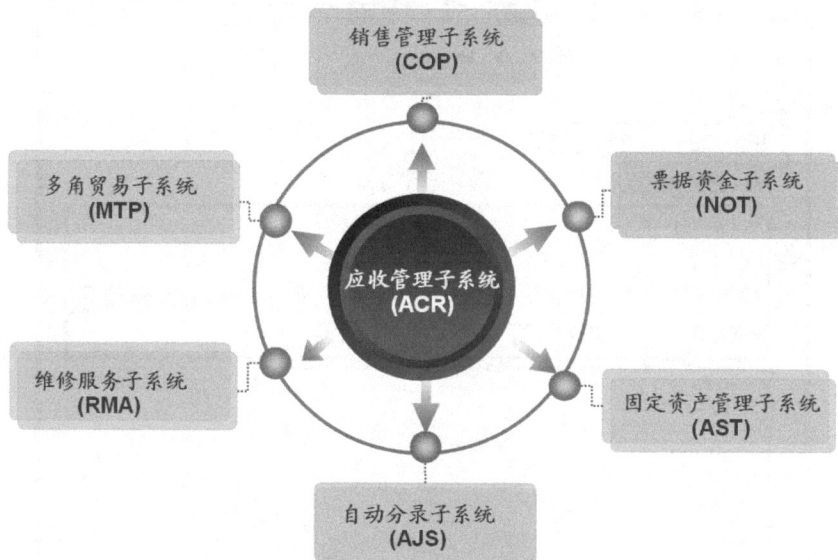

图 10.2　应收管理子系统与其他系统的关联图

10.2　基础设置

易飞 ERP 应收管理子系统的基础设置包含以下主要内容: 录入付款条件、录入会计科目、录入科目/部门限制、录入客户信息、设置应收单据性质、设置应收子系统参数。

10.2.1　录入付款条件

【目的】

"录入付款条件"，设置对于销售的预计付款日、资金实现日，取得折扣方式的付款条件，为了协助企业做好资金管理。

【操作步骤】

从系统主界面执行"基本信息子系统"|"基础设置"作业，进入"录入付款条件"界面(见图 10.3)。

【作业重点】(见图 10.3)

① 可以设定"采购/委外"或"销售"两种类别的付款条件。

② 预计收(付)款日、资金实现日：根据加日数或者加月数的方式来设定付款和资金实现的具体日期。

③ 若发生取得折扣的现象，可以通过提前付款或缩短票期的方式来设定给予的折扣幅度。

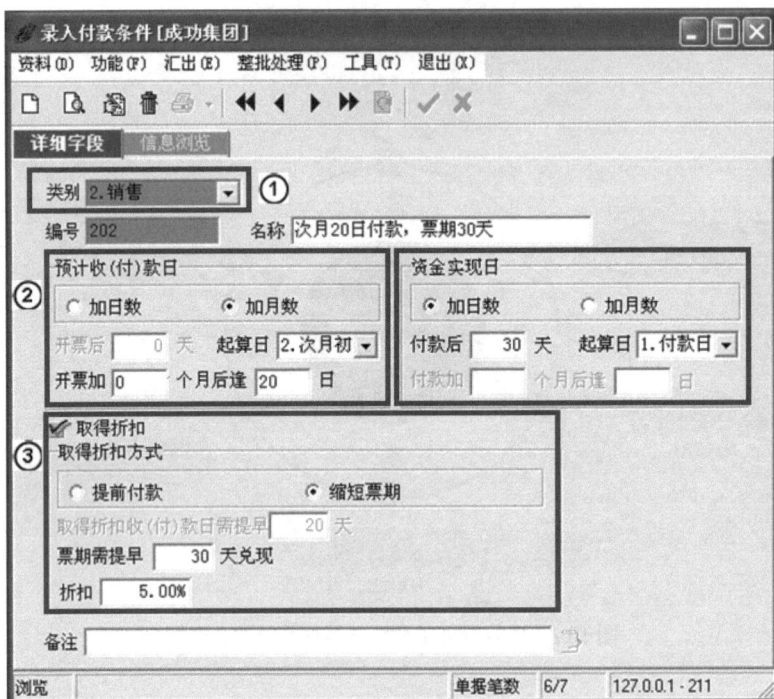

图 10.3 "录入付款条件"界面

10.2.2 录入会计科目

【目的】

"录入会计科目"，将要使用的会计科目信息预先设置好。

【操作步骤】

从系统主界面执行"会计总账子系统"|"基础设置"作业，进入"录入会计科目"界面(见图 10.4)。

【作业重点】(见图 10.4)

建立在应收账款的日常处理中，会使用到与应收账款、预收账款等相关的会计科目。

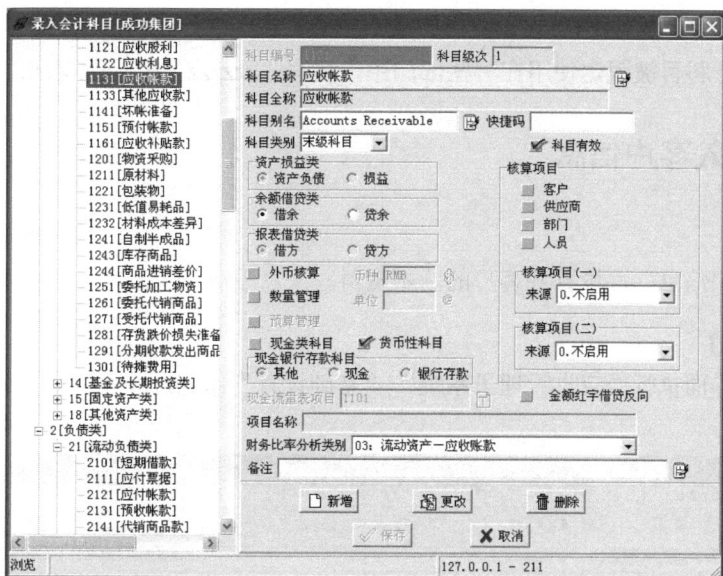

图 10.4 "录入会计科目"界面

10.2.3 录入科目/部门限制

【目的】

"录入科目/部门限制",对做部门管理的科目进行部门的限定。

【操作步骤】

从系统主界面执行"会计总账子系统"|"基础设置"作业,进入"录入科目/部门限制"界面(见图 10.5)。

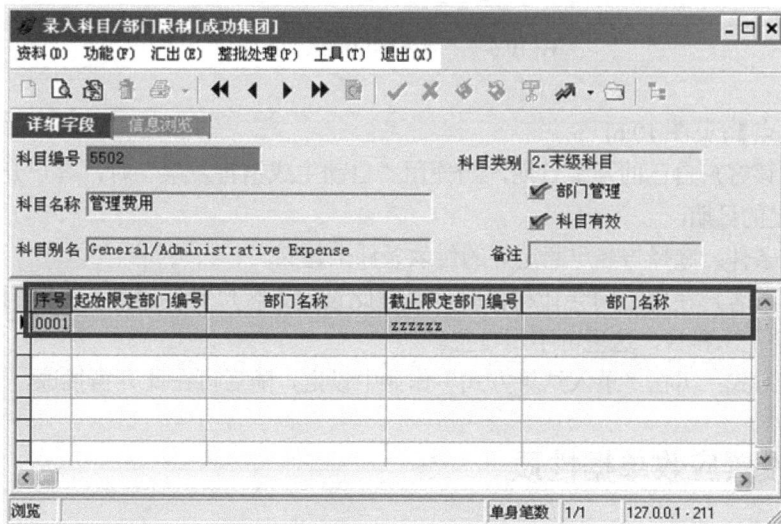

图 10.5 "录入科目/部门限制"界面

【作业重点】(见图 10.5)

设定该会计科目被限定使用在哪些部门中，填写"zzzzzz"表示所有部门。

10.2.4 录入客户信息

【目的】

"录入客户信息"，设置各客户的基本资料。

【操作步骤】

从系统主界面执行"应收管理子系统"|"基础设置"作业，进入"录入客户信息"界面(见图 10.6)。

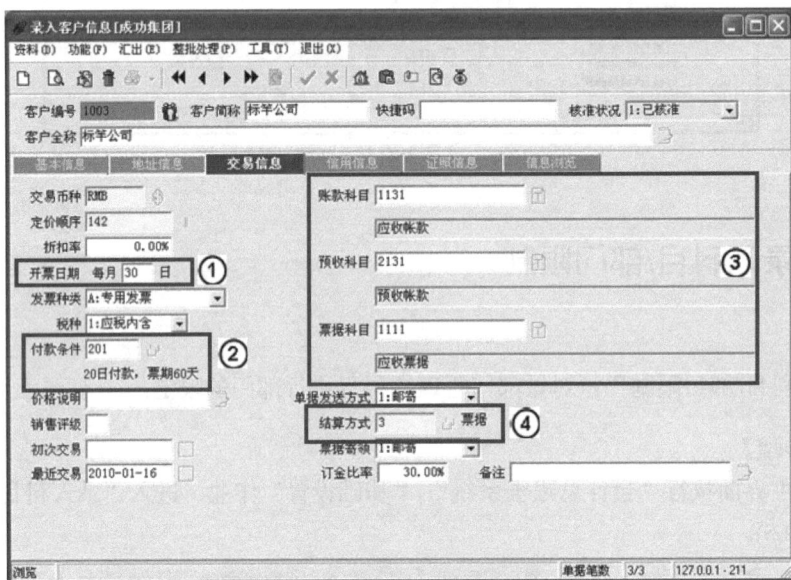

图 10.6 "录入客户信息"界面

【作业重点】(见图 10.6)

① 设定该客户自己的开票日期，当使用"自动生成销售发票"时，客户开票日期就是依据这里设定的日期。

② 付款条件：选择与客户商定好的付款条件来建立。

③ 若不同客户使用不同会计科目时，可在此设定该客户所使用的会计科目；若所有客户使用同一个汇总科目，这里可不用设置。

④ 结算方式：需在"录入结算方式"作业中设定，随后可在此开窗挑选。

10.2.5 设置应收单据性质

【目的】

"设置应收单据性质"，设置"应收管理子系统"所要使用的交易单据，包括性质、编码方式、签核格式等。

【操作步骤】

从系统主界面执行"应收管理子系统"|"基础设置"作业，进入"设置应收单据性质"界面(见图 10.7)。

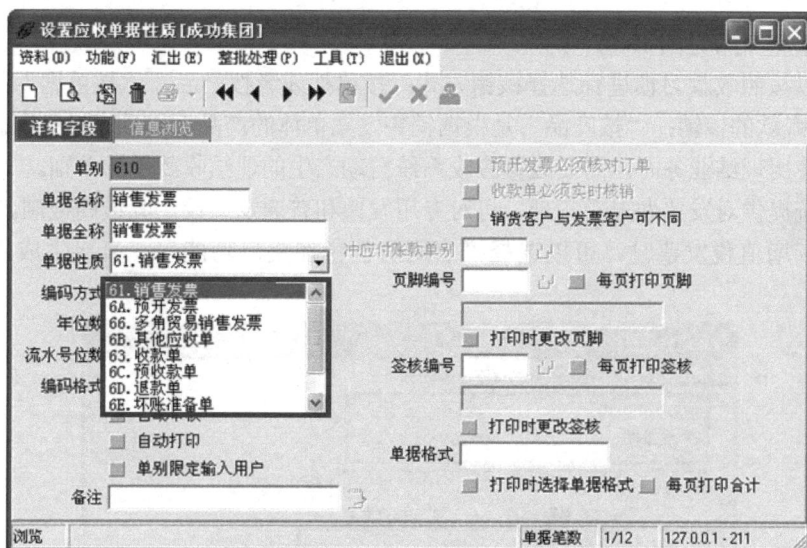

图 10.7　"设置应收单据性质"界面

【作业重点】(见图 10.7)

可以设定以下 10 种不同的"单据性质"，每种单据，系统不限制设定多少张单别。

- "61. 销售发票"，用于记录和建立销售货品或销退货品的应收账款信息。
- "6A. 预开发票"，用于先开票再发货的情况，记录预开票的账款信息。
- "66. 多角贸易销售发票"，用于多角贸易业务时，记录和建立销售货品或销退货品的应收账款信息。
- "6B. 其他应收单"，用于记录一些不涉及存货内容、不计税的账款，如应收管理费、租赁费。
- "63. 收款单"，用于收取销售或销退货款的记录。
- "6C. 预收款单"，用于记录收取客户订金的单据。
- "6D. 退款单"，用于退回已经收取进来的款项。
- "6E. 坏账准备单"，用于计提客户坏账准备时所使用的单据。
- "6F. 坏账损失处理单"，用此单据来处理客户应收账款成为坏账的情况。
- "6G. 汇差调整单"，用此单据来调整因汇率变动而造成的本币的损益。

10.2.6　设置应收子系统参数

【目的】

"设置应收子系统参数"，设置"应收管理子系统"中会使用到的相关交易的会计科目；

应收单据现结会使用到的单别；坏账处理方式；收款核销方式以及汇差调整的设置。

【操作步骤】

从系统主界面执行"应收管理子系统"|"基础设置"作业，进入"设置应收子系统参数"界面(见图10.8)。

【作业重点1】(见图10.8)

① 可以按照收款习惯进行选择核销方式：按单据或者按产品。"按单据"是根据销售发票来进行账款的核销；"按产品"是根据销售发票单体的产品明细项来进行账款的核销。

② 当使用现结业务时，需要设置应收系统自动产生的现结收款单的单别。

③ 系统提供对发票做限额管理，可对专用发票和普通发票设定其最高金额。

④ 开取增值税发票时，可以选择"启用防伪税控接口功能"，直接生成所需的底稿文件。

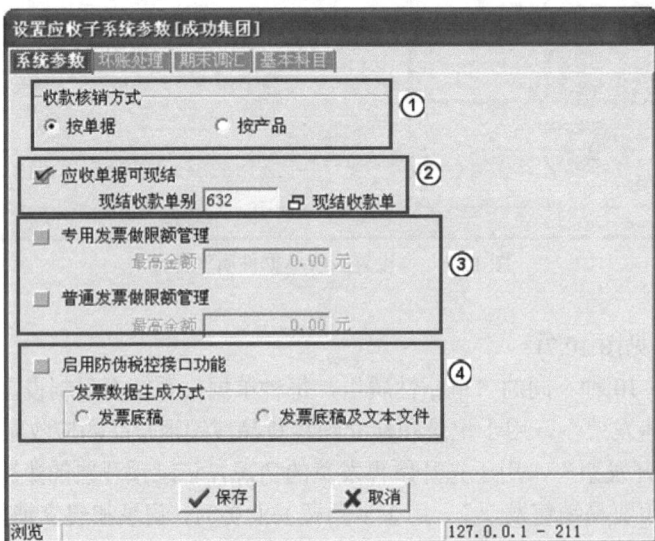

图10.8 "设置应收子系统参数—系统参数"界面

【作业重点2】(见图10.9)

⑤ 企业若对客户的应收账款进行坏账处理准备时，可以勾选启用"坏账处理"，选择适合企业的"备抵法选项"，系统提供：应收账款余额百分比法和账龄分析法，同时根据备抵法来设定坏账计提比率和坏账准备余额。

⑥ 设置坏账处理所要使用的会计科目和单别，科目需要在"录入会计科目"作业中事先设置，单别需要在"设置应收单据性质"中事先设置。

【作业重点3】

⑦ 启用"期末调汇"功能后，需要设置汇差调整单的单别，如图10.10所示。

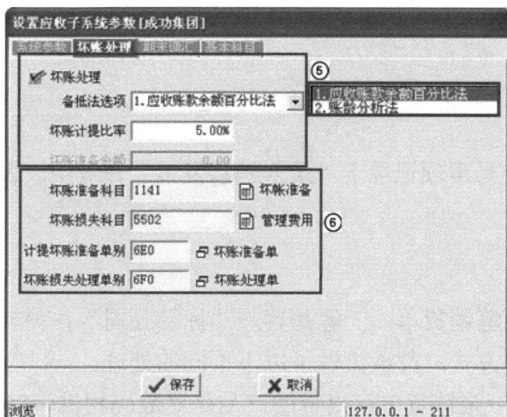

图 10.9　"设置应收子系统参数—坏账处理"界面　　图 10.10　"设置应收子系统参数—期末调汇"界面

【作业重点 4】(见图 10.11)

⑧ 设置日常应收所要使用的会计科目。

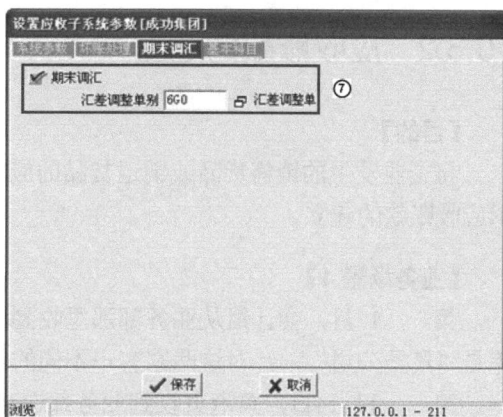

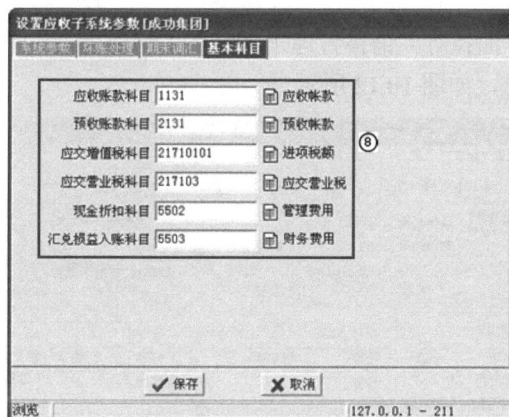

图 10.11　"设置应收子系统参数—基本科目"界面

10.3　日常业务流程

易飞 ERP 应收管理子系统的日常业务流程主要包含以下工作内容：财务业务流程、应收账款的建立、税控接口开票、应收账款核销、应收应付对冲、应付账款月结。

10.3.1　财务业务流程

【目的】

在应收管理业务中，最常处理的工作有：应收账款的建立，即立账；税控接口开票；应收账款的收款核销；应收应付的对冲以及应收的月结，下面分别详细讲解。

10.3.2　应收账款的建立

【目的】

将企业发生的销售货品或销退货品的应收交易事项记录于"录入销售发票"作业中，表示应收账款的建立。

【业务场景1】

第一，1月，会计组从业务部那里收到了两笔销货单，一笔是客户"标竿公司"，另一笔是"茂圣公司"，针对这两家客户不同的结账方式，黄淑贞做了以下不同的处理。

第二，1月14日，黄淑贞收到业务部送来的一张销货单，出货的产品是"数码相机—SX系列"150台及"数码相机—SL系列"20台给"标竿公司"。"标竿公司"采用"随货附发票"的开票方式，于是黄淑贞先按销货单成立应收账款，总金额为995 050元。因为是随货附发票，所以成功集团对于这种情况是采用直接开票的方式来建立应收账款信息。

【操作步骤】

步骤一： 从系统主界面执行"销售管理子系统"|"销货管理"作业，进入"录入销货单"界面，开始建立销货信息，如图10.12所示。

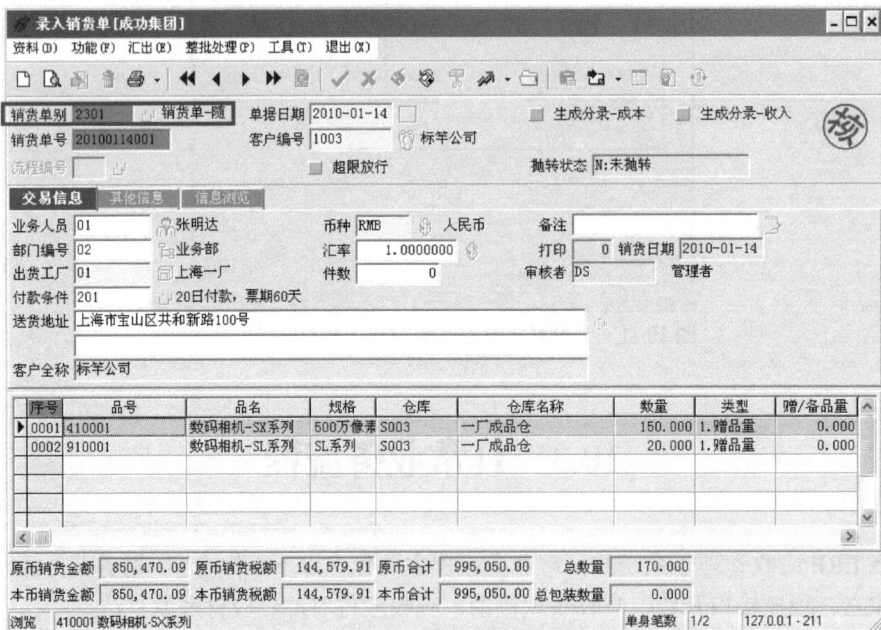

图10.12　"录入销货单"界面

【作业重点】

销货单别：选择标竿公司随货附发票业务需使用的销货单别。该单别在"设置订单单据性质"中必须勾选"直接开票"且设定直接生成的销售发票单别，如图10.13所示。

步骤二： 找到"直接开票"生成的销售发票并检查内容是否正确，核对无误后，审核该销售发票，如图10.14所示。

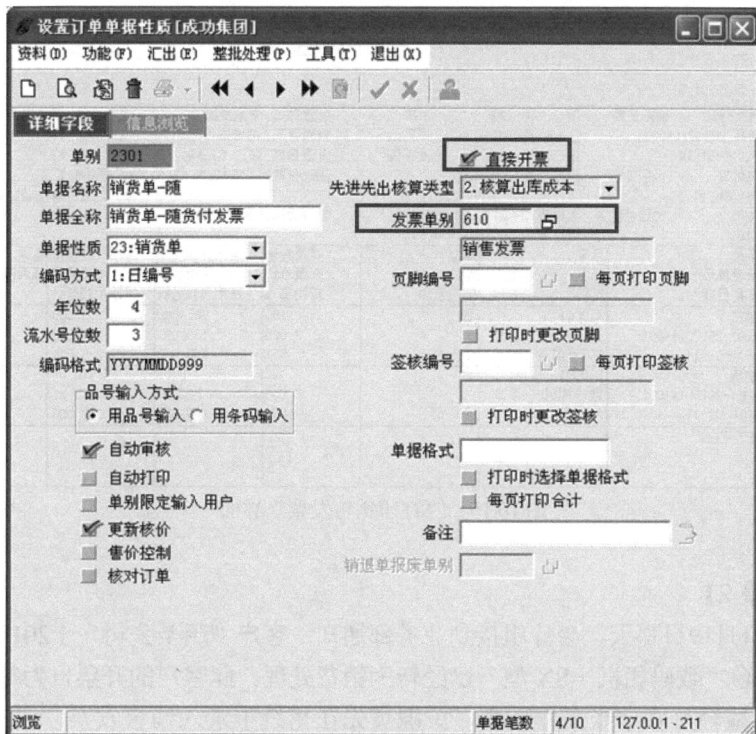

图 10.13 "设置订单单据性质"界面

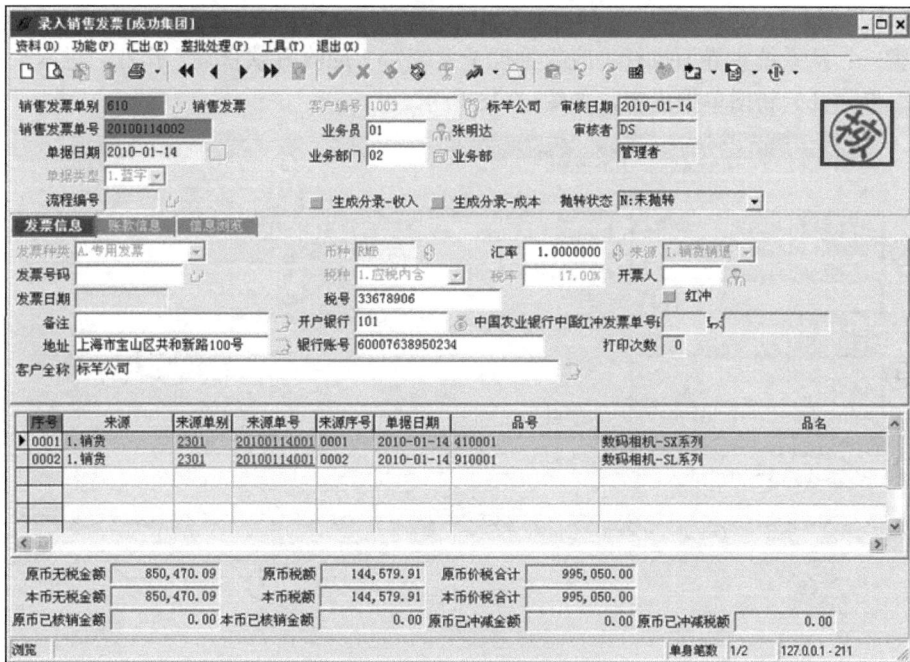

图 10.14 "录入销售发票"界面

步骤三：使用单据上提供的打印功能，将销售发票打印后交给出纳组，准备收款，如图 10.15 所示。

销售发票

销售发票单别：610	销售发票	币　种：RMB　汇　率：1	发票种类：专用发票	税　种：应税内含
销售发票单号：20100114002		业 务 员：01　　张明达	发票号码：28495849	税　率：17%
单据日期：2010-01-14		部　　门：02　　业务部	发票日期：2010-01-14	现　结：N
客户编号：1003　标竿公司		税　号：33678906	预计收款日：2010-01-20	审 核 码：Y
客户全称：标竿公司				备　注：##28495849
付款条件：201　20日付款，取得折扣收款日：2010-01-20			取得折扣兑现日：2010-03-21　折扣(%)：0%	
开户银行：101		银行账号：60007638950234		

序号	来源 来源单号 单据日期	品号 品名 规格	单位 部门 部门名称	开票数量 开票单价 折扣率 %	原币无税金额 原币税额 原币价税合计	本币无税金额 备注 本币税额 本币价税合计 项目编号
0001	销货 2301-20100114001- 2010-01-14	410001 数码相机-SX系列 500万像素	台 02 业务部	150 7,020 85%	765,000 130,050 895,050	765,000 130,050 895,050
0002	销货 2301-20100114001- 2010-01-14	910001 数码相机-SL系列 SL系列	台 02 业务部	20 5,000 100%	85,470.09 14,529.91 100,000	85,470.09 14,529.91 100,000
	以下空白//					

图 10.15　"打印销售发票"界面

【业务场景 2】

第一，在1月19日那天，会计组接到业务部通知，客户"茂圣公司"于2010年1月12日向公司借用的10台"数码相机—SX 型"已经转为销货处理。此客户的开票日为每月25日。

第二，为减轻月底结账工作压力，黄淑贞先在系统中录入销售发票，成立了应收账款40 000 元。

【操作步骤】

步骤一：从系统主界面执行"应收管理子系统"|"应收账款管理"作业，进入"录入销售发票"界面开始新增单据内容，如图 10.16 所示。

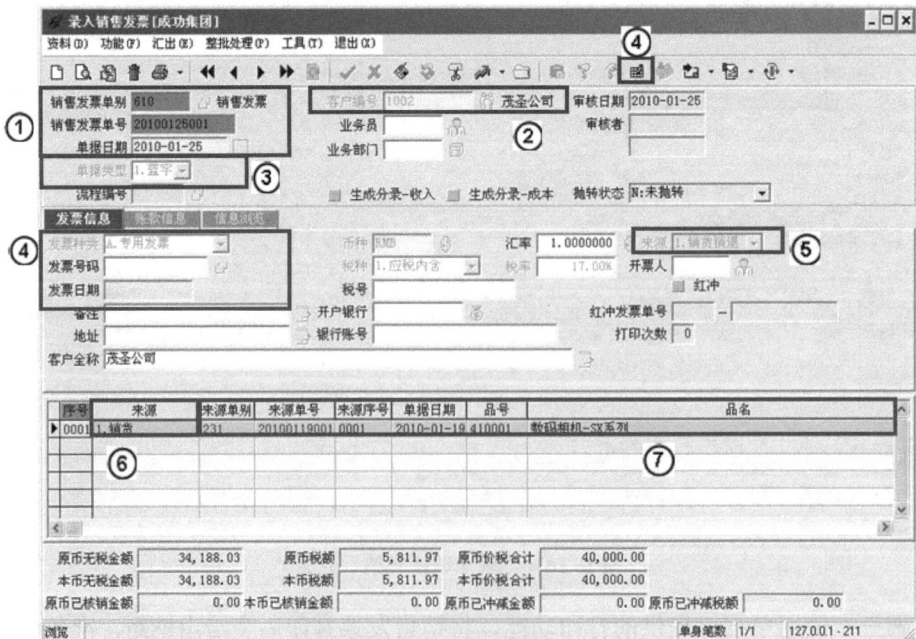

图 10.16　"录入销售发票"界面

【作业重点 1】 (见图 10.16)

① 可直接输入"单别"或 F2 键开窗查询,选好单别后,系统按照单据性质中的设置自动带出单号。系统默认单据日期为当前日期。

② 客户编号:输入交易的客户编号。

③ 单据类型:提供蓝字和红字两种类型。本次是正常销售收款,即选择蓝字发票。

④ 由于发票还未开,可先空白不输入,稍后当税控接口将增值税发票开出后,通过单击工具栏上的"更改发票信息"按钮,来输入发票信息,如图 10.17 所示。

⑤ 来源:共有销货销退、资产出售、订单以及其他四种选择。根据业务是向"茂圣公司"销售而收款,所以来源选择销货销退。

⑥ 单体来源根据单头的来源进一步缩小范围,选择销货。

⑦ 选择销货来源的销货单单别和单号,资料就会带入销售发票单体。

图 10.17 "录入销售发票"界面

【作业重点 2】

系统中还提供了"自动生成销售发票"作业,可以从销货销退信息自动生成销售发票,如图 10.18 所示。

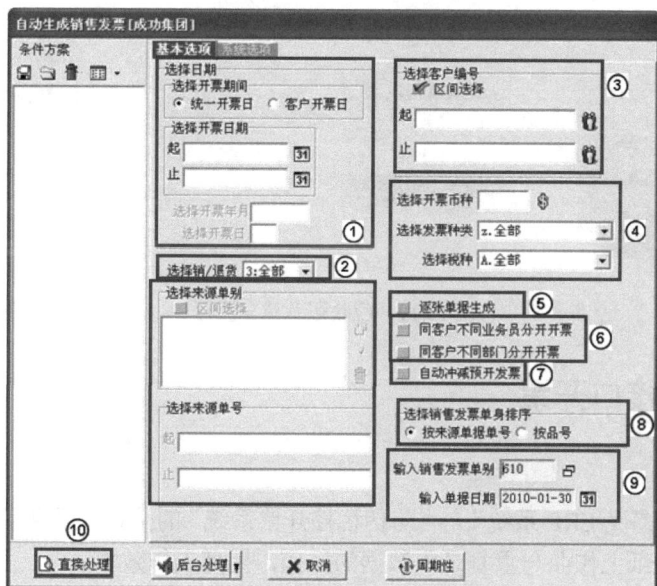

图 10.18 "自动生成销售发票"界面

① 选择开票期间:统一开票日或客户开票日。若选择统一开票日,则可设定开票日期;若选择客户开票日,则可设定开票年月和开票日。

② 选择销/退货:选择需要生成采购发票的类别,销货、销退和全部三种都可以。若选择销货或者销退时,可以继续以来源单别单号来缩小范围;若选择全部,则不可以单别单号来缩小范围。

③ 选择客户编号：以客户来作为筛选来源单据的条件。

④ 币种、发票种类和税种的设定，也可以用来筛选要生成采购发票的来源单据。

⑤ 逐张单据生成：作业默认不勾选，勾选表示所有来源单据各自生成一张销售发票。

⑥ 同客户不同业务员分开开票、同客户不同部门分开开票：选择是否根据业务员或部门进行合并开票。

⑦ 自动冲减预开发票：生成发票的时候会将预开发票考虑进来，自动扣除这部分金额。

⑧ 生成出来的销售发票单体内容根据企业的需要选择"按来源单据单号"或者"按品号"显示。

⑨ 当选择统一开票日时，需要设定生成的"销售发票单别"以及"单据日期"；当选择客户开票时，只需设定生成的"销售发票单别"。

⑩ 设置完毕后，单击"直接处理"按钮，系统自动生成销售发票。

【作业流程复习】(见图 10.19)

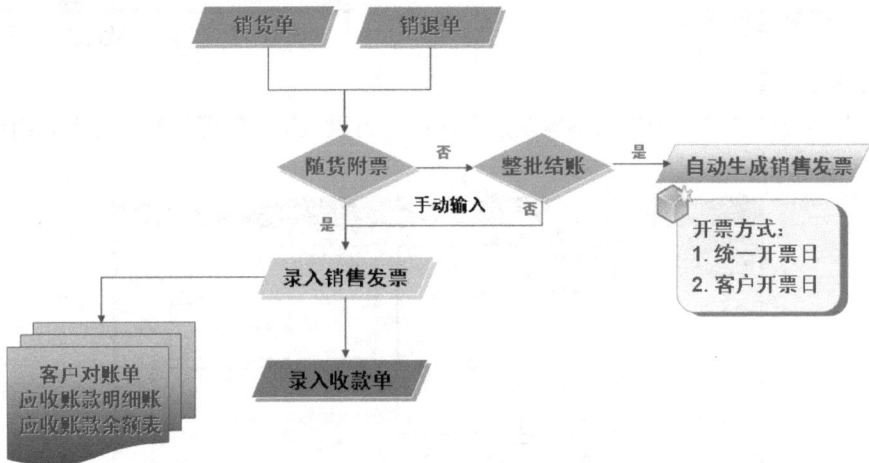

图 10.19 应收账款建立流程

10.3.3 税控接口开票

【目的】

税控接口是"易飞 ERP 系统"与"防伪税控开票系统"的接口，提供了增值税发票汇入、汇出的功能，减少纸上作业与重复录入数据的操作，提高工作效率。

【业务场景】

由于"标竿公司"采用"随货附发票"的开票方式，所以 1 月 14 日黄淑贞通过税控系统将该笔业务的销售发票开出，打印后连同货物一起送交客户。

【操作步骤】

步骤一：从作业清单中执行"应收管理子系统"|"税控接口"|"自动生成销项发票底稿"作业，如图 10.20 所示。

【作业重点】

① 根据客户编号、日期、品名、来源单号、发票种类等条件,来筛选哪些销售发票需要生成销项发票底稿。

② 单击"直接处理"按钮后,生成销项发票底稿。

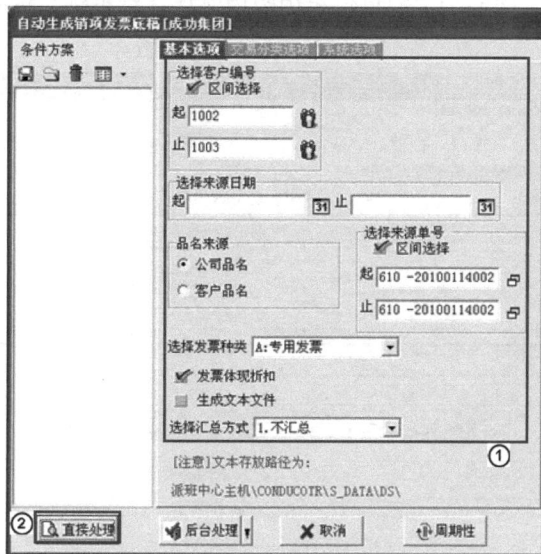

图 10.20 "自动生成销项发票底稿"界面

步骤二: 从作业清单中执行"应收管理子系统"|"税控接口"|"维护销项发票底稿"作业,在此作业中查询生成的销项发票底稿情况,如图 10.21 所示。

【作业重点 1】(见图 10.21)

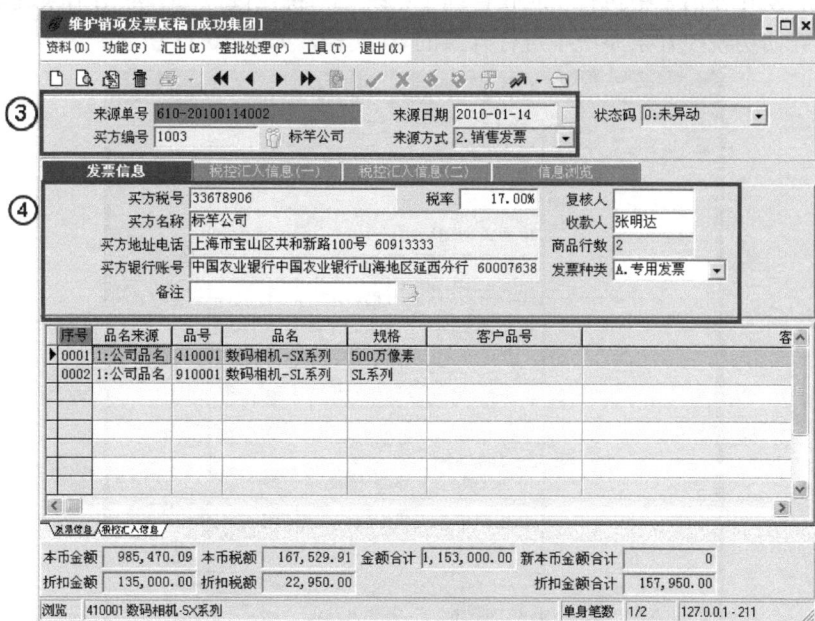

图 10.21 "维护销项发票底稿—发票信息"界面

③ 单头带出销项发票底稿产生的来源，包括来源单号、来源日期、买方编号、来源方式。

④ 发票信息中将带出买方公司在"录入公司信息"中的资料。

【作业重点 2】(见图 10.22)

⑤ 税控汇入信息(一)和(二)中的资料是由防伪税控开票系统开票后再次汇入易飞系统后写入的。

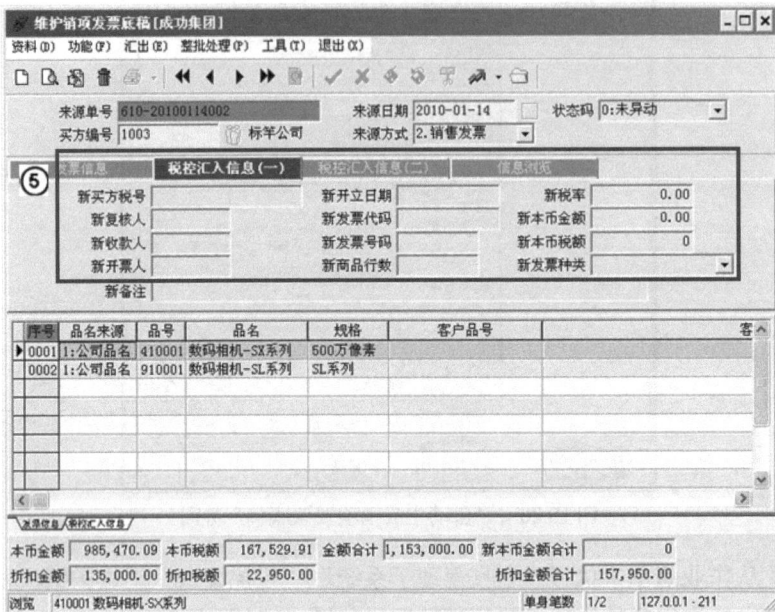

图 10.22　"维护销项发票底稿—税控汇入信息"界面

步骤三：从作业清单中执行"应收管理子系统"|"税控接口"|"汇出销项发票底稿"作业，汇出能在防伪税控开票系统中进行开票的 txt 文档，如图 10.23 所示。

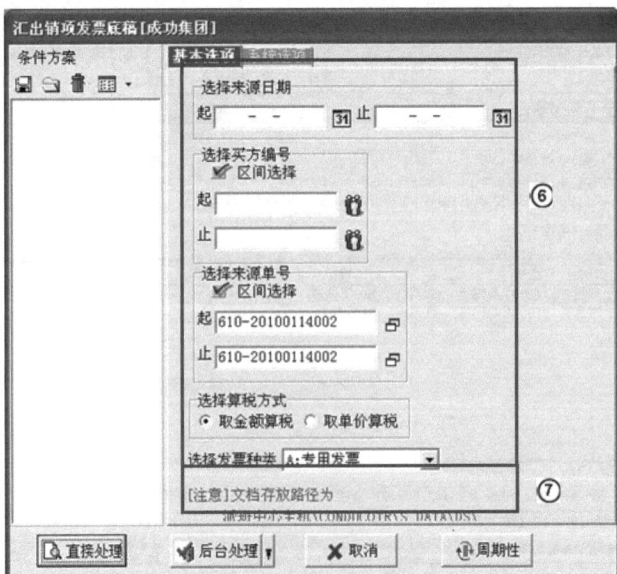

图 10.23　"汇出销项发票底稿"界面

【作业重点】(见图 10.23)

⑥ 根据来源日期、买方编号、来源单号、算税方式、发票种类等资料，筛选需要汇出的销项发票底稿。

⑦ 系统会提示汇出文档的存放路径。

步骤四：将汇出的 txt 文档传入"防伪税控开票系统"开取增值税发票，开票后的信息仍旧保存成 txt 文档。

步骤五：从作业清单中执行"应收管理子系统"|"税控接口"|"汇入销项发票底稿"作业，将防伪税控开票系统开票后的 txt 文档汇入易飞系统，如图 10.24 所示。

【作业重点】

⑧ 选中 txt 文档的路径后，执行作业，发票信息就被传入易飞系统的销售发票和销项发票底稿中了。

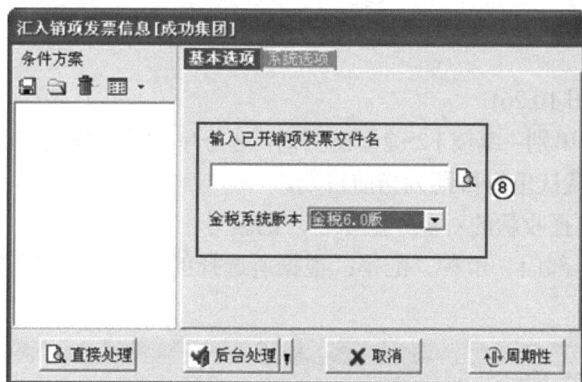

图 10.24　"汇入销项发票底稿"界面

【作业流程复习】(见图 10.25)

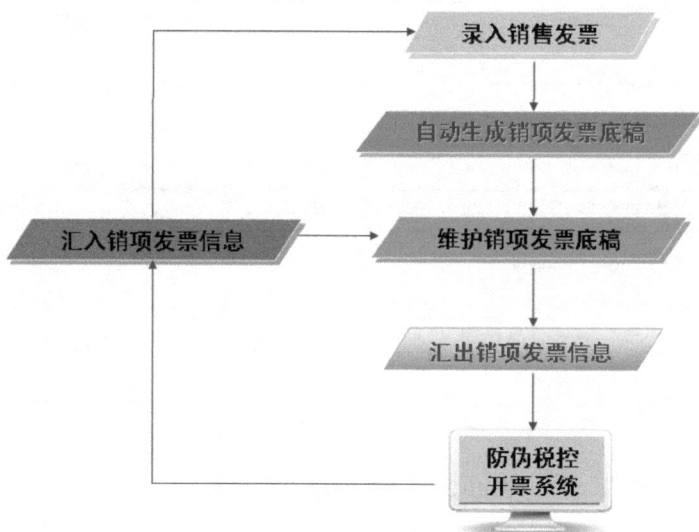

图 10.25　税控开票流程

10.3.4　应收账款核销

1. 实时核销

【目的】

利用收款单的"自动核销"功能将未核销的应收账款进行收款并核销。

【业务场景】

1 月 21 日，会计组收到了"标竿公司"的货款 995 050 元，黄淑贞将收款信息录入系统中并核销了 1 月 14 日的应收账款。

【操作步骤】

从作业清单中执行"应收管理子系统"|"收款管理"|"录入收款单"作业，如图 10.26 所示。

【作业重点】(见图 10.26)

① 可直接输入"单别"或按 F2 键开窗查询，选好单别后，系统按照单据性质中的设置，自动带出单号。系统默认单据日期为当前日期。

② 客户编号：选择收款的对象，输入客户的编号。

③ 收款业务员、部门、币种、汇率：根据所选择的客户在"录入客户信息"作业中的设置自动显示。

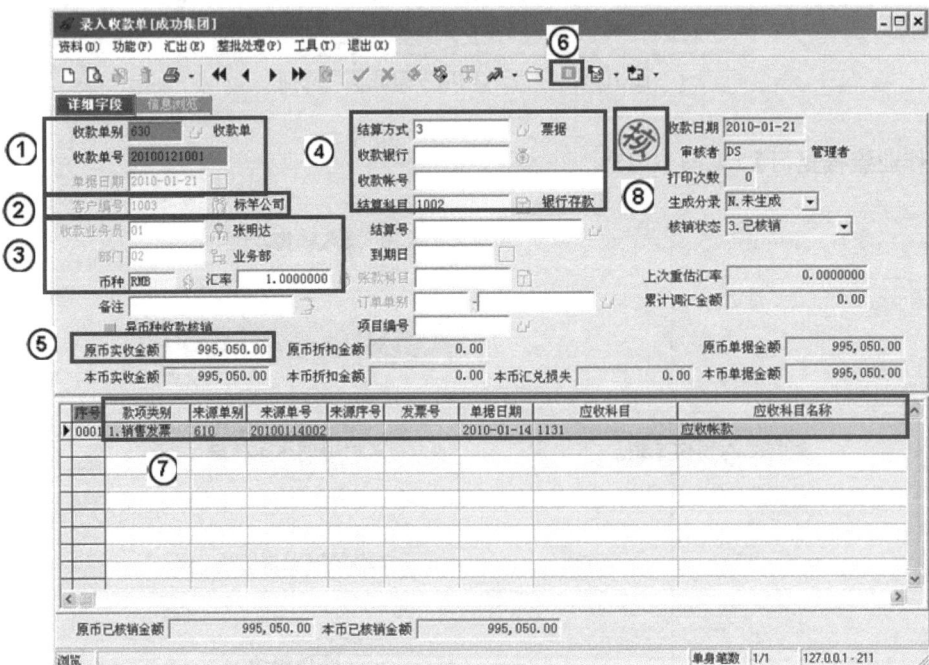

图 10.26　"录入收款单"界面

④ 结算方式、收款银行、收款账号、结算科目：与客户协商后对应设置。

⑤ 原币实收金额：输入本次实际收款的金额。

⑥ 利用"自动核销"按钮，来直接进行核销应收账款。在弹出的窗口中，勾选需核销的应收账款信息，如图 10.27 所示。

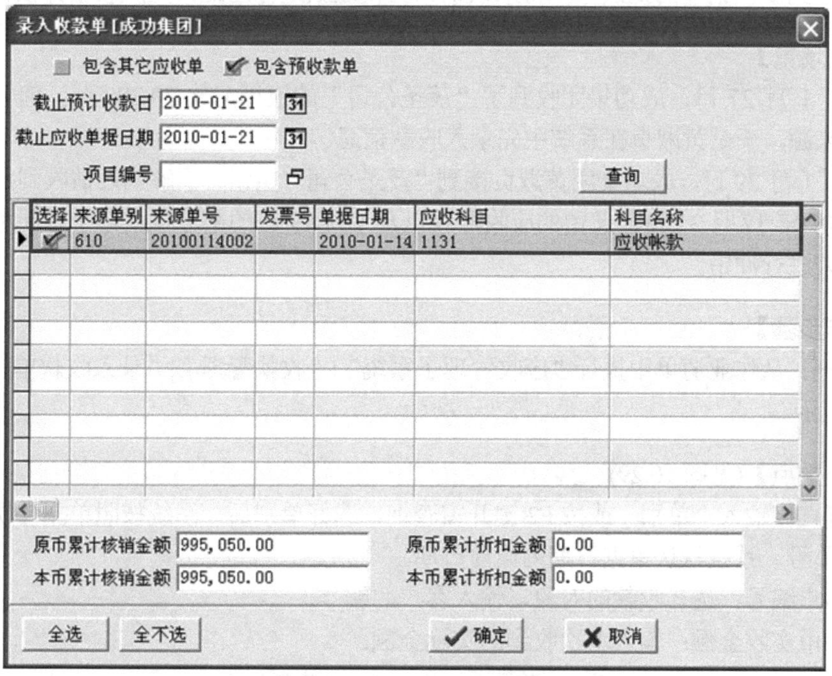

图 10.27　核销应收账款

⑦ 选定后，勾选的内容将出现在"录入收款单"的单体中。

⑧ 确认收款单无误后，审核该单据，则应收账款被核销，如图 10.28 所示。

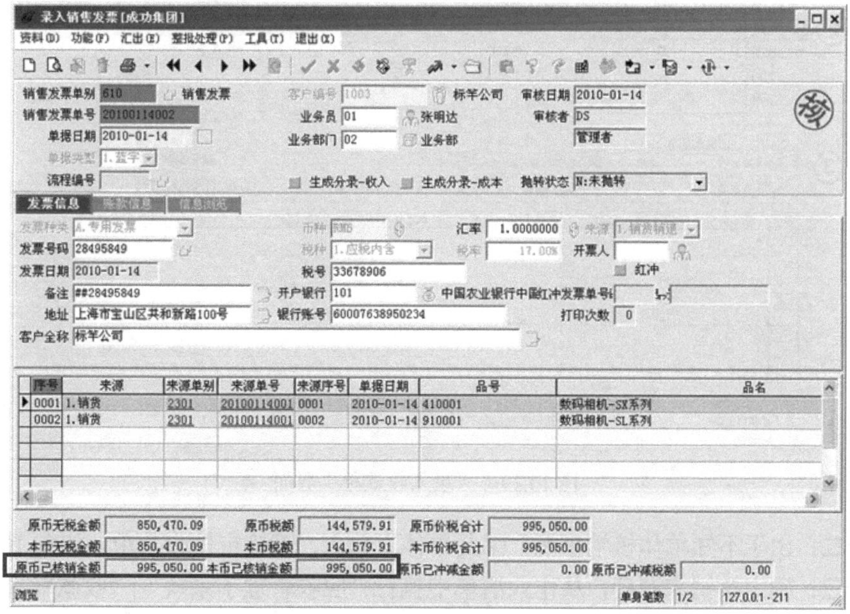

图 10.28　"录入销售发票"界面

2. 到款核销

【目的】
利用"到款核销"的批次作业将未核销的应收账款进行匹配，完成收款并核销。

【业务场景】
第一，1 月 27 日，成功集团收到了"茂圣公司"的银行汇款 70 200 元，但并未说明冲销账款的来源，于是黄淑贞在系统中先录入收款信息。

第二，1 月 29 日，成功集团黄淑贞接到"茂圣公司"电话，了解到之前收到的汇款是用来冲销 2009 年 12 月 31 日前遗留的应收账款以及 1 月 19 日的部分账款，于是便利用到款核销的作业来进行冲销。

【操作步骤】
步骤一： 从作业清单中执行"应收管理子系统"|"收款管理"|"录入收款单"作业，如图 10.29 所示。

【作业重点】(见图 10.29)
① 可直接输入"单别"或按 F2 键开窗查询，选好单别后，系统按照单据性质中的设置自动带出单号。系统默认单据日期为当前日期。

② 客户编号：选择收款的对象，输入客户的编号。

③ 原币实收金额：输入本次收到的实际金额。

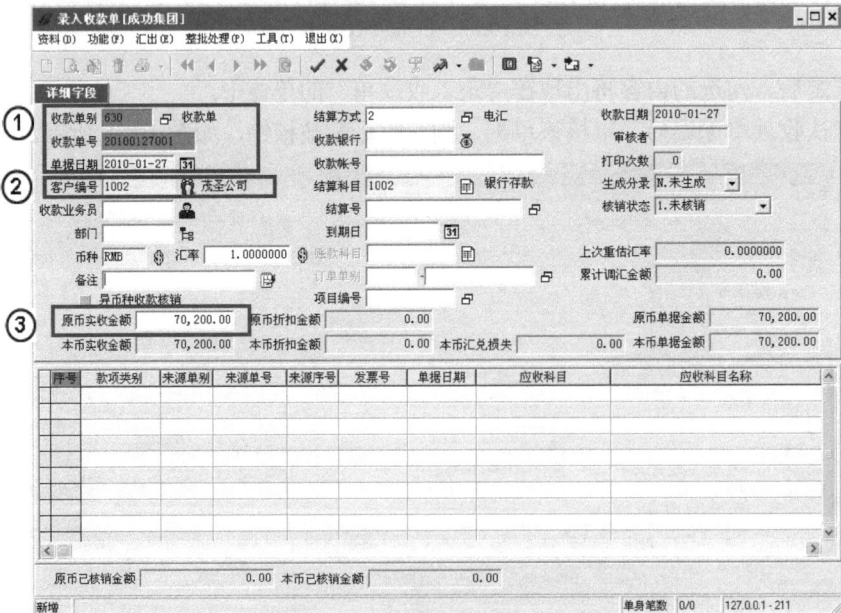

图 10.29 "录入收款单"界面

步骤二： 由于不知单体核销来源，因此单体不输入，直接审核收款单，如图 10.30 所示。

步骤三： 确定核销来源后，从作业清单中执行"应收管理子系统"|"收款管理"|"到款核销"作业，如图 10.31 所示。

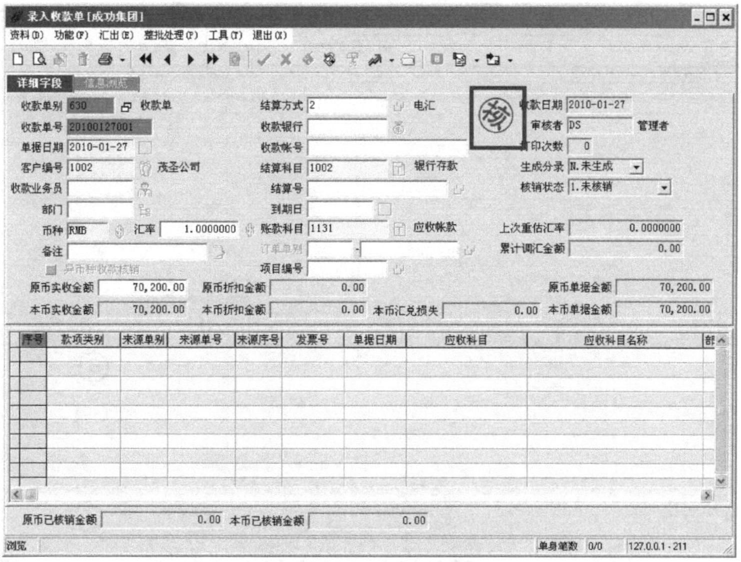

图 10.30　审核收款单

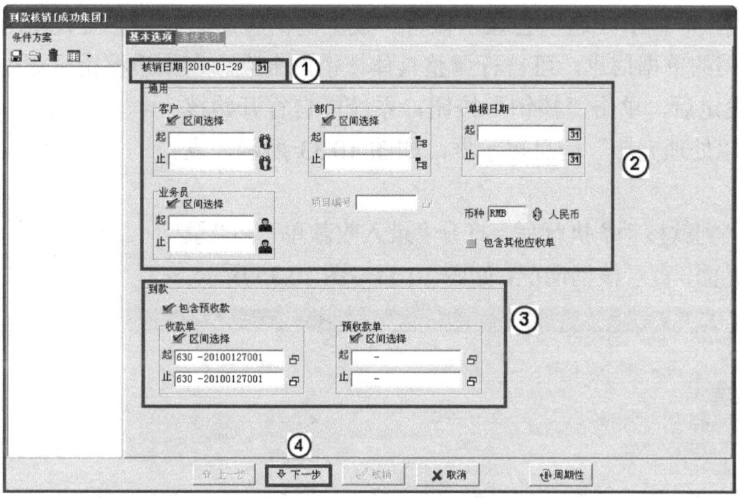

图 10.31　"到款核销"界面 1

【作业重点 1】(见图 10.31)

① 系统默认核销日期为当前日期,也可进行修改。

② 根据客户、部门、业务员、单据日期、币种等条件来筛选需要进行核销的销售发票或其他应收单。

③ 选择需要核销的收款单范围,包括预收款单和收款单。

④ 选定范围后,单击"下一步"按钮,弹出如图 10.32 所示的界面。

【作业重点 2】(见图 10.32)

⑤ 核销批号:手动输入该核销批号,可以按日期,也可按自行习惯编码。

⑥ 客户:挑选需要进行匹配核销业务的客户。

⑦ "到款"栏下,这里显示该客户发生的收款单或预收款单信息。

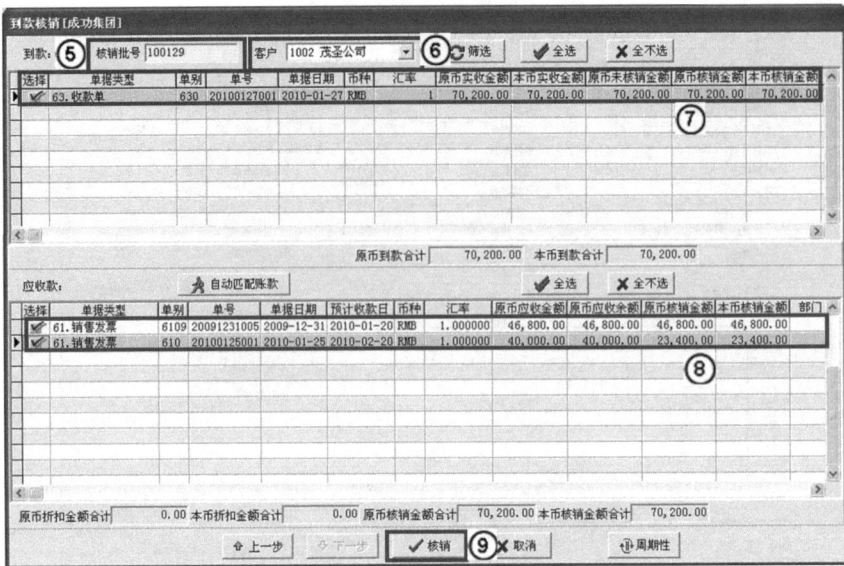

图 10.32　"到款核销"界面 2

⑧　"应收款"栏下，这里会显示该客户发生的销售发票或其他应收单的信息。勾选需要进行匹配核销的单据信息，可自行调整具体核销的金额，在原币核销金额处输入。

⑨　勾选设定后，单击"核销"按钮，系统便自行开始核销，直至出现"处理完毕"信息提示框，如图 10.33 所示，表示核销完成。

步骤四："到款核销"执行后，打开"录入收款单"和"录入销售发票"界面，查看核销情况，如图 10.34～图 10.36 所示。

图 10.33　到款核销完成

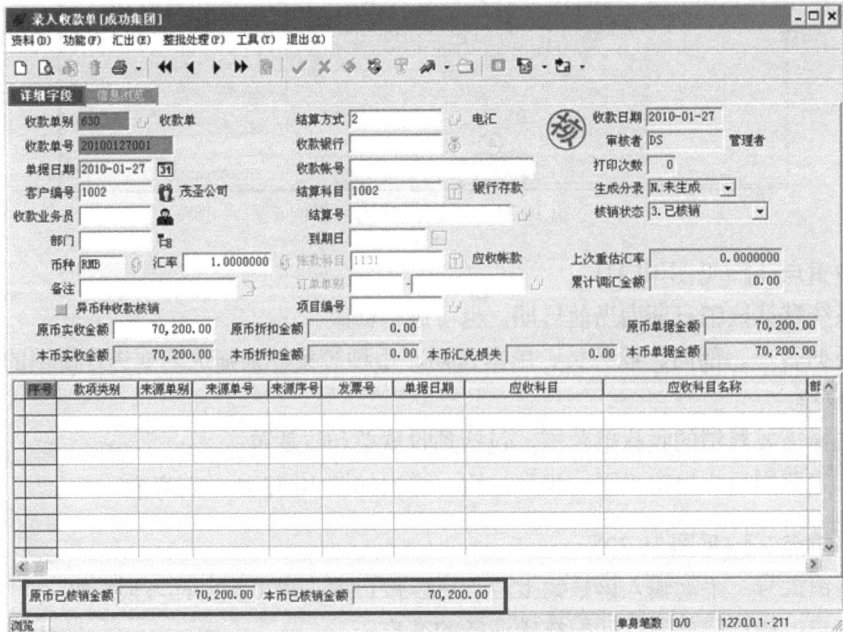

图 10.34　"录入收款单"界面

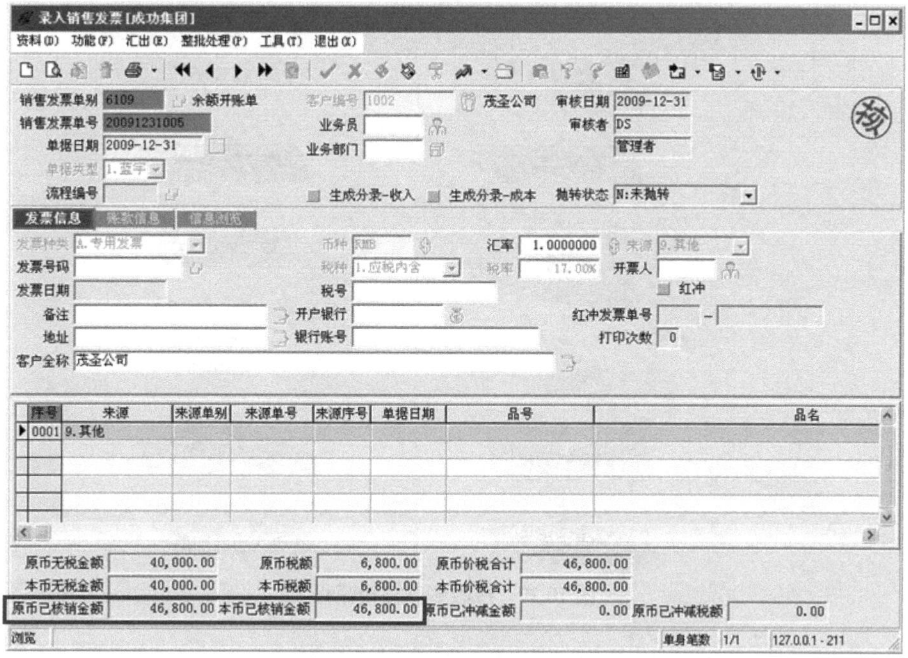

图 10.35　"录入销售发票"界面 1

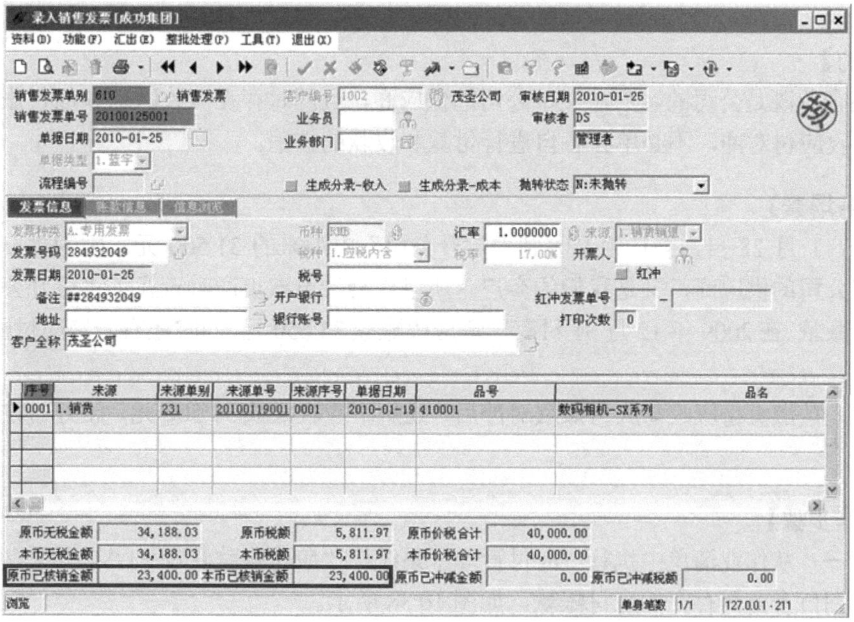

图 10.36　"录入销售发票"界面 2

【作业流程复习】(见图 10.37)

现代企业信息化管理综合实训教程

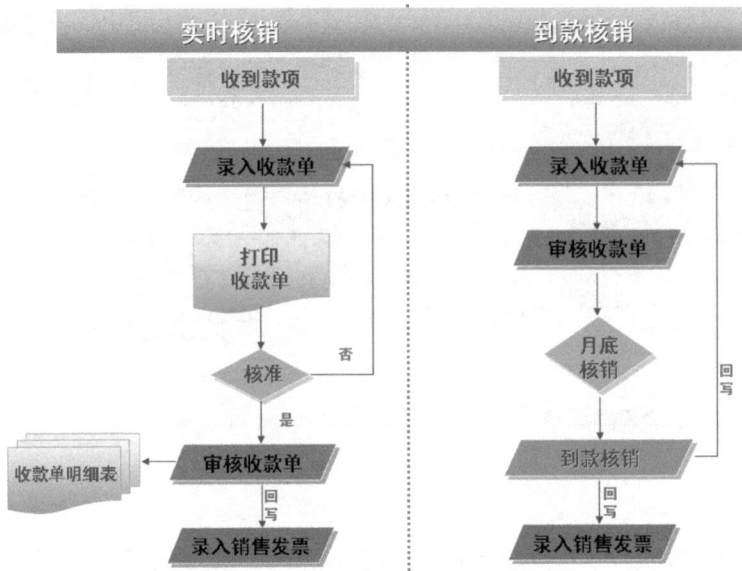

图 10.37 应收账款核销流程

10.3.5 应收应付对冲

【目的】

当某企业既是公司的客户，又是公司的供应商，且同时存在应收账款和应付账款时，可以进行应收应付对冲，不必单独各自进行付款和收款的核销。

【业务场景】

第一，1 月 28 日，会计组又收到"日升公司"电汇来的 31 500 元。因为"日升公司"既是我们公司的供应商，又是我们的客户。所以，会计黄淑贞同时查找了"日升公司"的应收和应付账款。在 2009 年 12 月 31 日有一笔应收账款 34 650 元，同时还有一笔应付账款 3150 元未付款。

第二，黄淑贞将应收与应付账款对冲后，还剩下应收账款 31 500 元，正好与收到的款项核销完毕。

【操作步骤】

步骤一：从作业清单中执行"应付管理子系统"|"应付账款管理"|"录入采购发票"作业，查看到日升公司存在的应付账款，如图 10.38 所示。

步骤二：从作业清单中执行"应收管理子系统"|"应收账款管理"|"录入销售发票"作业，查看到日升公司存在的应收账款，如图 10.39 所示。

• 376 •

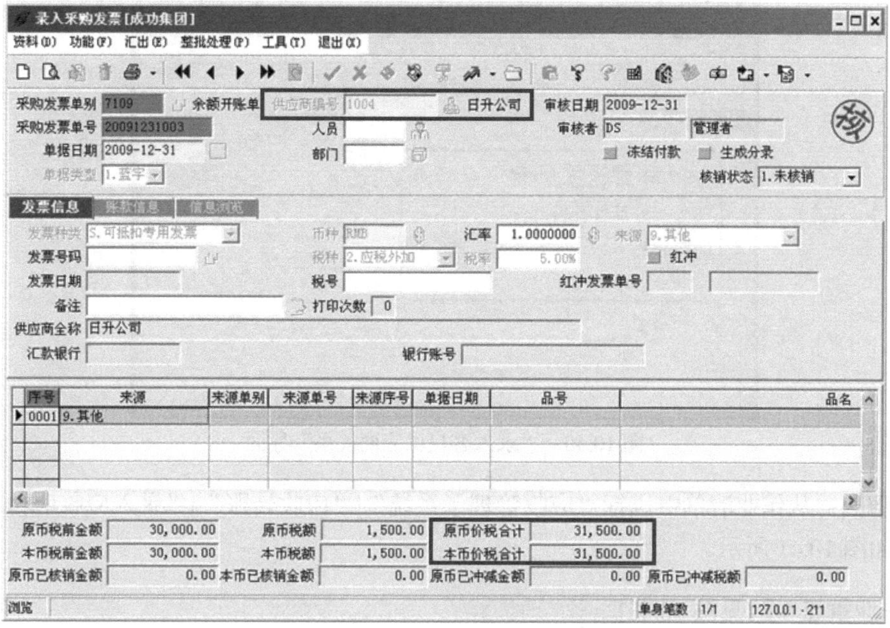

图 10.38　"录入采购发票"界面 1

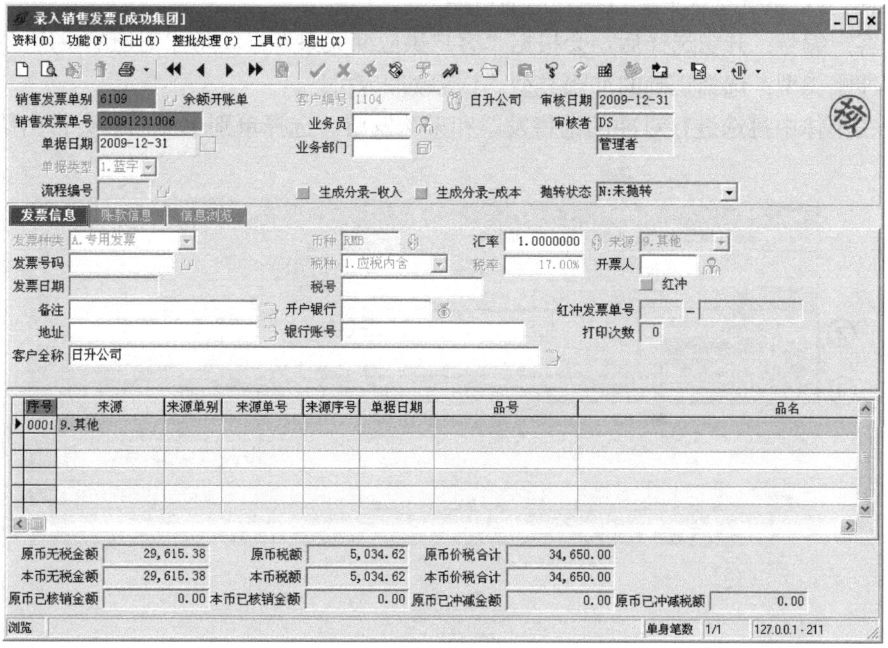

图 10.39　"录入销售发票"界面 2

步骤三：从作业清单中执行"应收管理子系统"|"应收转账"|"录入客户供应商关系"作业，建立客户和供应商对应关系，如图 10.40 所示。

【作业重点】

① 选择需建立对应关系的客户编号和供应商编号。

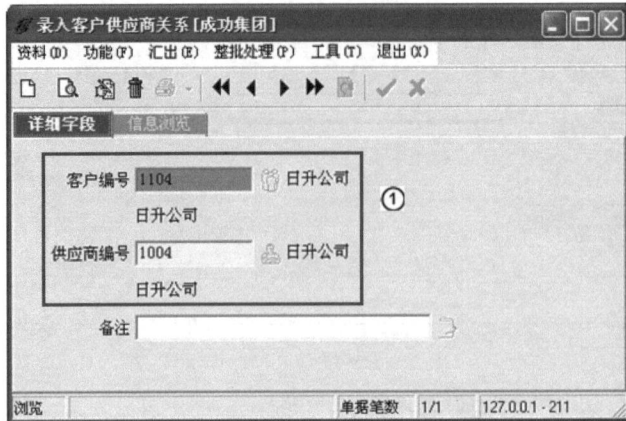

图 10.40 "录入客户供应商关系"界面

步骤四：从作业清单中执行"应收管理子系统"|"应收转账"|"录入应收应付对冲单"作业，如图 10.41 所示。

【**作业重点 1**】(见图 10.41)

② 可直接输入"单别"或按 F2 键开窗查询，选好单别后，系统按照单据性质中的设置，自动带出单号。系统默认单据日期为当前日期。

③ 客户编号：开窗选择后，会根据"客户供应商关系"自动带出对应的供应商编号。

④ 冲账类型：选择正确的冲账类型"1.应收冲应付"。

⑤ 在单体中挑选进行对冲的销售发票和采购发票。选择单别单号后，会带出单据的所有信息。

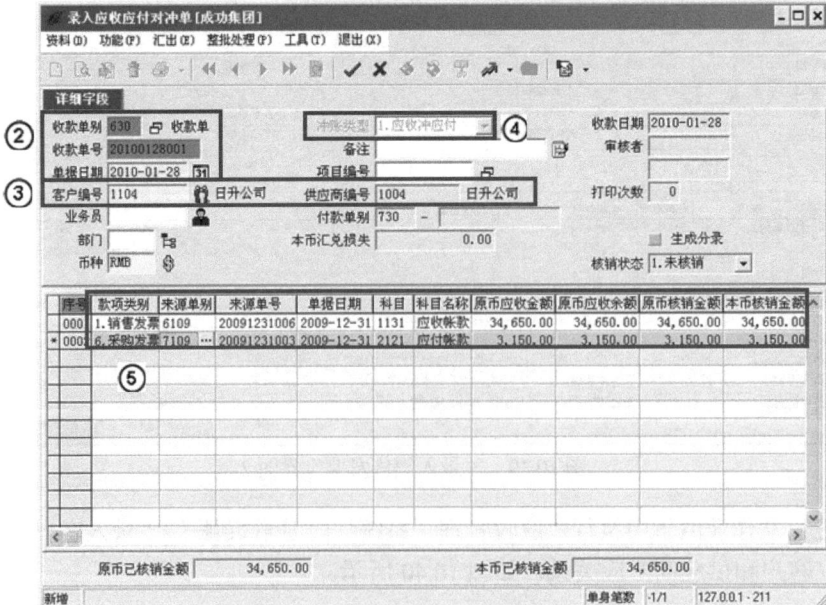

图 10.41 "录入应收应付对冲单"界面 1

【作业重点 2】(见图 10.42)

⑥ 根据本次需核销的金额，修改原币核销金额。

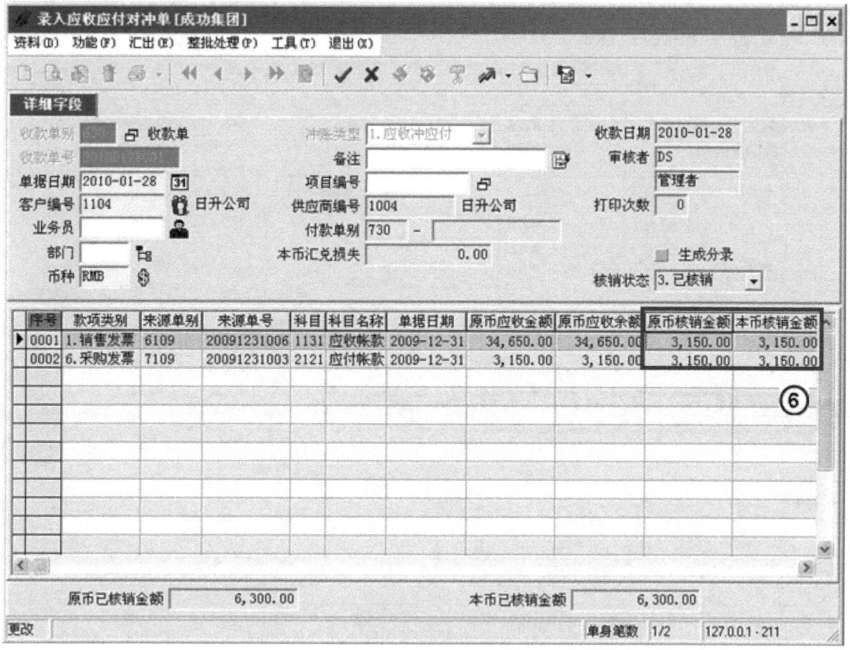

图 10.42　"录入应收应付对冲单"界面 2

【作业重点 3】

⑦ 确认录入应收应付对冲单准确无误后，审核该单据，应收应付冲销完毕(见图 10.43)。

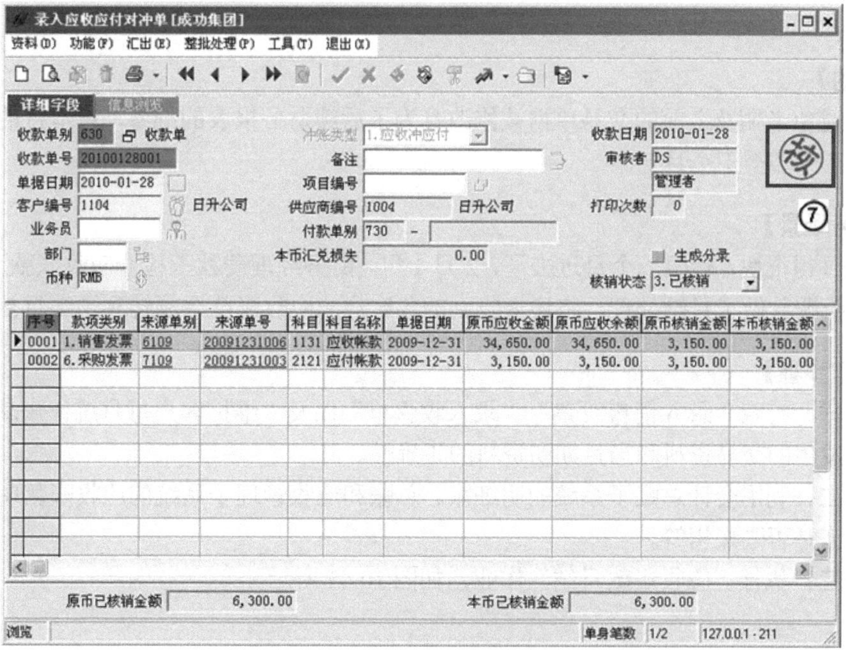

图 10.43　审核应收应付对冲单

步骤五： 从作业清单中执行"应收管理子系统"|"收款管理"|"录入收款单"作业，将剩余应收账款 31 500 元与收到的汇款做核销，如图 10.44 所示。

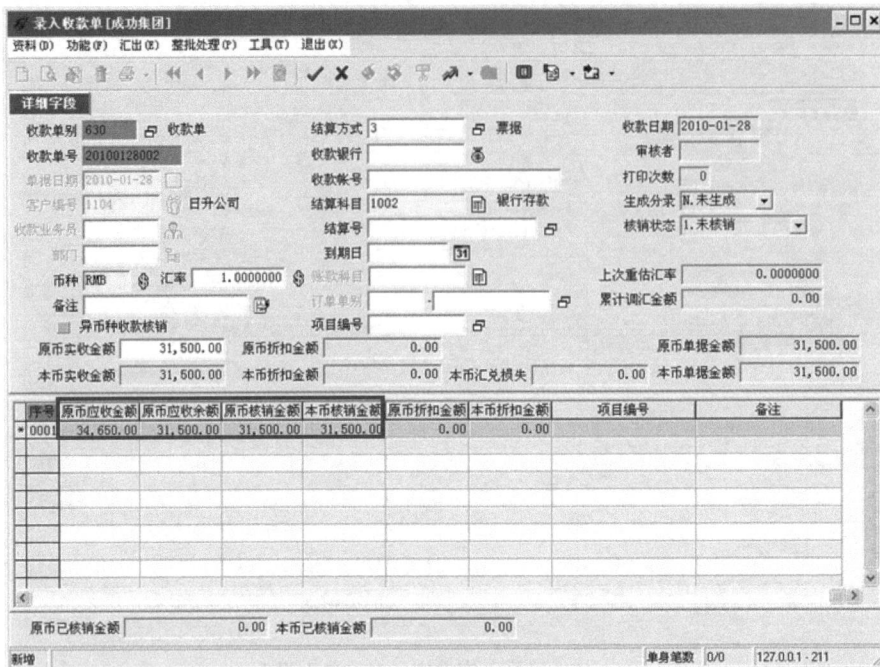

图 10.44　"录入收款单"界面

10.3.6　应付账款月结

【目的】

为了避免当期及之前的交易单据被修改且为了后续财务报表的准备，将本月的应收账款正确结算后结转至下个月初。

【业务场景】

时间过得很快，转眼一个月过去了，2 月 1 日，财务经理姜秋玉检查应收账款无异常后，对 1 月应收账款做了月结处理，将还未收到的各客户的应收账款余额转到了 2 月初。

【操作步骤】

步骤一： 检查"录入销售发票""录入收款单"以及"维护客户每月统计账款"作业，核实当月发生的交易资料和当月期初资料的正确性。

步骤二： 利用会计总账子系统的明细账、总账和应收管理子系统的应收账款明细账进行核对，验证是否账账相符。

步骤三： 执行"应收账款月结"作业，如图 10.45 所示。

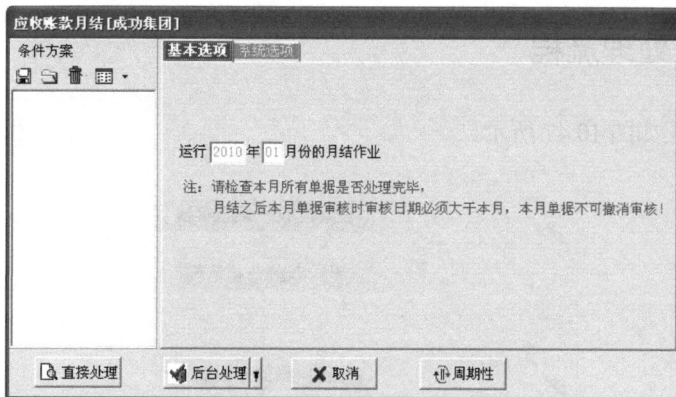

图 10.45　"应收账款月结"界面

步骤四：打开"维护客户每月统计账款"作业，检查当月账款余额是否结转至下月期初账款金额，如图 10.46 所示。

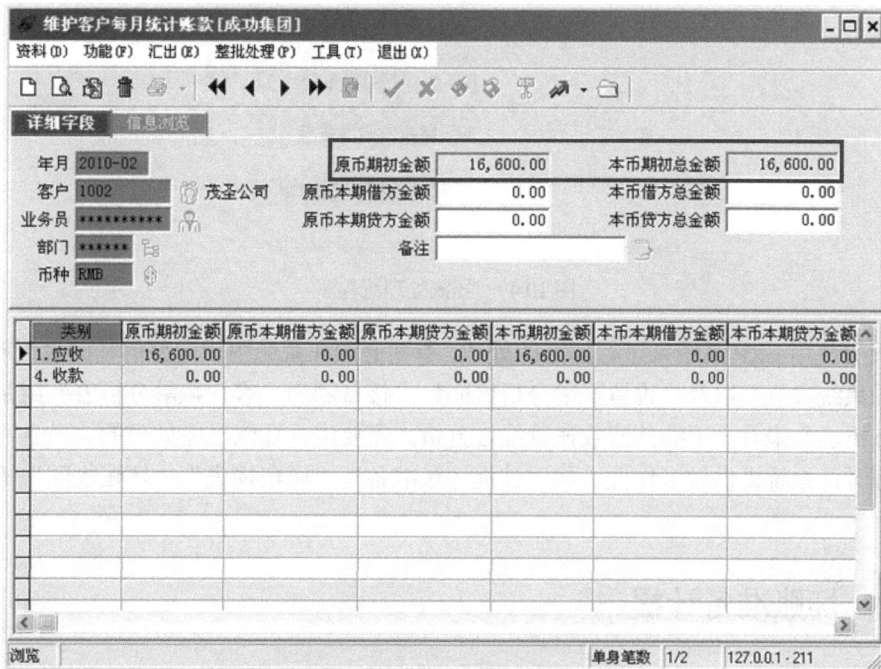

图 10.46　"维护客户每月统计账款"界面

10.4　坏账处理

【目的】

当逾期未收回的应收账款超过一定时间还未收回且预计不能收回时，可以根据账款的账龄按比例计提坏账准备或者做其他相应的坏账处理。

10.4.1　坏账处理流程

坏账处理流程如图 10.47 所示。

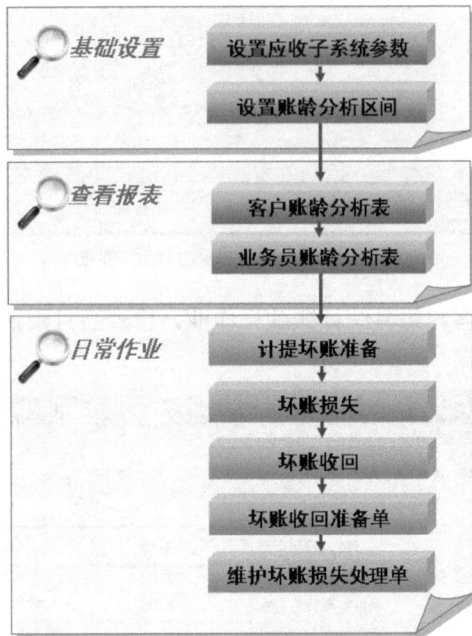

图 10.47　坏账处理流程图

如果想使用 ERP 系统来进行坏账的处理，首先必须在系统中设定好的基础设置有："设置应收子系统参数"以及"设置账龄分析区间"。接着利用"客户账龄分析表"或是"业务员账龄分析表"来看一下哪些应收账款经过分析，需要进行坏账准备处理的。一旦需要进行坏账处理时，系统提供较多作业，如"计提坏账准备""坏账损失""坏账收回"等来处理坏账。

10.4.2　坏账准备计提

【目的】

将预计可能发生的坏账损失做计提准备。

【业务场景】

1 月 2 日，黄淑贞在系统中采用"应收账款余额百分比法"对 2009 年 12 月 31 日前未收回的应收账款余额计提了 5%的坏账准备金。

【操作步骤】

步骤一：从作业清单中执行"应收管理子系统"|"基础设置"|"设置应收子系统参数"作业，启用"坏账处理"并做相关设置，如图 10.48 所示。

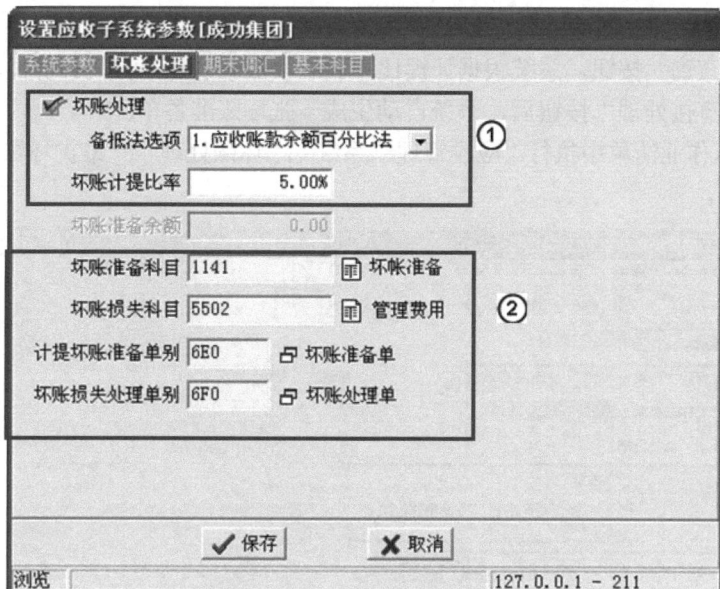

图 10.48 "设置应收子系统参数"界面

【作业重点】(见图 10.48)

① 根据企业财务坏账处理的方法,设定"备抵法选项"为"应收账款余额百分比法"并根据要求设定"坏账计提比率"为 5%。

② 设定坏账准备科目和坏账损失科目,这些科目必须在"录入会计科目"中事先设定;同时设定计提坏账准备单别和坏账损失处理单别,这些单别也必须预先在"设置应收单据性质"中设定完成。

步骤二: 从作业清单中执行"应收管理子系统"|"坏账处理"|"计提坏账准备"作业,如图 10.49 所示。

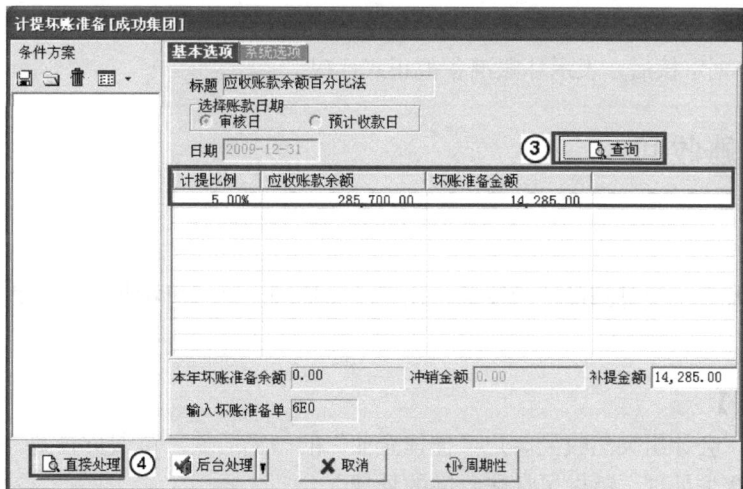

图 10.49 计提坏账准备界面

【作业重点】(见图 10.49)

③ 单击"查询"按钮，系统根据计提比率和应收账款余额，自动计算出坏账准备金额。

④ 单击"直接处理"按钮后，系统自动生成一张坏账准备单。

步骤三：从作业清单中执行"应收管理子系统"|"坏账处理"|"维护坏账准备单"作业，如图 10.50 所示。

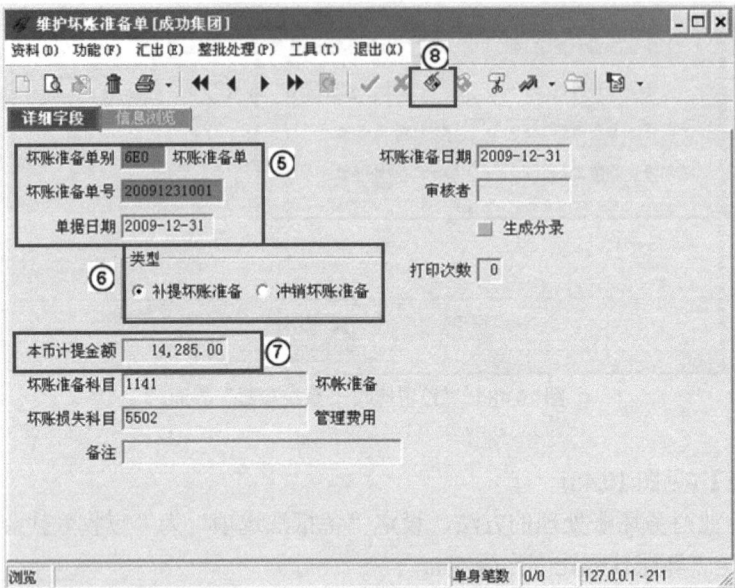

图 10.50 "维护坏账准备单"界面

【作业重点】(见图 10.50)

⑤ 坏账准备单别是在"设置应收子系统参数"中设定的，单据日期就是计提的日期。

⑥ 由于本次计提坏账未准备，所以类型为"补提坏账准备"。

⑦ 本币计提金额是在计提坏账准备中计算得到的。

⑧ 当该单据审核后，表示坏账准备被正式计提。

10.4.3 坏账收回

【目的】

已经作为坏账损失处理的应收账款，由于某些原因，可以再被收回，需要进行坏账收回处理。

【业务场景】

2 月 2 日，会计组突然收到客户"佳佳企业"的一笔汇款，黄淑贞查到"佳佳企业"的账款已做坏账损失处理，就做了坏账收回的处理。

【操作步骤】

步骤一：从作业清单中执行"应收管理子系统"|"坏账处理"|"维护坏账损失处理单"

作业，查询"佳佳企业"已做坏账损失的处理单，如图 10.51 所示。

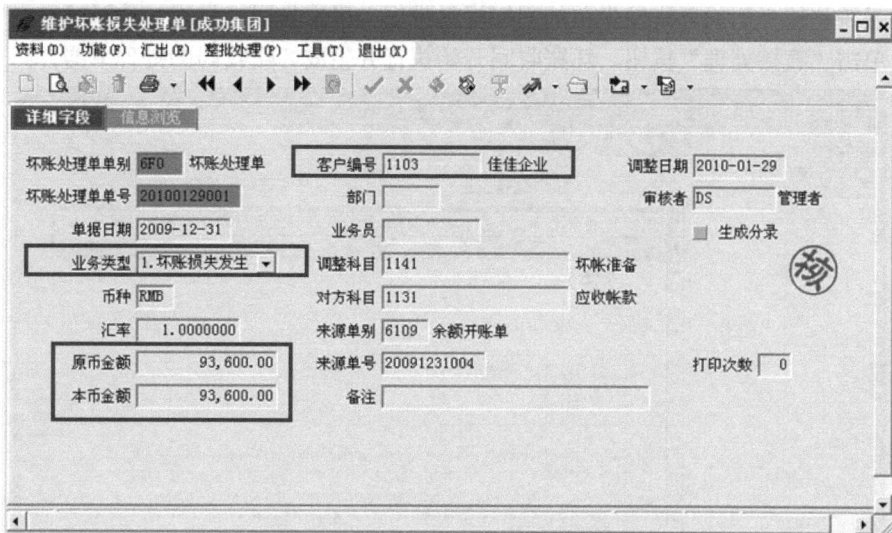

图 10.51　"维护坏账损失处理单"界面

步骤二：从作业清单中执行"应收管理子系统"|"坏账处理"|"坏账收回"作业，对这部分损失做收回，如图 10.52 所示。

【作业重点 1】(见图 10.53)

① 选择客户：选择收回坏账的对象。

② 选择坏账发生单号：选择对于哪一张坏账发生单做收回。

③ 输入坏账收回日期：输入实际收回坏账的时间。

④ 设定完毕，单击"下一步"按钮。

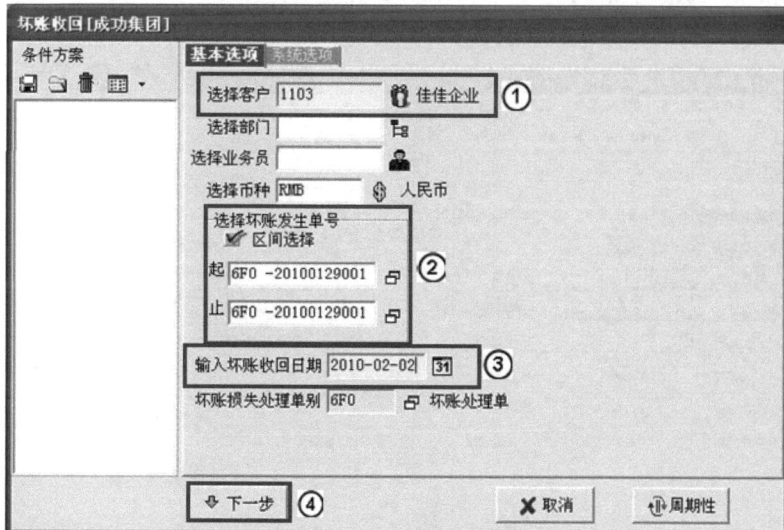

图 10.52　"坏账收回"界面 1

【作业重点 2】 (见图 10.53)

⑤ 系统将选择后的坏账发生单的明细资料带出，确定收回，只需勾选即可。

⑥ 单击"直接处理"按钮，坏账收回开始执行并生成坏账收回的处理单据。

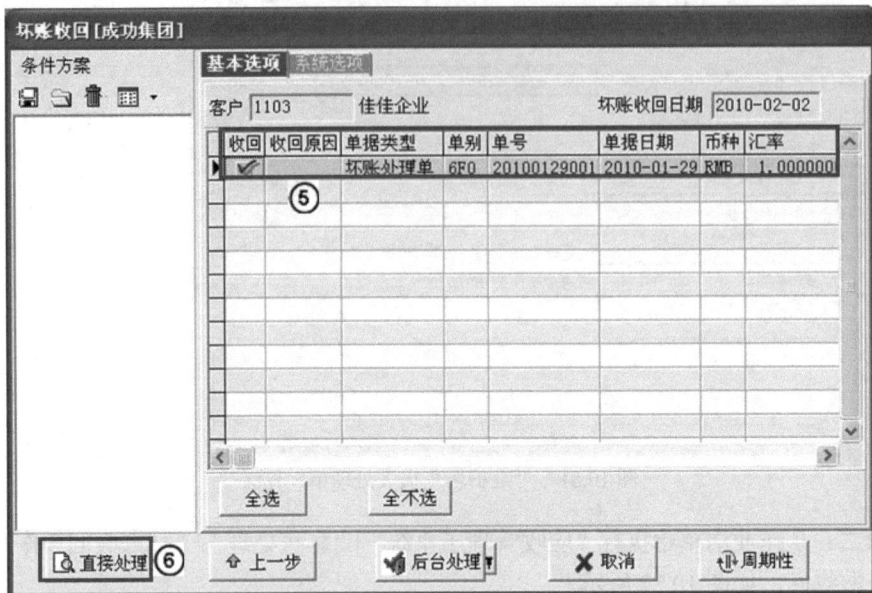

图 10.53   "坏账收回"界面 2

步骤三：从作业清单中执行"应收管理子系统"|"坏账处理"|"维护坏账损失处理单"作业，查看坏账收回单据，如图 10.54 所示。

【作业重点】

⑦ 系统自动生成的单据类型为"坏账损失收回"。

⑧ 当该单据审核后，表示此笔坏账被正式收回。

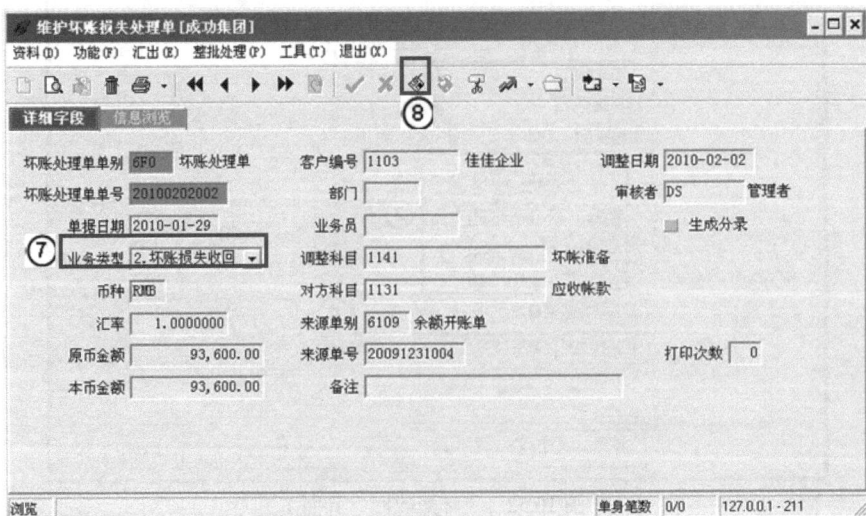

图 10.54   "维护坏账损失处理单"界面

10.4.4　坏账损失

【目的】

将确定不能收回的坏账，从坏账准备调整为正式的坏账损失。

【业务场景】

2 月 5 日，业务部带来了一个坏消息——客户"阳顺企业"倒闭了，之前未收回的账款确定无法收回了。会计组收到消息之后，在系统中做了坏账损失处理。

【操作步骤】

步骤一：从作业清单中执行"应收管理子系统"|"坏账处理"|"坏账损失"作业，如图 10.55 所示。

【作业重点 1】(见图 10.55)

① 选择客户：选择发生坏账损失的客户编号。

② 输入坏账发生日期：输入实际确定坏账损失的日期。

③ 设定完，单击"下一步"按钮，如图 10.56 所示。

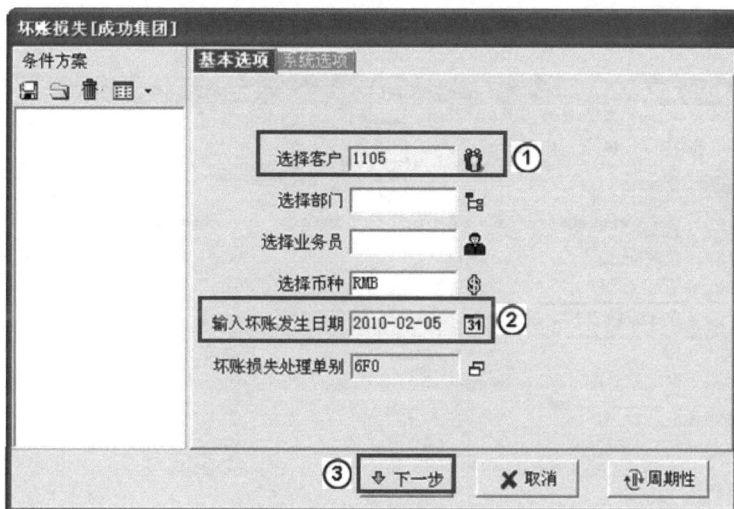

图 10.55　"坏账损失"界面

【作业重点 2】(见图 10.56)

④ 系统将可能产生坏账损失的单据明细资料带出，确定成立坏账，只需勾选即可。

⑤ 单击"直接处理"按钮，坏账损失开始执行并生成坏账损失的处理单据。

步骤二：从作业清单中执行"应收管理子系统"|"坏账处理"|"维护坏账损失处理单"作业，如图 10.57 所示。

【作业重点】

⑥ 生成后单据的业务类型是"坏账损失发生"。

⑦ 确认单据无误后，审核单据，坏账损失正式成立。

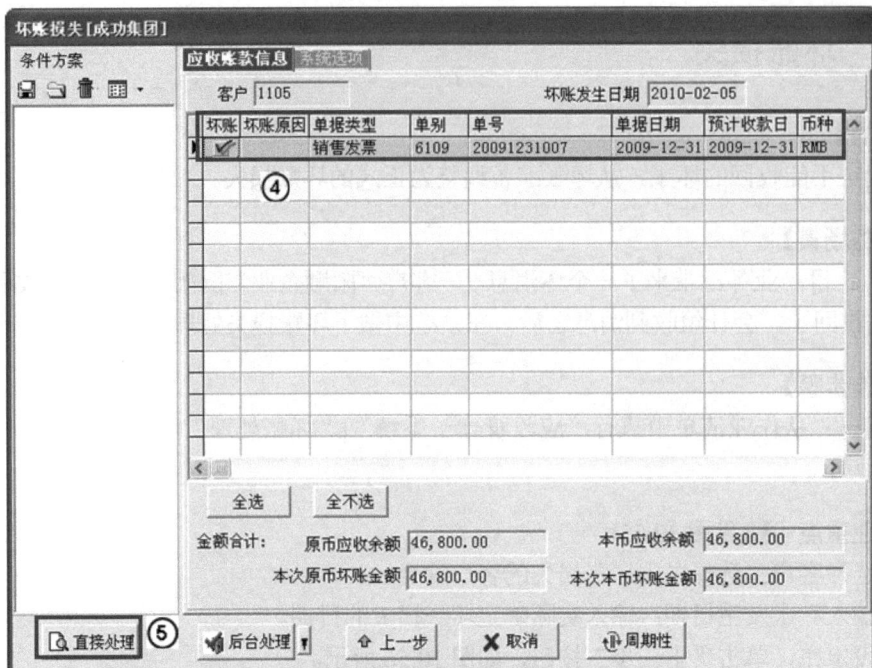

图 10.56 "坏账损失"界面

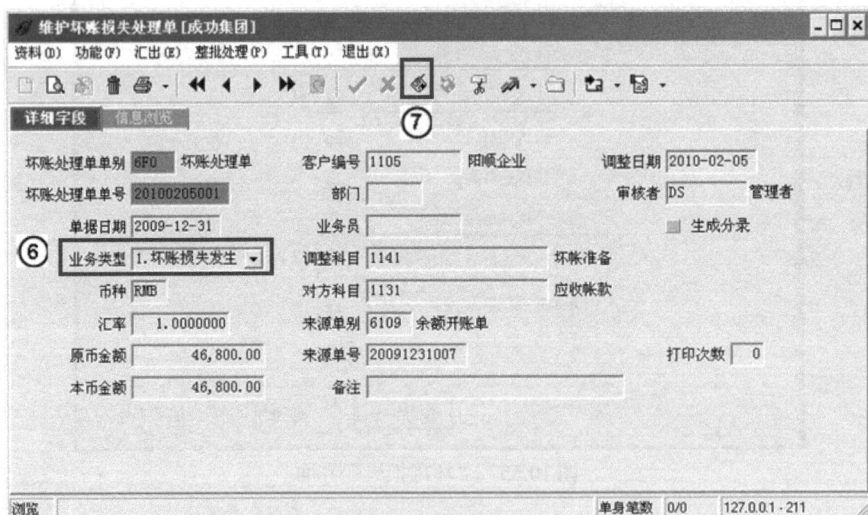

图 10.57 "维护坏账损失处理单"界面

10.5 报表简介

易飞 ERP 应收管理子系统的"报价"包含以下四个方面的工作：收款单明细表、客户对账单、应收账款余额表、预计到期/超期账款明细表。

10.5.1 收款单明细表

【目的】

将"录入收款单"的原始信息以序时方式打印成册，作为信息检查的依据。

【操作步骤】

步骤一：在"收款单明细表"界面上进行设置，然后单击"设计报表"按钮，如图 10.58 和图 10.59 所示。

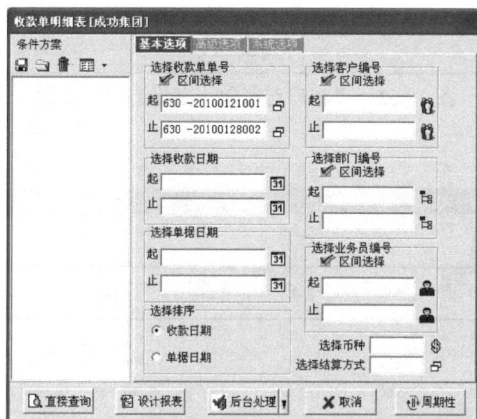

图 10.58 "收款单明细表—基本选项"界面

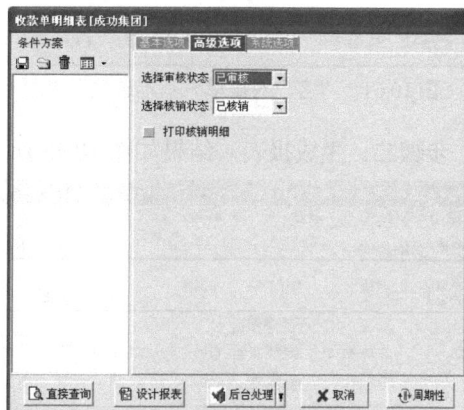

图 10.59 "收款单明细表—高级选项"界面

步骤二：生成报表，结果如图 10.60 所示。

图 10.60 生成收款单明细表

10.5.2 客户对账单

【目的】

可查询某段期间客户往来的账款明细，多用于月底和客户对账使用。

【操作步骤】

步骤一：在"客户对账单"界面上进行设置，然后单击"设计报表"按钮，如图 10.61 和图 10.62 所示。

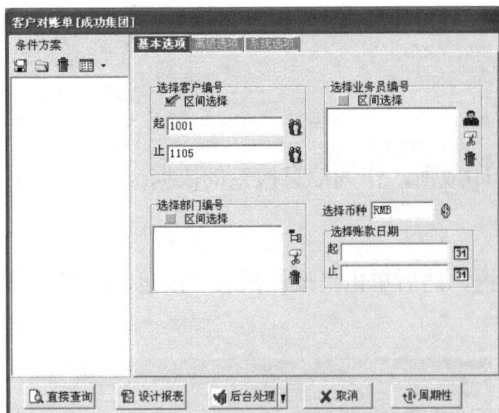

图 10.61　"客户对账单—基本选项"界面

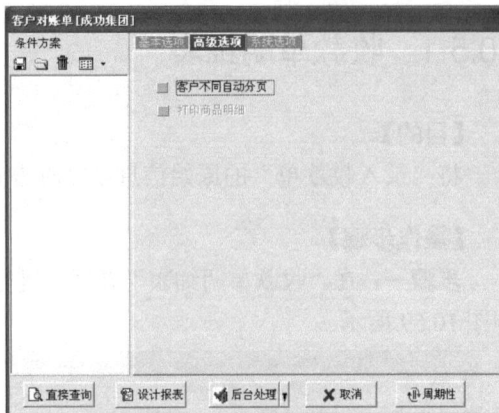

图 10.62　"客户对账单—高级选项"界面

步骤二：生成报表，结果如图 10.63 所示。

图 10.63　生成客户对账单

10.5.3　应收账款余额表

【目的】

将某段应收期间内的应收账款余额按客户、部门或不分组，序时打印成表。

【操作步骤】

步骤一：在"应收账款余额表"界面上进行设置，然后单击"设计报表"按钮，如图 10.64 所示。

步骤二：生成报表，结果如图 10.65 所示。

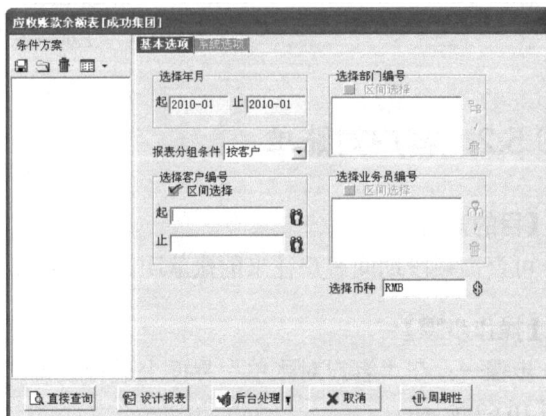

图 10.64　"应付账款余额表"界面

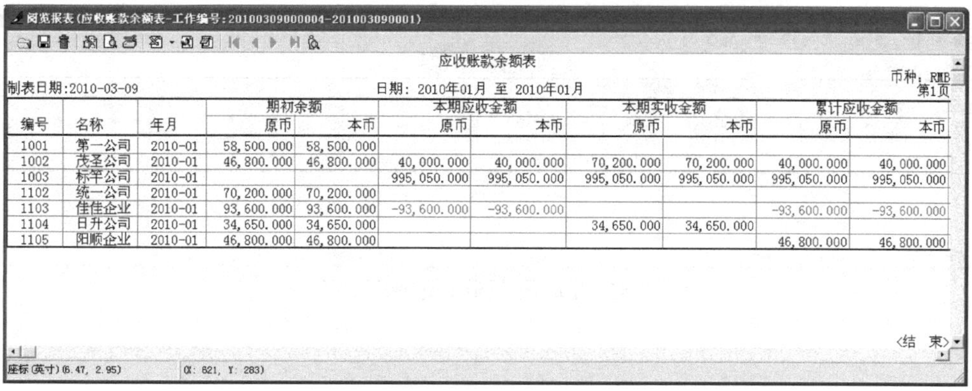

编号	名称	年月	期初余额		本期应收金额		本期实收金额		累计应收金额	
			原币	本币	原币	本币	原币	本币	原币	本币
1001	第一公司	2010-01	58,500.000	58,500.000						
1002	茂圣公司	2010-01	46,800.000	46,800.000	40,000.000	40,000.000	70,200.000	70,200.000	40,000.000	40,000.000
1003	标竿公司	2010-01			995,050.000	995,050.000	995,050.000	995,050.000	995,050.000	995,050.000
1102	统一公司	2010-01	70,200.000	70,200.000						
1103	佳佳企业	2010-01	93,600.000	93,600.000	-93,600.000	-93,600.000			-93,600.000	-93,600.000
1104	日升公司	2010-01	34,650.000	34,650.000			34,650.000	34,650.000		
1105	阳顺企业	2010-01	46,800.000	46,800.000					46,800.000	46,800.000

图 10.65　生成应付账款余额表

10.5.4　预计到期/超期账款明细表

【目的】

列出预计到期/已超期某段日期区间的客户的应收账款明细，以作为和客户追账的依据。

【操作步骤】

步骤一：在“预计到期/超期账款明细表”界面上进行设置，然后单击“设计报表”按钮，如图 10.66 所示。

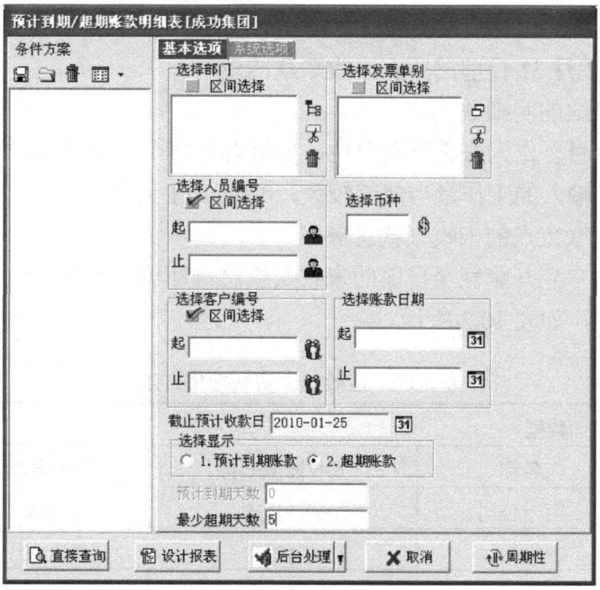

图 10.66　“预计到期/超期账款明细表”界面

步骤二：生成报表，结果如图 10.67 所示。

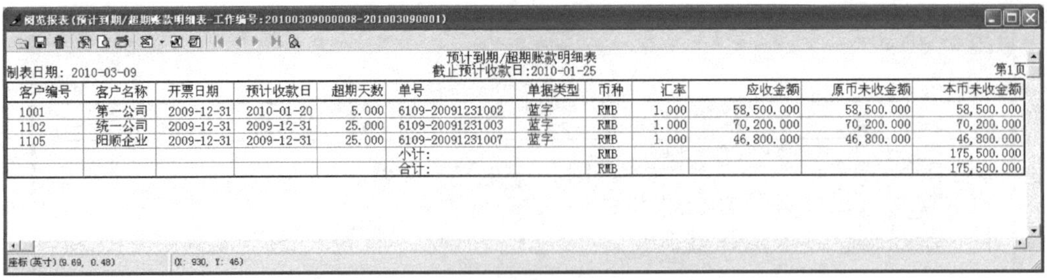

客户编号	客户名称	开票日期	预计收款日	超期天数	单号	单据类型	币种	汇率	应收金额	原币未收金额	本币未收金额
1001	第一公司	2009-12-31	2010-01-20	5.000	6109-20091231002	蓝字	RMB	1.000	58,500.000	58,500.000	58,500.000
1102	统一公司	2009-12-31	2009-12-31	25.000	6109-20091231003	蓝字	RMB	1.000	70,200.000	70,200.000	70,200.000
1105	阳顺企业	2009-12-31	2009-12-31	25.000	6109-20091231007	蓝字	RMB	1.000	46,800.000	46,800.000	46,800.000
					小计:		RMB				175,500.000
					合计:		RMB				175,500.000

图 10.67　生成预计到期/超期账款明细表

10.6　期初开账

【目的】

为了将开账时间点之前的应收信息录入 ERP 系统中。这样系统正式使用时，应收信息才能正确。

【业务场景】

成功集团计划于 2010 年 1 月 1 日正式上线易飞 ERP 系统，于是必须在 1 月 1 日之前将现有的应收信息输入系统中，这样才有期初数据。会计组将截止到 2009 年 12 月 31 日的应收账款余额信息在系统投入使用前都录入应收管理子系统中，完成系统开账。

【操作步骤】

步骤一：搜集 12 月 31 日前的所有未收账款的资料。

方式一：未收账款的明细数据。

可以“日”或“月”作为账款周期单位，如某客户每个月份的未收账款，此种方法需要搜集明细数据，数据输入的工作量当然就较大，如表 10.1 所示。

方式二：至某一截止点的未收账款总额。

只需搜集每家客户到开账截至日前的未收账款总额即可，此种方法搜集的资料较简单，开账资料也只有一笔，如表 10.2 所示。

表 10.1　应收账款资料搜集方法

方式一：未收账款的明细数据				
客户编号	**名称**	**应收账款日期**	**应收金额**	**税额**
1001	第一公司	2009-11-28	15 000	2550
		2009-12-08	20 000	3400
		2009-12-20	15 000	2550
方式二：至某一截止点的未收账款总额				
1001	第一公司	2009-12-31 止	50 000	8500

利用方法二，搜集 12 月 31 日前所有的未收账款资料，如表 10.2 所示。

表 10.2　应收账款明细

客户编号	名称	应付账款日期	应付金额	税额
1001	第一公司	2009-12-31 止	50 000	8500
1002	茂圣公司	2009-12-31 止	40 000	6800
1102	统一公司	2009-12-31 止	60 000	10 200
1103	佳佳公司	2009-12-31 止	80 000	13 600

步骤二: 应收现行年月设定并确定开账单别, 如图 10.68 所示。

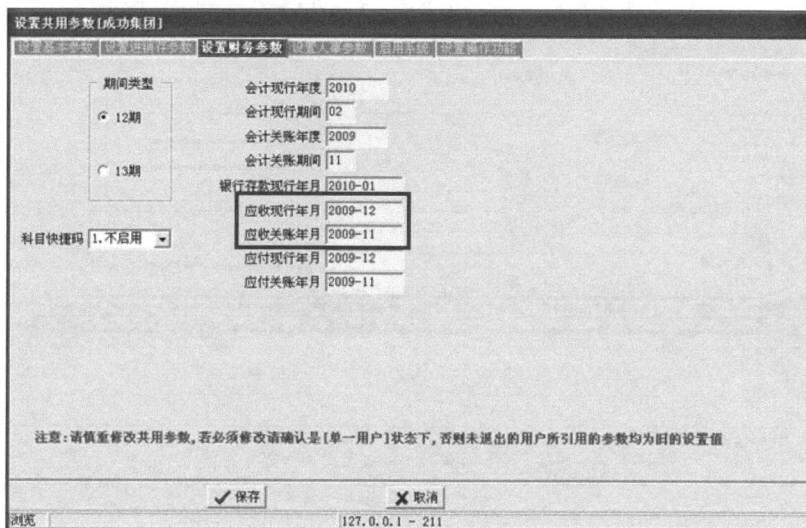

图 10.68　"设置共用参数"界面

【作业重点 1】

因为要在 2010 年 1 月导入"应收管理子系统", 需搜集每家客户 2009 年 12 月底的期末应收账款并将其导入, 故应收现行年月设定为 2009-12。"应收管理子系统"上线时, "销售管理子系统"要先上线为佳, 如图 10.69 所示。

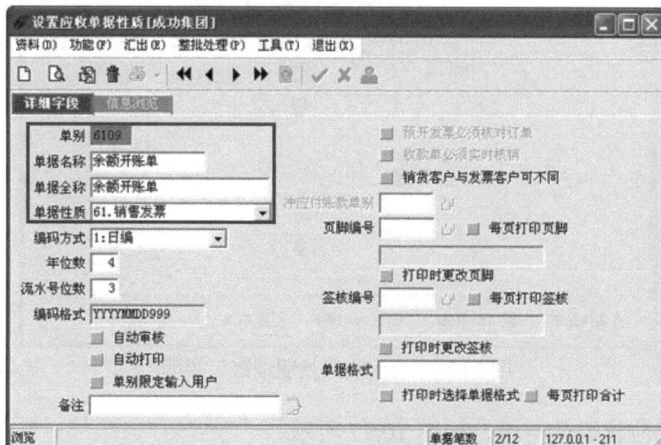

图 10.69　"设置应收单据性质"界面

【作业重点2】(见图 10.69)

设定开账使用的单别,单据性质选择"61.销售发票"。

步骤三:将截至 2009 年 12 月 31 日的应收账款余额逐笔输入开账单中,如图 10.70 所示。

【作业重点】

由于是余额导入,所以"来源"选择"其他","数量"和"单价"也可不输入,直接录入金额和税额。

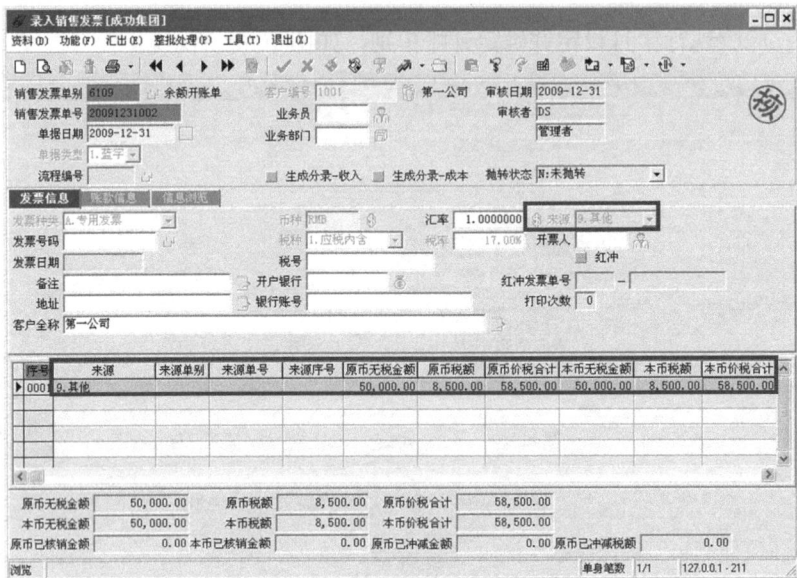

图 10.70　"录入销售发票"界面

步骤四:利用"应收账款明细账"来核对应收账款资料,如图 10.71 所示。

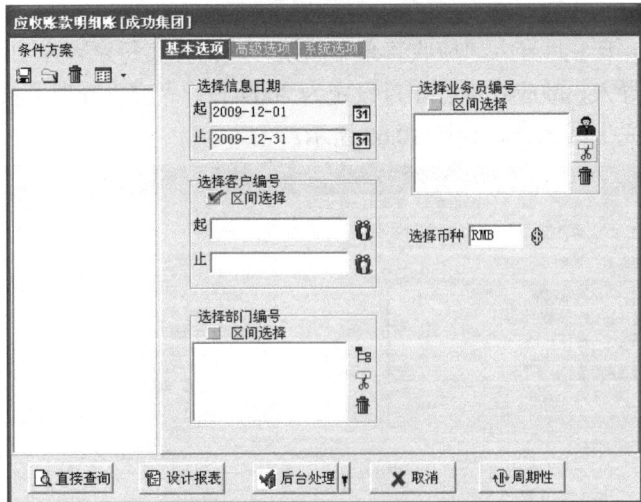

图 10.71　"应收账款明细账"界面

步骤五:执行应收账款月结,如图 10.72 所示。

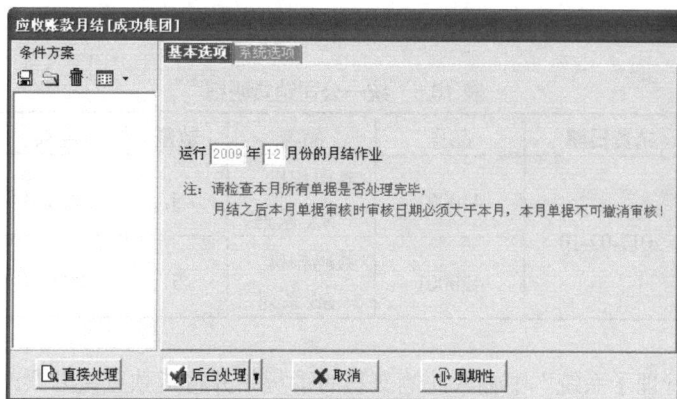

图 10.72 "应收账款月结"界面

课后习题

1. 成功集团于 2017 年 2 月销售给第一公司的销货明细如表 10.3 所示。

表 10.3 2017 年 2 月第一公司销货明细

客户编号	名称	销货日期	销货金额	销货税额	开票方式
1001	第一公司	2017-02-12	160 000	27 200	统一开票日
		2017-02-26	192 000	32 640	统一开票日

请在"应收管理子系统"中通过"自动生成销售发票"作业，将第一公司 2 月份的销货数据结账产生销售发票。第一公司的开票方式按统一开票日，使用的销售发票单别为 610，开票后汇总开具一张发票给客户，发票号码为 DK00000004、发票货款为 352 000、发票税额为 59 840。

2. 成功集团于 2017 年 2 月销售给佳佳企业的销货明细如表 10.4 所示。

表 10.4 佳佳企业销货明细

客户编号	名称	进货日期	销货金额	销货税额	开票方式
1103	佳佳企业	2017-02-15	270 000	45 900	客户开票日
		2016-02-22	62 000	10 540	客户开票日

请于"应收管理子系统"中利用"自动生成采购发票"作业，将佳佳企业 2 月份的销货数据开票产生应收账款。佳佳企业的开票方式按客户开票日，开票日为 25 日，使用的销售发票单别为 610，发票开立的方式是分别开立每一笔销货的发票给客户，而发票日期同销货日期。

3. 成功集团在 2017 年 3 月 20 日收到第一公司(1001)开立的支票，金额为 411 840 元，要冲销 2017 年 1 月 31 日开立的销售发票。

4. 成功集团在 2017 年 2 月销售给统一公司的销货明细，如表 10.5 所示。

表 10.5　统一公司销货明细

客户编号	销货日期	品号	品名	数量	金额	开票方式
1102 统一公司	2017-02-10	410001	数码相机 —SX 系列	5	72 500	随货附发票
		420001	数码相机 —SS 系列	5	80 000	随货附发票

请在"销售管理子系统"中输入此笔交易的销货单并将货款直接开票产生销售发票；因为"统一公司"的开票方式为随货附发票，所以请选择有勾选直接开票的销货单别。随货附的发票号码为 DK00000003。

第11章

ERP财务管理：会计总账

本章以易飞ERP财务管理系统中的会计总账子系统为例，从"系统简介""基础设置""预算管理""总账流程""报表简介""期初开账"六个方面，详细阐述现代企业财务管理中会计总账的信息化管理工作。

11.1 会计总账子系统简介

"会计总账子系统"详细地记载了企业在营运过程中的所有交易活动，同时也正确地反映了企业的财务状况和经营成果，并且可以提供正确的会计记录及财务报表。可以将过去人工处理的会计作业用计算机来取代，借着计算机大量储存、快速运算以及整批打印的优点，可以省省人力。日常繁琐的作业导入计算机后，可以通过系统来产生财务报表，进而提高工作效率，同时又能借此来重新检查企业的流程，让企业内的会计制度更健全。

11.1.1 系统效益与特色

易飞ERP的会计总账子系统具有以下九个方面的系统特色。

第一，提供符合国家标准的会计核算软件数据接口并支持多账套管理。

第二，支持表结法和账结法两种会计期末本年利润的结转方式。

第三，会计年度期间类型可自行设定十二期或十三期，年度起始日期也可自行设定，可适用于会计期间非年历制及外商的企业。

第四，设有"录入常用凭证"，可利用"复制常用凭证"，复制产生例行性的会计凭证，以节省凭证输入的时间。

第五，可以进行多级核算项目管理，可以实现核算项目的多层级管理。

第六，提供部门管理的功能，如果企业划分了利润中心或者成本中心，只要在凭证上区分部门，后续就可以按照部门来个别分析损益状况。

第七，提供了预算管理的功能。

第八，提供了丰富的账簿、账册、财务报表以及现金流量表。

第九，提供报表格式的设定作业和打印作业，对于系统没有提供的报表用户可以按照工作需要，自行设定报表的格式内容。

11.1.2 系统架构与关联

图 11.1 显示了易飞 ERP 中自动分录子系统的总体构架。

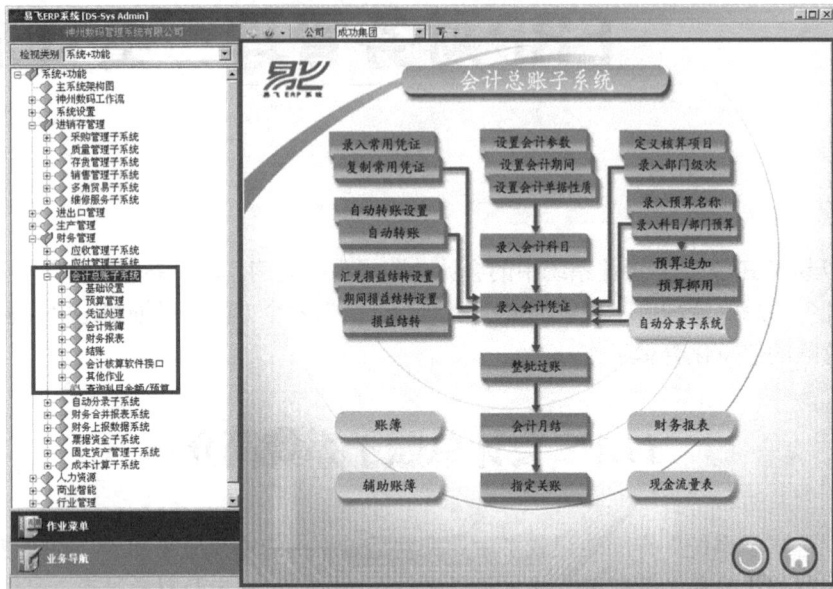

图 11.1　会计总账子系统的系统架构

图 11.1 所示是进入"会计总账子系统"后的流程图，是以作业设置的顺序所组成。也可在左边菜单上，看到各作业的分类，如"基础设置""预算管理""凭证处理""会计账簿""财务报表""结账""会计核算软件接口"与"其他作业"。从菜单上，大致可以了解系统管理的事务，我们将会陆续介绍各项作业的用法。

图 11.2 所示为会计总账子系统与其他系统的关联。

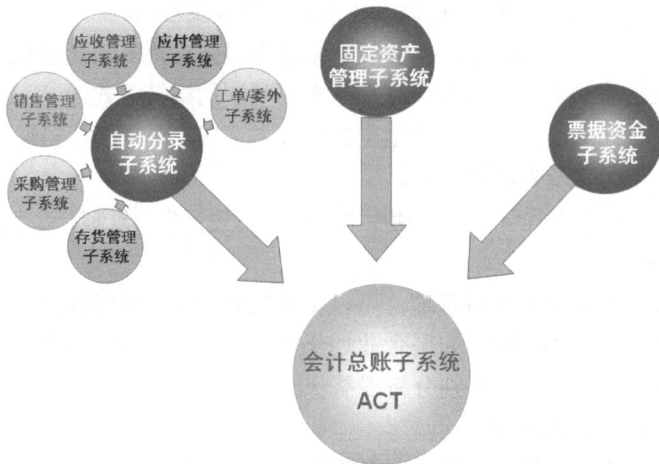

图 11.2　会计总账子系统与其他系统的关联图

第一，自动分录子系统

自动分录子系统和会计总账系统的关联非常重要。它能将易飞众多交易系统，如存货、采购、销售、应收、应付、工单等产生的交易单据通过"自动分录子系统"自动生成分录底稿并抛转成会计凭证。

第二，票据资金子系统

在"票据资金子系统"中，可以将票据系统中的应收票据、兑现状况，自动产生到"会计总账子系统"中。同时，应付票据的开票、兑现等状况也可以自动产生凭证。

第三，固定资产管理子系统

在"固定资产管理子系统"中，可以将固定资产折旧、变动数据，包括固定资产的新购、改良、重估、报废、出售、调整等交易状况，产生会计凭证到"会计总账子系统"。

11.1.3　总账管理流程

图 11.3 显示了一般企业完整的总账管理流程。

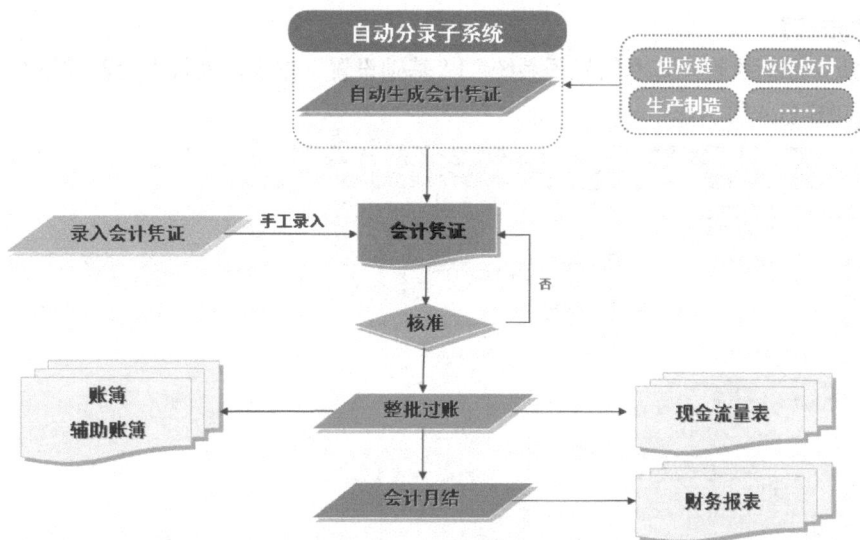

图 11.3　总账管理流程

当供应链、生产、应收应付等其他子系统的业务单据通过自动分录子系统批次生成会计凭证之后，我们就可以在"会计总账子系统"中找到这些凭证了。除了自动抛转产生凭证之外，根据实际业务的需要，财务人员也可以通过"录入会计凭证"作业来手工录入凭证。凭证存在系统中后，就要提交相关人员来核准，如果检查出会计凭证有错误或者不符合规定的地方等，就会被要求更正，直到凭证检查无误，才会将会计凭证审核。凭证审核之后，接着要做的就是将会计凭证过账。过账之后，凭证的数据就会正式写入后台数据库中的账档中。对使用者来说，就能查看系统的账簿和核算项目账了。如果要使用现金流量表的话，会计凭证过账之后就可以生成现金流量表的数据了。数据生成之后，就可以查看当月的现金流量表了。每个月会计总账都是需要做结账的。当凭证、账册信息都确认无误，也确定没有遗漏当月应该录入的会计凭证且当月会计总账数据不需要再做任何改动时，就可以做会计月结的工作了。月结之后，管理者可以查看相关的财务报表，来了解财务状况和经营情况。以上就是总账管理流程。

11.2　基础设置

易飞 ERP 会计总账子系统的基础设置包含以下主要内容：设置共用参数、设置会计期间、录入会计科目、录入科目/部门限制、设置会计单据性质、设置会计参数。

11.2.1　设置共用参数

【目的】

系统上线前设置总账基本参数，未设置者将无法输入异动信息。

【操作步骤】

从系统主界面执行"基本信息子系统"|"基础设置"作业，进入"设置财务参数"选项卡界面，如图 11.4 所示。

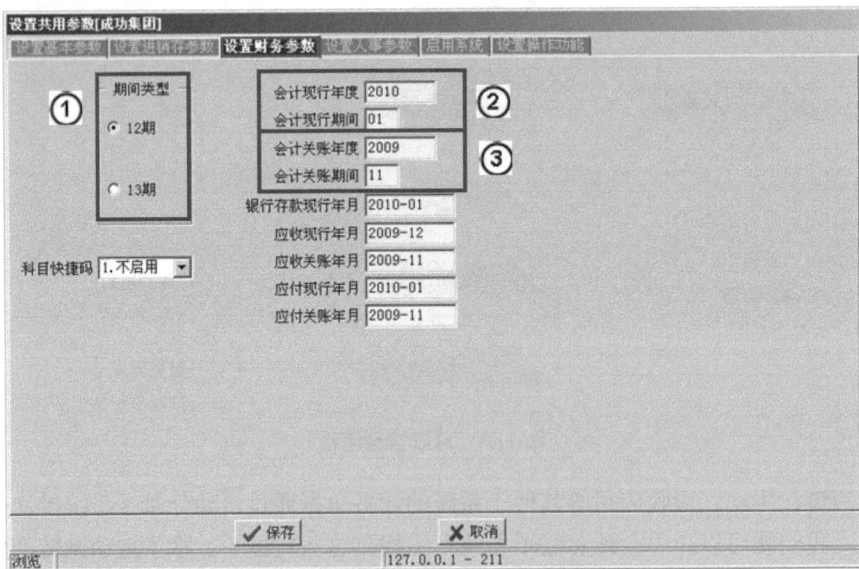

图 11.4　"设置财务参数"选项卡界面

【作业重点】(见图 11.4)

① 期间类型有两种选择：12 期和 13 期。

● 12 期指根据自然月划分，则一年有 12 期。

● 13 期指根据四周为一期来划分，一年工作 52 周，则一年有 13 期。

② 会计总账子系统的实际现行年度，由"会计月结"作业来进行更新。

③ 关账年月前的总账资料不可以再进行修改，由"指定关账"作业来更新。

11.2.2　设置会计期间

【目的】

"设置会计期间"，设置每年度及每期的起始、截止日期。

【操作步骤】

从系统主界面执行"会计总账子系统"|"基础设置"作业，进入"设置会计期间"界面，如图 11.5 所示。

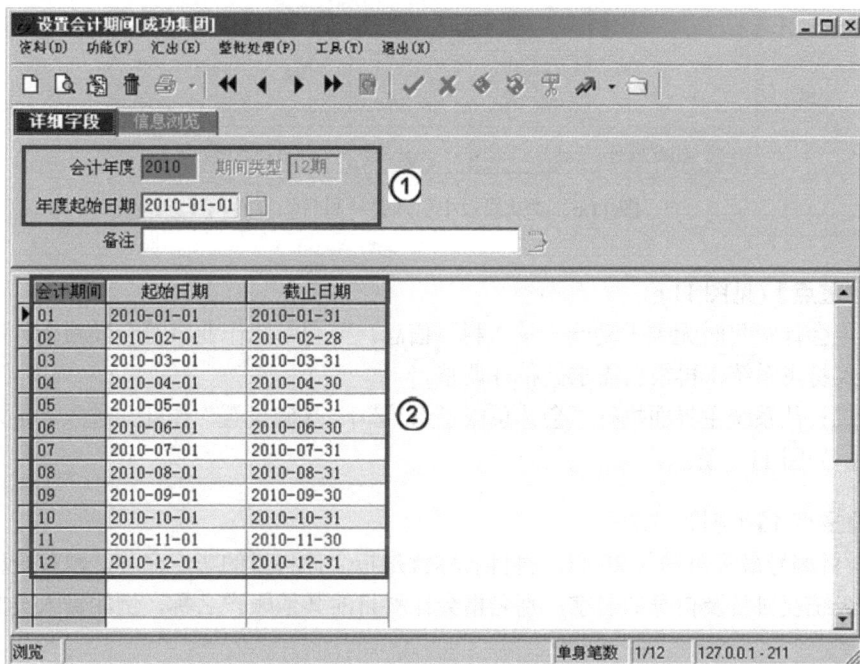

图 11.5　"设置会计期间"界面

【作业重点】(见图 11.5)

① 新增会计年度，期间类型由参数设置带出，年度起始日期指会计年度第一期开始的那一天。

② 根据企业需求，设定 12 期的会计期间。

11.2.3　录入会计科目

【目的】

"录入会计科目"，将要使用的会计科目信息预先设置好。

【操作步骤】

步骤一： 从系统主界面执行"会计总账子系统"|"基础设置"作业，进入"从模板中引入会计科目"界面，如图11.6所示。

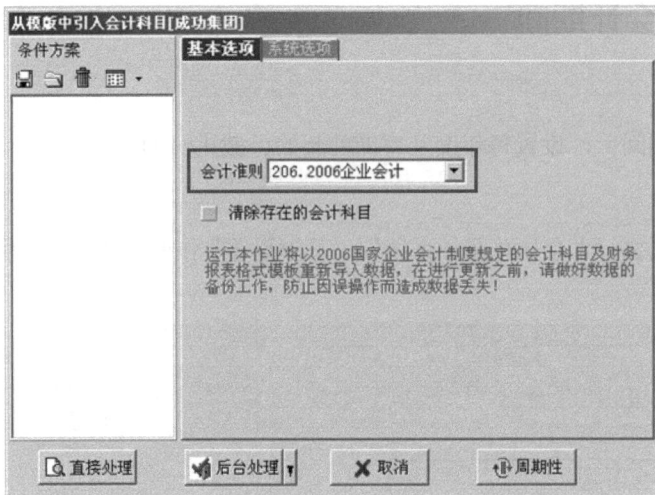

图11.6 "从模板中引入会计科目"界面

【作业重点】(见图11.6)

在录入会计科目时无须手动一一录入科目信息，可利用此作业将符合最新会计准则的会计科目导入易飞系统，再根据需求做稍许调整。

步骤二： 从系统主界面执行"会计总账子系统"|"基础设置"作业，进入"录入会计科目"界面，如图11.7所示。

【作业重点1】(见图11.7)

① 科目编号最多可输入20码，科目名称就是指会计科目的账户名称，科目全称则会显示包含上级统驭科目及自身的名字，别名指会计科目的其他账户名称，例如输入英文的科目名称。

② 科目类别共分三种：统驭科目、末级科目和分类科目。

- 统驭科目又称总分类账科目，向下需再建立科目，本身不可切分录，例如图11.7中的"其他货币资金"和"短期投资"。

- 末级科目，是统驭科目下的明细科目或者不可再往下分级的科目，可以直接切分录，例如图11.7中的"原材料"等。

- 分类科目属于设定科目的大分类，是会计科目的归属，例如图11.7中的资产类、流动资产类。

③ 资产损益类：可以设置该会计科目是归属资产负债类还是损益类。余额借贷类：设定会计科目的正常余额是属于借余还是贷余。报表借贷类：设定会计科目在报表打印时，属于借方科目还是贷方科目。

④ 外币核算：设定该会计科目是否用外币核算，如果涉及外币业务，在右边币种字段设置启用的外币币种。

⑤ 数量管理：通常不勾选，一般提供给只使用"会计总账子系统"而不用其他 ERP 模块的用户，这类用户利用数量管理在总账中做数量格式账。

⑥ 预算管理：设定该科目是否做预算管理。具体预算管理的操作步骤，请参考预算管理的相关章节，会有详细解说。

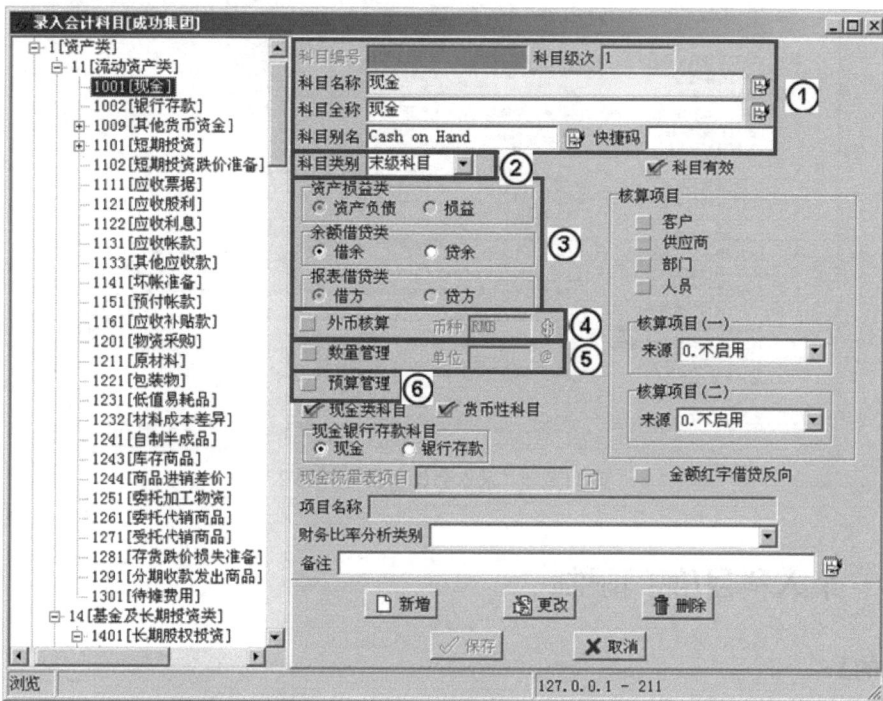

图 11.7　"录入会计科目"界面 1

【作业重点 2】(见图 11.8)

⑦ 如果是现金、银行存款、其他货币资金等现金类科目，要勾选"现金类科目"，这样方便区分现金和银行存款，利于日后查询日记账。

货币性科目：属于货币性科目的都需勾选，非货币性科目的金额将不会算入财务报表中。

⑧ 系统除了提供客户、供应商、部门、人员这几类核算项目外，还可由用户自定义核算项目，自定义的核算项目，需在"定义核算项目"中预先设置好。

⑨ 现金流量表项目，是所有非现金类科目都需进行设定的。

⑩ 金额红字借贷反向：是指在使用"自动分录子系统"中抛转会计凭证遇到负数金额时，是采用金额呈红字显示，还是借贷反向设置。

⑪ 如果想要查看总账系统中的财务比例报表，就需在这里设定会计科目的财务比率分析类别。

⑫ 科目有效：默认勾选。当该科目不需再使用时，可将其余额全部转出，不勾选此项，该科目就失效，无法再使用了。

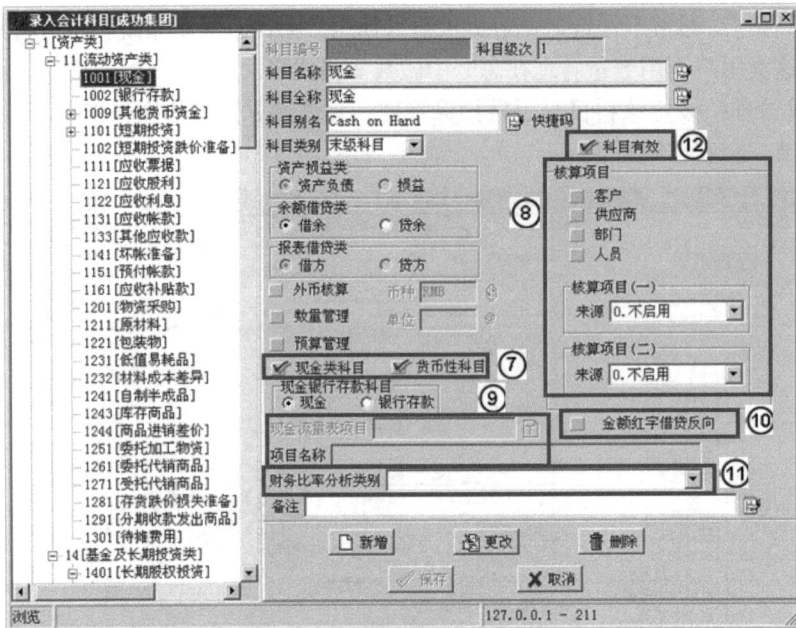

图 11.8 "录入会计科目"界面 2

11.2.4 录入科目/部门限制

【目的】

"录入科目/部门限制",对于做部门管理的科目进行部门的限定。

【操作步骤】

从系统主界面执行"会计总账子系统"|"基础设置"作业,进入"录入科目/部门限制"界面,如图 11.9 所示。

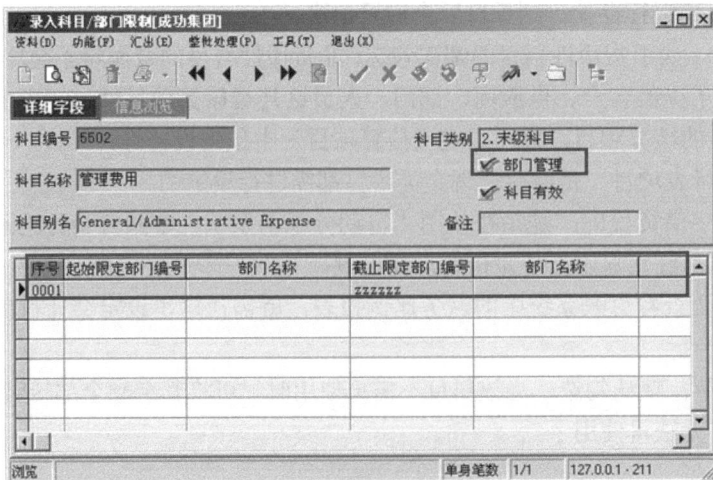

图 11.9 "录入科目/部门限制"界面

【作业重点】

详细说明请参考第 9 章"应付管理子系统"。

11.2.5　设置会计单据性质

【目的】

"设置会计单据性质"，设置"会计总账子系统"所要使用的凭证单别。

【操作步骤】

从系统主界面执行"会计总账子系统"|"基础设置"作业，进入"设置会计单据性质"界面，如图 11.10 所示。

【作业重点】

① 可以设定以下三种不同的"凭证种类"，每个种类，系统不限制设定多少张单别。

- "91:转账凭证"，用于非现收、现支的转账凭证开立时所使用的凭证。
- "92:现收凭证"，常用于现金收入凭证开立时使用。输入会计凭证时，借方必须有现金类科目。
- "93:现支凭证"，用于现金支付凭证开立时使用。输入会计凭证时，贷方必须有现金类科目。

② 金额允许输入负数：指该凭证在输入金额时，是否允许输入负值的金额。

③ 凭证性质：共分一般、预提、预提回转以及结转四种。

- 一般凭证：一般普通的交易凭证。
- 预提凭证：指发生预提费用时所使用的凭证性质。
- 预提回转凭证：指预提凭证发生后，当实际交易发生时，用于冲回的凭证。
- 结转凭证：在系统结转科目余额或本期发生额时会使用结转性质的凭证。

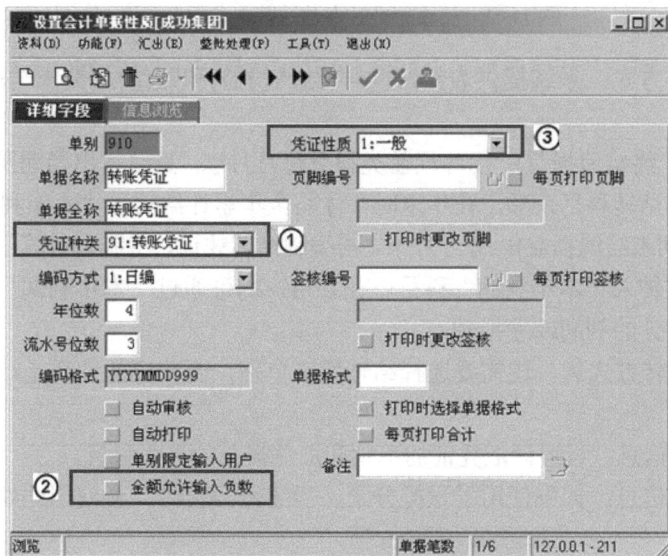

图 11.10　"设置会计单据性质"界面

11.2.6 设置会计参数

【目的】

"设置会计参数",设置"会计总账子系统"的财务结转方式、期末调汇信息、预算管理等参数的设置,以及会计凭证控制的一些参数。

【操作步骤】

从系统主界面执行"会计总账子系统"|"基础设置"作业,进入"设置会计参数"界面,如图 11.11 所示。

【作业重点 1】(见图 11.11)

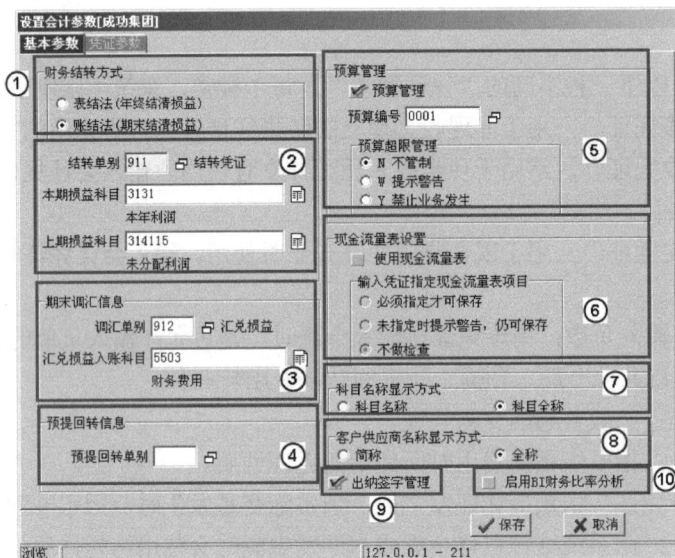

图 11.11 "设置会计参数—基本参数"界面

① 财务结账方式:系统提供表结法(年终结清损益)和账结法(期末结清损益)两种结转方式。

- 表结法(年终结清损益):指各损益类科目每月月末,只结算出当期发生额和期末累计余额,不结转科目余额,在年末时,才将全年累计结转入"本年利润"科目。
- 账结法(期末结清损益):每月月末,需编制结转凭证,将账上结算出的各损益类科目余额,结转入"本年利润"科目。在各月,均可通过"本年利润"科目,提供当月及本年累计的利润或亏损额。

② 当选定结转方式后,还需要选择结转凭证单别,而凭证的性质是结转,同时还要设置损益结转科目。

③ 期末调汇信息:设置调汇凭证的单别和汇兑损益的入账科目。

④ 预提回转信息:如果使用了预提分录,后续做回转时,会使用此处设置的预提回转凭证单别。

⑤ 如果启用"预算管理",需要输入"预算编号",还要设置预算超限的控制方式,

系统提供不管制、提示警告和禁止业务发生这三种管理方式。

⑥ 如果启用"现金流量表"，可以对输入凭证时现金流量表项目的管控进行设定，有三种方式：必须指定才可保存；未指定时提示警告，仍可保存；不做检查。

⑦ 科目名称显示方式：可以选择科目名称或科目全称，这也是凭证和报表中显示的方式。

⑧ 客户供应商名称显示方式：可以选择简称或全称。

⑨ 出纳签字管理：勾选表示含现金类科目的会计凭证，必须经过出纳签字才能过账。不勾选，那么含现金类科目的会计凭证，不必由出纳签字。

⑩ 启用 BI 财务比率分析：这是有关 BI 系统的，勾选就可以利用 BI 系统来进行财务比率分析。

【作业重点 2】(见图 11.12)

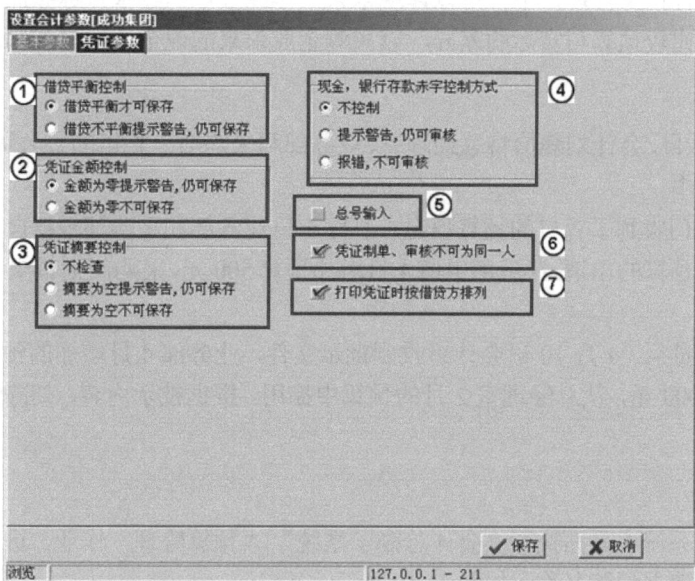

图 11.12　"设置会计参数—凭证参数"界面

① 借贷平衡控制：提供"借贷平衡才可保存"或"借贷不平衡提示警告，仍可保存"两种选择，就是选择凭证的借贷方是否需要平衡。

② 凭证金额控制：提供"金额为零提示警告，仍可保存"或"金额为零不可保存"两种选择，就是选择凭证金额出现金额为零时，可否保存。

③ 凭证摘要控制：可以设为"不检查""摘要为空提示警告，仍可保存"和"摘要为空不可保存"三种方式。

④ 现金、银行存款赤字控制方式：有"不控制""提示警告，仍可审核"和"报错，不可审核"三种方式。

⑤ 总号输入：如果要在凭证中输入总号，需要勾选此选项。

⑥ 凭证制单、审核不可为同一人：根据公司的规章制度来勾选。

⑦ 打印凭证时按借贷方排列：如果勾选，会计凭证排列时会先显示所有借方科目，再显示所有贷方科目。

11.3　预算管理

易飞 ERP 会计总账子系统中的预算管理，包含"预算管理流程"与"预算控制与分析"两个部分。

11.3.1　预算管理流程

【目的】

通常，企业每年都要确定经营策略及目标。然后经过部门沟通、协调，最后落实到每个科目的预算。进行预算管理，不仅可以体现未来一年或数年的经营目标并加以合理的目标分配管理，还可以比较预算与实际的差异，以预测企业未来的现金流量与利润。

【业务场景】

第一，1 月 2 日，会计刘静怡将总经理室、业务部和采购部一整年的办公费用预算 108 000 元建立到了系统中。

第二，各部门收到了各自的预算信息，1 月 5 日业务部和采购部根据自身情况，向总经理室提出了增加预算的申请：业务部申请 4 月增加预算 500 元，采购部则希望 3 月再增加 1000 元预算。

第三，经审批后，1 月 10 日会计组收到批示文件，业务部 4 月增加的预算 500 元，采购部 3 月增加的 1000 元，从总经理室 2 月的预算中挪用。根据批示内容，刘静怡在系统中进行了预算的调整。

【操作步骤】

步骤一：从系统主界面执行"会计总账子系统"|"预算管理"作业，进入"录入预算名称"界面，开始建立预算名称，如图 11.13 所示。

【作业重点】

① 设定预算编号、预算的名称。

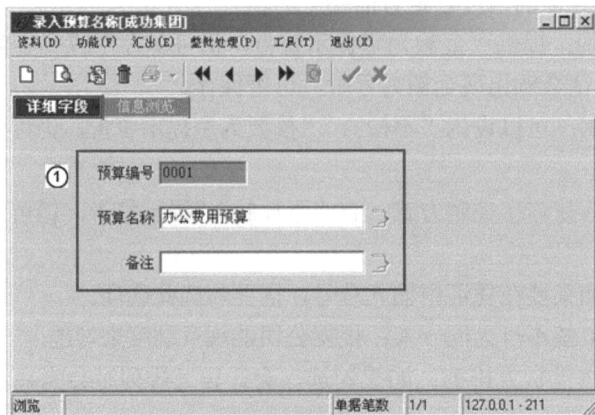

图 11.13　"录入预算名称"界面

步骤二: 从系统主界面执行"会计总账子系统"|"预算管理"作业,进入"录入科目/部门预算"界面,开始建立预算信息,如图 11.14 所示。

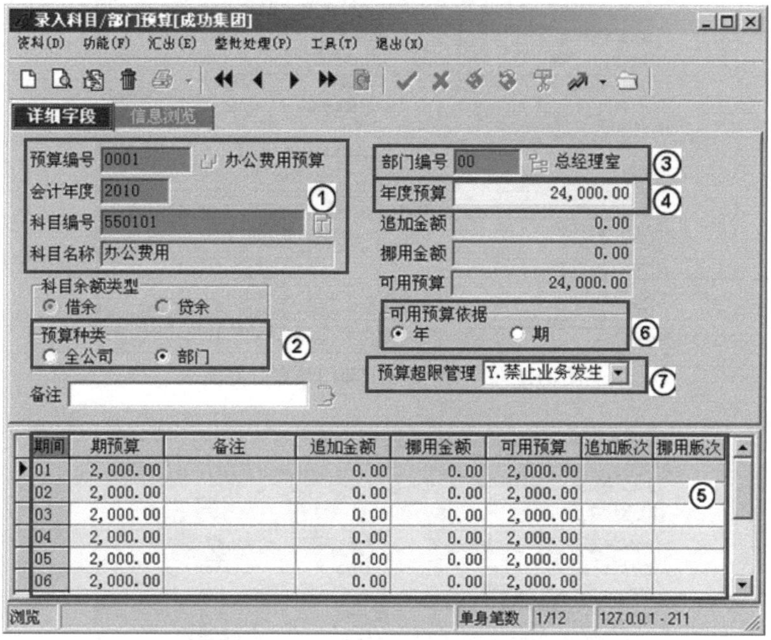

图 11.14 "录入科目/部门预算"界面 1

【作业重点】(见图 11.14)

① 选择预算编号并设定需要做预算管理的会计年度和会计科目。

② 预算种类可以选择全公司或部门。表示该笔预算是针对全公司还是部门来提的。

③ 部门编号:选择具体进行预算管理的部门。

④ 年度预算:将该部门该科目整年的预算金额输入在此。

⑤ 在单体中根据年度预算金额和所选期间来自动计算并生成各期的预算金额。

⑥ 可用预算依据:指后续业务所发生的会计凭证上进行预算控制的依据采用"年"还是"期"。"年"表示系统会从已存在的会计凭证中来判断该科目该部门当年的累计金额是否尚未达到年度预算金额。"期"表示系统会将该科目该部门的当期累计金额与当期预算相比较。

⑦ 预算超限管理:提供"不控制""提示警告"和"禁止业务发生"三种方式选择。严格控制预算,如果禁止业务发生,一旦会计凭证超出预算,则不能审核。

步骤三: 按同样方法,建立业务部和采购部各自的预算信息,如图11.15和图11.16所示。

步骤四: 从系统主界面执行"会计总账子系统"|"预算管理"作业,进入"汇总各部门预算"界面,将各部门的预算汇总成总公司的预算,如图 11.17 所示。

【作业重点】

利用预算编号、会计年度、科目编号等条件来设定需汇总的预算信息,直接处理后,就会自动生成"预算种类"为"全公司"的记录。

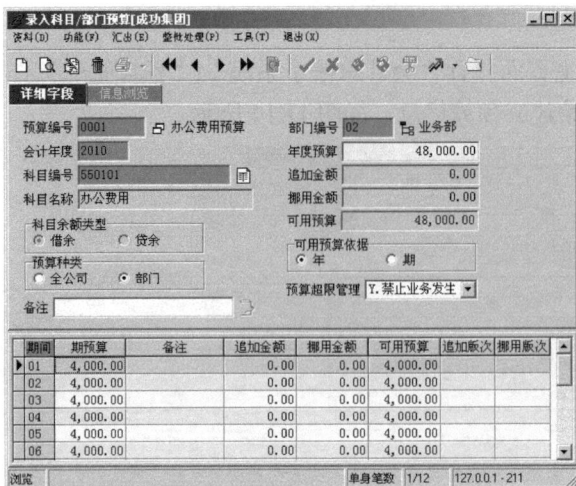

图 11.15 "录入科目/部门预算"界面 2

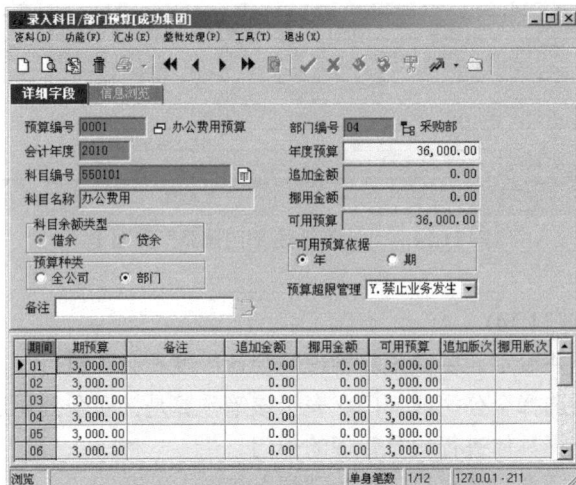

图 11.16 "录入科目/部门预算"界面 3

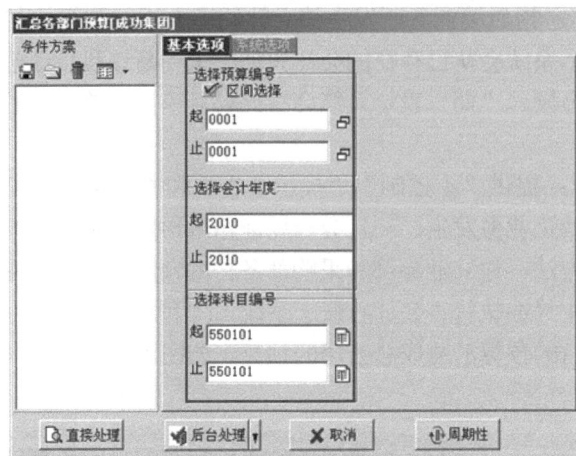

图 11.17 "汇总各部门预算"界面

步骤五：从系统主界面执行"会计总账子系统"|"预算管理"作业，进入"录入科目/部门预算"界面，查看生成出的预算信息，如图 11.18 所示。

【作业重点】

新生成的预算信息中，预算种类为全部门，部门编号显示"******"表示全公司，年度预算是所有部门预算的总和。

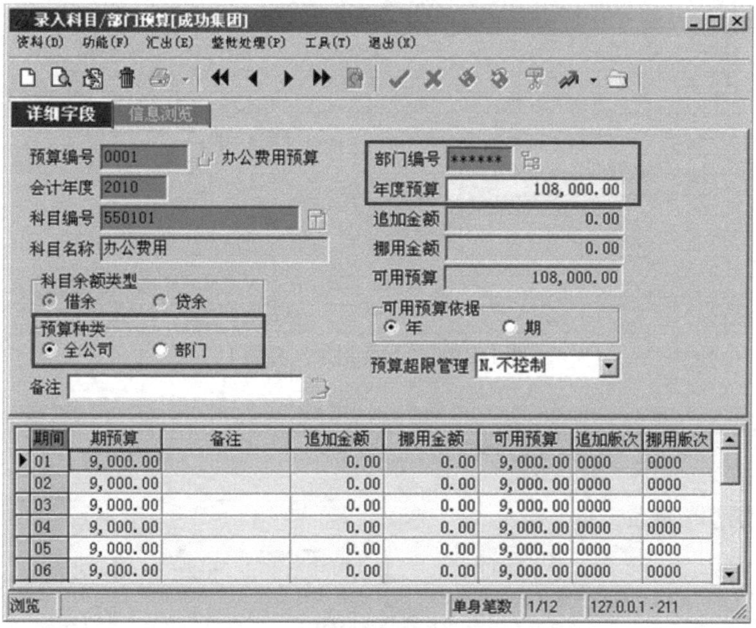

图 11.18　"录入科目/部门预算"界面 4

步骤六：从系统主界面执行"会计总账子系统"|"预算管理"作业，进入"预算追加"界面，将追加业务部 4 月预算 500 元，如图 11.19 所示。

【作业重点 1】（见图 11.19）

① 输入预算编号、科目编号、科目名称和需要追加预算的部门。

② 会计年度和期间表示需要增加预算的年度和月份。

③ 日期会默认带出系统日期，可以根据追加日期来修改。金额就是此次追加的金额数。版次会根据预算变更的次数自动更新，此次是首次做追加变更，所以版次为 0001。

④ 期预算会显示业务部原该科目4月份的预算值。追加金额会根据本次追加变更的单据审核后，被刷新。挪用金额同样是根据挪用变更的单据审核，被更新。总预算金额是用期预算加上追加金额再加上挪用金额得到的。

【作业重点 2】（见图 11.20）

⑤ 预算追加单据审核后，可以看到追加金额处是本次追加的 500 元，所以总预算金额为期预算 4000 元加上追加金额 500 元，最终为 4500 元。

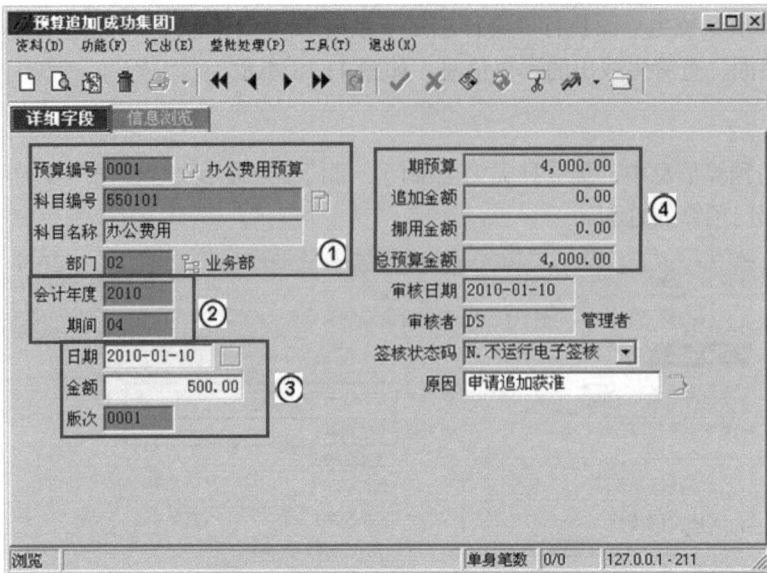

图 11.19 "预算追加"界面 1

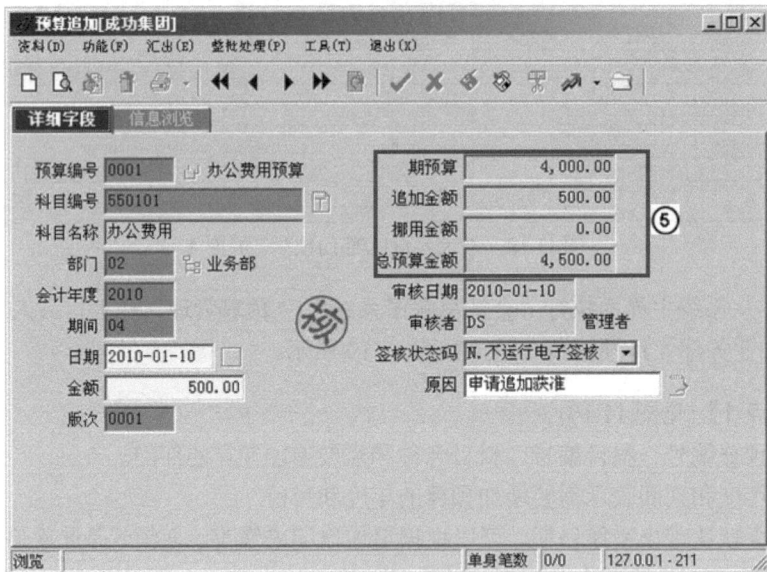

图 11.20 "预算追加"界面 2

步骤七： 从系统主界面执行"会计总账子系统" | "预算管理"作业，进入"录入科目/部门预算"界面，查看部门追加金额后的预算情况，如图 11.21 所示。

【作业重点】

① 预算追加后，在业务部的年度预算中，可以看到追加金额 500 元被更新。

② 可用预算就是用年度预算加上追加金额再加上挪用金额后得到的。

③ 在单体每期预算明细中，可看到 4 月份的期预算为 4000 元，追加金额为 500 元，故可用预算为 4500 元，追加版次为 0001。

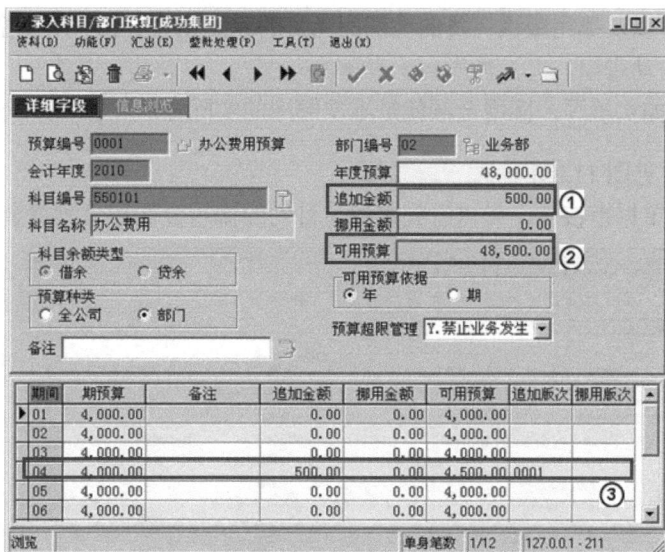

图 11.21 "录入科目/部门预算"界面

步骤八：从系统主界面执行"会计总账子系统"|"预算管理"作业，进入"预算挪用"界面，从总经理室 2 月份的预算中挪用 1000 元到采购部 3 月份的预算中，如图 11.22 所示。

【作业重点】(见图 11.22)

图 11.22 "预算挪用"界面 1

① 来源：设定挪用的来源，包括预算编号、科目编号、科目名称、部门编号、会计年度和期间，挪用版次是该部门该月份挪用的次数。原始预算金额、追加金额、挪用金额和总预算金额根据输入的部门、月份自动带出。

② 目的：设定挪用的目的地，同样包括预算编号、科目编号、科目名称、部门编号、

会计年度和期间，以及挪用版次。目的地部门当月的原始预算金额、追加金额、挪用金额和总预算金额也会自动带出。

③ 挪用日期如实填写，挪用金额就是本次挪用的实际金额。

【作业重点】(见图 11.23)

④ 预算挪用单据审核后，可以看到来源与目的的挪用金额和总预算金额被更新了。

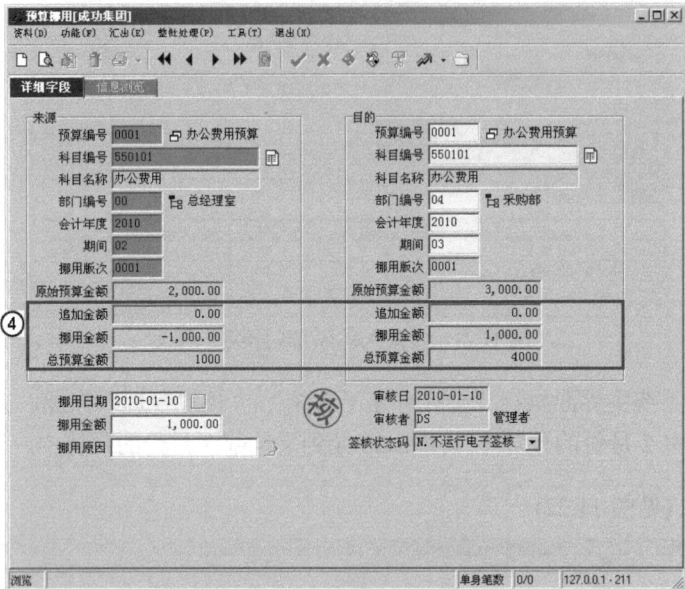

图 11.23　"预算挪用"界面 2

除此之外，采购部和总经理室的部门预算信息中的资料也被更新了，如图11.24和图11.25所示。

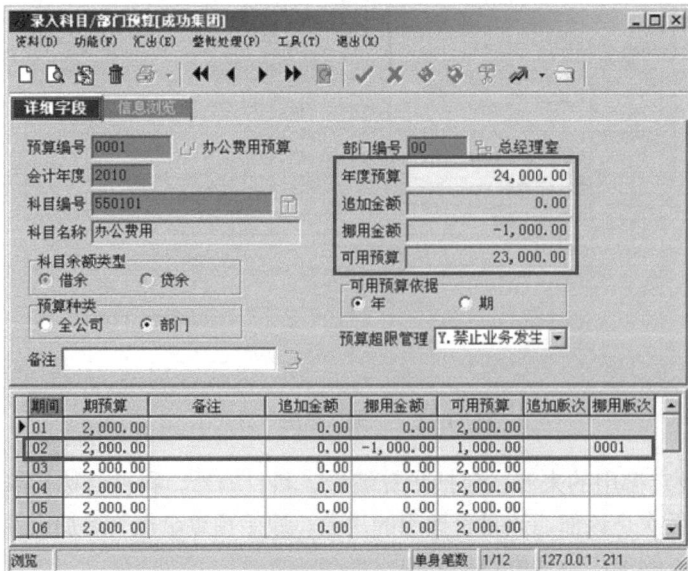

图 11.24　"录入科目/部门预算"界面 1

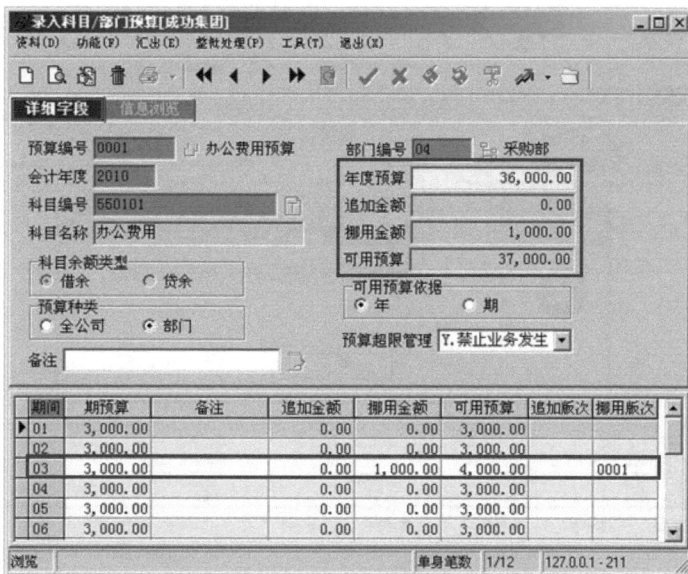

图 11.25　"录入科目/部门预算"界面 2

11.3.2　预算控制与分析

系统中, 对于预算超限的管理, 分为 "N.不控制" "W.提示警告" 和 "Y.禁止业务发生" 三种。如果选择 "提示警告" 的管理方式, 那么在审核会计凭证时, 若遇到预算超限的情况, 则系统会有警告信息提示, 如图 11.26 所示。如果选择 "禁止业务发生", 那么在审核会计凭证时, 遇到预算超限的情况, 系统会有错误提示且这张凭证不能审核, 如图 11.27 所示。

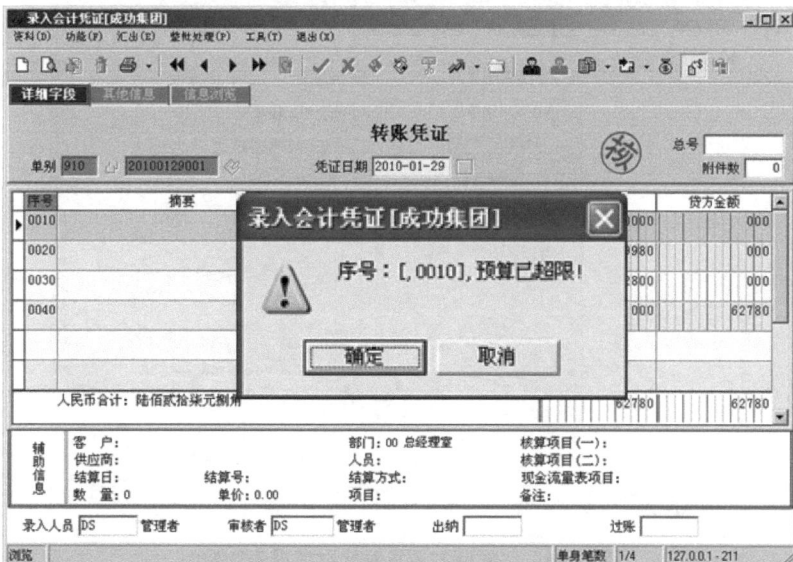

图 11.26　"录入会计凭证"界面 1

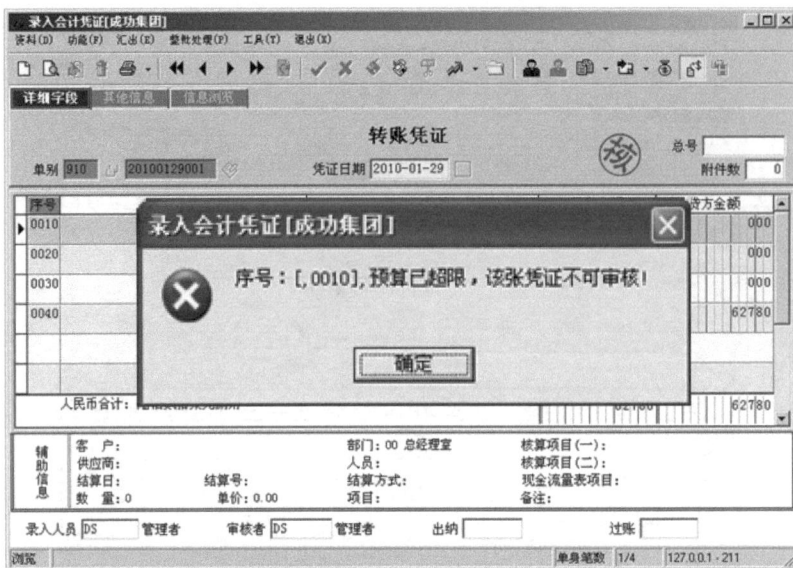

图 11.27   "录入会计凭证"界面 2

对预算进行报表分析，可以做预算的事后控制。对公司预算或部门预算的分析也可以通过"实际与预算对比财务报表"和"部门实际与预算对比损益表"来实现。

1. 实际与预算对比财务报表

【操作步骤】

步骤一： 在"实际与预算对比财务报表"界面上进行设置，然后单击"直接查询"按钮，如图 11.28 所示。

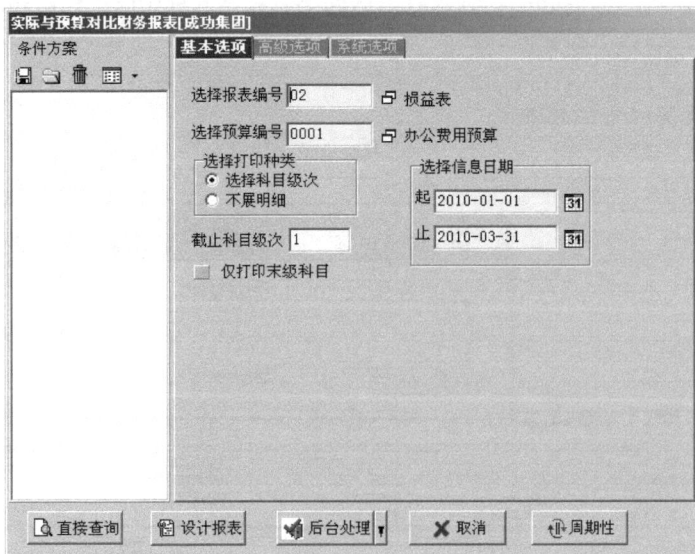

图 11.28   "实际与预算对比财务报表"界面

步骤二： 生成报表，结果如图 11.29 所示。

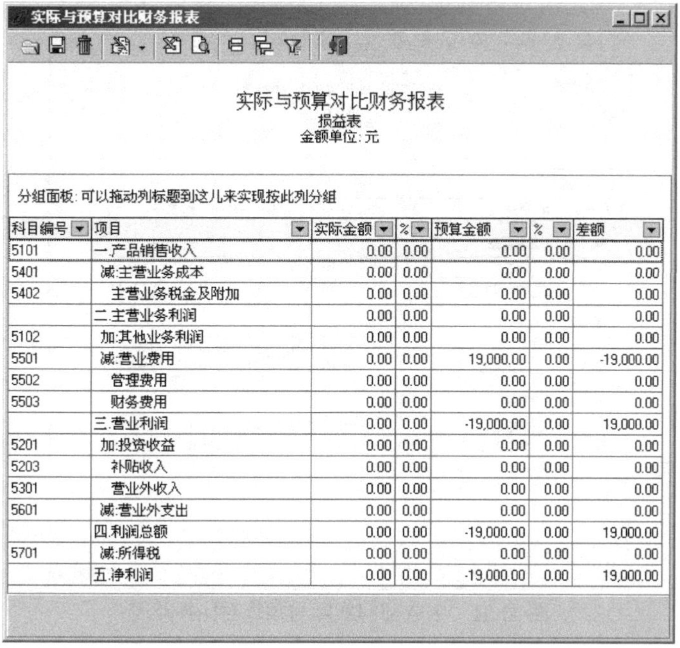
实际与预算对比财务报表

实际与预算对比财务报表
损益表
金额单位：元

分组面板：可以拖动列标题到这儿来实现按此列分组

科目编号	项目	实际金额	%	预算金额	%	差额
5101	一.产品销售收入	0.00	0.00	0.00	0.00	0.00
5401	减:主营业务成本	0.00	0.00	0.00	0.00	0.00
5402	主营业务税金及附加	0.00	0.00	0.00	0.00	0.00
	二.主营业务利润	0.00	0.00	0.00	0.00	0.00
5102	加:其他业务利润	0.00	0.00	0.00	0.00	0.00
5501	减:营业费用	0.00	0.00	19,000.00	0.00	-19,000.00
5502	管理费用	0.00	0.00	0.00	0.00	0.00
5503	财务费用	0.00	0.00	0.00	0.00	0.00
	三.营业利润	0.00	0.00	-19,000.00	0.00	19,000.00
5201	加:投资收益	0.00	0.00	0.00	0.00	0.00
5203	补贴收入	0.00	0.00	0.00	0.00	0.00
5301	营业外收入	0.00	0.00	0.00	0.00	0.00
5601	减:营业外支出	0.00	0.00	0.00	0.00	0.00
	四.利润总额	0.00	0.00	-19,000.00	0.00	19,000.00
5701	减:所得税	0.00	0.00	0.00	0.00	0.00
	五.净利润	0.00	0.00	-19,000.00	0.00	19,000.00

图 11.29　生成实际与预算对比财务报表

2. 部门实际与预算对比损益表

【操作步骤】

步骤一：在“部门实际与预算对比损益表”界面上进行设置，然后单击“直接查询”按钮，如图 11.30 所示。

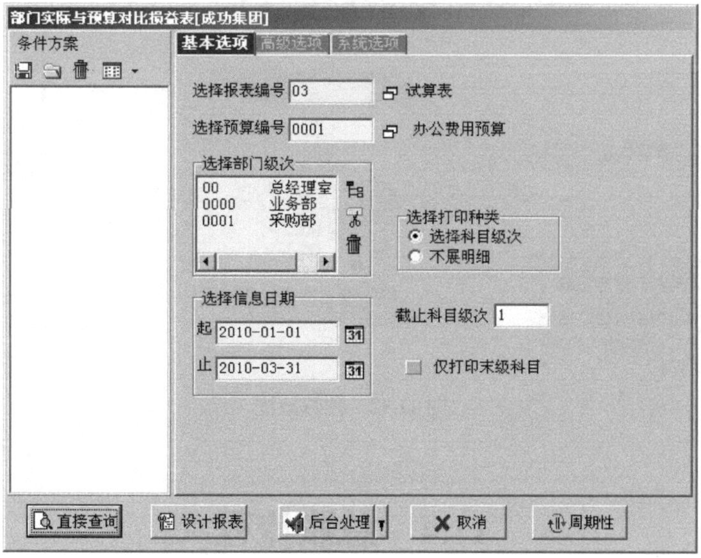

图 11.30　“部门实际与预算对比损益表”界面

步骤二：生成报表，结果如图 11.31 所示。

图 11.31 生成部门实际与预算对比损益表

【作业流程复习】(见图 11.32)

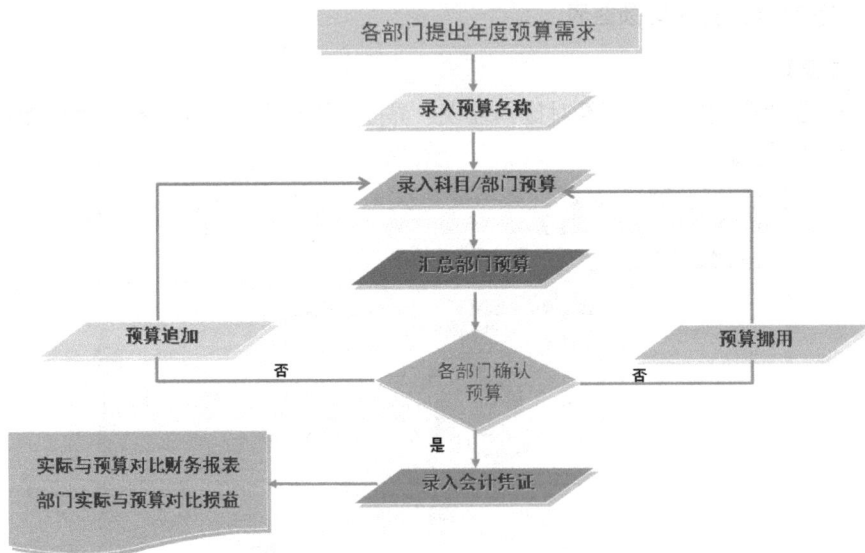

图 11.32 预算流程

11.4 总账流程

易飞 ERP 会计总账子系统中的总账流程包含三项主要工作：会计凭证的建立、会计凭证的过账、会计月结。

11.4.1　会计凭证的建立

【目的】

通过手动录入或自动分录产生因交易而形成的会计凭证信息。

【业务场景】

第一，1 月 14 日，刘静怡得到黄淑贞的通知，对自动抛转产生的"三星公司"的进货凭证进行了核对。

第二，1 月 20 日，是付水电费的日子，会计刘静怡会在系统中手工录入这笔费用支付的会计凭证。

【操作步骤】

步骤一： 从系统主界面执行"会计总账子系统"|"预算管理"作业，进入"录入会计凭证"界面，查看并审核由自动分录子系统生成的进货单会计凭证，如图 11.33 和图 11.34 所示。

【作业重点】(见图 11.33 和图 11.34)

单头其他信息页面会注明此张会计凭证的产生来源，表示该会计凭证由采购系统自动生成，备注中还会显示进货单的单别单号。

步骤二： 从系统主界面执行"会计总账子系统"|"预算管理"作业，进入"录入会计凭证"界面，手动录入交付水电费用的会计凭证，如图 11.35 所示。

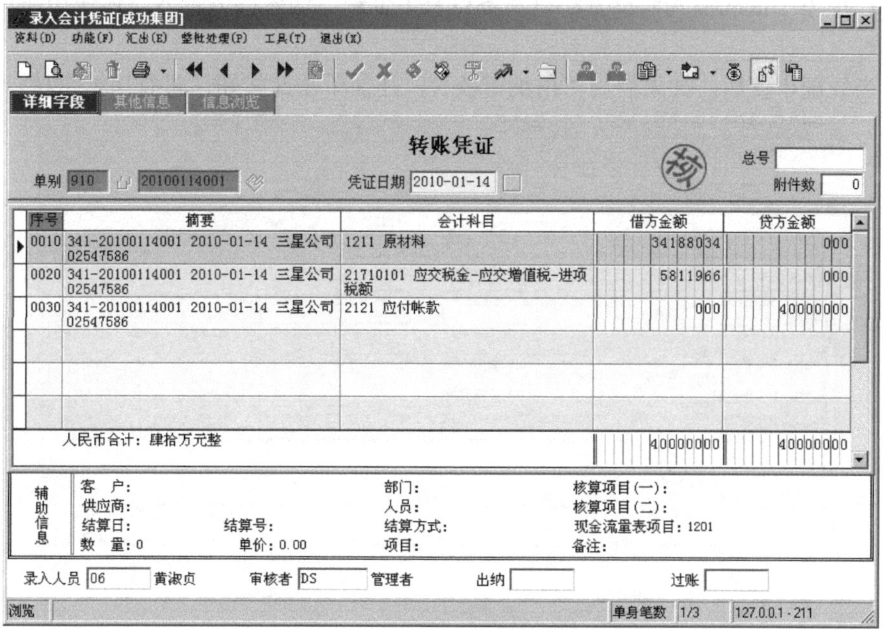

图 11.33　"录入会计凭证"界面 1

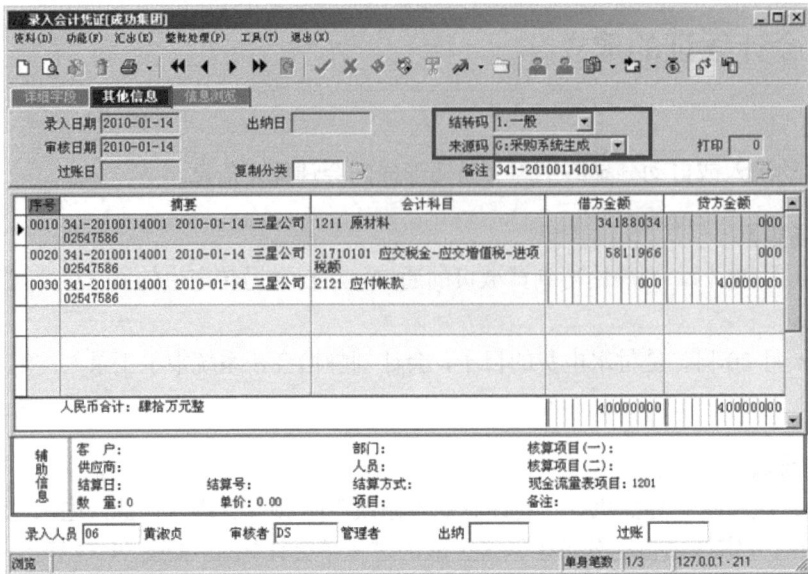

图 11.34 "录入会计凭证"界面 2

【作业重点】(见图 11.35)

① 设定好单别,单号由系统自动给出。

② 凭证日期默认系统日期,也可自行更改。

③ 在单体中依次输入借贷方科目及各自发生金额。摘要部分输入具体使用事项,如水费、电费。

④ 当凭证审核后,如果启用"出纳审核",还需单击此按钮,进行出纳审核。

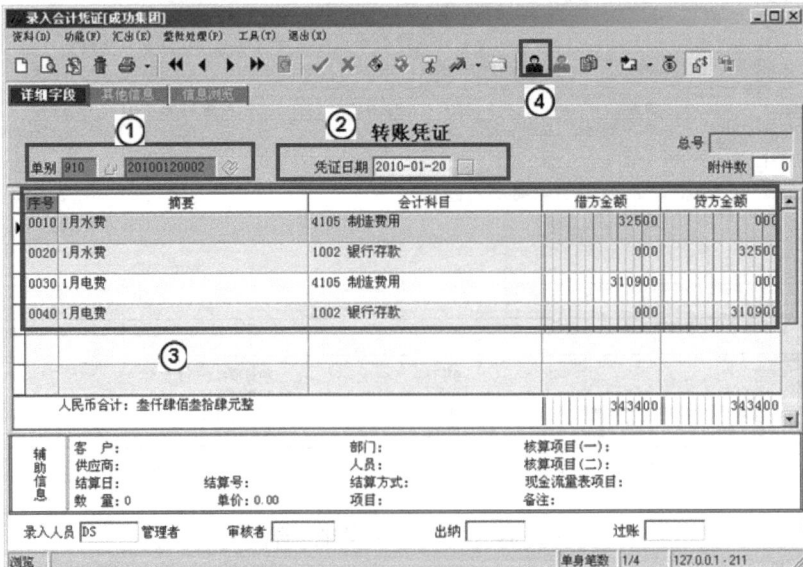

图 11.35 "录入会计凭证"界面 3

11.4.2　会计凭证的过账

【目的】

将已审核的会计凭证数据写入后台账档中，以便后续会计报表、会计月结时使用。

1. 单笔过账

将当前操作的凭证执行过账。

【业务场景】

刘静怡将水电费输入会计凭证审核后，通知主管，主管打开会计凭证，做过账处理，如图 11.36 所示。

【作业重点】(见图 11.36)

单张会计凭证审核后，就可以使用"凭证单笔过账/还原"按钮，直接将会计凭证过账或还原。

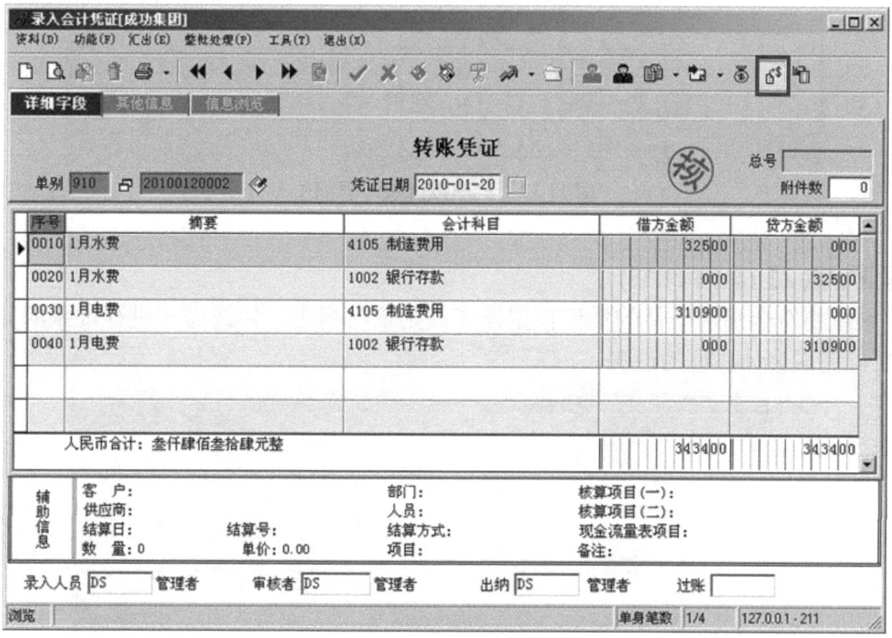

图 11.36　单笔过账

2. 整批过账

将多张会计凭证一次完成过账处理。

【作业重点 1】(见图 11.37)

① 凭证编号：利用凭证编号来筛选需要过账的凭证范围。

② 制单人：通过制单人也可筛选需要过账的凭证。

③ 凭证日期：打开作业，系统自动会显示会计现行年月的日期区间，也可根据需求自

行调整。

④ 排序的方式，系统提供按凭证编号、凭证日期和制单人三种，根据个人的习惯来选择，方便查看筛选出的凭证。

⑤ 凭证来源，也可以作为是否过账的筛选条件。

⑥ 筛选完毕，单击"向下"按钮。

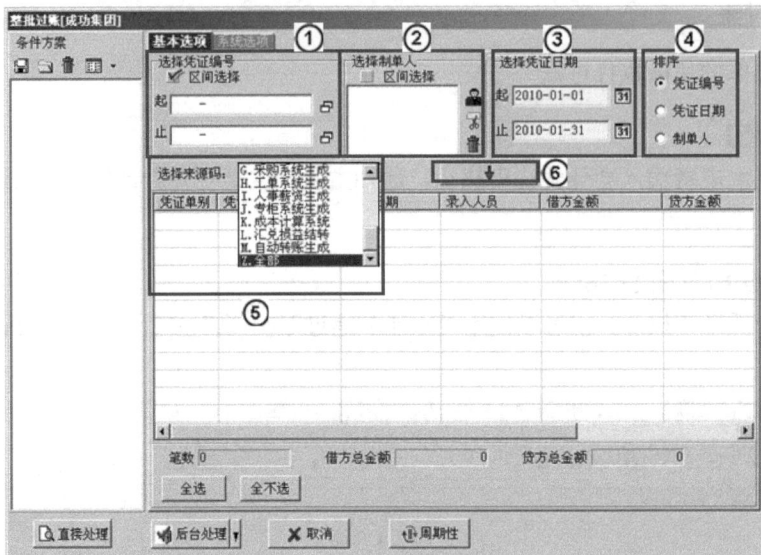

图 11.37　"整批过账"界面 1

【作业重点 2】(见图 11.38)

⑦ 系统将符合筛选条件的凭证根据排序规则依次列出，勾选需要进行过账的凭证。直接处理后，完成会计凭证的过账。

图 11.38　"整批过账"界面 2

11.4.3　会计月结

当所有凭证过账之后，在执行"会计月结"作业之前，可以通过"自动转账"作业来完成一些费用的结转或分摊；如果系统除了本位币还有外币交易的话，还需再执行"汇兑损益结转"。如果公司采用表结法结账，则在汇兑损益结转之后，即可进行会计月结。如果采用的是账结法，则在汇兑损益结转之后，还需进行期间损益的结转。最后，再做会计月结(见图 11.39)。

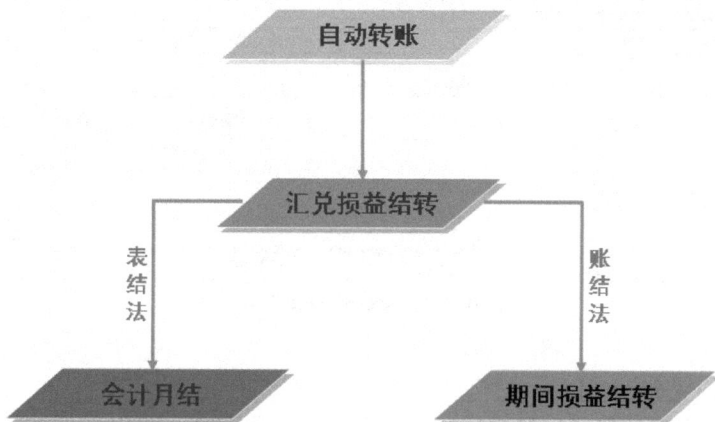

图 11.39　会计月结流程

1. 自动转账

【目的】

自动转账可以完成"费用分配"(如工资分配)、"费用分摊"(如制造费用)、"税金计算"(如增值税)、"提取各项费用"(如提取福利费)等这几类工作。

【业务场景】

月结分工合作，刘静怡忙着进行账务核对，核对无误后，要继续进行制造费用全部转入生产成本科目的结转作业。

【操作步骤】

步骤一： 从系统主界面执行"会计总账子系统"|"结账"作业，进入"自动转账设置"界面，进行自动转账前的基础设置，如图 11.40 所示。

【作业重点】(见图 11.40)

① 转账编号：手动输入转账编号和转账名称。

② 设置转账的类型以及要使用的凭证单别。

③ 在单体中选择要参与自动转账的会计科目。

④ 根据实际转入转出的情况设置借贷方向和转账方式及比率。

转账方式可以分为转入、按比例转出余额、按比例转出借方发生额、按比例转出贷方发生额、按公式转出五种。其中转出方式有四种，前三种是直接抓取对应的账册金额计算。按公式转出，则需要在"公式"字段中自定义公式，再根据公式来计算出转账金额。

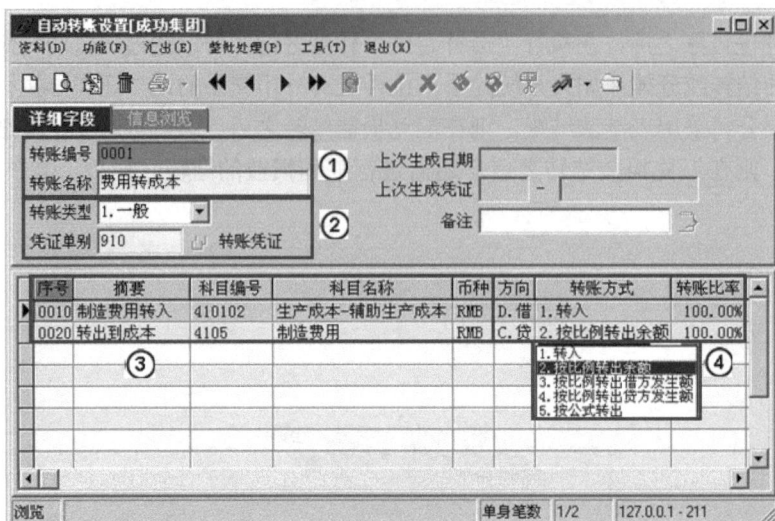

图 11.40　"自动转账设置"界面 1

【作业重点】(见图 11.41)

⑤ 如果科目有做核算项目管理，可以设置客户、供应商、部门、人员等信息，完成核算项目间的转账。

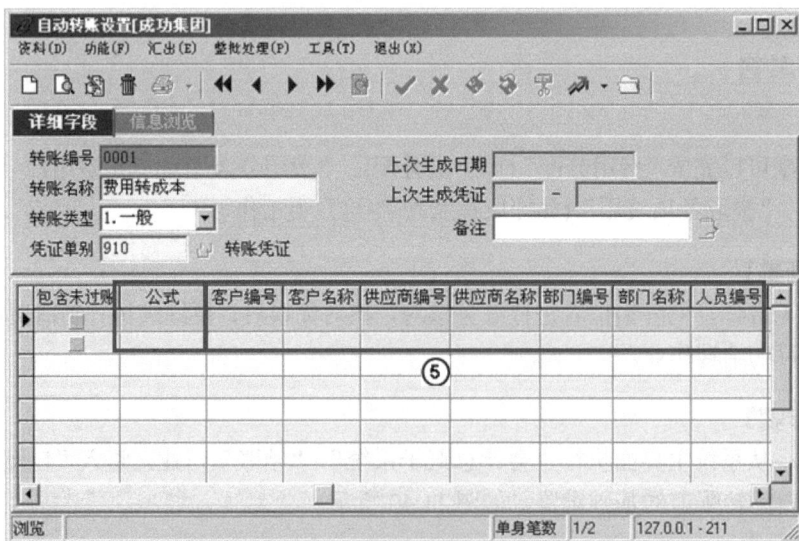

图 11.41　"自动转账设置"界面 2

步骤二：从系统主界面执行"会计总账子系统"|"结账"作业，进入"自动转账"界面，进行正式的自动转账，如图 11.42 所示。

【作业重点】

① 输入转账年期、凭证日期以及挑选从自动转账设置中设立好的转账方式，就可单击

"直接处理"按钮，来完成自动转账工作。

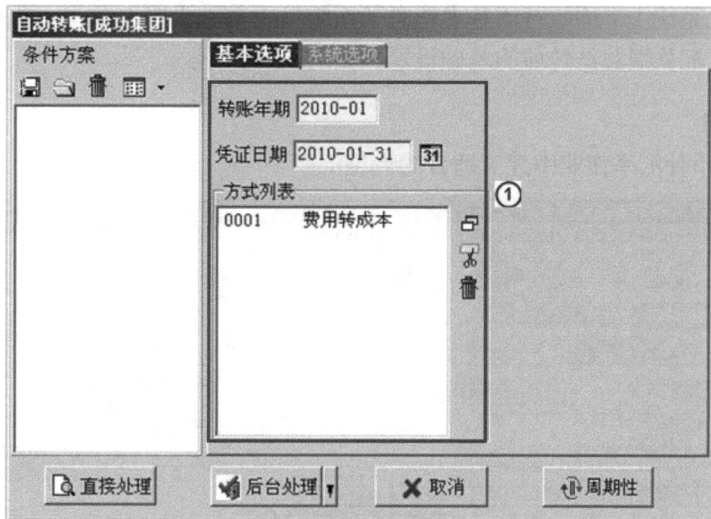

图 11.42 "自动转账"界面

步骤三：从系统主界面执行"会计总账子系统"|"凭证处理"作业，进入"录入会计凭证"界面，查看生成的自动转账凭证，如图 11.43 所示。

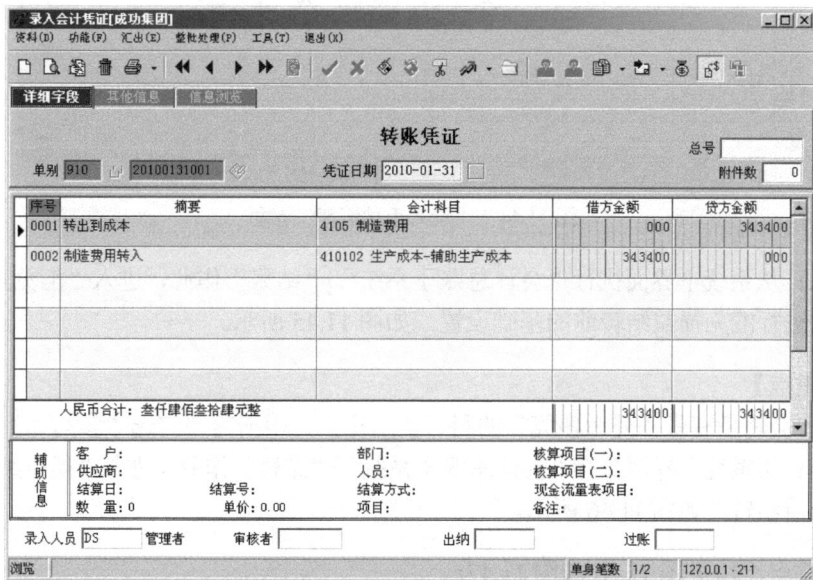

图 11.43 "录入会计凭证"界面

2. 汇兑损益结转

【目的】

可以根据结转设置自动生成将损益科目结转的会计凭证。

【业务场景】

月结分工合作，黄淑贞忙着对外币业务的汇兑损益做调整和结转。

【操作步骤】

步骤一： 从系统主界面执行"基本信息子系统"|"基础设置"作业，进入"录入币种汇率"界面，进行汇兑损益结转前的基础设置，如图11.44所示。

【作业重点】

① 在录入币种汇率作业中建立适合的调整汇率。

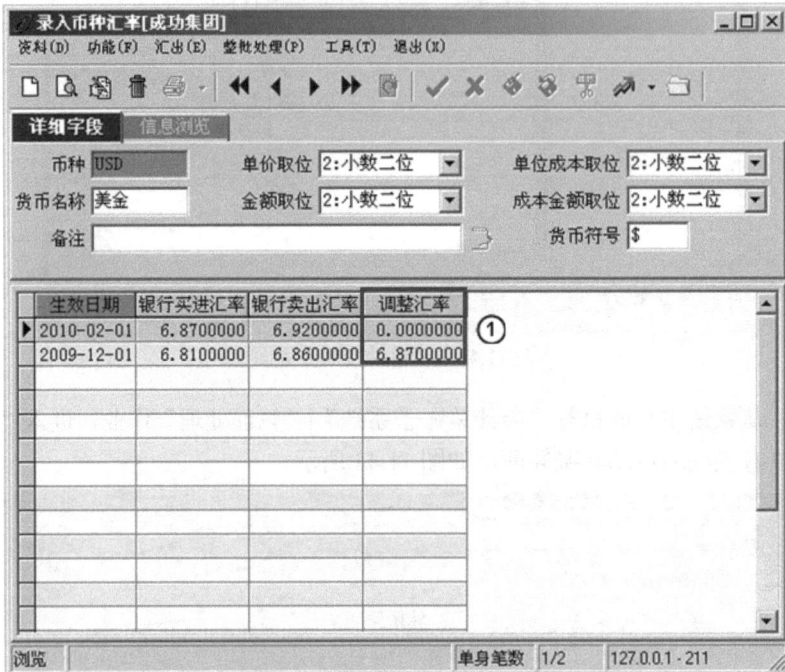

图11.44 "录入币种汇率"界面

步骤二： 从系统主界面执行"会计总账子系统"|"结账"作业，进入"汇兑损益结转设置"界面，进行汇兑损益结转前的基础设置，如图11.45所示。

【作业重点】

② 作业会将所有做"外币核算"的科目显示出来，根据需要勾选"参与调汇"选项。

步骤三： 从系统主界面执行"会计总账子系统"|"结账"作业，进入"损益结转"界面，进行汇兑损益结转，如图11.46所示。

【作业重点1】 (见图11.46和图11.47)

③ 选择损益结转的类型：汇兑损益结转或期间损益结转。

④ 转账年期，默认为会计现行年期。

⑤ 凭证单别会根据"设置会计参数"中期末调汇信息的设置来显示，如图11.47所示，凭证日期会自动默认显示会计现行年期的最后一天，但可以进行手动修改。

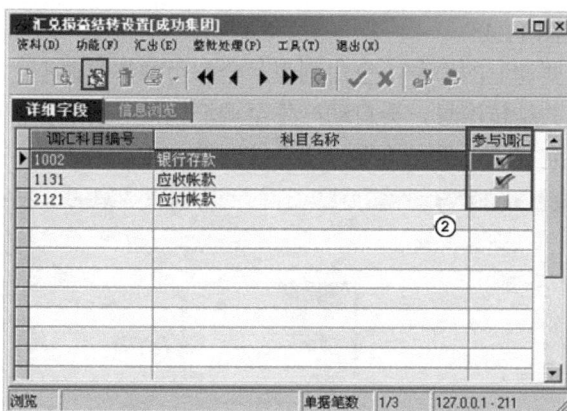

图 11.45 "汇兑损益结转设置"界面

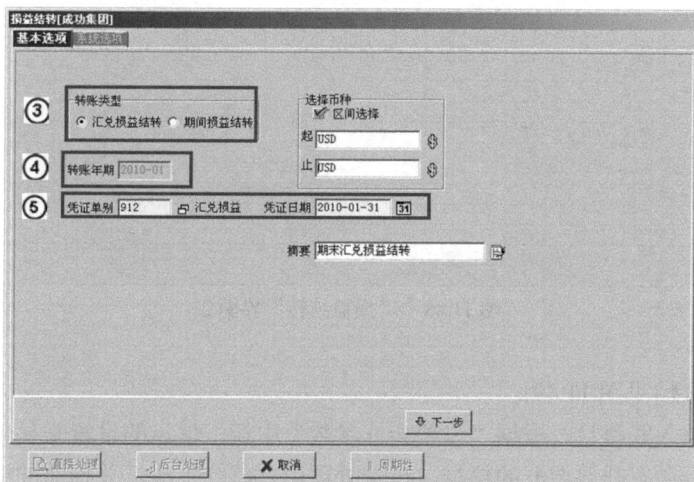

图 11.46 "损益结转"界面 1

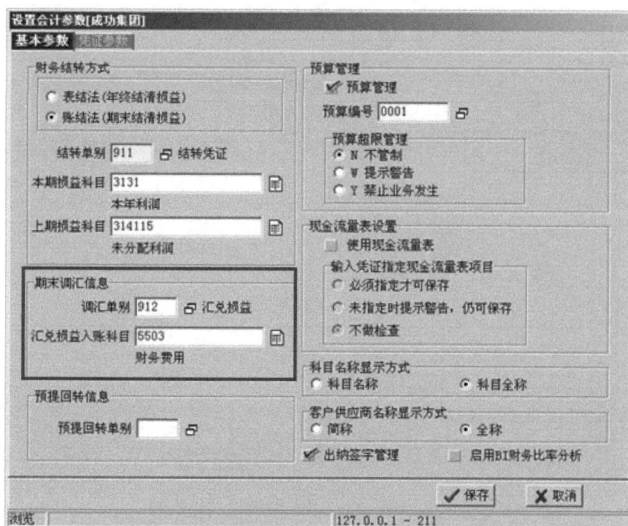

图 11.47 "设置会计参数"界面

【作业重点 2】 (见图 11.48)

⑥ 币种：挑选需要调汇的币种，空白则表示全部币种都要调汇。

⑦ 摘要：填写相关结转信息，会自动产生至调汇凭证上的摘要栏中。

⑧ 基本选项设置完成后，单击"下一步"按钮。

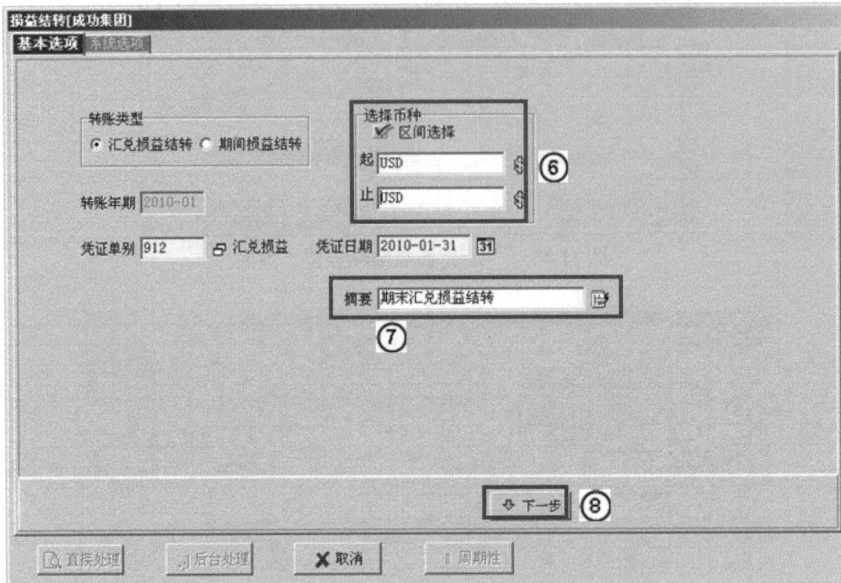

图 11.48 "损益结转"界面 2

【作业重点 3】 (见图 11.49)

⑨ 汇兑损益入账科目：根据"设置会计参数"中调汇信息的设置来显示。

⑩ 这里显示所有需要调汇的信息，直接处理后，就会生成汇兑损益的结转凭证了。

图 11.49 "损益结转"界面 3

步骤四：从系统主界面执行"会计总账子系统"|"凭证处理"作业，进入"录入会计凭证"界面，查看生成出来的汇兑损益结转凭证，如图 11.50 所示。

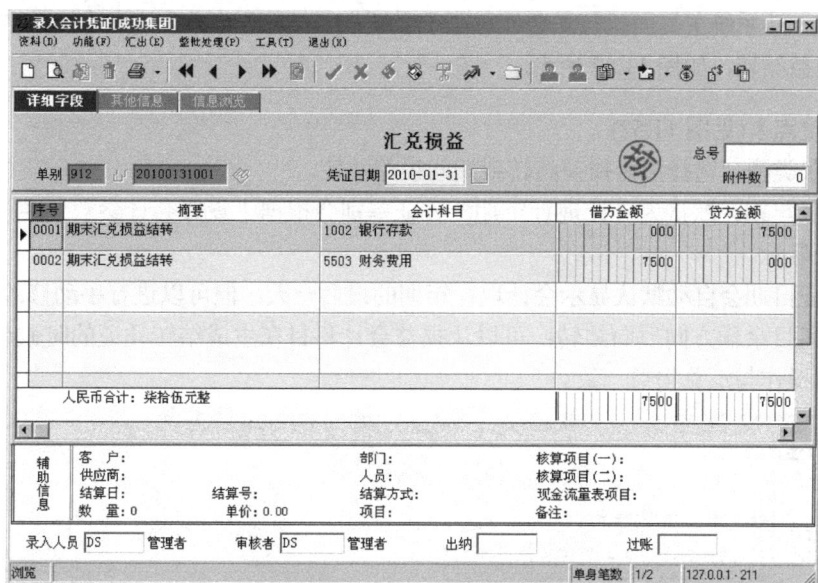

图 11.50　"损益结转"界面 4

3. 期间损益结转

【目的】

可以根据结转设置自动生成将期间损益结转的会计凭证。

【业务场景】

自动转账和汇兑损益调整的工作完成之后，财务经理姜秋玉做期间损益的结转。

【操作步骤】

步骤一：从系统主界面执行"会计总账子系统"|"结账"作业，进入"期间损益结转设置"界面，进行期间损益结转前的基础设置，如图 11.51 所示。

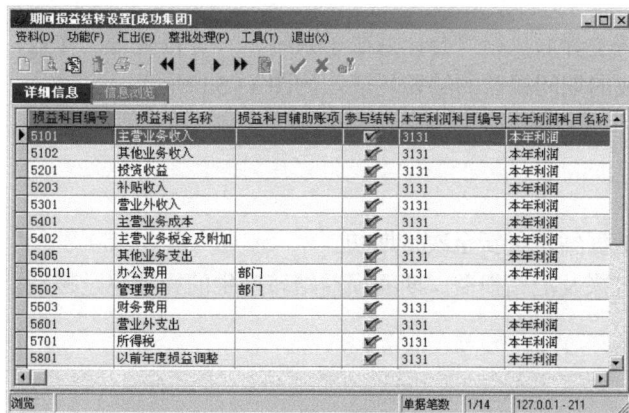

图 11.51　"期间损益结转设置"界面

【作业重点】 (见图 11.51)

设置需要结转损益的科目。

步骤二： 从系统主界面执行"会计总账子系统"|"结账"作业，进入"损益结转"界面，进行期间损益结转，如图 11.52 所示。

【作业重点】 (见图 11.52)

① 转账类型：选择汇兑损益结转或期间损益结转。

② 转账年期，默认为会计现行年期。凭证单别会根据"设置会计参数"中期末调汇信息的设置来显示。

③ 凭证日期会自动默认显示会计现行年期的最后一天，但可以进行手动修改。

④ 按科目余额方向反向结转：可以让损益会计科目在生成结转凭证的时候余额的借贷反向。随后操作与汇兑损益一致。

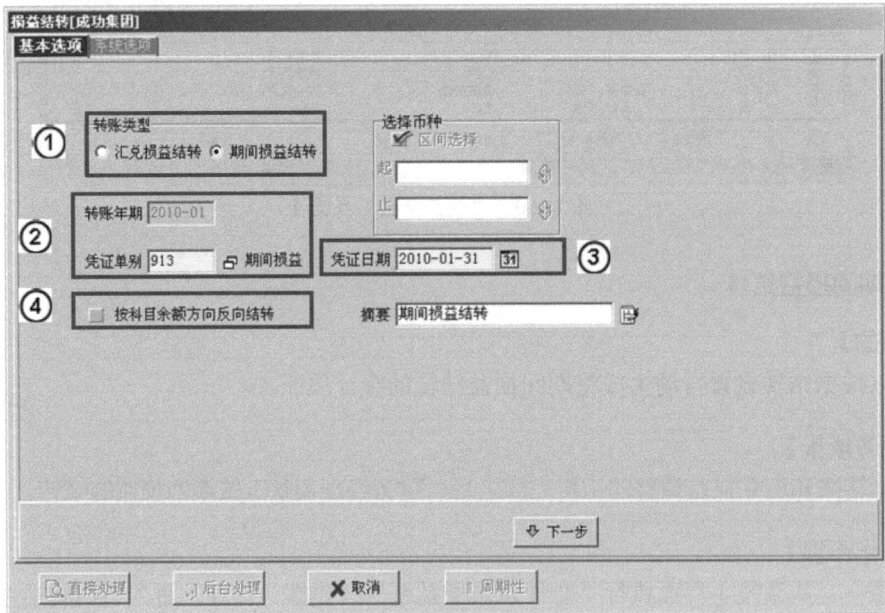

图 11.52　"损益结转"界面

步骤三： 从系统主界面执行"会计总账子系统"|"凭证处理"作业，进入"录入会计凭证"界面，查看生成的期间损益的结转凭证，如图 11.53 所示。

4. 会计月结

【目的】

将本月的月底数据结转更新至次月期初。

所有会计凭证过账及汇兑损益、期间损益结转产生的凭证也过账后，即可执行"会计月结"作业。

【业务场景】

执行会计月结，将 1 月各科目的余额都结转到 2 月初。

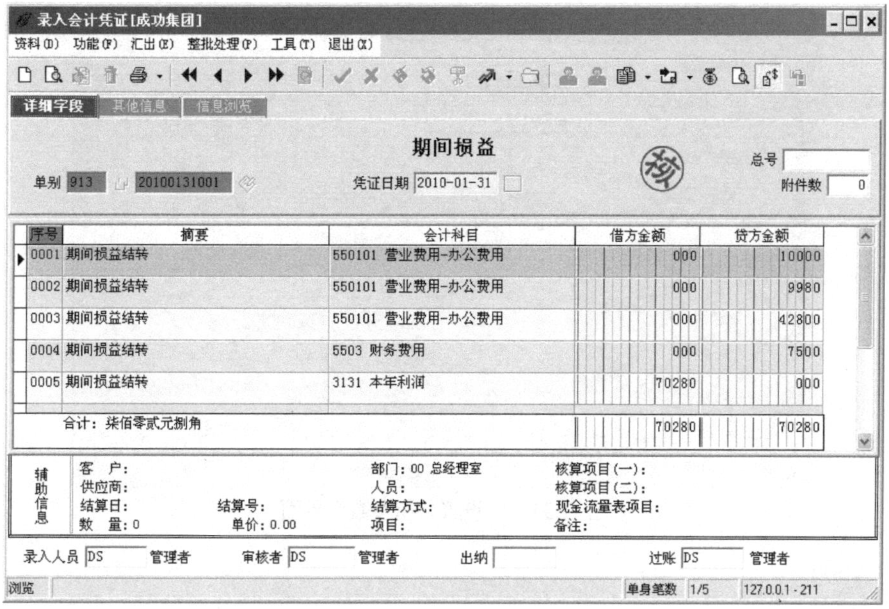

图 11.53　"录入会计凭证"界面

【操作步骤】

从系统主界面执行"会计总账子系统"|"结账"作业，进入"会计月结"界面，进行月底结转，如图 11.54 所示。

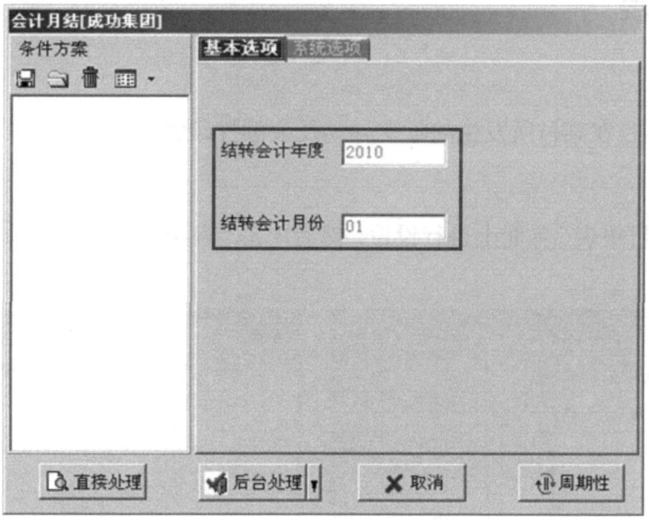

图 11.54　"会计月结"界面

【作业重点】

结转会计年度和月份默认会计现行年月，不可修改。

作业执行后会计现行年月自动加一，如图 11.55 所示。

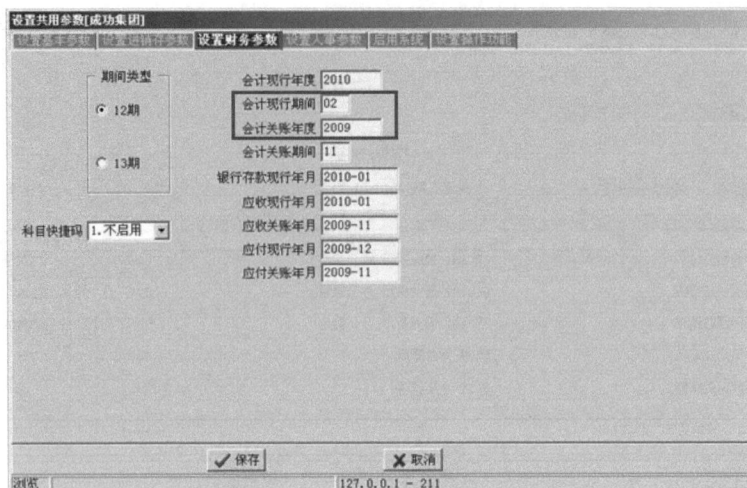

图 11.55 "设置共用参数"界面

11.5 报表简介

易飞 ERP 会计总账的主要报表包含日报表、试算表、损益表、资产负债表。

11.5.1 日报表

【目的】

可将现金类科目在某日所发生的收支异动及余额打印成表。

【操作步骤】

步骤一:在"日报表"界面上进行设置,然后单击"直接查询"按钮,如图11.56和图11.57所示。

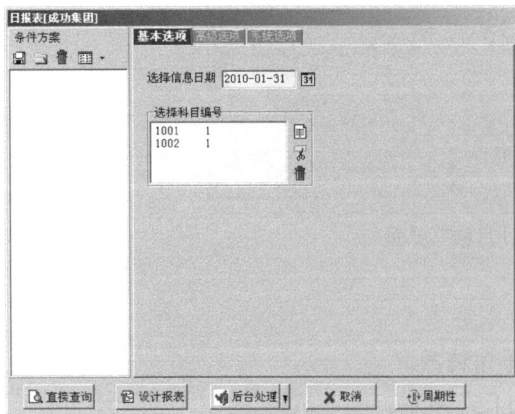

图 11.56 "日报表—基本选项"界面

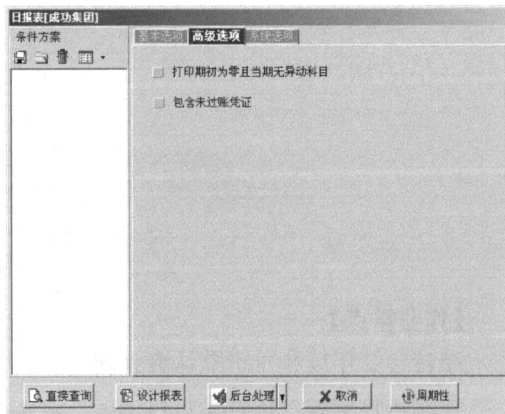

图 11.57 "日报表—高级选项"界面

步骤二：查看报表结果，如图 11.58 所示。

图 11.58　"日报表"报表界面

11.5.2　试算表

【目的】

将总分类账中所有科目的余额汇总成表，以查看其借方总额和贷方总额是否平衡。

【操作步骤】

步骤一：在"试算表"界面上进行设置，然后单击"直接查询"按钮，如图11.59和图11.60
所示。

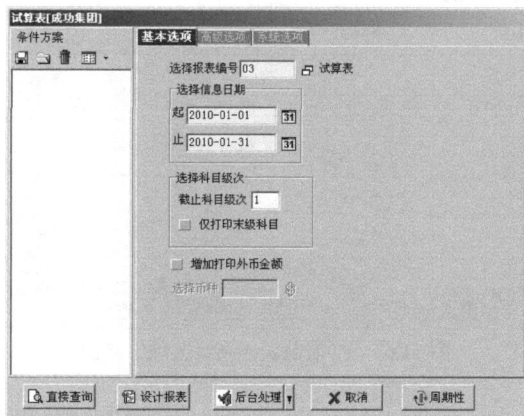

图 11.59　"试算表—基本选项"界面

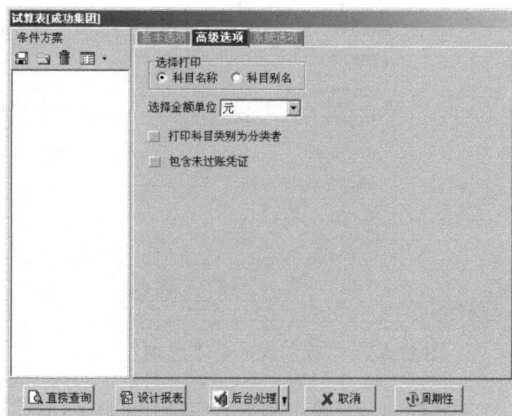

图 11.60　"试算表—高级选项"界面

步骤二：生成报表，结果如图 11.61 所示。

图 11.61　"试算表"报表界面

11.5.3　损益表

【目的】

显示企业某一期间的经营成果，此表由收益及费用构成。

【操作步骤】

步骤一： 在"损益表"界面上进行设置，然后单击"直接查询"按钮，如图 11.62 和图 11.63 所示。

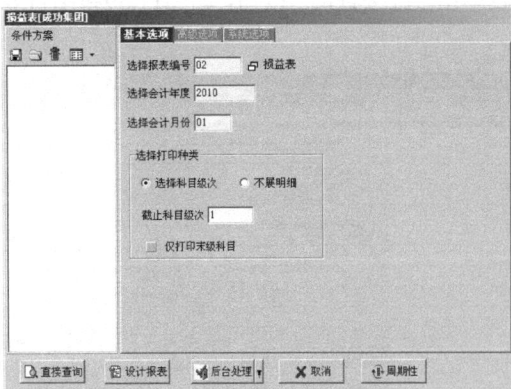

图 11.62　"损益表—基本选项"界面

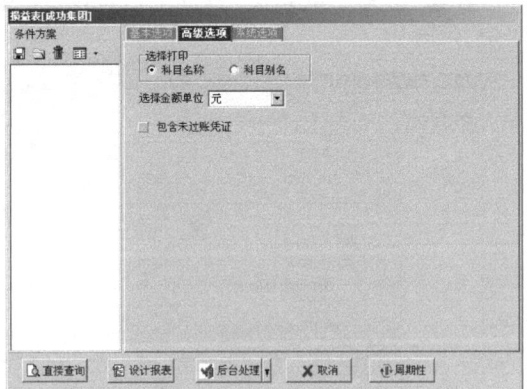

图 11.63　"损益表—高级选项"界面

步骤二： 生成报表，结果如图 11.64 所示。

图 11.64　"损益表"报表界面

11.5.4　资产负债表

【目的】

可反映企业某一特定时日的财务状况,是对外公布财务状况以及会计师查账的重要报表之一。

【操作步骤】

步骤一: 在"资产负债表"界面上进行设置,然后单击"设计报表"按钮,如图11.65和图11.66所示。

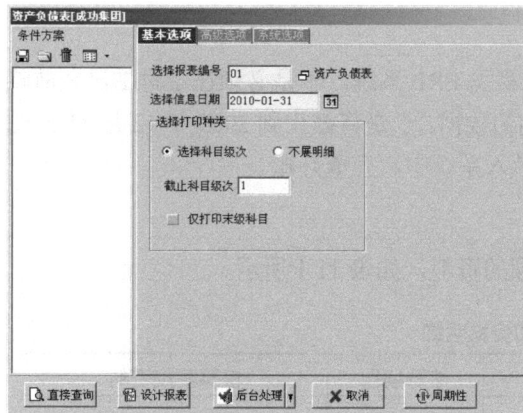

图 11.65　"资产负债表—基本选项"界面

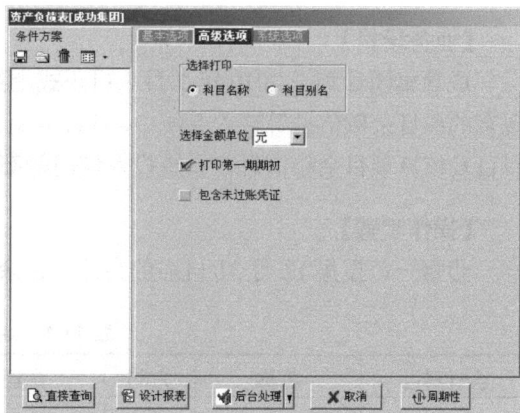

图 11.66　"资产负债表—高级选项"界面

步骤二: 生成报表,结果如图 11.67 所示。

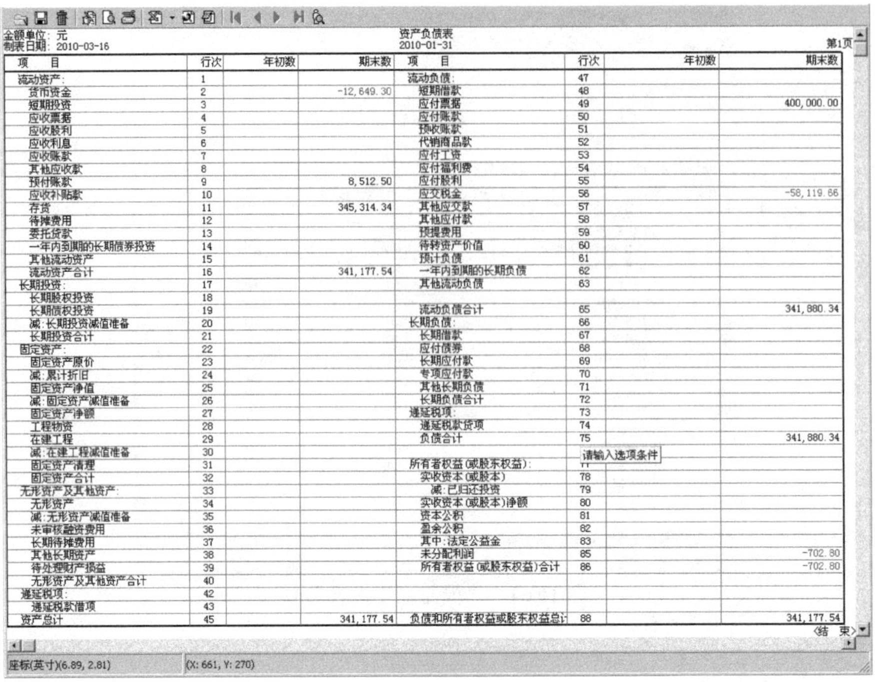

金额单位：元　　资产负债表　　制表日期：2010-03-16　　2010-01-31　　第1页

项　目	行次	年初数	期末数	项　目	行次	年初数	期末数
流动资产:	1			流动负债:	47		
货币资金	2		-12,649.30	短期借款	48		
短期投资	3			应付票据	49		400,000.00
应收票据	4			应付账款	50		
应收股利	5			预收账款	51		
应收利息	6			代销商品款	52		
应收账款	7			应付工资	53		
其他应收款	8			应付福利费	54		
预付账款	9		8,512.50	应付股利	55		
应收补贴款	10			应交税金	56		-58,119.66
存货	11		345,314.34	其他应交款	57		
待摊费用	12			其他应付款	58		
委托贷款	13			预提费用	59		
一年内到期的长期债券投资	14			待转资产价值	60		
其他流动资产	15			预计负债	61		
流动资产合计	16		341,177.54	一年内到期的长期负债	62		
长期投资:	17			其他流动负债	63		
长期股权投资	18						
长期债权投资	19			流动负债合计	65		341,880.34
减:长期投资减值准备	20			长期负债:	66		
长期投资合计	21			长期借款	67		
固定资产:	22			应付债券	68		
固定资产原价	23			长期应付款	69		
减:累计折旧	24			专项应付款	70		
固定资产净值	25			其他长期负债	71		
减:固定资产减值准备	26			长期负债合计	72		
固定资产净额	27			递延税项:	73		
工程物资	28			递延税款贷项	74		
在建工程	29			负债合计	75		341,880.34
减:在建工程减值准备	30				请输入选项条件		
固定资产清理	31			所有者权益(或股东权益):	77		
固定资产合计	32			实收资本(或股本)	78		
无形资产及其他资产:	33			减:已归还投资	79		
无形资产	34			实收资本(或股本)净额	80		
减:无形资产减值准备	35			资本公积	81		
未审核融资费用	36			盈余公积	82		
长期待摊费用	37			其中:法定公益金	83		
其他长期资产	38			未分配利润	85		-702.80
待处理财产损益	39			所有者权益(或股东权益)合计	86		-702.80
无形资产及其他资产合计	40						
递延税项:	42						
递延税款借项	43						
资产总计	45		341,177.54	负债和所有者权益或股东权益总计	88		341,177.54

《结　束》

座标(英寸)(6.89, 2.81)　(X: 661, Y: 270)

图 11.67　“资产负债表”报表界面

11.6　期初开账

【目的】

系统的开账是为了将开账时间点之前的科目、核算项目余额信息录入 ERP 系统中。这样系统正式使用时，科目、核算项目信息才能正确。

【业务场景】

成功集团计划于 2010 年 1 月 1 日正式上线易飞 ERP 系统，于是必须在 1 月 1 日之前将现有的科目余额信息等输入系统中，这样才有期初数据。于是将截止到 2009 年 12 月 31 日的科目及核算项目余额信息在系统投入使用前都录入系统中，完成开账。

【操作步骤】

步骤一：搜集 12 月 31 日前的会计科目余额的资料，如表 11.1 所示。

表 11.1　期初资料明细

会计科目	名称	方向	余额	核算项目	核算明细资料
1001	现金	借	1 000 000	—	
1002	银行存款	借	4 000 000	—	
2121	应付账款	贷	500 000	√	附：客户应付余额明细
……	……	……	……	……	……

步骤二： 从系统主界面执行"会计总账子系统"|"基础设置"作业，进入"期初开账"界面，开始建立期初资料，如图11.68所示。

【作业重点1】

① 开账年期：系统会自动显示操作时间点的计算机系统年月，但可根据实际开账时间点来进行修改。

② 币种选择在"录入币种汇率"作业中事先设定的币种，而汇率也会根据所选择的币种，自动带出汇率信息。

③ 单体根据所选币种，带出相应科目。将搜集的科目余额填入相应的末级科目的期初余额中，统驭科目是下级末级科目的金额加总。

④ 如果有会计科目启用核算项目管理，该科目会被自动勾选上"核算项目"，双击该图标后，系统会显示新窗口，用来维护每个核算项目的余额。例如"应收账款"科目，可以在新窗口输入各个客户的应收账款余额，如图11.69所示。

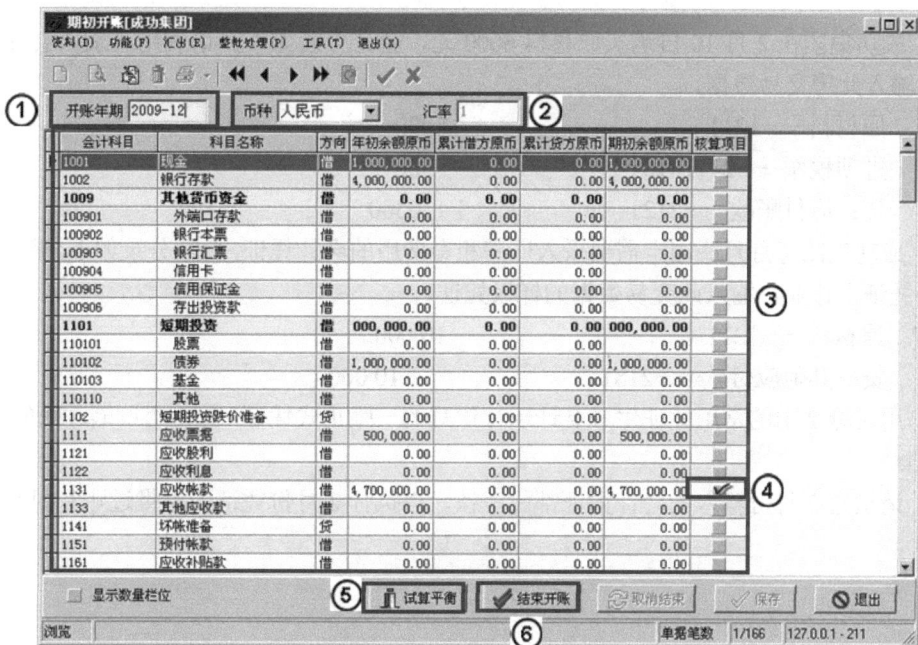

图11.68 "期初开账"界面1

【作业重点2】(见图11.69)

⑤ 全部输入完毕后，单击"试算平衡"按钮，用来检查开账资料是否平衡，如果显示"试算结果平衡"，则表示开账资料没有问题；如果显示"试算结果不平衡"，则需要再次检查资料是否输入有误。

⑥ 确认期初开账资料输入无误后，单击"结束开账"按钮，此时"期初开账"作业中输入的所有资料才会被更新到所有相关的账册中，表示开账真正完成，此时"期初开账"中的资料也不允许再做修改了。

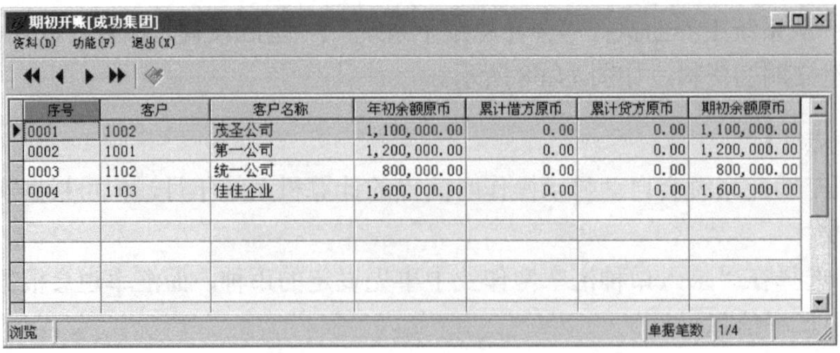

序号	客户	客户名称	年初余额原币	累计借方原币	累计贷方原币	期初余额原币
0001	1002	茂圣公司	1,100,000.00	0.00	0.00	1,100,000.00
0002	1001	第一公司	1,200,000.00	0.00	0.00	1,200,000.00
0003	1102	统一公司	800,000.00	0.00	0.00	800,000.00
0004	1103	佳佳企业	1,600,000.00	0.00	0.00	1,600,000.00

图 11.69　“期初开账”界面 2

课后习题

1. 成功集团在 2 月 10 日购买原材料 6000 元，会计分录如下，请利用“录入会计凭证”作业，输入此笔交易数据。

借：原材料——1211　　　　6000

　　进项税额——21710101　　　　300

　　贷：应付账款——2121　　　　6300

2. 成功集团每月月底固定需要录入厂房租金费用的会计凭证，会计分录如下，请利用“录入常用凭证”作业，输入此交易数据的样板凭证。

借：原材料——1211　　　　10 000

　　贷：其他应付款——2181　　　　10 000

3. 用习题 2 中的常用凭证生成会计现行年月的一张正式凭证，并使用单笔过账的方式将凭证过账。

4. 请检查 2 月份输入的会计凭证都已审核，再执行 2 月份凭证的整批过账和月结流程。

参考文献

[1] ERP 应用教程编委会. ERP 应用基础教程[M]. 上海：立信会计出版社，2011.

[2] ERP 应用教程编委会. ERP 供应链管理应用教程[M]. 上海：立信会计出版社，2011.

[3] ERP 应用教程编委会. ERP 生产制造管理应用教程[M]. 上海：立信会计出版社，2011.

[4] ERP 应用教程编委会. ERP 财务管理应用教程[M]. 上海：立信会计出版社，2011.

[5] 马士华. 新编供应链管理[M]. 北京：中国人民大学出版社，2008.

[6] 邱立新. ERP 原理与应用[M]. 北京：北京大学出版社，2013.

[7] 周玉清，刘伯莹，周强. ERP 管理与应用教程[M]. 北京：清华大学出版社，2010.